Ouvrage réalisé sous la direction d'Hélène Sabbah

Littérature 1re

Des textes aux séquences

Toutes séries

Jacqueline Dagès
Agrégée de Lettres modernes
Professeur formateur à l'IUFM de Versailles

Bénédicte Milcent
Agrégée de Lettres modernes

Hélène Sabbah
Agrégée de Lettres classiques
Professeur associé à l'IUFM de Versailles

Catherine Weil
Agrégée de Lettres classiques
Professeur associé à l'IUFM de Versailles

HATIER

Présentation

Le manuel *Littérature 1re, Des textes aux séquences* est conçu dans le même esprit que celui de Seconde : respect du **nouveau programme** dans ses quatre grandes **perspectives** et dans ses **objets d'étude**, travail en séquence, importance accordée à la **lecture** et à l'**écriture**, analyse de l'image, transversalité des approches, variété des exercices.

Quatre perspectives d'étude

La structure adoptée correspond aux quatre grandes **perspectives d'étude** – chacune matérialisée par une couleur et ouverte par un document iconographique significatif accompagné d'un texte et de questions d'analyse favorisant la lecture de l'image :

- I. Étude de l'histoire littéraire et culturelle
- II. Étude des genres et des registres
- III. Étude de l'argumentation et des effets sur les destinataires
- IV. Étude de l'intertextualité et de la singularité des textes.

Huit objets d'étude

Chacune des quatre grandes perspectives se décompose en **objets d'études**, dont l'intitulé figure en tête de sous-parties, repérables par un titre courant et par une reprise iconographique :

– Un mouvement littéraire du XVIe au XVIIIe français et européen (partie I ; le manuel offre un panorama complet de la période)
– La poésie (II)
– Le théâtre, formes et langage (II)
– Le genre biographique (II)
– Le genre épistolaire (II)
– Convaincre, persuader, délibérer : l'essai et le dialogue (III)
– L'apologue (III)
– Les réécritures (IV)

Ces différents objets d'étude sont traités en **vingt-quatre séquences** : chacune propose un parcours chronologique à partir de textes et de documents divers permettant des approches diversifiées de la thématique ou de la problématique abordée. L'iconographie choisie leur fait écho, ainsi que le « Lire l'image » qui clôt chaque séquence.

© HATIER – Paris, mai 2001. ISBN : 2-218-73487-7.

De multiples combinaisons possibles

Les séquence proposées ne sont pas figées : telles qu'elles sont construites, elles permettent de composer des regroupements de textes diversifiés à l'intérieur d'une même séquence. Elles permettent aussi de nombreuses **combinaisons transversales** : par exemple, le classicisme peut être étudié dans la séquence 4, qui en a fait son titre, mais on trouvera aussi des textes de la même période dans la séquence consacrée à l'apologue (22), dans celle qui concerne le théâtre des XVIIe et XVIIIe siècles (13), ou encore dans celle qui évoque les difficultés de publication (8). On peut également citer l'exemple du genre épistolaire, traité dans les séquences 18 et 19, qui est aussi représenté aux XVIe, XVIIe et XVIIIe siècles, « croisant » ainsi l'humanisme (1 et 2), le classicisme (4) et les Lumières (5-6). Le **tableau** des pages 16-17 donne des entrées – par genre et par époque – qui diffèrent de celles du sommaire et qui favorisent la composition de **séquences originales.**

Des exercices variés, vers l'EAF

Pour chaque texte ou document, les exercices proposés conduisent à des démarches qui répondent aux impératifs du programme : **recherche documentaire** portant sur l'histoire littéraire, **écriture d'analyse** pour les lectures analytiques et les **commentaires, écriture « dissertante »** pour les essais, dont les sujets reposent sur l'étude des textes et sur les problématiques traitées, **écriture d'invention** favorisant les acquis par le biais de leur réutilisation. Le travail de lecture des textes conduit aussi à des **études comparées** et à des **synthèses**. La nature des exercices correspond à la définition de la séquence, qui s'offre comme un **ensemble d'activités d'écriture et de lecture**. Cette dernière est favorisée par des fiches « Lecture intégrale » et par des bibliographies donnant une liste de nombreux ouvrages accessibles aux lycéens de Première.

Des repères historiques et des « Guides »

L'étude et l'assimilation de l'histoire littéraire impliquent d'avoir des repères : cinq grandes frises chronologiques reprennent les articulations historiques (règnes, régences, changements de régimes, révolutions) et les dates les plus importantes (⇛ p. 496) ; des **notices biographiques** (⇛ p. 501) permettent de situer tous les auteurs présents dans la manuel. Enfin, des « **Guides** » aident l'utilisateur du manuel à comprendre les différents courants par rapport aux événements historiques des époques considérées : en particulier, l'aspect politique et religieux des différentes périodes considérées se trouve présenté et analysé, ce qui est indispensable à une approche historique des textes.

Nous espérons que ce manuel, fidèle à l'esprit et à la lettre du nouveau programme, permettra une mise en œuvre efficace et originale de ses nouvelles orientations, et montrera que des approches et des démarches innovantes ne sacrifient en rien les exigences littéraires.

LES AUTEURS.

1. HISTOIRE LITTÉRAIRE

Les mouvements littéraires (du XVIe au XVIIIe siècle)

Séquence 1 L'humanisme et ses ambitions

Séquence 2 L'humanisme et ses incertitudes

Séquence 3 Baroque et préciosité

Séquence 4 Le classicisme

Séquence 5 Lumières et contestation

Séquence 6 En marge du rationalisme

Séquence 7 Institutions, règles et codes

Séquence 8 Les obstacles à la publication

2. GENRES ET REGISTRES

1re PARTIE La poésie

Séquence 9 Sonnet et lyrisme

Séquence 10 Poèmes en prose et formes libres

Séquence 11 Poésie et déchiffrement du monde

Séquence 12 Fonction du poète et de la poésie

2e PARTIE LE THÉÂTRE

Séquence 13 Formes et langages du théâtre (1)

Séquence 14 Formes et langages du théâtre (2)

3e PARTIE Le genre biographique

Séquence 15 La nature de l'écriture autobiographique

Séquence 16 Finalités et difficultés de l'autobiographie

Séquence 17 Biographies et récits de vie

4e PARTIE LE GENRE ÉPISTOLAIRE

Séquence 18 Les caractéristiques de la lettre

Séquence 19 Les fonctions de la lettre

3. ARGUMENTER ET DÉLIBÉRER

LE DIALOGUE, L'ESSAI, L'APOLOGUE

Séquence 20 L'argumentation en dialogue

Séquence 21 L'argumentation en essai : science, croyance et littérature

Séquence 22 L'apologue et le conte

4. INTERTEXTUALITÉ ET SINGULARITÉ DES TEXTES

LES RÉÉCRITURES

Séquence 23 Les réécritures : d'un texte à l'autre

Séquence 24 Les réécritures : du texte à l'image

Pour construire des séquences transversales

	XVIe SIÈCLE HUMANISME	XVIIe SIÈCLE PRÉCIOSITÉ, BAROQUE, CLASSICISME	XVIIIe SIÈCLE LUMIÈRES
POÉSIE	• J. du Bellay, *Les Regrets* (p. 32, 179) • P. de Ronsard, *Sonnets divers* (p. 33), *Sonnets pour Hélène* (p. 182), *Discours des misères de ce temps* (p. 48) • A. d'Aubigné, *Les Tragiques* (p. 50), *Hécatombe à Diane* (p. 180) • Le Tasse, *La Jérusalem délivrée* (p. 56) • J.-B. Chassignet, *Mépris de la vie et Consolation de la mort* (p. 59) • Tristan l'Hermite, *Les Plaintes d'Acante* (p. 62) • L. Labé, *Élégies* (p. 178) • L. de Camoens, *Sonnets* (p. 363)	• Pierre de Marbeuf, *Recueil de vers* (p. 61) • L. de Góngora y Argote, *Sonnets* (p. 65) • C. de Montausier, *La Guirlande de Julie* (p. 66) • *La Belle Matineuse* de V. Voiture et C. de Maleville (p. 67, 68) • N. Boileau, *Art poétique* (p. 80) • C. Perrault, *Le Siècle de Louis le Grand* (p. 82) • J. de La Fontaine, *Fables* (p. 87, 427) • P. Scarron, *Le Virgile travesti* (p. 450) • N. Boileau, *Satires* (p. 463)	• A. Chénier, *Les Bucoliques* (p. 120)
THÉÂTRE		• P. Calderón de la Barca, *La Vie est un songe* (p. 60) • Molière, *La Critique de l'École des femmes* (p. 76), *Dom Juan* (p. 158), *Tartuffe* (p. 244), *Le Misanthrope* (p. 247) • W. Shakespeare, *Hamlet* 157 • P. Corneille, *L'Illusion comique* (p. 242) • J. Racine, *Britannicus* (p. 249, 251), *Bérénice* (p. 252)	• Beaumarchais, *Le Mariage de Figaro* (p. 152) • C. Goldoni, *La Locandiera* (p. 159) • Marivaux, *Le Jeu de l'amour et du hasard* (p. 256)
DIALOGUE	• P. de Ronsard, *Nouvelle continuation des Amours* (p. 384)		• D. Diderot, *Entretien d'un père avec ses enfants* (p. 386) • Assemblée nationale constituante, *Débat sur la liberté de la presse* (p. 389)
ROMAN	• F. Rabelais, *Pantagruel* (p. 26, 28), *Gargantua* (p. 30, 46)	• Cyrano de Bergerac, *L'Autre Monde ou les États et Empires de la Lune* (p. 63) • M. de Scudéry, *Artamène ou Le Grand Cyrus* (p. 69), *Clélie, histoire romaine* (p. 70) • Mme de Lafayette, *La Princesse de Clèves* (p. 160)	• J. Swift, *Les Voyages de Gulliver* (p. 90) • Cazotte, *Le Diable amoureux* (p. 116) • J. W. von Goethe, *Les Souffrances du jeune Werther* (p. 118) • M. G. Lewis, *Le Moine* (p. 120) • Montesquieu, *Lettres persanes* (p. 133, 142, 336)
BIOGRAPHIQUE	• Montaigne, *Essais* (p. 300)	• F. de La Rochefoucauld, *Portraits* (p. 284)	• N. Restif de la Bretonne, *Les Nuits révolutionnaires* (p. 104) • J.-J. Rousseau, *Les Confessions* (p. 286, 302)
ÉPISTOLAIRE	• F. Rabelais, *Pantagruel* (p. 26)	• J. de La Fontaine, *Épître à Huet* (p. 83) • Fénelon, *Lettre à l'Académie* (p. 131) • Molière, *Second Placet au roi* (p. 141 • Fénelon, *Lettre à Louis XIV* (p. 348)	• D. Diderot, *Lettres à Sophie Volland* (p. 108, 338) • J.-J. Rousseau, *La Nouvelle Héloïse* (p. 112) • Montesquieu, *Lettres persanes* (p. 133, 142, 336) • Voltaire, *Lettres philosophiques* (p. 136), « *Lettre à monsieur Lefebvre* » (p. 144), « *Lettre à Damilaville* » (p. 350) • Olympe de Gouges, *Lettre à son fils* (p. 352)
APOLOGUE		• J. de La Bruyère, *Les Caractères* (p. 85, 430) • J. de La Fontaine, *Fables* (p. 427, 443) • B. Pascal, *Pensées* (p. 428) • C. Perrault, *Contes* (p. 431, 433)	• Voltaire, *Candide* (p. 100, 161), *Histoire d'un bon bramin* (p. 435)
ESSAIS, DISCOURS, TRAITÉS	• T. More, *Utopie*, livre II (p. 22, 24) • Montaigne, *Essais* (p. 34, 36, 51, 53) • Érasme, *Éloge de la Folie* (p. 40, 42) • N. Machiavel, *Le Prince* (p. 44)	• R. Descartes, *Discours de la méthode* (p. 74) • B. Pascal, *Pensées* (p. 78) • Vaugelas, *Remarques sur la langue française* (p. 124) • Saint-Évremond, *Sur les poèmes des Anciens* (p. 128) • J. de La Bruyère, *Discours prononcé dans l'Académie française le lundi 15 juin 1693* (p. 130) • J. Chapelain, *Sentiments de l'Académie sur Le Cid* (p. 135)	• Montesquieu, *De l'esprit des lois* (p. 92) • Voltaire, *Traité sur la tolérance* (p. 102), *De l'horrible danger de la lecture* (p. 150) • *Encyclopédie* : D. Diderot, art. « Autorité politique » (p. 94), art. « Encyclopédie » (p. 146) • C. Dumarsais, art. « Philosophe » (p. 96) • L. de Jaucourt, art. « Industrie » (p. 98) • J.-J. Rousseau, *Émile ou De l'éducation* (p. 110), *Discours sur l'origine et les fondements de l'inégalité parmi les hommes* (p. 406) • D. Diderot, *Salon de 1767* (p. 114)

	XIXe SIÈCLE	XXe SIÈCLE
POÉSIE	• G. de Nerval, *Petits châteaux de Bohême* (p. 183) • P. Verlaine, *Poèmes saturniens* (p. 184) • J. Laforgue, *Premiers poèmes* (p. 186, 230), *Œuvres complètes* (p. 216) • A. Bertrand, *Gaspard de la nuit* (p. 192) • Ch. Baudelaire, *Le Spleen de Paris* (p. 194, 195), *Les Fleurs du mal* (p. 212) • A. Rimbaud, *Une saison en enfer* (p. 198, 213), *Illuminations* (p. 214) • V. Hugo, *Les Contemplations* (p. 210), *Les Rayons et les ombres* (p. 226) • S. Mallarmé, *Poésies* (p. 215) • A. de Musset, *Poésies nouvelles* (p. 228) • A. de Vigny, *Les Destinées* (p. 229)	• G. Apollinaire, *Poèmes à Lou* (p. 188) • Y. Bonnefoy, *Hier régnant désert* (p. 189) • B. Cendrars, *Du monde entier* (p. 201) • J. Gracq, *Liberté Grande* (p. 203) • R. Char, *Fureur et mystère* (p. 205) • P. Reverdy, *Main d'œuvre* (p. 206) • P. Jaccottet, *À la lumière d'hiver* (p. 208) • J. Supervielle, *Gravitations* (p. 217) • J. Cocteau, *Opéra* (p. 221) • P. Valéry, *Petits poèmes abstraits* (p. 223) • P. Claudel, *Cinq grandes odes* (p. 231) • F. Ponge, *La Rage de l'expression* (p. 233) • P. Éluard, *Deux poètes d'aujourd'hui* (p. 235) • L. Aragon, *Le Roman inachevé* (p. 236) • A. Bosquet, *Sonnets pour une fin de siècle* (p. 238)
THÉÂTRE	• A. de Musset, *On ne badine pas avec l'amour* (p. 260) • A. Dumas, *Kean, ou Désordre et génie* (p. 263) • V. Hugo, *Ruy Blas* (p. 265)	• P. Reboux et C. Muller, *À la manière de…* (p. 457) • J. Anouilh, *Antigone* (p. 268) • J.-P. Sartre, *Les Mains sales* (p. 270) • S. Beckett, *Fin de partie* (p. 272) • E. Ionesco, *Rhinocéros* (p. 275)
DIALOGUE	• V. Hugo, *Châtiments* (p. 391)	• M. Yourcenar, *Les Yeux ouverts* (p. 394) • P. Levi, *Le Devoir de mémoire* (p. 397) • J.-L. Godard, *Entretien avec Pierre Assouline* (p. 402)
ROMAN	• J.-K. Huysmans, *À rebours* (p. 199) • É. Zola, *L'Assommoir* (p. 453) • G. Flaubert, *Madame Bovary* (p. 468) • V. Hugo, *Les Misérables* (p. 477) • Stendhal, *La Chartreuse de Parme* (p. 481)	• M. Tournier, *Vendredi ou les limbes du Pacifique* (p. 460), *Vendredi ou la vie sauvage* (p. 461)
BIOGRAPHIQUE	• J. W. von Goethe, *Souvenirs de ma vie, poésie et vérité* (p. 288) • F.-R. de Chateaubriand, *Mémoires d'outre-tombe* (p. 290), *Mémoires de ma vie* (p. 304) • Stendhal, *Vie de Henry Brulard* (p. 306) • E. Renan, *Souvenirs d'enfance et de jeunesse* (p. 308)	• J. Guéhenno, *Journal des années noires*, 1940-1944 (p. 292) • M. Yourcenar, *Mémoires d'Hadrien* (p. 294), « Carnets de notes » des *Mémoires d'Hadrien* (p. 325) • Ch. de Gaulle, *Mémoires de guerre* (p. 296) • R. Gary, *La Promesse de l'aube* (p. 297) • A. Gide, *Si le grain ne meurt* (p. 310) • F. Mauriac, *Commencements d'une vie* (p. 311) • G. Perec, *W ou le souvenir d'enfance* (p. 313) • J. Roisin, *Ceci n'est pas une biographie de Magritte* (p. 319) • S. Zweig, *Balzac. Le roman de sa vie* (p. 322) • R. Pierrot, *Honoré de Balzac* (p. 323) • M. Proust, *Contre Sainte-Beuve* (p. 326)
ÉPISTOLAIRE	• Ch. Baudelaire, « Lettre à A. Houssaye » (p. 196) • V. Hugo, *Lettre à Juliette Drouet* (p. 340) • V. Van Gogh, *Lettres à son frère Théo* (p. 354)	• A. Gide, *Les Faux-Monnayeurs* (p. 341) • S. Denuelle, *Le Savoir vivre. Guide pratique des bons usages d'aujourd'hui* (p. 343) • M.-C. Grassi, *Lire l'épistolaire* (p. 345) • R. M. Rilke, *Lettres à un jeune poète* (p. 355) • M. Yourcenar, *Alexis ou Le Traité du vain combat* (p. 357) • I. Somarriba-Chapron, « *De l'épistolier à l'écrivain ou l'équivoque épistolaire* » (p. 358) • J. Cocteau, « *Lettre à P. Valéry* » (p. 361)
APOLOGUE	• A. de Vigny, *Les Destinées* (p. 437)	
ESSAIS, DISCOURS, TRAITÉS	• Ch. Baudelaire, *Écrits sur l'art*, « Exposition universelle de 1855 » (p. 408) • É. Zola, *Le Roman expérimental* (p. 411) • E. Renan, *L'Avenir de la science* (p. 413)	• A. Adam, *L'Âge classique* (p. 137) • R. Darnton, *L'Aventure de l'Encyclopédie* (p. 148) • J. Cocteau, *Le Rappel à l'ordre* (p. 219) • J.-L. Barrault, *Mise en scène de Phèdre* (p. 254) • A. Artaud, *Le Théâtre et son double* (p. 267) • E. Ionesco, *Notes et contre-notes* (p. 277) • J.-C. Carrière, *La Controverse de Valladolid* (p. 400) • J. Rostand, *Confidences d'un biologiste* (p. 415) • A. Jacquard, *Abécédaire de l'ambiguïté* (p. 418) • L. Swartzenberg, *Face à la détresse* (p. 420) • J. Chevrier, *Le Monde*, article « Littérature et cinéma » (p. 487)

1

Histoire littéraire

Tous les textes qui sont donnés ici sont comme les maillons d'une chaîne de sens, mais cette chaîne est flottante. Qui pourrait la fixer, lui donner un signifié sûr ? Le temps peut-être : rassembler des textes anciens dans un livre nouveau, c'est vouloir interroger le temps, le solliciter de donner sa réponse aux fragments qui viennent du passé ; mais le temps est double, temps de l'écriture et du temps de la mémoire, et cette duplicité appelle à son tour un sens suivant : le temps lui-même est une forme.

Roland Barthes, *Essais critiques*,
Préface, éd. du Seuil, 1964.

David Teniers le Jeune (1610-1690), *La Galerie de tableaux de l'Archiduc Léopold Guillaume à Bruxelles* (peinture ; Musée du Prado, Madrid).

LIRE L'IMAGE

1. Présentez ce que vous voyez sur le tableau. Comment peuvent être utilisés ici les mots « réalité », « fiction », « illusion » ? Qu'est-ce qui relève de l'un et de l'autre ?

2. D'où vient la double impression de rigueur et de désordre ?

3. Identifiez certains genres picturaux représentés.

LES MOUVEMENTS LITTÉRAIRES (DU XVIe AU XVIIIe SIÈCLE)

Sébastien Vrancx (1573-1647),
Une fête dans le parc du duc de Mantoue
(peinture, 142 x 188 cm ;
Musée des Beaux-Arts de Rouen) ;
détail p. 22, 40, 56, 74, 90, 108, 124 et 140.

SÉQUENCE 1

L'humanisme et ses ambitions

1. Thomas More, *Utopie* (1516)

Le mot « utopie » désigne, selon l'étymologie, « un lieu qui n'existe pas ». Dans l'œuvre qui porte le titre Utopie, *l'humaniste anglais Thomas More imagine une ville parfaite associée à une organisation sociale et politique idéale.*

TEXTE 1

La ville est reliée à la rive opposée par un pont qui n'est pas soutenu par des piliers ou des pilotis, mais par un ouvrage en pierre d'une fort belle courbe. Il se trouve dans la partie de la ville qui est le plus éloignée de la mer, afin de ne pas gêner les vaisseaux qui longent les rives. Une autre rivière, peu importante mais paisible et agréable à voir, a ses sources sur la hauteur même où est située Amaurote[1], la traverse en épousant la pente et mêle ses eaux, au milieu de la ville, à celles de l'Anydre. Cette source, qui est quelque peu en dehors de la cité, les gens d'Amaurote l'ont entourée de remparts et incorporée à la forteresse, afin qu'en cas d'invasion elle ne puisse être ni coupée ni empoisonnée. De là, des canaux en terre cuite amènent ses eaux dans les différentes parties de la ville basse. Partout où le terrain les empêche d'arriver, de vastes citernes recueillent l'eau de pluie et rendent le même service.

Un rempart haut et large ferme l'enceinte, coupé de tourelles et de boulevards ; un fossé sec mais profond et large, rendu impraticable par une ceinture de buissons épineux, entoure l'ouvrage de trois côtés ; le fleuve occupe le quatrième.

Les rues ont été bien dessinées, à la fois pour servir le trafic et pour faire obstacle aux vents. Les constructions ont bonne apparence. Elles

1. Nom de la ville.

forment deux rangs continus, constitués par les façades qui se font vis-à-vis, bordant une chaussée de vingt pieds de large. Derrière les maisons, sur toute la longueur de la rue, se trouve un vaste jardin, borné de tous côtés par les façades postérieures.

Chaque maison a deux portes, celle de devant donnant sur la rue, celle de derrière sur le jardin. Elles s'ouvrent d'une poussée de main, et se referment de même, laissant entrer le premier venu. Il n'est rien là qui constitue un domaine privé. Ces maisons en effet changent d'habitants, par tirage au sort, tous les dix ans. Les Utopiens entretiennent admirablement leurs jardins, où ils cultivent des plants de vigne, des fruits, des légumes et des fleurs d'un tel éclat, d'une telle beauté que nulle part ailleurs je n'ai vu pareille abondance, pareille harmonie. Leur zèle est stimulé par le plaisir qu'ils en retirent et aussi par l'émulation, les différents quartiers luttant à l'envi à qui aura le jardin le mieux soigné. Vraiment, on concevrait difficilement, dans toute une cité, une occupation mieux faite pour donner à la fois du profit et de la joie aux citoyens et, visiblement, le fondateur n'a apporté à aucune autre chose une sollicitude plus grande qu'à ces jardins.

Livre II (extrait), trad. M. Delcourt,
éd. GF-Flammarion, 1987.

LECTURE ANALYTIQUE

▸ **1.** Repérez toutes les formulations qui soulignent que l'emplacement de la ville, sa structure et son organisation relèvent d'un plan concerté et non du hasard.

▸ **2.** Observez la composition du texte : quel mouvement visuel suit-elle ? Que permet ce mouvement dans le cadre d'une présentation des lieux ?

▸ **3.** À quels besoins des habitants le choix de l'emplacement et la nature de la ville répondent-ils ? De quoi ces habitants sont-ils protégés ? De quelle manière ?

▸ **4.** Repérez et classez tous les termes faisant référence à la vie sociale des habitants et aux questions d'esthétique. Comment est suggérée l'harmonie ? En quoi le mode de vie des habitants correspond-il à cette harmonie ?

▸ **5.** La ville d'Amaurote est une création utopique : que révèle-t-elle des préoccupations et des réflexions humanistes ?

ÉCRITURE

▸ **Invention :** une utopie illustre les recherches et les rêves d'une époque. Quelles formes, quelle organisation et quel aspect pourrait avoir à notre époque une cité utopique ? Vous pouvez vous inspirer de la structure du texte de Thomas More ou organiser votre présentation à votre gré.

RECHERCHE DOCUMENTAIRE

▸ Cherchez le nom d'architectes célèbres dont les projets, en avance sur leur temps, ont pu, jusqu'à leur réalisation, passer pour des utopies.

GUIDE p. 163

TEXTE 2

*Dans le livre II d'*Utopie*, Thomas More ouvre une réflexion sur les lois et sur le droit. Il compare ici certains choix politiques des Utopiens avec ceux d'autres peuples.*

Les autres peuples signent des traités, les rompent et en concluent à chaque instant de nouveaux. Les Utopiens n'en concluent avec personne. À quoi bon ? disent-ils. Est-ce que la nature ne rapproche pas suffisamment l'homme de l'homme ? Celui qui méprise les lois de la nature fera-t-il plus de cas de formules écrites ? Ils en sont venus à penser ainsi tant les pactes et accords conclus entre les princes sont peu respectés dans leur partie du monde.

En Europe au contraire, et surtout dans les pays qui professent la doctrine et la religion du Christ, la majesté des traités est partout sacrée et inviolable, grâce à la justice et à la droiture des princes, grâce aussi à la crainte et au respect que leur inspirent les souverains pontifes[1]. Car les papes ne s'engagent à rien qu'ils n'exécutent religieusement. Ainsi obligent-ils tous les autres princes à tenir scrupuleusement leurs engagements, employant leur censure et leurs rigueurs pastorales[2] à contraindre ceux qui se dérobent. Ils jugent, avec raison, profondément honteux que la bonne foi soit absente des traités de ceux que l'on désigne tout particulièrement comme les croyants de la vraie foi.

Mais dans ce nouveau monde[3] qui est séparé du nôtre par l'équateur et, bien davantage encore, par la différence des coutumes et des mœurs, personne ne peut se fier à un traité. Plus religieusement on aura entortillé un texte dans les cérémonies, plus vite on le viole. Les échappatoires sont toutes prêtes dans une rédaction qui a été astucieusement combinée pour que nulle obligation ne soit inéluctable, mais qu'on puisse toujours s'y dérober, en éludant en même temps le traité et la promesse. Ces ruses, ces supercheries, cette traîtrise, si on les découvrait dans les contrats entre personnes privées, les mêmes hommes qui se vantent de les avoir conseillées à leurs souverains les déclareraient avec une belle indignation sacrilèges et dignes du pilori. C'est pourquoi la justice fait figure de vertu humble et populaire, assise bien bas au-dessous du faîte où trône le roi. Ou bien encore elles sont deux : l'une, bonne pour les petites gens, va à pied, rampe par terre, gênée par mille chaînes dans tous ses mouvements ; l'autre est à l'usage des rois et, dans la mesure même où elle est plus auguste[4] que sa plébéienne[5] sœur, elle est aussi bien plus libre, dispensée de rien faire qui lui déplaise.

Livre II (extrait), trad. M. Delcourt,
éd. GF-Flammarion, 1987.

1. Papes.
2. Liées à leur qualité d'hommes d'Église.
3. Celui formé par les peuples qui entourent le pays imaginaire des Utopiens.
4. Qui inspire le respect.
5. Du peuple.

École française du XVIe s., *L'Arbre du Bien et du Mal* ; (peinture, Château de Blois).

LECTURE ANALYTIQUE

▸ **1.** Relevez les différentes attitudes à l'égard des traités qui sont évoquées dans le texte et dites à qui elles appartiennent.

▸ **2.** Quelles raisons sont données concernant :
– l'attitude des Utopiens ;
– celle des Européens ;
– celle des peuples du *nouveau monde* ?

Qu'est-ce qui est particulièrement dénoncé concernant ces derniers ? Utilisez le lexique et les connotations pour répondre à cette question.

▸ **3.** Quel est le registre des paragraphes 1 et 3 ? Quels indices suggèrent que le locuteur n'évoque pas seulement des peuples du *nouveau monde* ? Pourquoi ne s'exprime-t-il pas directement ?

▸ **4.** Quelle image ce texte donne-t-il du droit et des lois ainsi que de ceux qui les représentent et veillent à leur application ? Que révèle-t-il concernant les interrogations et les réflexions des penseurs politiques de la Renaissance ? Cherchez dans les pages de ce manuel consacrées au XVIe siècle un texte faisant référence à l'instabilité des lois et rapprochez-le de celui-ci.

RECHERCHE DOCUMENTAIRE

▸ **1.** Que signifie le mot *pilori* ?

▸ **2.** Cherchez dans un manuel d'histoire plusieurs exemples de violation de traités en Europe au XVe ou au XVIe siècle.

ÉCRITURE

▸ **Résumé :** résumez ce texte au tiers de sa longueur en respectant le système énonciatif et le registre utilisé par celui qui parle.

GUIDE p. 163

2. François Rabelais, *Pantagruel* (1532)

Fils du géant Gargantua, Pantagruel part faire ses études à Paris. Dans une lettre, son père évoque la chance qu'il a d'accéder au savoir, grâce aux nouvelles connaissances et à l'imprimerie. L'évocation du contenu de l'enseignement donne au lecteur l'idée des ambitions humanistes et des exigences d'un idéal qui vise à former un homme savant et sage.

Vincenzo Foppa (vers 1430-1515), *Le Jeune Cicéron lisant* (détail) (fresque ; Wallace Collection, Londres).

TEXTE 1

C'est pourquoi, mon fils, je t'engage à employer ta jeunesse à bien progresser en savoir et en vertu. Tu es à Paris, tu as ton précepteur Épistémon[1] : l'homme par un enseignement direct et de vive voix, la ville par de louables exemples, ont pouvoir de te former.

J'entends et je veux que tu apprennes parfaitement les langues : premièrement le grec, comme le veut Quintilien[2] ; deuxièmement le latin ; puis l'hébreu pour les saintes Lettres, le chaldéen et l'arabe pour la même raison ; et que tu formes ton style sur celui de Platon[3] pour le grec, sur celui de Cicéron[2] pour le latin. Qu'il n'y ait pas d'étude scientifique que tu ne gardes présente en ta mémoire et pour cela tu t'aideras de l'universelle encyclopédie des auteurs qui s'en sont occupés.

Des arts libéraux : géométrie, arithmétique et musique, je t'en ai donné le goût quand tu étais encore jeune, à cinq ou six ans ; achève le cycle ; en astronomie, apprends toutes les règles, mais laisse-moi l'astrologie et l'art de Lulle[4], comme autant de supercheries et de futilités.

Du droit civil, je veux que tu saches par cœur les beaux textes, et que tu me les mettes en parallèle avec la philosophie.

Et quant à la connaissance de l'histoire naturelle, je veux que tu t'y adonnes avec zèle : qu'il n'y ait mer, rivière, ni source dont tu ignores les poissons ; tous les oiseaux du ciel, tous les arbres, arbustes, et les buissons des forêts, toutes les herbes de la terre, tous les métaux cachés au ventre des abîmes, les pierreries de tous les pays de l'Orient et du Midi, que rien ne te soit inconnu.

Puis relis soigneusement les livres des médecins grecs, arabes et latins, sans mépriser les Talmudistes et les Cabalistes[5] et, par de fréquentes dissections, acquiers une connaissance parfaite de cet autre monde qu'est l'homme. Et pendant quelques heures du jour, va voir les

1. « Savant », en grec.
2. Écrivains latins.
3. Philosophe grec.
4. L'alchimie, étudiée par l'Espagnol Raymond Lulle au XIIIe siècle.
5. Médecins juifs très renommés, qui se fondent sur deux ouvrages fondamentaux, le Talmud et la Kabbale.

saintes Lettres : d'abord, en grec, le Nouveau Testament et les Épîtres des apôtres puis, en hébreu, l'Ancien Testament.

En somme, que je voie en toi un abîme de science car, maintenant que tu deviens homme et te fais grand, il te faudra quitter la tranquillité et le repos de l'étude pour apprendre la chevalerie et les armes afin de défendre ma maison, et de secourir nos amis dans toutes leurs difficultés causées par les assauts des malfaiteurs.

Et je veux que, bientôt, tu mettes à l'épreuve tes progrès ; cela, tu ne pourras pas mieux le faire qu'en soutenant des discussions publiques, sur tous les sujets, envers et contre tous, et qu'en fréquentant les gens lettrés qui sont tant à Paris qu'ailleurs.

Mais – parce que, selon le sage Salomon, Sagesse n'entre pas en âme malveillante et que science sans conscience n'est que ruine de l'âme[6] – tu dois servir, aimer et craindre Dieu, et mettre en Lui toutes tes pensées et tout ton espoir ; et par une foi nourrie de charité, tu dois être uni à Lui, en sorte que tu n'en sois jamais séparé par le péché. Méfie-toi des abus du monde ; ne prends pas à cœur les futilités, car cette vie est transitoire, mais la parole de Dieu demeure éternellement. Sois serviable pour tous tes proches, et aime-les comme toi-même. Révère tes précepteurs, fuis la compagnie des gens à qui tu ne veux pas ressembler, et ne reçois pas en vain les grâces que Dieu t'a données. Et, quand tu t'apercevras que tu as acquis au loin tout le savoir humain, reviens vers moi, afin que je te voie et que je te donne ma bénédiction avant de mourir.

Mon fils, que la paix et la grâce de Notre-Seigneur soient avec toi. Amen.

D'Utopie, ce dix-septième jour du mois de mars,

Ton père, Gargantua.

Chapitre 8 (extrait),
translation[7] de G. Demerson, éd. du Seuil, 1973.

6. Citation du livre de la sagesse de Salomon.

7. Réécriture en français moderne.

LECTURE ANALYTIQUE

▸ **1.** À partir de l'identification des indices d'énonciation (qui écrit, à qui et dans quelles circonstances), dites en quoi ce texte est une lettre et quel est son objectif.

▸ **2.** Le lieu d'émission ou d'écriture de la lettre est *Utopie* : que révèle cette information ? De quelle œuvre antérieure, écrite par un humaniste anglais, pouvez-vous rapprocher le texte de Rabelais ?

▸ **3.** Retrouvez et classez les différentes composantes du programme d'étude : que recouvre-t-il ? En quoi est-il particulièrement ambitieux ? Repérez et analysez les procédés de style utilisés par Gargantua pour mettre en relief les différents domaines.

▸ **4.** Étudiez le lexique dominant à partir de la ligne 29. Quel aspect de la formation voulue par Gargantua est ainsi mis en évidence ?

RECHERCHE DOCUMENTAIRE

▸ Dans ce texte, la musique figure dans les *arts libéra0ux*, au même titre que la géométrie et l'arithmétique. À partir d'une encyclopédie, expliquez pourquoi la musique est conçue comme une science apparentée aux mathématiques.

ÉCRITURE

▸ **Argumentation 1 :** *science sans conscience n'est que ruine de l'âme.* Expliquez ce que signifie cette formule, puis exposez, sous une forme argumentée, pourquoi le savoir et ses applications doivent être accompagnés du respect de la morale.

▸ **Argumentation 2 :** le programme d'enseignement défini par Gargantua est-il applicable ? Pourquoi ? Que symbolise-t-il ? Vous répondrez à ces questions sous une forme argumentée.

GUIDE p. 163

École Française du XVIe s., *Assemblée du Parlement de Bourgogne sous Charles le Téméraire* (peinture, Château de Versailles et de Trianon).

TEXTE 2

Suivant les conseils de son père Gargantua en matière de formation, Pantagruel s'exerce aux discussions publiques, dans lesquelles il excelle. Grâce à cette réputation, il est invité, sur la proposition qu'un savant fait à ses collègues, à juger une controverse complexe.

« […] Vous[1] avez entendu dire du bien de ce grand personnage, nommé Maître Pantagruel, dont on a reconnu que la science surpassait, lors des grandes discussions publiques qu'il a soutenues contre tous, ce dont l'époque actuelle est capable ? Je suis d'avis que nous l'appelions et que nous conférions[2] de cette affaire avec lui, car aucun homme n'en viendra jamais à bout, si celui-là ne le peut. »

Tous les conseillers et docteurs[3] y consentirent volontiers.

De fait, ils l'envoyèrent chercher sur l'heure et le prièrent de bien vouloir mettre le procès sur le métier, de l'éplucher à fond, et d'en faire le rapport qu'il estimerait convenable selon la véritable science du droit. Ils lui mirent entre les mains les dossiers et les actes, qui équivalaient presque au chargement de quatre gros ânes couillards[4]. Mais Pantagruel leur dit : « Messires, les deux seigneurs qui ont ce procès ensemble sont-ils encore vivants ? »

On lui répondit que oui.

« À quoi diable, dit-il, sert donc tout ce fatras de papiers et de copies que vous me donnez ? N'est-ce pas mieux de les entendre exposer eux-mêmes de vive voix leur débat plutôt que de lire ces singeries qui ne sont que tromperies, ruses diaboliques de Cepola[5] et corruptions du droit ? Car je suis sûr que vous et tous ceux entre les mains desquels est passé ce procès, y avez rabouté[6] tous les arguments que vous avez trouvés *Pour* et *Contre* ; et, si par hasard leur controverse était limpide et facile à juger, vous l'avez obscurcie par de sottes et déraisonnables raisons et par les ineptes opinions d'Accurse, Balde, Bartole, de Castro, d'Imola, Hippolyte, Panorme, Bartachim, Alexandre, Curtius[7] et de

1. C'est le savant qui parle ; *vous* désigne ses collègues et interlocuteurs.
2. Discutions.
3. Savants, titulaires d'un doctorat.
4. Non châtrés.
5. Juriste italien du XVe siècle, qui avait publié un recueil décrivant des manœuvres pour tourner les lois.
6. Assemblé.
7. Juristes du Moyen Âge, qui avaient commenté le droit romain.

ces autres vieux cabots, qui jamais ne comprirent la moindre loi des *Pandectes*[8], et n'étaient que de bons gros veaux, ignorant totalement ce qui est nécessaire à l'intelligence des lois.

« Car (c'est certain) ils ne connaissaient ni le grec, ni le latin, mais seulement le gothique et le barbare ; et cependant les lois sont prises premièrement chez les Grecs, comme en témoigne Ulpien[9] au livre deux de *De l'origine du droit*, et toutes les lois sont pleines de formules et de mots grecs ; deuxièmement, elles sont rédigées en latin, le plus élégant et le plus orné qui soit dans toute la langue latine (et je ne voudrais pas que l'on exclue celui de Salluste, de Varron, de Cicéron, de Sénèque, de Tite-Live, de Quintilien[10]). Comment donc auraient-ils pu comprendre les textes des lois, ces vieux abrutis qui n'ont jamais vu un bon livre écrit en latin, comme on s'en rend bien compte à leur style, qui est un style de ramoneur de cheminée ou de cuisinier et de marmiton, mais non de jurisconsulte[11] ?

« De plus, vu que les lois tirent leurs racines du fond de la philosophie morale et naturelle, comment feront-ils pour les comprendre, ces fous qui, par Dieu, ont moins étudié la philosophie que ma mule ? En ce qui concerne la culture humaniste et la connaissance de l'antiquité et de l'histoire, ils en étaient parés tout autant qu'un crapaud de plumes, et cependant le droit en est rempli et ne peut être compris sans cela, comme je le montrerai plus clairement un jour par écrit.

« Aussi, si vous voulez que j'aie connaissance de ce procès, premièrement faites-moi brûler tous ces papiers, et deuxièmement faites venir les deux gentilshommes en personne devant moi, et, quand je les aurai entendus, je vous donnerai mon opinion là-dessus, sans feinte ni dissimulation d'aucune sorte. »

Chapitre 10 (extrait),
translation[12] de G. Demerson, éd. du Seuil, 1973.

8. Recueil de droit romain, très annoté au Moyen Âge.
9. Juriste du IIe siècle après J.-C.
10. Auteurs latins, réputés pour leur style.
11. Celui qui donne son avis sur le droit.
12. Réécriture en français moderne.

RECHERCHE DOCUMENTAIRE

▸ Cherchez dans un dictionnaire à quelle époque ont vécu les écrivains suivants et quelles sont leurs œuvres principales : Salluste, Cicéron, Sénèque, Tite-Live. En quoi peuvent-ils être pris comme modèles dans la controverse dont il est question ?

LECTURE ANALYTIQUE

▸ **1.** Comment se trouve symbolisée ici la lourdeur du droit hérité du Moyen Âge ?

▸ **2.** À partir de l'étude des champs lexicaux et de diverses formulations, récapitulez et classez les différentes critiques que Pantagruel fait du droit de son époque. Qui est, selon lui, responsable des dysfonctionnements juridiques ? Analysez les procédés oratoires et les choix lexicaux qui traduisent la violence de sa dénonciation.

▸ **3.** Quelle sorte de droit Pantagruel oppose-t-il au droit médiéval ? D'où ce droit est-il issu ? Comment est-il présenté ? Quelles sont ses caractéristiques ?

▸ **4.** Selon les éléments donnés ici, l'idée de la comparution des deux adversaires s'inscrit-elle dans la lignée du droit de l'Antiquité ? Ce procédé est-il à votre avis de nature à fonder un droit plus juste ?

ÉCRITURE

▸ **Argumentation :** Pantagruel défend de manière plus précise l'importance d'une confrontation directe entre les deux plaignants. Faites-le parler sous une forme argumentée.

GUIDE p. 163

Lucas van Vlackenborch (1535-1597), *Paysage de Printemps (mai)* (peinture, 116 x 198 cm ; Kunsthistorisches Museum, Gemaeldegalerie, Vienne).

3. François Rabelais, *Gargantua* (1534)

À l'issue de la guerre contre Picrochole (⇛ p. 46), Gargantua récompense un moine, frère Jean, qui s'est distingué au combat. Il fait construire pour lui l'abbaye de Thélème[1]. Cet édifice, véritable château de la Renaissance, accueille ses pensionnaires selon des règles particulières.

Toute leur vie était régie non par des lois, des statuts ou des règles, mais selon leur volonté et leur libre arbitre. Ils sortaient du lit quand bon leur semblait, buvaient, mangeaient, travaillaient, dormaient quand le désir leur en venait. Nul ne les éveillait, nul ne les obligeait à boire ni à manger, ni à faire quoi que ce soit. Ainsi en avait décidé Gargantua. Et toute leur règle tenait en cette clause :

FAIS CE QUE VOUDRAS.

Parce que les gens libres, bien nés, bien éduqués, vivant en bonne société, ont naturellement un instinct, un aiguillon qu'ils appellent honneur et qui les pousse toujours à agir vertueusement et les éloigne du vice. Quand une vile[2] et contraignante sujétion[3] les abaisse et les

1. « Bon vouloir », en grec.
2. Méprisable.
3. Dépendance.

asservit[4], pour déposer et briser le joug de servitude[5] ils détournent ce noble sentiment qui les inclinait librement vers la vertu, car c'est toujours ce qui est défendu que nous entreprenons, et c'est ce qu'on nous refuse que nous convoitons.

Grâce à cette liberté, ils rivalisèrent d'efforts pour faire, tous, ce qu'ils voyaient plaire à un seul. Si l'un ou l'une d'entre eux disait : « buvons », tous buvaient ; si on disait : « jouons », tous jouaient ; si on disait : « allons nous ébattre aux champs », tous y allaient. Si c'était pour chasser au vol[6] ou à courre[7], les dames montées sur de belles haquenées[8], avec leur fier palefroi[9], portaient chacune sur leur poing joliment ganté un épervier, un lanier[10], un émerillon[11] ; les hommes portaient les autres oiseaux.

Ils étaient si bien éduqués qu'il n'y avait aucun ou aucune d'entre eux qui ne sût lire, écrire, chanter, jouer d'instruments de musique, parler cinq ou six langues et s'en servir pour composer en vers aussi bien qu'en prose. Jamais on ne vit des chevaliers si preux, si nobles, si habiles à pied comme à cheval, si vigoureux, si vifs et maniant si bien toutes les armes, que ceux qui se trouvaient là. Jamais on ne vit des dames si élégantes, si mignonnes, moins ennuyeuses, plus habiles de leurs doigts à tirer l'aiguille et à s'adonner à toute activité convenant à une femme noble et libre, que celles qui étaient là.

Pour ces raisons, quand le temps était venu que l'un des Thélémites voulût sortir de l'abbaye, soit à la demande de ses parents, soit pour d'autres motifs, il emmenait avec lui une des dames, celle qui l'avait choisi pour chevalier servant, et ils étaient mariés ensemble. Et s'ils avaient bien vécu à Thélème en affectueuse amitié, ils cultivaient encore mieux cette vertu dans le mariage ; leur amour mutuel était aussi fort à la fin de leurs jours qu'aux premiers temps de leurs noces.

Chapitre 57 (extrait),
translation[12] de G. Demerson, éd. du Seuil, 1973.

4. Rend esclaves.
5. Esclavage.
6. Chasse avec des faucons.
7. Chasse où l'on poursuit le gros gibier avec des chiens.
8. Juments, en général montées par des dames.
9. Cheval de promenade richement harnaché.
10. Faucon mâle dressé.
11. Petit faucon.
12. Réécriture en français moderne.

LECTURE ANALYTIQUE

▶ **1.** Retrouvez dans le texte, en vous appuyant sur le lexique et sur des formulations récurrentes, tout ce qui évoque le nom de l'abbaye dans la manière de vivre de ses pensionnaires.

▶ **2.** Étudiez l'opposition entre les termes de *vertu* et de *vice* dans le deuxième paragraphe. En quoi cette opposition permet-elle de justifier l'établissement de la règle de vie qui régit l'abbaye ?

▶ **3.** Relevez et classez tous les termes qui évoquent les qualités des Thélémites. Par quels procédés stylistiques ces qualités sont-elles mises en valeur ? Trouvez, à partir de là, le registre du texte.

▶ **4.** Quelle semble être la signification symbolique de l'abbaye de Thélème ? Quel idéal humain, social et moral Rabelais définit-il ici ?

▶ **5.** Déduisez du passage quelles sont les vertus nécessaires aux êtres humains pour vivre dans un environnement qui ne leur impose ni contrainte, ni limite.

RECHERCHE DOCUMENTAIRE

▶ La Renaissance a vu se développer de nombreuses utopies. Quels faits historiques, quels bouleversements, quels changements de mentalités peuvent expliquer cette tendance à imaginer des sociétés idéales et des hommes vertueux ?

GUIDE p. 463

4. Joachim du Bellay, *Les Regrets* (1558)

Quand le poète Joachim du Bellay part pour Rome en 1553, il s'attend à y trouver la grandeur antique et espère y réaliser ses ambitions. Mais il est déçu par la ville, en ruines, et par la Cour pontificale, où il travaille. Le recueil des Regrets *reflète cette déception.*

Je me ferai savant en la philosophie,
En la mathématique et médecine aussi :
Je me ferai légiste, et d'un plus haut souci
Apprendrai les secrets de la théologie[1] :

Du luth et du pinceau j'ébatterai ma vie[2],
De l'escrime et du bal. Je discourais ainsi,
Et me vantais en moi d'apprendre tout ceci,
Quand je changeai la France au séjour d'Italie.

Ô beaux discours humains ! Je suis venu si loin,
Pour m'enrichir d'ennui, de vieillesse et de soin,
Et perdre en voyageant le meilleur de mon âge.

Ainsi le marinier souvent pour tout trésor
Rapporte des harengs en lieu de lingots d'or,
Ayant fait, comme moi, un malheureux voyage.

Sonnet XXXII (orthographe modernisée),
éd. Gallimard, coll. « Poésie », 1967.

1. Science de la religion.
2. Je me divertirai.

LECTURE ANALYTIQUE

▶ **1.** Observez et identifiez les temps verbaux : comment permettent-ils de situer les différentes étapes du discours du poète et celles de son activité ?

▶ **2.** Énumérez les domaines envisagés dans les six premiers vers : en quoi constituent-ils un idéal ? De quelle manière ces différents domaines sont-ils mis en relief par la versification et les rythmes des vers ?

▶ **3.** Quel est le thème dominant des vers 6 à 11 ? Identifiez les procédés rhétoriques qui traduisent les sentiments de celui qui parle et leur mise en relief par la forme poétique du texte.

▶ **4.** À quelle figure d'analogie renvoie le mot *Ainsi* qui ouvre le dernier tercet ? Étudiez tous les rapprochements mis en place et reformulez la leçon que le poète donne à son lecteur.

RECHERCHE DOCUMENTAIRE

▶ À partir d'une biographie de Joachim du Bellay, précisez les circonstances de son séjour – et de ses déceptions – en Italie. Cherchez d'autres exemples de poètes dont les œuvres sont étroitement liées à des épisodes précis de leur vie. Citez les poètes, les œuvres et leurs dates.

ÉCRITURE

▶ **Commentaire :** vous commenterez ce sonnet de Joachim du Bellay en mettant l'accent sur la nature du rêve humaniste et sur l'expression imagée d'une profonde déception. Vous expliquerez aussi en quoi la forme contraignante du sonnet se prête à l'évocation d'une double thématique.

GUIDE p. 163-371-372

Domenico Beccafumi (1486-1551), *Femme debout drapée* (sanguine sur papier gris, 42 x 28,5 cm ; Musée du Louvre, Paris).

5. Pierre de Ronsard, *Sonnets divers* (1578)

Le frère d'Henri III, François d'Alençon, vient d'obtenir le duché de Touraine. À l'occasion d'une visite que lui fait le nouveau duc, Ronsard le met en garde contre les fausses grandeurs avant de faire parler une jeune fille déguisée en nymphe[1].

À Monseigneur le duc de Touraine
François de Valois
entrant en le jardin de l'auteur.

Une Nymphe jardinière parle :

Ces grands, ces triomphants, ces superbes Romains,
Qui avaient eu du ciel un si riche avantage,
N'avaient que cinq arpents de terre en labourage,
Et si[2] tenaient pourtant l'Empire entre leurs mains.

Ces grandeurs, ces honneurs, dont les hommes sont pleins,
Ne sont pas les vrais biens qui font l'homme plus sage :
Un petit clos de terre, un petit héritage
Les rend plus vertueux, plus gaillards et plus sains.

Ces arbres, qui pour vous leurs robes renouvellent,
Ces fleurs et ces jardins et ces fruits vous appellent,
Célébrants jusqu'au ciel vos faits et vos valeurs,

Dignes[3] d'avoir autels, temples et sacrifice ;
Et que votre beau nom écrit entre les fleurs,
Se fasse compagnon d'Ajax et de Narcisse.

Orthographe modernisée, éd. Larousse, coll. « Petits Classiques », 1939.

1. Divinité de la nature.
2. Cependant.
3. *Dignes* se construit avec deux compléments : *d'avoir...* et *que votre beau nom... se fasse...*

RECHERCHE DOCUMENTAIRE

▶ Dans un dictionnaire de mythologie, cherchez des précisions sur la légende d'Ajax et sur celle de Narcisse. Vous pouvez aussi chercher dans les *Métamorphoses*, du poète latin Ovide.

LECTURE ANALYTIQUE

▶ **1.** En prenant appui sur le lexique, mettez en relief la double thématique des deux quatrains : sur quel jeu d'oppositions sont-ils construits ? Quelle est la force des référents historiques utilisés ?

▶ **2.** Quelle « leçon » le destinataire du message peut-il tirer de l'évocation historique des huit premiers vers ? Étudiez en quoi la versification contribue à l'efficacité du propos.

▶ **3.** Identifiez les variations de personne à partir du premier tercet et le changement de ton qui en découle. Observez le lexique des deux tercets et rapprochez-le de celui des quatrains : que remarquez-vous ? En quoi peut-on parler d'inversion dans la relation entre la nature et la gloire ?

▶ **4.** À partir des réponses aux questions précédentes, donnez précisément le sens des deux tercets, puis celui de l'ensemble du sonnet, en relation avec la situation d'énonciation donnée par le paratexte (qui parle, à qui, dans quelles circonstances).

ÉCRITURE

▶ **Commentaire :** vous commenterez ce sonnet en mettant en relief les différentes manières d'aborder les relations entre la nature et la gloire. Vous vous interrogerez alors sur la démarche du poète et sur ce que son message contient de célébration et d'avertissement.

GUIDE p. 163

6. Montaigne, *Essais* (1580-1588-1595)

S'adressant à Diane de Foix, qui lui a demandé des conseils pour l'éducation de son fils, Montaigne compose ce qui pourrait constituer un traité d'éducation. Le passage suivant traite de l'importance de la sociabilité et de l'intérêt à porter au monde qui nous entoure.

TEXTE 1

Il se tire une merveilleuse clarté pour le jugement humain de la fréquentation du monde. Nous sommes tous contraints et amoncelés en nous, et avons la vue raccourcie à la longueur de notre nez.

On demandait à Socrate d'où il était. Il ne répondit pas : d'Athènes, mais : du monde. Lui, qui avait son imagination plus pleine et plus étendue, embrassait l'univers comme sa ville, jetait ses connaissances, sa société et ses affections à tout le genre humain, non pas comme nous qui ne regardons que sous nous. Quand les vignes gèlent en mon village, mon prêtre en argumente l'ire[1] de dieu sur la race humaine, et juge que la pépie[2] en tienne déjà les Cannibales. À voir nos guerres civiles, qui ne crie que cette machine se bouleverse, et que le jour du jugement nous prend au collet, sans s'aviser que plusieurs pires choses

1. Colère.
2. Soif.

Lopo Homem, carte portugaise de l'Éthiopie, la Perse et l'Inde, tirée de l'Atlas Miller, 1519 (enluminure ; BNF, Paris).

se sont vues, et que les dix mille parts du monde ne laissent pas de galler le bon temps[3] cependant ? Moi, selon leur licence[4] et impunité[5], admire[6] de les voir si douces et molles. À qui il grêle sur la tête, tout l'hémisphère semble être en tempête et orage. Et disait le Savoyard que si ce sot de roi de France eût su bien conduire sa fortune, il était homme pour devenir maître d'hôtel de son duc. Son imagination ne concevait autre plus élevée grandeur que celle de son maître. Nous sommes insensiblement tous en cette erreur : erreur de grande suite et préjudice. Mais, qui se présente[7] comme dans un tableau cette grande image de notre mère nature en son entière majesté ; qui lit en son visage une si générale et constante variété ; qui se remarque là dedans et, non soi, mais tout un royaume, comme un trait d'une pointe très délicate, celui-là seul estime les choses selon leur juste grandeur.

Ce grand monde, que les uns multiplient encore comme espèces sous un genre, c'est le miroir où il nous faut regarder pour nous connaître de bon biais. Somme[8], je veux que ce soit le livre de mon écolier. Tant d'humeurs, de sectes, de jugements, d'opinions, de lois et de coutumes, nous apprennent à juger sainement des nôtres, et apprennent notre jugement à reconnaître son imperfection et sa natu-

3. Prendre du bon temps.
4. Liberté excessive.
5. Absence de punition.
6. Je m'étonne.
7. Se représente.
8. Bref.

relle faiblesse : qui[9] n'est pas un léger apprentissage. Tant de remuements d'état et changements de fortune publique nous instruisent à ne faire pas grand miracle de la nôtre. Tant de noms, tant de victoires et conquêtes ensevelies sous l'oubliance[10] rendent ridicule l'espérance d'éterniser notre nom par la prise de dix argoulets[11] et d'un poulier[12] qui n'est connu que de sa chute. L'orgueil et la fierté de tant de pompes étrangères, la majesté si enflée de tant de cours et de grandeurs, nous fermit[13] et assure la vue à soutenir l'éclat des nôtres sans ciller les yeux[14]. Tant de milliasses[15] d'hommes enterrés avant nous, nous encouragent à ne craindre d'aller trouver si bonne compagnie en l'autre monde. Ainsi du reste.

9. Ce qui.
10. Oubli.
11. Archers.
12. Poulailler.
13. Affermit.
14. En restant impassible.
15. Quantité très grande.

Livre I, chapitre 26 (extrait), (orthographe modernisée), texte établi par R. Barral, éd. du Seuil, coll. « L'Intégrale », 1967.

LECTURE ANALYTIQUE

▸ **1.** Le premier paragraphe se compose de deux phrases : quelle relation le lecteur peut-il établir entre elles ?

▸ **2.** Retrouvez dans la suite du texte, en prenant appui sur le lexique, ce qui correspond à chacune des phrases du premier paragraphe. Différenciez ce qui constitue des arguments et ce qui relève de l'exemple. Reformulez la thèse de Montaigne.

▸ **3.** À quels domaines les différents exemples sont-ils empruntés ? D'où vient leur efficacité ?

▸ **4.** Récapitulez tout ce qu'apporte la fréquentation du monde. Dans quels domaines se trouvent ces apports ? Par quels procédés rhétoriques Montaigne met-il en valeur ces apports et leur importance dans l'éducation ?

RECHERCHE DOCUMENTAIRE

▸ Cherchez qui était Socrate et quelle philosophie il a inspirée. Dans quelles œuvres peut-on trouver son enseignement et sa méthode de raisonnement ?

GUIDE p. 163

TEXTE 2

L'intérêt pour la personne humaine conduit les penseurs de la Renaissance à réfléchir sur toutes les formes de châtiments, surtout lorsqu'elles portent atteinte à l'intégrité physique. Montaigne s'interroge ici sur la question de la torture.

C'est une dangereuse invention que celle des géhennes[1], et semble que ce soit plutôt un essai de patience[2] que de vérité. Et celui qui les peut souffrir cache la vérité, et[3] celui qui ne les peut souffrir. Car pourquoi la douleur me fera-t-elle plutôt confesser ce qui en est, qu'elle ne me forcera de dire ce qui n'est pas ? Et, au rebours, si celui qui n'a pas fait ce de quoi on l'accuse, est assez patient pour supporter ces tourments, pourquoi ne le sera celui qui l'a fait, un si beau guerdon[4] que de la vie lui étant proposé ? Je pense que le fondement de cette invention est appuyé sur la considération de l'effort de la conscience. Car, au coupable, il semble qu'elle aide à la torture pour lui faire confesser sa

1. Tortures.
2. Sens latin : capacité de supporter.
3. *Et... et* : de même que... de même.
4. Récompense.

Antoine Caron (1515-1593), *Arrestation et supplice de Thomas More, chancelier d'Henri VIII d'Angleterre* (peinture ; Château de Blois).

faute, et qu'elle l'affaiblisse ; et, de l'autre part, qu'elle fortifie l'innocent contre la torture. Pour dire vrai, c'est un moyen plein d'incertitude et de danger.

Que ne dirait-on, que ne ferait-on pour fuir à si graves douleurs ?

Etiam innocentes cogit mentiri dolor[5].

D'où il advient que celui que le juge a géhenné[6] pour ne le faire mourir innocent, il le fasse mourir et innocent et géhenné. Mille et mille en ont chargé leur tête de fausses confessions. Entre lesquels je loge Philotas[7], considérant les circonstances du procès qu'Alexandre lui fit et le progrès de sa géhenne.

Mais tant y a que c'est, dit-on, le moins mal que l'humaine faiblesse ait pu inventer.

Bien inhumainement pourtant et bien inutilement, à mon avis ! Plusieurs nations, moins barbares en cela que la grecque et la romaine qui les en appellent[8], estiment horrible et cruel de tourmenter et dérompre[9] un homme de la faute duquel vous êtes encore en doute. Que peut-il mais[10] de votre ignorance ? Êtes-vous pas injustes, qui, pour ne le tuer sans occasion, lui faites pis que le tuer ? Qu'il soit ainsi : voyez combien de fois il aime mieux mourir sans raison que de passer par cette information plus pénible que le supplice et qui

5. *La douleur force à mentir même les innocents.* (Publius Syrus, *Sentences*)

6. Torturé.

7. Grec auquel Alexandre fit un procès, selon l'écrivain Quinte-Curce.

8. Qui les appellent « barbares ».

9. Mettre en pièces.

10. En quoi est-il responsable de.

souvent, par son âpreté, devance le supplice, et l'exécute. Je ne sais d'où je tiens ce conte, mais il rapporte exactement la conscience de notre justice. Une femme de village accusait devant un général d'armée, grand justicier, un soldat pour avoir arraché à ses petits enfants ce peu de bouillie qui lui restait à les sustenter, cette armée ayant ravagé tous les villages à l'environ. De preuve, il n'y en avait point. Le général, après avoir sommé la femme de regarder bien à ce qu'elle disait, d'autant qu'elle serait coupable de son accusation si elle mentait, et elle persistant, il fit ouvrir le ventre au soldat pour s'éclaircir de la vérité du fait. Et la femme se trouva avoir raison. Condamnation instructive[11].

Livre II, chapitre 5, extrait (orthographe modernisée), texte établi par R. Barral, éd. du Seuil, coll. « L'Intégrale », 1967.

11. Servant à l'instruction de la procédure.

Antoine Caron, *Arrestation et supplice de Thomas More* (détail) ⇛ p. 37.

LECTURE ANALYTIQUE

▸ **1.** Torture et vérité, torture et conscience, torture et innocence : étudiez précisément les relations que Montaigne fait apparaître entre ces différentes notions. Qu'en déduit-il sur le plan de l'utilité juridique de la torture ?

▸ **2.** Définissez la position personnelle de l'auteur face à la torture. Identifiez et reformulez ses arguments en précisant à quels domaines ils se réfèrent.

▸ **3.** Que met en évidence le dernier exemple du texte ? Que prouve-t-il ?

▸ **4.** À partir de l'étude de la structure du texte et des liens logiques, analysez le mode de raisonnement de Montaigne. À quelle forme de discours appartient le texte ?

ÉCRITURE

▸ **Essai :** la torture n'a pas disparu dans les sociétés contemporaines. Dénoncez cette pratique dans un texte qui prendra la forme d'un manifeste. Utilisez des procédés rhétoriques variés pour donner du poids à vos arguments.

SYNTHÈSE

▸ À partir des extraits de cette séquence, regroupez et classez ce que furent les ambitions de la Renaissance et ses illusions. Cherchez dans un dictionnaire la définition du mot « humanisme ». Quels liens pouvez-vous établir entre les éléments trouvés et les différents sens du mot ?

GUIDE p. 163

7. Lire l'image

Raphaëllo Sanzio, dit Raphaël (1483-1520), *Chambre de la signature, l'École d'Athènes*, 1508-1511 (fresque ; Chambre de Raphaël, Vatican, Rome).

RECHERCHE DOCUMENTAIRE

▸ **1.** Qui était le peintre Raphaël ? D'où est-il originaire et à quelle époque a-t-il vécu ? Citez plusieurs artistes contemporains dont les noms sont restés attachés à la Renaissance italienne.

▸ **2.** Le tableau *L'École d'Athènes* regroupe de nombreux personnages dont voici quelques noms : Platon, Aristote, Épicure, Pythagore, Euclide, Diogène, Héraclite. Dites qui ils étaient et quelle est leur importance dans la culture antique.

LECTURE ANALYTIQUE

▸ **1.** Décrivez ce que vous voyez sur le tableau en précisant ce qu'a de particulier le décor (lignes, ampleur, symétries, profondeur, disproportions, délimitation de plans successifs) et ce qu'évoquent la multiplicité des personnages et leurs regroupements. Quelle impression d'ensemble donne le tableau ?

▸ **2.** Sachant que les personnages présents sont des savants de l'Antiquité et que le peintre leur a donné des visages d'artistes de la Renaissance (Platon/Léonard de Vinci, Héraclite/Michel Ange, Euclide/Bramante), cherchez quel peut être le sens du tableau. En quoi peut-on dire qu'il définit un idéal ? Précisez cet idéal en vous appuyant sur plusieurs textes de la séquence.

GUIDE p. 493

SÉQUENCE 2

L'humanisme et ses incertitudes

1. Érasme, *Éloge de la Folie* (1511)

*Dans l'*Éloge de la Folie*, Érasme fait parler la déesse Folie. Sous ce masque sont dénoncées les nombreuses inconséquences humaines, les erreurs des sens et de l'esprit. Le début du chapitre XL aborde la manière dont les hommes, avides de plaisirs, cherchent à échapper au châtiment de leurs fautes..*

TEXTE 1

Que dire de ceux qui se bercent agréablement de pardons imaginaires[1] accordés à leurs crimes, qui mesurent comme avec des clepsydres[2] les durées du Purgatoire, calculant sans la moindre erreur siècles, années, mois, heures, comme d'après une table mathématique. Et de ceux qui s'appuient sur certaines petites formules ou prières magiques qu'un pieux imposteur a inventées pour son plaisir ou son profit, et s'en promettent tout : richesses, honneurs, plaisirs, abondance, santé toujours florissante, très longue vie, verte vieillesse, et pour finir une place au Paradis, auprès du Christ, mais le plus tard possible, quand les voluptés de cette vie les abandonneront, malgré leurs efforts opiniâtres pour les retenir, et céderont la place aux délices célestes. Ici, disons un commerçant ou un soldat, ou un juge, s'imagine, avec une petite pièce de monnaie prélevée sur tant de rapines, avoir purifié d'un seul coup ce marais de Lerne[3] qu'est sa vie, et estime que tant de parjures, tant de débauches, tant d'ivrogneries, tant de rixes[4], tant de meurtres, tant d'impostures, tant de perfidies, tant de trahisons

1. Il s'agit des indulgences, ou rachat des péchés contre de l'argent.
2. Horloges à eau, utilisées dans l'Antiquité.
3. Marais où, selon le mythe, Hercule tua l'hydre, monstre à sept têtes. Le mot évoque ici une vie corrompue.
4. Bagarres.

Hans Holbein le Jeune (1497-1543), *Portrait d'Érasme de Rotterdam*, 1523 (détrempe sur bois, 43 x 33 cm ; Musée du Louvre, Paris).

sont rachetés comme par un contrat, et si bien rachetés qu'il peut maintenant repartir à neuf pour un nouveau cycle de crimes. Et quoi de plus fou, que dis-je ? quoi de plus heureux que ceux qui, pour avoir récité chaque jour sept petits versets des Psaumes sacrés se promettent la félicité suprême, et au-delà ? Et ces petits versets magiques, c'est un démon, facétieux certes, mais plus étourdi que malin qui, croit-on, les a indiqués à saint Bernard, mais fut pris à son propre piège, le pauvre ! Et de pareilles folies, si folles qu'elles me font presque honte, sont approuvées non seulement du vulgaire[5] mais de ceux qui enseignent la religion.

Et maintenant, est-ce que ce n'est pas à peu près la même chose quand chaque pays revendique pour lui-même un saint particulier, lui confère des attributions particulières, lui rend un culte avec des rites particuliers : celui-ci guérit la rage de dents, celui-là assiste les femmes en couches, un autre restitue les objets volés, celui-ci apparaît en sauveur au milieu du naufrage, celui-là protège le troupeau, et ainsi de suite, car il serait trop long de faire un recensement complet. Il y en a qui à eux seuls valent pour plusieurs choses, surtout la Vierge mère de Dieu, à qui le commun des hommes attribue presque plus de pouvoirs qu'à son Fils.

Chapitre XL (extrait), trad. C. Blum, éd. Robert Laffont, coll. « Bouquins », 1992.

5. De la foule.

RECHERCHE DOCUMENTAIRE

▸ **1.** Cherchez quelle était la nationalité d'Érasme et dans quelle langue il écrivait.

▸ **2.** Qu'appelle-t-on *trafic des indulgences* ? Cherchez dans un livre d'histoire à quelle époque et à quelles pratiques renvoie cette expression. Dites aussi qui en est à l'origine et quelles ont été les conséquences de leur dénonciation dans toute l'Europe.

▸ **3.** Cherchez à quels saints on attribue certains des pouvoirs énumérés dans le deuxième paragraphe.

▸ **4.** Rapprochez le titre *Éloge de la Folie* de l'illustration qui figure p. 55 : quels sont les éléments communs ?

LECTURE ANALYTIQUE

▸ **1.** Religion et superstition : à travers quels termes ces deux domaines sont-ils abordés ? Quels sont, d'après le texte, les objectifs visés par la pratique que les hommes ont de l'une et de l'autre ?

▸ **2.** Qu'est-ce qui est mis en évidence dans le deuxième paragraphe ? Quel rapport celui-ci entretient-il avec le premier ?

▸ **3.** En prenant appui sur le lexique, les connotations, certaines figures et certains procédés rhétoriques récurrents, précisez le registre du passage.

▸ **4.** Quelle image de la vie humaine cet extrait donne-t-il aux lecteurs du début du XVIe siècle ?

GUIDE p. 163-164-494

TEXTE 2

La déesse Folie examine de façon critique les divers groupes qui composent la société. Après les hommes d'Église, ce sont les rois et les princes qui font l'objet de sa réflexion.

Mais le prince est à une place telle que s'il s'écarte un tant soit peu de la moralité, aussitôt une grave épidémie se propage chez la plupart des hommes. Puis, comme la condition de prince apporte avec elle trop de choses qui d'ordinaire écartent du droit chemin, tels que les plaisirs, l'absence de contraintes, la flatterie, le luxe, il doit redoubler d'efforts et bien se tenir en garde pour ne pas manquer à son devoir, même par erreur. Enfin, sans parler des pièges, des haines, de tous les autres dangers et des craintes, au-dessus de sa tête se tient le roi véritable qui va bientôt lui demander compte même de ses moindres fautes, avec d'autant plus de sévérité qu'il aura exercé un plus grand pouvoir. Si un prince, disais-je, soupesait ces choses et bien d'autres semblables (or il les soupèserait s'il était sage), il ne pourrait, je crois, prendre aucun plaisir à dormir ou à manger. Mais voilà que, par ma faveur, ils abandonnent aux dieux tous ces soucis, ne s'occupent confortablement que d'eux-mêmes et ne laissent venir jusqu'à leur oreille que celui qui sait leur dire des choses agréables, de peur que n'apparaisse dans leur âme quelque inquiétude. Ils croient avoir rempli honnêtement tout leur rôle de prince s'ils chassent assidûment, s'ils entretiennent de bons chevaux, s'ils vendent à leur profit magistratures et dignités, s'ils inventent chaque jour de nouveaux moyens pour réduire les ressources des citoyens et les faire passer dans leur cassette[1], mais en trouvant des prétextes appropriés pour que la chose présente tout de même un semblant d'équité[2], même si elle est totalement inique[3]. Ils y ajoutent délibérément un brin de flatterie pour s'attacher tant bien que mal les masses populaires. Figurez-vous maintenant, il y en a quelquefois, un homme ignorant des lois, presque ennemi du bien public, occupé de son bien personnel, adonné aux plaisirs, haïssant le savoir, haïssant la liberté et la vérité, qui a pour dernier souci la prospérité de l'État, mesurant tout selon sa passion et ses intérêts. Donnez-lui ensuite le collier d'or, symbole de l'accord de toutes les vertus réunies ; puis une couronne ornée de pierres précieuses, pour lui rappeler qu'il doit surpasser tous les autres hommes dans toutes les vertus héroïques[4] ; de plus, le sceptre, emblème de la justice et d'un cœur toujours incorruptible ; enfin la pourpre[5], signe d'un amour ardent du bien public. Si le prince compare ses objets avec sa vie, je crois qu'il aura grand honte de ces ornements et il redoutera qu'un interprète moqueur ne tourne en dérision et en plaisanterie tout cet attirail de théâtre.

Chapitre LV (extrait), trad. C. Blum, éd. Robert Laffont, coll. « Bouquins », 1992.

1. Trésor personnel du prince.
2. Justice.
3. Injuste.
4. La foi, l'espérance et la charité, c'est-à-dire les vertus théologales, qui ont Dieu comme objet.
5. Couleur rouge foncé, symbole de la dignité impériale.

Hans Holbein le Jeune (1497-1543), *Portrait d'Henri VIII*, 1539 / 1540 (détrempe sur bois, 88,3 x 74,9 cm ; Galleria Nazionale, Rome).

LECTURE ANALYTIQUE

▸ **1.** Retrouvez dans le texte les indices de la présence de celle qui parle et des destinataires du message. Quel rôle se donne celle qui parle ? Comment fait-elle participer ses interlocuteurs ?

▸ **2.** À partir de l'étude des champs lexicaux, classez ce qui, dans le texte, exprime les risques de la condition de prince ainsi que la réalité de l'exercice du pouvoir. En quoi peut-on dire que le texte fait apparaître un idéal ?

▸ **3.** Observez les articulations du texte : sont-elles logiques ou chronologiques ? Quelle est la forme de discours utilisée ? Quelles sont les étapes de la démonstration ?

▸ **4.** Quelle est la force et quelle est la fonction de la dernière partie du texte (de *Figurez-vous* jusqu'à *théâtre*, l. 25-37) ? Sur quels aspects du pouvoir met-elle l'accent ?

▸ **5.** Observez le portrait ci-dessus et retrouvez tous les éléments qui peuvent renvoyer à ce qui est dit dans le texte.

ÉCRITURE

▸ **Résumé :** résumez au quart de sa longueur le début du texte (jusqu'à *à manger*, l. 13). Veillez à respecter le système d'énonciation et le ton du passage.

▸ **Commentaire :** en prenant appui sur la lecture analytique de ce texte, élaborez un commentaire dans lequel vous étudierez particulièrement les critiques qui visent les princes, puis la fonction réelle du prince et sa fonction souhaitable telles que les présente Érasme.

▸ **Réécriture :** en utilisant les antonymes pertinents et sans modifier la syntaxe, dans la mesure du possible, réécrivez la phrase *Figurez-vous... intérêts* (l. 25-29) pour faire apparaître l'évocation du prince idéal.

GUIDE p. 163-164-494

Benozzo Gozzoli (1420-1498), *Laurent le Magnifique* (détail) (fresque de la Chapelle du palais Medici Riccardi, Florence).

2. Nicolas Machiavel, *Le Prince* (1532)

Dans son essai Le Prince, *dédié à Laurent de Médicis, l'Italien Nicolas Machiavel réfléchit sur la fonction du prince dans l'État. Il défend l'idée selon laquelle, dans l'art de gouverner, la fin justifie les moyens.*

Rien n'est plus vrai qu'il est glorieux à un Prince de garder sa parole, de vivre dans l'intégrité et non dans l'astuce. Cependant, l'on a vu de nos jours que les Princes qui se sont distingués le plus, n'ont pas été scrupuleux sur cet article[1], et qu'à force de fourberie, ils ont tourné le cerveau des hommes à tel point qu'ils ont enfin pris le dessus sur ceux qui se fiaient à leur loyauté.

Mais il faut savoir qu'il y a deux manières de combattre les hommes : l'une est par la force, et l'autre par les lois. Nous tenons la première des bêtes, et la seconde des hommes. Mais comme cette dernière ne suffit pas toujours, il faut souvent avoir recours à l'autre. Il faut donc qu'un Prince sache être homme et bête à propos. Cette leçon est donnée aux Princes, d'une manière allégorique, par les écrivains de l'Antiquité, lorsqu'ils nous content qu'Achille et quelques autres Princes anciens furent nourris par le Centaure Chiron, qui les garda sous sa discipline[2] ; et cela pour signifier qu'ayant un précepteur demi-homme et demi-bête, il fallait que les Souverains apprissent à se servir à propos de l'un et de l'autre ; et qu'en séparant ces deux natures, il leur était impossible de subsister longtemps.

Donc, puisqu'un Prince est obligé de savoir imiter les bêtes en temps et lieu, il doit surtout prendre pour modèles le Lion et le Renard : le Lion ne sait pas éviter les filets ; le Renard ne peut se défendre contre les Loups. Il faut donc être Renard pour découvrir les pièges, et Lion pour se défaire des Loups. Ceux qui se contentent d'être Lions, manquent d'intelligence.

Un Prince, donc, ne peut ni ne doit tenir sa parole que lorsqu'il le peut sans se faire de tort, et que les circonstances dans lesquelles il a contracté un engagement subsistent encore. Cependant, si le genre humain n'était point corrompu, ce précepte ne vaudrait rien ; mais comme les hommes sont des scélérats, et qu'ils vous manquent à tout

1. Ce point.
2. Qui les soumit à son enseignement. Chiron, déjà doué de sagesse, au contraire des autres Centaures, avait reçu d'Apollon et d'Artémis l'art de la médecine et de la chasse ; il fut l'éducateur de nombreux héros.

moment de parole, vous n'êtes point obligé non plus de leur garder la vôtre ; et vous ne manquerez jamais d'occasions légitimes pour la rompre.

Je pourrais rapporter ici mille exemples modernes de la perfidie des Princes, et montrer combien d'engagements et de traités ont été rompus par leur félonie[3]. Le plus heureux est celui qui sait faire le Renard mieux que les autres. Mais il faut savoir se bien cacher et entendre l'art de dissimuler : car les hommes seront toujours assez simples et assez pressés par les besoins présents pour que celui qui veut tromper trouve toujours des dupes.

Je n'en veux point taire un exemple récent. Alexandre VI[4] ne fit jamais rien d'autre que tromper les hommes ; il n'avait jamais que cela dans l'esprit ; et jamais il ne manqua d'occasions d'exercer ses perfidies. Plus il employait de serments pour appuyer une chose, moins il l'observait. Cependant, il réussit toujours dans ces fourberies, parce qu'il connaissait parfaitement la faiblesse des hommes sur la crédulité.

Il n'est donc pas absolument nécessaire qu'un Prince ait toutes les bonnes qualités dont nous avons parlé jusqu'ici ; mais il est nécessaire qu'il paraisse les avoir. Je dirai même que s'il les mettait en usage, elles lui nuiraient ; mais elles lui serviront, si on est seulement persuadé qu'il les a. Il est par conséquent nécessaire de paraître pitoyable, fidèle, doux, religieux et droit ; et il faut l'être en effet ; mais il faut rester assez maître de soi pour se montrer tout différent si c'est nécessaire. Je suis persuadé qu'un Prince, et surtout un Prince nouveau[5], ne peut impunément exercer toutes les vertus, parce que l'intérêt de sa conservation l'oblige à agir contre l'humanité, la charité et la religion. Ainsi, il doit prendre le parti de s'accommoder aux vents et aux caprices de la Fortune, de se maintenir dans le bien, s'il le peut, mais d'entrer dans le mal, s'il le doit.

Chapitre 18 (extrait), trad. A. t'Serstevens, éd. Librio, 1997.

3. Acte déloyal.
4. Pape de 1492 à 1503, il mena une vie de grand seigneur plus que d'homme d'Église.
5. C'est-à-dire un Prince de la Renaissance.

RECHERCHE DOCUMENTAIRE

▸ Cherchez dans un manuel d'histoire au moins un exemple de rupture d'un traité par un homme à la tête du pouvoir. Précisez les circonstances.

LECTURE ANALYTIQUE

▸ **1.** En prenant appui sur les champs lexicaux, dites quel est le thème du texte. Par l'identification des liens logiques, précisez quelle est la forme de discours utilisée. Celui qui parle est-il présent dans le texte ?

▸ **2.** Mettez en parallèle le premier paragraphe et le début du deuxième. Qu'observez-vous ? Comment celui qui parle passe-t-il de l'affirmation du début à la conclusion qui termine le paragraphe 2 ? Décomposez les étapes du raisonnement.

▸ **3.** Quel procédé d'écriture celui qui parle utilise-t-il constamment ? Quelle en est l'utilité ?

▸ **4.** Qualités des princes, défauts des hommes : comment Machiavel associe-t-il ces deux éléments ? Quel en est le lien ?

▸ **5.** Quelle(s) leçon(s) ce texte donne-t-il concernant les rapports entre l'exercice du pouvoir et la vertu, authentique ou apparente ? Le message est-il le même selon que le récepteur est un prince ou un « sujet » ?

ÉCRITURE

▸ **Essai :** en prenant appui sur la lecture d'extraits de ce manuel traitant du pouvoir politique, vous expliciterez la dernière phrase du texte de Machiavel. Vous direz en particulier ce que peut signifier *s'accommoder aux vents et aux caprices de la Fortune* et quels sont les dangers d'un tel comportement pour un prince. Vous chercherez ensuite si l'on peut trouver des justifications à l'action d'*entrer dans le mal*.

GUIDE p. 163-164-194

3. François Rabelais, *Gargantua* (1534)

Une guerre a éclaté pour un motif infime entre Grandgousier, père de Gargantua, et son voisin Picrochole. Ce dernier attaque brutalement les terres de Grandgousier, qui se défend. Mais comme il souhaite la paix, il envoie à Picrochole un maître des requêtes, Ulrich Gallet.

« Il n'y a donc rien de surprenant si le roi Grandgousier, mon maître[1], devant ton intrusion folle et inamicale, est saisi d'un grand serrement de cœur et sent sa raison se troubler. Ce qui serait surprenant ce serait qu'il ne se soit pas ému des excès sans pareils que toi et tes gens avez causés à ses terres et à ses sujets : il n'est aucun exemple d'inhumanité que vous ayez négligé, ce qui en soi lui cause plus de peine qu'homme mortel ne saurait en ressentir, du fait de l'affection qu'il a toujours témoignée du fond du cœur à ses sujets. Cependant, autant qu'homme puisse en juger, sa douleur est d'autant plus grande que c'est toi et les tiens qui lui avez causé ces peines et ces torts, toi qui avais conclu avec lui un traité d'amitié comme de mémoire d'homme et de tout temps tes pères l'avaient fait avec ses ancêtres. Cette amitié était jusqu'alors restée inviolée : vous l'aviez préservée et entretenue, la tenant pour sacrée, si bien que non seulement lui et les siens, mais aussi les nations barbares[2], Poitevins, Bretons, Manceaux[3] et ceux qui habitent par-delà les îles de Canarre[4] et d'Isabella[5], ont estimé qu'il serait plus difficile de faire crouler le firmament et d'ériger les abîmes au-dessus des nuées que de détruire votre alliance. Elle leur en a tant imposé dans leurs entreprises que jamais ils n'ont osé provoquer, irriter ou léser l'un par crainte de l'autre.

Il y a plus. Cette amitié sacrée a tant empli le ciel qu'il y a peu de gens aujourd'hui sur le continent et dans les îles de l'Océan qui n'aient nourri l'ambition d'être admis dans cette alliance aux conditions que vous avez fixées vous-mêmes ; ils tenaient à votre union autant qu'à leurs terres et domaines propres. De sorte que, de mémoire d'homme, on n'a vu prince ni ligue, quels qu'aient été leur sauvagerie ou leur orgueil, qui aient osé attaquer, je ne dirai pas vos terres, mais celles de vos alliés. Et s'ils ont tenté contre eux, sur une décision précipitée, quelque attaque inopinée[6], à la seule mention du nom et de l'intitulé de votre alliance, ils ont subitement renoncé à leur entreprise.

De quelle rage es-tu donc pris à présent, toute alliance brisée, toute amitié foulée aux pieds, tout droit violé, pour envahir ses terres avec des intentions belliqueuses sans avoir été en rien lésé, bravé ou provoqué par lui ou les siens ? Où est la foi ? Où est la loi ? Où est la raison ? Où est l'humanité ? Où est la crainte de Dieu ? Prétends-tu que ces outrages puissent être cachés aux esprits éternels et au Dieu souverain, le juste rémunérateur de nos entreprises ? Si tu le prétends,

1. C'est Ulrich Gallet qui parle à Picrochole.
2. Étrangères (avec une connotation péjorative).
3. Allusion à une victoire de Charles VIII (en 1488) sur les Poitevins, les Bretons, les habitants du Mans. Il avait ainsi annexé la Bretagne.
4. Île imaginaire.
5. Haïti. Christophe Colomb y fonda la ville d'Isabella.
6. Imprévue.

Jan Brueghel (1568-1625), *Le Triomphe de la Mort* (détail), d'après Pieter Brueghel, 1597 (peinture ; Landesmuseum Johanneum, Graz).

tu te trompes, car toutes choses doivent tomber sous le coup de sa justice. Est-ce un destin marqué par la fatalité ou quelque influence astrale qui voudrait mettre fin à ton bien-être et à ta quiétude ? C'est ainsi que toutes choses ont un aboutissement et un point d'équilibre et, quand elles sont parvenues à leur apogée, elles s'effondrent, ce sont des ruines, car elles ne peuvent se maintenir plus longtemps dans un tel état. C'est le sort de ceux qui ne peuvent modérer par la raison et le sens de la mesure leur bonne fortune et leur prospérité. »

Chapitre 31 (extrait),
translation[7] de G. Demerson, éd. du Seuil, 1973.

7. Réécriture en français moderne.

LECTURE ANALYTIQUE

▸ **1.** Observez la structure du texte, les liens logiques, l'utilisation de la deuxième personne : à quelle forme de discours appartient le passage ?

▸ **2.** À partir d'un repérage lexical précis, déterminez sur quoi est mis l'accent dans les lignes 1-8, 8-20, 21-30, 31-45. Utilisez aussi les temps des verbes pour répondre à cette question.

▸ **3.** Quelle gradation le lecteur peut-il observer d'une étape à l'autre du discours ? Sur quoi porte-t-elle ? Quelle est son efficacité dans l'argumentation ?

▸ **4.** Persuader ? Convaincre ? Gallet cherche-t-il l'un, l'autre ou les deux ? Justifiez votre réponse.

▸ **5.** Quelle critique de la guerre et quelle leçon de morale politique et humaine le lecteur peut-il trouver dans cet extrait ?

ÉCRITURE

▸ **Transposition :** transposez au style indirect le début du dernier paragraphe (jusqu'à *sa justice*, l. 39). La volonté de persuader de celui qui parle paraît-elle aussi sensible ? Qu'est-ce qui a disparu dans le discours indirect ?

ORAL

▸ Préparez une lecture expressive du dernier paragraphe du texte, en tenant compte de son registre.

GUIDE p. 163-164-494

Antoine Caron (1515-1593), *Massacres du Triumvirat,* 1566 (peinture, 116 x 195 cm ; Musée du Louvre, Paris).

4. Pierre de Ronsard, *Discours des misères de ce temps* (1562)

Dans le conflit religieux qui oppose catholiques et protestants, Ronsard prend position contre les réformés, qui menacent selon lui l'autorité royale et l'unité du pays.

Ce monstre[1] arme le fils contre son propre père,
Et le frère, ô malheur, arme contre son frère,
La sœur contre la sœur, et les cousins germains
Au sang de leurs cousins veulent tremper leurs mains,
L'oncle fuit son neveu, le serviteur son maître,
La femme ne veut plus son mari reconnaître.
Les enfants sans raison disputent de la foi,
Et tout à l'abandon va sans ordre et sans loi.
L'artisan par ce monstre a laissé sa boutique,
Le pasteur ses brebis, l'avocat sa pratique[2],
Sa nef le marinier, sa foire le marchand,
Et par lui le prud'homme est devenu méchant.

1. L'*opinion,* c'est-à-dire la pensée réformée.
2. Sa clientèle.

L'écolier[3] se débauche, et de sa faux tortue[4]
Le laboureur façonne une dague pointue,
Une pique guerrière il fait de son râteau
Et l'acier de son coutre[5] il change en un couteau.
Morte est l'autorité : chacun vit à sa guise,
Au vice déréglé la licence est permise,
Le désir, l'avarice, et l'erreur insensé[6]
Ont sens dessus dessous le monde renversé.
  On a fait des lieux saints une horrible voirie[7],
Un assassinement et une pillerie :
Si bien que Dieu n'est sûr en sa propre maison.
Au ciel est revolée[8] et Justice et Raison,
Et en leur place hélas ! règnent le brigandage,
La force, les couteaux, le sang et le carnage.
  Tout va de pis en pis : les cités qui vivaient
Tranquilles ont brisé la foi qu'elles devaient ;
Mars[9] enflé de faux zèle et de vaine apparence
Ainsi qu'une furie agite notre France,
Qui farouche à son prince[10], opiniâtre suit
L'erreur d'un étranger[11], qui folle la conduit.
  Tel voit-on le poulain dont la bouche trop forte
Par bois et par rochers son écuyer emporte,
Et malgré l'éperon, la houssine[12], et la main,
Se gourme de[13] sa bride, et n'obéit au frein ;
Ainsi la France court en armes divisée,
Depuis que la raison n'est plus autorisée[14].

Vers 115-193 (orthographe modernisée).

3. L'étudiant.
4. Recourbée.
5. Fer tranchant fixé en avant du soc d'une charrue.
6. Au XVIe siècle, *erreur* était masculin.
7. Dépôt d'ordures.
8. Est retournée en volant. Le verbe a en fait pour sujet les deux noms *Justice et Raison.*
9. Dieu de la guerre.
10. Rebelle contre son roi.
11. Il s'agit de Luther.
12. Cravache faite d'une baguette de houx.
13. Se révolte contre.
14. N'a plus d'autorité.

RECHERCHE DOCUMENTAIRE

▸ **1.** À partir d'un manuel d'histoire, faites une recherche donnant les grandes lignes des guerres de religion : causes, dates, forces en présence, faits principaux, conséquences…

▸ **2.** Mars est le dieu de la guerre chez les Romains. Cherchez quels sont les principaux dieux du panthéon romain et quelles sont leurs fonctions.

LECTURE ANALYTIQUE

▸ **1.** Par l'observation des alinéas et de certains champs lexicaux, étudiez qui est concerné par les méfaits de l'*opinion*. Quelle classification et quelle évolution constatez-vous dans le texte ? Qui Ronsard cherche-t-il à toucher ?

▸ **2.** À partir de l'étude du lexique, dites ce que dénonce le texte, dans les relations entre particuliers, puis concernant le pays tout entier.

▸ **3.** Repérez, classez et analysez tous les procédés de style (y compris le lexique et ses connotations) qui traduisent les prises de position de Ronsard. Contre quels dangers met-il son lecteur en garde ?

▸ **4.** En quoi peut-on dire de ce texte qu'il est engagé ? Dites comment l'écriture versifiée sert le projet dénonciateur du poète, en l'inscrivant dans un registre que vous préciserez et dont vous analyserez la force.

ÉCRITURE

▸ **Réécriture :** relisez les vers 9 à 16. Quelles images contemporaines un poète d'aujourd'hui pourrait-il y trouver ? Rédigez un court paragraphe en prose s'inspirant du procédé utilisé par Ronsard pour faire apparaître des comportements liés à la situation de guerre civile.

GUIDE p. 163-371-374

Pieter Brueghel le Vieux (1515-1569), *Le Triomphe de la Mort* (détail), 1562 (peinture ; Musée du Prado, Madrid).

5. Agrippa d'Aubigné, *Les Tragiques* (1575-1616)

Après avoir évoqué la France en guerre, Agrippa d'Aubigné, poète issu d'une famille protestante, dépeint les malheurs des populations civiles pendant les guerres de religion.

J'ai vu le reître noir[1] foudroyer au travers[2]
Les masures de France, et comme une tempête,
Emporter ce qu'il put, ravager tout le reste ;
Cet amas affamé nous fit à Montmoreau[3]
Voir la nouvelle horreur d'un spectacle nouveau.
Nous vînmes sur leurs pas, une troupe lassée
Que la terre portait, de nos pas harassée[4].
Là de mille maisons on ne trouva que feux,
Que charognes, que morts ou visages affreux.
La faim va devant moi, force est que je la suive.
J'ouïs d'un gosier mourant une voix demi-vive :
Le cri me sert de guide, et fait voir à l'instant
D'un homme demi-mort le chef[5] se débattant,
Qui sur le seuil d'un huis[6] dissipait[7] sa cervelle.
Ce demi-vif la mort à son secours appelle
De sa mourante voix, cet esprit demi-mort
Disait en son patois (langue de Périgord[8]) ;
« Si vous êtes Français, Français, je vous adjure,
Donnez secours de mort, c'est l'aide la plus sûre
Que j'espère de vous, le moyen de guérir ;
Faites-moi d'un bon coup et promptement mourir.
Les reîtres m'ont tué par faute de viande[9],
Ne pouvant ni fournir ni ouïr leur demande ;
D'un coup de coutelas l'un d'eux m'a emporté
Ce bras que vous voyez près du lit à côté ;
J'ai au travers du corps deux balles de pistole[10] ».
Il suivit[11], en coupant d'un grand vent[12] sa parole :
« C'est peu de cas encore et de pitié de nous[13] ;
Ma femme en quelque lieu, grosse, est morte de coups.
Il y a quatre jours qu'ayant été en fuite
Chassés à la minuit, sans qu'il nous fût licite
De sauver nos enfants liés en leurs berceaux[14],
Leurs cris nous appelaient, et entre ces bourreaux
Pensant les secourir nous perdîmes la vie.
Hélas ! si vous avez encore quelque envie
De voir plus de malheur, vous verrez là dedans
Le massacre piteux[15] de nos petits enfants. »

Livre I, vers 372-408
(langue et orthographe modernisées).

1. Cavalier allemand mercenaire, portant une armure d'acier sombre.
2. Lancer la foudre à travers.
3. Ville des Charentes qui avait particulièrement souffert des guerres de religion.
4. *Une troupe lassée… de nos pas harassée :* l'ensemble du groupe se rapporte à *nous* ; *harassée* : épuisée.
5. Tête.
6. Porte.
7. Répandait.
8. En fait le dialecte charentais.
9. Faute de nourriture (que je n'avais à leur donner).
10. Pistolet.
11. Poursuivit.
12. Soupir.
13. Nous sommes un petit sujet de pitié.
14. À l'époque, on attachait les nourrissons pour les empêcher de tomber.
15. Pitoyable.

LECTURE ANALYTIQUE

▶ **1.** Observez les termes qui désignent des maisons ou des parties de maison. Quelle progression peut-on observer à l'intérieur du passage ? Quel est l'effet créé ? Comment pourrait être rendu cet effet sous une forme cinématographique ?

▶ **2.** Étudiez les champs lexicaux dominants à partir du vers 11. Sur quoi le narrateur insiste-t-il ? Quel est le registre de l'extrait ? Comment ce registre est-il servi par l'écriture poétique ?

▶ **3.** Le narrateur se présente comme témoin. N'est-il que cela ? Quels éléments du texte permettent de répondre à cette question ?

▶ **4.** À partir des réponses aux questions précédentes et en étudiant d'autres procédés d'écriture, dites en quoi on peut parler ici d'un texte engagé.

ÉCRITURE

▶ **Essai :** à partir des deux textes de Ronsard et d'Agrippa d'Aubigné, ainsi que de divers textes engagés, vous vous demanderez dans quelle mesure l'écriture poétique peut constituer une arme.

▶ **Transposition :** rapportez en prose la scène décrite à partir du vers 11 ;
– sous forme de dépêche d'agence rapportant les faits de manière objective et concise ;
– sous forme d'article développé mettant en relief la sauvagerie des actes de guerre à l'encontre des populations civiles ;
– sous forme de réquisitoire dénonçant avec violence les actes de barbarie.

GUIDE p. 163-494

6. Montaigne, *Essais* (1580-1588-1595)

Dans l'« Apologie de Raymond Sebond », Montaigne s'interroge sur la faiblesse de l'homme, la fragilité de la raison humaine, et, dans cet extrait, sur la diversité des lois, qu'il vient d'évoquer.

TEXTE 1

Que nous dira donc en cette nécessité la philosophie ? Que nous suivions les lois de notre pays ? c'est-à-dire cette mer flottante des opinions d'un peuple ou d'un prince, qui me peindront la justice d'autant de couleurs et la reformeront en autant de visages qu'il y aura en eux de changements de passion ? Je ne puis pas avoir le jugement si flexible. Quelle bonté est-ce que je voyais hier en crédit[1], et demain plus, et que le trait d'une rivière fait crime ?

Quelle vérité que ces montagnes bornent, qui est mensonge au monde qui se tient au-delà ?

Mais ils sont plaisants quand, pour donner quelque certitude aux lois, ils disent qu'il y en a aucunes[2] fermes, perpétuelles et immuables, qu'ils nomment naturelles, qui sont empreintes en l'humain genre par la condition de leur propre essence[3]. Et, de celles-là, qui en fait le nombre de trois, qui de quatre, qui plus, qui[4] moins : signe que c'est une marque aussi douteuse que le reste. Or ils sont si défortunés[5] (car comment puis-je autrement nommer cela que défortune, que d'un

1. En faveur.
2. Quelques-unes.
3. Nature.
4. L'un… un autre.
5. Infortunés.

nombre de lois si infini il ne s'en rencontre au moins une que la fortune et témérité du sort ait permis être universellement reçue par le consentement de toutes les nations ?), ils sont, dis-je, si misérables que de ces trois ou quatre lois choisies il n'en y a une seule qui ne soit contredite et désavouée, non par une nation, mais par plusieurs. Or c'est la seule enseigne[6] vraisemblable, par laquelle ils puissent argumenter aucunes lois naturelles, que l'université de l'approbation. Car ce que nature nous aurait véritablement ordonné, nous l'ensuivrions[7] sans doute d'un commun consentement. Et non seulement toute nation, mais tout homme particulier, ressentirait la force et la violence que lui ferait celui qui le voudrait pousser au contraire de cette loi. Qu'ils m'en montrent, pour voir, une de cette condition. Protagoras et Ariston[8] ne donnaient autre essence à la justice des lois que l'autorité et opinion du législateur ; et que, cela mis à part, le bon et l'honnête perdaient leurs qualités et demeuraient des noms vains de choses indifférentes. Thrasimaque, en Platon[9], estime qu'il n'y a point d'autre droit que la commodité du supérieur. Il n'est chose en quoi le monde soit si divers qu'en coutumes et lois. Telle chose est ici abominable qui apporte recommandation ailleurs, comme en Lacédémone[10] la subtilité de dérober. Les mariages entre les proches sont capitalement défendus entre nous, ils sont ailleurs en honneur,

gentes esse feruntur
In quibus et nato genitrix, et nata parenti
Jungitur, et pietas geminato crescit amore[11].

Le meurtre des enfants, meurtre des pères, communication de femmes, trafic de voleries, licence à toutes sortes de voluptés, il n'est rien en somme si extrême qui ne se trouve reçu par l'usage de quelque nation.

Il est croyable qu'il y a des lois naturelles, comme il se voit ès[12] autres créatures ; mais en nous elles sont perdues, cette belle raison humaine s'ingérant partout de maîtriser et commander, brouillant et confondant le visage des choses selon sa vanité et inconstance. *Nihil itaque amplius nostrum est : quod nostrum dico, artis est*[13].

Les sujets ont divers lustres[14] et diverses considérations ; c'est de là que s'engendre principalement la diversité d'opinions. Une nation regarde un sujet par un visage, et s'arrête à celui-là ; l'autre, par un autre.

Livre II, chapitre 12 (extrait, orthographe modernisée),
in *Œuvres complètes*, texte établi par R. Barral,
éd. du Seuil, coll. « L'Intégrale », 1967.

6. Critère.
7. Suivre.
8. Protagoras est un sophiste grec du Ve siècle av. J.-C. Ariston est un philosophe du IIIe siècle av. J.-C.
9. Référence à la *République* de Platon, livre I. Platon est un philosophe grec du IVe siècle av. J.-C.
10. Sparte.
11. *On rapporte qu'il y a des nations où la mère s'unit à son fils et le père à sa fille, et où l'affection familiale est doublée par l'amour* (Ovide, *Métamorphoses*, Livre X).
12. Dans les.
13. *Ainsi il n'est rien qui soit vraiment nôtre, et ce que je crois nôtre n'est qu'artifice* (Cicéron, *Des Fins*, V, 21).
14. Aspects.

LECTURE ANALYTIQUE

▶ **1.** À partir du paratexte et de la deuxième phrase du texte, dites sur quoi porte la question initiale.

▶ **2.** Étudiez la première réponse et la manière dont elle est démontrée. Qu'est-ce qui est mis en relief concernant la vérité et la justice ?

▶ **3.** À partir de quel moment est-il question d'autres lois ? Lesquelles ? Étudiez leurs caractéristiques. Par quelle argumentation Montaigne récuse-t-il leur fiabilité ? Identifiez les arguments, les exemples et les procédés rhétoriques qui les rendent efficaces.

▶ **4.** La question de la diversité des lois et de leur manque de fiabilité a selon Montaigne une explication humaine : laquelle ? Cette question a pour conséquence des dangers importants pour les sociétés : lesquels ? (Ils sont sous-jacents dans le texte).

ÉCRITURE

▸ **Argumentation :** les lois relèvent-elles du domaine de l'opinion ? En vous fondant sur vos connaissances civiques et juridiques, et notamment sur la manière dont sont élaborées les lois à notre époque, vous chercherez quelles peuvent être leurs relations avec la notion d'opinion. Vous en déduirez certaines caractéristiques des lois.

▸ **Essai :** expliquez, en la développant, la phrase de la ligne 6 et cherchez quels dangers elle met implicitement en cause dans l'exercice de la justice et la recherche de la vérité.

GUIDE p. 163

Diego Duran, *Rencontre de Cortès et des envoyés de l'empereur Moctezuma*, in *Historia de los Indios*, 1579 (Bibliothèque Nationale, Madrid).

TEXTE 2

L'année 1492 a bouleversé les connaissances et les croyances. Marqués par la découverte de contrées inconnues, les humanistes du XVIe siècle ouvrent une réflexion sur la différence des civilisations. Le passage qui suit fait référence à la découverte de l'Amérique.

Notre monde vient d'en trouver un autre[1] (et qui nous répond si c'est le dernier de ses frères, puisque les démons, les sibylles[2] et nous, avons ignoré cettui-ci[3] jusqu'asteure[4] ?) non moins grand, plein et membru que lui, toutefois si nouveau et si enfant qu'on lui apprend encore son a, b, c ; il n'y a pas cinquante ans qu'il ne savait ni lettres, ni poids, ni mesure, ni vêtements, ni blés, ni vignes. Il était encore tout nu au giron[5], et ne vivait que des moyens de sa mère nourrice. Si nous

1. L'Amérique.
2. Dans l'Antiquité, femmes inspirées qui transmettent les oracles des dieux.
3. Celui-ci.
4. À cette heure.
5. Au sein.

concluons bien de notre fin, et ce poète de la jeunesse de son siècle, cet autre monde ne fera qu'entrer en lumière quand le nôtre en sortira. L'univers tombera en paralysie ; l'un membre sera perclus[6], l'autre en vigueur.

Bien crains-je que nous aurons bien fort hâté sa déclinaison[7] et sa ruine par notre contagion, et que nous lui aurons bien cher vendu nos opinions et nos arts. C'était un monde enfant ; si[8] ne l'avons-nous pas fouetté et soumis à notre discipline par l'avantage de notre valeur et forces naturelles, ni ne l'avons pratiqué par notre justice et bonté, ni subjugué par notre magnanimité[9]. La plupart de leurs réponses et des négociations faites avec eux témoignent qu'ils ne nous devaient rien en clarté d'esprit naturelle et en pertinence. L'épouvantable[10] magnificence des villes de Cuzco et de Mexico, et, entre plusieurs choses pareilles, le jardin de ce roi, où tous les arbres, les fruits et toutes les herbes, selon l'ordre et grandeur qu'ils ont en un jardin, étaient excellemment formés en or ; comme, en son cabinet, tous les animaux qui naissaient en son État et en ses mers ; et la beauté de leurs ouvrages en pierrerie, en plume, en coton, en la peinture, montrent qu'ils ne nous cédaient non plus en l'industrie[11]. Mais quant à la dévotion, observance[12] des lois, bonté, libéralité, loyauté, franchise, il nous a bien servi de n'en avoir pas tant qu'eux ; ils se sont perdus par cet avantage, et vendus et trahis eux-mêmes.

Livre III, chapitre 6 (extrait, orthographe modernisée),
in *Œuvres complètes*, texte établi par R. Barral,
éd. du Seuil, coll. « L'Intégrale », 1967.

6. Qui a des difficultés à se mouvoir.
7. Déclin.
8. Pourtant.
9. Grandeur d'âme.
10. Étonnante.
11. Habileté.
12. Respect.

RECHERCHE DOCUMENTAIRE

▸ **1.** À quel endroit précis Christophe Colomb a-t-il abordé le continent américain ? Quels indices géographiques prouvent qu'il croyait se trouver dans une autre région de la terre ?

▸ **2.** Donnez le nom et la nationalité de certains conquérants européens et dites quelle a été leur attitude par rapport aux peuples rencontrés.

LECTURE ANALYTIQUE

▸ **1.** Relevez et classez les termes et les formulations qui font référence au Nouveau Monde. Sur quelle caractéristique Montaigne insiste-t-il ? Quels types de relation cette caractéristique a-t-elle fait naître entre les conquérants et le monde découvert ? Prenez appui sur le lexique et sur certaines formulations pour répondre à cette question.

▸ **2.** Étudiez la manière dont Montaigne prend personnellement position sur la manière de coloniser. Que dénonce-t-il ? Au nom de quoi ?

▸ **3.** Ces prises de position ont d'autres justifications. Quelles caractéristiques des civilisations précolombiennes Montaigne met-il en évidence ? Comment exprime-t-il son admiration ?

ÉCRITURE

▸ **Commentaire :** vous ferez de ce passage un commentaire dans lequel vous analyserez en particulier la relation entre les deux civilisations, ainsi que la nature et la portée humaine des prises de position de Montaigne à propos du comportement et des jugements des conquérants européens.

GUIDE p. 163

7. Lire l'image

Jérôme Bosch (1453-1516), *La Nef des fous*, 1490 / 1500 (peinture, 57,8 x 32,5 cm ; Musée du Louvre, Paris).

RECHERCHE DOCUMENTAIRE

▸ **1.** Cherchez des informations biographiques sur Jérôme Bosch et sur son inspiration. Citez le titre de ses tableaux principaux, d'inspiration religieuse.

▸ **2.** Dans un dictionnaire, trouvez l'étymologie et les différents sens du mot « nef ». Cherchez des exemples d'œuvres littéraires ou cinématographiques dans lesquelles on retrouve la signification symbolique de la « nef » sous la forme de navires divers.

LECTURE ANALYTIQUE

▸ **1.** Observez le tableau et retrouvez tous les éléments qui correspondent au titre en suggérant la folie (au sens propre et au sens figuré). De quoi la « nef » peut-elle être la métaphore ? Qui sont les fous ?

▸ **2.** À quel univers appartiennent visiblement certains des personnages ? Que font-ils ? Qu'est-ce que le peintre dénonce à travers eux ?

▸ **3.** Observez l'attitude d'autres personnages, n'appartenant pas au même univers : quels « péchés », quels excès illustrent-ils ?

▸ **4.** À partir des réponses aux questions précédentes, cherchez quelle est la raison d'être de tableaux comme celui-ci et ce qu'il peut apporter à des spectateurs du XXIe siècle.

GUIDE p. 493

SÉQUENCE 3

Baroque et préciosité

LE BAROQUE

1. Le Tasse, *La Jérusalem délivrée* (1581)

Le long poème La Jérusalem délivrée *évoque les aventures merveilleuses de seigneurs lors d'une croisade. Le chevalier Renaud se trouve ici devant une rivière qu'il lui faut franchir.*

Tandis que le chevalier cherche un gué,
voici apparaître un pont merveilleux :
un riche pont d'or qui lui ouvrait une large
avenue sur des arches inébranlables.
Il franchit le seuil doré et celui-ci s'écroule
dès qu'il a mis pied sur l'autre rive,
et l'eau l'engloutit aussitôt, l'eau
du beau ruisseau transformé en torrent.

Il se retourne et le voit dilaté
et tout gonflé comme par la fonte des neiges,
qui roule sur lui-même et tourbillonne
en mille vertigineux remous.
Mais le désir de nouveauté le pousse
à explorer l'antique et profonde forêt,
et de merveille en merveille
l'entraîne dans ces solitudes sauvages.

Vittore Carpaccio (1455-1525), *Portrait d'un chevalier dans un paysage* (détail), 1510 (peinture, 218,5 x 142,2 cm ; Collection Thyssen Bornemisza, Madrid).

Où qu'il aille, on dirait que
tout jaillit, tout fleurit sous ses pas :
là s'ouvre un lys, ici pousse une rose,
ici naît une source, là coule un ruisseau,
et tout alentour et au-dessus de lui la forêt
séculaire semble rajeunir toutes ses feuilles ;
les écorces s'attendrissent et chaque arbre
reverdit d'une frondaison plus luxuriante.

Chaque feuillage ruisselait de manne[1]
et le miel coulait des écorces,
et l'on entendait de nouveau cette douce
et étrange harmonie de chants et de plaintes ;
mais il ne sait où se cache le chœur humain
qui se mêle aux cygnes, aux brises et à l'onde :
il ne peut voir qui forme ces accents humains
ni où sont les instruments de musique.

Tandis qu'il cherche du regard et que sa raison
refuse de croire ce que lui assurent ses sens,
il voit un myrte[2] à l'écart et prend le sentier,
aboutissant à une grande clairière, qui y conduit.
Ce myrte prodigieux déploie ses grands rameaux
plus haut que le cyprès et le palmier,
et ses frondaisons couvrent tous les arbres ;
et l'on dirait le château de la forêt.

Le guerrier s'arrête dans la grande esplanade,
frappé par un spectacle encore plus étonnant.
Une yeuse[3] lui apparaît dont le ventre fécond,
s'ouvrant spontanément, enfante
(ô merveille !) une nymphe[4] adulte
qui en sort habillée d'étrange façon ;
puis il voit cent autres plantes produire
cent nymphes à la fois de leur sein fertile.

Telles qu'on voit sur la scène les déesses
des bois ou telles que les peint un tableau,
en robe légère et les bras nus,
sur de beaux cothurnes[5] et les tresses dénouées,
telles apparaissaient les feintes créatures
enfantées par les écorces sauvages ;
si ce n'est qu'au lieu de l'arc et du carquois,
elles ont soit un luth, soit une viole ou une lyre.

Chant XVIII, strophes 21 à 27,
éd. bilingue et trad. J.-M. Gardair,
éd. Flammarion, 1990.

1. Matière sucrée que contiennent certains arbres ; le mot désigne aussi la nourriture miraculeuse envoyée par Dieu aux Israélites lors de leur traversée du désert (*La Bible*, livre de l'« Exode »).
2. Plante méditerranéenne au feuillage toujours vert.
3. Chêne vert.
4. Divinité présente dans la nature, ici dans les bois.
5. Chaussures à hautes semelles, portées par les acteurs de tragédie dans l'Antiquité.

RECHERCHE DOCUMENTAIRE

▸ **1.** Cherchez des informations sur Le Tasse : dates et origine, œuvre essentielle. Quelle influence les deux poètes Le Tasse et L'Arioste ont-ils eue sur la littérature française à partir du XVIIe siècle ?

▸ **2.** Les nymphes sont des divinités de la nature ; recherchez dans un dictionnaire de mythologie le nom particulier de celles qui peuplent les bois, les montagnes, les sources et les cours d'eau. Quelle conception de la nature leur présence illustre-t-elle ?

LECTURE ANALYTIQUE

▸ **1.** À partir de repérages lexicaux, trouvez et classez les différentes manifestations du merveilleux dans l'ensemble du texte. Quels sont les domaines concernés ? Lesquels des cinq sens permettent de percevoir les éléments de l'enchantement ?

▸ **2.** Quels semblent être les rôles et les pouvoirs du chevalier dans le texte ? Prenez appui sur les verbes d'action pour répondre à cette question.

▸ **3.** En vous appuyant sur les réponses précédentes, cherchez quel sens symbolique on peut attribuer au passage de la rivière par le chevalier et au monde dans lequel il semble jouer plusieurs rôles. Comment peut s'expliquer le mélange de deux époques représentées l'une par le chevalier, l'autre par les nymphes ?

ÉCRITURE

▸ **Commentaire :** vous commenterez les cinq premières strophes du texte. Vous pourrez étudier, par exemple, comment s'opère la métamorphose d'un espace naturel en lieu enchanté et quelles sont les significations d'une telle transformation.

GUIDE p. 165

Le Caravage (1571-1610), *Corbeille de fruits*, 1597 (peinture, 31 x 41 cm ; Pinacoteca Ambrosiana, Milan).

2. Jean-Baptiste Chassignet, *Mépris de la vie et Consolation de la mort* (1594)

L'œuvre de Chassignet, composée de quatre cent trente quatre sonnets, se fait l'écho d'inquiétudes suscitées par le sentiment de la fragilité du monde au milieu des incertitudes de la fin du XVIe siècle.

Est-il rien de plus vain qu'un songe mensonger
Un songe passager, vagabond et muable[1] ?
La vie est toutefois au songe comparable,
Au songe vagabond, muable et passager ;

Est-il rien de plus vain que l'ombrage léger,
L'ombrage remuant, inconstant et peu stable ?
La vie est toutefois à l'ombrage semblable,
À l'ombrage tremblant sous l'arbre d'un verger ;

Aussi pour nous laisser une preuve assurée
Que cette vie était seulement une entrée
Et départ de ce lieu, entra soudainement

Le sage Pythagore[2] en sa chambre secrète
Et n'y fut point si tôt, ô preuve bientôt faite !
Comme[3] il en ressortit encor plus vitement[4].

Sonnet 263.

1. Soumis au changement.
2. Philosophe et mathématicien grec de l'Antiquité.
3. Qu'il.
4. Rapidement. Allusion probable à une anecdote symbolique liée à la croyance pythagoricienne selon laquelle l'âme est de passage dans la vie avant de se réincarner en une autre créature.

LECTURE ANALYTIQUE

▸ **1.** Étudiez le lexique et les jeux reprises dans les quatrains. Quelle idée est mise en évidence ? Comment les procédés stylistiques utilisés et la versification renforcent-ils cette idée ? Quel est l'effet produit sur le lecteur ?

▸ **2.** Quelles modifications apparaissent dans les tercets en ce qui concerne la situation d'énonciation, le lexique et le ton des propos ? Quelles semblent être ici les visées du texte ?

▸ **3.** Étudiez précisément les relations perceptibles entre la forme du poème, que vous identifierez, et la structure du message.

▸ **4.** Quelle philosophie de la vie se dégage de ce sonnet ?

▸ **5.** Observez le tableau ci-contre et dites quels éléments rappellent les métamorphoses de la vie.

RECHERCHE DOCUMENTAIRE

▸ Dans une encyclopédie ou un dictionnaire, recherchez des indications complémentaires sur la vie et l'œuvre de Pythagore.

ÉCRITURE

▸ **Réécriture :** sur le modèle *songe/ombrage*, trouvez d'autres associations d'images ou de métaphores qui évoquent l'illusion et rédigez un texte bref, en prose ou en vers, en vous inspirant de l'un des quatrains de Jean-Baptiste Chassignet.

GUIDE p. 165-371-372

3. Pedro Calderón de la Barca, *La Vie est un songe* (1627-1629)

La « commedia » La Vie est un songe *met en scène le prince Sigismond, emprisonné à cause de son caractère sauvage. Introduit à la cour, il laisse le champ libre à sa brutalité. Reconduit dans sa prison, endormi, il fait des rêves de tyran. À son réveil, il se demande s'il vit dans la réalité ou dans l'illusion. Le chef des gardes lui enjoint de réprimer, même en rêve, ses mauvaises inclinations.*

SIGISMOND. – Cela est vrai. Réprimons donc cette humeur farouche, cette fureur, cet esprit de domination, si jamais le rêve recommence ; et nous ferons ainsi, puisque nous sommes dans un monde si étrange que vivre ce n'est que rêver, et que l'expérience m'enseigne que l'homme qui vit rêve ce qu'il est, jusqu'au moment où il s'éveille. Le roi rêve qu'il est roi, et vivant dans son illusion, il commande, il dispose, il gouverne. Et ces ovations qu'il reçoit et qui ne lui sont que prêtées, s'inscrivent dans le vent et en cendres la mort les change, cruelle infortune ! Et que l'on veuille encore régner, quand il faut finir par s'éveiller dans le sommeil de la mort ! Le riche rêve de sa richesse qui lui donne tant de soucis ; le pauvre rêve qu'il subit sa misère et sa pauvreté. Il rêve, celui qui commence à s'élever ; il rêve, celui qui s'agite et sollicite ; il rêve, celui qui offense et outrage. Dans ce monde, en conclusion, chacun rêve ce qu'il est, sans que personne s'en rende compte. Moi, je rêve que je suis ici, chargé de ces fers, et j'ai rêvé que je me voyais dans une autre condition plus flatteuse. Qu'est-ce que la vie ? – Une fureur. Qu'est-ce que la vie ? – Une illusion, une ombre, une fiction, et le plus grand bien est peu de chose, car toute la vie est un songe, et les songes mêmes ne sont que songes.

Extrait de la deuxième journée, scène 2,
trad. A. de Latour, revue par Didier Souiller,
éd. Le Livre de Poche, 1996.

LECTURE ANALYTIQUE

▸ **1.** À partir de l'observation du lexique et de la récurrence d'un mot clé, retrouvez tout ce qui rattache ce passage au titre de l'œuvre. Quelles relations entre la réalité et le rêve le passage met-il en relief ?

▸ **2.** D'après les propos de Sigismond, l'homme échappe parfois à l'illusion : à quel moment ? Dites à partir de ces réponses à quel système de pensée se rattache le texte.

▸ **3.** Étudiez les personnages évoqués par le locuteur. Que représentent-ils ? À quel genre littéraire – non poétique – cette galerie de portraits en action peut-elle faire penser ? Que pouvez-vous en déduire concernant les visées du texte ? Pensez, pour répondre à cette question, à une fonction essentielle du théâtre.

ÉTUDE COMPARÉE

▸ Mettez en parallèle le sonnet de Jean-Baptiste Chassignet et l'extrait de *La Vie est un songe* de Calderón : quelle conception commune de la vie se révèle dans les deux textes ?

GUIDE p. 165

4. Pierre de Marbeuf, *Recueil de vers* (1628)

Sur le thème de la fragilité des sentiments, Pierre de Marbeuf évoque ici deux aspects de la vie amoureuse, la constance et l'inconstance, à travers le couple traditionnel du berger et de sa belle.

Je disais l'autre jour ma peine et ma tristesse
Sur le bord sablonneux d'un ruisseau, dont le cours
Murmurant s'accordait au langoureux discours
Que je faisais, assis proche de ma maîtresse.

L'occasion lui fit trouver une finesse :
« Silvandre[1] (me dit-elle), objet de mes amours,
Afin de t'assurer que j'aimerai toujours,
Ma main dessus cette eau t'en signe la promesse. »

Je crus tout aussitôt que ces divins serments,
Commençant mon bonheur, finiraient mes tourments,
Et qu'enfin je serais le plus heureux du monde.

Mais, ô pauvre innocent, de quoi faisais-je cas !
Étant dessus le sable, elle écrivait sur l'onde,
Afin que ses serments ne l'obligeassent[2] pas.

1. Nom fréquent de berger. Un berger de *L'Astrée* (1607-1627) d'Honoré d'Urfé se nomme également Silvandre.
2. Engageassent.

LECTURE ANALYTIQUE

▸ **1.** Étudiez le caractère narratif du sonnet. À partir de la mise en scène des premiers vers et du discours direct, dites aussi de quel genre littéraire non poétique il pourrait être rapproché.

▸ **2.** Repérez et étudiez les termes qui font connaître l'état affectif de celui qui parle, ainsi que l'évolution de cet état. Quels éléments contribuent au changement de sentiments ?

▸ **3.** La jeune femme est présentée dans le texte selon deux modalités différentes : lesquelles ? Que permet ce choix ? Quels termes et quels procédés rhétoriques mettent en relief le caractère de ce personnage ?

▸ **4.** Étudiez en quoi le choix du sonnet, de sa structure et de sa versification permet au poète de jouer tout au long du texte sur un phénomène de dualité. Pourquoi peut-on associer ici le poème à un apologue (⇛ p. 424) ?

ÉCRITURE

▸ **Commentaire :** vous commenterez ce sonnet en montrant comment la situation évoquée et la nature des sentiments du poète le conduisent à une réflexion sur ce qui, dans le monde et dans la vie humaine, est fugitif, éphémère et fragile.

GUIDE p. 165-371-372

5. Tristan l'Hermite, *Les Plaintes d'Acante* (1633)

Dans Les Plaintes d'Acante, *Tristan l'Hermite est inspiré par les thèmes de l'amour et de la nature.*

Sur un tombeau

Celle dont la dépouille en ce marbre est enclose
Fut le digne sujet de mes saintes amours :
Las ! depuis qu'elle y dort, jamais je ne repose
Et s'il faut[1] en veillant que j'y songe toujours.

Ce fut une si rare et si parfaite chose
Qu'on ne peut la dépeindre avec l'humain discours ;
Elle passa pourtant de même qu'une rose,
Et sa beauté plus vive eut des termes plus courts.

La mort qui par mes pleurs ne fut point divertie[2]
Enleva de mes bras cette chère partie
D'un agréable tout qu'avait fait l'amitié[3].

Mais, ô divin esprit qui gouvernait mon âme,
La Parque[4] n'a coupé notre fil qu'à moitié,
Car je meurs en ta cendre et tu vis dans ma flamme.

1. C'est pourquoi il faut.
2. Détournée.
3. L'amour.
4. Les trois Parques, Atropos, Clotho et Lachésis, sont des divinités infernales qui mesurent la vie de chaque mortel à l'aide d'un fil ; lorsque la Parque coupe le fil, l'homme meurt.

Germain Pilon (1535-1590), *Tombeau de Valentine Balbiani, femme du Chancelier de Birague,* 1573 / 1574 (sculpture ; Musée du Louvre, Paris).

RECHERCHE DOCUMENTAIRE

▸ **1.** Comment appelle-t-on l'inscription qui figure sur un tombeau ? Quelles sont ses fonctions ?

▸ **2.** Cherchez la définition et les règles de composition du sonnet. Que désigne-t-on par le mot « pointe » ou « chute » dans cette forme poétique ?

LECTURE ANALYTIQUE

▸ **1.** À partir de l'observation du titre, de différents champs lexicaux et du dernier vers, montrez comment s'entrelace ici le double thème de la vie et de la mort. Utilisez aussi la versification pour répondre.

▸ **2.** Observez le lien entre les temps verbaux, les indicateurs temporels et les thèmes précédents. Des deux thèmes abordés, quel est celui qui domine ?

▸ **3.** Étudiez la variation du système énonciatif dans le texte : que remarquez-vous dans le second tercet? Que révèle ce changement en ce qui concerne l'état affectif de celui qui parle ? Étudiez le rôle du mot qui ouvre ce tercet.

▸ **4.** Expliquez le dernier vers en le rattachant à tout ce qui précède et en montrant l'importance des procédés de mise en relief.

ÉCRITURE

▸ **Commentaire :** commentez le sonnet de Tristan l'Hermite en étudiant comment s'entremêlent deux thèmes opposés, et par quels procédés la poésie permet une célébration dont le poète lui-même affirme qu'elle échappe à *l'humain discours*.

GUIDE p. 165-371-372

6. Cyrano de Bergerac, *L'Autre Monde ou les États et Empires de la Lune* (1657)[1]

L'Autre Monde *ou les* États et Empires de la Lune *présente, sous couvert d'une fiction, une critique de la société du XVIIe siècle. Parvenu dans le monde imaginaire de la Lune, le narrateur se voit offrir par un démon bienveillant une invention extraordinaire.*

À peine fut-il[2] hors de présence que je me mis à considérer attentivement mes livres[3]. Les boîtes, c'est-à-dire leurs couvertures, me semblèrent admirables pour leur richesse ; l'une était taillée d'un seul diamant, plus brillant sans comparaison que les nôtres ; la seconde ne paraissait qu'une monstrueuse perle fendue en deux. Mon démon avait traduit ces livres en langage de ce monde-là ; mais parce que je n'ai point encore parlé de leur imprimerie[4], je m'en vais expliquer la façon[5] de ces deux volumes.

À l'ouverture de la boîte, je trouvai dedans un je ne sais quoi de métal quasi tout semblable à nos horloges, plein d'un nombre infini de petits ressorts et de machines imperceptibles. C'est un livre à la vérité, mais c'est un livre miraculeux qui n'a ni feuillets ni caractères ; enfin c'est un livre où, pour apprendre, les yeux sont inutiles ; on n'a besoin que d'oreilles. Quand quelqu'un donc souhaite lire, il bande[6], avec une grande quantité de toutes sortes de clefs, cette machine, puis il tourne l'aiguille sur le chapitre qu'il désire écouter, et au même temps il sort de cette noix comme de la bouche d'un homme, ou d'un instrument de musique, tous les sons distincts et différents qui servent, entre les grands lunaires[7], à l'expression du langage.

Lorsque j'eus réfléchi sur cette miraculeuse invention de faire des livres, je ne m'étonnai plus de voir que les jeunes hommes de ce pays-là possédaient davantage de connaissance à seize et à dix-huit ans que les barbes grises du nôtre ; car, sachant lire aussitôt que[8] parler, ils ne sont jamais sans lecture ; dans la chambre, à la promenade, en ville, en voyage, à pied, à cheval, ils peuvent avoir dans la poche, ou pendus à l'arçon[9] de leurs selles, une trentaine de ces livres dont ils n'ont qu'à bander un ressort pour en ouïr[10] un chapitre seulement, ou bien plusieurs, s'ils sont en humeur d'écouter tout un livre : ainsi vous avez éternellement autour de vous tous les grands hommes et morts et vivants qui vous entretiennent de vive voix.

Ce présent m'occupa plus d'une heure, et enfin, me les étant attachés en forme de pendants d'oreille, je sortis en ville pour me promener.

Extrait.

1. Publication posthume.
2. Le démon.
3. Le démon vient d'offrir aux narrateur des objets qu'il a appelés « livres ».
4. Technique d'impression.
5. Manière dont ils sont faits.
6. Tend.
7. Habitants de la Lune.
8. En même temps que.
9. Armature de la selle.
10. Entendre.

LECTURE ANALYTIQUE

▸ **1.** À partir de certains termes et de la disposition du texte en paragraphes, déterminez comment il est construit et quelles sont les étapes de la découverte que le narrateur fait des *livres*.

▸ **2.** Repérez et classez tout ce qui concerne les caractéristiques externes et internes de ces *livres*. Par quels procédés stylistiques leur caractère extraordinaire est-il mis en évidence ? En quoi consiste leur facilité d'utilisation ? À quels objets actuels peuvent-ils faire penser ?

▸ **3.** Quelles conséquences cette forme de « lecture » a-t-elle sur la société évoquée par le narrateur ? Sur le plan éducatif et sur le plan culturel, quelle est l'importance du constat qui termine le paragraphe 3 (l. 28-30) ?

ÉCRITURE

▸ **Argumentation :** lire et écouter permettent d'accéder au savoir de manière différente. Vous les mettrez en parallèle pour exposer, de manière argumentée, l'efficacité de chacune et la façon dont elles peuvent se compléter. Vous direz ensuite quelle est celle que vous préférez, personnellement.

SYNTHÈSE

▸ Les textes littéraires de ce début de séquence ont des thèmes communs. Recherchez les thèmes des textes poétiques et montrez que le texte de Calderón (⇛ p. 60) aborde les mêmes questions. Cherchez ensuite dans un livre d'histoire à quel contexte historique correspondent ces productions et s'il existe des liens entre le contexte et les préoccupations des auteurs.

GUIDE p. 165

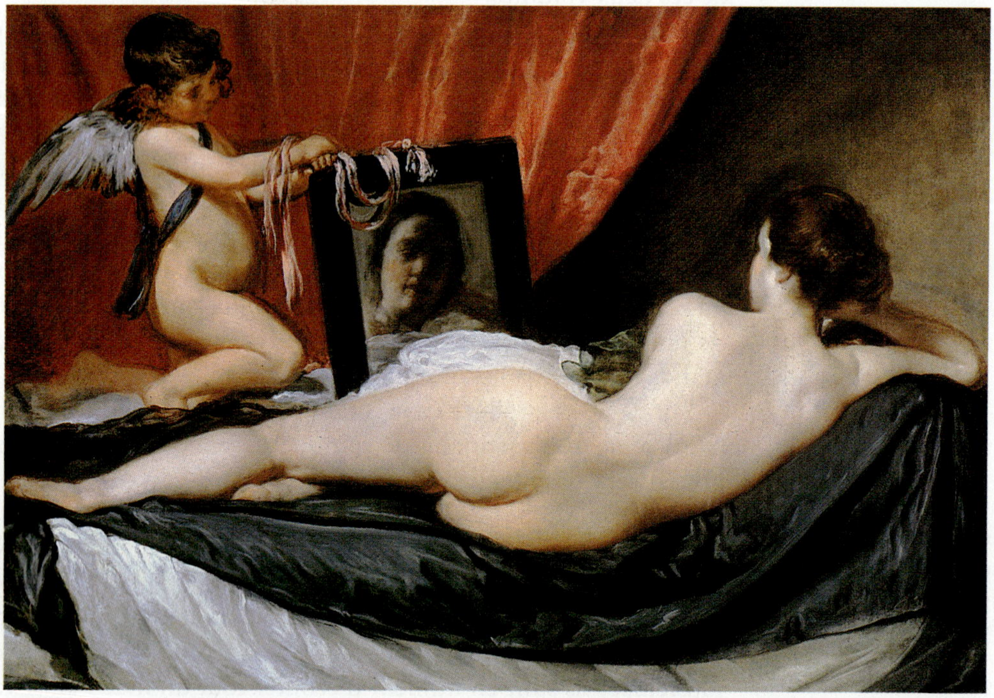

Diego Velasquez (1599-1660), *La Vénus au Miroir*, 1648/1651 (peinture, 122 x 177 cm ; National Gallery, Londres).

LA PRÉCIOSITÉ

7. Luis de Góngora y Argote, *Sonnets* (1603)

Poète espagnol attaché comme chapelain à la cour de Philippe III d'Espagne, Góngora est l'auteur de textes poétiques raffinés et complexes, caractérisés par une écriture savante, souvent métaphorique.

Ah ! si l'Amour, parmi les plumes de son nid,
A pris ma liberté, que fera son audace,
Maintenant qu'en tes yeux, ô très douce maîtresse,
Il vole tout armé, si même il n'est[1] vêtu ?

Or, il m'avait blessé parmi les violettes,
L'aspic[2] qui, désormais, au sein des lis[3] demeure ;
Égale était ta force au jour de ton Aurore
Et lorsque ton Soleil a parfait ta naissance.

Ma douloureuse voix saluera ta lumière
Ainsi qu'un tendre rossignol, en sa dure
Prison, chante sa plainte, il est vrai, doucement.

Je dirai que j'ai vu les rayons couronner
Ton front ; et je dirai que ta grande beauté
Fait chanter les oiseaux et fait pleurer les hommes.

Trad. L.-P. Thomas,
éd. La Renaissance du livre.

1. Même s'il n'est pas.
2. Serpent venimeux.
3. Lys.

RECHERCHE DOCUMENTAIRE

▸ **1.** Faites une recherche pour situer dans l'histoire de l'Espagne et de l'Europe le règne de Philippe III. Trouvez des noms de peintres, d'hommes de lettres et de compositeurs associés à son règne.

▸ **2.** Recherchez dans une encyclopédie d'où vient la représentation de l'amour en enfant ailé.

LECTURE ANALYTIQUE

▸ **1.** Relevez et expliquez les métaphores des deux quatrains. À quoi se rapportent-elles ? Quelle forme de relation est mise en place entre le poète et la femme aimée ?

▸ **2.** À partir des temps verbaux et du lexique, étudiez comment cette relation se poursuit dans la suite du sonnet et avec quels procédés stylistiques. En quoi la structure du sonnet souligne-t-elle la composition du propos ?

▸ **3.** Étudiez tous les termes qui caractérisent la femme aimée. Comment pouvez-vous expliquer les majuscules d'*Aurore* et de *Soleil* ?

▸ **4.** Étudiez le système énonciatif et le rôle de l'Amour. Le sonnet se présente comme une déclaration ; paraît-il cependant très sincère ? Pourquoi ?

GUIDE p. 165-371-372

Nicolas Robert (1614-1685), *La Guirlande de Julie*, 1641 (dessin ; BNF, Paris).

8. Charles de Montausier, *La Guirlande de Julie* (1634)

La Guirlande de Julie *est un recueil de poèmes galants destinés à Julie d'Angennes, dont Charles de Montausier était amoureux. Voici deux de ces poèmes.*

TEXTE 1

Zéphyr à Julie[1]

Recevez, ô nymphe[2] adorable
Dont les cœurs reçoivent les lois,
Cette couronne plus durable
Que celles que l'on met sur la tête des rois.
Les fleurs dont ma main la compose
Font honte à ces fleurs d'or qui sont au firmament ;
L'eau dont Permesse[3] les arrose
Leur donne une fraîcheur qui dure incessamment,
Et tous les jours, ma belle Flore[4]
Qui me chérit et que j'adore
Me reproche avecque[5] courroux
Que mes soupirs jamais pour elle
N'ont fait naître de fleur si belle
Que j'en ai fait naître pour vous.

1. Poème liminaire.
2. Divinité de la nature.
3. Fleuve de Grèce.
4. Déesse des fleurs, épouse de Zéphyr, dieu des vents.
5. Orthographe possible pour des raisons de versification.

TEXTE 2

L'Héliotrope[1]

À ce coup les destins ont exaucé mes vœux ;
Leur bonté me permet de parer les cheveux
De l'incomparable Julie ;
Pour elle, Apollon[2], je t'oublie ;
Je n'adore plus que ses yeux.
C'est avecque leurs traits qu'amour me fait la guerre ;
Je quitte le soleil des cieux,
Pour suivre celui de la terre.

1. Ou tournesol, fleur tournée vers le soleil.
2. Dieu du soleil.

LECTURE ANALYTIQUE

▸ **1.** À partir du lexique, dites à quels éléments Julie est comparée dans les deux poèmes. Quel effet ces comparaisons créent-elles ? Quels termes caractérisant Julie vont dans le même sens ?

▸ **2.** Relevez et expliquez toutes les références à l'Antiquité. De quoi témoignent-elles quant à la culture de l'auteur ? En fonction des réponses aux questions précédentes, interrogez-vous sur la sincérité de ces éloges.

▸ **3.** Peut-on rattacher ces poèmes à des formes fixes ? Quel effet leur diversité crée-t-elle ? Quel est cependant leur point commun ? Vous direz comment on appelle ce type de poèmes et à quelle occasion ils étaient composés.

▸ **4.** Faites apparaître, à partir de ces deux poèmes, certaines caractéristiques de la poésie galante des salons.

ÉCRITURE

▸ **Réécriture :** en vous inspirant de *La Guirlande de Julie*, choisissez une fleur et composez un texte court – en vers ou en prose – pour célébrer un être que vous aimez. Vous pouvez aussi utiliser les calligrammes.

GUIDE p. 165-371

9. *La Belle Matineuse* (1635)

Le thème de l'éblouissement provoqué par la femme aimée est traditionnel dans la littérature amoureuse. Déjà traité par Rinieri, du Bellay et Ronsard, ce « topos » inspira au poète Voiture le sonnet ci-dessous. Malleville, lui aussi poète, répondit sur le même thème, et cette querelle alimenta un temps la chronique mondaine des salons.

TEXTE 1 : sonnet de Vincent Voiture

Des portes du matin l'Amante de Céphale[1]
Ses roses épandait dans le milieu des airs,
Et jetait sur les Cieux nouvellement ouverts
Ses traits d'or et d'azur qu'en naissant elle étale,

Quand la Nymphe[2] divine, à mon repos fatale[3],
Apparut, et brilla de tant d'attraits divers
Qu'il semblait qu'elle seule éclairait l'univers
Et remplissait de feux la rive orientale[4].

Le Soleil, se hâtant pour la gloire des Cieux,
Vint opposer sa flamme à l'éclat de ses yeux
Et prit tous les rayons dont l'Olympe[5] se dore.

L'onde, la terre, et l'air s'allumaient à l'entour,
Mais auprès de Philis[6] on le prit pour l'Aurore,
Et l'on crut que Philis était l'astre du jour.

1. La déesse de l'aurore, amoureuse du Grec Céphale.
2. Divinité de la nature.
3. *Fatale à mon repos* : il s'agit de la femme aimée.
4. La lumière apparaît à l'est.
5. Séjour des dieux.
6. Nom donné à la femme aimée dans la poésie précieuse (de la racine grecque « phil », qui exprime l'idée de l'amour).

Jean-Baptiste de Champaigne (1631-1684), *L'Aurore* (peinture, 144 x 189 cm ; Musée du Louvre, Paris).

TEXTE 2 : sonnet de Claude de Malleville

Le silence régnait sur la terre et sur l'onde ;
L'air devenait serein et l'Olympe vermeil,
Et l'amoureux Zéphyre[1] affranchi du sommeil
Ressuscitait les fleurs d'une haleine féconde.

L'Aurore déployait l'or de sa tresse blonde
Et semait de rubis le chemin du Soleil ;
Enfin ce Dieu venait au plus grand appareil[2]
Qu'il soit jamais venu pour éclairer le monde,

Quand la jeune Philis au visage riant,
Sortant de son palais plus clair que l'Orient,
Fit voir une lumière et plus vive et plus belle.

Sacré flambeau du jour, n'en soyez point jaloux !
Vous parûtes alors aussi peu devant elle
Que les feux de la nuit avaient fait devant vous.

1. Dieu des vents.
2. Dans le plus grand éclat.

ÉTUDE COMPARÉE

▸ **1.** Observez dans chaque sonnet les champs lexicaux dominants, les sujets des verbes, les temps verbaux et les articulations temporelles. Déterminez la structure des deux textes : quel est le rapport entre cette structure et la disposition en strophes ?

▸ **2.** À partir de l'étude lexicale, dites quelle est la perception sensorielle mise en jeu, les éléments descriptifs et les actions exprimés dans chaque sonnet ; quels sont les points communs et les différences ? Dans quel sonnet Philis semble-t-elle le plus ardemment célébrée ?

▸ **3.** Identifiez les figures de style. Étudiez particulièrement leur nombre et leur signification. À partir de cette étude, interrogez-vous sur l'originalité des sonnets et sur la sincérité de leur auteur.

ÉCRITURE

▸ **Argumentation :** dans un exposé argumenté qui exprime votre point de vue personnel, vous direz si vous trouvez ce genre de poésie (les sonnets précieux) dépassé ou au contraire, conventionnel et susceptible de traduire, à notre époque, des sentiments sincères.

GUIDE p. 165-371-372

10. Madeleine de Scudéry, *Artamène ou Le Grand Cyrus* (1649-1653)

Le XVIIe siècle a vu se développer la mode des romans d'aventures. Le Grand Cyrus *accumule des péripéties exotiques mais contient également diverses réflexions, en particulier sur l'amour. La sage Sapho, qui représente Madeleine de Scudéry elle-même, s'entretient ici avec une jeune femme, Cydnon.*

– Mais encore, reprit Cydnon, dites-moi encore un peu plus précisément comment vous entendez qu'on vous aime et comment vous entendez aimer ? – J'entends, dit-elle, qu'on m'aime ardemment, qu'on n'aime que moi et qu'on m'aime avec respect. Je veux même que cette[1] amour soit une amour tendre et sensible, qui se fasse de grands plaisirs de fort petites choses, qui ait la solidité de l'amitié et qui soit fondée sur l'estime et sur l'inclination[2]. Je veux de plus que cet amant[3] soit fidèle et sincère ; je veux encore qu'il n'ait confident ni confidente de sa passion et qu'il renferme si bien dans son cœur tous les sentiments de son amour que je puisse me vanter d'être seule à les savoir. Je veux aussi qu'il me dise tous ses secrets, qu'il partage toutes mes douleurs, que ma conversation et ma vue fassent toute sa félicité ; que mon absence l'afflige sensiblement ; qu'il ne me dise jamais rien qui puisse me rendre son amour suspecte de faiblesse, et qu'il me dise toujours tout ce qu'il faut pour me persuader qu'elle est ardente et qu'elle sera durable. Enfin, ma chère Cydnon, je veux un amant sans vouloir un mari, et je veux un amant qui, se contentant de la possession de mon cœur, m'aime jusqu'à la mort, car si je n'en trouve un de cette sorte, je n'en veux point.

1. *Amour* était féminin.
2. Goût pour quelqu'un.
3. Qui aime et qui est aimé, sans connotation sexuelle.

– Mais après avoir dit comment vous voulez être aimée, répliqua Cydnon, il faut me dire encore comment vous voulez l'aimer. – En vous disant l'un, répliqua Sapho, je vous ai dit l'autre, car en matière d'amour innocente, à parler sincèrement, il ne doit y avoir autre différence dans les sentiments du cœur que ceux que l'usage a établis, qui veut que l'amant soit plus complaisant, plus soigneux et plus soumis, car, pour la tendresse et la confiance, elles doivent sans doute être égales et, s'il y a quelque différence à faire, c'est que l'amant doit toujours témoigner toute son amour et que l'amante doit se contenter de lui permettre de deviner toute la sienne.

Extrait.

LECTURE ANALYTIQUE

▸ **1.** Quels termes sont récurrents dans le texte ? À partir de cette observation et des interventions de Cydnon, définissez le thème du texte et ses variations.

▸ **2.** Relevez et classez tous les comportements qui définissent selon Sapho un *amant* idéal : en quoi un tel *amant* diffère-t-il d'un mari ? Dites enfin si de tels comportements vous paraissent relever de la réalité ou de l'idéal.

▸ **3.** Ces comportements sont-ils partagés de manière égale par l'homme et par la femme ? Observez le lexique ainsi que la longueur des deux répliques de Sapho pour répondre.

▸ **4.** En rapprochant ce texte des précédents, dites quelles sont les caractéristiques de l'amour précieux.

RECHERCHE DOCUMENTAIRE

▸ **1.** À partir d'une encyclopédie ou d'un dictionnaire, dites ce qu'est l'amour courtois et cherchez par quels aspects l'amour précieux s'y rattache.

▸ **2.** Qu'est-ce qu'un salon précieux ? Cherchez des exemples de salons du XVIIe siècle : où se trouvaient-ils ? Qui réunissaient-ils ? Qu'y faisait-on ?

ÉCRITURE

▸ **Essai :** vous vous demanderez en quoi l'amour courtois et l'amour précieux, dont vous préciserez l'origine et les caractéristiques, servent encore de références de nos jours. Quand et pourquoi y fait-on allusion ? Vous chercherez s'ils restent des modèles ou s'ils apparaissent comme des schémas dépassés.

GUIDE p. 165

11. Madeleine de Scudéry, *Clélie, histoire romaine* (1654-1660)

Clélie, *dont l'action se passe dans la Rome antique, accumule les aventures romanesques et les intrigues amoureuses. L'extrait suivant décrit la carte des itinéraires amoureux.*

La Carte de Tendre

Afin que vous compreniez mieux le dessein de Clélie, vous verrez qu'elle a imaginé qu'on peut avoir de la tendresse par trois causes différentes : ou par une grande estime, ou par reconnaissance, ou par inclination ; et c'est ce qui l'a obligée d'établir ces trois villes de Tendre sur trois rivières qui portent ces trois noms, et de faire aussi trois routes différentes pour y aller. Si bien que comme on dit Cumes sur la mer d'Ionie, et Cumes[1] sur la mer Tyrrhène[2], elle fait qu'on dit Tendre sur Inclination, Tendre sur Estime, Tendre sur Reconnaissance. Cependant comme elle a présupposé que la tendresse qui naît par Inclination n'a besoin de rien d'autre chose pour être ce qu'elle est, Clélie, comme vous le voyez, Madame, n'a mis nul village le long des bords de cette rivière qui va si vite, qu'on n'a que faire de logement le long de ses rives pour aller de Nouvelle Amitié à Tendre. Mais pour aller à Tendre sur Estime, il n'en est pas de même ; car Clélie a ingénieusement mis autant de villages qu'il y a de petites et de grandes choses qui peuvent contribuer à faire naître par estime cette tendresse dont elle entend parler. En effet vous voyez que de Nouvelle Amitié on passe à un lieu qu'elle appelle Grand Esprit, parce que c'est ce qui commence ordinairement l'estime ; ensuite vous voyez ces agréables villages de Jolis vers, de Billet galant, de Billet doux, qui sont les opérations les plus ordinaires du grand esprit dans les commencements d'une amitié. Ensuite pour faire un plus grand progrès dans cette route, vous voyez Sincérité, Grand Cœur, Probité, Générosité, Respect, Exactitude et Bonté, qui est tout contre Tendre, pour faire connaître qu'il ne peut y avoir de véritable estime sans bonté, et qu'on ne peut arriver à Tendre de ce côté-là sans avoir cette précieuse qualité. Après cela, Madame, il faut s'il vous plaît retourner à Nouvelle Amitié pour voir par quelle route on va de là à Tendre sur Reconnaissance. Voyez donc, je vous en prie, comment il faut aller d'abord de Nouvelle Amitié à Complaisance ; ensuite à ce petit village qui se nomme Soumission, et qui en touche un autre fort agréable, qui s'appelle Petits Soins. Voyez, dis-je, que de là, il faut passer par Assiduité, pour faire entendre que ce n'est pas assez d'avoir durant quelques jours tous ces petits soins obligeants, qui donnent tant de reconnaissance, si on ne les a assidûment. Ensuite vous voyez qu'il faut passer à un autre village qui s'appelle Empressement, et ne faire pas comme certaines gens tranquilles, qui ne se hâtent pas d'un moment, quelque prière qu'on leur fasse, et qui sont incapables d'avoir cet empressement qui oblige quelquefois si fort.

Partie I, livre 1.

1. Les villes portent le même nom en Asie Mineure et en Italie.
2. Mer tyrrhénienne, à l'ouest de la péninsule italienne.

François Chauveau,
La Carte de Tendre (détail) ⇒ p. 72.

François Chauveau (1613-1676), *La Carte de Tendre*, 1654 (dessin ; BNF, Paris).

RECHERCHE DOCUMENTAIRE

▸ Un auteur contemporain de Mlle de Scudéry a fait une satire des salons précieux en soulignant les risques d'un excès de préciosité. Donnez le nom de cet auteur, le nom et la date de l'œuvre et trouvez-en des passages significatifs, à partir desquels vous reprendrez les ridicules qu'il dénonce.

LECTURE ANALYTIQUE

▸ **1.** En prenant appui sur la spécificité des différents lexiques utilisés, étudiez comment s'entremêlent la géographie, la toponymie et les sentiments. Dites quelle est l'originalité d'une telle carte et à quelle forme de discours appartient le texte qui la présente.

▸ **2.** À quel domaine appartiennent les explications justifiant les choix de réalisation de la carte ? Celle-ci est-elle le résultat d'une expérience personnelle ou met-elle en évidence des comportements humains récurrents ? Prenez appui sur les formulations utilisées pour répondre à cette question.

▸ **3.** Quel est le rôle de cette carte sous ses deux formes (écrite et graphique) ?

▸ **4.** Quels lieux observez-vous sur les côtés de la carte graphique ? En quoi diffèrent-ils des précédents ? Quels aspects des relations amoureuses évoquent-ils ?

ÉCRITURE

▸ **Réécriture :** à la manière de la *Carte de Tendre*, imaginez les différents parcours que peut suivre une amitié, ou sa détérioration. Dessinez la carte avec sa toponymie particulière et ses caractéristiques géographiques, puis rédigez un texte apportant des éclaircissements et des explications.

▸ **Essai :** en partant des explications qui sont données dans le texte, vous vous demanderez pourquoi on peut parler de « parcours » ou d'« itinéraires » dans les relations entre les sentiments et les comportements. Pensez-vous que des cartes présentant ces parcours pourraient aider les êtres humains à voir plus clair en eux ?

SYNTHÈSE

▸ En prenant appui sur l'ensemble des textes des p. 65 à 72, vous établirez une classification des caractéristiques de la littérature que l'on dit « précieuse » et vous chercherez quel contexte socioculturel et humain a pu en favoriser la naissance et le développement.

GUIDE p. 165

12. Lire l'image

Antonio de Pereda (1611-1678), *Allégorie du temps qui passe* (peinture, 139,5 x 174 cm ; Kunsthistorisches Museum, Gemaeldegalerie, Vienne).

RECHERCHE DOCUMENTAIRE

▸ **1.** Recherchez le sens du mot « vanité » dans le contexte moral, puis dans le contexte pictural.

▸ **2.** Quel est le sens du mot « allégorie » ? Dans quels modes d'expression artistiques trouve-t-on des allégories ?

LECTURE ANALYTIQUE

▸ **1.** Observez le tableau et décrivez-le en énumérant ses différentes composantes et leur position respective. Faites apparaître dans cette présentation les différents effets d'opposition (couleurs, lumière).

▸ **2.** Le titre du tableau comporte le mot *allégorie* et le mot *temps* : repérez tous les éléments qui évoquent le passage progressif du temps, la destruction, la disparition, la mort.

▸ **3.** À quel univers renvoient l'argent, les cartes, les bijoux, la cuirasse et les armes, le portrait (qui est celui de l'empereur Charles Quint), le globe terrestre, la couleur rouge, la lumière ? Que représente symboliquement le personnage ailé ?

▸ **4.** Quelle est la « leçon » de la représentation ? Qu'est-ce que le spectateur doit savoir lire à travers la juxtaposition de tous ces éléments ?

ÉCRITURE

▸ **Essai :** expliquez en quoi ce tableau synthétise les différents thèmes traités par certains textes de la première partie de la séquence 3.

GUIDE p. 165-493

Séquence 4

Le classicisme

1. René Descartes, *Discours de la méthode* (1637)

Comme l'indique le titre de son œuvre, Descartes cherche à définir une méthode rationnelle d'accès à la connaissance. Il a montré, dans une première partie, que l'esprit humain est capable d'appréhender la vérité et la connaissance mais que seule la raison permet cette appréhension. Dans la deuxième partie, il définit cette méthode à partir d'une réflexion sur les mathématiques. L'extrait suivant en expose les règles principales.

Et, comme la multitude des lois fournit souvent des excuses aux vices, en sorte qu'un État est bien mieux réglé lorsque, n'en ayant que fort peu, elles y sont fort étroitement observées, ainsi, au lieu de ce grand nombre de préceptes dont la logique est composée, je crus que j'aurais assez des quatre suivants, pourvu que je prisse une ferme et constante résolution de ne manquer pas une seule fois à les observer.

Le premier était de ne recevoir jamais aucune chose pour vraie que je ne la connusse évidemment[1] être telle ; c'est-à-dire d'éviter soigneusement la précipitation et la prévention[2], et de ne comprendre rien de plus en mes jugements que ce qui se présenterait si clairement et si distinctement à mon esprit que je n'eusse aucune occasion de le mettre en doute.

Le second, de diviser chacune des difficultés que j'examinerais en autant de parcelles qu'il se pourrait et qu'il serait requis pour les mieux résoudre.

Le troisième, de conduire par ordre mes pensées, en commençant par les objets les plus simples et les plus aisés à connaître, pour monter

1. Avec évidence.
2. Partialité.

peu à peu comme par degrés jusques à[3] la connaissance des plus composés, et supposant même de l'ordre entre ceux qui ne se précèdent point naturellement les uns les autres.

Et le dernier, de faire partout des dénombrements[4] si entiers et des revues si générales, que je fusse assuré de ne rien omettre.

Ces longues chaînes de raisons, toutes simples et faciles, dont les géomètres ont coutume de se servir pour parvenir à leurs plus difficiles démonstrations, m'avaient donné occasion de m'imaginer que toutes les choses qui peuvent tomber sous la connaissance des hommes s'entresuivent[5] en même façon, et que, pourvu seulement qu'on s'abstienne d'en recevoir aucune pour vraie qui ne le soit, et qu'on garde toujours l'ordre qu'il faut pour les déduire les unes des autres, il n'y en peut avoir de si éloignées auxquelles enfin on ne parvienne, ni de si cachées qu'on ne découvre. Et je ne fus pas beaucoup en peine de chercher par lesquelles il était besoin de commencer, car je savais déjà que c'était par les plus simples et les plus aisées à connaître ; et, considérant qu'entre tous ceux qui ont ci-devant[6] recherché la vérité dans les sciences, il n'y a eu que les seuls mathématiciens qui ont pu trouver quelques démonstrations, c'est-à-dire quelques raisons certaines et évidentes, je ne doutais point que ce ne fût par les mêmes qu'ils ont examinées ; bien que je n'en espérasse aucune autre utilité, sinon qu'elles accoutumeraient mon esprit à se repaître de vérités et ne se contenter point de fausses raisons.

Deuxième partie (extrait).

3. Jusqu'à.
4. Énumérations.
5. Se suivent.
6. Auparavant.

LECTURE ANALYTIQUE

▸ **1.** Quelle est l'utilité du premier paragraphe ? Sur quelle figure de rhétorique est-il construit ? Que met-il en parallèle ?

▸ **2.** Reformulez les quatre principes énoncés par Descartes ; précisez ensuite quelles qualités ils demandent et à quelle formation de l'esprit ils contribuent. Quelles erreurs leur mise en application permet-elle d'éviter ?

▸ **3.** Observez le lexique et dites quel souci essentiel préside aux choix de l'auteur pour accéder à la connaissance. Dans ce but, quels sont les écueils à éviter ? Repérez-les et reformulez-les.

▸ **4.** En prenant appui sur le lexique, et en rapprochant l'énoncé des quatre principes du contenu du dernier paragraphe, retrouvez les liens de sens qui unissent ces deux parties du texte. Déduisez de cette mise en parallèle le rôle du dernier paragraphe.

▸ **5.** En quoi cet extrait définit-il une méthode d'accès à la connaissance ? Quelles en sont les caractéristiques essentielles ?

RECHERCHE DOCUMENTAIRE

▸ **1.** Faites une recherche biographique concernant Descartes : dates, pays d'origine, langue dans laquelle sont écrites ses œuvres, titres et dates de ses différents traités.

▸ **2.** Retrouvez dans ce manuel un texte où il est question de Descartes : à quel sujet ?

ÉCRITURE

▸ **Essai :** parmi les principes énoncés par Descartes dans ce texte, quels sont ceux qui vous paraissent les plus utiles ? En quoi ? Répondez de manière justifiée, en prenant appui sur votre propre expérience d'élève et sur les mode d'accès à la connaissance.

GUIDE p. 167

2. Molière, *La Critique de l'École des femmes* (1663)

C'est pour répondre aux critiques formulées contre sa pièce L'École des femmes *que Molière publie* La Critique de l'École des femmes *en 1663. Il met en scène ici une femme de goût, Uranie, et un homme de bon sens, Dorante, qui s'élèvent contre le pédant Lysidas ; celui-ci affirme, en effet, trouver des défauts à la pièce.*

URANIE. – Mais, de grâce, Monsieur Lysidas, faites-nous voir ces défauts, dont je ne me suis point aperçue.

LYSIDAS. – Ceux qui possèdent Aristote et Horace[1] voient d'abord[2], Madame, que cette comédie pèche contre toutes les règles de l'art.

URANIE. – Je vous avoue que je n'ai aucune habitude avec[3] ces Messieurs-là, et que je ne sais point les règles de l'art.

DORANTE. – Vous êtes de plaisantes gens avec vos règles, dont vous embarrassez les ignorants et nous étourdissez tous les jours. Il semble, à vous ouïr[4] parler, que ces règles de l'art soient les plus grands mystères du monde ; et cependant ce ne sont que quelques observations aisées, que le bon sens a faites sur ce qui peut ôter le plaisir que l'on prend à ces sortes de poèmes ; et le même bon sens qui a fait autrefois ces observations les fait aisément tous les jours, sans le secours d'Horace et d'Aristote. Je voudrais bien savoir si la grande règle de toutes les règles n'est pas de plaire, et si une pièce de théâtre qui a attrapé son but n'a pas suivi un bon chemin. Veut-on que tout un public s'abuse sur ces sortes de choses, et que chacun n'y soit pas juge du plaisir qu'il y prend ?

URANIE. – J'ai remarqué une chose de ces Messieurs-là : c'est que ceux qui parlent le plus des règles, et qui les savent mieux que les autres, font des comédies que personne ne trouve belles.

DORANTE. – Et c'est ce qui marque, Madame, comme on doit s'arrêter peu à leurs disputes embarrassées. Car enfin, si les pièces qui sont selon les règles ne plaisent pas et que celles qui plaisent ne soient pas selon les règles, il faudrait de nécessité que les règles eussent été mal faites. Moquons-nous donc de cette chicane où[5] ils veulent assujettir[6] le goût du public, et ne consultons dans une comédie que l'effet qu'elle fait sur nous. Laissons-nous aller de bonne foi aux choses qui nous prennent par les entrailles, et ne cherchons point de raisonnements pour nous empêcher d'avoir du plaisir.

URANIE. – Pour moi, quand je vois une comédie, je regarde seulement si les choses me touchent ; et, lorsque je m'y suis bien divertie, je ne vais point demander si j'ai eu tort, et si les règles d'Aristote me défendaient de rire.

1. Les auteurs grec (Aristote – 384-322 av. J.-C. – dans la *Poétique*) et latin (Horace – 65-8 av. J.-C. – dans l'*Art poétique*) avaient établi des règles littéraires encore suivies en France au XVIIe siècle.
2. Dès l'abord.
3. Je ne fréquente pas.
4. Entendre.
5. Querelle sur des détails à laquelle.
6. Soumettre.

DORANTE. – C'est justement comme un homme qui aurait trouvé une sauce excellente, et qui voudrait examiner si elle est bonne sur les préceptes du *Cuisinier français*[7].

URANIE. – Il est vrai ; et j'admire les raffinements de certaines gens sur des choses que nous devons sentir par nous-mêmes.

DORANTE. – Vous avez raison, Madame, de les trouver étranges, tous ces raffinements mystérieux. Car enfin, s'ils ont lieu, nous voilà réduits à ne nous plus croire ; nos propres sens seront esclaves en toutes choses ; et, jusques au manger et au boire, nous n'oserons plus trouver rien de bon, sans le congé[8] de Messieurs les experts.

7. Livre de cuisine renommé.
8. La permission.

LYSIDAS. – Enfin, Monsieur, toute votre raison, c'est que *l'École des femmes* a plu ; et vous ne vous souciez point qu'elle soit dans les règles, pourvu…

DORANTE. – Tout beau, Monsieur Lysidas, je ne vous accorde pas cela. Je dis bien que le grand art est de plaire, et que cette comédie ayant plu à ceux pour qui elle est faite, je trouve que c'est assez pour elle et qu'elle doit peu se soucier du reste. Mais, avec cela, je soutiens qu'elle ne pèche contre aucune des règles dont vous parlez. Je les ai lues, Dieu merci, autant qu'un autre ; et je ferais voir aisément que peut-être n'avons-nous point de pièce au théâtre plus régulière que celle-là.

Scène 6 (extrait).

L'École des femmes, gravure du XVIIe siècle (Bibliothèque des Arts décoratifs).

LECTURE ANALYTIQUE

▸ **1.** Par l'observation du lexique et des termes récurrents, déterminez le thème du débat après avoir défini son point de départ. À quel moment la discussion revient-elle à ce point de départ ?

▸ **2.** Repérez et classez tous les arguments mis en avant par Dorante et par Uranie pour récuser l'utilité des règles et de ceux qui les édictent. À quels domaines ces arguments appartiennent-ils ?

▸ **3.** La critique des *règles de l'art* s'accompagne de la présentation d'autres critères de jugement : quels sont-ils ? D'où viennent-ils ? Que mettent-ils en jeu ? Finalement, quelles sont les caractéristiques de l'œuvre idéale ?

▸ **4.** De quelles qualités Dorante fait-il preuve dans son discours ? Observez sa manière de parler, de raisonner et l'utilisation des comparaisons pour répondre à cette question. De qui le spectateur peut-il penser qu'il est le porte-parole ?

▸ **5.** Par l'observation des pronoms personnels, dites qui sont les destinataires du message ? Quel intérêt cette situation de débat sur le théâtre dans une pièce de théâtre présente-t-elle ?

ÉCRITURE

▸ **Essai :** selon Molière, au théâtre « le grand art est de plaire ». Vous vous interrogerez sur cette affirmation en vous demandant dans quelle mesure elle est justifiée et quelles sont ses limites. Vous pouvez prendre appui sur les textes et documents de la séquence 7.

GUIDE p. 167

Rembrandt (1606-1669), *Philosophe en méditation*, 1632 (peinture, 28 x 34 cm ; Musée du Louvre, Paris).

3. Blaise Pascal, *Pensées* (1670)[1]

Dans les Pensées, *ébauche d'un projet inachevé, Pascal exalte la religion chrétienne afin d'y ramener ceux qui s'en sont détournés. Pour convaincre ses interlocuteurs, il entreprend, dans une première partie, de montrer la faiblesse de la condition humaine lorsque l'homme refuse la présence de Dieu.*

Que l'homme contemple donc la nature entière dans sa haute et pleine majesté, qu'il éloigne sa vue des objets bas[2] qui l'environnent, qu'il regarde cette éclatante lumière mise comme une lampe éternelle[3] pour éclairer l'univers, que la terre lui paraisse comme un point au prix du vaste tour que cet astre décrit, et qu'il s'étonne de ce que ce vaste tour lui-même n'est qu'une pointe très délicate[4] à l'égard de celui que ces astres qui roulent dans le firmament embrassent. Mais si notre vue s'arrête là, que l'imagination passe outre. Elle se lassera plus tôt de concevoir que la nature de fournir. Tout ce monde visible n'est qu'un trait imperceptible dans l'ample sein de la nature, nulle idée n'en approche. Nous avons beau enfler nos conceptions au-delà des espaces imaginables, nous n'enfantons que des atomes au prix de la réalité des choses. C'est une sphère infinie dont le centre est partout, la circonférence nulle part. Enfin c'est le plus grand [des] caractères sensibles de la toute-puissance de Dieu que notre imagination se perde dans cette pensée.

Que l'homme étant revenu à soi considère ce qu'il est au prix de ce qui est, qu'il se regarde comme égaré dans ce canton détourné de la nature, et que de ce petit cachot où il se trouve logé, j'entends l'univers, il apprenne à estimer la terre, les royaumes, les villes et soi-même, son juste prix.

Qu'est-ce qu'un homme, dans l'infini ?

1. Première publication posthume.
2. Faisant partie de ce « bas monde ».
3. Le soleil vu de la terre.
4. Fine.

Mais pour lui présenter un autre prodige aussi étonnant, qu'il recherche dans ce qu'il connaît les choses les plus délicates, qu'un ciron[5] lui offre dans la petitesse de son corps des parties incomparablement plus petites, des jambes avec des jointures, des veines dans ses jambes, du sang dans ses veines, des humeurs[6] dans ce sang, des gouttes dans ses humeurs, des vapeurs dans ces gouttes, que divisant encore ces dernières choses il épuise ses forces en ces conceptions, et que le dernier objet où il peut arriver soit maintenant celui de notre discours. Il pensera peut-être que c'est là l'extrême petitesse de la nature.

Je veux lui faire voir là-dedans un abîme nouveau, je lui veux peindre non seulement l'univers visible, mais l'immensité qu'on peut concevoir de la nature dans l'enceinte de ce raccourci d'atome. Qu'il y voie une infinité d'univers, dont chacun a son firmament, ses planètes, sa terre, en la même proportion que le monde visible, dans cette terre des animaux, et enfin des cirons, dans lesquels il retrouvera ce que les premiers ont donné, et trouvant encore dans les autres la même chose sans fin et sans repos, qu'il se perde dans ces merveilles aussi étonnantes dans leur petitesse, que les autres par leur étendue ! Car qui n'admirera[7] que notre corps, qui tantôt n'était pas perceptible dans l'univers imperceptible lui-même dans le sein du tout, soit à présent un colosse, un monde ou plutôt un tout à l'égard du néant où l'on ne peut arriver ?

Qui se considérera de la sorte s'effraiera de soi-même et se considérant soutenu dans la masse que la nature lui a donnée entre ces deux abîmes de l'infini et du néant, il tremblera dans la vue de ses merveilles, et je crois que sa curiosité se changeant en admiration[8], il sera plus disposé à les contempler en silence qu'à les rechercher[9] avec présomption[10]. Car enfin qu'est-ce que l'homme dans la nature ? Un néant à l'égard de l'infini, un tout à l'égard du néant, un milieu entre rien et tout, infiniment éloigné de comprendre les extrêmes, la fin des choses et leur principe sont pour lui invinciblement cachés dans un secret impénétrable, également incapable de voir le néant d'où il est tiré et l'infini, où il est englouti.

Fragment 230 : « Disproportion de l'homme », classement des *Pensées* établi par P. Sellier, éd. Bordas, coll. « Classiques Garnier », 1991.

5. Minuscule insecte, considéré, avant l'invention du microscope, comme le plus petit animal existant.
6. Substances liquides.
7. S'étonnera.
8. Étonnement.
9. Examiner.
10. Selon un jugement non fondé.

LECTURE ANALYTIQUE

▶ **1.** Concernant l'homme et l'univers qui l'entoure, quelles sont les deux questions essentielles et où se trouvent-elles formulées ? Comment l'ensemble du passage est-il structuré autour de ces deux questions ?

▶ **2.** Étudiez la manière dont se trouve exprimée, dans le premier paragraphe, l'idée de progression vers l'infini. Répondez en prenant appui sur le lexique et, en particulier, sur les termes qui désignent les lieux.

▶ **3.** Quelle est la progression adoptée dans la présentation du ciron, puis des mondes qu'il comporte ? Précisez quel est le lexique dominant.

▶ **4.** Quel est l'objectif de la présentation des deux infinis ? Quelle position de l'homme donne-t-elle par rapport à l'infini et au néant ? Cherchez les images et les formulations qui sont de nature à susciter l'angoisse de l'interlocuteur. Étudiez comment celui qui parle laisse deviner ses propres certitudes.

ÉCRITURE

▶ **Argumentation :** la science moderne a-t-elle, selon vous, permis à l'homme de se rassurer sur sa place dans l'univers ? Vous répondrez à cette question dans un devoir argumenté ; utilisez les textes de la séquence 21.

GUIDE p. 167

Lubin Baugin (1612-1663), *Nature morte à l'échiquier* (peinture, 55 x 73 cm ; Musée du Louvre, Paris).

4. Nicolas Boileau, *Art poétique* (1674)

*Dans l'*Art poétique*, inspiré de modèles antiques, Boileau définit les règles classiques de composition et d'écriture des différents genres littéraires. Le chant premier évoque les préceptes généraux et, en particulier, la nécessité de la clarté et de la correction de la langue (⇒ aussi p. 126).*

Surtout qu'en vos écrits la langue révérée[1]
Dans vos plus grands excès vous soit toujours sacrée.
En vain vous me frappez d'un son mélodieux,
Si le terme est impropre ou le tour[2] vicieux :
Mon esprit n'admet point un pompeux barbarisme[3],
Ni d'un vers ampoulé l'orgueilleux solécisme[4].
Sans la langue, en un mot, l'auteur le plus divin
Est toujours, quoi qu'il fasse, un méchant écrivain.
Travaillez à loisir, quelque ordre qui vous presse,
Et ne vous piquez point d'une folle vitesse :
Un style[5] si rapide, et qui court en rimant,
Marque[6] moins trop d'esprit que peu de jugement[7],
J'aime mieux un ruisseau qui, sur la molle arène[8],
Dans un pré plein de fleurs lentement se promène,
Qu'un torrent débordé qui, d'un cours orageux,
Roule, plein de gravier, sur un terrain fangeux[9].
Hâtez-vous lentement, et, sans perdre courage,

1. Respectée.
2. Construction d'un groupe de mots.
3. Faute de vocabulaire.
4. Faute de syntaxe.
5. Un stylet, une plume.
6. Révèle.
7. Bon sens.
8. Sable.
9. Boueux.

Vingt fois sur le métier remettez votre ouvrage :
Polissez-le sans cesse et le repolissez ;
Ajoutez quelquefois, et souvent effacez.
C'est peu qu'en un ouvrage où les fautes fourmillent
Des traits d'esprit semés de temps en temps pétillent.
Il faut que chaque chose y soit mise en son lieu ;
Que le début, la fin répondent au milieu ;
Que d'un art délicat[10] les pièces assorties
N'y forment qu'un seul tout de diverses parties,
Que jamais du sujet le discours s'écartant
N'aille chercher trop loin quelque mot éclatant.
Craignez-vous pour vos vers la censure publique ?
Soyez-vous à vous-même un sévère critique.
L'ignorance toujours est prête à s'admirer.
Faites-vous des amis prompts à vous censurer ;
Qu'ils soient de vos écrits les confidents sincères,
Et de tous vos défauts les zélés adversaires ;
Dépouillez devant eux l'arrogance d'auteur,
Mais sachez de l'ami discerner le flatteur.
Tel vous semble applaudir qui vous raille et vous joue.
Aimez qu'on vous conseille, et non pas qu'on vous loue.
Un flatteur aussitôt cherche à se récrier :
Chaque vers qu'il entend le fait extasier.
Tout est charmant, divin, aucun mot ne le blesse ;
Il trépigne de joie, il pleure de tendresse ;
Il vous comble partout d'éloges fastueux.
La vérité n'a point cet air impétueux.

Chant I, vers 155-198.

10. Exigeant.

RECHERCHE DOCUMENTAIRE

▶ De très nombreux textes du XVIIe siècle font référence à des codes et à des conventions (⇛ p. 124-139). Vous chercherez en quoi l'histoire politique de ce siècle peut expliquer l'importance des contraintes, de l'organisation et de l'ordre.

LECTURE ANALYTIQUE

▶ **1.** Étudiez l'énonciation, les modes verbaux et le lexique : à qui s'adresse Boileau ? Quel est le thème général de l'extrait ? À quelle forme de discours le texte appartient-il ? Comment l'emploi de la première personne peut-il s'expliquer ?

▶ **2.** Repérez les variations de champs lexicaux et déterminez les points successivement développés. Pour chacun d'entre eux dressez la liste, en les reformulant, des impératifs énoncés par Boileau.

▶ **3.** À quelles qualités littéraires doivent conduire les recommandations émises par Boileau ? Dites quel est cet idéal de composition et d'écriture.

▶ **4.** Ce traité est lui-même écrit en vers : quelles peuvent être les justifications de ce choix ? L'écriture adoptée – que vous chercherez à caractériser – peut-elle jouer un rôle dans la fonction didactique du texte ?

ÉCRITURE

▶ **Invention :** en quelques alexandrins, formulez une règle d'écriture qui puisse s'appliquer à la rédaction d'un texte argumentatif actuel.

▶ **Argumentation :** la démarche préconisée par Boileau peut-elle s'appliquer à toute forme de travail poétique ? Vous répondrez à cette question de façon argumentée, en vous référant aux textes poétiques que vous connaissez et à ceux qui figurent dans les séquences 9 à 12.

DÉBAT ORAL

▶ Un art poétique peut-il apprendre à bien écrire ?

GUIDE p. 167-371

Pierre Mignard (1612-1695), *Réplique du portrait équestre de Louis XIV vêtu à la romaine, couronné par la Victoire, devant une vue de la ville de Maastricht*, 1674 (peinture, 311 x 304 cm ; Châteaux de Versailles et de Trianon).

5. Charles Perrault, *Le Siècle de Louis le Grand* (1687)

*En janvier 1687, Charles Perrault proclame dans son poème Le Siècle de Louis le Grand la supériorité des écrivains modernes sur les auteurs anciens. Il ouvre ainsi la querelle des Anciens et des Modernes (⇒ p. 168), qui se prolonge jusqu'au début du XVIII*ᵉ *siècle. L'extrait suivant constitue le début du poème.*

La belle antiquité fut toujours vénérable,
Mais je ne crus jamais qu'elle fût adorable.
Je vois les anciens sans plier les genoux ;
Ils sont grands, il est vrai, mais hommes comme nous ;
Et l'on peut comparer sans crainte d'être injuste,
Le siècle de Louis au beau siècle d'Auguste[1].
En quel temps sut-on mieux le dur métier de Mars[2] ?
Quand d'un plus vif assaut força-t-on les remparts ?
Et quand vit-on monter au sommet de la gloire
D'un plus rapide cours[3] le char de la Victoire ?
Si nous voulions ôter le voile spécieux[4]
Que la prévention[5] nous met devant les yeux,
Et, lassés d'applaudir à mille erreurs grossières,
Nous servir quelquefois de nos propres lumières,
Nous verrions clairement que sans témérité,
On peut n'adorer pas toute l'antiquité,
Et qu'enfin dans nos jours, sans trop de confiance,
On lui peut disputer le prix de la science.
Platon[6], qui fut divin du temps de nos aïeux,
Commence à devenir quelquefois ennuyeux :
En vain son traducteur[7], partisan de l'antique,
En conserve la grâce et tout le sel attique[8],
Du lecteur le plus âpre[9] et le plus résolu
Un dialogue entier ne saurait être lu.

Vers 1-24.

1. Le siècle de l'empereur romain Auguste (63 av. J.-C. – 14 ap. J.-C.) est considéré comme très brillant.
2. Dieu romain de la guerre.
3. Course.
4. Qui n'a que l'apparence de vérité.
5. Partialité.
6. Philosophe grec du IVᵉ siècle av. J.-C.
7. Un ami de Boileau et de La Fontaine.
8. Style enjoué attribué aux Athéniens.
9. Plein d'ardeur.

RECHERCHE DOCUMENTAIRE

▸ Pour quelle raison Perrault rapproche-t-il le siècle d'Auguste et celui de Louis XIV ? Consultez des manuels d'histoire pour répondre à cette question.

LECTURE ANALYTIQUE

▸ **1.** En prenant appui sur le lexique, dites quel est le débat abordé ici.

▸ **2.** Quel est le mode de raisonnement développé dans les six premiers vers ? Repérez et analysez les différentes oppositions soulignées par la répétition de la même conjonction.

▸ **3.** Comment celui qui parle explique-t-il le goût inconditionnel de ses contemporains pour l'Antiquité ? Par quels arguments montre-t-il que le Grand Siècle soutient la comparaison avec celui d'Auguste ?

▸ **4.** Parmi ces arguments, distinguez ceux qui portent sur le XVIIe siècle de ceux qui portent sur l'Antiquité. Par quels procédés rhétoriques celui qui parle cherche-t-il à emporter l'adhésion de ses lecteurs ?

ÉCRITURE

▸ **Essai :** quels peuvent être les dangers d'une admiration inconditionnelle pour les réalisations du passé ? Faut-il pour autant les rejeter dans l'oubli ?

GUIDE p. 167-371

6. Jean de La Fontaine, *Épître à Huet* (1687)

Dans Le Siècle de Louis le Grand *(janvier 1687), Charles Perrault avait proclamé la supériorité des Modernes (⇒ p. 82). Dès février, La Fontaine lui répond indirectement dans une épître adressée à l'évêque de Soissons, Huet, à l'occasion du don d'une œuvre de Quintilien.*

À Monseigneur l'Évêque de Soissons
En lui donnant un Quintilien de la traduction d'Horatio Toscanella[1]

Je vous fais un présent capable de me nuire :
Chez vous Quintilien s'en va tous nous[2] détruire ;
Car enfin qui le suit ? qui de nous aujourd'hui
S'égale aux anciens tant estimés chez lui ?
Tel est mon sentiment, tel doit être le vôtre.
Mais si votre suffrage en entraîne quelque autre,
Il ne fait pas la foule ; et je vois des auteurs
Qui, plus savants que moi, sont moins admirateurs.
Si vous les en croyez, on ne peut sans faiblesse
Rendre hommage aux esprits de Rome et de la Grèce :
« Craindre ces écrivains ! on écrit tant chez nous !
La France excelle aux arts, ils y fleurissent tous ;

1. Auteur et grammairien latin, qui a écrit *L'Institution oratoire*, traduite par l'italien Toscanella en1566.
2. Nous, les auteurs de ce siècle.

Atelier d'Eustache Le Sueur (1617-1655), *Uranie* (détail) (peinture, 116 x 74 cm ; Musée du Louvre, Paris).

Notre prince avec art nous conduit aux alarmes ;
Et sans art nous louerions le succès de ses armes !
Dieu n'aimait-il plus à former des talents ?
Les Romains et les Grecs sont-ils seuls excellents[3] ? »
Ces discours sont fort beaux, mais fort souvent frivoles.
Je ne vois point l'effet[4] répondre à ces paroles ;
Et, faute d'admirer les Grecs et les Romains,
On s'égare en voulant tenir d'autres chemins.
Quelques imitateurs, sot bétail, je l'avoue,
Suivent en vrais moutons le pasteur de Mantoue[5] :
J'en use d'autre sorte, et, me laissant guider,
Souvent à marcher seul j'ose me hasarder.
On me verra toujours pratiquer cet usage ;
Mon imitation n'est point un esclavage :
Je ne prends que l'idée, et les tours, et les lois
Que nos maîtres suivaient eux-mêmes autrefois.
Si d'ailleurs quelque endroit plein chez eux d'excellence
Peut entrer dans mes vers sans nulle violence,
Je l'y transporte, et veux qu'il n'ait rien d'affecté,
Tâchant de rendre mien cet air d'antiquité.
Je vois avec douleur ces routes méprisées :
Art et guides, tout est dans les Champs-Élysées[6].
J'ai beau les évoquer[7], j'ai beau vanter leurs traits,
On me laisse tout seul admirer leurs attraits,
Térence[8] est dans mes mains ; je m'instruis dans Horace[8],
Homère[9] et son rival[10] sont mes dieux du Parnasse.
Je le dis aux rochers[11] ; on veut d'autres discours :
Ne pas louer son siècle est parler à des sourds.
Je le loue, et je sais qu'il n'est pas sans mérite ;
Mais, près de ces grands noms, notre gloire est petite :
Tel de nous, dépourvu de leur solidité[12],
N'a qu'un peu d'agrément, sans nul fonds de beauté ;
Je ne nomme personne : on peut tous nous connaître[13].

Vers 1-45.

3. Allusion aux thèses des Modernes.
4. La réalité.
5. Il s'agit du poète latin Virgile.
6. Selon la mythologie antique, endroit des Enfers où les âmes des bienheureux allaient après leur mort.
7. Faire sortir de leur tombe.
8. Auteurs latins.
9. Auteur grec de l'*Iliade* et de l'*Odyssée*.
10. Le poète latin Virgile.
11. Je parle dans le vide.
12. Leur mérite réel.
13. Reconnaître.

RECHERCHE DOCUMENTAIRE

▸ Situez dans l'Antiquité les auteurs suivants : Quintilien, Virgile, Térence, Horace, Homère. Citez au moins deux œuvres de chacun d'eux en indiquant à quels genres littéraires ces œuvres appartiennent.

LECTURE ANALYTIQUE

▸ **1.** En étudiant le lexique, la ponctuation et l'énonciation, distinguez et reformulez les différentes thèses énoncées. Qu'est-ce qui permet de reconnaître celle de La Fontaine ? Regroupez ses arguments.

▸ **2.** Quels arguments sont donnés pour justifier la thèse des adversaires de La Fontaine ? Sous quelle forme se présentent-ils ? À partir de la réponse à cette question et de l'étude lexicale, dites quelle peut être leur validité.

▸ **3.** L'admiration conduit à imiter les Anciens : comment La Fontaine présente-t-il une imitation qui diffère de l'*esclavage* ?

▸ **4.** Comment, dans ce texte, La Fontaine se démarque-t-il à la fois des partisans inconditionnels des Anciens et de ceux des Modernes ? Quel idéal définit-il de cette façon ?

GUIDE p. 167-371

Robert le Vrac dit Tournières (1667-1752), *Bodin, médecin du Roi, en compagnie de Dufresny et Crébillon à la maison d'Auteuil* (peinture, 65 x 82cm ; Châteaux de Versailles et de Trianon).

7. Jean de La Bruyère, *Les Caractères* (1688)

Inspirés de ceux du grec Théophraste, Les Caractères *regroupent une suite de portraits satiriques des contemporains de La Bruyère et des hommes en général. Le chapitre V, « De la société et de la conversation », évoque les relations sociales et mondaines.*

Que dites-vous ? Comment ? Je n'y suis pas ; vous plairait-il de recommencer ? J'y suis encore moins ; je devine enfin : vous voulez, *Acis,* me dire qu'il fait froid ; que ne disiez-vous : « Il fait froid » ? Vous voulez m'apprendre qu'il pleut ou qu'il neige ; dites : « Il pleut, il neige. » ; vous me trouvez bon visage, et vous désirez de m'en féliciter ; dites : « Je vous trouve bon visage. » – Mais, répondez-vous, cela est bien uni et bien clair ; et d'ailleurs qui ne pourrait pas en dire autant ? – Qu'importe, Acis ? Est-ce un si grand mal d'être entendu[1] quand on parle, et de parler

1. Compris.

comme tout le monde ? Une chose vous manque, Acis, à vous et à vos semblables les diseurs de *phœbus*[2] ; vous ne vous en défiez[3] point, et je vais vous jeter dans l'étonnement : une chose vous manque, c'est l'esprit ; ce n'est pas tout : il y a en vous une chose de trop, qui est l'opinion d'en avoir plus que les autres ; voilà la source de votre pompeux galimatias[4], de vos phrases embrouillées, et de vos grands mots qui ne signifient rien. Vous abordez cet homme, ou vous entrez dans cette chambre[5] ; je vous tire par votre habit, et vous dis à l'oreille : « Ne songez point à avoir de l'esprit, n'en ayez point, c'est votre rôle : ayez, si vous pouvez, un langage simple, et tel que l'ont ceux en qui vous ne trouvez aucun esprit : peut-être alors croira-t-on que vous en avez. »

Chapitre V, 7.

2. Ceux qui parlent de manière précieuse et compliquée.
3. Doutez.
4. Langage incompréhensible.
5. Pièce de réception.

Robert le Vrac dit Tournières, *Bodin, médecin du Roi*, (détail) ⇛ p. 85.

RECHERCHE DOCUMENTAIRE

▸ **1.** Les portraits étaient très à la mode dans les salons du XVIIe siècle : cherchez dans le théâtre de Molière des exemples du goût pour ce genre littéraire, et expliquez quels étaient les rôles sociaux du portrait.

▸ **2.** Recherchez qui était Théophraste, dont La Bruyère s'est inspiré pour composer, en les transposant, ses portraits.

LECTURE ANALYTIQUE

▸ **1.** Observez les marques du discours direct, la ponctuation, les verbes et les pronoms personnels : combien y a-t-il réellement de locuteurs dans le texte ? Combien y en a-t-il en apparence ? Quel est l'effet produit ? À quel genre littéraire s'apparente le passage ?

▸ **2.** À partir du lexique, des répétitions, du jeu d'affirmations et d'interrogations, de la situation mise en scène, déterminez quel est le thème du passage. Quel défaut humain se trouve ici stigmatisé à travers le langage ?

▸ **3.** À quel moment le lecteur peut-il se rendre compte d'un changement dans le texte ? Quelle est la fonction de la seconde partie du portrait ? Quel rôle joue alors celui qui parle ?

▸ **4.** Déterminez à quel registre appartient le texte et cherchez ce qui fait sa force.

ÉCRITURE

▸ **Réécriture :** à la manière de La Bruyère, composez un texte bref dans lequel vous présenterez, au choix, un personnage actuel qui parle d'une manière difficile à comprendre par excès de familiarité, ou une personne dont le discours est incompréhensible parce qu'entièrement composé de « langue de bois » ou de stéréotypes vides de sens.

GUIDE p. 167-445

Étienne Allegrain (1644-1736), *Vue du château et de l'Orangerie de Versailles sous Louis XIV* (détail) (peinture ; Châteaux de Versailles et de Trianon).

8. Jean de La Fontaine, *Fables* (1693)

Admirateur de l'Antiquité, comme le montre le texte de la p. 83, La Fontaine s'est inspiré de l'écrivain latin Aulu-Gelle pour composer cette fable, qui appartient au dernier livre du recueil.

Le Philosophe scythe

Un Philosophe austère, et né dans la Scythie[1],
Se proposant de suivre une plus douce vie,
Voyagea chez les Grecs, et vit en certains lieux
Un sage assez semblable au vieillard de Virgile[2],
Homme égalant les Rois, homme approchant des Dieux,
Et comme ces derniers satisfait et tranquille.
Son bonheur consistait aux beautés d'un Jardin.
Le Scythe l'y trouva, qui la serpe à la main,
De ses arbres à fruit retranchait l'inutile,
Ébranchait[3], émondait[4], ôtait ceci, cela,
Corrigeant partout la Nature,
Excessive à payer ses soins avec usure.
Le Scythe alors lui demanda :
Pourquoi cette ruine[5] : Était-il d'homme sage[6]
De mutiler ainsi ces pauvres habitants ?
Quittez-moi votre serpe, instrument de dommage ;
Laissez agir la faux du temps :
Ils iront aussi tôt border le noir rivage.

1. Pays du nord de la Mer noire, à la réputation de rudesse.
2. Personnage des *Géorgiques* de Virgile.
3. Coupait les branches inutiles.
4. Coupait les branches de la base de l'arbre.
5. Destruction.
6. Était-ce le fait d'un homme sage… ?

– J'ôte le superflu, dit l'autre, et l'abattant,
Le reste en profite d'autant.
Le Scythe, retourné dans sa triste demeure,
Prend la serpe à son tour, coupe et taille à toute heure ;
Conseille à ses voisins, prescrit à ses amis
Un universel abatis.
Il ôte de chez lui les branches les plus belles,
Il tronque son Verger contre toute raison,
Sans observer temps ni saison,
Lunes ni vieilles ni nouvelles[7].
Tout languit et tout meurt. Ce Scythe exprime[8] bien
Un indiscret[9] Stoïcien[10] :
Celui-ci retranche de l'âme
Désirs et passions, le bon et le mauvais,
Jusqu'aux plus innocents souhaits.
Contre de telles gens, quant à moi, je réclame.
Ils ôtent à nos cœurs le principal ressort ;
Ils font cesser de vivre avant que l'on soit mort.

Livre XII, Fable 20.

7. Les phases de la lune étaient importantes pour les travaux agricoles.

8. Représente.

9. Incapable de discernement.

10. Le stoïcisme est une philosophie de l'Antiquité.

RECHERCHE DOCUMENTAIRE

▸ Cherchez le sens du mot « stoïcisme » : quels étaient les traits caractéristiques de cette école philosophique de l'Antiquité ? Citez des noms d'écrivains ou de philosophes antiques ayant appartenu à ce courant.

LECTURE ANALYTIQUE

▸ **1.** Par l'observation des personnages, des indicateurs temporels et du sens des verbes, dites à quelle forme de discours appartient la fable et quelles en sont les différentes étapes.

▸ **2.** Étudiez les deux personnages ; relevez et classez tout ce qui les oppose en ce qui concerne les lieux d'où ils viennent et où ils vivent, leurs comportements, leur conception de la vie et du bonheur.

▸ **3.** À partir des réponses précédentes et en considérant certains termes, certaines connotations ainsi que la morale, précisez quelle double philosophie de la vie est développée ici. À quelle école de pensée chaque conception se réfère-t-elle ? Pourquoi La Fontaine est-il passé par la fable pour exposer un problème d'ordre philosophique ?

▸ **4.** À partir du système énonciatif et de la présence de certains modalisateurs, dites quelle est la position du fabuliste par rapport à ces conceptions.

ÉCRITURE

▸ **Commentaire :** commentez cette fable en étudiant comment un court récit à valeur d'apologue permet de faire réfléchir le lecteur sur deux conceptions de la vie et du bonheur.

▸ **Invention :** inventez un récit mettant en scène deux personnages dont l'un prend à la lettre certaines recommandations, de manière destructrice.

SYNTHÈSE

▸ **1.** La question de l'imitation des Anciens occupe une place importante dans la littérature du XVIIe siècle. Vous mettrez en évidence la manière dont elle se pose dans les textes que vous avez étudiés, les raisons que l'on peut avoir d'imiter les auteurs antiques ou, au contraire, de vouloir s'adapter à son propre temps.

▸ **2.** Les œuvres de portée didactique sont très nombreuses au XVIIe siècle : que contiennent-elles ? Que visent-elles à codifier ? Comment peuvent-elles s'expliquer par le contexte politique et intellectuel de l'époque ? Pour vous aider, parcourez les textes de la séquence 7.

▸ **3.** « Grand Siècle », « Siècle classique » : le XVIIe siècle est associé à la grandeur, à l'autorité, à la centralisation et à la rigueur. Vous chercherez en quoi ces caractéristiques se manifestent dans des œuvres littéraires, dans l'architecture et dans l'art des jardins.

GUIDE p. 167-445

9. Lire l'image

Claude Lorrain (1600-1682), *Paysage avec la nymphe Égérie pleurant Numa* (peinture, 157 x 199 cm ; Musée de Capodimonte, Naples).

RECHERCHE DOCUMENTAIRE

▶ Cherchez qui étaient Numa et les différents rois de Rome. Quel fut le rôle de la nymphe Égérie ? Quel est le sens de ce nom propre devenu nom commun ?

LECTURE ANALYTIQUE

▶ **1.** Observez la composition du tableau pour dégager les lignes de force, les effets de symétrie et la structure de la représentation. Quel mot pourriez-vous employer pour caractériser l'impression d'ensemble : agitation, irrégularité, incohérence ou au contraire calme, sérénité, équilibre ?

▶ **2.** Repérez tous les effets de contraste perceptibles sur le tableau : quelles grandes oppositions représente-t-il, dans des domaines touchant à la vie des hommes ?

▶ **3.** Comment ces contrastes coexistent-ils sans violence ? Étudiez la manière dont le tableau, représentant une scène antique, l'intègre à une nature intemporelle.

▶ **4.** En quoi ce tableau pourrait-il être vu comme une métaphore du classicisme ?

ÉCRITURE

▶ **Invention :** retrouvez l'histoire de la nymphe Égérie et du roi Numa, et donnez-en une version poétique située dans le cadre représenté ici par le tableau de Claude Lorrain. N'oubliez pas de faire une description des lieux.

GUIDE p. 493

SÉQUENCE 5

Lumières et contestation

1. Jonathan Swift, *Les Voyages de Gulliver* (1726)

Lors de son premier voyage, le narrateur des Voyages de Gulliver *se rend d'Angleterre dans le pays de Lilliput, dont les habitants sont minuscules. Sa seconde traversée le mène dans une contrée appelée Brobdingnag dont les habitants sont des géants. Le passage suivant rapporte ses rencontres et ses entretiens avec le roi.*

Ce prince se plaisait à converser avec moi, m'interrogeant sur les mœurs, la religion, les lois, le gouvernement et les sciences de l'Europe, sujets que je lui exposais du mieux qu'il m'était possible. Sa vue des choses était si claire, et son jugement si correct, qu'il faisait des réflexions et des observations très sages sur tout ce que je disais. Mais je dois avouer qu'un jour, m'étant trop complaisamment étendu sur ma patrie bien-aimée, notre commerce, nos guerres sur terre et sur mer, nos schismes[1] en matière de religion et nos partis politiques, les préjugés qu'il avait reçus de son éducation furent si forts qu'il ne put s'empêcher de me prendre dans sa main droite et, me caressant de l'autre avec douceur, après avoir ri de tout son cœur, de me demander si j'étais whig[2] ou tory[3]. Puis, se tournant vers son premier ministre, qui se tenait debout derrière lui attendant son bon plaisir, un bâton blanc presque aussi haut que le grand mât du *Royal Sovereign*[4] à la main, il lui fit remarquer combien la grandeur humaine est chose méprisable, qui peut être contrefaite par des insectes aussi insignifiants que moi. « Et pourtant, ajouta-t-il, je parierais que ces êtres ont leurs titres et distinctions honorifiques, qu'ils se fabriquent des nids et des

1. Divisions.
2. Nom du parti libéral anglais jusqu'au milieu du XIXe siècle.
3. Nom du parti conservateur anglais.
4. Navire officiel anglais.

terriers qu'ils nomment maisons et cités ; qu'ils se pavanent[5] costumés et en grand équipage ; qu'ils aiment, se battent, discutent, trichent et trahissent. » Et il continua de la sorte, tandis que je rougissais et pâlissais tour à tour d'indignation en entendant notre noble patrie, mère des armes et des arts, terreur de la France, arbitre de l'Europe, siège de la vertu, de la piété, de l'honneur, fierté et envie de l'Univers, traitée avec tant de mépris.

Mais, comme il ne m'était pas possible, dans l'état où je me trouvais, de manifester de rancune pour les insultes reçues, je finis après mûre réflexion par me demander si j'avais vraiment lieu de me sentir insulté. Car, m'étant accoutumé, plusieurs mois durant, à la vue et la fréquentation de ce peuple, et ayant observé que tous les objets sur lesquels je jetais les yeux étaient d'une grandeur en proportion, l'horreur que m'avaient tout d'abord inspirée leur taille et leur aspect s'était si bien dissipée que s'il m'avait alors été possible de contempler une compagnie de seigneurs et dames d'Angleterre dans leurs atours et leurs vêtements de fête en train de jouer leur rôle, de bomber le torse, faire des révérences et papoter comme on le fait à la cour, j'aurais, à vrai dire, été fortement tenté de rire d'eux autant que le Roi et ses courtisans riaient de moi. Je ne pouvais non plus m'empêcher de sourire de moi, lorsque la Reine me prenait en main et me plaçait devant un miroir où nos deux personnes apparaissaient ensemble, car rien au monde ne pouvait être si ridicule que la comparaison ; de sorte que je finissais par imaginer que je m'étais considérablement rétréci.

Deuxième partie, chapitre III (extrait),
trad. J. Axelrad, éd. Flammarion, 1960.

5. Font les importants.

LECTURE ANALYTIQUE

▸ **1.** Observez la division du passage en paragraphes ainsi que les sujets des verbes et dites à partir de là comment le texte est structuré. Quel personnage a une place dominante dans chacune des deux parties ? Résumez brièvement le sujet de chaque partie et indiquez le rapport qui existe entre elles.

▸ **2.** Quelle inversion le lecteur peut-il observer d'un paragraphe à l'autre ? Comment s'explique-t-elle ? Étudiez, à partir du lexique, les jugements portés par le roi sur le narrateur, puis ceux du narrateur sur le roi et sur sa cour. Qu'est-ce qui vient modifier ceux du narrateur ?

▸ **3.** En alternant les points de vue (celui des grands par rapport aux petits et celui du petit par rapport aux grands), sur quel phénomène Jonathan Swift met-il l'accent ? Quelle est l'utilité de cette démarche ? En quoi consiste la sagesse du narrateur ?

▸ **4.** Quelles leçons de vie sociale et de tolérance ce passage délivre-t-il ? Quelle est la force et quels sont les dangers de l'*accoutumance* ?

RECHERCHE DOCUMENTAIRE

▸ **1.** Recherchez quel écrivain connu a raconté les aventures de géants dans ses ouvrages. Qui étaient ces géants ? Quel poids symbolique avaient-ils à l'époque où ils ont été créés ?

▸ **2.** Quel écrivain français contemporain de Jonathan Swift a composé une œuvre de fiction traitant des relations entre ce qui est grand et ce qui est petit ? Retrouvez le titre de cette œuvre et explicitez-le.

ÉCRITURE

▸ **Réécriture :** transposez le premier paragraphe sous forme de dialogue théâtral, sans oublier d'y inclure des didascalies. Imaginez aussi le lieu de l'action.

GUIDE p. 169

2. Montesquieu, *De l'Esprit des lois* (1748)

Dans De l'Esprit des lois, *Montesquieu distingue trois types de gouvernement. Il vient de montrer que dans le gouvernement démocratique « le peuple en corps a la souveraine puissance ». Il examine, dans le passage qui suit, le principe qui guide ce gouvernement.*

Il ne faut pas beaucoup de probité[1] pour qu'un gouvernement monarchique ou un gouvernement despotique se maintiennent ou se soutiennent. La force des lois dans l'un, le bras du prince toujours levé dans l'autre, règlent ou contiennent tout. Mais, dans un État populaire, il faut un ressort de plus, qui est la VERTU.

Ce que je dis est confirmé par le corps entier de l'histoire, et est très conforme à la nature des choses. Car il est clair que dans une monarchie, où celui qui fait exécuter les lois se juge au-dessus des lois, on a besoin de moins de vertu que dans un gouvernement populaire, où celui qui fait exécuter les lois sent qu'il y est soumis lui-même, et qu'il en portera le poids.

Il est clair encore que le monarque qui, par mauvais conseil ou par négligence, cesse de faire exécuter les lois, peut aisément réparer le mal : il n'a qu'à changer de conseil, ou se corriger de cette négligence même. Mais lorsque, dans un gouvernement populaire, les lois ont cessé d'être exécutées, comme cela ne peut venir que de la corruption de la république, l'État est déjà perdu.

Ce fut un assez beau spectacle, dans le siècle passé, de voir les efforts impuissants des Anglais pour établir parmi eux la démocratie. Comme ceux qui avaient part aux affaires n'avaient point de vertu, que leur ambition était irritée par le succès de celui qui avait le plus osé[2], que l'esprit d'une faction[3] n'était réprimé que par l'esprit d'une autre, le gouvernement changeait sans cesse ; le peuple étonné cherchait la démocratie et ne la trouvait nulle part. Enfin, après bien des mouvements, des chocs et des secousses, il fallut se reposer dans le gouvernement même qu'on avait proscrit[4].

Quand Sylla[5] voulut rendre à Rome la liberté, elle ne put plus la recevoir ; elle n'avait plus qu'un faible reste de vertu, et, comme elle en eut toujours moins, au lieu de se réveiller après César[6], Tibère, Caïus, Claude, Néron, Domitien[7], elle fut toujours plus esclave ; tous les coups portèrent sur les tyrans, aucun sur la tyrannie.

Les politiques grecs, qui vivaient dans le gouvernement populaire, ne reconnaissaient d'autre force qui pût les soutenir que celle de la vertu. Ceux d'aujourd'hui ne nous parlent que de manufactures, de commerce, de finances, de richesses et de luxe même.

Lorsque cette vertu cesse, l'ambition entre dans les cœurs qui peuvent la recevoir, et l'avarice entre dans tous. Les désirs changent

1. Honnêteté.
2. Cromwell.
3. Groupe d'opposants.
4. Allusion à la restauration des Stuart, après la mort de Cromwell.
5. Dictateur à Rome, c'est-à-dire investi des pleins pouvoirs.
6. Consul de Rome et dictateur.
7. Empereurs romains.

d'objets : ce qu'on aimait, on ne l'aime plus ; on était libre avec les lois, on veut être libre contre elles ; chaque citoyen est comme un esclave échappé de la maison de son maître ; ce qui était maxime, on l'appelle rigueur ; ce qui était règle, on l'appelle gêne ; ce qui y était attention, on l'appelle crainte. C'est la frugalité qui y est l'avarice, et non pas le désir d'avoir. Autrefois le bien des particuliers faisait le trésor public ; mais pour lors le trésor public devient le patrimoine des particuliers. La république est une dépouille ; et sa force n'est plus que le pouvoir de quelques citoyens et la licence de tous.

Livre III, chapitre 3 (extrait).

Louis Michel Van Loo (1707-1771), *Portrait de Louis XV* (peinture, 227 x 184 cm ; Châteaux de Versailles et de Trianon).

RECHERCHE DOCUMENTAIRE

▸ **1.** Cherchez la définition des mots *principe, démocratie, vertu*.

▸ **2.** Cromwell, Sylla, César, Tibère, Claude, Néron, Domitien : établissez une fiche historique sur trois de ces personnages au choix (dates, fonctions, actions importantes).

LECTURE ANALYTIQUE

▸ **1.** Observez le découpage du texte en paragraphes et cherchez les critères à partir desquels on peut les regrouper ainsi : les trois premiers, les trois suivants, le dernier. Observez aussi les liens qui les unissent. À quel type de discours appartient le texte ? Quel en est précisément le thème ?

▸ **2.** Un mot essentiel est mis en relief dans le texte. Trouvez-le et donnez son sens. Retrouvez ses différentes occurrences dans le texte et précisez à quelles valeurs il se trouve associé et à quels manques ou à quels éléments négatifs il se trouve opposé. Dites aussi qui se trouve concerné par cette exigence.

▸ **3.** Étudiez les références historiques et l'ordre dans lequel elles sont données. Quelle est leur fonction dans le texte ? Qu'apprennent-elles sur les modèles que retient Montesquieu et sur le contexte de mise en œuvre du principe démocratique ?

▸ **4.** Repérez et classez les systèmes d'oppositions du dernier paragraphe. Quel est leur rôle ? Dites quels dangers sont ainsi mis en évidence et à quoi sont dus ces dangers.

ÉCRITURE

▸ **Résumé :** faites un résumé du texte au quart de sa longueur environ, qui en conserve les idées essentielles, tout en synthétisant les exemples.

GUIDE p. 169-171

3. *Encyclopédie* (1751-1772)

*Œuvre gigantesque entreprise par Jean d'Alembert et Denis Diderot (⇒ p. 146 et 148), l'*Encyclopédie *se présente comme un dictionnaire des connaissances du XVIIIe siècle. Mais elle a également une portée politique et critique, par certains articles sur la monarchie absolue, la pensée dominante et l'organisation sociale.*

TEXTE 1 : Denis Diderot, article « Autorité politique »

Aucun homme n'a reçu de la nature le droit de commander aux autres. La liberté est un présent du Ciel, et chaque individu de la même espèce a le droit d'en jouir aussitôt qu'il jouit de la raison. Si la nature a établi quelque *autorité*, c'est la puissance paternelle : mais la puissance paternelle a ses bornes ; et dans l'état de nature, elle finirait aussitôt que les enfants seraient en état de se conduire. Toute autre *autorité* vient d'une autre origine que la nature. Qu'on examine bien et on la fera toujours remonter à l'une de ces deux sources : ou la force et la violence de celui qui s'en est emparé ; ou le consentement de ceux qui s'y sont soumis par un contrat fait ou supposé entre eux et celui à qui ils ont déféré l'*autorité*.

La puissance qui s'acquiert par la violence n'est qu'une usurpation et ne dure qu'autant que la force de celui qui commande l'emporte sur celle de ceux qui obéissent ; en sorte que, si ces derniers deviennent à leur tour les plus forts, et qu'ils secouent le joug, ils le font avec autant de droit et de justice que l'autre qui le leur avait imposé. La même loi qui a fait l'*autorité* la défait alors : c'est la loi du plus fort.

Quelquefois l'*autorité* qui s'établit par la violence change de nature ; c'est lorsqu'elle continue et se maintient du consentement exprès de ceux qu'on a soumis : mais elle rentre par là dans la seconde espèce dont je vais parler et celui qui se l'était arrogée devenant alors prince cesse d'être tyran.

La puissance, qui vient du consentement des peuples, suppose nécessairement des conditions qui en rendent l'usage légitime, utile à la société, avantageux à la république[1], et qui la fixent et la restreignent entre des limites ; car l'homme ne doit ni ne peut se donner entièrement et sans réserve à un autre homme, parce qu'il a un maître supérieur au-dessus de tout, à qui seul il appartient tout entier. C'est Dieu, dont le pouvoir est toujours immédiat sur la créature, maître aussi jaloux qu'absolu, qui ne perd jamais de ses droits et ne les communique point. Il permet pour le bien commun et pour le maintien de la société que les hommes établissent entre eux un ordre de subordination, qu'ils obéissent à l'un d'eux ; mais il veut que ce soit par raison et avec mesure, et non pas aveuglément et sans réserve, afin que la créature ne s'arroge pas les droits du Créateur. Toute autre soumission est le véritable crime de l'idolâtrie. Fléchir le genou devant un homme ou devant

1. L'État.

Jean-Baptiste Greuze (1725-1805), *La Malédiction paternelle. Le fils ingrat* (peinture, 130 x 162 cm ; Musée du Louvre, Paris).

une image n'est qu'une cérémonie extérieure, dont le vrai Dieu qui demande le cœur et l'esprit ne se soucie guère et qu'il abandonne à l'institution des hommes pour en faire, comme il leur conviendra, des marques d'un culte civil et politique, ou d'un culte de religion. Ainsi ce ne sont point ces cérémonies en elles-mêmes, mais l'esprit de leur établissement, qui en rend la pratique innocente ou criminelle. Un Anglais n'a point de scrupule à servir le roi le genou en terre ; le cérémonial ne signifie que ce qu'on a voulu qu'il signifiât ; mais livrer son cœur, son esprit et sa conduite sans aucune réserve à la volonté et au caprice d'une pure créature, en faire l'unique et le dernier motif de ses actions, c'est assurément un crime de lèse-majesté divine au premier chef.

Extrait.

RECHERCHE DOCUMENTAIRE

▸ **1.** Quelle est l'étymologie du mot *encyclopédie* ? Cherchez des exemples d'encyclopédies modernes et faites apparaître la diversité des supports actuels.

▸ **2.** Définissez précisément la nature du régime de la monarchie absolue. Quels sont les pouvoirs détenus par le monarque ? Quel est son rôle en matière de religion ?

▸ **3.** Qu'est-ce qu'une monarchie parlementaire ? Quel pays voisin de la France – dont les institutions étaient admirées par les philosophes – connaissait déjà ce régime en 1750 ?

LECTURE ANALYTIQUE

▸ **1.** Étudiez la structure et le contenu du premier paragraphe autour de la relation entre pouvoir et nature (postulat de départ, objection, réponse à l'objection, annonce des deux sources de l'autorité). Comment le texte est-il construit ensuite, à partir de cette double annonce ? Quelle est la fonction du troisième paragraphe ?

▸ **2.** Étudiez le lexique utilisé dans le deuxième paragraphe. En quoi le contenu de ce paragraphe peut-il être considéré comme dangereux ? Que semble-t-il légitimer ?

▸ **3.** Retrouvez dans le quatrième paragraphe, après avoir précisé quelle est la puissance étudiée, toutes les conditions et les limites qui, selon Diderot, en permettent l'existence. Quelle est l'importance ici des références à Dieu ?

▸ **4.** À l'époque où il a été publié, cet article pouvait être considéré comme très audacieux et très dangereux : pourquoi ?

DÉBAT

▸ La puissance paternelle est-elle une autorité naturelle ? Quelles sont ses limites ?

GUIDE p. 169-170

Sir Joshua Reynolds (1732-1792), *Une conversation*, 1759 (peinture, 52,5 x 81,2 cm ; Bristol City Museum and Art Gallery).

TEXTE 2 : César Dumarsais, article « Philosophe »

*Texte important de l'*Encyclopédie *et de l'époque des Lumières, l'article « Philosophe » est l'occasion de définir un idéal humain qui prolonge celui de « l'honnête homme » et de préciser les ambitions d'une démarche philosophique mêlant la réflexion raisonnée à la connaissance des réalités sociales et historiques.*

Les autres hommes sont déterminés à agir sans sentir, ni connaître les causes qui les font mouvoir, sans même songer qu'il y en ait. Le *philosophe* au contraire démêle les causes autant qu'il est en lui, et souvent même les prévient, et se livre à elles avec connaissance : c'est une horloge qui se monte, pour ainsi dire, quelquefois elle-même. Ainsi il évite les objets qui peuvent lui causer des sentiments qui ne conviennent ni au bien-être, ni à l'être raisonnable, et cherche ceux qui peuvent exciter en lui des affections convenables à l'état où il se trouve. La raison est à l'égard du *philosophe* ce que la grâce est à l'égard du chrétien. La grâce[1] détermine le chrétien à agir ; la raison détermine le *philosophe.*

Les autres hommes sont emportés par leurs passions, sans que les actions qu'ils font soient précédées de la réflexion : ce sont des hommes qui marchent dans les ténèbres ; au lieu que le *philosophe*, dans ses passions mêmes, n'agit qu'après la réflexion ; il marche la nuit, mais il est précédé d'un flambeau.

La vérité n'est pas pour le *philosophe* une maîtresse qui corrompe son imagination, et qu'il croie trouver partout ; il se contente de la pouvoir démêler où il peut l'apercevoir. Il ne la confond point avec la vraisemblance ; il prend pour vrai ce qui est vrai, pour faux ce qui est faux, pour douteux ce qui est douteux, et pour vraisemblance ce qui n'est que vraisemblance. Il fait plus, et c'est ici une grande perfection du *philosophe*, c'est que lorsqu'il n'a point de motif pour juger, il sait demeurer indéterminé.

Le monde est plein de personnes d'esprit et de beaucoup d'esprit, qui jugent toujours ; toujours ils devinent, car c'est deviner que de juger sans sentir quand on a le motif propre du jugement. Ils ignorent la portée de l'esprit humain ; ils croient qu'il peut tout connaître : ainsi ils trouvent

1. Don surnaturel accordé par Dieu à l'homme en vue de son salut.

de la honte à ne point prononcer de jugement et s'imaginent que l'esprit consiste à juger. Le *philosophe* croit qu'il consiste à bien juger. Le *philosophe* n'est pas tellement attaché à un système qu'il ne sente toute la force des objections. La plupart des hommes sont si fort livrés à leurs opinions qu'ils ne prennent pas seulement la peine de pénétrer celles des autres. Le *philosophe* comprend le sentiment qu'il rejette, avec la même étendue et la même netteté qu'il entend celui qu'il adopte.

L'esprit philosophique est donc un esprit d'observation et de justesse, qui rapporte tout à ses véritables principes, mais ce n'est pas l'esprit seul que le *philosophe* cultive, il porte plus loin son attention et ses soins.

L'homme n'est point un monstre qui ne doive vivre que dans les abîmes de la mer ou au fond d'une forêt ; les seules nécessités de la vie lui rendent le commerce[2] des autres nécessaire ; et dans quelque état où il se puisse trouver, ses besoins et le bien-être l'engagent à vivre en société. Ainsi, la raison exige de lui qu'il étudie, et qu'il travaille à acquérir les qualités sociables. Notre *philosophe* ne se croit pas en exil dans ce monde ; il ne croit point être en pays ennemi ; il veut jouir en sage économe[3] des biens que la nature lui offre ; il veut trouver du plaisir avec les autres ; et pour en trouver, il en faut faire. Ainsi il cherche à convenir à ceux avec qui le hasard ou son choix le font vivre ; et il trouve en même temps ce qui lui convient ; c'est un honnête homme qui veut plaire et se rendre utile.

Extrait.

2. La fréquentation des autres hommes.
3. Gestionnaire.

RECHERCHE DOCUMENTAIRE

▸ **1.** Qu'est-ce qu'un « honnête homme » au XVIIe siècle ? Vous pouvez vous référer à la page 167 pour répondre, ainsi qu'aux textes de la séquence 4, p. 74.

▸ **2.** Recherchez l'étymologie du mot *philosophe* ainsi que le sens le plus fréquent du terme. Citez le nom de quelques philosophes de l'Antiquité dont les noms sont apparus dans des textes littéraires que vous avez étudiés.

LECTURE ANALYTIQUE

▸ **1.** Par l'observation des champs lexicaux et du début de certains paragraphes, précisez par quels procédés s'expriment les différences entre le philosophe et les autres hommes et dans quels domaines ces différences se situent. Quels termes suggèrent cependant que le philosophe n'est pas isolé ?

▸ **2.** Repérez et reformulez les différentes démarches qui définissent l'esprit philosophique. À partir de l'observation de certains termes, dites ce qui caractérise ces démarches et leur aboutissement : quelles sont les principales qualités du philosophe ?

▸ **3.** Récapitulez les différents domaines dans lesquels s'exercent l'activité du philosophe et la démarche philosophique. Que remarquez-vous quant à la diversité de ces domaines ? Qu'en concluez-vous en ce qui concerne la « mission » que se donne le philosophe et ses responsabilités dans le monde où il vit ?

▸ **4.** En partant de la dernière phrase, qui définit le rôle social du philosophe, composez une définition synthétique qui englobe les différentes fonctions et responsabilités que lui reconnaît l'auteur de l'article.

ÉCRITURE

▸ **Essai 1 :** voici une série de mots clés du texte. Composez un texte appartenant au discours explicatif pour préciser le sens de ces mots et les liens qui les unissent dans le contexte des Lumières : *esprit, opinion, passion, sentir, ténèbres, réflexion, connaître, raison, vérité, lumière, observation, société.*

Voici d'autres mots que vous associerez aux précédents : *superstitions, esprit d'examen, engagement, écriture, parole.*

▸ **Essai 2 :** *la plupart des hommes sont si fort livrés à leurs opinions qu'ils ne prennent pas seulement la peine de pénétrer celles des autres.* Vous expliquerez cette phrase du texte, vous l'illustrerez au moyen d'exemples et vous direz quels sont les dangers d'un tel comportement dans les relations humaines.

GUIDE p. 169-170

La charpente (détail), planche de l'*Encyclopédie* (BNF, Paris).

TEXTE 3 : Louis de Jaucourt, article « Industrie »

La pré-révolution industrielle qui commence au XVIIIe siècle conduit les encyclopédistes à s'intéresser aux transformations de l'économie. L'article qui suit ouvre une réflexion sur l'évolution de l'« industrie », mot dont le sens même se modifie : il ne désigne plus le travail mais la production des manufactures, ancêtres des entreprises industrielles actuelles.

Les occasions d'emploi pour les manufacturiers ne connaissent de bornes que celles de la consommation ; la consommation n'en reçoit que du prix du travail. Donc la nation qui possédera la main-d'œuvre au meilleur marché, et dont les négociants se contenteront du gain le plus modéré, fera le commerce le plus lucratif[1], toutes circonstances égales. Tel est le pouvoir de l'*industrie*, lorsqu'en même temps les voies du commerce intérieur et extérieur sont libres. Alors elle fait ouvrir à la consommation des marchés nouveaux, et forcer même l'entrée de ceux qui lui sont fermés. Qu'on ne vienne plus objecter contre l'utilité des inventions de l'*industrie*, que toute machine qui diminue la main-d'œuvre de moitié, ôte à l'instant à la moitié des ouvriers du métier, les moyens de subsister ; que les ouvriers sans emploi deviendront plutôt des mendiants à charge à l'État, que d'apprendre un autre métier ; que la consommation a des bornes ; de sorte qu'en la supposant même augmentée du double, par la ressource[2] que nous vantons tant, elle

1. Qui rapporte un profit.

diminuera dès que l'étranger se sera procuré des machines pareilles aux nôtres ; enfin, qu'il ne restera au pays inventeur aucun avantage de ses inventions d'*industrie*. Le caractère de pareilles objections est d'être dénué de bon sens et de lumières ; elles ressemblent à celles que les bateliers de la Tamise alléguaient contre la construction du pont de Westminster. N'ont-ils pas trouvé, ces bateliers, de quoi s'occuper, tandis que la construction du pont dont il s'agit répandait de nouvelles commodités, dans la ville de Londres ? Vaut-il pas mieux prévenir[3] l'*industrie* des autres peuples à se servir de machines, que d'attendre qu'ils nous forcent à en adopter l'usage, pour nous conserver la concurrence dans les mêmes marchés ? Le profit le plus sûr sera toujours pour la nation qui aura été la première industrieuse ; et toutes choses égales, la nation dont l'*industrie* sera la plus libre, sera la plus industrieuse. Nous ne voulons pas néanmoins désapprouver le soin qu'on aura dans un gouvernement de préparer avec quelque prudence l'usage des machines industrieuses, capables de faire subitement un trop grand tort dans les professions qui emploient les hommes ; cependant cette prudence même n'est nécessaire que dans l'état de gêne[4], premier vice qu'il faut commencer par détruire. D'ailleurs, soit découragement d'invention, soit progrès dans les arts[5], l'*industrie* semble être parvenue au point que ses gradations sont aujourd'hui très douces, et ses secousses violentes fort peu à craindre.

Extrait.

2. Il s'agit de la mécanisation.
3. Devancer.
4. Privation.
5. Techniques.

RECHERCHE DOCUMENTAIRE

▶ Recherchez l'évolution de sens des mots *industrie, industrieux, manufacture, manufacturiers, négociants*. Que désigne le mot *fabrique* au XVIIIe siècle ?

LECTURE ANALYTIQUE

▶ **1.** Le texte commence par un éloge de l'industrie : retrouvez et explicitez les étapes de la démonstration ainsi que les articulations qui rendent le discours persuasif. À quel moment du texte cette thèse se trouve-t-elle reprise ?

▶ **2.** Celui qui parle envisage lui-même des objections. Où se trouvent-elles dans le texte ? Quelles sont-elles ? Par quels procédés sont-elles mises en relief ? Comment sont-elles illustrées ?

▶ **3.** Étudiez la manière dont Louis de Jaucourt répond aux objections en utilisant l'exemple qui les illustre. Quel est le procédé rhétorique employé pour obtenir l'adhésion du lecteur ?

▶ **4.** Quel est le rôle attribué à l'État dans la fin du texte ? Quel y est le sens des adverbes *néanmoins* et *cependant* ? Que révèle leur emploi ?

▶ **5.** En observant le lexique utilisé et les fonctionnements économiques abordés dans ce texte, faites quelques observations sur les centres d'intérêt des auteurs de l'*Encyclopédie*, sur leur réflexion et sur leurs connaissances. En quoi cette réflexion est-elle moderne ?

ÉCRITURE

▶ **Essai :** *l'industrie semble être parvenue au point que ses gradations sont aujourd'hui très douces, et ses secousses violentes fort peu à craindre.* Vous vous demanderez si l'on peut, dans le contexte du XIXe et/ou du XXe siècle, parler de gradations douces et d'absence de secousses violentes sur le plan des applications industrielles de la science.

GUIDE p. 169-170

4. Voltaire, *Candide* (1759)

Dans le conte philosophique Candide ou l'Optimisme, *Voltaire s'attaque à la philosophie optimiste de Leibnitz. En mettant son héros dans des situations politiques, religieuses ou sociales où tout va mal, il dénonce ironiquement la société de son temps. Dans le chapitre XIX, Candide, son précepteur Pangloss et son domestique Cacambo sont confrontés en Guyane hollandaise au problème de l'esclavage.*

En approchant de la ville[1], ils rencontrèrent un nègre étendu par terre, n'ayant plus que la moitié de son habit, c'est-à-dire d'un caleçon de toile bleue ; il manquait à ce pauvre homme la jambe gauche et la main droite. « Eh, mon Dieu ! lui dit Candide en hollandais, que fais-tu là, mon ami, dans l'état horrible où je te vois ? – J'attends mon maître, M. Vanderdendur, le fameux négociant, répondit le nègre. – Est-ce M. Vanderdendur, dit Candide, qui t'a traité ainsi ? – Oui, monsieur, dit le nègre, c'est l'usage. On nous donne un caleçon de toile pour tout vêtement deux fois l'année. Quand nous travaillons aux sucreries, et que la meule nous attrape le doigt, on nous coupe la main ; quand nous voulons nous enfuir, on nous coupe la jambe : je me suis trouvé dans les deux cas[2]. C'est à ce prix que vous mangez du sucre en Europe. Cependant, lorsque ma mère me vendit dix écus patagons[3] sur la côte de Guinée, elle me disait : "Mon cher enfant, bénis nos fétiches[4], adore-les toujours, ils te feront vivre heureux, tu as l'honneur d'être esclave de nos seigneurs les blancs, et tu fais par là la fortune de ton père et de ta mère." Hélas ! je ne sais pas si j'ai fait leur fortune, mais ils n'ont pas fait la mienne. Les chiens, les singes et les perroquets sont mille fois moins malheureux que nous. Les fétiches[5] hollandais qui m'ont converti me disent tous les dimanches que nous sommes tous enfants d'Adam, blancs et noirs. Je ne suis pas généalogiste ; mais si ces prêcheurs disent vrai, nous sommes tous cousins issus de germains. Or vous m'avouerez qu'on ne peut pas en user avec ses parents d'une manière plus horrible.

– Ô Pangloss ! s'écria Candide, tu n'avais pas deviné cette abomination ; c'en est fait, il faudra qu'à la fin je renonce à ton optimisme. – Qu'est-ce qu'optimisme ? disait Cacambo. – Hélas ! dit Candide, c'est la rage de soutenir que tout est bien quand on est mal. » Et il versait des larmes en regardant son nègre, et en pleurant il entra dans Surinam.

Chapitre XIX (extrait).

1. Surinam, capitale de la Guyane hollandaise.
2. Des peines de cette sorte étaient prévues par le *Code Noir*, édicté en France en 1685 par Colbert.
3. Monnaie espagnole.
4. Idoles.
5. Prêtres. La reprise du mot contient une intention ironique.

Jean-Baptiste Debres, *Le collier de fer, châtiment des esclaves fugitifs*, Brésil, 1820 (lithographie ; Bibliothèque Ste Geneviève, Paris).

RECHERCHE DOCUMENTAIRE

▸ **1.** Faites une recherche dans *Candide* pour présenter les personnages de Pangloss et de Cacambo. Précisez dans quelles circonstances ils sont entrés dans la vie de Candide et quel est le rôle de chacun d'entre eux.

▸ **2.** Qu'est-ce qu'un conte philosophique ? Donner une définition qui intègre la double caractéristique littéraire et philosophique. Précisez ses objectifs et sa force dans le contexte de la contestation menée par les philosophes.

▸ **3.** Faites une recherche pour exposer comment l'esclavage a été mis en place en Amérique, puis quand et par qui il a été aboli, en France d'une part, aux États-Unis de l'autre.

LECTURE ANALYTIQUE

▸ **1.** Distinguez dans le texte, en précisant les indices d'identification, ce qui relève de la narration et ce qui appartient au dialogue. Qu'apprend le lecteur grâce à la narration ? Qu'apprend-il grâce au discours de l'esclave ? S'agit-il de fiction ou de réalité ? Quels liens peut-il percevoir entre les deux types d'information ?

▸ **2.** Quel est le ton utilisé dans le discours de l'esclave ? Quel est l'effet produit sur le lecteur ? Quel est l'effet produit sur Candide ?

▸ **3.** Comment et pourquoi la question de l'esclavage peut-elle nourrir une réflexion sur l'optimisme tel qu'il est défini dans le texte ?

▸ **4.** Quelle est la force critique de ce passage ? Répondez en considérant que le texte est extrait d'un conte, mais que l'esclavage était à l'époque une réalité historique.

ÉCRITURE

▸ **Commentaire :** vous ferez de ce texte un commentaire en étudiant comment, à travers un récit apparemment neutre, Voltaire met en place une critique sévère de l'esclavage et de la société de son temps.

GUIDE p. 169-445

5. Voltaire, *Traité sur la tolérance* (1763)

En rappelant un certain nombre de manifestations d'intolérance, Voltaire, dans le Traité sur la tolérance, *ouvre une réflexion sur la religion et les fanatismes. La « Prière à Dieu » qui suit évoque l'absurdité des différences de rituels et constitue un appel à la fraternité universelle.*

Ce n'est donc plus aux hommes que je m'adresse, c'est à toi, Dieu de tous les êtres, de tous les mondes et de tous les temps : s'il est permis à de faibles créatures perdues dans l'immensité, et imperceptibles au reste de l'univers, d'oser te demander quelque chose, à toi qui as tout donné, à toi dont les décrets sont immuables comme éternels, daigne regarder en pitié les erreurs attachées à notre nature ; que ces erreurs ne fassent point nos calamités. Tu ne nous as point donné un cœur pour nous haïr, et des mains pour nous égorger ; fais que nous nous aidions mutuellement à supporter le fardeau d'une vie pénible et passagère ; que les petites différences entre les vêtements qui couvrent nos débiles[1] corps, entre tous nos langages insuffisants, entre tous nos usages ridicules, entre toutes nos lois imparfaites, entre toutes nos opinions insensées, entre toutes nos conditions si disproportionnées à nos yeux, et si égales devant toi ; que toutes ces petites nuances qui distinguent les atomes appelés *hommes* ne soient pas des signaux de haine et de persécution ; que ceux qui allument des cierges en plein midi pour te célébrer supportent ceux qui se contentent de la lumière de ton soleil ; que ceux qui couvrent leur robe d'une toile blanche pour dire qu'il faut t'aimer ne détestent pas ceux qui disent la même chose sous un manteau de laine noire ; qu'il soit égal de t'adorer dans un jargon formé d'une ancienne langue[2], ou dans un jargon plus nouveau ; que ceux dont l'habit est teint en rouge ou en violet[3], qui dominent sur une petite parcelle d'un petit tas de la boue de ce monde, et qui possèdent quelques fragments arrondis d'un certain métal[4], jouissent sans orgueil de ce qu'ils appellent *grandeur et richesse*, et que les autres les voient sans envie : car tu sais qu'il n'y a dans ces vanités ni de quoi envier, ni de quoi s'enorgueillir.

Puissent tous les hommes se souvenir qu'ils sont frères ! Qu'ils aient en horreur la tyrannie exercée sur les âmes, comme ils ont en exécration[5] le brigandage qui ravit par la force le fruit du travail et de l'industrie paisible ! Si les fléaux de la guerre sont inévitables, ne nous haïssons pas, ne nous déchirons pas les uns les autres dans le sein de la paix, et employons l'instant de notre existence à bénir également en mille langages divers, depuis Siam[6] jusqu'à la Californie, ta bonté qui nous a donné cet instant.

Chapitre XXIII (extrait).

1. Faibles.
2. Le latin.
3. Le rouge est la couleur des cardinaux ; le violet, celle des évêques.
4. Des pièces d'or.
5. Haine.
6. L'actuelle Thaïlande.

Jacques Grasset de Saint Sauveur (1757-1810), *Les peuples d'Afrique*, XVIIIe s. (gravure ; Musée national de l'Éducation, Rouen).

LECTURE ANALYTIQUE

▶ **1.** Repérez et identifiez tous les procédés qui font de ce texte une véritable prière. Qu'est-ce qui est demandé ? À qui ?

▶ **2.** Définissez le registre du texte en partant du lexique et des figures d'amplification et d'opposition : en quoi peut-on parler de véritable dramatisation et d'appel à l'imagination ? Quelle image se trouve évoquée ici de l'homme dans l'univers ? À quel philosophe du XVIIe siècle fait-elle penser (⇛ p. 78) ?

▶ **3.** Le texte est extrait du *Traité sur la tolérance* : comment s'exprime l'idée d'intolérance dans le texte ? À quoi est-elle due ? Prenez appui sur les champs lexicaux dominants et repérez toutes les références à la diversité des rites religieux pour répondre à cette question. Expliquez ensuite comment le texte plaide en faveur de la tolérance.

▶ **4.** En quoi le second paragraphe du texte diffère-t-il du premier ? En quoi reste-t-il dans sa continuité thématique ? Qu'apprend ce texte au lecteur concernant les croyances religieuses de Voltaire ?

ÉCRITURE

▶ **Essai 1 :** l'intolérance se manifeste sous des formes multiples dans le monde contemporain. Rédigez un appel à la combattre dans un texte dont vous choisirez la forme, et qui ne sera pas nécessairement une prière.

▶ **Essai 2 :** vous expliquerez en quoi la diversité des coutumes et des modes de vie, parfois cause d'intolérance, peut être une source de richesse et de compréhension mutuelle.

GUIDE p. 169

Anonyme danois, *Exécution de Louis XVI le 21 janvier 1793, place de la Révolution à Paris* (peinture, 46 x 58 cm ; Musée Carnavalet, Paris).

6. Nicolas Restif de la Bretonne, *Les Nuits révolutionnaires* (1788-1794)

Faisant suite aux Nuits de Paris, *les deux volumes des* Nuits révolutionnaires *décrivent le Paris de la Révolution vu par les yeux du narrateur, un jeune homme auquel il arrive de nombreuses aventures et qui assiste aux divers épisodes de cette période troublée. Le matin du 21 janvier 1793, l'exécution de Louis XVI est l'occasion d'une réflexion sur le pouvoir de la nation.*

Il[1] partit à huit heures, dans le carrosse du maire Chambon, seul, avec son confesseur. L'avant-veille, on avait renvoyé ses conseils[2]. Il passa par les boulevards, entre deux haies de gardes nationales[3], qui faisaient

1. Louis XVI.
2. Avocats.
3. Milice civique créée en 1789 pour le maintien de l'ordre.

retirer le monde des croisées[4]. Il allait doucement. Il arriva dans la place des Tuileries, ci-devant[5] Louis XV, à neuf heures un quart. Il descendit de voiture. On lui lia les mains au pied de l'échafaud ; les mains libres nuiraient à l'exécution par la guillotine. Il monta. Les instruments militaires bruissaient. Il s'avança pour parler au bord de l'échafaud, qui regarde le nord : les instruments s'arrêtèrent une seconde ; mais l'ordre du commandant général les fit reprendre. Louis parla : le mot *pardonne* fut le seul qu'on entendit. Les exécuteurs avertis, le ramenèrent au poteau, et en un clin d'œil, il cessa de vivre...

Louis n'était pas un tyran ordinaire : il était né sur un trône. Coupable, comme roi, il l'était infiniment plus, comme particulier[6]. Aussi fut-il condamné comme tel ; et il y a cette différence entre lui, et Charles Ier[7], que celui-ci est mort roi, et que Louis XVI ne l'était plus ! Mal à propos, les Desèze[8], les Malesherbes[8] argumentèrent-ils de la royauté. Et quand il eût été roi ?... On n'est jamais innocent, quand on contribue à plonger sa nation dans l'anarchie et le malheur !... Il était parjure[9], parjure à la nation ! c'est le plus grand des crimes. La nation a-t-elle pu le juger, l'exécuter ? Cette question ne peut se faire par un être qui pense. La nation peut tout chez elle ; elle a le pouvoir qu'aurait le genre humain, si une seule nation, par un seul gouvernement, régissait le globe. Qui oserait alors disputer au genre humain, son pouvoir ?... C'est ce pouvoir, indisputable, senti par les anciens Grecs, qu'a une nation de perdre même un innocent, qui leur fit exiler Aristide[10] et condamner à mort Phocion[10]. Ô vérité, que n'ont pas assez sentie mes contemporains, que ton oubli leur a causé de maux ! Les émigrés, les prêtres se sont amusés à calculer ce qu'on pouvait leur faire justement, suivant les lois de particulier à particulier, et ils ont crié à l'injustice contre la nation ! Ils se sont révoltés contre elle ! Et quand on a puni de mort ce nouveau crime, le plus grand de tous ! on a crié *à la barbarie* ! Concitoyens, posez les vrais principes, et ne vous en écartez plus ! Ne confondez pas les temps de révolution, avec ceux du règne paisible des lois ! Surtout, n'invoquez pas, comme on a fait de nos jours, contre l'oppression, la protection de lois que vous ne voulez pas reconnaître : c'est une inconséquence puérile ! Vous êtes hors de la loi que vous méconnaissez ; elle ne vous doit aucune protection ; bien pis, elle vous prive même de l'application de celles de la nature ! Voilà des principes rigoureux ! mais ils sont justes.

Je m'en revins étonné : tout le monde l'était ; oui, la stupeur fut universelle !... « Ce n'était qu'un homme ! », disaient les raisonneurs demi-philosophes. D'accord : mais cet homme avait une relation directe avec tous les individus de la France : chacun voyait en lui une connaissance intime ; un homme dont le nom retentissait sans cesse à ses oreilles ; au nom de qui s'était fait pendant longtemps tout le bien et tout le mal ! Ce n'était qu'un homme ; mais c'était le point de ralliement de vingt-quatre millions d'hommes ! Voilà pourquoi la stupeur était universelle. Mais Louis justement condamné par la nation, n'était plus un criminel. On pouvait lui donner enfin le nom odieux de tyran, et il avait fait assez de mal, pour le mériter. Je suis bon citoyen, doux, humain, point fédéraliste[11], encore moins anarchiste, point désorgani-

4. Fenêtres.
5. Avant la Révolution (formulation employée durant cette période).
6. Simple particulier, citoyen.
7. Roi d'Angleterre, décapité en 1649.
8. Avocats de Louis XVI.
9. Qui viole son serment.
10. Généraux et hommes d'État athéniens.
11. Partisan des Girondins, hostile à la centralisation de la République.

sateur. Quoique persuadé de l'insuffisance des lois humaines, je sens qu'une société ne saurait exister sans elles. Je sens plus : c'est qu'il ne faut y toucher qu'avec la plus grande réserve ; la secousse que donne leur changement produisant toujours le mal réel, et si sensible, d'ôter aux hommes leurs habitudes.

II, 18e nuit, 20 au 21 janvier 1793 (extrait).

LECTURE ANALYTIQUE

▸ **1.** En prenant appui sur les verbes, leur sens et leurs sujets, ainsi que sur les temps verbaux utilisés, faites apparaître l'alternance de différentes formes de discours dans le texte. À quels passages et à quels contenus correspondent-elles ? Laquelle de ces formes de discours se trouve privilégiée dans le texte ?

▸ **2.** L'exécution : quelles sont les caractéristiques du récit et de son écriture ? Observez, pour répondre, la longueur des phrases, la ponctuation et la brièveté de l'ensemble. Comment cette rapidité peut-elle se justifier ?

▸ **3.** Étudiez le ton et le thème du deuxième paragraphe : quelles raisons sont données pour expliquer la culpabilité du roi et justifier son exécution ? Comment sont présentés le rôle de la nation, celui du roi et celui des lois ? Qu'a de particulier sur le plan des lois, selon le narrateur, une période révolutionnaire ?

▸ **4.** Comment peut s'expliquer historiquement l'expression *stupeur universelle*, utilisée dans le texte, concernant l'exécution d'un monarque absolu ? Quelle est l'importance du mot *homme* dans le troisième paragraphe ? Quelle image du roi est alors donnée ?

ÉCRITURE

▸ **Réécriture :** reformulez sous forme de dépêche d'agence le premier paragraphe du texte.

SYNTHÈSE

▸ **1.** En prenant appui sur les textes de cette séquence, vous récapitulerez, éventuellement sous forme de tableau, les différentes critiques adressées par les écrivains à la société et aux institutions du XVIIIe siècle. Vous chercherez aussi ce qu'ils proposent, de manière implicite ou explicite.

▸ **2.** En quoi les différents articles de l'*Encyclopédie* qui figurent dans cette séquence, et d'autres textes de contestation, correspondent-ils à l'esprit et aux démarches qui sont définis dans l'article « Philosophe » (⇛ p. 96) ?

▸ **3.** Retrouvez dans les différents textes que vous avez étudiés ce qui peut aider à comprendre l'expression *Siècle des Lumières*.

▸ **4.** Parcourez ce manuel pour trouver d'autres textes philosophiques de la même époque. À partir de ces textes et de ceux de la séquence 5, composez plusieurs corpus thématiques et exposez le thème de chacun.

GUIDE p. 169-171

7. Lire l'image

Joseph Vernet (1714-1789), *Intérieur du port de Marseille,* 1754 (peinture, 165 x 265 cm ; Musée de la Marine, Paris).

RECHERCHE DOCUMENTAIRE

▸ **1.** Joseph Vernet appartient à une famille de peintres : donnez leur nom, leurs dates et le titre de certaines de leurs œuvres.

▸ **2.** Dans quelles circonstances et à la demande de qui Joseph Vernet a-t-il été conduit à peindre une série de dix tableaux représentant des ports français ?

LECTURE ANALYTIQUE

▸ **1.** Observez la composition du tableau : perspective, points de fuite, grandes lignes, effets de symétrie et de profondeur, plans successifs. En quoi peut-on parler de structure triangulaire ?

▸ **2.** Quelles sont les trois grandes composantes du port ? À quels aspects de la vie liée au commerce maritime correspondent-elles ? Comment se manifeste l'activité portuaire ? Observez le premier plan et déterminez sur quoi porte cette activité.

▸ **3.** Que laisse deviner la manière dont les personnages sont habillés ? Retrouvez, dans les différentes scènes qui ont lieu sur le quai, des éléments de la vie sociale et de la diversité des classes sociales et des métiers.

SYNTHÈSE

▸ En appui sur certains textes de la séquence 5 et sur d'autres, appartenant à des œuvres du XVIIIe siècle, expliquez de quoi ce tableau se fait l'éloge. Quels aspects du Siècle des Lumières illustre-t-il ?

GUIDE p. 493

Séquence 6

En marge du rationalisme

1. Denis Diderot, *Lettres à Sophie Volland* (1760)

Dans sa correspondance avec Sophie Volland, qu'il aime, Denis Diderot se décrit lui-même, évoque la vie qu'il mène, les conversations qu'il a, les gens qu'il rencontre. Dans l'extrait qui suit, il décrit à travers les paroles d'un Écossais, le Père Hoop, l'état de mélancolie qu'on appelle le « spleen ».

Au Grandval[1], le 31 octobre 1760.

Vous ne savez pas ce que c'est que le *spleen*, ou les vapeurs anglaises ; je ne le savais pas non plus. Je le demandai à notre Écossais dans notre dernière promenade, et voici ce qu'il me répondit :

« Je sens depuis vingt ans un malaise général, plus ou moins fâcheux ; je n'ai jamais la tête libre. Elle est quelquefois si lourde que c'est comme un poids qui vous tire en devant, et qui vous entraînerait d'une fenêtre dans la rue, ou au fond d'une rivière, si on était sur le bord. J'ai des idées noires, de la tristesse et de l'ennui ; je me trouve mal partout, je ne veux rien, je ne saurais vouloir, je cherche à m'amuser et à m'occuper, inutilement ; la gaieté des autres m'afflige, je souffre à les entendre rire ou parler. Connaissez-vous cette espèce de stupidité[2] ou de mauvaise humeur qu'on éprouve en se réveillant après avoir trop dormi ? Voilà mon état ordinaire, la vie m'est en dégoût ; les moindres variations dans l'atmosphère me sont comme des secousses violentes ; je ne saurais rester en place, il faut que j'aille sans savoir où. C'est comme cela que j'ai fait le tour du monde. Je dors mal, je manque d'appétit, je ne saurais digérer, je ne suis bien que dans un

1. Château situé à une vingtaine de kilomètres à l'est de Paris, où résidaient durant l'été Diderot et ses amis les philosophes.
2. État caractérisé par un manque de réaction intellectuelle.

coche[3]. Je suis tout au rebours des autres : je me déplais à ce qu'ils aiment, j'aime ce qui leur déplaît ; il y a des jours où je hais la lumière, d'autres fois elle me rassure, et si j'entrais subitement dans les ténèbres, je croirais tomber dans un gouffre. Mes nuits sont agitées de mille rêves bizarres : imaginez que l'avant-dernière je me croyais marié à Mme R... Je n'ai jamais connu un pareil désespoir. Je suis vieux, caduc[4], impotent[5] ; quel démon m'a poussé à cela ? Que ferai-je de cette jeune femme-là ? Que fera-t-elle de moi ? Voilà ce que je me disais. Mais, ajoutait-il, la sensation la plus importune, c'est de connaître sa stupidité, de savoir qu'on n'est pas né stupide, de vouloir jouir de sa tête, s'appliquer, s'amuser, se prêter à la conversation, s'agiter, et de succomber à la fin sous l'effort. Alors il est impossible de vous peindre la douleur d'âme qu'on ressent à se voir condamner sans ressource à être ce qu'on n'est pas. Monsieur, ajoutait-il encore avec une exclamation qui me déchirait l'âme, j'ai été gai, je volais comme vous sur la terre, je jouissais d'un beau jour, d'une belle femme, d'un bon livre, d'une belle promenade, d'une conversation douce, du spectacle de la nature, de l'entretien des hommes sages, de la comédie des fous : je me souviens encore de ce bonheur ; je sens qu'il faut y renoncer. »

3. Voiture à cheval.
4. Périmé.
5. Qui se meut difficilement..

RECHERCHE DOCUMENTAIRE

▸ **1.** Établissez une liste de tous les éléments qui permettent d'identifier une lettre (⇛ p. 377).

▸ **2.** Cherchez des exemples de correspondances importantes au XVIIIe siècle. Quelle est leur utilité pour des lecteurs du XXIe siècle ?

▸ **3.** Cherchez dans un dictionnaire l'origine et le sens du mot *spleen*. À quelle époque est-il entré dans la langue française ? Avez-vous déjà rencontré ce mot ? Était-il en relation avec le XVIIIe ou avec le XIXe siècle ? À quels poètes du XIXe siècle le mot renvoie-t-il ?

LECTURE ANALYTIQUE

▸ **1.** En vous aidant du paratexte et du texte, identifiez les différents « protagonistes » de l'échange : qui sont *je* et *vous* dans les premières lignes ? À quel moment la situation change-t-elle ? Qui parle à partir de l'ouverture des guillemets ? Qui est désigné par le mot *Monsieur* (l. 31) ?

▸ **2.** Repérez et classez tous les termes et les formulations qui expriment les manifestations physiques du *spleen*, telles qu'elles sont rapportées par l'Écossais, puis ceux qui expriment les manifestations intellectuelles de cet état. Quelles en sont les caractéristiques ?

▸ **3.** Par quels procédés d'écriture celui qui parle rend-il plus accessibles à son interlocuteur les manifestations et les effets de l'état qu'il analyse ? Prenez appui sur certaines figures récurrentes pour répondre.

▸ **4.** *Je / les autres* : étudiez les rapports entre le *je* qui analyse son état et les autres. Quelle forme de relations est particulièrement soulignée ? Quels effets le *spleen* a-t-il sur la sociabilité ?

ÉCRITURE

▸ **Essai :** le spleen, c'est aussi ce qu'on appelle plus familièrement le « cafard », le « blues », le « vague à l'âme », le « mal de vivre », ce que chacun peut éprouver lorsqu'il est déprimé. Vous direz, en pensant à votre expérience personnelle, si les manifestations rapportées dans le texte de Denis Diderot par le Père Hoop correspondent à des symptômes que vous avez pu observer chez vous-même ou chez des proches.

GUIDE p. 169-377

2. Jean-Jacques Rousseau, *Émile ou De l'éducation* (1762)

Dans l'essai Émile ou De l'éducation, *Jean-Jacques Rousseau donne une orientation nouvelle, marquée par la psychologie, aux réflexions sur l'éducation. Dans la « Profession de foi du vicaire savoyard » (livre IV), le vicaire*[1] *prend la parole pour faire réfléchir l'élève, Émile, sur la relation entre l'homme et Dieu.*

Exister pour nous, c'est sentir ; notre sensibilité est incontestablement antérieure à notre intelligence, et nous avons eu des sentiments avant des idées. Quelle que soit la cause de notre être, elle a pourvu à notre conservation en nous donnant des sentiments convenables à notre nature[2] ; et l'on ne saurait nier qu'au moins ceux-là ne soient innés. Ces sentiments, quant à l'individu, sont l'amour de soi, la crainte de la douleur, l'horreur de la mort, le désir du bien-être. Mais si, comme on n'en peut douter, l'homme est sociable par sa nature, ou du moins fait pour le devenir, il ne peut l'être que par d'autres sentiments innés, relatifs à son espèce ; car, à ne considérer que le besoin physique[3], il doit certainement disperser les hommes au lieu de les rapprocher. Or c'est du système moral formé par ce double rapport à soi-même et à ses semblables que naît l'impulsion de la conscience[4]. Connaître le bien, ce n'est pas l'aimer : l'homme n'en a pas la connaissance innée, mais sitôt que sa raison le lui fait connaître, sa conscience le porte à l'aimer : c'est ce sentiment qui est inné.

Je[5] ne crois donc pas, mon ami[6], qu'il soit impossible d'expliquer par des conséquences de notre nature le principe immédiat de la conscience, indépendant de la raison même. Et quand cela serait impossible, encore ne serait-il pas nécessaire : car, puisque ceux qui nient ce principe admis et reconnu par tout le genre humain ne prouvent point qu'il n'existe pas, mais se contentent de l'affirmer ; quand nous affirmons qu'il existe, nous sommes tout aussi bien fondés qu'eux, et nous avons de plus le témoignage intérieur, et la voix de la conscience qui dépose[7] pour elle-même. Si les premières lueurs du jugement nous éblouissent et confondent d'abord les objets à nos regards, attendons que nos faibles yeux se rouvrent, se raffermissent ; et bientôt nous reverrons ces mêmes objets aux lumières de la raison, tels que nous les montrait d'abord la nature : ou plutôt soyons plus simples et moins vains ; bornons-nous aux premiers sentiments que nous trouvons en nous-mêmes, puisque c'est toujours à eux que l'étude nous ramène quand elle ne nous a point égarés.

Conscience ! conscience ! instinct divin, immortelle et céleste voix ; guide assuré d'un être ignorant et borné, mais intelligent et libre ; juge infaillible du bien et du mal, qui rends l'homme semblable à Dieu, c'est toi qui fais l'excellence de sa nature et la moralité de ses actions ;

1. Prêtre.
2. À ce que nous sommes.
3. Ici, besoin né de l'instinct de conservation de l'homme.
4. Selon Jean-Jacques Rousseau, la conscience morale est innée.
5. C'est le vicaire qui parle.
6. L'interlocuteur est Émile.
7. Fait une déposition (terme judiciaire).

sans toi je ne sens rien en moi qui m'élève au-dessus des bêtes, que le triste privilège de m'égarer d'erreurs en erreurs à l'aide d'un entendement[8] sans règle et d'une raison sans principe.

8. Faculté de penser.

Livre IV (extrait).

TEXTE ÉCHO : Emmanuel Kant, *Critique de la raison pratique* (1788)

Emmanuel Kant, dans la Critique de la raison pratique, *exprime lui aussi l'idée d'une conscience infaillible capable de juger le bien et le mal.*

Deux choses remplissent mon âme d'une admiration et d'un respect qui toujours se renouvellent et grandissent, plus la pensée s'y applique et les approfondit : le ciel étoilé au-dessus de ma tête et la loi morale au fond de mon cœur. L'un et l'autre, je n'ai pas à les situer en dehors de ma connaissance, me contentant de les pressentir, parce qu'ils seraient perdus dans les ténèbres et la spéculation[1]. Je les vois devant moi et je les relie directement à la conscience de mon existence.

1. Recherche abstraite.

Conclusion.

RECHERCHE DOCUMENTAIRE

▸ **1.** Quel courant philosophique affirme, au XVIIIe siècle, en Angleterre et en France, la primauté de la sensation sur le rationnel ? Qui en est le chef de file en France ?

▸ **2.** À quels philosophes rationalistes Jean-Jacques Rousseau s'oppose-t-il en affirmant l'importance de ce qui est sensible ?

LECTURE ANALYTIQUE

▸ **1.** Quel rapport entre la sensibilité et l'intelligence est établi dans la première phrase ? Quels sont son importance et son rôle dans la « démonstration » qui suit ?

▸ **2.** Lequel de ces deux domaines est particulièrement développé dans la suite du premier paragraphe ? Expliquez en quoi les sentiments humains innés s'opposent à la sociabilité. Quel sentiment inné est envisagé à la fin du premier paragraphe ? Quel rapport a-t-il avec la morale ?

▸ **3.** Quel raisonnement se trouve développé dans le deuxième paragraphe à propos du caractère inné de la conscience et de son indépendance par rapport à la raison ? Sur quels arguments repose-t-il ? S'agit-il de démontrer, de convaincre, de persuader ?

▸ **4.** Étudiez le lexique, la forme des phrases, la ponctuation et l'énonciation dans le dernier paragraphe. Quelles caractéristiques de la conscience sont développées ici ? Quel est le ton adopté ? Que traduit-il chez celui qui parle ?

▸ **5.** Sensibilité, raison, conscience : donnez, en une phrase, la relation que Jean-Jacques Rousseau établit entre ces trois notions. Quelle importance cette relation a-t-elle dans le contexte éducatif ?

ÉCRITURE

▸ **Résumé :** résumez les deux premiers paragraphes du texte au quart environ de leur longueur en veillant à respecter le système énonciatif.

ÉTUDE COMPARÉE

▸ Étudiez la manière dont les deux textes mettent en relief l'importance de la sensibilité.

DÉBAT

▸ Vaut-il mieux se fier à la sensibilité ou à la raison pour agir ?

GUIDE p. 169

Francis Wheatley (1747-1801), *Saint-Preux et Julie,* illustration pour *La Nouvelle Héloïse* de J.-J. Rousseau (gravure ; Bibliothèque des Arts Décoratifs, Paris).

3. Jean-Jacques Rousseau, *La Nouvelle Héloïse* (1762)

La Nouvelle Héloïse*, roman épistolaire (⇛ p. 377), évoque, dans le paysage des environs de Genève, l'amour contrarié d'une jeune aristocrate, Julie, et de son précepteur, Saint-Preux. Dans ses premières lettres, Saint-Preux avoue son amour, et décide de partir. Julie le retient…*

Il faut donc l'avouer enfin, ce fatal secret trop mal déguisé ! Combien de fois j'ai juré qu'il ne sortirait de mon cœur qu'avec la vie ! La tienne en danger me l'arrache ; il m'échappe, et l'honneur est perdu. Hélas ! j'ai trop tenu parole ; est-il une mort plus cruelle que de survivre à l'honneur ?

Que dire ? comment rompre un si pénible silence ? ou plutôt n'ai-je pas déjà tout dit, et ne m'as-tu pas trop entendue ? Ah ! tu en as trop vu pour ne pas deviner le reste ! Entraînée par degrés dans les pièges d'un vil séducteur, je vois, sans pouvoir m'arrêter, l'horrible précipice où je cours. Homme artificieux[1] ! c'est bien plus mon amour que le tien qui fait ton audace. Tu vois l'égarement de mon cœur, tu t'en prévaux[2] pour me perdre ; et quand tu me rends méprisable, le pire de mes maux est d'être forcée à te mépriser. Ah ! malheureux, je t'estimais, et tu me déshonores ! crois-moi, si ton cœur était fait pour jouir en paix de ce triomphe, il ne l'eût jamais obtenu.

1. Rusé.
2. Tu en tires avantage.

Tu le sais, tes remords en augmenteront ; je n'avais point dans l'âme des inclinations[3] vicieuses. La modestie et l'honnêteté m'étaient chères ; j'aimais à les nourrir dans une vie simple et laborieuse. Que m'ont servi des soins[4] que le ciel a rejetés ! Dès le premier jour que j'eus le malheur de te voir, je sentis le poison qui corrompt mes sens et ma raison ; je le sentis du premier instant, et tes yeux, tes sentiments, tes discours, ta plume criminelle, le rendent chaque jour plus mortel.

Je n'ai rien négligé pour arrêter le progrès de cette passion funeste. Dans l'impuissance de résister, j'ai voulu me garantir d'être attaquée ; tes poursuites ont trompé ma vaine prudence. Cent fois j'ai voulu me jeter aux pieds des auteurs de mes jours, cent fois j'ai voulu leur ouvrir mon cœur coupable ; ils ne peuvent connaître ce qui s'y passe ; ils voudront appliquer des remèdes ordinaires à un mal désespéré : ma mère est faible et sans autorité ; je connais l'inflexible sévérité de mon père, et je ne ferai que perdre et déshonorer moi, ma famille, et toi-même. Mon amie est absente, mon frère n'est plus ; je ne trouve aucun protecteur au monde contre l'ennemi qui me poursuit ; j'implore en vain le ciel, le ciel est sourd aux prières des faibles. Tout fomente[5] l'ardeur qui me dévore ; tout m'abandonne à moi-même, ou plutôt tout me livre à toi ; la nature entière semble être ta complice ; tous mes efforts sont vains, je t'adore en dépit de moi-même. Comment mon cœur, qui n'a pu résister dans toute sa force, céderait-il maintenant à demi ? comment ce cœur, qui ne sait rien dissimuler, te cacherait-il le reste de sa faiblesse ? Ah ! le premier pas, qui coûte le plus, était celui qu'il ne fallait pas faire ; comment m'arrêterais-je aux autres ? Non ; de ce premier pas je me sens entraîner dans l'abîme, et tu peux me rendre aussi malheureuse qu'il te plaira.

Première partie, Lettre IV de Julie (extrait).

3. Tendances naturelles.
4. Attentions.
5. Prépare secrètement.

LECTURE ANALYTIQUE

▸ **1.** *Passion / honneur* : étudiez la relation qui unit ces deux termes dès le début de la lettre et dites comment s'entremêlent ensuite le lexique de l'amour et celui de la morale. Par quoi se marque la complexité de la situation affective de Julie dans les deux premiers paragraphes ?

▸ **2.** Observez la ponctuation, les interpellations, les interrogations, le rythme et la syntaxe de certaines phrases : de quoi sont-ils les indices ?

▸ **3.** Sur quoi porte le récit des 3e et 4e paragraphes ? Repérez et analysez les effets d'insistance, les répétitions, tous les jeux d'oppositions, la double expression de la force et de la faiblesse. Sur quels aspects de la situation Julie insiste-t-elle ? Quels différents registres rendent compte des états d'âme de la jeune fille ?

▸ **4.** Dans quel genre littéraire pourrait-on trouver une situation équivalente ?

RECHERCHE DOCUMENTAIRE

▸ Quel courant littéraire européen privilégie, à partir du XVIIIe siècle, l'expression du sentiment ? Faites une recherche sur la période durant laquelle ce courant s'est développé en Europe. Citez des auteurs et des œuvres.

ÉCRITURE

▸ **Invention 1 :** une amie de Julie l'a vue écrire la lettre ci-dessus et a observé la jeune fille depuis qu'elle est amoureuse de Saint-Preux. Connaissant aussi ce dernier, elle lui écrit pour lui faire connaître l'état pitoyable de Julie. Rédigez cette lettre.

▸ **Invention 2 :** peu de temps après avoir écrit à Saint-Preux, Julie s'adresse à son amie, absente, pour se confier à elle et lui demander conseil. Rédigez la lettre qu'elle lui écrit et dans laquelle elle analyse le caractère fatal de sa passion.

GUIDE p. 169-377

4. Denis Diderot, *Salon de 1767*

*Philosophe, romancier et maître d'œuvre de l'*Encyclopédie *(**⇛ p. 170**), Denis Diderot est aussi critique d'art. Dans sa relation du Salon de peinture de 1767, il exprime sa préférence pour les tableaux qui touchent sa sensibilité, et notamment pour les représentations de ruines. Commentant ici une toile d'Hubert Robert,* La Galerie du Louvre en ruines, *il évoque les impressions qu'elle suscite chez lui.*

Les idées que les ruines réveillent en moi sont grandes. Tout s'anéantit, tout périt, tout passe. Il n'y a que le monde qui reste. Il n'y a que le temps qui dure. Qu'il est vieux ce monde ! Je marche entre deux éternités. De quelque part que je jette les yeux, les objets qui m'entourent m'annoncent une fin et me résignent à celle qui m'attend. Qu'est-ce que mon existence éphémère, en comparaison de celle de ce rocher qui s'affaisse, de ce vallon qui se creuse, de cette forêt qui chancelle, de ces masses suspendues au-dessus de ma tête et qui s'ébranlent ? Je vois le marbre des tombeaux tomber en poussière ; et je ne veux pas mourir ! et j'envie[1] un faible tissu de fibres et de chair à une loi générale qui s'exécute sur le bronze ! Un torrent entraîne les nations les unes sur les autres au fond d'un abîme commun ; moi, moi seul, je prétends m'arrêter sur le bord et fendre le flot qui coule à mes côtés !

Si le lieu d'une ruine est périlleux, je frémis. Si je m'y promets le secret et la sécurité, je suis plus libre, plus seul, plus à moi, plus près de moi. C'est là que j'appelle mon ami. C'est là que je regrette mon amie. C'est là que nous jouirons de nous, sans trouble, sans témoins, sans importuns, sans jaloux. C'est là que je sonde mon cœur. C'est là que j'interroge le sien, que je m'alarme et me rassure. De ce lieu, jusqu'aux habitants des villes, jusqu'aux demeures du tumulte, au séjour de l'intérêt, des passions, des vices, des crimes, des préjugés, des erreurs, il y a loin.

Si mon âme est prévenue d'un sentiment tendre, je m'y livrerai sans gêne. Si mon cœur est calme, je goûterai toute la douceur de son repos.

Dans cet asile désert, solitaire et vaste, je n'entends rien ; j'ai rompu avec tous les embarras de la vie. Personne ne me presse et ne m'écoute. Je puis parler tout haut, m'affliger, verser des larmes sans contrainte.

Extrait.

1. Je dispute.

Hubert Robert (1733-1808), *Vue imaginaire de la Grande Galerie du Louvre en ruines* (peinture, 92,5 x 40 cm ; Musée du Louvre, Paris).

RECHERCHE DOCUMENTAIRE

▸ **1.** Faites une recherche sur Hubert Robert. Précisez à quelle époque il a vécu, quels ont été ses œuvres majeures et ses principaux thèmes d'inspiration.

▸ **2.** À quelles époques le thème de la fuite du temps a-t-il été un thème majeur en poésie ? Citez quelques auteurs représentatifs de ces époques et donnez le titre de quelques œuvres.

▸ **3.** Des écrivains, poètes, romanciers, ont été – comme Diderot – critiques d'art : trouvez quelques noms et dites à quelles occasions ces écrivains ont parlé de peinture. Citez quelques-unes de leurs œuvres de critique.

LECTURE ANALYTIQUE : TEXTE ET TABLEAU

▸ **1.** Établissez un parallélisme entre le texte et le tableau en retrouvant les éléments du tableau qui sont repris dans le texte. S'agit-il d'une description ?

▸ **2.** Vers quel thème le tableau oriente-t-il Diderot ? Prenez appui sur les champs lexicaux pour répondre. Dans quel registre ce thème est-il exprimé ?

▸ **3.** Qu'est-ce qui fait, selon Diderot, la valeur d'un tableau ? Répondez en analysant le lexique employé et les situations évoquées dans les paragraphes 2, 3 et 4. Comment s'opère, dans le texte, un glissement progressif de la représentation picturale vers la réalité ?

▸ **4.** Quelles relations Diderot établit-il entre l'émotion, les lieux, les êtres et la morale ?

ÉCRITURE

▸ **Réécriture :** en prenant modèle sur le texte de Diderot, et après avoir choisi un tableau, composez un texte selon le même schéma. Dans un premier paragraphe, associez un thème de réflexion au tableau. Dans les trois paragraphes suivants, à la première personne, évoquez des actions et des rencontres en relation avec des lieux.

▸ **Essai :** les ruines évoquent pour Diderot la fuite du temps. À partir d'un tableau représentant des ruines que vous choisirez à votre tour, dites ce qu'elles peuvent évoquer d'autre.

GUIDE p. 169-494

Francisco de Goya y Lucientes (1746-1828), *L'Ensorcelé. La lampe du diable* (peinture, 42 x 30 cm ; National Gallery, Londres).

5. Jacques Cazotte, *Le Diable amoureux* (1772)

Rationaliste, le Siècle des Lumières a vu se développer un courant littéraire intéressé par le surnaturel. Dans Le Diable amoureux, *de Jacques Cazotte, un jeune homme, Don Alvare, qui a invoqué le diable, voit apparaître une effroyable tête de chameau qui se métamorphose ensuite en une femme séductrice, Biondetta, dont il tombe amoureux. Au cours d'un voyage, il succombe à son charme. Elle fait alors connaître sa véritable identité en affirmant : « Je suis le diable... »*

À ce nom[1] fatal, quoique si tendrement prononcé, une frayeur mortelle me saisit ; l'étonnement, la stupeur accablent mon âme : je la croirais anéantie si la voix sourde du remords ne criait pas au fond de mon cœur. Cependant, la révolte de mes sens subsiste d'autant plus impérieusement qu'elle ne peut être réprimée par la raison. Elle me livre sans défense à mon ennemi : il en abuse et me rend aisément sa conquête.

Il ne me donne pas le temps de revenir à moi, de réfléchir sur la faute dont il est beaucoup plus l'auteur que le complice. « Nos affaires sont arrangées, me dit-il, sans altérer sensiblement ce ton de voix auquel il m'avait habitué. Tu es venu me chercher : je t'ai suivi, servi, favorisé ; enfin, j'ai fait ce que tu as voulu. Je désirais ta possession, et il fallait,

1. Béelzébuth, le diable.

pour que j'y parvinsse, que tu me fisses un libre abandon de toi-même. Sans doute, je dois à quelques artifices la première complaisance ; quant à la seconde, je m'étais nommé : tu savais à qui tu te livrais, et ne saurais te prévaloir de ton ignorance. Désormais notre lien, Alvare, est indissoluble, mais pour cimenter notre société, il est important de nous mieux connaître. Comme je te sais déjà presque par cœur, pour rendre nos avantages réciproques, je dois me montrer à toi tel que je suis. »

On ne me donne pas le temps de réfléchir sur cette harangue[2] singulière : un coup de sifflet très aigu part à côté de moi. À l'instant l'obscurité qui m'environne se dissipe : la corniche qui surmonte le lambris[3] de la chambre s'est toute chargée de gros limaçons : leurs cornes, qu'ils font mouvoir vivement et en manière de bascule, sont devenues des jets de lumière phosphorique[4], dont l'éclat et l'effet redoublent par l'agitation et l'allongement. Presque ébloui par cette illumination subite, je jette les yeux à côté de moi ; au lieu d'une figure ravissante, que vois-je ? Ô ciel ! c'est l'effroyable tête de chameau[5]. Elle articule d'une voix de tonnerre ce ténébreux *Che vuoi*[6] qui m'avait tant épouvanté dans la grotte, part d'un éclat de rire humain plus effrayant encore, tire une langue démesurée…

Je me précipite ; je me cache sous le lit, les yeux fermés la face contre terre. Je sentais battre mon cœur avec une force terrible : j'éprouvais un suffoquement comme si j'allais perdre la respiration.

Je ne puis évaluer le temps que je comptais avoir passé dans cette inexprimable situation, quand je me sens tirer par le bras ; mon épouvante s'accroît : forcé néanmoins d'ouvrir les yeux, une lumière frappante les aveugle.

Extrait.

2. Discours solennel.

3. Revêtement mural en bois ou en marbre.

4. Formée par combustion.

5. Forme de la première apparition du diable, au début du roman.

6. En italien, *que veux-tu ?*, question posée par le diable à sa première apparition.

LECTURE ANALYTIQUE

▶ **1.** Élucidez les différents éléments de la situation d'énonciation, à partir du paratexte, de la ponctuation, de la division en paragraphes et des pronoms personnels du texte : qui raconte ? Qui prend la parole à l'intérieur du récit ? Que désignent les différents *je, tu, on* ?

▶ **2.** Déterminez les différentes étapes de ce que vit Alvare : comment s'exprime ce qu'il ressent et ce qu'il subit ? En quoi ce qu'il subit permet-il de comprendre l'emprise du diable ? Repérez et classez toutes les formulations soulignant que le jeune homme a perdu une part de sa liberté.

▶ **3.** Relevez et classez tous les éléments qui apparentent ce passage au fantastique. Pourquoi est-il important que le narrateur soit aussi le personnage principal de l'histoire ?

▶ **4.** Le narrateur s'exprime au présent et le temps semble être un élément important dans le passage. Quelles relations pourrait-on établir entre ce rôle du temps et le caractère surnaturel des faits rapportés ?

RECHERCHE DOCUMENTAIRE

▶ **1.** Recherchez les dates et les œuvres essentielles des auteurs anglais suivants : Ann Radcliffe, Horace Walpole, Matthew G. Lewis (⇛ p. 121), Mary Shelley. Dites à quel genre appartiennent leurs œuvres littéraires et quelles relations on peut établir entre Jacques Cazotte et ces auteurs.

▶ **2.** Cherchez dans ce manuel deux textes mettant en scène le diable, sous un autre nom, et précisez s'il s'agit alors de fantastique. Indiquez précisément la date de l'œuvre, son titre et son auteur.

▶ **3.** Qu'appelle-t-on « illuminisme » au XVIIIe siècle ? Après avoir cherché le sens de ce mot dans un dictionnaire littéraire, vous le rapprocherez, pour faire quelques observations, du mot « Lumières ».

ÉCRITURE

▶ **Résumé :** cherchez la scène d'invocation du diable et sa première apparition, et racontez cet épisode à la troisième personne, en une dizaine de lignes. Vous êtes un narrateur omniscient.

GUIDE p. 169

Johan Dahl (1788-1857), *Bouleau suspendu au bord d'un précipice* (peinture, 92 x 72 cm ; Bergen Billedgaleri).

6. Goethe, *Les Souffrances du jeune Werther* (1774)

Les Souffrances du jeune Werther *est un roman par lettres dans lequel Werther, le narrateur, sorte de double de Goethe, rend compte de sa vie et de ses émotions. La rencontre d'une jeune fille, Charlotte, surnommée Lotte, fait naître chez lui une passion douloureuse, car Lotte est fiancée. Dans les lettres adressées à son ami Wilhelm, le narrateur évoque cette rencontre et les changements qu'elle a provoqués en lui.*

Le 18 août[1].

Était-il donc fatal que ce qui fait la félicité de l'homme devînt en retour la source de sa détresse ?

Le sentiment d'ardente plénitude que la nature vivante faisait naître en mon cœur, ce sentiment qui m'inondait de tant de volupté, qui transformait le monde autour de moi en un paradis, me devient maintenant un intolérable bourreau, un génie de la persécution, qui me pourchasse en tout lieu. Jadis, quand du haut du rocher mon regard embrassait la vallée féconde qui s'étend par-delà le fleuve jusqu'aux lointaines collines et que je voyais tout germer, sourdre autour de moi ; quand j'apercevais ces

1. De l'année 1771.

montagnes revêtues du pied jusqu'à la cime de grands arbres touffus, ces vallées aux multiples détours ombragés des plus aimables forêts, tandis que doucement la rivière s'écoulait entre les roseaux murmurants et reflétait les gracieux nuages que la douce brise du soir berçait et poussait vers nous dans le ciel ; quand alors j'entendais les oiseaux autour de moi animer la forêt et que par millions des essaims de moucherons dansaient allégrement dans l'ultime rayon du soleil couchant, dont le dernier regard palpitant délivrait le scarabée bourdonnant de sa prison d'herbe ; quand la vie bruissante et mouvante qui m'entourait attirait mon attention sur le sol et sur la mousse qui arrache au rocher sa nourriture, et que les broussailles qui croissent sur la pente de l'aride colline sablonneuse me révélaient la vie intérieure, ardente et sacrée, de la nature, comme alors je recueillais tout cela dans mon cœur brûlant ! Dans cette débordante plénitude je me sentais presque devenir Dieu et les formes admirables de l'univers infini se mouvaient dans mon âme porteuse d'une vie unanime. Des montagnes énormes m'entouraient, des abîmes s'ouvraient devant moi et des torrents s'y précipitaient ; les fleuves au-dessous de moi coulaient à flots ; forêts et montagnes retentissaient et je les voyais agir et créer, entremêlées dans les profondeurs de la terre, toutes les forces insondables, tandis qu'entre terre et ciel fourmillent les générations des créatures en leur diversité. Tout, tout est peuplé de mille formes, cependant que les hommes se rassemblent à l'abri de leurs chaumières et se font un nid en s'imaginant qu'ils règnent sur le vaste monde ! Pauvres insensés ! qui jugent tout si infime, parce qu'ils sont si petits.

Livre Ier (extrait), trad. J.-F. Angelloz, éd. GF-Flammarion, 1968.

RECHERCHE DOCUMENTAIRE

▸ **1.** Cherchez les dates de Goethe, son pays d'origine, le titre et le genre de plusieurs de ses œuvres. Pour quelles raisons peut-on l'associer à Gérard de Nerval, au dramaturge anglais Christopher Marlowe, aux compositeurs Hector Berlioz et Charles Gounod, au cinéaste allemand Murnau et à Paul Valéry ?

▸ **2.** Dites quel écrivain du XVIIe siècle, représenté dans ce manuel, a évoqué la petitesse de l'homme, sa disproportion par rapport au monde. Dans quelle œuvre et à quel propos ?

LECTURE ANALYTIQUE

▸ **1.** *Félicité / détresse* : étudiez comment se trouve reprise, dans le texte, l'idée énoncée dans la première phrase. À quelle opposition temporelle se trouve-t-elle associée ? Dites aussi quelle nature évoque celui qui parle, la nature heureuse ou la nature génératrice de malheur.

▸ **2.** La ponctuation et la reprise anaphorique d'une structure particulière attirent ici l'attention du lecteur : qu'est-ce qui se trouve répété ? À quel moment se trouve enfin exprimée la proposition principale attendue ? Quel est l'effet produit ?

▸ **3.** À quels éléments de la nature celui qui parle se montre-t-il particulièrement sensible ? Reprenez les différents éléments évoqués et trouvez-leur un principe de classification.

▸ **4.** Comment peut s'expliquer le sentiment de *devenir Dieu* ? Quel est le sens des cinq dernières lignes par rapport au sentiment de *détresse* évoqué dans la première phrase ?

ÉCRITURE

▸ **Réécriture :** le narrateur pense à la nature inspiratrice de bonheur et c'est celle qu'il évoque. En vous mettant à sa place, vous évoquerez la même nature associée au sentiment de détresse dont il parle dans les premières lignes. Vous vous efforcerez de conserver au texte la même structure, avec l'anaphore d'une subordonnée et une principale longtemps attendue.

GUIDE p. 169-377-494

Joseph Vernet (1714-1789), *La Tempête*, 1777 (peinture ; Musée Calvet, Avignon).

7. André Chénier, *Les Bucoliques* (1785-1787)

Grec par sa mère et admirateur du poète latin Virgile auquel il emprunte le titre du recueil Les Bucoliques*, André Chénier est très influencé par l'Antiquité. Le poème qui suit est composé sur le modèle de l'élégie, genre traditionnel lyrique qui exprime des sentiments douloureux.*

La jeune Tarentine

Pleurez, doux alcyons[1], ô vous, oiseaux sacrés,
Oiseaux chers à Thétis[2], doux alcyons, pleurez.
Elle a vécu, Myrto, la jeune Tarentine[3] !
Un vaisseau la portait aux bords de Camarine[4] ;
Là, l'hymen[5], les chansons, les flûtes, lentement
Devaient la reconduire au seuil de son amant.
Une clef vigilante a, pour cette journée,
Dans le cèdre[6] enfermé sa robe d'hyménée[7],
Et l'or dont au festin ses bras seraient parés,
Et pour ses blonds cheveux les parfums préparés.
Mais, seule sur la proue, invoquant les étoiles,
Le vent impétueux qui soufflait dans les voiles
L'enveloppe. Étonnée[8] et loin des matelots,
Elle crie, elle tombe, elle est au sein des flots.

Elle est au sein des flots, la jeune Tarentine.
Son beau corps a roulé sous la vague marine.
Thétis, les yeux en pleurs, dans le creux d'un rocher
Aux monstres dévorants eut soin de le cacher.
Par ses ordres bientôt les belles Néréides[9]
L'élèvent au-dessus des demeures humides,
Le portent au rivage, et dans ce monument
L'ont, au cap du Zéphyr[10], déposé mollement.
Puis de loin, à grands cris appelant leurs compagnes,
Et les Nymphes[11] des bois, des sources, des montagnes,
Toutes, frappant leur sein et traînant un long deuil,
Répétèrent : « Hélas ! » autour de son cercueil.

« Hélas ! chez ton amant tu n'es point ramenée,
Tu n'as point revêtu ta robe d'hyménée,
L'or autour de tes bras n'a point serré de nœuds.
Les doux parfums n'ont point coulé sur tes cheveux. »[12]

1. Oiseaux marins.
2. Selon la mythologie grecque, divinité marine mère d'Achille.
3. Originaire de Tarente, ville d'Italie du Sud.
4. Port de Sicile.
5. Mariage.
6. Métonymie pour *le coffre de cèdre.*
7. Mariage.
8. Sens fort : frappée de stupeur.
9. Sœurs de Thétis, comme elle filles de Nérée.
10. Cap d'Italie du Sud.
11. Divinités de la nature.
12. Dans d'autres éditions, ces quatre derniers vers ne sont pas entre guillemets.

RECHERCHE DOCUMENTAIRE

▸ **1.** Dans un dictionnaire de mythologie, recherchez qui était Thétis et à quelles légendes elle se trouve associée.

▸ **2.** Quel terme désigne l'inscription que l'on grave sur un tombeau ?

LECTURE ANALYTIQUE

▸ **1.** Observez la variation des temps et des modes verbaux et retrouvez, par cette observation, les différentes phases de l'évocation.

▸ **2.** Comment s'exprime dans le texte la double présence de la mort et celle de la vie heureuse ? De quelle manière la mort est-elle atténuée dans son expression ?

▸ **3.** Retrouvez les différents éléments du poème qui composent une scène mythologique. À quelle perception cette scène fait-elle appel chez le lecteur ? Quel en est le registre ?

▸ **4.** Quel effet produit la reprise de termes et d'expressions similaires au début et à la fin du poème ? En quoi l'écriture poétique, les rythmes, les sonorités et la ponctuation concourent-ils à créer une émotion chez le lecteur, en relation avec les circonstances particulières de la mort de la jeune fille ?

GUIDE p. 371-494

8. Matthew G. Lewis, *Le Moine* (1795)

Roman gothique anglais, Le Moine *met en scène Ambrosio, un prêtre sadique. À la fin du roman, emprisonné et condamné au bûcher, il attend son exécution lorsqu'apparaît le diable, qu'il a appelé à son secours. Mais ce dernier pose ses conditions.*

– Écoute ! cria le tentateur : on vient ! fais vite ; signe le parchemin, et je t'emporte à l'instant d'ici.

En effet, on entendit venir les archers chargés de conduire Ambrosio au bûcher ; ce bruit encouragea le moine dans sa résolution.

– Quel est le sens de cet écrit ? dit-il.

– Il me donne ton âme pour toujours sans réserve.

– Que dois-je recevoir en échange ?

– Ma protection et ton évasion du cachot. Signe-le et à l'instant je t'emporte.

Ambrosio prit la plume ; il la posa sur le parchemin. De nouveau le courage lui manqua ; il se sentit au cœur une angoisse d'épouvante, et il rejeta la plume sur la table.

– Être pusillanime[1] ! s'écria le démon exaspéré ; c'est assez d'enfantillage ! Signe sur-le-champ cet écrit ou je te sacrifie à ma fureur.

À ce moment on tira le verrou de la porte extérieure ; le prisonnier entendit le bruit des chaînes ; la barre pesante tomba : les archers étaient sur le point d'entrer. Poussé à la frénésie par l'urgence du danger, reculant devant la mort, terrifié des menaces du démon, et ne voyant pas d'autre moyen d'échapper à sa perte, le malheureux céda. Il signa le fatal

1. Lâche.

contrat, et le mit aussitôt dans les mains du mauvais esprit, dont les yeux, en recevant ce don, étincelèrent d'une joie maligne.

– Prenez-le ! dit l'homme abandonné de Dieu. Maintenant sauvez-moi, arrachez-moi d'ici !

– Arrête ! Renonces-tu librement et absolument à ton Créateur et à Son Fils ?

– Oui ! oui !

– Me cèdes-tu ton âme pour toujours ?

– Pour toujours !

– Sans réserve ni subterfuge ? Sans appel futur à la divine merci[2] ?

La dernière chaîne tomba de la porte de la prison. On entendit la clef tourner dans la serrure ; déjà la porte de fer grinçait pesamment sur ses gonds rouillés...

– Je suis à vous pour toujours, et irrévocablement ! cria le moine, éperdu d'effroi. J'abandonne tous mes droits au salut ; je ne reconnais de pouvoir que le vôtre. Écoutez ! écoutez ! on vient ! Oh ! sauvez-moi ! emportez-moi !

– Je triomphe ! Tu es à moi sans retour, et je remplis ma promesse.

Pendant qu'il parlait, la porte s'ouvrit : aussitôt le démon saisit un des bras d'Ambrosio, étendit ses larges ailes et s'élança avec lui dans les airs ; la voûte s'entrouvrit pour les laisser passer, et se referma quand ils eurent quitté le cachot.

Le geôlier, cependant, était dans un extrême étonnement de la disparition de son prisonnier. Quoique ni lui ni les archers ne fussent entrés à temps pour être témoins de l'évasion du moine, une odeur de soufre répandue dans la prison leur apprit assez à qui il devait sa délivrance. Ils se hâtèrent d'aller faire leur rapport au Grand Inquisiteur. Le bruit qu'un sorcier avait été emporté par le diable courut bientôt dans Madrid, et pendant quelques jours ce fut le sujet de toutes les conversations de la ville ; peu à peu, on cessa de s'en entretenir : d'autres aventures plus nouvelles s'emparèrent de l'attention générale, et Ambrosio fut bientôt aussi oublié que s'il n'avait jamais existé.

Volume III, chapitre V (extrait), trad. L. de Wailly, éd. Actes Sud, coll. « Babel », 1996.

2. Grâce.

RECHERCHE DOCUMENTAIRE

▸ Par quel « circuit » historique l'inspiration fantastique anglaise et allemande est-elle parvenue en France après 1789 ? Quel courant littéraire de la première moitié du XIXe siècle a été particulièrement marqué par cette inspiration ?

LECTURE ANALYTIQUE

▸ **1.** Étudiez la construction du passage : quelle alternance le lecteur peut-il observer ? Quelle est la position du narrateur ?

▸ **2.** Relevez le contenu des passages dialogués. Quel rôle jouent-ils ? Que révèlent-ils de l'état d'Ambrosio ? des intentions et de la manière de se comporter du diable ?

▸ **3.** À quoi servent les passages de récit, par rapport aux dialogues ? En quoi peut-on parler de suspense ?

▸ **4.** Quels éléments de la scène permettent de parler de fantastique ? Comment ce fantastique s'insère-t-il dans la vie courante ?

SYNTHÈSE

▸ Identifiez et classez les thèmes les plus largement représentés dans les textes qui entrent dans cette séquence. Quel est le registre le plus fréquent ?

GUIDE p. 169-494

9. Lire l'image

Jean Honoré Fragonard (1732-1806), *Le Souvenir (Le chiffre d'amour)*, 1775 / 1778 (peinture, 26,7 x 20,3 cm ; The Wallace Collection, Londres).

LECTURE ANALYTIQUE

▸ **1.** Quelles sont les connotations des deux titres ? À quel domaine renvoient-ils ?

▸ **2.** Observez la composition du tableau et dégagez les différents effets liés à sa structure : comment se différencient les deux moitiés ? Qu'est-ce qui établit une unité entre les deux ? D'où vient l'impression d'équilibre de l'ensemble ?

▸ **3.** Étudiez les jeux de lumière, les reflets, les contrastes : que mettent-ils en valeur ?

▸ **4.** Faites apparaître les relations de sens entre le tableau, ses deux titres et l'orientation d'ensemble de la séquence.

ÉCRITURE

▸ **Invention :** à partir de ce tableau, composez une nouvelle qui le prendra comme thème, épisode, point de départ ou conclusion.

GUIDE p. 493

SÉQUENCE 7

Institutions, règles et codes

1. Vaugelas, *Remarques sur la langue française* (1647)

Grammairien et traducteur, Vaugelas fut, en 1635, un des premiers académiciens. Ses travaux firent de lui un véritable « législateur » linguistique : c'est en effet lui qui fixa, dans ses Remarques sur la langue française, *des normes essentiellement fondées sur l'usage de la cour et de la ville.*

De cette façon de parler, *il sait la langue latine et la langue grecque*

Le sens de ces paroles se peut exprimer en quatre façons. On peut dire *il sait la langue latine et la langue grecque. Il sait la langue latine et la grecque. Il sait la langue latine et grecque,* et *il sait les langues latine et grecque.* On demande si ces quatre expressions sont toutes bonnes, et laquelle est la meilleure. Je réponds que les deux dernières sont mauvaises, et que les deux premières sont bonnes ; car *il sait la langue latine et grecque* ne se peut dire, parce que la construction de cette période[1], ou de cette oraison[1], pour parler en grammairien, se doit faire ou selon les paroles qui sont exprimées, ou selon celles qui sont sous-entendues ; si selon celles qui sont exprimées, ce singulier *la langue* ne peut convenir à deux langues entièrement différentes, comme sont *la latine et la grecque* ; si selon celles qui sont sous-entendues, à savoir *la langue,* encore qu'on ne die pas[2] *langue,* il ne faut pas laisser d'exprimer l'article *la,* qui ne se peut supprimer ni sous-entendre, à cause qu'un même substantif, comme est *langue* en cet exemple, ne peut pas être appliqué à deux choses différentes, qu'on ne lui donne[3] deux articles

1. Les mots *période* et *oraison* désignent ici une expression.
2. Même si l'on ne dit pas.
3. Sans qu'on lui donne.

effectifs, qui ne se doivent jamais supprimer. Et pour l'autre expression que nous soutenons mauvaise, *il sait les langues latine et grecque*, cela est si évident à ceux même qui ne savent pas les secrets de notre langue, qu'il me semble superflu de le prouver. Il reste donc à savoir lequel de ces deux est le meilleur, *il sait la langue latine et la langue grecque*, et *il sait la langue latine et la grecque*. Les opinions sont partagées, les uns croient que de répéter deux fois *langue* est plus régulier et plus grammatical, et allèguent que M. Coëffeteau[4], qui écrivait si nettement, en usait toujours ainsi. Les autres assurent que celui-ci est beaucoup meilleur et plus élégant, *il sait la langue latine et la grecque*, parce, disent-ils, que la répétition des mots, à moins que d'être absolument nécessaire, est toujours importune, outre qu'en l'évitant on s'exprime avec plus de brièveté, ce qui est bien agréable, surtout au Français.

A. F.[5] – On n'a rien trouvé à dire sur cette remarque sinon que *il sait la langue latine et la langue grecque*, et *il sait la langue latine et la grecque* sont deux façons de parler correctes ; mais on a préféré la première à l'autre. On a condamné les deux autres.

4. Évêque et écrivain français (1574-1623), considéré par Vaugelas comme l'initiateur du français moderne.
5. Commentaire de l'Académie française.

TEXTE ÉCHO : préface des *Remarques sur la langue française* (1647)

Définition de l'usage

C'est la façon de parler de la plus saine partie de la cour, conformément à la façon d'écrire de la plus saine partie des auteurs du temps. Quand je dis la cour, j'y comprends les femmes comme les hommes, et plusieurs personnes de la ville où le Prince réside, qui par la communication qu'elles ont avec les gens de la cour participent à sa politesse. Il est certain que la cour est comme un magasin, d'où notre langue tire quantité de beaux termes pour exprimer nos pensées et que l'éloquence de la chaire ni du barreau[1] n'aurait pas les grâces qu'elle demande.

1. L'éloquence religieuse et l'éloquence de la justice.

LECTURE ANALYTIQUE

▸ **1.** En prenant appui sur les articulations, les différentes formes de graphie, la ponctuation, étudiez comment cette « remarque » est construite.

▸ **2.** Sur les quatre formulations proposées, deux sont admises par Vaugelas, deux sont rejetées. Cherchez sur quels critères reposent l'acceptation et le refus. Repérez et classez les termes qui évoquent l'existence de règles à respecter.

▸ **3.** À quelle(s) forme(s) de discours ce texte appartient-il ? Comment se marque la présence de celui qui parle ? À qui s'adresse-t-il ?

RECHERCHE DOCUMENTAIRE

▸ En rapprochant et en comparant des ouvrages littéraires d'époques différentes, vous chercherez et classerez les facteurs qui conduisent une langue à se modifier. Vous donnerez aussi des exemples de ces modifications.

DÉBAT

▸ La codification d'une langue et la nécessité de respecter certains usages sont-elles de nature à gêner un auteur ?

GUIDE p. 167

Abraham Bosse (1602-1676), *La Galerie du Palais* (gravure ; BNF, Cabinet des estampes, Paris).

2. Nicolas Boileau, *Art poétique* (1674)

Poète lui-même et critique, Boileau a composé un Art poétique *(⇛ p. 80 et 126) dans la ligne de celui d'Horace (Ier siècle av. J.-C.), définissant les règles de l'écriture poétique, dans ses relations avec l'inspiration et avec la raison. Le chant I est consacré à des préceptes généraux.*

Tout doit tendre au bon sens : mais pour y parvenir
Le chemin est glissant et pénible à tenir ;
Pour peu qu'on s'en écarte, aussitôt on se noie.
La raison pour marcher n'a souvent qu'une voie.
Un auteur quelquefois trop plein de son objet
Jamais sans l'épuiser n'abandonne un sujet.
S'il rencontre un palais, il m'en dépeint la face[1] ;
Il me promène après de terrasse en terrasse ;
Ici s'offre un perron ; là règne un corridor ;
Là ce balcon s'enferme en un balustre[2] d'or.
Il compte des plafonds les ronds et les ovales ;
« Ce ne sont que festons, ce ne sont qu'astragales[3]. »[4]
Je saute vingt feuillets pour en trouver la fin,
Et je me sauve à peine au travers du jardin.
Fuyez de ces auteurs l'abondance stérile,
Et ne vous chargez point d'un détail inutile.
Tout ce qu'on dit de trop est fade et rebutant ;
L'esprit rassasié le rejette à l'instant.
Qui ne sait se borner ne sut jamais écrire.
Souvent la peur d'un mal nous conduit dans un pire :

1. Façade.
2. Pilier comportant un renflement et servant à la constitution de balustrades.
3. Moulures en forme de bracelet au sommet et à la base de colonnes.
4. Le vers 12 est emprunté au poète Scudéry. Boileau fait référence à la très longue description d'un palais.

Un vers était trop faible, et vous le rendez dur ;
J'évite d'être long, et je deviens obscur ;
L'un n'est point trop fardé[5], mais sa muse est trop nue ;
L'autre a peur de ramper, il se perd dans la nue.
Voulez-vous du public mériter les amours ?
Sans cesse en écrivant variez vos discours[6].
Un style trop égal et toujours uniforme
En vain brille à nos yeux, il faut qu'il nous endorme.
On lit peu ces auteurs, nés pour nous ennuyer,
Qui toujours sur un ton semblent psalmodier.
Heureux qui, dans ses vers, sait d'une voix légère
Passer du grave au doux, du plaisant au sévère !
Son livre, aimé du ciel et chéri des lecteurs,
Est souvent chez Barbin[7] entouré d'acheteurs.
Quoi que vous écriviez, évitez la bassesse :
Le style le moins noble a pourtant sa noblesse.
Au mépris du bon sens, le burlesque[8] effronté
Trompa les yeux d'abord, plut par sa nouveauté.
On ne vit plus en vers que pointes triviales ;
Le Parnasse[9] parla le langage des halles ;
La licence à rimer alors n'eut plus de frein ;
Apollon travesti[10] devint un Tabarin[11].
Cette contagion infecta les provinces,
Du clerc et du bourgeois passa jusques aux princes.
Le plus mauvais plaisant eut ses approbateurs ;
Et, jusqu'à d'Assouci[12], tout trouva des lecteurs.
Mais de ce style enfin la cour désabusée
Dédaigna de ces vers l'extravagance aisée,
Distingua le naïf du plat et du bouffon
Et laissa la province admirer le *Typhon*[13].
Que ce style jamais ne souille votre ouvrage.
Imitons de Marot l'élégant badinage,
Et laissons le burlesque aux plaisants du Pont-Neuf[14].

Chant I, vers 45-98.

5. Surchargé d'ornements.
6. Propos.
7. Nom d'un libraire contemporain de Boileau.
8. Le burlesque désigne le fait d'exprimer trivialement des actions ou des situations héroïques (⇛ p. 00).
9. Montagne de Grèce où selon la tradition siégeaient Apollon et les muses. Le mot désigne ici la poésie.
10. Allusion au poème intitulé *Virgile travesti*, de Scarron (⇛ p. 00).
11. Auteur de farces (1584-1633).
12. Auteur d'une imitation burlesque des *Métamorphoses*, d'Ovide.
13. Poème de Scarron rapportant la guerre des géants contre les dieux.
14. Allusion au fait que le Pont Neuf offrait des spectacles de marionnettes.

LECTURE ANALYTIQUE

▸ **1.** Un « art poétique » est un ensemble de recommandations. Repérez et identifiez dans le texte les formulations qui signalent un discours injonctif.

▸ **2.** Que révèlent la variété des pronoms personnels et les changements de temps verbaux ? Quels sont les effets produits ?

▸ **3.** Énumérez les différents points évoqués par Boileau ; pour chaque point abordé, précisez ce qu'il refuse et ce qu'il préconise. Par quels procédés met-il en relief certaines de ses recommandations ?

▸ **4.** Quel est le rôle des passages du texte qui ne sont pas des recommandations ?

▸ **5.** Quels sont, d'après ce texte, les critères de l'écriture poétique ?

RECHERCHE DOCUMENTAIRE

▸ **1.** Donnez les dates de Boileau et citez deux œuvres dont les titres renvoient à des genres présents dans l'Antiquité latine. Dites de quels auteurs latins Boileau s'est inspiré pour composer ces deux œuvres.

▸ **2.** Au vers 47, il est question de la cour. De quelle cour s'agit-il ? Quelle était son importance en matière de règles concernant la langue et les genres littéraires ? Référez-vous, pour répondre, aux textes des p. 124 et 125.

GUIDE p. 167

Atelier d'Eustache Le Sueur (1617-1655), *L'Amour ordonne à Mercure d'annoncer son pouvoir à l'univers* (peinture ; Musée du Louvre, Paris).

3. Saint-Évremond, *Sur les poèmes des Anciens* (1685)

Partisan des Modernes dans la querelle qui les oppose aux Anciens, Saint-Évremond met en évidence l'importance des changements intellectuels, moraux et politiques survenus depuis l'Antiquité : de ce fait, l'imitation des poètes anciens, préconisée dès la Renaissance, lui semble relever de l'anachronisme.

Le génie de notre siècle est tout opposé à cet esprit de fables, et de faux mystères[1]. Nous aimons les vérités déclarées : le bon sens prévaut aux illusions de la fantaisie[2], rien ne nous contente aujourd'hui, que la solidité et la raison. Ajoutez à ce changement de goût, celui de la connaissance. Nous envisageons la nature, autrement que les anciens ne l'ont regardée. Les cieux, cette demeure éternelle de tant de divinités, ne sont qu'un espace immense et fluide. Le même soleil nous luit encore ; mais nous lui donnons un autre cours : au lieu de s'aller coucher dans la mer, il va éclairer un autre monde. La terre immobile autrefois, dans l'opinion des hommes, tourne aujourd'hui, dans la nôtre, et rien n'est égal à la rapidité de son mouvement. Tout est changé : les dieux, la nature, la politique, les mœurs, le goût, les manières. Tant de changements n'en produiront-ils point, dans nos ouvrages ?

Si Homère vivait présentement, il ferait des poèmes admirables, accommodés au siècle où il écrirait. Nos poètes en font de mauvais, ajustés à ceux des anciens, et conduits par des règles, qui sont tombées, avec des choses que le temps a fait tomber.

1. Il vient d'être question, dans le passage qui précède, de l'absence de vérité dans les œuvres antiques, au profit des « fictions, allégories et paraboles ».
2. Imagination.

Je sais qu'il y a de certaines règles éternelles, pour être fondées sur un bon sens, sur une raison ferme et solide, qui subsistera toujours ; mais il en est peu qui portent le caractère de cette raison incorruptible. Celles qui regardaient les mœurs, les affaires, les coutumes des vieux Grecs, ne nous touchent guère aujourd'hui. On en peut dire ce qu'a dit Horace des mots. Elles ont leur âge et leur durée. Les unes meurent de vieillesse : *ita verborum interit aetas*[3] ; les autres périssent avec leur nation, aussi bien que les maximes du gouvernement, lesquelles ne subsistent pas, après l'empire. Il n'y en a donc que bien peu, qui aient droit de diriger nos esprits, dans tous les temps ; et il serait ridicule de vouloir toujours régler des ouvrages nouveaux, par des lois éteintes. La poésie aurait tort d'exiger de nous ce que la religion et la justice n'en obtiennent pas.

C'est à une imitation servile et trop affectée, qu'est due la disgrâce de tous nos poèmes. Nos poètes n'ont pas eu la force de quitter les dieux, ni l'adresse de bien employer ce que notre religion leur pouvait fournir. Attachés au goût de l'antiquité, et nécessités à nos sentiments[4], ils donnent l'air de Mercure[5], à nos anges, et celui des merveilles fabuleuses des anciens, à nos miracles. Ce mélange de l'antique et du moderne leur a fort mal réussi : et on peut dire qu'ils n'ont su tirer aucun avantage de leurs fictions, ni faire un bon usage de nos vérités.

Concluons que les poèmes d'Homère seront toujours des chefs-d'œuvre : non pas en tout des modèles. Ils formeront notre jugement ; et le jugement réglera la disposition des choses présentes.

Extrait.

3. « Ainsi disparaît l'âge ancien des mots », expression figurant dans l'*Art poétique* d'Horace (Ier siècle av. J.-C.).
4. Contraints à faire cas de nos sentiments.
5. Hermès, messager des dieux dans la mythologie antique.

RECHERCHE DOCUMENTAIRE

▸ **1.** Qui était Homère ? Faites une recherche pour préciser l'époque à laquelle il renvoie et les caractéristiques des deux œuvres qui lui sont attribuées. En quoi ces deux œuvres font-elles partie de ce que l'on appelle les « textes fondateurs » ?

▸ **2.** Retrouvez le nom des écrivains engagés dans la querelle des Anciens et des Modernes, les œuvres dans lesquelles ils prennent position et les grandes lignes de l'argumentation des deux « camps ».

LECTURE ANALYTIQUE

▸ **1.** En prenant appui sur le lexique et sur certaines figures d'opposition, étudiez comment le premier paragraphe développe le constat énoncé dans la première phrase.

▸ **2.** Quelle idée le lecteur peut-il tirer des deux phrases qui constituent le deuxième paragraphe ? Quel est le sens des deux modes verbaux utilisés ?

▸ **3.** Quelles relations de sens le lecteur peut-il établir entre le paragraphe 1 et le paragraphe 3 ? Quel est le rôle du paragraphe 4 ?

▸ **4.** À partir des réponses aux questions qui précèdent, déterminez la thèse défendue par Saint-Évremond et retrouvez la série des arguments qui soutiennent cette thèse.

▸ **5.** Quelle leçon le lecteur moderne peut-il tirer du dernier paragraphe ?

DÉBAT

▸ Comment les œuvres anciennes peuvent-elles former notre jugement ?

GUIDE p. 167-168

4. Jean de La Bruyère, *Discours prononcé dans l'Académie française le lundi 15 juin 1693*

Reçu à l'Académie française en 1693, La Bruyère prononce à cette occasion, selon la tradition, un discours élogieux. Après avoir célébré Richelieu, fondateur de cette institution, il adresse une série de louanges aux académiciens.

Je voudrais, Messieurs, moins pressé par le temps et par les bienséances qui mettent des bornes à ce discours, pouvoir louer chacun de ceux qui composent cette Académie par des endroits encore plus marqués et par de plus vives expressions. Toutes les sortes de talents que l'on voit répandus parmi les hommes se trouvent partagés entre vous. Veut-on de diserts[1] orateurs, qui aient semé dans la chaire[2] toutes les fleurs de l'éloquence, qui, avec une saine morale, aient employé tous les tours et toutes les finesses de la langue, qui plaisent par un beau choix de paroles, qui fassent aimer les solennités, les temples, qui y fassent courir ? qu'on ne les cherche pas ailleurs, ils sont parmi vous. Admire-t-on une vaste et profonde littérature qui aille fouiller dans les archives de l'antiquité pour en retirer des choses ensevelies dans l'oubli, échappées aux esprits les plus curieux, ignorées des autres hommes ; une mémoire, une méthode, une précision à ne pouvoir dans ces recherches s'égarer d'une seule année, quelquefois d'un seul jour sur tant de siècles ? cette doctrine admirable, vous la possédez ; elle est du moins en quelques-uns de ceux qui forment cette savante assemblée. Si l'on est curieux du don des langues, joint au double talent de savoir avec exactitude les choses anciennes, et de narrer celles qui sont nouvelles avec autant de simplicité que de vérité, des qualités si rares ne vous manquent pas et sont réunies en un même sujet. Si l'on cherche des hommes habiles, pleins d'esprit et d'expérience, qui, par le privilège de leurs emplois, fassent parler le Prince[3] avec dignité et avec justesse ; d'autres qui placent heureusement et avec succès, dans les négociations les plus délicates, les talents qu'ils ont de bien parler et de bien écrire ; d'autres encore qui prêtent leurs soins et leur vigilance aux affaires publiques, après les avoir employés aux judiciaires, toujours avec une égale réputation : tous se trouvent au milieu de vous, et je souffre à ne pas les nommer.

Extrait.

1. Qui parlent bien.
2. L'éloquence religieuse.
3. Les académiciens se font les interprètes des paroles du Roi.

RECHERCHE DOCUMENTAIRE

▶ Précisez la date de création de l'Académie française et ses fonctions. Quelle a été la première femme admise dans cette institution ?

LECTURE ANALYTIQUE

▶ **1.** Retrouvez dans le texte les indices de la présence de celui qui parle et des destinataires de son discours. Qu'est-ce qui renvoie à l'idée d'un discours officiel ?

▶ **2.** Identifiez dans la première phrase les objectifs du discours et son registre. Retrouvez ensuite ces deux éléments dans le texte, en prenant appui sur les champs lexicaux, sur différents procédés de valorisation et sur la récurrence de formulations soutenues par la ponctuation.

▶ **3.** En quoi consiste l'habileté de La Bruyère, qui emploie le mot *chacun* dans la première phrase et qui ne nomme personne ? Mettez en relief les qualités oratoires du discours, et interrogez-vous sur sa sincérité.

▶ **4.** *Bien parler* et *bien écrire* : quelle est l'importance de ces deux qualités, d'après le texte ?

ÉCRITURE

▶ **Réécriture :** composez un discours élogieux adressé à un groupe. Suivez la structure du discours de La Bruyère en reprenant les procédés rhétoriques les plus visibles. Terminez par la phrase : « et j'aimerais pouvoir tous les nommer ».

GUIDE p. 167

5. Fénelon, *Lettre à l'Académie* (1714)

Précepteur des petits-enfants de Louis XIV et auteur des Aventures de Télémaque, *traité d'éducation sous forme romanesque, Fénelon s'interposa dans la querelle des Anciens et des Modernes, avec une volonté d'apaisement, mais avec une sympathie pour les auteurs de l'Antiquité.*

Il est naturel que les modernes, qui ont beaucoup d'élégance et de tours ingénieux, se flattent de surpasser les anciens, qui n'ont que la simple nature. Mais je demande la permission de faire ici une espèce d'apologue[1]. Les inventeurs de l'architecture qu'on nomme *gothique*, et qui est, dit-on, celle des Arabes[2], crurent sans doute avoir surpassé les architectes grecs. Un édifice grec n'a aucun ornement qui ne serve qu'à orner l'ouvrage ; les pièces nécessaires pour le soutenir, ou pour le mettre à couvert, comme les colonnes et la corniche, se tournent seulement en grâce par leurs proportions. Tout est simple, tout est mesuré, tout est borné à l'usage. On n'y voit ni hardiesse, ni caprice qui impose aux yeux[3]. Les proportions sont si justes, que rien ne paraît fort grand, quoique tout le soit ; tout est borné à contenter la vraie raison. Au contraire, l'architecte gothique élève sur des piliers très minces une voûte immense qui monte jusqu'aux nues. On croit que tout va tomber, mais tout dure pendant bien des siècles. Tout est plein de

1. Court récit en vers ou en prose, à vocation didactique et morale (⇛ p. 00).
2. C'est ce que l'on pensait à l'époque.
3. Qui trompe le regard.

fenêtres, de roses et de pointes[4] ; la pierre semble découpée, comme du carton : tout est à jour, tout est en l'air. N'est-il pas naturel que les premiers architectes gothiques se soient flattés d'avoir surpassé par leur vain raffinement la simplicité grecque ? Changez seulement les noms ; mettez les poètes et les orateurs en la place des architectes. Lucain devait naturellement croire qu'il était plus grand que Virgile. Sénèque le tragique pouvait s'imaginer qu'il brillait bien plus que Sophocle ; le Tasse a pu espérer de laisser derrière lui Virgile et Homère. Ces auteurs se seraient trompés en pensant ainsi : les plus excellents auteurs de nos jours doivent craindre de se tromper de même.

Je n'ai garde de vouloir juger en parlant ainsi ; je propose seulement aux hommes qui ornent notre siècle[5] de ne mépriser point ceux que tant de siècles ont admirés. Je ne vante point les anciens comme des modèles sans imperfection ; je ne veux point ôter à personne l'espérance de les vaincre ; je souhaite au contraire de voir les modernes victorieux par l'étude des anciens mêmes qu'ils auront vaincus.

Extrait.

4. Rosaces et flèches caractéristiques de l'art gothique.
5. Qui font la renommée de notre siècle.

RECHERCHE DOCUMENTAIRE

▸ **1.** Cherchez qui sont les auteurs cités dans le texte, puis expliquez dans quel domaine et pourquoi les uns pourraient penser avoir surpassé les autres.

▸ **2.** Cherchez des illustrations permettant de mettre en parallèle l'architecture grecque et l'architecture gothique : peut-on accorder à la seconde une plus grande valeur qu'à la première ?

LECTURE ANALYTIQUE

▸ **1.** À partir de l'affirmation de la première phrase, et de trois mots clés, déterminez de quoi il est question dans le texte.

▸ **2.** Quelles sont les limites (donnez les lignes) de l'apologue ? Quel domaine de création y est abordé ? Quelles sont ses relations de sens avec la première phrase du passage ?

▸ **3.** Que révèle le rapprochement de la première phrase du texte et de la question qui termine l'apologue ?

▸ **4.** Quel est le raisonnement mis en place à partir de la ligne 19 ? Que vise-t-il à montrer ?

▸ **5.** Comment se marque dans le texte la présence de celui qui parle ? Cherche-t-il à polémiquer, à faire réfléchir, à convaincre, à persuader ?

ÉCRITURE

▸ **Réécriture :** en choisissant comme domaine d'application les découvertes ou les applications de la science, réécrivez le texte en respectant exactement sa structure et le type de raisonnement utilisé par Fénelon. Comme lui, citez des éléments comparables et des auteurs précis.

ÉTUDE COMPARÉE

▸ Rapprochez le texte de Fénelon et celui de Saint-Évremond (⇛ p. 128) pour mettre en parallèle la position des deux auteurs par rapport à l'imitation des Anciens.

GUIDE p. 168-377

François de Poilly le Vieux (1622-1693), *Réception d'un académicien*, d'après F. Delamonce (gravure ; BNF, Paris).

6. Montesquieu, *Lettres persanes* (1721)

Le roman Lettres persanes *regroupe la correspondance échangée par des Persans voyageant en France et des amis restés dans leur pays. Le regard étonné que ces voyageurs portent sur la France et sur ses institutions a pour objectif de faire réfléchir les lecteurs français.*

Rica à ***

J'ai ouï parler d'une espèce de tribunal qu'on appelle l'*Académie française*. Il n'y en a point de moins respecté dans le Monde : car on dit qu'aussitôt qu'il a décidé, le Peuple casse ses arrêts et lui impose des lois qu'il est obligé de suivre[1].

Il y a quelque temps que, pour fixer son autorité, il donna un code[2] de ses jugements. Cet enfant de tant de pères était presque vieux quand il naquit, et, quoiqu'il fût légitime, un bâtard, qui avait déjà paru[3], l'avait presque étouffé dans sa naissance.

Ceux qui le composent n'ont d'autre fonction que de jaser sans cesse ; l'éloge va se placer comme de lui-même dans leur babil éternel, et, sitôt qu'ils sont initiés dans ses mystères, la fureur du panégyrique[4] vient les saisir et ne les quitte plus.

Ce corps a quarante têtes toutes remplies de figures, de métaphores et d'antithèses ; tant de bouches ne parlent que par exclamation ; ses oreilles veulent toujours être frappées par la cadence et l'harmonie. Pour les yeux, il n'en est pas question : il semble qu'il soit fait pour parler, et non pas pour voir. Il n'est point ferme sur ses pieds : car le temps, qui est son fléau, l'ébranle à tous les instants et détruit tout ce qu'il a fait. On a dit autrefois que ses mains étaient avides[5]. Je ne t'en dirai rien, et je laisse décider à ceux qui le savent mieux que moi.

Voilà des bizarreries, ***, que l'on ne voit point dans notre Perse. Nous n'avons point l'esprit porté à ces établissements singuliers et bizarres ; nous cherchons toujours la nature dans nos coutumes simples et nos manières naïves[6].

De Paris, le 27 de la lune de Zilhagé, 1715.
Lettre 73.

1. Allusion à l'usage, c'est-à-dire la manière de parler populaire, dont l'Académie doit tenir compte.
2. Le *Dictionnaire de l'Académie*, paru en 1694. Commencé en 1635, il était donc presque sexagénaire.
3. Il s'agit du Dictionnaire universel de Furetière, paru en 1690.
4. Allusion aux éloges des discours d'apparat, dont un extrait figure p. 130.
5. Les académiciens recherchaient les pensions royales.
6. Naturelles.

RECHERCHE DOCUMENTAIRE

▸ Pourquoi parle-t-on de « quarante têtes » à propos de l'Académie française ? Faites une recherche pour déterminer où siège cette académie et quel est son rôle. Citez aussi le nom d'académiciens d'époques différentes et au moins le titre d'une œuvre de chacun d'eux.

LECTURE ANALYTIQUE

▸ **1.** Comme le signale le titre de l'œuvre, le texte est une lettre écrite par un étranger. Repérez tous les indices du genre épistolaire et tous les procédés d'écriture qui laissent penser que celui qui parle n'est pas français.

▸ **2.** Quelles sont, d'après le texte, les fonctions de l'Académie française ? Prenez appui sur le lexique pour répondre à cette question.

▸ **3.** L'image qui est donnée de cette institution et de son rôle est-elle élogieuse ou critique ? Répondez à partir du lexique, des connotations et des figures de rhétorique. Tenez compte aussi de certains éléments de la question 1.

ÉCRITURE

▸ **Commentaire :** étudiez le texte de Montesquieu en regroupant vos remarques autour des orientations suivantes : un mode particulier de présentation, une critique sévère, l'efficacité du regard étranger.

ÉTUDE COMPARÉE

▸ Rapprochez le texte de La Bruyère (⇛ p. 130) et celui de Montesquieu pour mettre en relief, sous forme rédigée, les ressemblances et les différences entre les deux images qui sont données de l'Académie française.

GUIDE p. 168-377

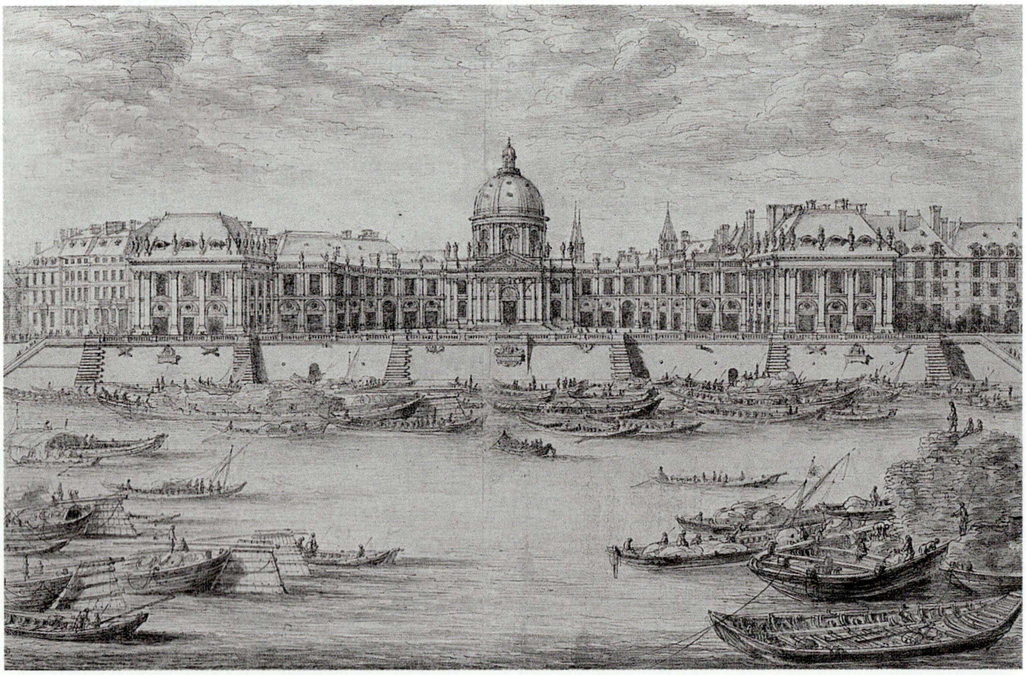

Israël Silvestre (1621-1691), *Vue et perspective du Collège des quatre Nations* (Palais de l'Institut) (dessin, 33,6 x 49,4 cm ; Musée du Louvre).

7. *Sentiments de l'Académie sur le Cid* (1638)

La publication et les représentations de la tradi-comédie de Corneille, Le Cid, *furent suivies d'une querelle portant sur le respect des bienséances, de la morale et des codes de la tragédie. Cette querelle commença avec les* Observations sur Le Cid, *du poète Scudéry. Richelieu demanda à l'Académie française de prendre position, ce qu'elle fit dans les* Sentiments de l'Académie sur Le Cid, *rédigés par Chapelain.*

Nous n'entendons pas condamner Chimène de ce qu'elle aime le meurtrier de son père, puisque son engagement avec Rodrigue avait précédé la mort du Comte et qu'il n'est pas en la puissance d'une personne de cesser d'aimer quand il lui plaît. Nous la blâmons seulement de ce que son amour l'emporte sur son devoir, et qu'en même temps qu'elle poursuit Rodrigue, elle fait des vœux en sa faveur. Nous la blâmons de ce qu'ayant fait en son absence un bon dessein de

Le poursuivre, le perdre et mourir après lui
(acte III, sc. 3, v. 848),

sitôt qu'il se présente à elle, quoique teint du sang de son père, elle le souffre en son logis, et dans sa chambre même, ne le fait point arrêter, l'excuse de ce qu'il a entrepris contre le Comte, lui témoigne que pour cela elle ne laisse pas de l'aimer, lui donne presque à entendre qu'elle ne le poursuit que pour en être plus estimée, et enfin souhaite que les juges ne lui accordent pas la vengeance qu'elle leur demande. C'est trop clairement trahir ses obligations naturelles en faveur de sa passion ; c'est trop ouvertement chercher une couverture à ses désirs, et c'est faire bien moins le personnage de fille que d'amante.

Extrait.

RECHERCHE DOCUMENTAIRE

▶ **1.** Retrouvez l'intrigue et les personnages de la pièce de Corneille pour expliquer ici qui sont ceux dont il est question et quel conflit les sépare.

▶ **2.** Cherchez dans la presse des exemples de critiques théâtrales : sur quoi portent-elles essentiellement ?

▶ **3.** *Le Cid* apparaît dans une autre séquence de ce manuel : dites où et sous quelle forme.

LECTURE ANALYTIQUE

▶ **1.** Quels sont les reproches adressés aux personnages ? À quel(s) domaines(s) ces reproches renvoient-ils ?

▶ **2.** À partir du lexique, dites sous quel aspect apparaît l'Académie dans le texte. Cherchez dans les textes de cette séquence quel auteur utilise le même vocabulaire pour présenter l'action de cette institution.

▶ **3.** Quelles règles un auteur dramatique du XVIIe siècle pouvait-il dégager des remarques faites ici par l'Académie ?

GUIDE p. 167

8. Voltaire, *Lettres philosophiques* (1734)

Condamné à l'exil en Angleterre, Voltaire rédige une série de lettres qui expriment son admiration pour ce pays et pour ses institutions. Ces analyses élogieuses sont accompagnées de critiques sévères à l'égard de ce qui se passe en France.

Pour l'Académie française, quel service ne rendrait-elle pas aux lettres, à la langue et à la nation, si, au lieu de faire imprimer tous les ans des compliments, elle faisait imprimer les bons ouvrages du siècle de Louis XIV, épurés de toutes les fautes de langage qui s'y sont glissées ? Corneille et Molière en sont pleins ; La Fontaine en fourmille ; celles qu'on ne pourrait pas corriger seraient au moins marquées. L'Europe, qui lit ces auteurs, apprendrait par eux notre langue avec sûreté ; sa pureté serait à jamais fixée ; les bons livres français, imprimés avec ce soin aux dépens[1] du Roi, seraient un des plus glorieux monuments de la nation. J'ai ouï dire que M. Despréaux[2] avait fait autrefois cette proposition, et qu'elle a été renouvelée par un homme dont l'esprit, la sagesse et la saine critique sont connus ; mais cette idée a eu le sort de beaucoup d'autres projets utiles, d'être approuvée et d'être négligée.

Lettre XXIV : « Sur les Académies » (extrait).

1. Aux frais.
2. Nicolas Boileau, auteur de l'*Art poétique*.

LECTURE ANALYTIQUE

▸ **1.** Quel devrait être, selon Voltaire, le rôle de l'Académie française ? Que lui est-il reproché ?

▸ **2.** À quels domaines ce rôle devrait-il s'appliquer ? Avec quels effets ?

SYNTHÈSE

▸ Plusieurs textes et documents de cette séquence traitent du rôle et de l'action de l'Académie française. Regroupez-les pour faire apparaître le rôle de cette institution et ce qui lui est reproché dans son fonctionnement.

GUIDE p. 168-377

Jacques Stella (1596-1657), *Minerve chez les Muses* (peinture ; Musée du Louvre, Paris).

9. Antoine Adam, *L'Âge classique* (1968)

Spécialiste du classicisme, Antoine Adam, qui fut professeur de littérature à la Sorbonne, analyse ici les relations entre les théoriciens de la doctrine classique et les auteurs de l'Antiquité.

À lire les critiques et les historiens du XIXe siècle, il semblerait que le classicisme n'était rien d'autre que l'expression de la Raison éternelle, et que ses règles naissaient d'évidences abstraites et absolues. Mais ce qu'ils exaltaient sous le nom de doctrine classique n'était peut-être rien d'autre que l'académisme. Notre classicisme n'apparaît avec toute sa force et son relief que si nous y voyons une prise de position, à la fois concrète et précise, en face des problèmes de l'époque, en face de l'Antiquité, en face de la poésie de Ronsard et des humanistes, en face du baroque, en face de Malherbe.

De l'Antiquité, les théoriciens du classicisme veulent conserver les valeurs les plus précieuses. Ils gardent le culte des anciens et s'opposent très vivement à ceux qui prétendent rompre avec le passé. Mais il s'agit d'un culte éclairé et qui se tient à l'essentiel. La fidélité des humanistes leur semble superstition. Entre l'Université et le monde des lettres françaises, la mésentente, maintenant, est profonde. Nos écrivains parlent avec mépris de ceux qu'ils appellent les philologues, ou, plus brutalement, les pédants, et qui sont, en fait, les fidèles tenants de l'humanisme. Balzac[1] leur en donnait l'exemple. Il eut une polémique avec l'humaniste Crassot. Il en soutint une autre contre l'illustre Heinsius. Il n'eut pas de pire ennemi que le philologue Guyet, il le traita de bête féroce et d'ennemi commun de tous les hommes. Les humanistes n'étaient à ses yeux que de « dangereuses bêtes », et il rêvait « d'en montrer la dépouille à toute la France ».

Une interprétation des littératures antiques s'élaborait donc, et gagnait l'ensemble des esprits cultivés. L'Antiquité, ce n'était pas sans doute Pindare, dont les hardiesses rebutaient. Ce n'était pas non plus Eschyle, ni aucun des génies dont l'œuvre restait décidément trop étrangère aux mœurs, aux croyances, aux goûts de la France moderne. Mais ce n'étaient pas non plus les auteurs de la décadence latine, où les baroques trouvaient leurs modèles. C'était Homère, c'étaient Virgile et Térence, c'était Horace. C'était, pour les esprits les plus libres et les plus délicats, l'auteur du *Satiricon.* Les formules employées alors par nos écrivains nous aident à comprendre l'idée qu'ils se font des littératures anciennes. Ils parlent de la « belle Antiquité » et de son parfum. Ils admirent son « élégante simplicité », son sens de la fine plaisanterie, la « naïveté » de son art. L'image qu'ils se font d'elle n'a rien à voir avec celle des « pédants ».

Ils sont donc nettement des « modernes ». Mais ils le sont à leur manière, qui n'est pas du tout celle des baroques. S'ils veulent que le poète écrive pour son temps, s'ils lui interdisent de s'enfermer dans l'aveugle adoration des anciens, ils n'en restent pas moins fermés aux extravagances. Ils n'ont que mépris pour les ingéniosités excessives, pour l'enflure, ils veulent que le poète se tienne étroitement attaché à la raison, à la vérité, à la nature. Ils croient que l'œuvre d'art ne vaut que par son unité. Ils aiment, parmi les écrivains latins, ceux-là seuls qui ont pratiqué ces maximes.

1. L'écrivain Guez de Balzac (1595-1654).

Extrait, éd. Arthaud © Flammarion, 1999.

RECHERCHE DOCUMENTAIRE

▸ **1.** Préparez des notes explicatives en cherchant la spécialité et les dates des auteurs cités dans le texte.

▸ **2.** Expliquez aussi les mots *académisme* (l. 5), *philologues* (l.16), *pédants* (l. 17).

▸ **3.** Cherchez à quelles séquences de ce manuel peuvent renvoyer les termes *baroque, humanistes, classicisme.*

▸ **4.** Citez des auteurs entrant dans la catégorie des *critiques et historiens du XIXe siècle.*

LECTURE ANALYTIQUE

▸ **1.** Explicitez les différentes relations qu'analyse Antoine Adam entre les théoriciens classiques et l'Antiquité d'une part, les humanistes d'autre part : nature des relations, justification.

▸ **2.** Quels sont les mots clés de l'idéal classique d'après le dernier paragraphe du texte ? Quel théoricien, présent dans cette séquence, prône lui aussi la clarté du discours, la simplicité et la raison ?

▸ **3.** À quelle forme de discours ce texte appartient-il ? Quel est le rôle d'un texte comme celui-ci, écrit par un universitaire, par rapport aux différents textes qui figurent dans cette séquence ?

ÉCRITURE

▸ **Résumé :** faites le résumé de ce texte (environ au quart de sa longueur) en respectant sa structure et son système énonciatif.

GUIDE p. 167-168

10. Lire l'image

Nicolas Poussin (1594-1665), *Le Parnasse*, 1632 (peinture, 145 x 197 cm ; Musée du Prado, Madrid).

RECHERCHE DOCUMENTAIRE

▸ **1.** Que désigne le mot « Parnasse » ? Trouvez le nom du dieu de la poésie, puis le nom ainsi que la spécialité de celles qui l'accompagnent.

▸ **2.** Cherchez dans une biographie de Poussin quelle a été l'importance de la ville de Rome dans sa carrière de peintre. En particulier, de qui s'est-il inspiré pour peindre Apollon et les Muses ?

LECTURE ANALYTIQUE

▸ **1.** Observez la composition du tableau : disposition des personnages, symétrie, plans successifs en profondeur et en hauteur, effets de dénivellation. D'où vient l'impression de mouvement ?

▸ **2.** En quoi la répartition des couleurs contribue-t-elle à un effet d'harmonie en dépit des contrastes ?

▸ **3.** Repérez la présence d'objets symboliques permettant d'identifier certains personnages féminins. Quelle est la signification des couronnes de laurier, des livres et de la présence, à cet endroit, de neuf hommes couronnés autour des deux personnages centraux ?

▸ **4.** À quoi perçoit-on l'inspiration antique de la représentation ? Le tableau porte comme second titre *Apollon et les Muses* ; comment Apollon est-il représenté ?

▸ **5.** Quelle relation peut-on établir entre cette représentation allégorique et le titre de la séquence, « Institutions, règles et codes » ? Qu'évoque ce regroupement de poètes couronnés, récompensés et reconnus ?

ÉCRITURE

▸ **Réécriture :** à la manière de Diderot (⇛ p. 114), écrivez un court article de présentation du tableau de Poussin, à destination d'un catalogue d'exposition contemporaine consacrée aux peintres classiques ayant représenté des sujets antiques.

GUIDE p. 493

Séquence 8

Les obstacles à la publication

1. *Sonnet anonyme contre Molière* (1665)

Après la première interdiction de Tartuffe, *Molière fait représenter* Dom Juan, *en 1665, qui fait accuser son auteur d'impiété. Le ton et le contenu du sonnet qui suit donnent une idée de la violence du combat.*

Tout Paris s'entretient du crime de Molière.
Tel dit : j'étoufferai cet infâme bouquin[1],
L'autre : je donnerai à ce maître faquin[2]
De quoi se divertir à grands coups d'étrivière[3].

Qu'on le jette lié au fond de la rivière
Avec tous ces impies compagnons d'Arlequin[4] ;
Qu'on le traite en un mot comme dernier coquin,
Que ses yeux pour toujours soient privés de lumière.

Tous ces maux différents ensemble ramassés
Pour son impiété ne seraient pas assez ;
Il faudrait qu'il fût mis entre quatre murailles,

Que ses approbateurs le vissent en ce lieu,
Qu'un vautour, jour et nuit, déchirât ses entrailles,
Pour montrer aux impies à se moquer de Dieu.

1. Désigne un vieux bouc.
2. Terme péjoratif désignant un homme insolent que l'on méprise.
3. Lanière de cuir attachant les étriers. « Donner un coup d'étrivière » veut dire « battre ».
4. Les comédiens.

RECHERCHE DOCUMENTAIRE

▸ **1.** Recherchez ce que Molière dénonce dans *Dom Juan*, concernant la religion (⇛ p. 171).

▸ **2.** À quel personnage mythologique est-il fait référence dans le vers 13 ? Retrouvez son histoire, la nature de son « crime » et les relations que l'on peut établir avec la situation de Molière.

▸ **3.** Recherchez des exemples historiques d'interdiction d'ouvrages et de poursuites engagées contre leurs auteurs.

LECTURE ANALYTIQUE

▸ **1.** Retrouvez et classez les termes qui évoquent l'idée de crime et celle de châtiment : quel est le crime ? Quels sont les châtiments ? Que fait apparaître la mise en parallèle des deux séries de termes ?

▸ **2.** Quels termes reprennent l'expression initiale *Tout Paris* ? Étudiez la situation d'énonciation du texte : qu'a-t-elle de particulier ?

▸ **3.** À quelle forme de discours ce texte se rattache-t-il ? D'où vient sa violence ?

▸ **4.** Quel peut être l'intérêt d'écrire un tel texte sous la forme d'un sonnet ?

GUIDE p. 166-167-372

TEXTE ÉCHO : Molière, *Second Placet au roi* (1667)

Second placet présenté au roi, dans son camp devant la ville de Lille en Flandre

SIRE,

C'est une chose bien téméraire à moi que de venir importuner un grand monarque au milieu de ses glorieuses conquêtes ; mais, dans l'état où je me vois, où trouver, Sire, une protection qu'[1]au lieu où je la viens chercher ? et qui puis-je solliciter, contre l'autorité de la puissance[2], qui m'accable, que[1] la source de la puissance et de l'autorité, que[1] le juste dispensateur des ordres absolus, que[1] le souverain juge et le maître de toutes choses ?

Ma comédie[3], Sire, n'a pu jouir ici des bontés de Votre Majesté. En vain je l'ai produite sous le titre de *L'Imposteur*, et déguisé le personnage sous l'ajustement d'un homme du monde ; j'ai eu beau lui donner un petit chapeau, de grands cheveux, un grand collet[4], une épée, et des dentelles sur tout l'habit, mettre en plusieurs endroits des adoucissements, et retrancher avec soin tout ce que j'ai jugé capable de fournir l'ombre d'un prétexte aux célèbres originaux du portrait que je voulais faire : tout cela n'a de rien servi. La cabale[5] s'est réveillée aux simples conjectures qu'ils ont pu avoir de la chose. Ils ont trouvé moyen de surprendre des esprits qui, dans toute autre matière, font une haute profession de ne se point laisser surprendre. Ma comédie n'a pas plus tôt paru, qu'elle s'est vue foudroyée par le coup d'un pouvoir[6] qui doit imposer du respect ; et tout ce que j'ai pu faire en cette rencontre, pour me sauver moi-même de l'éclat de cette tempête, c'est de dire que Votre Majesté avait eu la bonté de m'en permettre la représentation, et que je n'avais pas cru qu'il fût besoin de demander cette permission à d'autres, puisqu'il n'y avait qu'elle seule qui me l'eût défendue.

Extrait.

1. Sinon.
2. La puissance dont il est question est celle de Lamoignon, président du Parlement de Paris.
3. Il s'agit de *Tartuffe*.
4. Col : ce détail vestimentaire révèle que le personnage ne porte pas un habit religieux.
5. L'opposition menée par la Compagnie du Saint-Sacrement.
6. Il s'agit cette fois du pouvoir de l'archevêque de Paris.

RECHERCHE DOCUMENTAIRE

▸ **1.** Faites une recherche pour déterminer dans quelles circonstances Molière a été conduit à rédiger ce *Second Placet au roi* dans l'affaire de *Tartuffe*. Précisez ce qu'était à cette époque la Compagnie du Saint-Sacrement.

▸ **2.** Quel était le rôle du Parlement de Paris par rapport au pouvoir royal ?

LECTURE ANALYTIQUE

▸ Qu'apprend ce texte au lecteur d'aujourd'hui concernant :
– le pouvoir du roi sur les productions littéraires ;
– l'existence de pouvoirs antagonistes ;
– la situation d'hommes de lettres comme Molière, auteurs d'œuvres controversées ?

GUIDE p. 173

2. Montesquieu, *Lettres persanes* (1721)

Correspondance fictive entre des Persans voyageant en France et leurs amis restés en Perse, les Lettres persanes *proposent une vision inattendue et quelque peu naïve de la France, de ses institutions et de ses mœurs. Dans la lettre 108, Usbek évoque le rôle des journaux et celui des journalistes.*

Usbek à ***

Il y a une espèce de livres que nous ne connaissons point en Perse, et qui me paraissent ici fort à la mode : ce sont les journaux. La paresse se sent flattée en les lisant : on est ravi de pouvoir parcourir trente volumes en un quart d'heure[1].

Dans la plupart des livres, l'auteur n'a pas fait les compliments ordinaires que les lecteurs sont aux abois : il les fait entrer à demi morts dans une matière noyée au milieu d'une mer de paroles. Celui-ci veut s'immortaliser par un *in-douze*[2] ; celui-là par un *in-quarto*[2] ; un autre, qui a de plus belles inclinations, vise à l'*in-folio*[2]. Il faut donc qu'il étende son sujet à proportion ; ce qu'il fait sans pitié, comptant pour rien la peine du pauvre lecteur, qui se tue à réduire ce que l'auteur a pris tant de peine à amplifier.

Je ne sais, ***[3], quel mérite il y a à faire de pareils ouvrages : j'en ferais bien autant si je voulais ruiner ma santé et un libraire.

Le grand tort qu'ont les journalistes, c'est qu'ils ne parlent que des livres nouveaux ; comme si la vérité était jamais nouvelle. Il me semble que, jusqu'à ce qu'un homme ait lu tous les livres anciens, il n'a aucune raison de leur préférer les nouveaux.

Mais, lorsqu'ils s'imposent la loi de ne parler que des ouvrages encore tout chauds de la forge[4], ils s'en imposent une autre, qui est d'être très ennuyeux. Ils n'ont garde de critiquer les livres dont ils font

1. La presse, essentiellement littéraire, donnait le résumé des ouvrages récents et quelques commentaires.
2. Termes d'édition désignant la manière dont les pages sont pliées en feuillets, douze, quatre et deux, correspondant à vingt-quatre, huit et quatre, feuillets.
3. Le destinataire n'est pas indiqué.
4. Qui viennent de sortir.

les extraits, quelque raison qu'ils en aient ; et, en effet, quel est l'homme assez hardi pour vouloir se faire dix ou douze ennemis tous les mois ?

La plupart des auteurs ressemblent aux poètes, qui souffriront une volée de coups de bâton sans se plaindre ; mais qui, peu jaloux de leurs épaules[5], le sont si fort de leurs ouvrages qu'ils ne sauraient soutenir[6] la moindre critique. Il faut donc bien se donner de garde[7] de les attaquer par un endroit si sensible, et les journalistes le savent bien. Ils font donc tout le contraire. Ils commencent par louer la matière qui est traitée : première fadeur. De là, ils passent aux louanges de l'auteur ; louanges forcées : car ils ont affaire à des gens qui sont encore en haleine, tout prêts à se faire faire raison[8] et à foudroyer à coups de plume un téméraire journaliste.

De Paris, le 5 de la lune de Zilcadé, 1718.

Lettre 108.

5. Peu inquiets.
6. Supporter.
7. Bien se garder de.
8. Prêts à demander réparation.

Les politiques en plein vent, lecture de la gazette, gravure, XVIIIe siècle.

LECTURE ANALYTIQUE

▸ **1.** Retrouvez dans le texte les éléments qui correspondent au titre *Lettres persanes* et qui laissent penser que l'auteur de la lettre est étranger.

▸ **2.** Le texte aborde la question des journaux et du rôle des journalistes par rapport aux œuvres contemporaines de la lettre : en prenant appui sur le lexique et sur la structure du texte, analysez les relations évoquées entre la presse littéraire, les œuvres et les lecteurs.

▸ **3.** Quels sont les jugements de l'auteur de la lettre sur les journalistes et sur les auteurs ? Qu'est-il reproché aux uns et aux autres ?

▸ **4.** Quelles informations cette lettre donne-t-elle sur les pratiques littéraires de l'époque de Montesquieu ?

RECHERCHE DOCUMENTAIRE

▸ Cherchez quelques titres d'organes de presse du XVIIIe siècle : quels genres d'articles contenaient-ils ?

ÉCRITURE

▸ **Essai :** qu'est-ce qui peut rendre difficile la critique des œuvres qui viennent de paraître ? Répondez à cette question en vous mettant à la place d'un critique littéraire.

GUIDE p. 173-377

A.-C. Lemonnier (1743-1824), *Première lecture en 1755 de* L'Orphelin de la Chine *de Voltaire chez Mme Geoffrin,* 1814 (peinture, 62,5 x 96 cm ; Château de la Malmaison).

3. Voltaire, *Lettre à monsieur Lefebvre* (1732)

Le destinataire de la lettre qui suit est un jeune homme de lettres que Voltaire a accueilli chez lui et qu'il veut mettre en garde contre les difficultés rencontrées par les écrivains.

Je suppose que vous ayez fait un bon ouvrage : imaginez-vous qu'il vous faudra quitter le repos de votre cabinet[1] pour solliciter l'examinateur[2] ; si votre manière de penser n'est pas la sienne, s'il n'est pas l'ami de vos amis, s'il est celui de votre rival, s'il est votre rival lui-même, il vous est plus difficile d'obtenir un privilège, qu'à un homme qui n'a point la protection des femmes d'avoir un emploi dans les finances. Enfin, après un an de refus et de négociations, votre ouvrage s'imprime ; c'est alors qu'il faut ou assoupir les Cerbères[3] de la littérature, ou les faire aboyer en votre faveur. Il y a toujours trois ou quatre gazettes littéraires en France, et autant en Hollande ; ce sont des factions[4] différentes. Les libraires[5] de ces journaux ont intérêt qu'ils soient satiriques ; ceux qui y travaillent servent aisément l'avarice du libraire et la malignité du public. Vous cherchez à faire sonner ces trompettes de la Renommée ; vous courtisez les écrivains, les protecteurs, les abbés, les docteurs, les colporteurs[6] : tous vos soins n'empêchent pas que quelque journaliste ne vous déchire. Vous lui répondez, il réplique : vous avez un procès par écrit devant le public, qui condamne les deux parties au ridicule.

1. Bureau ou cabinet de travail.
2. Personne chargée d'accorder ou de refuser le « privilège » permettant à un imprimeur de publier un ouvrage.
3. Allusion au chien à trois têtes, féroce gardien des enfers dans la mythologie gréco-latine.
4. Groupes opposés.
5. Éditeurs.
6. Marchands ambulants de livres.

C'est bien pis si vous composez pour le théâtre. Vous commencez par comparaître devant l'aréopage[7] de vingt comédiens, gens dont la profession, quoique utile et agréable, est cependant flétrie par l'injuste mais irrévocable cruauté du public. Ce malheureux avilissement où ils sont les irrite ; ils trouvent en vous un client, et ils vous prodiguent tout le mépris dont ils sont couverts. Vous attendez d'eux votre première sentence ; ils vous jugent ; ils se chargent enfin de votre pièce : il ne faut plus qu'un mauvais plaisant au parterre pour la faire tomber. Réussit-elle, la farce qu'on appelle *italienne*[8], celle de la Foire[9] vous parodient ; vingt libelles[10] vous prouvent que vous n'avez pas dû réussir[11]. Des savants qui entendent mal le grec, et qui ne lisent point ce qu'on fait en français, vous dédaignent ou affectent de vous dédaigner.

Vous portez en tremblant votre livre à une dame de la cour ; elle le donne à une femme de chambre qui en fait des papillotes ; et le laquais galonné qui porte la livrée du luxe insulte à votre habit qui est la livrée de l'indigence.

Enfin, je veux que[12] la réputation de vos ouvrages ait forcé l'envie à dire quelquefois que vous n'êtes pas sans mérite ; voilà tout ce que vous pouvez attendre de votre vivant : mais qu'elle s'en venge bien en vous persécutant ! On vous impute des libelles que vous n'avez pas même lus, des vers que vous méprisez, des sentiments que vous n'avez point. Il faut être d'un parti, ou bien tous les partis se réunissent contre vous.

Extrait.

7. Tribunal qui siégeait à Athènes dans l'Antiquité.
8. Qui se joue au Théâtre des Italiens.
9. Spectacle comique joué dans les foires.
10. Textes de critique sévère.
11. Que vous n'auriez pas dû réussir.
12. J'admets que.

LECTURE ANALYTIQUE

▸ **1.** Classez les différents obstacles qui, selon Voltaire, se dressent devant un auteur : qu'est-ce qui change, qu'est-ce qui reste semblable, d'une étape à l'autre ? Répondez à partir du premier paragraphe.

▸ **2.** Quel est le domaine abordé dans le second paragraphe et quelles sont les difficultés rencontrées par le dramaturge ?

▸ **3.** Par quels procédés Voltaire s'efforce-t-il de convaincre son interlocuteur ? Étudiez la structure des trois premiers paragraphes, le temps et le mode des verbes, l'utilisation des pronoms personnels.

▸ **4.** Quel tableau Voltaire donne-t-il de la vie littéraire de son époque ? Récapitulez les différentes démarches et les compromis indispensables à une éventuelle réussite littéraire.

RECHERCHE DOCUMENTAIRE

▸ Vous chercherez dans quelles circonstances et pour quelles œuvres Voltaire lui-même a rencontré certaines des difficultés qu'il énumère dans la lettre à monsieur Lefebvre.

ÉCRITURE

▸ **Argumentation 1 :** le jeune interlocuteur de Voltaire répond à ce dernier en réfutant certains de ses arguments. Il manifeste son optimisme et la certitude qu'il a de vaincre les obstacles signalés.

▸ **Argumentation 2 :** après avoir pris connaissance de la lettre de Voltaire, le jeune homme s'interroge en un monologue délibératif pour décider s'il continue à écrire ou non.

GUIDE p. 173-377

4. *Encyclopédie* (1751-1772)

*La conception et la rédaction de l'*Encyclopédie *(⇛ aussi p. 148 et 170), œuvre dont la vocation était de regrouper et de vulgariser l'ensemble des connaissances humaines, ont constitué une tâche écrasante pour Diderot et d'Alembert. En 1755, dans l'article intitulé « Encyclopédie », Diderot évoque les difficultés rencontrées.*

Article « Encyclopédie »

Nous avons vu, à mesure que nous travaillions, la matière s'étendre ; la nomenclature[1] s'obscurcir ; des substances ramenées sous une multitude de noms différents ; les instruments, les machines et les manœuvres se multiplier sans mesure, et les détours nombreux d'un labyrinthe inextricable se compliquer de plus en plus. Nous avons vu combien il en coûtait pour s'assurer que les mêmes choses étaient les mêmes ; et combien, pour s'assurer que d'autres, qui paraissaient très différentes, n'étaient pas différentes. Nous avons vu que cette forme alphabétique, qui nous ménageait à chaque instant des repos, qui répandait tant de variété dans le travail, et qui, sous ces points de vue, paraissait si avantageuse à suivre dans un long ouvrage, avait ses difficultés qu'il fallait surmonter à chaque instant. Nous avons vu qu'elle exposait à donner aux articles capitaux[2] une étendue immense, si l'on y faisait entrer tout ce qu'on pouvait assez naturellement espérer d'y trouver ; ou à les rendre secs et appauvris, si, à l'aide des renvois, on les élaguait[3], et si l'on en excluait beaucoup d'objets qu'il n'était pas impossible d'en séparer. Nous avons vu combien il était important et difficile de garder un juste milieu. Nous avons vu combien il échappait[4] de choses inexactes et fausses ; combien on en omettait de vraies. Nous avons vu qu'il n'y avait qu'un travail de plusieurs siècles qui pût introduire entre tant de matériaux rassemblés la forme véritable qui leur convenait : donner à chaque partie son étendue, réduire chaque article à une juste longueur ; supprimer ce qu'il y a de mauvais, suppléer ce qui manque de bon, et finir un ouvrage qui remplît le dessein qu'on avait formé quand on l'entreprit. Mais nous avons vu que, de toutes les difficultés, une des plus considérables, c'était de le produire une fois, quelque informe qu'il fût, et qu'on ne nous ravirait pas l'honneur d'avoir surmonté cet obstacle. Nous avons vu que l'*Encyclopédie* ne pouvait être que la tentative d'un siècle philosophe ; que ce siècle était arrivé ; que la renommée, en portant à l'immortalité les noms de ceux qui l'achèveraient, peut-être ne dédaignerait pas de se charger des nôtres, et nous nous sommes sentis ranimés par cette idée si consolante et si douce qu'on s'entretiendrait aussi de nous, lorsque nous ne serions plus.

Tome V.

1. Ensemble de termes présentés selon un classement.
2. Les articles essentiels, les plus importants.
3. Si on enlevait certains éléments.
4. Échappait à notre vigilance.

Planche de l'*Encyclopédie* de Diderot et d'Alembert, « L'imprimerie » (BNF, Paris).

RECHERCHE DOCUMENTAIRE

▶ Faites une recherche pour exposer :
– le point de départ historique de l'*Encyclopédie* : que s'agissait-il de faire initialement ?
– les objectifs de cette entreprise ;
– les noms d'au moins cinq collaborateurs de Diderot et de d'Alembert ;
– certains des obstacles officiels rencontrés par les auteurs (⇛ aussi p. 148).

LECTURE ANALYTIQUE

▶ **1.** Qu'observez-vous en ce qui concerne la formulation des obstacles rencontrés ? Quel est l'effet produit par le phénomène observé ?

▶ **2.** Classez les différentes difficultés évoquées dans le texte selon qu'elles relèvent de la matière traitée, de la démarche adoptée, de l'ampleur de la tâche, ou d'autres causes : est-il toujours possible d'établir une frontière entre ces différents domaines ?

▶ **3.** Que révèle ce texte concernant les objectifs de l'œuvre, ainsi que les exigences et les contraintes posées par ses auteurs ?

ÉCRITURE

▶ **Essai :** explicitez l'affirmation *Nous avons vu que* l'Encyclopédie *ne pouvait être que la tentative d'un siècle philosophe*, en précisant quelles relations cette formule établit entre l'entreprise de l'*Encyclopédie* et son contexte social et historique.

GUIDE p. 173-377

TEXTE ÉCHO : Robert Darnton, *L'Aventure de l'Encyclopédie* (1982)

Spécialiste américain de l' Encyclopédie, *Robert Darnton a consacré à cette œuvre plusieurs ouvrages très documentés. Dans le passage qui suit, extrait de l'introduction de l'un d'entre eux, il évoque les obstacles historiques et politiques qui ont gêné les encyclopédistes.*

La France traverse une sombre période qui a commencé avec l'attentat de Damiens contre Louis XV. Dans le pays déjà bouleversé par la guerre de Sept Ans[1], se répandent des rumeurs concernant les athées et les régicides. La couronne attise encore la crainte des conspirateurs par la Déclaration du 16 avril 1757 qui menace de mort quiconque écrira ou imprimera des articles contre l'Église ou l'État – en réalité tout écrit tendant à « émouvoir les esprits ». À ce stade, les anti-encyclopédistes ouvrent le feu par une propagande intensive non seulement en dénonçant les hérésies contenues dans les volumes 4 et 7 de l'*Encyclopédie* mais en les associant à un athéisme impudent qui, selon eux, éclate sans vergogne en public et avec l'approbation d'un censeur, lorsque Helvétius publie *De l'Esprit* en juillet 1758. L'ouvrage cause un scandale plus retentissant encore que la thèse de l'abbé de Prades et, bien qu'Helvétius n'ait pas collaboré à l'*Encyclopédie*, l'indignation se tourne contre l'œuvre de Diderot. En janvier 1759, le procureur général du parlement de Paris avertit que derrière *De l'Esprit* se dissimule l'*Encyclopédie* et que derrière l'*Encyclopédie* se cache une conspiration pour écraser la religion et affaiblir l'autorité de l'État. Le Parlement se hâte d'interdire la vente de l'*Encyclopédie* et nomme une commission chargée de l'étudier. Cependant, bien qu'il eût donné la chasse aux sorcières pendant des siècles, le Parlement n'avait jamais pu se rendre maître de la parole imprimée en France.

L'autorité appartient au roi qui l'exerce par l'intermédiaire de son chancelier, lequel délègue ses pouvoirs au directeur de la Librairie, en l'occurrence M. de Malesherbes. Le 8 mars 1759, le Conseil d'État réaffirme l'autorité du roi en reprenant en main la destruction de l'*Encyclopédie.* Il révoque le privilège[2] de l'ouvrage et interdit aux éditeurs d'en poursuivre la publication, invoquant en manière d'explication la stratégie que ses auteurs ont employée : « Ladite *Encyclopédie* étant devenue un dictionnaire complet et un traité général de toutes les sciences serait bien plus recherchée du public et bien plus souvent consultée, et que par là on répandrait encore davantage et on accréditerait en quelque sorte les pernicieuses maximes dont les volumes déjà distribués sont remplis. » L'*Encyclopédie* est mise à l'Index[3] le 5 mars 1759 ainsi que *De l'Esprit* ; le 3 septembre, le pape Clément XII décrète que tous les catholiques qui en possèdent des exemplaires doivent les faire brûler par un prêtre s'ils ne veulent pas être frappés d'excommunication. Il est difficile de condamner plus totalement un ouvrage. L'*Encyclopédie* s'est attiré les foudres des plus hautes autorités de l'Ancien Régime et, pourtant, elle a persisté. Sa survie marque un tournant dans le mouvement des Lumières et dans l'histoire des livres en général.

1. Guerre qui opposa, de 1756 à 1763, la France à l'Angleterre et à la Prusse, et qui aboutit à la perte, pour la France, de l'Inde et du Canada.

2. Voir p. 142, note 2.

3. La mise à l'index est une procédure religieuse qui visait à interdire un ouvrage considéré comme dangereux.

À un moment de la crise[4], Diderot, qui s'enferme à double tour pour écrire, apprend par Malesherbes que ses manuscrits vont être saisis par la police et ne peuvent être sauvés que s'ils sont déposés chez le directeur de la Librairie lui-même. Malesherbes qui vient de signer l'ordre de confiscation semble être également l'instigateur du compromis qui sauve toute l'entreprise. Par un arrêt du Conseil en date du 21 juillet 1759, les éditeurs sont requis de restituer 72 livres[5] à chaque souscripteur apparemment en manière de liquidation. Cependant, en réalité, le gouvernement leur permet d'employer l'argent pour la publication d'un *Recueil de mille planches… sur les Sciences, les Arts libéraux et les Arts mécaniques* qui n'est autre que les volumes de planches de l'*Encyclopédie* sous un autre titre. Ayant reconquis un droit légal de publication par un nouveau privilège accordé le 8 septembre 1759 pour le *Recueil de Planches*, les éditeurs entreprennent d'imprimer les dix derniers volumes de texte. Afin de minimiser le scandale, les volumes paraissent tous à la fois le 8 septembre 1759 avec la désignation : « À Neufchastel chez Samuel Faulche & Compagnie, Libraires et Imprimeurs ». Par prudence, Le Breton[6] a modifié le texte sur épreuves, à l'insu de Diderot. Bien qu'il n'ait jamais pardonné *cette atrocité* à l'éditeur, Diderot continue à travailler sur les planches : les deux derniers volumes paraissent en 1772 mais son enthousiasme s'est éteint. Abandonné par d'Alembert, Voltaire et la plupart des autres écrivains qui s'étaient ralliés à lui au début des années cinquante, Diderot compose les derniers volumes sans méthode, se reposant de plus en plus sur le fidèle Jaucourt qui copie et compile[7] sans relâche en veillant à ce que l'œuvre soit menée à bonne fin. Quand tout est terminé, Diderot a perdu une bonne partie de ses illusions. En considérant le résultat de vingt-cinq ans de travail, il déclare que l'*Encyclopédie* est une monstruosité et qu'elle devrait être récrite de A à Z.

Introduction : « Biographie d'un livre »,
traduit de l'américain par M.-A. Revellat, Librairie académique Perrin.

4. Voir p. 90.
5. Le mot *livre* désigne ici la monnaie.
6. Le Breton est le libraire-imprimeur qui publia les volumes de l'*Encyclopédie.*
7. *Compiler* signifie « rassembler des éléments et les ajouter les uns aux autres ».

RECHERCHE DOCUMENTAIRE

▸ **1.** Préparez une note explicative pour chacun des mots ou expressions suivants : *attentat de Damiens, De l'Esprit, thèse de l'abbé de Prades, Parlement de Paris, Chancelier, Conseil d'État, planches.*

▸ **2.** Que signifie l'expression *vente par souscription* ?

▸ **3.** Qui était M. de Malesherbes et quelle était sa fonction ? Quel rôle paradoxal a-t-il joué dans l'histoire de l'*Encyclopédie* ? Quel rôle a-t-il joué par la suite, de 1791 à 1793 ?

▸ **4.** Cherchez dans l'histoire littéraire des exemples d'ouvrages censurés ou interdits pour des raisons politiques.

LECTURE ANALYTIQUE

▸ **1.** Expliquez, à partir de ce texte, en quoi l'*Encyclopédie* fut à plusieurs reprises tributaire, dans sa réalisation, d'événements politiques ou culturels qui furent utilisés contre elle.

▸ **2.** Retrouvez dans le texte et reformulez les reproches adressés à l'*Encyclopédie.* Précisez aussi d'où venaient ces reproches.

▸ **3.** Explicitez la phrase : *Sa survie marque un tournant dans le mouvement des Lumières et dans l'histoire des livres en général* (l. 39-41).

▸ **4.** À quelle(s) forme(s) de discours appartient le texte de Robert Darnton ? Quelle est l'utilité de ce type de travail ?

GUIDE p. 173-377

Art ottoman, *Le Sultan Mahmud I* (1730-1754) (peinture ; Musée Topkapi, Istanbul).

5. Voltaire, *De l'horrible danger de la lecture* (1765)

Se situant dans une fiction orientale fréquente au XVIIIe siècle, Voltaire évoque les supposées raisons d'interdire la lecture dans un état autoritaire. Mais il appartient au lecteur de « décrypter » ce pamphlet pour y lire, derrière la dénonciation de toutes les formes de censure, l'importance des écrits et celle de la lecture.

Nous Joussouf-Chéribi, par la grâce de Dieu mouphti[1] du Saint-Empire ottoman[2], lumière des lumières, élu entre les élus, à tous les fidèles qui ces présentes verront, sottise et bénédiction.

Comme ainsi soit que Saïd Effendi, ci-devant ambassadeur de la Sublime-Porte[2] vers un petit État nommé Frankrom, situé entre l'Espagne et l'Italie, a rapporté parmi nous le pernicieux usage de l'imprimerie, ayant consulté sur cette nouveauté nos vénérables frères les cadis[3] et imans de la ville impériale de Stamboul[4], et surtout les fakirs connus par leur zèle contre l'esprit, il a semblé bon à Mahomet et à nous de condamner, proscrire, anathématiser[5] ladite infernale invention de l'imprimerie, pour les causes ci-dessous énoncées.

1. Cette facilité de communiquer ses pensées tend évidemment à dissiper l'ignorance, qui est la gardienne et la sauvegarde des États bien policés.

1. Interprète officiel de la loi musulmane.
2. Expression désignant la Turquie.
3. Juges musulmans ayant des compétences religieuses.
4. Constantinople.
5. Condamner violemment.

2. Il est à craindre que, parmi les livres apportés d'Occident, il ne s'en trouve quelques-uns sur l'agriculture et sur les moyens de perfectionner les arts mécaniques, lesquels ouvrages pourraient à la longue, ce qu'à Dieu ne plaise, réveiller le génie de nos cultivateurs et de nos manufacturiers, exciter leur industrie, augmenter leurs richesses, et leur inspirer un jour quelque élévation d'âme, quelque amour du bien public, sentiments absolument opposés à la saine doctrine.

3. Il arriverait à la fin que nous aurions des livres d'histoire dégagés du merveilleux qui entretient la nation dans une heureuse stupidité. On aurait dans ces livres l'imprudence de rendre justice aux bonnes et aux mauvaises actions, et de recommander l'équité et l'amour de la patrie, ce qui est visiblement contraire aux droits de notre place.

4. Il se pourrait, dans la suite des temps, que les misérables philosophes, sous le prétexte spécieux, mais punissable, d'éclairer les hommes et de les rendre meilleurs, viendraient nous enseigner des vertus dangereuses dont le peuple ne doit jamais avoir de connaissance.

5. Ils pourraient, en augmentant le respect qu'ils ont pour Dieu, et en imprimant scandaleusement qu'il remplit tout de sa présence, diminuer le nombre des pèlerins de la Mecque, au grand détriment du salut des âmes.

6. Il arriverait sans doute qu'à force de lire les auteurs occidentaux qui ont traité des maladies contagieuses, et de la manière de les prévenir, nous serions assez malheureux pour nous garantir de la peste, ce qui serait un attentat énorme contre les ordres de la Providence.

À ces causes et autres, pour l'édification des fidèles et pour le bien de leurs âmes, nous leur défendons de jamais lire aucun livre, sous peine de damnation éternelle. Et, de peur que la tentation diabolique ne leur prenne de s'instruire, nous défendons aux pères et aux mères d'enseigner à lire à leurs enfants. Et, pour prévenir toute contravention à notre ordonnance, nous leur défendons expressément de penser, sous les mêmes peines ; enjoignons à tous les vrais croyants de dénoncer à notre officialité[6] quiconque aurait prononcé quatre phrases liées ensemble, desquelles on pourrait inférer un sens clair et net. Ordonnons que dans toutes les conversations on ait à se servir de termes qui ne signifient rien, selon l'ancien usage de la Sublime-Porte.

Et pour empêcher qu'il n'entre quelque pensée en contrebande dans la sacrée ville impériale, commettons spécialement le premier médecin de Sa Hautesse[7], né dans un marais de l'Occident septentrional ; lequel médecin, ayant déjà tué quatre personnes augustes de la famille ottomane, est intéressé plus que personne à prévenir toute introduction de connaissances dans le pays[8] ; lui donnons pouvoir, par ces présentes, de faire saisir toute idée qui se présenterait par écrit ou de bouche aux portes de la ville, et nous amener ladite idée pieds et poings liés, pour lui être infligé[9] par nous tel châtiment qu'il nous plaira.

Donné dans notre palais de la stupidité, le 7 de la lune de Muharem, l'an 1143 de l'hégire[10].

In *Nouveaux Mélanges.*

Art moghol, *Un jeune homme lisant*, Clive Album, 1620 (Victoria & Albert Museum, Londres).

6. Tribunal religieux.
7. Titre réservé au Sultan.
8. Les philosophes étaient partisans des vaccins par inoculation, mais cette pratique était refusée par une grande partie du corps médical.
9. Pour que lui soit infligé.
10. Ère de l'Islam, qui commence en 622 de l'ère chrétienne.

LECTURE ANALYTIQUE

▸ **1.** Étudiez précisément le statut et la forme du texte : qui en est l'émetteur, qui en sont les destinataires, dans quelles circonstances (orientales) il est produit, quelle est l'organisation de son contenu.

▸ **2.** Identifiez ce qui a pour fonction, dans le texte, de décrédibiliser le contenu du décret avant même que ne soit lu le premier article. Quel écho de cette entreprise de décrédibilisation trouve-t-on à la fin du texte ?

▸ **3.** Dans chacun des six articles, mettez en relief :
– ce qui se rattache à la lecture ;
– les supposés dangers qu'elle présente ;
– les explications qui sont données concernant ces dangers.
Déduisez de cette étude ce que la lecture apporte de positif.

▸ **4.** Quel est le rôle joué par les deux derniers paragraphes et quels sont les liens qui les rattachent à ce qui précède ? Qu'est-ce qui s'y trouve ridiculisé ?

▸ **5.** À partir du titre, de la structure des phrases, des effets de décalage et des distorsions paradoxales mises en jeu, déterminez le registre de ce texte. En quoi l'utilisation de ce registre est-elle particulièrement efficace ?

RECHERCHE DOCUMENTAIRE

▸ **1.** Les philosophes du XVIIIe siècle utilisent souvent la fiction orientale, ou exotique, et le regard d'étrangers. Trouvez dans la littérature de cette époque des exemples précis de cette utilisation – que ces exemples figurent ou non dans ce manuel – et expliquez leur utilité.

▸ **2.** L'inspiration orientale a été favorisée par des textes traduits et par des récits de voyage : retrouvez des exemples de ces deux catégories d'ouvrages. Donnez les auteurs, les titres et les dates.

▸ **3.** L'influence de l'Orient se marque au XVIIIe siècle dans d'autres domaines que celui de la littérature : cherchez dans quels domaines artistiques et sous quelles formes cette influence est perceptible.

GUIDE p. 172-173

6. Beaumarchais, *Le Mariage de Figaro* (1783)

À un moment particulièrement important de sa vie et de la comédie dont il est le personnage principal, Figaro fait un bilan de sa vie. Il est alors en situation de narrateur d'une succession d'épisodes qui ont eu des issues diverses…

Las d'attrister des bêtes malades[1] et pour faire un métier contraire, je me jette à corps perdu dans le théâtre : me fussé-je mis[2] une pierre au cou ! Je broche[3] une comédie dans les mœurs du sérail[4], auteur espagnol, je crois pouvoir y fronder Mahomet sans scrupule : à l'instant, un envoyé… de je ne sais où se plaint de ce que j'offense dans mes vers la Sublime-Porte[5], la Perse, une partie de la presqu'île de l'Inde, toute l'Égypte, les royaumes de Barca[6], de Tripoli, de Tunis, d'Alger et de Maroc : et voilà ma comédie flambée pour plaire aux princes mahométans, dont pas un, je crois, ne sait lire, et qui nous meurtrissent l'omoplate, en nous disant : Chiens de chrétiens ! – Ne pouvant avilir l'esprit, on se venge en le maltraitant. – Mes joues creusaient, mon terme était échu ; je voyais de loin arriver l'affreux recors[7], la plume fichée

1. Figaro vient d'évoquer le moment où il était vétérinaire.
2. J'aurais mieux fait de me mettre…
3. Je réalise rapidement.
4. À la manière du sérail. Allusion à l'inspiration orientale fréquente à l'époque.
5. Désigne le royaume de Turquie.
6. La Cyrénaïque, région de la Libye actuelle.
7. Officier de justice.

Le Mariage de Figaro, mise en scène de M. Maréchal à la Criée de Marseille en 1989, avec Jean-Paul Bordes.

dans sa perruque : en frémissant, je m'évertue. Il s'élève une question sur la nature des richesses, et, comme il n'est pas nécessaire de tenir les choses pour en raisonner, n'ayant pas un sol, j'écris sur la valeur de l'argent et sur son produit net[8] ; sitôt je vois, du fond d'un fiacre, baisser pour moi le pont d'un château fort, à l'entrée duquel je laissai l'espérance et la liberté. (Il se lève). Que je voudrais bien tenir un de ces puissants de quatre jours, si légers sur le mal qu'ils ordonnent, quand une bonne disgrâce a cuvé[9] son orgueil ! Je lui dirais… que les sottises imprimées n'ont d'importance qu'aux lieux où l'on en gêne le cours ; que, sans la liberté de blâmer, il n'est point d'éloge flatteur, et qu'il n'y a que les petits hommes qui redoutent les petits écrits. *(Il se rassied.)* Las de nourrir un obscur pensionnaire, on me met un jour dans la rue ; et comme il faut dîner, quoiqu'on ne soit plus en prison, je taille encore ma plume, et demande à chacun de quoi il est question : on me dit que, pendant ma retraite économique, il s'est établi dans Madrid un système de liberté sur la vente des productions, qui s'étend même à celles de la presse ; et que, pourvu que je ne parle en mes écrits ni de l'autorité, ni du culte, ni de la politique, ni de la morale ni des gens en place, ni des corps en crédit[10], ni de l'Opéra, ni des autres spectacles, ni de personne qui tienne à quelque chose, je puis tout imprimer librement, sous l'inspection de deux ou trois consœurs[11]. Pour profiter de cette douce liberté, j'annonce un écrit périodique, et, croyant n'aller sur les brisées d'aucun autre, je le nomme *Journal inutile*. Pou-ou ! je vois s'élever contre moi mille pauvres diables à la feuille[12] ; on le supprime[13], et me voilà derechef[14] sans emploi.

Acte V, scène 3 (extrait).

8. Bénéfice réalisé une fois qu'on a déduit les frais et les investissements.
9. Calmé.
10. Jouissant de considération.
11. Le mot désigne les chanteuses et les danseuses souvent proches des hommes politiques importants.
12. Écrivains payés à la page.
13. On m'empêche de publier.
14. De nouveau.

RECHERCHE DOCUMENTAIRE

▸ **1.** Beaumarchais et la censure de son temps : dans *Le Barbier de Séville* et dans *Le Mariage de Figaro*, Beaumarchais s'en prend à la noblesse et au fonctionnement de la justice. Vous chercherez si ces prises de position ont entraîné, pour l'auteur, des difficultés avec l'un et l'autre des domaines visés.

▸ **2.** Comment appelle-t-on un personnage d'origine modeste, mais aux multiples talents, qui cherche à s'élever dans la société ? Ce terme a donné naissance – en Espagne – à une forme de roman. Dites de quels romans il s'agit et donnez-en des exemples dans les littératures espagnole, française et anglaise.

LECTURE ANALYTIQUE

▸ **1.** Retrouvez dans le texte les différentes expériences littéraires de Figaro : récapitulez le contexte, la nature, le déroulement et la conclusion de ces expériences. Qu'ont en commun les obstacles rencontrés ?

▸ **2.** Ce texte est un extrait théâtral : retrouvez toutes les marques d'oralité qui peuvent différencier ce récit parlé d'un récit romanesque écrit. Pour que Figaro soit le narrateur de toute l'œuvre, et non d'un passage, à quel genre devrait appartenir le texte ? Qu'est ce qui rend ici la confusion possible entre deux genres ?

▸ **3.** À partir de certains procédés d'écriture et en particulier à partir d'effets de décalages, identifiez le registre du texte. Quel rôle joue ici le public par rapport à celui qui parle et par rapport à Beaumarchais, l'auteur de l'œuvre ?

▸ **4.** Déduisez des réponses précédentes et de la spécificité du texte quelle a pu être sa portée critique en 1783, grâce à ce qu'il dénonçait et au registre utilisé.

ÉCRITURE

▸ **Transposition :** à partir des éléments du texte, et en suivant leur chronologie, établissez, sous forme de fiche, le « curriculum vitae » de Figaro. Précisez le domaine d'activité, l'activité elle-même ou la production avec ses caractéristiques, puis, de manière brève, l'issue de l'expérience rapportée. À quelle forme de discours appartient le texte que vous avez produit ? Que remarquez-vous lorsque vous mettez en parallèle le texte de Beaumarchais et le CV de Figaro ?

GUIDE p. 172-173

7. Lire l'image

C.-J. Traviès (1804-1859), *Les critiques littéraires enlevant d'un livre les passages qui leurs plaisent le moins*, caricature, 1830 (Bibliothèque des Arts décoratifs, Paris).

RECHERCHE DOCUMENTAIRE

▸ **1.** Cherchez les différents sens du mot « critique », selon qu'il est utilisé au masculin ou au féminin.

▸ **2.** L'auteur de la phrase qui accompagne l'image ci-dessus figure dans ce manuel. Retrouvez-le et dites de quelles œuvres il est l'auteur et à quel débat de son époque il a participé. Dans quelle catégorie d'écrivains ses écrits le placent-ils ?

LECTURE ANALYTIQUE

▸ **1.** Décrivez ce que vous voyez sur cette illustration et ce que fait chacun des personnages : en quoi peut-on parler d'une véritable entreprise de démolition ? Quelles sont les caractéristiques des actes commis ?

▸ **2.** Comment le « lecteur/spectateur » peut-il interpréter la disproportion entre l'objet détruit et ses destructeurs, d'une part, et le fait que ces destructeurs soient aussi nombreux, d'autre part ?

▸ **3.** Quelle est la figure de rhétorique utilisée ici pour représenter ce qui est indiqué en légende : *La critique* ? À partir de la représentation, et en utilisant la première partie de la question 1, énumérez les actions accomplies par la critique. Déduisez de cette observation les connotations du mot *critique*.

▸ **4.** Mettez en évidence toutes les relations de sens que l'on peut percevoir entre l'illustration et le texte de La Bruyère. Comment appelle-t-on ce type d'illustration dans laquelle tout est représenté de manière excessive ?

GUIDE p. 493

P. Hillestrom (1732-1816), *Conversation au château de Drottningholm*, 1779 (peinture ; Musée national, Stockholm).

BIBLIOGRAPHIE

SÉQUENCES 1 ET 2 *L'humanisme*

- J.-C. CARRIÈRE, *La Controverse de Valladolid*, éd. Le Pré aux Clercs / Belfond, 1992.
- M. de CERVANTÈS, *Don Quichotte*, 1605-1615.
- M. DESBORDES, *La Demande*, éd. Verdier, 1999.
- A. DUMAS, *La Reine Margot*, 1845.
- R. MERLE, *Fortune de France*, éd. Plon, 1977.
- T. MORE, *Utopie*, 1516.
- A. de MUSSET, *Le Fils du Titien*, 1838.
- M. de NAVARRE, *L'Heptaméron*, vers 1540-1545.
- M. YOURCENAR, *L'Œuvre au noir*, éd. Gallimard, 1968.
- S. ZWEIG, *Les Prodiges de la vie*, éd. Le Livre de poche.

SÉQUENCE 3 *Baroque et préciosité*

- *Anthologie de la poésie amoureuse de l'âge baroque*, éd. Le Livre de poche.
- P. CALDERÓN, *La Vie est un songe*, *l'Alcade de Zalamea*, XVIIe siècle.
- P. CORNEILLE, *La Place Royale*, 1634 ; *L'Illusion comique*, 1635.
- MOLIÈRE, *Les Précieuses ridicules*, 1659 ; *Amphitryon*, 1667.
- W. SHAKESPEARE, *Roméo et Juliette*, 1594-1595 ; *Beaucoup de bruit pour rien*, 1598 ; *Comme il vous plaira*, 1599 ; *Hamlet*, 1600.

SÉQUENCE 4 *Le classicisme*

- A. BEHN, *La Belle Infidèle*, éd. Ph. Piquier, 1990.
- F. CHANDERNAGOR, *L'Allée du roi*, éd. Julliard, 1981.
- FÉNELON, *Les Aventures de Télémaque*, 1699.
- T. GAUTIER, *Le Capitaine Fracasse*, 1863.
- MME DE LAFAYETTE, *La Princesse de Clèves*, 1678.
- MOLIÈRE, *L'École des femmes*, 1662 ; *L'Impromptu de Versailles*, 1663 ; *La Critique de l'École des femmes*, 1663 ; *Tartuffe*, 1664 ; *Dom Juan*, 1665 ; *Le Misanthrope*, 1666 ; *Georges Dandin*, 1668 ; *Les Femmes savantes*, 1672.
- C. PERRAULT, *Contes de ma mère l'Oye*, 1697.
- J. WILHELM, *La Vie quotidienne au Marais au XVIIe siècle*, éd. Hachette, 1966.

SÉQUENCE 5 ET 6 *Les Lumières*

- J. CAZOTTE, *Le Diable amoureux*, 1772.
- MME DU CHÂTELET, *Discours sur le bonheur*, 1779.
- D. DIDEROT, *Jacques le Fataliste et son maître*, 1796.
- A. FRANCE, *Les Autels de la peur*, 1884.
- A. R. LESAGE, *L'Histoire de Gil Blas de Santillane*, 1715-1735.
- MARIVAUX, *L'Ile des esclaves*, 1725 ; *La Vie de Marianne*, 1731-1741 ; *Le Paysan parvenu*, 1735.
- F. G. MARQUEZ, *De l'amour et autres démons*, éd Grasset, 1995.
- ABBÉ PRÉVOST, *Manon Lescaut*, 1731.
- A. SCHNITZLER, *Le Retour de Casanova*.
- M. SHELLEY, *Frankenstein*, 1817.
- P. SUSKIND, *Le Parfum*, 1988.
- VOLTAIRE, *Contes* (XVIIIe s.).
- H. WALPOLE, *Le Château d'Otrante*, 1764 ; *Contes hiéroglyphiques*.

William Shakespeare, *Hamlet* (1594)[1]

1. Recherches initiales

1. Qu'est-ce que le « théâtre élisabéthain » ? Dans quel pays, à quelle époque et pour quel public s'est-il développé ?

2. Donnez les dates de Shakespeare, puis trois titres de drames shakespeariens ; précisez le nom du théâtre et le nom de la ville attachés à celui du dramaturge.

3. Shakespeare a aussi écrit des comédies : citez le titre et le thème d'au moins trois d'entre elles.

2. Parcours thématiques

1er PARCOURS

Hamlet*, pièce baroque* : effectuez les recherches 1 et 2. Lisez la liste des personnages. Quelles remarques pouvez-vous faire sur leur nombre et sur leur statut social ? Repérez les indications de lieu données au début de chaque scène dans l'un des actes I, III ou IV et précisez où se passe l'action. Au cours de la lecture de la pièce, répertoriez les indications qui expriment le temps. Schématisez sur un axe le déroulement chronologique de la pièce.

Quelle est l'intrigue principale et où se trouve-t-elle exposée ? Lisez en particulier l'acte I. Montrez comment progresse cette intrigue, notamment dans les scènes 2 des actes II et III, 4 de l'acte III, 3 et 7 de l'acte IV, et 2 de l'acte V. Quelle remarque pouvez-vous faire sur cette progression ?

À quels endroits de la pièce peut-on parler de « théâtre dans le théâtre » ? Étudiez en particulier les paroles d'Hamlet à la scène 5 de l'acte I, sa conduite à partir de l'acte II, scène 2 et dans la scène 2 de l'acte III.

Étudiez la manière dont s'expriment les personnages : distinguez les différents registres de langue en prenant appui sur la scène 2 de l'acte III. Étudiez le dénouement : en quoi consiste-t-il ? Quelle remarque pouvez-vous faire sur ce qui est représenté sur scène à ce moment-là ?

Synthèse : récapitulez tous les éléments qui inscrivent la pièce dans le courant baroque.

1. Éd. GF-Flammarion, édition bilingue, trad. François Maguin, 1995.

2e PARCOURS

Hamlet, héros tragique : effectuez la recherche 2. Quel est le statut social du personnage d'Hamlet ? Étudiez la manière dont il s'exprime et le type de discours qu'il utilise parfois (I, 2 ; II, 2 ; III, 3). À quel genre théâtral ce discours appartient-il ?

Étudiez la manière dont Hamlet se conduit par rapport à autrui, et sa position vis-à-vis de la société qui l'entoure. Quelle indication peut donner sur ce point le titre de la pièce ? En quoi peut-on parler de héros tragique ?

Quel est le point de départ de la pièce ? Que décide de faire Hamlet ? Repérez dans le texte les passages qui font référence à cette action : II, 1 ; III, 2 et 3 ; IV, 4 ; V, 2. Quelles caractéristiques psychologiques peuvent expliquer la manière dont il conduit cette action ?

Peut-on dire qu'Hamlet réussit dans l'action qu'il a entreprise ? Quel est le dénouement ? À quoi ce dénouement est-il finalement dû ?

Quelles sont les caractéristiques d'un héros tragique à partir d'*Hamlet* ? Mettez en évidence sa complexité et ses contradictions.

Travail d'écriture : composez une quatrième de couverture consacrée à un portrait d'Hamlet. Cherchez quels peintres ont été inspirés par le personnage d'Hamlet pour donner une illustration. Écrivez très précisément les didascalies de la scène 5 de l'acte I.

Dossiers ou exposés

1. Recherchez dans d'autres pièces de Shakespeare des scènes où apparaissent des personnages surnaturels. Quels sont-ils ? Quel est leur rôle ? **2.** Le thème de la folie, simulée ou non, est présent dans d'autres tragédies de Shakespeare. Retrouvez-les et présentez les différentes manières dont ce thème est traité dans ces œuvres. **3.** Imaginez et présentez la mise en scène cinématographique d'un passage de votre choix : rédigez le synopsis et précisez les différentes manières de filmer (⇛ p. 483).

Molière, *Dom Juan* (1665)[1]

1. Recherches initiales

1. Cherchez dans une biographie de Molière à quelle période de sa vie et dans quelles circonstances difficiles il compose et joue *Dom Juan*.
2. Quels sont les auteurs européens qui se sont déjà intéressés à Don Juan ? Quelles troupes ont déjà joué cette pièce, sous des titres divers ? Quels sont ces titres et sur quoi mettent-ils l'accent ?
3. Recherchez le sens du mot « mythe » lorsqu'il concerne un personnage et un certain type de comportement. Quelle est la situation du public face à la mise en scène d'un « mythe » ?

2. Parcours thématiques

1er PARCOURS

Itinéraire d'un « grand seigneur méchant homme » : faites la recherche 2, puis soyez attentif, au cours de la lecture de la pièce, aux sens des termes *grand seigneur méchant homme*. Cherchez qui prononce cette expression et dans quelles circonstances. Qu'est-ce qui permet, à propos de Don Juan de parler de *grand seigneur* : origines, nom, comportement, respect d'un code social ? Utilisez l'acte II, puis les scènes 2 et 3 de l'acte III et les scènes 1 et 2 de l'acte IV.
Cherchez ensuite le sens moral de l'expression *méchant homme*. Expliquez ce qui, dans le comportement de Don Juan face aux hommes et face à Dieu, renvoie à la notion de « méchanceté ». Établissez une classification des actions répréhensibles qu'il commet. Interrogez-vous ensuite sur le rapprochement des deux expressions *grand seigneur/méchant homme* en appuyant votre réflexion sur le code d'honneur de « l'honnête homme » du XVIIe siècle et sur celui d'aristocrates héritiers de la chevalerie.
Terminez votre étude par une réflexion sur le châtiment qui lui est infligé et sur la portée morale de la pièce. En quoi le théâtre remplit-il ici sa fonction de dénonciation et de correction des vices ?

Prolongements : cherchez dans différentes éditions des représentations d'interprètes du personnage de Don Juan et dites quel est celui qui vous semble le mieux adapté.

2e PARCOURS

La spécificité théâtrale au service d'un mythe : faites la recherche 3. Lisez la pièce dans son intégralité et demandez-vous en quoi le théâtre permet la mise en situation du personnage. Comparez au récit romanesque la manière de faire connaître des faits, des actes, des comportements au théâtre : présence d'un narrateur d'un côté, présence de personnages de l'autre, possibilité de récit, de descriptions, d'explications d'un côté, seule présence des dialogues et des didascalies de l'autre. Dans le cas de *Dom Juan*, analysez ce que permettent certains dialogues et certaines tirades sur le plan de l'information (acte I notamment), sur le plan de l'action (acte II, acte IV), de l'exposé explicatif des comportements (acte I, acte III, acte V). Expliquez aussi en quoi les échanges de parole entre Don Juan et Sganarelle éclairent les liens complexes qui unissent le maître et son valet, et quel rôle joue le second par rapport au premier. Qu'est-ce qui vous semble le plus efficace : des explications venues d'un narrateur ou un dialogue sans intervention extérieure ? Étudiez enfin comment la parole est exploitée par Don Juan dans ses entreprises de séduction, de justification, de provocation. De quelle manière peut se faire entendre la parole de Molière à travers cette complexité d'échanges ? Comment fait-il comprendre au spectateur sa position par rapport à son personnage ?

Prolongements : racontez les scènes 2, 3, 4 et 5 de l'acte I en considérant que vous êtes Charlotte ou bien un narrateur omniscient.

Dossiers ou exposés

1. Don Juan, personnage repoussoir ou héros fascinant ? **2.** Les différentes interprétations du personnage de Don Juan. **3.** Les raisons d'une opposition religieuse à la pièce. **4.** L'aspect fantastique et baroque d'une pièce inclassable.

1. Édition de référence : Librio, 1994.

Carlo Goldoni, *La Locandiera* (1752)[1]

1. Recherches initiales

1. Quelle est la nationalité de Goldoni ? À quelle époque a-t-il vécu ? Situez son théâtre par rapport à la « commedia dell'arte ».
2. Que signifie le titre *La Locandiera* ? Cherchez quels mots on peut trouver dans les noms du Comte et du Marquis (Albafiorita et Forlipopoli). Dites à quel genre théâtral appartient la pièce.
3. Lisez les indications qui précèdent le premier acte. Classez les renseignements qui sont donnés.

2. Parcours thématiques

1er PARCOURS

Un jeu de séduction : faites les recherches 1 et 3. Quels sont les sentiments du Marquis et du Comte à l'égard de Mirandoline ? Quels sont les points communs de leur conduite à son égard ? Quelle est la réaction de l'aubergiste ? Lisez particulièrement les scènes 1, 5, 9, et 21 à 23 de l'acte I.
À partir notamment des scènes 4, 5 et 9 de l'acte I, dites quel est l'état d'esprit initial du Chevalier et quelle est sa conduite avec Mirandoline. Quelle réaction suscite-t-il chez elle et pourquoi ? Relevez les scènes qui mettent en présence Mirandoline et le Chevalier à partir de la scène 15 de l'acte I jusqu'à la scène 19 de l'acte II.
Dans l'acte III, lisez les scènes où apparaît le Chevalier. Quel changement se développe chez lui et comment le revirement s'opère-t-il ? Dans les mêmes scènes, soyez attentifs aux indices qui suggèrent que Mirandoline se joue de lui et ne répond pas à son sentiment.
Quel est le dénouement et comment est-il préparé ? Relevez en particulier les scènes où apparaît Fabrice et où il est question de lui, et étudiez ses liens avec Mirandoline. Qu'est-ce que ce dénouement a de surprenant? Relisez la scène 9 de l'acte I.

Travail d'écriture : imaginez que le chevalier revient après la scène 20 de l'acte III. Écrivez une scène 21, qui sera le dénouement. Rédigez les dialogues et les didascalies.

1. Éd. Hachette, coll. « Classiques Hachette », texte original conforme à l'édition Pasquali de 1762, trad. Danièle Aron, 1993.

2e PARCOURS

Genre et registre : faites les recherches 1, 2 et 3. La pièce, sous sa forme d'origine, est-elle en vers ou en prose ? Quel est le registre de langue utilisé ? Donnez le statut social de la plupart des personnages, puis le lieu où se déroule l'action. Observez les noms du Comte et du Marquis : quelle remarque pouvez-vous faire ? Quelle sorte de noblesse représentent-ils ? Observez ensuite le thème de l'intrigue et la nature du dénouement. Définissez le genre théâtral de la pièce.
Relisez les scènes dans lesquelles figure le Marquis d'une part, le Comte d'autre part. Quelle caractéristique principale définit chacun des deux personnages ? Quelle est la fonction du Marquis dans l'intrigue, en particulier dans l'acte II ? Dites quelle est leur ambition commune et comment Mirandoline y répond (acte I, 4, 5 et 9). Qu'est-ce qui définit le Chevalier? Peut-on trouver chez ces personnages des caractères très nuancés?
Quelles indications a-t-on sur Hortense et Déjanire ? Quelle comédie cherchent-elles à jouer et pourquoi? Dites quelle est leur préoccupation essentielle et relisez en particulier les scènes 17 à 23 de l'acte I et 10 à 13 de l'acte II. À quel genre de personnages de théâtre appartiennent les trois aristocrates et les deux comédiennes ?

Synthèse : récapitulez tous les éléments qui permettent de définir le registre de la pièce.

Dossiers ou exposés

1. Imaginez la mise en scène d'une scène de votre choix. Décrivez les décors, les éclairages ; donnez des indications précises sur les expressions, les mouvements, les déplacements des personnages. **2.** Chez Molière, il existe des personnages misogynes qui tombent amoureux. Cherchez une pièce qui met en scène un tel personnage ; quels sont ses points communs avec le Chevalier ?

Mme de Lafayette, *La Princesse de Clèves* (1678)[1]

1. Recherches initiales

1. Cherchez qui sont les personnages historiques suivants : la reine, la reine dauphine, la duchesse de Valentinois.
2. À quelle époque sont situées l'action du roman et le moment de l'écriture ? Repérez au moins deux points communs.
3. Quelle était la condition sociale de Madame de Lafayette ? Avec qui était-elle liée ? Quelle est l'originalité de la parution de *La Princesse de Clèves* ? Comment peut-on l'expliquer ?

2. Parcours thématiques

1er PARCOURS

L'amour et la passion : faites les recherches 1 et 2. Quels éléments rapprochent le prince de Clèves, Mlle de Chartres et le duc de Nemours ? Montrez que les lieux où les personnages se rencontrent pour la première fois correspondent à leur condition sociale.
Quelle est l'origine des sentiments du prince de Clèves pour Mlle de Chartres et comment s'expriment-ils lors de leur première rencontre ? Relisez la scène de la rencontre entre la princesse de Clèves et le duc de Nemours : quels sont les points communs et les différences avec la précédente en ce qui concerne les personnages ?
Lisez le tome I : comment s'expriment l'intérêt et la constance du prince pour Mlle de Chartres ? Quel est le sentiment de Mlle de Chartres pour le prince ? Pourquoi l'épouse-t-elle ? Quel est ici le rôle de Mme de Chartres ? Que laissent présager les sentiments de Mme de Clèves pour son mari ?
Quelles conduites du duc de Nemours et de Mme de Clèves révèlent leur sentiment, et quels passages traduisent la progression de celui-ci dans les tomes I et II ? Relisez la scène où la princesse avoue son amour à son mari ; quels sentiments inspire-t-elle et à qui ? Repérez dans la suite du roman les passages qui décrivent l'évolution de ses propres sentiments, pour le prince d'une part, pour le duc d'autre part. Que cherche le prince de Clèves ? Dites quels sentiments mêlés cette recherche traduit chez lui. Comment sa maladie et sa mort peuvent-elles s'expliquer ? En quoi cette mort est-elle essentielle pour le dénouement ? À partir de l'ensemble de cette étude, dites à quel registre se rattache l'amour dans le roman.

Synthèse : récapitulez dans un tableau les grandes étapes des relations entre le prince de Clèves, la princesse et le duc de Nemours.

2e PARCOURS

L'aristocratie et la préciosité : faites les recherches 1, 2 et 3. Quel est le milieu social omniprésent dans le roman ? Où se passe une grande partie de l'action ? Citez au moins deux événements historiques dans le roman. Qui concernent-ils ? Dites sur quels aspects de la société Madame de Lafayette met l'accent et sous quel angle elle donne à voir l'Histoire.
Recherchez dans le texte les éléments qui évoquent Mlle de Chartres et les dames de la Cour, le prince de Clèves, le duc de Nemours et les jeunes nobles. Peintre ou dessinateur, pourriez-vous faire leur portrait ? Quels termes et quelles expressions les décrivent ?
Quel est le principal thème du roman ? Où le trouvez-vous ? Montrez que l'auteur aborde différentes facettes de ce thème. Lisez les passages où Mme de Clèves pense à ses propres sentiments : quel est alors le type de discours ? Quelle caractéristique majeure du thème apparaît dans ces passages ?
Quel est le niveau de langue utilisé ? Justifiez votre réponse. En quoi cela s'accorde-t-il aux autres caractéristiques du roman ?

Travail d'écriture : faites le portrait d'une personne de votre choix à la manière de Mme de Lafayette.

Dossiers ou exposés

1. Roman et tragédie : comparaison de deux genres mettant en scène le conflit entre l'amour et le devoir. **2.** La notion d'honneur dans le roman *La Princesse de Clèves*. **3.** La vie de cour à l'époque où se situe l'action ; illustration grâce à des tableaux.

---

1. Édition de référence : Classiques Garnier, 1961.

LECTURE INTÉGRALE

Voltaire, *Candide* (1759)[1]

1. Recherches initiales

1. Cherchez le sens du mot « optimisme », puis les particularités de la philosophie dite « de l'optimisme ».
2. Par quelles œuvres Voltaire était-il déjà connu lorsque *Candide* fut publié ? Comment cette œuvre fut-elle reçue ? Que valut-elle à son auteur ?
3. Quel événement eut lieu le 1er novembre 1755 à Lisbonne ? Identifiez aussi l'amiral Bynch et Fréron.

2. Parcours thématiques

1er PARCOURS

Fiction et réalité : faites les recherches 1, 2 et 3. Puis lisez l'œuvre. Par quelle formule commence-t -elle ? À quel genre littéraire fait penser ce début ? En quoi le nom du personnage principal renforce-t-il cette première identification ? Au cours de votre lecture, soyez attentif aux personnages principaux : quelle remarque pouvez-vous faire sur le nom de certains d'entre eux ? Précisez quelle est la caractéristique essentielle de chaque personnage et quelle est sa fonction dans l'intrigue.
Identifiez le temps verbal dominant. Lisez les titres des chapitres 3, 5, 7, 15, 16, 27, 29. À quelles aventures est-il fait allusion ? À quel genre littéraire appartient en général ce type d'aventure ?
Tracez sur une carte l'itinéraire de Candide et récapitulez les lieux où il se rend. Faites des remarques sur les lieux évoqués aux chapitres 16, 17, 18. Lisez ces trois chapitres ; quelle sorte d'univers décrivent-ils ? Dites alors quelle est la différence entre ces lieux et ceux des autres chapitres. Dans les chapitres 5, 19, 23, à quelles réalités politiques ou sociales est-il fait allusion ? Cherchez d'autres passages qui évoquent des faits historiques ou sociaux ; comment sont-ils traités ?
À partir de cette étude, identifiez le genre littéraire auquel appartient *Candide* ; quels peuvent être, pour un philosophe contestataire, les différents intérêts de choisir ce genre et d'y mêler la réalité contemporaine ? Quel est le sens du mot « philosophique » dans l'expression qui définit le genre choisi ?

1. Édition de référence : Classiques Hachette, 1991.

Écriture : à quels événements du XXe siècle pourrait penser un auteur qui chercherait à démentir l'affirmation d'un personnage de Victor Hugo (Enjolras, dans *Les Misérables*), pour qui le XXe siècle devait être un siècle « heureux » ? Inventez des personnages ressemblant à ceux de *Candide* et donnez quelques titres de chapitres évoquant des situations du XXe siècle. Rédigez un chapitre.

2e PARCOURS

La critique sociale et religieuse : faites les recherches 1 et 2. Retrouvez dans le texte ce qui concerne le baron de Thunder-ten-tronckh et sa famille : classe sociale, marques de leur puissance. Dites comment cette puissance est tournée en dérision. Quel événement récurrent suggère leur immobilisme social ? Retrouvez les autres personnages qui représentent la même classe sociale et dites ce qui caractérise chacun d'eux, ainsi que ce que dénonce Voltaire à travers eux.
Relevez les passages qui font référence à la religion et dites ce qui est dénoncé. De quelles religions s'agit-il ? Quelles relations existent entre la religion et certaines formes de mal comme la guerre ou l'esclavage ? À quels combats de Voltaire ces aspects renvoient-ils ? Repérez les passages où il est question des hommes d'Église et des couvents. Dites ce qui les caractérise.
Lisez le chapitre 18 ; à quels égards l'Eldorado représente-t-il une société idéale ?

Écriture : à partir de *Candide*, vous étudierez en quoi le genre du conte se prête à une critique sociale et politique efficace, et comment il peut échapper aux différentes formes de censure.

Dossiers ou exposés

Les critiques faites dans *Candide* et l'esprit philosophique : en quoi le travail de contestation de Voltaire dans ce conte se situe-t-il dans la ligne d'autres œuvres philosophiques antérieures (*Lettres persanes* ⇛ p. 133, 142 et 336) ?

Jacques Cazotte, *Le Diable amoureux* (1772)[1]

1. Recherches initiales

1. Qu'appelle-t-on « courant illuministe » au XVIIIe s. ? Comment s'opposent les termes « Lumières » et « illuminisme » ?
2. En quoi peut-on opposer les termes « rationalisme » et « illuminisme » ?
3. Cherchez la définition du mot « fantastique », ainsi que le nom de chercheurs ayant travaillé sur cette notion.

2. Parcours thématiques

1er PARCOURS

Une aventure initiatique : faites les recherches 1 et 2. Retrouvez et classez ce qui permet de tracer le portrait du narrateur au début du roman. Quelle caractéristique psychologique est mise en évidence ? Quelle est l'attitude d'Alvare par rapport aux expériences d'occultisme ? Étudiez son comportement lors de l'évocation du diable et de l'apparition. Quel nouveau trait de caractère apparaît ? Quelles indications apportent les réflexions de Bernardillo ?
Retrouvez les passages où il est question de l'éducation donnée à Alvare et dites ce qui la caractérise. Quelle relation peut-on établir entre elle et l'expérience démoniaque qu'il vit ?
Tracez sur une carte l'itinéraire d'Alvare. Indiquez dans quels lieux successifs d'Italie il se rend et ce qui motive chacun de ses déplacements. De quelle expérience chaque lieu est-il le terrain ? Quelles sont les réactions d'Alvare face à ces expériences ? Quelle relation peut-on observer entre l'emprise croissante de Biondetta et la réflexion du narrateur ? Quelle circonstance détermine Alvare à gagner l'Espagne et pourquoi ? Quels dangers court-il ? Auxquels échappe-t-il ? Que symbolise la mère d'Alvare et que représentent le retour vers elle et le discours du docteur ? En quoi l'itinéraire d'Alvare n'est-il pas seulement géographique ?

Prolongements : expliquez en quoi l'expérience d'Alvare constitue une sorte d'initiation.

2e PARCOURS

Un récit fantastique : faites les recherches 1 et 3. À quelle personne est écrit le récit ? Quel est l'intérêt de ce choix en ce qui concerne la crédibilité de l'histoire ? Relevez les premières indications données sur le narrateur. Quels éléments sont mis en évidence ?
Où le surnaturel apparaît-il d'abord dans le roman ? Quelle est sa fonction à ce moment du récit ? Retrouvez et résumez l'événement qui est à la base du récit, jusqu'au retour à Naples. Sous quels aspects est-il surnaturel ? Dans la suite du roman, jusqu'au moment où Biondetta se révèle, classez les phénomènes qui paraissent étonnants. Quelle double explication peut-on en donner ? De quel registre relève la métamorphose de Biondetta à la fin du roman ? Étudiez dans ce passage la part de surnaturel et la part d'explication logique possible.
Lisez le dénouement. Comment certains phénomènes sont-ils expliqués par Dona Mencia et que met en évidence cette explication ?
À partir de cette étude, dites à quoi tient le fantastique dans le roman et quelles en sont les limites.
Relevez et classez dans un tableau les éléments qui inscrivent l'œuvre dans le registre fantastique et demandez-vous quels sont les enjeux de cette mise en scène de l'irrationnel. Quels sont les sens de cette œuvre dans une époque qui se veut rationaliste ?

Écriture : Délimitez très précisément la 1re scène d'apparition et racontez-la à la 3e personne comme si vous étiez un narrateur omniscient.

Dossiers ou exposés

1. Recherche et présentation d'autres œuvres du XVIIIe siècle mettant en scène le diable (⇛ p. 120) : étude comparée des différentes incarnations. **2.** Coexistence de la raison et des croyances ésotériques au XVIIIe siècle : paradoxe ou logique ?

---

1. Édition de référence : GF-Flammarion, 1979.

L'humanisme

Le mot « humanisme » désigne le courant de pensée qui se développe en Europe aux XVe et XVIe siècles. Venu d'Italie, il tire son nom du mot latin « humanitas » qui désigne la culture.

Origines historiques

☑ L'humanisme naît d'une série de faits historiques et culturels dont les répercussions touchent l'Europe occidentale : chute de Constantinople en 1453, obligeant les érudits grecs à se réfugier en Italie ; découverte de l'art italien par les Français lors des campagnes de François Ier ; invention de l'imprimerie, vers 1448, qui permet la diffusion d'œuvres nouvelles et antiques. À cela s'ajoutent les grands voyages, qui révèlent l'existence de terres et de civilisations inconnues, bouleversant les conceptions antérieures et les croyances religieuses. L'humanisme se marque ainsi par un extraordinaire brassage d'idées. Il s'incarne dans un modèle humain représenté par des hommes comme Guillaume Budé, Lefèvre d'Étaples, Érasme (⇛ p. 40, 42), Thomas More (⇛ p. 22, 24), Léonard de Vinci, Montaigne (⇛ p. 34, 36, 51, 53, 300). Leurs productions portent le témoignage d'interrogations et de réflexions sur un « objet » digne de toutes les ambitions et de toutes les sollicitudes : l'homme.

L'importance accordée à l'homme

☑ « Mesure de toute chose », l'homme de la Renaissance est un être à éduquer, ce qui apparaît dans la floraison d'ouvrages consacrés à l'éducation. Celle-ci est associée à une immense soif de savoir : ce programme cumule les savoirs intellectuels, le développement artistique, les aptitudes physiques, la maîtrise des langues, la connaissance des textes sacrés. Seul un homme ainsi éduqué peut posséder la maîtrise de soi indispensable à une vie sociale dans une cité ou un état idéal qui n'impose pas de contraintes, selon le modèle de l'abbaye de Thélème (⇛ p. 30).

☑ Cet intérêt porté à l'homme prend la forme, en littérature, de réflexions sur le respect de la personne – Montaigne s'insurge ainsi contre la torture (⇛ p. 36) et Rabelais contre les guerres de conquête (⇛ p. 46) – , sur le rôle des princes, sur la relativité des coutumes et des lois, sur les fondements de la vérité, sur l'expérience des voyages. Les *Essais* (⇛ p. 34 et 51) traduisent, par leur diversité, toutes ces préoccupations. Le philosophe anglais Thomas More, de son côté, envisage, avec *Utopie* (⇛ p. 22, 24), une cité idéale.

Humanisme et religion

☑ Le respect de l'Antiquité et le retour aux textes d'origine touchent au domaine religieux. Dans leur recherche de l'esprit des Évangiles, les humanistes sont conduits à élargir, par rapport à l'Église, les remises en cause liées aux découvertes de la rotondité de la terre et de la conception héliocentrique de l'univers. En 1530, la traduction de la *Bible* proposée par Lefèvre d'Étaples suscite l'hostilité de l'Église. En créant le Collège des Lecteurs Royaux, François Ier marque sa volonté de se libérer de la tutelle de la Sorbonne, toute puissante faculté de théologie. Bientôt, la naissance et le développement de la Réforme (⇛ p. 166) mettent toute la France à feu et à sang avec la politisation d'un mouvement initialement religieux. Les poètes et les écrivains s'engagent : la littérature de réflexion devient une arme.

L'esthétique humaniste

☑ Tous les arts traduisent l'inspiration nouvelle qui célèbre l'homme. La poésie, avec Ronsard et du Bellay en France, Camoens au Portugal (⇛ p. 363), Rinieri en Italie, s'inspire de l'Antiquité gréco-latine, dont elle reprend les mythes, les allégories et les symboles, adaptant les thèmes lyriques de la philosophie épicurienne. La statuaire, avec Michel-Ange, l'orfèvrerie, avec Benvenuto Cellini, la peinture, avec les portraits de l'école française (Fouquet) ou les larges fresques de l'école italienne (le Titien, Véronèse, Raphaël…), représentent les héros antiques et les dieux grecs, et surtout célèbrent le corps humain, que les recherches anatomiques toutes récentes (de Léonard de Vinci, d'Ambroise Paré) font mieux connaître.

☑ Ce mouvement qui fonde ses ambitions sur la confiance en l'homme est confronté à la réalité des guerres, des rivalités, des perversions politiques que défend Machiavel (⇛ p. 44). L'horreur des guerres civiles fait naître doutes et incertitudes sur la nature humaine et disparaître le bel optimiste des utopies.

Les guerres de religion

Les guerres qui ensanglantent la seconde moitié du XVIe siècle trouvent leur origine dans une contestation à dimension européenne des abus de l'Église. Elles viennent aussi d'une profonde remise en question des croyances et des pratiques religieuses.

La nécessité d'une réforme

☑ Depuis la fin du Moyen Âge, les critiques à l'égard de l'Église s'accumulent : on lui reproche la disparité entre le statut du bas clergé et la vie menée par les ecclésiastiques de haut rang. La vie des papes n'est pas non plus exempte de reproches (⇛ p. 45). Les croyants doivent payer non seulement des impôts, mais aussi le rachat de leurs péchés par le système des « indulgences » (⇛ p. 40) : le pardon accordé par l'Église se monnaye. De plus en plus de fidèles prennent conscience du décalage entre les actes de la communauté religieuse et les paroles des textes sacrés.

Les débuts du mouvement

☑ En 1517, le moine allemand Martin Luther affiche 95 Thèses contre le trafic des « indulgences » sur la porte d'une église. Excommunié en 1520, il entraîne de nombreux Allemands qui rompent avec Rome, fondant ainsi le protestantisme. C'est le début de la Réforme. En Suisse et dans le sud-est de la France, les idées de Calvin entraînent la fondation du calvinisme, qui se sépare aussi de Rome. Pour Luther, seule la foi peut sauver l'homme ; pour Calvin, l'homme est prédestiné par Dieu au salut ou à la damnation. L'évangélisme, qui se développe en France, ne remet pas en cause la doctrine catholique et souhaite surtout la moralisation du clergé. Mais il ébranle le pouvoir des souverains catholiques ; le Concile de Trente, réforme de l'Église catholique pour répondre à la Réforme protestante (1545-1563), ne peut mettre fin à la désunion. En France, cela dégénère très tôt en guerres civiles.

Les conflits en France

☑ Dès le début du siècle, l'Église est hostile aux évangélistes, qu'elle accuse de désobéissance : le poète Clément Marot est incarcéré pour ce motif dès 1526 et doit s'exiler en Italie. Le roi François Ier, qui le fait libérer, protège l'évangélisme jusqu'à l'Affaire des Placards en 1534, au cours de laquelle des textes hostiles à la messe sont placardés jusque sur la porte du roi. Cette provocation dans un pays où le catholicisme est religion d'État suscite les réactions hostiles de la noblesse. Les conflits se développent entre le pouvoir royal et les nobles catholiques comme les Guise, d'une part, et de nombreux adeptes de la Réforme comme les Condé, d'autre part. Ces conflits sont aggravés par la faiblesse de la royauté après Henri II. En 1562, Catherine de Médicis échoue dans son projet de donner des droits aux protestants. Les conflits dégénèrent en guerres civiles sanglantes. La littérature engagée oppose la voix de Ronsard, du côté catholique, à celle d'Agrippa d'Aubigné, du côté protestant.

La politisation des conflits

☑ Les questions religieuses sont dépassées par l'orientation politique et européenne des guerres. Les deux partis sont soutenus par des puissances étrangères, l'Angleterre pour les Réformés, l'Espagne pour les catholiques, ce qui menace l'indépendance de la France. Dans une situation très confuse – trois guerres se succèdent de 1562 à 1572 –, marquées par les ambitions des seigneurs, qui cherchent à prendre le pouvoir, Catherine de Médicis prend la responsabilité du massacre de la Saint-Barthélémy. Le 24 août 1572, elle laisse assassiner tous les protestants venus à Paris pour assister au mariage du Réformé Henri de Navarre avec la sœur catholique de Charles IX, alliance matrimoniale qui devait sceller la réconciliation des deux camps. Après de nombreuses difficultés, Henri de Navarre hérite du sceptre royal, se convertit au catholicisme et règne sous le nom de Henri IV. La promulgation de l'Édit de Nantes en 1598 met fin aux guerres de religion, en donnant aux protestants la liberté de culte et de conscience, l'égalité politique et certaines places fortes de sûreté ; mais la paix reste incertaine et l'intolérance demeure. Les œuvres littéraires traduisent cette instabilité en évoquant les changements de l'homme et du monde et les désillusions des humanistes comme Montaigne, qui s'interroge sur l'inconstance du monde et la fragilité des civilisations (⇛ p. 51).

Baroque et préciosité

Le baroque

☑ Du portugais « barroco », qui désigne une pierre précieuse irrégulièrement taillée, le mot « baroque » a été utilisé pour caractériser un courant esthétique qui se développe en Europe à la fin du XVIe et au début du XVIIe siècle.

☑ **Un cadre instable :** le baroque se développe dans un contexte politique et religieux mouvementé, marqué par la Réforme. En France, malgré l'Édit de Nantes (en 1598 ⇛ p. 164), les conflits entre catholiques et protestants demeurent. Par ailleurs, le développement de l'incrédulité religieuse – le libertinage – trouble l'ordre établi. Face à cette déstabilisation, l'Église cherche à s'imposer, notamment par une architecture religieuse monumentale et surchargée d'ornements, dont témoignent les œuvres du Bernin, de Pierre de Cortone, de Borromini.

D'autre part, l'alternance politique (Henri IV, Marie de Médicis, au pouvoir de 1610 à 1617, Louis XIII, jusqu'en 1643, Anne d'Autriche, régente jusqu'en 1661) est un facteur d'instabilité et de troubles politiques, comme la Fronde (1648-1652), mouvement de protestation contre la monarchie absolue, de la part des nobles en particulier, à la tête desquels se place le prince de Condé.

☑ **Thèmes et écriture baroques :** les réalisations baroques s'organisent autour de l'idée de chaos, d'instabilité, dans tous les éléments du réel : mouvements de l'air et de l'eau, goût pour les reflets, le foisonnement, les oppositions, les inversions, les métamorphoses. Le chevalier du Tasse (⇛ p. 56) traverse une forêt magique qui se développe sous ses pas. Dans ce monde de métamorphoses, la vie est marquée par toutes les formes de fragilité et d'inconstance, y compris sentimentale. Le thème dominant est celui du caractère éphémère de l'homme, de ses pouvoirs, de ses sentiments. Cette inspiration est présente chez Chassignet (⇛ p. 59), chez Calderón (⇛ p. 60), chez Tristan l'Hermite (⇛ p. 62).

L'absence de certitude du réel se révèle dans le titre d'une pièce de Calderón, *La Vie est un songe* (⇛ p. 60). Le goût pour l'illusion est aussi présent dans l'art avec la multiplication des trompe-l'œil. En littérature, il se développe alors dans deux directions voisines : le fantastique crée un monde imaginaire, comme chez Le Tasse (⇛ p. 56) – l'univers, peuplé de divinités étranges, bruit d'une musique introuvable –, ou encore chez Saint Amant ; d'autre part, l'imagination créatrice peut conduire à de la science fiction, comme chez le poète et romancier Cyrano de Bergerac (⇛ p. 63).

La littérature baroque refuse les règles formelles. Au théâtre, *L'Illusion comique* de Corneille (⇛ p. 242) mêle tragédie et comédie dans une construction en miroir. En poésie, les formes fixes mêmes sont parfois malmenées. L'écriture utilise divers procédés pour traduire la diversité et la démesure : la comparaison et la métaphore sont omniprésentes chez Chassignet (⇛ p. 59) et chez Calderón (⇛ p. 60).

La préciosité

☑ Les caractéristiques du baroque se prolongent dans le courant précieux. Ce courant naît dans les salons, lieux créés par des nobles épris de culture, en général des femmes, en réaction à la grossièreté de la cour de Henri IV. Les salons de la Marquise de Rambouillet et de Madeleine de Scudéry accueillent des écrivains et offrent une vie sociale – des jeux, des bals – en même temps qu'ils proposent une réflexion littéraire.

☑ **Les thèmes précieux :** on retrouve dans la littérature les thèmes de prédilection des salons, en particulier celui de la psychologie amoureuse. La préciosité se penche sur les étapes d'un amour spiritualisé, dont on étudie la complexité, comme l'exprime la carte de Tendre (⇛ p. 72). Si les excès de la préciosité ont suscité des critiques comme chez Molière (*Les Précieuses ridicules*), le courant précieux a le mérite de rechercher la distinction, l'originalité et la précision de la langue.

☑ **L'écriture précieuse :** influencée par certains écrivains étrangers comme Góngora (⇛ p. 65), très proche du baroque, la littérature précieuse s'oriente vers la recherche d'un style travaillé qui privilégie les images contournées, faites de métaphores, comparaisons, périphrases, ainsi que les hyperboles. Ce style se caractérise aussi par l'alliance du concret et de l'abstrait, par le rejet de toute expression familière et par la recherche lexicale. Les genres les plus représentés sont le roman (Madeleine de Scudéry) et la poésie qui propose des textes brefs prisés dans les salons et adaptés à la vie mondaine comme *La Guirlande de Julie* (⇛ p. 66).

GUIDE

Les questions religieuses au XVIIe siècle

Dans une monarchie de droit divin où le catholicisme est religion d'État, la religion prend une résonance politique. Le pouvoir royal cherche à imposer une unité religieuse, en éliminant les croyances non conformes à la religion dominante. Cette volonté unificatrice vise le protestantisme, le libertinage athée, ou encore le jansénisme.

Le problème protestant

✓ L'édit de Nantes (1598) ne met pas fin à l'intolérance religieuse. Les places de sûreté concédées aux protestants sont attaquées, comme Montauban en 1621 ou La Rochelle en 1627-1628, provoquant l'exil de certains d'entre eux. Accédant au pouvoir, Louis XIV affirme la volonté de créer une unité nationale, liée à l'unité religieuse. Craignant que cette unité soit rompue par la collusion des protestants avec des puissances étrangères comme l'Angleterre ou la Hollande, il restreint les droits des protestants et ordonne des répressions. La révocation de l'édit de Nantes en 1685 pousse de nombreux protestants à l'exil, ce qui affaiblit considérablement l'économie française. Dans les Cévennes, de 1702 à 1705, la révolte des « camisards » fait de nombreux morts.

La question des libertins

✓ La normalisation religieuse s'exerce aussi sur les libertins. Athées et matérialistes, les libertins considèrent que tout procède de la matière et que la seule explication du monde est rationnelle. En matière de mœurs, cet athéisme amène les libertins à rechercher le plaisir terrestre. Des écrivains comme Théophile de Viau, Tristan l'Hermite (⇛ p. 62) et Cyrano de Bergerac (⇛ p. 63) exaltent la sensualité. Le personnage de Molière, Don Juan, « épouseur à toutes mains », proclame son refus des règles sociales et religieuses. Accusés d'atteinte à la religion, au pouvoir et aux lois, les libertins sont pourchassés. Certains, comme Théophile de Viau, échappent de peu au bûcher.

Les nouvelles pratiques

✓ Parallèlement, le catholicisme connaît un renouveau de la pratique religieuse : la piété grandit, des institutions charitables sont créées, comme celle de Saint-Vincent-de-Paul. La littérature s'ouvre aux textes religieux, comme les sermons de Bossuet et de Fénelon. Sous l'influence de Madame de Maintenon, le roi donne l'exemple de la piété. Racine compose des tragédies religieuses comme *Esther*. Ce renouvellement conduit à des excès : les dévots de la compagnie du Saint Sacrement font interdire *Tartuffe* et *Dom Juan* (⇛ p. 140-141).

✓ L'unification religieuse voulue par Louis XIV s'exerce aussi à l'intérieur du catholicisme, avec l'élimination des jansénistes.

Les jésuites et les jansénistes

✓ La seconde moitié du XVIIe siècle est marquée par la rivalité idéologique entre jésuites et jansénistes. La puissante Compagnie de Jésus, fondée en 1540 par Ignace de Loyola, exerce une grande influence, par ses établissements d'enseignement et par sa présence dans l'environnement royal : les confesseurs du roi sont des jésuites. les jansénistes sont un groupe influent d'adeptes d'une nouvelle branche du catholicisme, le jansénisme, doctrine fondée par un évêque hollandais, Jansénius, au XVIIe siècle et qui se développe en France à partir de l'abbaye de Port-Royal-des-Champs.

✓ Les jansénistes considèrent que la grâce de Dieu n'est accordée qu'à certains hommes choisis : c'est l'idée de la prédestination. Cette conception pessimiste, selon laquelle l'homme n'a guère la liberté de faire le bien, s'il n'est « prédestiné », trouve son expression dans une vie austère : des « solitaires » font retraite à Port-Royal. En littérature, elle est sensible dans la conscience de la faute inévitable qu'ont les héros raciniens.

✓ Pour les jésuites, la grâce de Dieu est accordée à tout homme capable d'exercer sa liberté pour assurer son salut. Pour décider de ce qui est bien ou mal, les jésuites utilisent la « casuistique » qui considère les cas de conscience pour y adapter les règles morales et religieuses. Cette science subtile leur offre la possibilité de concilier une vie parfois peu morale avec la religion.

✓ Le combat idéologique entre les deux groupes antagonistes tourne à l'avantage des jésuites. Craignant que les jansénistes, excommuniés par le pape, ne constituent un contre-pouvoir en France, Louis XIV les chasse de Port-Royal en 1709 et fait détruire l'abbaye en 1710.

Le classicisme

Le terme « classicisme » a été appliqué, au XIXe siècle, aux artistes de la seconde moitié du XVIIe siècle, en France et en Europe. Il désigne un ensemble de valeurs et de critères qui définissent un idéal s'incarnant dans « l'honnête homme ».

Normes officielles et modèles antiques

☑ En France, dès 1630, la centralisation monarchique s'affirme dans les deux domaines politique et culturel, sous l'autorité de Richelieu d'abord, puis de Mazarin et de Louis XIV. La création de l'Académie française en 1635, puis d'autres Académies, conduit à codifier la langue et à réglementer la composition des œuvres. Ce sont les œuvres des doctes, comme Vaugelas (⇛ p. 124), qui définissent les théories du goût classique, à travers des lettres, des traités, des arts poétiques. Ils diffusent ce goût auprès du public mondain des salons qu'ils fréquentent. Les canons littéraires sont définis aussi dans des ouvrages non théoriques, œuvres littéraires, ou préfaces les justifiant, comme chez Molière (⇛ p. 76).

☑ L'enseignement des doctes est fondé sur le respect de modèles grecs et latins. Leurs œuvres sont considérées comme des exemples dont il convient de se rapprocher par l'imitation ainsi que l'admet Perrault et que le souligne La Fontaine (⇛ p. 433 et 83). Sur le plan théorique, *la Poétique* d'Aristote est le support des règles qui régissent le théâtre. La longévité des œuvres antiques explique la considération dont elles font l'objet. En effet, le classicisme recherche ce qui est permanent et universel, et peint la nature humaine, non la diversité des hommes. Cette imitation est cependant mise en question à la fin du siècle (⇛ p. 131).

La raison et les règles

☑ L'idéal classique, tel qu'il se révèle dans les œuvres et dans les théories, comporte deux éléments, l'ordre et la raison, qui définissent des codifications précises. La pensée doit être ordonnée, et Descartes prône la rigueur dans le *Discours de la Méthode* (⇛ p. 74). La raison, synonyme de bon sens, est à la base de cette conception : l'œuvre ne doit pas s'écarter de ce qui est raisonnable et vraisemblable. Cette vraisemblance, en fonction de laquelle on représente ce que les choses « doivent être » plus que ce qu'elles sont, prime sur le vrai, comme le souligne Boileau dans son *Art poétique*.

☑ Ces impératifs sont liés à des règles strictes, notamment pour le théâtre. La tragédie est codifiée après la querelle du *Cid*, en 1638 (⇛ p. 135). Les unités de lieu, de temps et d'action, l'unité de ton, les bienséances qui interdisent de représenter une action violente sur scène, sont autant de conventions qu'il faut respecter sous peine de se heurter à la critique des doctes. Pour l'écrivain classique, l'écriture, fruit d'un travail constant, révèle une étroite adéquation entre la clarté de la pensée et celle de l'expression et évite tout excès.

L'honnête homme

☑ L'« honnête homme » incarne l'idéal classique. Homme du monde et homme de cour, il possède d'abord des qualités sociales. Dans son comportement avec autrui, c'est le naturel, la mesure et la volonté de plaire qui le guident.

☑ Au nom de la nature, l'honnête homme refuse tout excès, suivant en cela les préceptes de la raison, car « la parfaite raison fuit toute extrémité », selon Molière. En littérature, les personnages excessifs sont odieux ou ridicules, comme l'Acis de La Bruyère (⇛ p. 85). Ce sens de la mesure se retrouve dans tous les rapports sociaux. Capable de dominer ses émotions, l'honnête homme sait s'adapter à son entourage, où qu'il se trouve. Tolérant et cultivé, à l'inverse du pédant Lysidas (⇛ p. 76), il brille dans la conversation, mais par la simplicité.

☑ Il cultive donc cet art de plaire, omniprésent dans la société et la littérature du XVIIe siècle, comme l'indique Dorante (⇛ p. 76) dans *La Critique de l'École des femmes* : « le grand art est de plaire ». Pour plaire, l'œuvre doit aussi instruire et divertir, sans ennuyer. C'est le propre de bien des œuvres classiques : *Lettres* de Mme de Sévigné (⇛ p. 334), *Maximes* de La Rochefoucauld, *Contes* de Perrault (⇛ p. 431), *Fables* de La Fontaine.

☑ L'honnête homme et l'idéal classique se rejoignent : l'un et l'autre constituent une sorte de modèle. Depuis cette époque, le classicisme désigne aussi une forme de pensée ou d'art sobre et rigoureux et toute forme de référence culturelle susceptible de demeurer au-delà de son époque historique.

GUIDE

La querelle des Anciens et des Modernes

Vers 1680 éclate en France un débat entre les partisans d'une imitation de l'Antiquité et les artistes qui veulent innover. Cette querelle, dite « des Anciens et des Modernes » se prolonge jusqu'au début du XVIIIe siècle.

Le déroulement de la querelle

☑ Le conflit prend sa source dans la notion même de progrès, présente dans la réflexion scientifique de Descartes et de Pascal. Pour eux, la raison, qui conduit au progrès, est supérieure au principe d'autorité qui impose l'imitation. Les partisans d'une littérature fondée sur le merveilleux chrétien s'opposent aux tenants du merveilleux païen, comme Boileau. Enfin, des discussions opposent ceux qui, rédigeant en français les inscriptions des tableaux et des monuments, proclament la supériorité de cette langue, et ceux qui les rédigent en latin, seule langue de culture selon eux.

☑ En 1687, à l'Académie, Perrault proclame dans « Le siècle de Louis le Grand » (⇛ p. 82) la supériorité des écrivains modernes sur les auteurs de l'Antiquité gréco-latine, jamais contestés jusque-là. La première réaction vient de Boileau, et elle est nettement injurieuse. Peu de temps après, La Fontaine répond lui aussi dans l'*Épître à Huet* (⇛ p. 83) par une argumentation plus convaincante. Les années suivantes voient se succéder les ouvrages, écrits et libelles, de l'un et l'autre camp. La querelle s'exprime dans divers types d'écrits et particulièrement dans les journaux comme *Le Mercure galant*, organe des Modernes. Dans le camp des Anciens, à part Boileau et La Fontaine, on trouve Bossuet et La Bruyère. À côté de Perrault, le camp des Modernes compte Fontenelle et Saint-Évremond (⇛ p. 128). Cette division en deux partis touche l'Académie elle-même : l'élection de Fontenelle en 1691 conforte la position des Modernes ; celle de La Bruyère en 1693 (⇛ p. 130) rétablit l'équilibre. Un janséniste de Port-Royal, Arnauld, permet à la toute fin du siècle une réconciliation entre Boileau et Perrault.

☑ Le conflit reprend au début du XVIIIe siècle, à l'occasion de l'adaptation de l'*Iliade* en vers par Houdar de la Motte à partir d'une traduction faite par une helléniste connue. Celle-ci protesta et la controverse rebondit jusqu'à la pacification définitive menée par Fénelon.

Les arguments en présence

☑ Pour les Anciens, partisans de l'Antiquité, mais qui ne dénient pas toute valeur aux écrivains contemporains, les auteurs antiques doivent être des modèles, des « guides » selon le mot de la Fontaine, parce qu'ils ont tout découvert. Mais encore faut-il faire une différence entre « imitation » et « esclavage » (⇛ p. 84) et ne pas copier servilement. D'autre part, toujours selon les Anciens, la valeur d'une œuvre est justifiée par sa permanence ; elle n'est pas fonction des jugements des contemporains. La valeur de l'œuvre antique, qui a traversé les siècles, ne peut être contestée. Enfin, pour ces admirateurs de l'Antiquité, le progrès n'est pas possible, puisque les œuvres antiques sont considérées comme ayant atteint la perfection et que « tout est dit » selon La Bruyère.

☑ Les Modernes, eux, refusent de se soumettre à l'autorité des auteurs antiques. L'esprit critique doit interdire « d'applaudir à mille erreurs grossières » et doit corriger en art comme en science les ignorances et les inexactitudes des prédécesseurs. Pour les Modernes, il existe une permanence des lois de la nature ; par conséquent, les auteurs antiques, certes antérieurs, ne peuvent être supérieurs par nature aux contemporains. Enfin, sur le plan du progrès, les Modernes considèrent que dans les arts comme dans les sciences, les ouvrages contemporains sont supérieurs aux ouvrages de l'Antiquité : les auteurs ajoutent leurs connaissances et leur technique artistique à celles de leurs prédécesseurs.

☑ Les enjeux de la querelle vont bien au-delà des questions esthétiques, qui mettent en jeu la question des relations entre le contexte historique et socioculturel et les productions artistiques qui s'y trouvent associées. Ils ouvrent une réflexion plus large, en posant un problème moral et politique. La querelle oppose en effet ceux qui restent attachés à un modèle immuable, partisans des traditions et donc aussi de l'absolutisme royal, et ceux qui rejettent la tradition dans tous les domaines, y compris sur le plan religieux, politique et social. Les Modernes, partisans du progrès et de l'évolution, préparent le terrain d'une contestation générale caractéristique de l'esprit des Lumières.

La philosophie des Lumières

L'expression « philosophie des Lumières » met l'accent sur deux caractéristiques de la pensée qui se développe en Europe au XVIIIe siècle : « philosophie » exprime une idéologie commune fondée sur le pouvoir de la raison sur la réflexion et sur l'esprit d'examen. Le mot « Lumières » traduit un souci de clarté indissociable de cet idéal.

Un contexte de libération

☑ Au moment où s'achève le règne de Louis XIV (1715), la querelle des Anciens et des Modernes (⇛ p. 168) a ouvert la voie à une contestation de l'autorité et de la tradition. Cette contestation est favorisée par l'émancipation intellectuelle et morale qui se développe sous la Régence de Philippe d'Orléans (1715-1723) et qui est liée à une expansion économique. La bourgeoisie voit s'amplifier son pouvoir financier et économique. Sur le plan politique, la Régence favorise le développement d'un esprit critique qui imprègne toute l'époque et qui s'exprime dans les salons. Deux facteurs y contribuent : les voyages, associés à l'expansion coloniale, donnent des ouvertures nouvelles, suscitent des comparaisons. L'Orient, connu par les récits de Tavernier, inspire les *Lettres Persanes* de Montesquieu (⇛ p. 133, 142, 336) et certains contes de Voltaire comme *Micromégas* ou *Zadig*. Le récit de voyage devient l'occasion d'une réflexion sur la relativité des systèmes de gouvernement et de pensée, chez Swift (⇛ p. 90) et Voltaire (⇛ p. 102). Le développement scientifique remet en cause les certitudes antérieures : les progrès de l'astronomie, les découvertes de Newton sur la gravitation universelle opposent des théories scientifiques aux explications théologiques du monde. L'*Encyclopédie* et les Salons se font l'écho de ces découvertes.

La démarche des Lumières

☑ Dans ce contexte, les philosophes utilisent une démarche méthodique analogue à la démarche scientifique. L'article « Philosophe » de l'*Encyclopédie* insiste sur la nécessité de tout soumettre à l'analyse critique (⇛ p. 96). L'esprit d'examen conduit à une observation qui s'efforce de libérer les modes de pensée, de gouvernement et d'action de tout ce qui les rend peu rigoureux.

☑ Ainsi, l'esprit philosophique refuse ce qui relève du principe d'autorité, certaines traditions et coutumes qui finissent par constituer un ordre établi. La royauté de droit divin est jugée illégitime (⇛ p. 94). Sont aussi contestées une organisation sociale inégalitaire et des pratiques inhumaines, comme la torture et l'esclavage (⇛ p. 100). Cette démarche méthodique touche aussi la religion : Diderot s'oppose au caractère divin de la monarchie (⇛ p. 94) ; Voltaire critique les formes de l'intolérance religieuse dans la « Prière à Dieu » (⇛ p. 104). Cette observation critique est liée à l'idée d'un progrès continu de l'humanité et est indissociable de l'idée de bonheur, enjeu majeur de la philosophie des Lumières.

Les armes des Lumières

☑ L'écriture est un acte à visée politique qui entraîne la publication d'œuvres de formes et de genres divers. Malgré des précautions visant à déjouer la censure, comme la publication à l'étranger, l'absence de signature (*Lettres persanes*), des subterfuges divers, certains auteurs connaissent la prison (Diderot) ou l'exil (Voltaire). L'*Encyclopédie* est condamnée (⇛ p. 148) et ses auteurs affrontent de grandes difficultés. La littérature des Lumières se veut en effet contestataire et didactique. Cette orientation est sensible dans la structure rigoureuse du discours souvent argumentatif et explicatif, illustré par des exemples, notamment dans les articles d'essais (⇛ p. 104) et dans ceux de l'*Encyclopédie* (⇛ p. 94, 96, 98, 146). Le souci du lecteur s'exprime encore dans des genres concrets comme le récit épistolaire (*Lettres persanes*), le conte philosophique (*Candide*), le théâtre (*Le Mariage de Figaro*), et dans un style léger, où la critique passe par l'ironie (⇛ p. 172).

☑ Dans sa vie, le philosophe met en œuvre les qualités humaines de la vie sociale (⇛ p. 96). Pour se rendre utile, il s'engage dans les luttes de son temps, particulièrement contre le fanatisme, comme le fait Voltaire dans l'affaire Calas (⇛ p. 350).

☑ Au XVIIIe s., la lutte des philosophes ébranle l'immobilisme politique et contribue à enraciner les idées qui conduiront au bouleversement de 1789.

GUIDE

L'*Encyclopédie*

L'*Encyclopédie* de Diderot et de d'Alembert présente le savoir de son siècle, dans une perspective à la fois éducative et contestataire.

Du projet à la réalisation

✓ L'origine du projet vient du libraire-éditeur Le Breton qui souhaitait voir traduire l'ouvrage de l'Anglais Chambers, *Cyclopedia*, lancé par souscription en 1728 et publié en 1742. Il confie cette traduction à Diderot, qui modifie sensiblement l'idée de départ. Le sous-titre même du nouvel ouvrage, *Dictionnaire raisonné des sciences, des arts et des métiers*, met l'accent sur deux points : la pluralité et l'organisation. Il situe l'ouvrage dans la pensée philosophique des Lumières.

✓ L'importance de l'ouvrage peut se mesurer par l'écart entre les prévisions de Diderot, huit volumes de texte et deux de planches, cinquante-cinq collaborateurs, et la réalisation, dix-sept tomes de texte, onze de planches, cent-soixante participants, soixante mille articles, un tirage à vingt-quatre mille exemplaires en France et diverses éditions à l'étranger.

✓ Les difficultés sont diverses et nombreuses : emprisonnement de Diderot en 1749, brouilles entre les auteurs et départ de d'Alembert en 1758. L'entreprise est menacée par les Jésuites et par le Parlement de Paris. En 1752, l'ouvrage est condamné à travers l'un de ses collaborateurs, l'abbé de Prades, et les premiers volumes sont interdits. L'intervention de M. de Malesherbes, qui dirige la Librairie sauve provisoirement la situation. Mais les choses deviennent encore plus difficiles après l'attentat de Damiens, en 1757 (⇛ p. 148) : le privilège royal est supprimé, il faut arrêter l'édition et rembourser les souscripteurs. En 1759, le pape Clément XIII condamne l'ouvrage entier. La publication et la distribution s'achèveront clandestinement. Néanmoins, en dépit des obstacles et soucis permanents pour Diderot (⇛ p. 146), on peut dire que l'*Encyclopédie* fut un succès.

Une œuvre des Lumières

✓ La double vocation de l'*Encyclopédie* est de répertorier les connaissances et d'ouvrir une réflexion critique.

✓ Le premier objectif est défini dans la Préface : il s'agit d'*exposer autant qu'il est possible, l'ordre et l'enchaînement des connaissances humaines ; [le dictionnaire] doit contenir sur chaque science et sur chaque art, soit libéral, soit mécanique, des principes généraux qui en sont la base et les détails les plus essentiels qui en font le corps et la substance*. Les encyclopédistes répertorient donc les savoirs et les méthodes concernant des domaines variés. Il s'agit de réhabiliter les arts mécaniques, injustement méprisés, en soulignant leur utilité sociale ; cet éloge de l'artisan procède d'une vision démocratique de la société. Le choix et la classification de ces articles traduisent le caractère *raisonné* de l'ouvrage.

✓ La réflexion critique est inhérente à l'esprit philosophique qui anime l'ouvrage : elle soumet toutes les connaissances à l'esprit d'examen. La connaissance ne doit plus être donnée par une autorité mais par l'expérience et la réflexion. L'*Encyclopédie* est inspirée par l'idée que l'homme est capable de progresser (⇛ p. 94). Peu favorables à une autorité politique imposée, partisans d'une société plus juste et moins fondée sur les inégalités, plus réformistes que révolutionnaires (⇛ p. 92), les philosophes s'élèvent aussi contre toutes les atteintes à l'intégrité humaine et, en particulier, contre la torture et l'esclavage.

✓ L'efficacité de la critique passe par des procédés didactiques : le classement des notions et des articles (⇛ p. 146) simplifie la recherche ; l'étymologie permet de cerner les différents sens d'un mot ; les illustrations (planches, schémas) donnent une compréhension concrète. La critique la plus virulente passe aussi par des articles apparemment neutres et peu dangereux : l'évocation des croyances attachées à telle plante permet de s'élever contre les préjugés. Les systèmes de renvois permettent des ruses analogues. L'ironie est un mode d'expression privilégié (⇛ p. 172).

✓ Entreprise humaniste hors norme, l'*Encyclopédie* tire son originalité de la place qu'elle donne aux sciences et aux techniques et de l'importance qu'elle accorde à la critique : elle souligne que le progrès intellectuel, social et moral est possible pour l'homme, et en cela, elle porte les idées du siècle des Lumières.

Les questions politiques et religieuses au XVIIIe siècle

Sous l'Ancien Régime, la nature de la monarchie française explique l'étroite imbrication du politique et du religieux. Dans ces deux domaines, le XVIIIe siècle est marqué par des mouvements de contestation animés par les philosophes (⇛ p. 169), aboutissant à ce « sacrilège » jusque là impensable : l'arrestation et l'exécution du roi.

Une monarchie absolue

✓ La France est une monarchie absolue de droit divin et héréditaire dans laquelle le roi détient les pouvoirs législatif, exécutif et judiciaire : responsable devant Dieu seul, il a toute puissance sur ses sujets. Le catholicisme est religion d'État, ce qui explique l'importance des problèmes religieux : attaquer la religion ou l'Église, c'est attaquer le roi. Si le bas clergé est pauvre, certains membres du haut clergé, enrichis par les bénéfices ecclésiastiques, ont un train de vie fastueux. Les jésuites (⇛ p. 166) constituent l'ordre le plus influent jusque vers 1761. Éducateurs des élites, ils sont protégés par le pape et par le roi qui choisit parmi eux ses confesseurs.

✓ La société, divisée en trois ordres, est inégalitaire : la noblesse et le haut clergé, peu nombreux, sont privilégiés. L'important Tiers-État regroupe des catégories sociales disparates, la bourgeoisie aisée, les ouvriers, les paysans, dont le point commun est leur pouvoir politique inexistant.

✓ L'histoire du XVIIIe siècle est marquée par une alternance entre des périodes d'expansion économique et des périodes d'affaiblissement liées aux guerres (⇛ p. 498). Les inégalités économiques, mais aussi politiques et sociales, s'accroissent, ce qui suscite de vives tensions ; le haut clergé et la noblesse restent cependant attachés à leurs privilèges et rejettent toute réforme. Leur immobilisme face à la contestation et à l'esprit nouveau qui se développent explique largement la Révolution de 1789.

Vers la Révolution

✓ Soumettant les institutions à l'examen critique de la raison, le mouvement philosophique dénonce l'organisation politique. De son exil en Angleterre, Voltaire fait, dans les *Lettres philosophiques* (1734), l'éloge de la monarchie parlementaire. Frédéric II de Prusse et Catherine II de Russie paraissent sensibles à l'esprit des Lumières. Ainsi se met en place la contestation du pouvoir absolu que l'on trouve par exemple chez Montesquieu (⇛ p. 92) et chez Diderot (⇛ p. 94).

✓ Sur le plan social la bourgeoisie supporte mal d'être écartée du pouvoir politique, d'autant qu'elle participe à l'enrichissement du pays, au progrès de l'industrie et au commerce comme le montre l'*Encyclopédie*. Les philosophes, souvent issus de cette classe, se font les porte-parole de cette frustration. Le 4 août 1789, l'abolition des privilèges arrive trop tard pour sauver l'ordre établi.

✓ La contestation et les évolutions n'épargnent pas l'Église ni la religion, soumise à l'esprit d'examen. L'ordre des jésuites (⇛ p. 166) maintient son pouvoir en attaquant les jansénistes et les encyclopédistes. Mais l'alliance des philosophes et des jansénistes, appuyée par les libertins et certains nobles, fait fermer les écoles et chasser les jésuites en 1764. Malgré la destruction de Port-Royal (⇛ p. 166), les jansénistes conservent une influence dans le petit clergé et la bourgeoisie. D'autre part, la question protestante (⇛ p. 166) se pose de façon aiguë. De nombreux Réformés ont quitté la France après la révocation de l'Édit de Nantes (1685). Ceux qui sont restés sont persécutés. Voltaire défend des protestants accusés sans fondement comme Calas, puis Sirven. Le *Traité sur la tolérance* (⇛ p. 102) contribue à faire évoluer les esprits et Louis XVI rétablit les droits des protestants en 1787.

✓ Le combat pour la tolérance est permanent au XVIIIe siècle. Méfiants à l'égard des religions révélées comme des Églises, les philosophes adoptent des attitudes originales face à la religion : ils s'orientent vers un déisme réfléchi et tolérant, défini par Voltaire dans la « Prière à Dieu » (⇛ p. 102). Ce combat prend une dimension européenne à la fin du siècle : l'Angleterre et l'Autriche tolèrent les religions non dominantes dans le pays ; la France émancipe les juifs en 1791.

✓ Ces évolutions diverses conduisent à une organisation nouvelle issue de la Révolution : cette organisation réalise en partie les revendications du XVIIIe siècle, mais elle ne profite pas à la classe défavorisée, le peuple.

L'ironie

Si l'on cherche le sens du mot « ironie » dans le dictionnaire, on découvre qu'il désigne le fait de dire le contraire de ce que l'on veut faire entendre, pour se moquer. Cela suppose chez le lecteur la capacité de « décrypter » certains codes pour comprendre ce qui n'est pas dit directement. Cette définition et cette exigence conduisent à s'interroger sur les procédés par lesquels l'ironie est créée ou révélée et sur les raisons qui président chez un auteur au choix de ce registre.

Les procédés de l'ironie

✓ La définition même de l'ironie implique l'utilisation de procédés créant une forme de décalage, afin d'avertir le lecteur qu'il a à comprendre les sous-entendus du discours.

✓ **Les figures d'opposition :** les systèmes d'oppositions, explicites ou implicites, sont souvent utilisés. Chez Érasme (⇛ p. 40), on trouve ainsi l'opposition entre l'énumération des débauches morales et le nom « contrat », terme administratif, employé au singulier, qui renvoie à la vie courante, pour désigner le prix à payer pour leur rachat. Dans le texte de La Bruyère (⇛ p. 85), pour signifier la sottise d'Acis, le locuteur oppose les termes *une seule chose [vous manque]*, qui suggère un détail infime, et *l'esprit* qui connote un élément essentiel. Parmi ces systèmes d'antithèses, le second degré peut être plus discret : des antiphrases se trouvent ainsi dans *Candide* (⇛ p. 100) : la phrase *tu as l'honneur d'être esclave* oppose une idée positive, l'honneur, et la situation misérable et dramatique connotée par le mot *esclave*. Dans le même texte, la phrase *c'est à ce prix que vous mangez du sucre...* reprend un argument des esclavagistes ; la critique n'est sensible que si l'on saisit l'opposition entre ce qui est un agrément non essentiel dans l'alimentation et l'horreur de la condition des esclaves.

✓ **Disproportion et fausse logique :** le décalage de l'ironie est également créé par des phénomènes de disproportion. L'hyperbole joue alors un rôle important. Ainsi, la présentation très élogieuse de l'Angleterre dans le roman de Swift (⇛ p. 90) contraste avec la perception qu'en a le prince étranger (des *insectes*). L'enchaînement de certaines phrases présente, par l'utilisation de connecteurs logiques ou par la ponctuation, une logique apparente démentie par l'analyse de certains termes : dans l'extrait de *Candide* (⇛ p. 100), la juxtaposition des propositions met sur le même plan les conditions de travail, les accidents et leur conséquence, les punitions et leur châtiment. La critique passe par la distorsion entre la banalité de l'ensemble du discours et la gravité de ce qui est énoncé. Dans le pamphlet de Voltaire sur la lecture (⇛ p. 150) les justifications de l'interdiction ne présentent aucune cohérence. L'ironie est liée à cet effet de rupture.

Effets et fonctions de l'ironie

✓ Le texte ironique provoque d'abord la surprise, puisqu'il fonctionne en dehors des règles de la logique apparente : des termes de sens négatif qui complètent un verbe de sens positif, comme chez du Bellay (⇛ p. 179), font naître l'interrogation du lecteur. Surpris, il est conduit à prendre conscience de la dimension critique du texte et donc à se demander qui est visé, puis à réfléchir sur le problème qui est exposé.

✓ L'ironie a en effet une vocation critique et vise une cible : dans le cas de la lecture (⇛ p. 150) la critique a deux orientations. D'une part, elle dénonce la censure du pays qui interdit la lecture ; d'autre part, en donnant les raisons pour lesquelles la lecture est condamnée, elle établit une véritable typologie de ses bienfaits. Bien souvent, dans les textes dénonciateurs, comme ceux de la Renaissance ou de l'époque des Lumières, l'ironie s'attaque à une institution garante de l'ordre établi : ainsi, chez Érasme, l'Église ; chez Voltaire, la société esclavagiste. L'ironie souligne en effet les dysfonctionnements des individus et des systèmes, et s'avère donc particulièrement efficace, parce qu'en insinuant ou en provoquant, elle amène le lecteur à découvrir ce qui est critiqué.

✓ De plus, dans des systèmes de pouvoirs autoritaires, l'ironie permet aux auteurs de jouer la naïveté et d'échapper à la censure. Montesquieu, Voltaire et Rousseau ont ainsi utilisé l'ironie avec efficacité, pour attaquer certains modes de pensée.

✓ Mais l'ironie ne peut fonctionner que si les interlocuteurs ont les mêmes références culturelles. Elle exige la complicité et l'intelligence du lecteur. Si ces références font défaut, le texte sera compris au premier degré et donc à contresens.

Écrire et publier au passé

Les œuvres littéraires du passé qui sont parvenues jusqu'à nous ont été écrites et publiées dans des conditions très différentes de celles de l'édition moderne.

Un statut aléatoire

☑ Les conditions de vie et d'écriture des écrivains se sont modifiées considérablement de la Renaissance au XIXe siècle, mais on peut observer une constante : ceux qui écrivent n'appartiennent pas aux classes défavorisées, pendant longtemps totalement illettrées, et rencontrent des difficultés à vivre de leur plume. L'écriture est donc une activité qui se fait parallèlement à autre chose, ou qui est favorisée par le mécénat d'un prince ou d'un roi. Le fait d'être au service d'un personnage haut placé permet d'associer les deux statuts, comme ce fut le cas pour du Bellay et Marot. Posséder un bénéfice ecclésiastique (Rabelais, Ronsard) permet aussi d'avoir des revenus. Mais la protection princière diminue l'indépendance de l'écrivain, dont l'œuvre est souvent faite de commandes et qui devient « poète courtisan ».

☑ Aux XVIIe et XVIIIe siècles, les écrivains se recrutent principalement dans la bourgeoisie (Molière, Racine, Boileau, Voltaire, Diderot). Certains viennent des milieux ecclésiastiques (Bossuet, Fénelon) ; d'autres, enfin, appartiennent à l'aristocratie (Saint-Simon, Montesquieu) et compensent parfois par l'écriture l'absence ou le refus des activités qui leur sont réservées : la guerre et le service du roi (La Rochefoucauld). Mais il leur est encore difficile de vivre de leurs œuvres. Les droits d'auteurs n'existent pas et une œuvre publiée n'est pas considérée comme appartenant à son auteur : toutes les imitations sont possibles, sans recours. À la fin du XVIIIe siècle, sous l'impulsion de Beaumarchais, la propriété littéraire commence à être réglementée. Les pensions royales, reconnaissance du talent, ou le poste convoité d'historiographe du roi, occupé par Racine, Boileau, Voltaire et Marmontel aident les bénéficiaires mais les mettent dans une situation de relative dépendance.

Règles, codes et censure

☑ D'autres contraintes viennent d'une réglementation institutionnelle. Toute publication nécessite d'abord l'obtention d'un « privilège » (⇛ p. 144), accordé par le directeur de la Librairie Royale ; et le fait de l'obtenir ne garantit pas toujours qu'il soit maintenu. Molière en fait l'expérience avec *Tartuffe* et *Dom Juan* (⇛ p. 140, 141), pièces controversées. Diderot et d'Alembert ont des difficultés de même nature avec l'*Encyclopédie* (⇛ p. 148). Il faut ensuite franchir d'autres obstacles, comme être agréé par les autorités religieuses et par l'archevêché de Paris. La Compagnie du Saint-Sacrement peut faire interdire une pièce (*Tartuffe*) ; l'opposition des Jésuites à l'*Encyclopédie*, jointe à celle du parlement de Paris, a conduit à la condamnation de l'œuvre. Quant à la censure, elle peut conduire un auteur en prison ou à l'exil, comme ce fut le cas pour Voltaire et pour Diderot.

☑ À cela, il faut ajouter le jugement des institutions littéraires, des salons, des doctes. Les avis de l'Académie française (⇛ p. 135) peuvent déterminer le succès d'une œuvre, tout comme les avis des « maîtres » en matière de langage et de grammaire. Ces « doctes », Vaugelas (⇛ p. 124), l'abbé d'Aubignac, Boileau (⇛ p. 80, 126), Huet (⇛ p. 83) émettent des avis qui font autorité, mais qui engendrent des polémiques. Les auteurs accompagnent ou font suivre leurs œuvres de préfaces justificatives, exposant pourquoi ils ont – ou n'ont pas – suivi des préceptes dont certains remontent à Aristote. La querelle des Anciens et des Modernes, autour du respect de l'Antiquité (⇛ p. 168), en est l'illustration.

☑ Reste l'obstacle de la presse, dont le rôle consiste à rendre compte des publications littéraires. *La gazette*, fondée par Théophraste Renaudot en 1631, *Le Mercure Galant* (1672) jouent un rôle important dans le succès des œuvres. Au XVIIIe siècle, l'*Encyclopédie* est fortement attaquée par *Le Journal de Trévoux*, organe des Jésuites, et par *L'Année Littéraire*, de Fréron, qui regroupent parmi leurs lecteurs les ennemis de l'esprit philosophique.

☑ Le XIXe siècle connaît une liberté plus grande et offre aux écrivains des conditions d'existence et de production plus favorables. Des auteurs de talent ne sont pourtant pas toujours reconnus de leur vivant, comme Aloysius Bertrand ou Laforgue. Quant à la censure, elle prend la forme d'un ordre moral dont Flaubert et Baudelaire ont particulièrement eu à souffrir.

2

Genres et registres

Fleurs

D'un gradin d'or, – parmi les cordons de soie, les gazes grises, les velours verts et les disques de cristal qui noircissent comme du bronze au soleil, – je vois la digitale s'ouvrir sur un tapis de filigranes d'argent, d'yeux et de chevelures.

Des pièces d'or jaune semées sur l'agate, des piliers d'acajou supportant un dôme d'émeraudes, des bouquets de satin blanc et de fines verges de rubis entourent la rose d'eau.

Tels qu'un dieu aux énormes yeux bleus et aux formes de neige, la mer et le ciel attirent aux terrasses de marbre la foule des jeunes et fortes roses.

Arthur Rimbaud, *Illuminations, 1886.*

Claude Monet (1840-1926), *Les Glycines*, 1918 / 1920 (peinture, 100 x 200 cm ; Musée d'Art et d'Histoire Marcel-Dessal, Dreux).

LIRE L'IMAGE

1. Observez le tableau de Monet et dites quels adjectifs vous semblent le mieux caractériser ce que vous voyez : confus, lumineux, indéchiffrable, réaliste, exact, onirique ? Ou trouvez-en d'autres.

2. Identifiez la manière de peindre de Monet : rend-il une impression d'ensemble ou des détails ? Cherche-t-il l'exactitude de la représentation des fleurs ?

3. Si vous ne connaissiez pas le titre du tableau, à quoi pourrait-il vous faire penser ? Qu'évoque-t-il pour vous ?

1re PARTIE

LA POÉSIE

Odilon Redon (1840-1916), *Orphée*, 1903
(pastel 68,8 x 56,8 cm ;
Museum of Art, Cleveland) ;
détail p. 178, 192, 210 et 226.

SÉQUENCE 9

Sonnet et lyrisme

1. Louise Labé, *Élégies* (1555)

Dans un recueil de trois élégies et vingt-trois sonnets de même inspiration et de même registre, Louise Labé dépeint l'ardeur d'une passion amoureuse vécue et la douleur d'avoir été abandonnée. Dans le dernier sonnet, c'est aux femmes qu'elle s'adresse.

Ne reprenez[1], Dames[2], si j'ai aimé,
Si j'ai senti mille torches ardentes,
Mille travaux[3], mille douleurs mordantes.
Si, en pleurant, j'ai mon temps consumé,

Las ! que mon nom n'en soit par vous blâmé.
Si j'ai failli[4], les peines sont présentes,
N'aigrissez point leurs pointes violentes :
Mais estimez qu'Amour[5], à point nommé,

Sans votre ardeur d'un Vulcain excuser,
Sans la beauté d'Adonis accuser,
Pourra, s'il veut, plus vous rendre amoureuses,

En ayant moins que moi d'occasion,
Et plus d'étrange et forte passion.
Et gardez-vous d'être plus malheureuses !

Sonnet XXIII (orthographe modernisée).

1. Ne me blâmez pas.
2. Terme qui désigne toutes les femmes de naissance noble.
3. Tourments.
4. Si j'ai commis une faute grave.
5. Le mot désigne le dieu de l'amour.

RECHERCHE DOCUMENTAIRE

▸ Cherchez dans un dictionnaire de mythologie qui étaient Vulcain et Adonis et élucidez les raisons pour lesquelles ils figurent dans ce poème.

LECTURE ANALYTIQUE

▸ **1.** Observez les pronoms personnels, les adjectifs possessifs, les temps et les modes verbaux. À partir de ces observations, dites quelles sont la forme de discours adoptée et la situation d'énonciation.

▸ **2.** À partir des deux champs lexicaux dominants, déterminez les deux thèmes qui s'entremêlent dans le poème : leur rapprochement est-il logique ou paradoxal ? Quelle est l'image de l'amour ?

▸ **3.** En quoi la structure du sonnet, les rythmes, les sonorités, les rimes et la versification favorisent-ils la mise en relief du message ? Étudiez l'alternance du *je* et du *vous*.

▸ **4.** Quelle est la leçon du texte ? Quel pouvoir de l'amour celle qui parle évoque-t-elle pour mettre ses interlocutrices en garde ?

ÉCRITURE

▸ **Commentaire :** en prenant appui sur la lecture analytique du sonnet, construisez et rédigez un commentaire en montrant comment l'évocation d'une passion douloureuse se transforme en recommandation de prudence face au pouvoir fatal de l'amour.

GUIDE p. 163-371-372

2. Joachim du Bellay, *Les Regrets* (1558)

Les Regrets *ont été écrits par Joachim du Bellay de 1553 à 1557, à l'occasion d'un séjour en Italie où il a suivi son cousin le cardinal Jean du Bellay. Inspirés par l'observation de la cour pontificale, ces sonnets expriment aussi l'amertume du poète exilé.*

J'aime la liberté, et languis en service,
Je n'aime point la Cour, et me faut courtiser,
Je n'aime la feintise[1], et me faut déguiser,
J'aime simplicité, et n'apprends que malice[2] ;

Je n'adore les biens, et sers à l'avarice,
Je n'aime les honneurs, et me les faut priser,
Je veux garder ma foi, et me la faut briser,
Je cherche[3] la vertu, et ne trouve que vice ;

Je cherche le repos, et trouver ne le puis,
J'embrasse[4] le plaisir, et n'éprouve qu'ennuis,
Je n'aime à discourir, en raison je me fonde ;

J'ai le corps maladif, et me faut voyager,
Je suis né pour la Muse, on me fait ménager[5],
Ne suis-je pas, Morel[6], le plus chétif[7] du monde ?

Sonnet XXXIX (orthographe modernisée).

1. Tromperie.
2. Fourberie, méchanceté.
3. Je recherche
4. J'apprécie.
5. Administrer des affaires.
6. Maître d'hôtel du Roi et élève de l'humaniste Érasme. Joachim du Bellay appréciait ses conseils en matière d'écriture poétique.
7. Malheureux, faible.

LECTURE ANALYTIQUE

▸ **1.** Comparez la structure des treize premiers vers du sonnet. Sur quelle double figure récurrente sont-ils construits ? Tenez compte de la ponctuation, des pronoms personnels, des liens de coordination et du lexique pour répondre à cette question.

▸ **2.** Quel est l'effet produit par cette structure particulière du sonnet ? Qu'est-ce qui se trouve défini dans le premier hémistiche de chaque vers ? Dans le second ? Définissez et caractérisez alors la situation dans laquelle se trouve celui qui parle.

▸ **3.** Étudiez la manière dont le poète varie les formulations dans les premiers hémistiches. Relisez ensuite les fins de vers : à quel domaine renvoient les mots qui sont à la rime ?

▸ **4.** Comment la forme contraignante du sonnet et sa structure favorisent-elles l'expression d'une double thématique, fondée sur ce qui est apprécié et sur ce qui est refusé par celui qui parle ?

ÉCRITURE

▸ **Réécriture :** en prenant modèle sur l'alternance « J'aime…, je n'aime pas », et en variant les formulations, composez un texte poétique versifié (sonnet ou forme libre) qui mettra en relief les oppositions d'une situation contradictoire.

GUIDE p. 163-371-372

3. Agrippa d'Aubigné, *Hécatombe à Diane* (1573)[1]

Connu pour sa défense de la cause protestante, ce dont témoigne son poème épique Les Tragiques *(⇒ p. 50), Agrippa d'Aubigné a également composé un recueil de cent sonnets célébrant son amour malheureux pour Diane Salviati. Le sonnet qui suit est le dernier du recueil.*

Au tribunal d'amour[2], après mon dernier jour,
Mon cœur sera porté, diffamé[3] de brûlures,
Il sera exposé, on verra ses blessures,
Pour connaître qui fit un si étrange tour.

À la face et aux yeux de la céleste cour[4]
Où se prouvent[5] les mains innocentes ou pures,
Il saignera sur toi, et complaignant d'injures[6],
Il demandra[7] justice au juge aveugle Amour.

Tu diras : C'est Vénus qui l'a fait par ses ruses,
Ou bien Amour, son fils. En vain telles excuses !
N'accuse point Vénus de ses mortels brandons[8],

Car tu les as fournis[9] de mèches et flammèches,
Et pour les coups de trait[10] qu'on donne aux Cupidons[11],
Tes yeux en sont les arcs, et tes regards les flèches.

Sonnet C (orthographe modernisée).

1. Publication posthume au XIXe siècle.
2. Les troubadours avaient imaginé des tribunaux où l'on délibérait d'amour.
3. Meurtri.
4. Cour d'amour et cour de justice.
5. Se font reconnaître, suite à l'épreuve subie.
6. Gémissant de douleur par suite des blessures (*injures*) reçues.
7. Licence poétique : *demandra* est mis pour *demandera* pour obtenir un alexandrin.
8. Flammes.
9. Garnis.
10. Flèche.
11. Dieu de l'Amour, représenté armé d'un arc et de flèches.

Nicolo dell'Abate (1509-1571), *Colloque amoureux* (peinture, 116 x 90,4 cm ; Musée du Louvre, Paris).

LECTURE ANALYTIQUE

▶ **1.** À partir de l'observation du lexique et du lieu évoqué dans le premier vers, dites quelle est la situation mise en scène. Précisez quels sont les éléments de la métaphore filée et étudiez comment elle se développe tout au long du sonnet. Quels sont les « personnages » présents et leurs rôles ?

▶ **2.** Mettez en parallèle les quatrains et les tercets : quelles différences remarquez-vous dans la situation d'énonciation ? Comment le dialogue des tercets s'inscrit-il logiquement dans la situation rapportée par les quatrains ?

▶ **3.** Étudiez la diversité des temps utilisés. Quelle est leur signification ? En particulier, quelle est ici la valeur du futur ? Que permet son emploi ?

▶ **4.** Observez la chute du sonnet : rythme, symétrie, effet de répétition et d'écho entre les termes utilisés. Quel est le sens du dernier vers ? Relève-t-il de la plainte ou de l'hommage ?

ÉCRITURE

▶ **Commentaire :** en prenant appui sur la lecture analytique, vous commenterez ce sonnet en montrant comment l'évocation d'une scène de justice permet au poète d'exprimer la souffrance de l'amour, tout en rendant un hommage galant à celle qui en est la cause.

ÉTUDE COMPARÉE

▶ Vous mettrez en parallèle le sonnet de Louise Labé (⇛ p. 178) et celui de d'Aubigné pour faire ressortir l'image qu'ils donnent l'un et l'autre de l'amour malheureux. Vous étudierez aussi les différences, notamment le rôle attribué aux destinataires de chacun des deux messages.

GUIDE p. 163-371-372

4. Pierre de Ronsard, *Sonnets pour Hélène* (1578)

Poète officiel de la cour, Ronsard (⇛ p 33, 48 et 384) compose des sonnets pour Hélène de Surgères, une suivante de la reine, afin de la distraire de la mort de son fiancé. Mais la jeune femme dédaigne ces hommages.

Je ne serais marri[1], si tu comptais ma peine
De compter tes degrés[2] recomptés tant de fois ;
Tu loges au sommet du Palais de nos Rois[3] ;
Olympe n'avait pas la cime si hautaine.

Je perds à chaque marche et le pouls et l'haleine ;
J'ai la sueur au front, j'ai l'estomac pantois[4],
Pour ouïr un nenni[5], un refus, une voix,
De dédain, de froideur et d'orgueil toute pleine.

Tu es vraiment Déesse, assise en si haut lieu.
Or pour monter si haut, je ne suis pas un Dieu.
Je ferai des degrés ma plainte coutumière,

T'envoyant jusqu'en haut mon cœur dévotieux[6].
Ainsi les hommes font à Jupiter prière :
Les hommes sont en terre, et Jupiter aux cieux.

Second livre, sonnet LXV (orthographe modernisée).

1. Chagriné.
2. Escaliers.
3. Le Louvre.
4. Haletant, essoufflé.
5. Non.
6. Dévoué, plein de piété.

RECHERCHE DOCUMENTAIRE

▸ Élucidez les différentes références à la mythologie qui figurent dans le texte. Trouvez dans ce manuel des textes de la même période qui comportent eux aussi des allusions à la mythologie. Que révèle cette pratique chez les poètes du XVIe siècle ?

LECTURE ANALYTIQUE

▸ **1.** Observez les pronoms personnels *je* et *tu* et les termes qui s'y rattachent (verbes, indications de lieux, état affectif et physique), puis mettez en évidence toutes les oppositions exprimées dans le texte. Quelle situation de celui qui parle ces oppositions révèlent-elles ?

▸ **2.** À partir de repérages lexicaux précis, et en vous appuyant sur la présence de certaines figures de rhétorique, analysez le mélange des tons et des niveaux de langue. Que traduit-il ? En quoi les références mythologiques accentuent-elles ce mélange ?

▸ **3.** En prenant appui sur les réponses aux deux questions précédentes, identifiez la relation que le poète instaure entre son interlocutrice et lui. Cette relation est-elle originale ?

▸ **4.** La chute du texte repose sur une figure qui domine dans le poème. Étudiez-la et cherchez en quoi la construction traditionnelle du sonnet sur une double thématique est particulièrement présente ici.

ÉCRITURE

▸ **Commentaire :** en vous aidant de la lecture analytique, commentez ce sonnet. Vous vous attacherez à montrer comment le jeu des oppositions traduit la distance matérielle et affective qui sépare le poète, simple humain, de son interlocutrice déifiée.

GUIDE p. 163-371-372

Gustave Moreau (1826-1898), *Le soir et la douleur* (détail) (aquarelle, 24,5 x 33,5 cm ; Musée Gustave Moreau, Paris).

5. Gérard de Nerval, *Petits châteaux de Bohême* (1853)

Hanté par des questions sur l'origine de la vie, passionné par les mythes grecs, Gérard de Nerval s'interroge, dans de nombreux poèmes, sur son destin, son identité et sur son rapport au monde. Dans « Vers dorés », il remet en cause les relations de l'homme avec la nature.

Vers dorés

Eh quoi ! tout est sensible !
Pythagore

Homme ! libre penseur[1] – te crois-tu seul pensant
Dans ce monde où la vie éclate en toute chose :
Des forces que tu tiens ta liberté dispose,
Mais de tous tes conseils[2] l'Univers est absent.

Respecte dans la bête un esprit agissant…
Chaque fleur est une âme à la Nature éclose ;
Un mystère d'amour dans le métal repose :
Tout est sensible ; – et tout sur ton être est puissant[3] !

Crains dans le mur aveugle un regard qui t'épie :
À la matière même un verbe[4] est attaché…
Ne la fais pas servir à quelque usage impie.

Souvent dans l'être obscur habite un Dieu caché ;
Et, comme un œil naissant couvert par ses paupières
Un pur esprit s'accroît sous l'écorce des pierres.

« Troisième château ».

1. L'expression renvoie aux théories matérialistes niant l'existence de Dieu.
2. Assemblées chargées de délibérer.
3. Exerce un pouvoir sur.
4. Capacité de communiquer une pensée par les mots.

RECHERCHE DOCUMENTAIRE

▸ **1.** Cherchez qui était Pythagore, à quelle époque il a vécu et à quel courant de pensée il se rattache.

▸ **2.** Comment appelle-t-on un texte court précédant une œuvre, comme ici la citation de Pythagore ? Quelles en sont les fonctions ?

LECTURE ANALYTIQUE

▸ **1.** Mettez en évidence les oppositions exprimées par les quatre premiers vers. À quoi celui qui parle invite-t-il son interlocuteur à se comparer, et sur quel double plan ? Qui est cet interlocuteur ? En quoi peut-on parler ici de l'énoncé d'une thèse ?

▸ **2.** Dans la suite du sonnet, trouvez et explicitez les formulations qui rapprochent des éléments en apparence incompatibles. Sur quelle figure de rhétorique reposent certaines de ces formulations ? Quelles interférences ces rapprochements révèlent-ils et dans quels domaines ?

▸ **3.** En utilisant la réponse à la question 2, précisez quel est le rôle des vers 5 à 14 (strophes 2, 3 et 4) par rapport au premier quatrain. Tenez compte de la forme de discours et notamment de la récurrence de l'impératif pour répondre à cette question.

▶ **4.** Le thème traité est philosophique mais la poésie le rend accessible : montrez par quels moyens. Prenez appui sur la ponctuation, la situation de communication, les images, les sonorités et les rythmes pour étudier comment le poète conduit son lecteur à observer, s'interroger et comprendre.

ÉCRITURE

▶ **Commentaire :** vous commenterez ce sonnet en montrant comment les spécificités de la poésie (écriture et mise en forme contraignante) se mettent au service d'une démonstration à la fois savante et lyrique, qui conduit le lecteur, interpellé, à prendre conscience du souffle de la vie dans ce qui l'entoure.

▶ **Essai :** dans le sonnet « Vers dorés », placé sous le signe des théories pythagoriciennes, Gérard de Nerval attribue la capacité de penser à la matière, aux choses, aux animaux et aux végétaux. Cherchez des exemples littéraires de cette théorie, chez différents auteurs.

DÉBAT ORAL

▶ Est-ce le rôle de la poésie de débattre de questions philosophiques ? (⇛ séquences 11 et 12)

GUIDE p. 371-372

6. Paul Verlaine, *Poèmes saturniens* (1866)

Paul Verlaine se dit né « sous le signe de Saturne », voué à « bonne part de malheur et bonne part de bile ». Le recueil des Poèmes saturniens *porte la marque d'une mélancolie qui va parfois jusqu'au désespoir.*

L'angoisse

Nature, rien de toi ne m'émeut, ni les champs
Nourriciers, ni l'écho vermeil des pastorales[1]
Siciliennes, ni les pompes[2] aurorales,
Ni la solennité dolente[3] des couchants.

Je ris de l'Art, je ris de l'Homme aussi, des chants,
Des vers, des temples grecs et des tours en spirales
Qu'étirent dans le ciel vide les cathédrales,
Et je vois du même œil les bons et les méchants.

Je ne crois pas en Dieu, j'abjure et je renie
Toute pensée, et quant à la vieille ironie,
L'Amour, je voudrais bien qu'on ne m'en parlât plus.

Lasse de vivre, ayant peur de mourir, pareille
Au brick[4] perdu, jouet du flux et du reflux,
Mon âme pour d'affreux naufrages appareille.

Première partie : « Melancholia », huitième poème.

1. Œuvres d'art littéraires, musicales ou picturales, évoquant les bergers.
2. Fastes, éclats, splendeurs.
3. Maladive, plaintive.
4. Navire à voiles carrées.

Dornac, *Paul Verlaine attablé dans un café* (photographie).

LECTURE ANALYTIQUE

▸ **1.** Aux vers 1, 5, 9 et 11, certains mots ont une majuscule : que désignent-ils ? À quels domaines renvoient-ils, pour un homme d'une part, pour un artiste d'autre part ? Mettez en évidence, à partir des champs lexicaux des trois premières strophes, ce que ces domaines pourraient apporter à chacun.

▸ **2.** Repérez, identifiez et classez toutes les formes d'expression du refus : qu'est-ce qui est refusé ? Quelles en sont les raisons ? Comment certaines raisons sont-elles suggérées – souvent de manière implicite – dans les trois premières strophes ?

▸ **3.** Sur quel aspect de la situation du poète le second tercet met-il l'accent ? Analysez la comparaison finale et dites quelles « clés » cette strophe donne au lecteur pour comprendre le reste du poème.

▸ **4.** Observez l'emploi du présent et cherchez en quoi cette interrogation sur le temps permet de mieux cerner la nature de l'angoisse. En partant du texte, définissez cet état en quelques mots. Concernant Verlaine, est-il possible de penser que cet état était permanent ? Répondez à partir du texte.

RECHERCHE DOCUMENTAIRE

▸ **1.** Recherchez dans la poésie du XIXe siècle, notamment chez Nerval, Baudelaire, Laforgue et Mallarmé, des textes développant le thème de la mélancolie, de l'angoisse, du spleen. Quelles explications historiques permettent de comprendre l'existence de ce mal de vivre ?

▸ **2.** Dans l'œuvre de Paul Verlaine, recherchez des textes ayant pour thème la nature, l'art, l'homme, Dieu, l'amour et rapprochez-les de ce sonnet : quelles remarques ce rapprochement vous inspire-t-il ?

ÉCRITURE

▸ **Commentaire :** en vous appuyant sur la lecture analytique, commentez ce sonnet. Vous montrerez comment la succession et la violence des refus permettent de définir le contenu – rejeté – d'une inspiration, l'état affectif de l'homme et de l'artiste et ses aspirations à un au-delà brutal et peut-être mortel.

GUIDE p. 372-374

7. Jules Laforgue, *Premiers poèmes* (1903)[1]

La courte vie de Jules Laforgue a été marquée par la misère et la maladie. La dérision et la moquerie caractérisent certains de ses textes ; d'autres reflètent une douloureuse inquiétude.

Méditation grisâtre

Sous le ciel pluvieux noyé de brumes sales,
Devant l'Océan blême, assis sur un îlot,
Seul, loin de tout, je songe, au clapotis du flot,
Dans le concert hurlant des mourantes rafales.

Crinière échevelée ainsi que des cavales[2],
Les vagues se tordant arrivent au galop
Et croulent à mes pieds avec de longs sanglots
Qu'emporte la tourmente aux haleines brutales.

Partout le grand ciel gris, le brouillard et la mer,
Rien que l'affolement des vents balayant l'air.
Plus d'heures, plus d'humains, et solitaire, morne,

Je reste là, perdu dans l'horizon lointain
Et songe que l'Espace est sans borne, sans borne,
Et que le Temps n'aura jamais… jamais de fin.

26 octobre 1880.

1. Publication posthume.
2. Juments de race.

LECTURE ANALYTIQUE

▸ **1.** Observez le premier quatrain du sonnet, déterminez les éléments qu'il met en place et analysez la manière dont ces éléments sont repris ensuite.

▸ **2.** Repérez les différentes figures d'analogie que comporte le sonnet : quelles ressemblances mettent-elles en relief ? Dans quel registre situent-elles l'évocation de la tempête ? Utilisez aussi les rythmes et les sonorités, ainsi que les anaphores, les hyperboles et les notations de couleur pour répondre à cette question.

▸ **3.** En prenant appui sur les verbes à la première personne, leur position dans le texte et leur sens, définissez les relations qui s'instaurent entre celui qui parle et le spectacle qui s'offre à lui. Explicitez et justifiez le titre.

▸ **4.** Comment pouvez-vous expliquer la majuscule des mots *Espace* et *Temps*, les deux répétitions des vers 13 et 14 et la manière dont se termine le poème ? En quoi cette fin est-elle originale ?

RECHERCHE DOCUMENTAIRE

▸ Recherchez dans la peinture des XVIIIe et XIXe siècles des représentations de tempêtes qui pourraient illustrer le poème de Jules Laforgue.

ÉCRITURE

▸ **Commentaire :** en prenant appui sur la lecture analytique, vous commenterez le sonnet de Jules Laforgue. Vous étudierez comment se développe l'évocation d'un paysage de tempête associé aux émotions humaines, et comment ce tableau traduit des réflexions et un état affectif.

▸ **Essai :** pour quelles raisons le spectacle des éléments déchaînés a-t-il toujours inspiré les écrivains, les peintres et les penseurs ? Répondez en prenant appui sur des œuvres qui évoquent le déchaînement des forces de la nature.

ÉTUDE COMPARÉE

▸ Vous rapprocherez ce sonnet de Jules Laforgue de celui de Gérard de Nerval (⇛ p. 183) pour étudier en quoi « Méditation grisâtre » illustre la conception de la nature exprimée dans « Vers dorés ». Vous montrerez à travers quelles figures de rhétorique s'expriment, chez Jules Laforgue, les caractéristiques de la nature énoncées par Gérard de Nerval.

GUIDE p. 372

Gustave Courbet (1819-1877), *La Vague*, 1869 / 1870 (peinture, 112 x 144 cm ; Nationalgalerie, Berlin).

8. Guillaume Apollinaire, *Poèmes à Lou* (1955)[1]

Alors qu'il entretenait une relation amoureuse tumultueuse avec Louise de Coligny, surnommée Lou, Apollinaire s'est enrôlé pour participer à la guerre de 1914. De cette double expérience sont nés une correspondance et des poèmes, comme ce sonnet joint à une lettre.

Sonnet du huit février 1915

Lundi huit février ma biche
Ma biche part
Suis inquiet elle s'en fiche
Buvons du marc

Vrai qu'au service de l'Autriche
(Patate et lard)
Le militaire est très peu riche
Je m'en fous car

Il peut bien vivre d'Espérance
Même il en meurt
Au doux service de la France

Un Artilleur
Mon âme à ta suite s'élance
Adieu mon cœur

Sonnet XXI, éd. Gallimard.

1. Publication posthume.

LECTURE ANALYTIQUE

▸ **1.** Quelles difficultés de lecture pose ce texte ? Pour quelles raisons ? Qu'est-ce qui explique que l'on puisse le lire de plusieurs manières ?

▸ **2.** À partir du lexique, définissez les deux thèmes abordés et étudiez la manière dont ils s'entremêlent.

▸ **3.** Trouvez quelle est la situation d'énonciation et dites d'où vient son ambiguïté. En particulier, que peut signifier l'emploi de la première personne du pluriel au vers 4 ? Donnez ensuite la fonction grammaticale des mots *biche* (v. 1) et *cœur* (v. 14).

▸ **4.** Observez les niveaux de langue : que remarquez-vous ? Quel sens peut-on attribuer au phénomène observé ? Quels sont alors les deux registres qui caractérisent le sonnet ? En quoi la nature des vers choisis peut-elle servir les deux registres adoptés ?

▸ **5.** Faites le bilan de tout ce qui crée l'originalité de ce sonnet par rapport à d'autres, plus classiques.

ÉCRITURE

▸ **Réécriture :** sur un thème ou un double thème de votre choix, et en prenant modèle sur le texte d'Apollinaire (vers de huit et de quatre syllabes), composez un sonnet qui mêle gravité et fantaisie.

▸ **Essai :** l'évocation de la guerre se fait souvent à travers des textes engagés, relevant des registres épique, polémique ou satirique. Comment expliquez-vous ces différents registres ? Prenez appui sur des textes évoquant la guerre de manière inattendue.

GUIDE p. 371-372

Maria Helena Vieira da Silva (1908-1992), *Jardins suspendus*, 1955 (peinture, 162 x 113,5 cm ; MNAM, Centre Georges Pompidou).

9. Yves Bonnefoy, *Hier régnant désert* (1958)

Dans ses poèmes, Yves Bonnefoy invite le lecteur à percevoir un rapport réconcilié et serein de l'homme avec la nature et avec le temps.

Le bel été

Le feu hantait nos jours et les accomplissait,
Son fer blessait le temps à chaque aube plus grise,
Le vent heurtait la mort sur le toit de nos chambres,
Le froid ne cessait pas d'environner nos cœurs.

Ce fut un bel été, fade, brisant et sombre,
Tu aimas la douceur de la pluie en été
Et tu aimas la mort qui dominait l'été
Du pavillon tremblant de ses ailes de cendre.

Cette année-là, tu vins à presque distinguer
Un signe toujours noir devant tes yeux porté
Par les pierres, les vents, les eaux et les feuillages.

Ainsi le soc déjà mordait la terre meuble
Et ton orgueil aima cette lumière neuve,
L'ivresse d'avoir peur sur la terre d'été.

Première partie, in *Poèmes*, éd. Mercure de France.

LECTURE ANALYTIQUE

▸ **1.** Quelles difficultés avez-vous rencontrées à la lecture de ce texte ? Ces difficultés sont-elles liées à sa forme, à sa versification, aux mots qui le composent, à l'énonciation ?

▸ **2.** Cherchez ce que connote le titre, puis mettez ces connotations en parallèle avec le contenu du sonnet : que remarquez-vous ? Classez tous les termes qui semblent être en contradiction avec ce titre. Quel peut être le sens de ces oppositions ?

▸ **3.** Trouvez dans le texte tout ce qui évoque le temps et la mort. Qu'y a-t-il d'original dans cette évocation par rapport aux images traditionnelles de destruction associées à ces deux notions ? Étudiez les relations entre ces images et les perceptions sensorielles présentes dans le texte.

▸ **4.** L'auteur du poème a choisi ici une forme contraignante pour évoquer un thème conventionnel (un « topos ») : comment échappe-t-il aux différentes conventions qui conditionnent le thème et la forme ? Quelle « leçon » de vie et de poésie ce texte comporte-t-il ?

ÉCRITURE

▸ **Commentaire :** vous commenterez ce poème en montrant comment le poète métamorphose un thème connu pour faire d'un poème conventionnel par la forme choisie une œuvre originale, aussi bien dans l'approche du temps que dans l'utilisation des images et des rythmes qui l'expriment.

ÉTUDE COMPARÉE

▸ Rapprochez les sonnets de Nerval, « Vers dorés » (⇛ p. 183), et d'Yves Bonnefoy, « Le bel été » pour mettre en relief ce qui peut les rapprocher dans l'évocation de la nature et de ses caractéristiques.

SYNTHÈSE

▸ **1.** Les différents sonnets de cette séquence traitent de thèmes lyriques. En partant des éléments communs aux textes, vous définirez ce registre, son lexique, ses caractéristiques et son importance dans la vie des êtres humains, notamment lorsqu'il s'agit de lyrisme amoureux.

▸ **2.** Le sonnet a souvent été utilisé pour traduire des thèmes marqués par le lyrisme. À partir de poèmes étudiés dans cette séquence, vous étudierez la manière dont la structure du sonnet se prête aux entrelacements et aux rapprochements propres aux thèmes lyriques, et comment sa chute attire l'attention du destinataire et du lecteur.

GUIDE p. 372

10. Lire l'image

Josef Sima (1891-1971), *Extases anciennes*, 1958
(peinture ; Musée des Beaux-Arts de Rouen).

RECHERCHE DOCUMENTAIRE

▶ Dans un poème célèbre de Verlaine, on trouve l'expression « extase ancienne ». Retrouvez ce poème et dites quelle est sa forme. Qu'est-ce qui pourrait justifier sa présence dans la séquence 9 ? Qu'est-ce qui justifie qu'il n'y figure pas ?

LECTURE ANALYTIQUE

▶ **1.** Décrivez ce que vous voyez sur le tableau, puis cherchez à expliquer pourquoi vous avez commencé votre description par tel ou tel côté du tableau.

▶ **2.** Sans tenir compte du titre, quelle(s) interprétation(s) pourriez-vous donner de cette représentation ? Que montre le tableau ?

▶ **3.** Cherchez le sens du mot « extase » et dites quelles vous semblent être les relations que l'on peut percevoir entre le tableau et son titre.

▶ **4.** Quels liens est-il possible d'établir entre cette représentation et l'ensemble de la séquence, dont le thème dominant est le lyrisme ?

ÉCRITURE

▶ **Invention 1 :** composez un texte poétique dont cette représentation pourrait constituer l'illustration.

▶ **Invention 2 :** recherchez, dans les séquences consacrées à la poésie, un texte qui pourrait être illustré par ce tableau et justifiez votre choix par une présentation de tous les rapprochements possibles.

GUIDE p. 493

Séquence 10

Poèmes en prose et formes libres

1. Aloysius Bertrand, *Gaspard de la nuit* (1842)

Aloysius Bertrand est l'auteur de poèmes en prose qu'admireront Victor Hugo et Baudelaire. Les légendes du Moyen Âge, les atmosphères de mystère, de rêve et de sorcellerie, lui inspirent la plupart des textes de Gaspard de la nuit.

La Ronde sous la cloche

À M. Louis Boulanger, peintre.

C'était un bâtiment lourd, presque carré,
entouré de ruines, et dont la tour principale, qui possédait
encore son horloge, dominait tout le quartier.
Fenimore Cooper[1]

Douze magiciens dansaient une ronde sous la grosse cloche de Saint-Jean. Ils évoquèrent[2] l'orage l'un après l'autre, et du fond de mon lit je comptai avec épouvante douze voix qui traversèrent processionnellement les ténèbres.

Aussitôt la lune courut se cacher derrière les nuées, et une pluie mêlée d'éclairs et de tourbillons fouetta ma fenêtre, tandis que les girouettes criaient comme des grues en sentinelle sur qui crève l'averse dans les bois.

1. Romancier américain (1789-1851), auteur du *Dernier des Mohicans* et de *La Prairie*.
2. Firent apparaître par des formules magiques.

La chanterelle[3] de mon luth[4], appendu à la cloison, éclata ; mon chardonneret battit de l'aile dans sa cage ; quelque esprit curieux tourna un feuillet du *Roman de la Rose*[5] qui dormait sur mon pupitre.

Mais soudain gronda la foudre au haut de Saint-Jean. Les enchanteurs s'évanouirent frappés à mort, et je vis de loin leurs livres de magie brûler comme une torche dans le noir clocher.

Cette effrayante lueur peignait des rouges flammes du purgatoire et de l'enfer les murailles de la gothique église, et prolongeait sur les maisons voisines l'ombre de la statue gigantesque de Saint-Jean.

Les girouettes se rouillèrent ; la lune fondit les nuées gris de perle ; la pluie ne tomba plus que goutte à goutte des bords du toit, et la brise, ouvrant ma fenêtre mal close, jeta sur mon oreiller les fleurs de mon jasmin secoué par l'orage.

Livre III.

3. Corde la plus fine, donc la plus fragile d'un instrument à cordes.
4. Instrument de musique à cordes pincées, très répandu au Moyen Âge, symbole de la poésie lyrique.
5. Roman en vers de Guillaume de Lorris, écrit vers 1230.

RECHERCHE DOCUMENTAIRE

▸ **1.** Cherchez qui était Louis Boulanger et pour quel genre de tableaux il est connu.

▸ **2.** Recherchez les différentes significations symboliques du chiffre 12 dans la mythologie gréco-latine et dans la croyance chrétienne. Quelles relations est-il possible d'établir entre la présence de douze magiciens et le fait qu'il s'agisse de l'église Saint-Jean ?

LECTURE ANALYTIQUE

▸ **1.** En prenant appui sur le lexique, sur certaines caractéristiques de la situation évoquée, et en particulier sur le terme qui désigne les personnages présents, dites à quelle sorte de scène le lecteur (et le narrateur) sont invités à assister.

▸ **2.** Quelles sont les trois premières étapes de cette scène ? Quelles perceptions sont mises en jeu ? À quel registre ces trois étapes appartiennent-elles ?

▸ **3.** Comment se marque le changement qui se produit à la strophe 4 ? Qui intervient alors ? À quelle sorte de cérémonie le lecteur peut-il penser à partir du champ lexical dominant ? Un même personnage est nommé deux fois : quel est son rôle ? Quelle est son importance ?

▸ **4.** Analysez le phénomène d'amplification de l'avant-dernière strophe : de quelle situation s'agit-il à ce moment ? Répondez en faisant une recherche concernant les écrits de l'évangéliste Jean.

▸ **5.** Dites ce qu'évoque la dernière strophe, puis, à partir de la structure du texte et de la forme de discours à laquelle il appartient, déterminez quelques caractéristiques du poème en prose.

ÉCRITURE

▸ **Commentaire :** commentez ce poème en prose en montrant comment se construit le récit d'une scène étrange, dont les référents bibliques et médiévaux ainsi que l'épigraphe s'entremêlent pour brouiller la frontière entre la réalité et le rêve.

GUIDE p. 373

2. Charles Baudelaire, *Le Spleen de Paris* (1869)[1]

Admirateur d'Aloysius Bertrand (⇛ p. 192), Baudelaire voit dans le poème en prose (⇛ p. 196) la possibilité d'exprimer, sous une forme à la fois libre et structurée, les atmosphères et les rencontres de la ville, ses propres sentiments et ses interrogations sur la création esthétique.

TEXTE 1

Le *Confiteor* de l'Artiste

Que les fins de journées d'automne sont pénétrantes ! Ah ! pénétrantes jusqu'à la douleur ! car il est de certaines sensations délicieuses dont le vague n'exclut pas l'intensité ; et il n'est pas de pointe plus acérée que celle de l'Infini.

Grand délice que celui de noyer son regard dans l'immensité du ciel et de la mer ! Solitude, silence, incomparable chasteté de l'azur ! une petite voile frissonnante à l'horizon, et qui par sa petitesse et son isolement imite mon irrémédiable existence, mélodie monotone de la houle, toutes ces choses pensent par moi, ou je pense par elles (car dans la grandeur de la rêverie, le *moi* se perd vite !) ; elles pensent, dis-je, mais musicalement et pittoresquement, sans arguties[2], sans syllogismes[3], sans déductions.

Toutefois, ces pensées, qu'elles sortent de moi ou s'élancent des choses, deviennent bientôt trop intenses. L'énergie dans la volupté crée un malaise et une souffrance positive. Mes nerfs trop tendus ne donnent plus que des vibrations criardes et douloureuses.

Et maintenant la profondeur du ciel me consterne ; sa limpidité m'exaspère. L'insensibilité de la mer, l'immuabilité du spectacle, me révoltent… Ah ! faut-il éternellement souffrir, ou fuir éternellement le beau ? Nature, enchanteresse sans pitié, rivale toujours victorieuse, laisse-moi ! Cesse de tenter mes désirs et mon orgueil ! L'étude du beau est un duel où l'artiste crie de frayeur avant d'être vaincu.

Poème III.

1. Publication posthume ; l'autre titre donné au recueil est *Petits poëmes en prose.*
2. Raisonnements pointilleux.
3. Le syllogisme est un raisonnement formel fondé sur le rapport entre deux propositions dont on tire une conclusion irréfutable.

Édouard Manet (1832-1883), *Marine avec voiliers au clair de lune* (lavis d'encre de Chine ; Musée du Louvre – fonds Orsay –, Paris).

RECHERCHE DOCUMENTAIRE

▸ Que signifie le mot *confiteor* ? Quelles en sont les connotations ? À partir du champ sémantique du mot, dites ce que le titre du poème peut évoquer pour le lecteur qui n'a pas encore lu le texte.

LECTURE ANALYTIQUE

▸ **1.** Dans les deux premiers paragraphes, en vous appuyant sur le lexique, mettez en relief tous les éléments du monde extérieur et du monde intérieur qui nourrissent l'inspiration de l'artiste. Quelles sensations contradictoires ces éléments provoquent-ils ? En quoi peut-on parler, entre eux et l'artiste, de relations réciproques ?

▸ **2.** À partir des mots de liaison qui figurent au début des paragraphes 3 et 4, étudiez l'évolution de la réflexion : que traduit le paragraphe 3 ?

▸ **3.** Comparez les paragraphes 1 et 4 : mettez en évidence les éléments communs et les sentiments différents. Comment peuvent s'expliquer les oppositions soulignées par celui qui parle ? Analysez la situation d'énonciation : à qui s'adresse le poète ? Quelles difficultés de la création esthétique met-il en évidence ? En quoi peut-on parler ici de *confiteor* ?

▸ **4.** À partir de la structure du poème, des jeux de récurrences, de la ponctuation, des rythmes de phrase, de la chute, dites ce qui peut faire la spécificité d'un poème en prose par rapport à un texte en vers.

GUIDE p. 373

TEXTE 2

Le fou et la Vénus

Quelle admirable journée ! Le vaste parc se pâme sous l'œil brûlant du soleil, comme la jeunesse sous la domination de l'Amour.

L'extase universelle des choses ne s'exprime par aucun bruit ; les eaux elles-mêmes sont comme endormies. Bien différentes des fêtes humaines, c'est ici une orgie silencieuse.

On dirait qu'une lumière toujours croissante fait de plus en plus étinceler les objets ; que les fleurs excitées brûlent du désir de rivaliser avec l'azur du ciel par l'énergie de leurs couleurs, et que la chaleur, rendant visibles les parfums, les fait monter vers l'astre comme des fumées.

Cependant, dans cette jouissance universelle, j'ai aperçu un être affligé.

Aux pieds d'une colossale Vénus, un de ces fous artificiels, un de ces bouffons volontaires chargés de faire rire les rois quand le Remords ou l'Ennui les obsède, affublé d'un costume éclatant et ridicule, coiffé de cornes et de sonnettes, tout ramassé contre le piédestal, lève des yeux pleins de larmes vers l'immortelle Déesse.

Et ses yeux disent : – « Je suis le dernier et le plus solitaire des humains, privé d'amour et d'amitié, et bien inférieur en cela au plus imparfait des animaux. Cependant je suis fait, moi aussi, pour comprendre et sentir l'immortelle Beauté ! Ah ! Déesse ! ayez pitié de ma tristesse et de mon délire ! »

Mais l'implacable Vénus regarde au loin je ne sais quoi avec ses yeux de marbre.

Poème VII.

RECHERCHE DOCUMENTAIRE

▸ **1.** Cherchez des représentations de fous du roi et dites quels étaient leurs attributs et leur rôle. Dans quels genres littéraires trouve-t-on ces personnages ?

▸ **2.** La littérature du XIXe siècle et du début du XXe accorde une place importante aux « saltimbanques » (clown, pierrot, fou…). Cherchez des exemples de cette présence, ainsi que sa signification, dans la littérature et dans la peinture de cette époque.

LECTURE ANALYTIQUE

▸ **1.** Observez le nombre et la répartition des paragraphes : quel est le rôle du très court paragraphe 4 par rapport à l'ensemble du texte ? Sur quelles oppositions met-il l'accent ?

▸ **2.** Retrouvez et classez tout ce qui, dans les deux premiers paragraphes, correspond à l'expression *jouissance universelle*.

▸ **3.** De la même manière, retrouvez dans les paragraphes 5 et 6 ce qui correspond à l'expression *un être affligé*.

▸ **4.** Qu'incarnent la Vénus et le fou ? À partir de la situation de l'un et de l'autre, ainsi que de l'évocation du contexte et des relations qui leur sont prêtées, interprétez la signification de cette rencontre et dites quel est le rôle de celui qui parle.

ÉCRITURE

▸ **Essai :** dans une lettre à Arsène Houssaye (⇛ ci-dessous), à propos du poème en prose, Baudelaire parle d'*une prose poétique, musicale sans rythme et sans rime, assez souple et assez heurtée pour s'adapter aux mouvements lyriques de l'âme, aux ondulations de la rêverie, aux soubresauts de la conscience.* Rédigez un article de critique littéraire dans lequel vous direz comment Baudelaire a mis son projet en pratique dans les deux poèmes en prose qui figurent p. 194 et 195.

GUIDE p. 422

TEXTE ÉCHO : Charles Baudelaire, *Correspondance*

Dans une lettre[1] adressée à son ami Arsène Houssaye en 1862, lors de la première publication, dans une revue, du Spleen de Paris, *Baudelaire explique son intérêt pour le poème en prose.*

À Arsène Houssaye

26 août 1862

Mon cher ami, je vous envoie un petit ouvrage dont on ne pourrait pas dire, sans injustice, qu'il n'a ni queue ni tête, puisque tout, au contraire, y est à la fois tête et queue, alternativement et réciproquement. Considérez, je vous prie, quelles admirables commodités cette combinaison nous offre à tous, à vous, à moi et au lecteur. Nous pouvons couper où nous voulons, moi ma rêverie, vous le manuscrit, le lecteur sa lecture ; car je ne suspends pas la volonté rétive de celui-ci au fil interminable d'une intrigue superflue. Enlevez une vertèbre, et les deux morceaux de cette tortueuse fantaisie se rejoindront sans peine. Hachez-la en nombreux fragments, et vous verrez que chacun peut exister à part. Dans l'espérance que quelques-uns de ces tronçons seront assez vivants pour vous plaire et vous amuser, j'ose vous dédier le serpent tout entier.

1. Cette lettre est devenue par la suite la dédicace du recueil.

J'ai une petite confession à vous faire. C'est en feuilletant, pour la vingtième fois au moins, le fameux *Gaspard de la Nuit*, d'Aloysius Bertrand (un livre connu de vous, de moi et de quelques-uns de nos amis, n'a-t-il pas tous les droits à être appelé *fameux*[2] ?) que l'idée m'est venue de tenter quelque chose d'analogue, et d'appliquer à la description de la vie moderne, ou plutôt d'*une* vie moderne et plus abstraite, le procédé qu'il avait appliqué à la peinture de la vie ancienne, si étrangement pittoresque.

Quel est celui de nous qui n'a pas, dans ses jours d'ambition, rêvé le miracle d'une prose poétique, musicale sans rythme et sans rime, assez souple et assez heurtée pour s'adapter aux mouvements lyriques de l'âme, aux ondulations de la rêverie, aux soubresauts de la conscience ?

C'est surtout de la fréquentation des villes énormes, c'est du croisement de leurs innombrables rapports que naît cet idéal obsédant. Vous-même, mon cher ami, n'avez-vous pas tenté de traduire en une *chanson* le cri strident du *Vitrier*, et d'exprimer dans une prose lyrique toutes les désolantes suggestions que ce cri envoie jusqu'aux mansardes, à travers les plus hautes brumes de la rue ?

Mais, pour dire le vrai, je crains que ma jalousie ne m'ait pas porté bonheur. Sitôt que j'eus commencé le travail, je m'aperçus que non seulement je restais bien loin de mon mystérieux et brillant modèle, mais encore que je faisais quelque chose (si cela peut s'appeler *quelque chose*) de singulièrement différent, accident dont tout autre que moi s'enorgueillirait sans doute, mais qui ne peut qu'humilier profondément un esprit qui regarde comme le plus grand honneur du poète d'accomplir *juste* ce qu'il a projeté de faire.

Votre bien affectionné,
C.B.

2. Les termes donnés en italique le sont déjà dans le texte d'origine.

RECHERCHE DOCUMENTAIRE

▸ Quels sont les textes dans lesquels et grâce auxquels des écrivains présentent, analysent, défendent leurs œuvres ? Citez plusieurs exemples en cherchant d'abord dans ce manuel.

LECTURE ANALYTIQUE

▸ **1.** À partir de la métaphore filée qui occupe le premier paragraphe – et que vous expliciterez –, donnez les caractéristiques de l'*ouvrage* dont parle Baudelaire.

▸ **2.** Précisez quelles sont les particularités de la prose poétique dont rêve celui qui parle.

▸ **3.** Baudelaire précise chez qui il a trouvé un modèle et de quel univers vient son inspiration : où figurent ces deux informations dans le texte et qu'apprennent-elles au lecteur en ce qui concerne la naissance et les thèmes du poème en prose ?

▸ **4.** Quels indices permettent de déterminer à quel genre littéraire ce texte appartient ? Dites aussi sur quel ton il est écrit.

ÉCRITURE

▸ **Réécriture :** choisissez un bref passage de roman (scène d'action, description d'un paysage, ou court récit) et transformez-le en poème en prose à la manière d'Aloysius Bertrand ⇛ p. 192).

ÉTUDE COMPARÉE

▸ Se comparant à son modèle, Aloysius Bertrand (⇛ p. 192), Baudelaire affirme avoir fait quelque chose de *singulièrement différent*. Mettez en parallèle « La Ronde sous la cloche » et « Le fou et la Vénus » (⇛ p. 192 et 195) pour faire apparaître, dans la structure et dans les rythmes, ce qui rapproche les textes, mais aussi ce qui les différencie.

GUIDE p. 373-377

Paul Gauguin (1848-1903), *Nave Nave Mahana (Jours délicieux)*, 1896 (peinture, 95 x 130 cm ; Musée des Beaux-Arts de Lyon).

3. Arthur Rimbaud, *Une saison en enfer* (1873)

À l'issue d'un long itinéraire de révolte sociale et poétique, après un voyage tumultueux en Belgique avec Verlaine, Rimbaud continue ses expériences de « voyant ». Il compose alors Une saison en enfer *où alternent poèmes en vers et poèmes en prose.*

Matin

N'eus-je pas *une fois* une jeunesse aimable, héroïque, fabuleuse, à écrire sur des feuilles d'or, – trop de chance ! Par quel crime, par quelle erreur, ai-je mérité ma faiblesse actuelle ? Vous qui prétendez que des bêtes poussent des sanglots de chagrin, que des malades désespèrent, que des morts rêvent mal, tâchez de raconter ma chute et mon sommeil. Moi, je ne puis pas plus m'expliquer que le mendiant avec ses continuels *Pater* [1] et *Ave Maria* [2]. *Je ne sais plus parler* !

Pourtant, aujourd'hui, je crois avoir fini la relation[3] de mon enfer. C'était bien l'enfer ; l'ancien, celui dont le fils de l'homme ouvrit les portes.

1. Prière à Dieu dans la liturgie catholique.
2. « Je vous salue Marie » : prière à la mère du Christ.
3. Le récit.

Du même désert, à la même nuit, toujours mes yeux las se réveillent à l'étoile d'argent, toujours, sans que s'émeuvent les Rois de la vie, les trois mages[4], le cœur, l'âme, l'esprit. Quand irons-nous, par delà les grèves et les monts, saluer la naissance du travail nouveau, la sagesse nouvelle, la fuite des tyrans et des démons, la fin de la superstition, adorer – les premiers ! – Noël sur la terre !

Le chant des cieux, la marche des peuples ! Esclaves, ne maudissons pas la vie.

4. Melchior, Gaspard et Balthazar, qui, selon l'Évangile, vinrent rendre hommage au Christ, à sa naissance, guidés par l'Étoile du Berger.

LECTURE ANALYTIQUE

▸ **1.** En prenant appui sur le lexique et sur les temps verbaux, dites quelles sont les trois étapes évoquées dans le premier paragraphe et quelles sont leurs particularités. En quoi la dernière peut-elle être considérée comme douloureuse ?

▸ **2.** Quel rôle joue le paragraphe central ? Utilisez les temps des verbes et l'articulation logique initiale pour répondre à cette question.

▸ **3.** Plusieurs mots du paragraphe 3 renvoient à un contexte déjà évoqué dans les paragraphes précédents. Trouvez ces mots et définissez ce contexte. À qui s'assimile alors celui qui parle ? À quoi renvoient les interrogations des lignes 13-16 ?

▸ **4.** Quels sens ce texte semble-t-il reconnaître à l'expérience poétique ? Comment se mettent en place les relations avec le sacré ? Comment sont définies ici les fonctions du poète ?

▸ **5.** Comment comprenez-vous les deux dernières lignes du poème et le passage du *vous* au *nous* ?

ÉCRITURE

▸ **Réécriture :** en prenant modèle sur le texte de Rimbaud ou sur ceux de Baudelaire (⇛ p. 194 et 195), et en partant d'un épisode de votre vie, construisez et rédigez à la première personne un poème en prose rapportant une évolution du chagrin vers l'espoir.

GUIDE p. 377

4. Joris-Karl Huysmans, *À rebours* (1884)

Dans le roman À rebours, *Huysmans met en scène un personnage raffiné et décadent, amateur de littérature : des Esseintes. Dans le passage qui suit, le narrateur évoque le goût de ce héros pour la poésie en prose.*

De toutes les formes de la littérature, celle du poème en prose était la forme préférée de des Esseintes. Maniée par un alchimiste de génie, elle devait, suivant lui, renfermer, dans son petit volume, à l'état d'of meat[1], la puissance du roman dont elle supprimait les longueurs analytiques et les superfétations[2] descriptives. Bien souvent, des Esseintes avait médité sur cet inquiétant problème, écrire un roman concentré en quelques phrases qui contiendraient le suc cohobé[3] des centaines de

1. Condensé de sueur.
2. Ajouts longs et inutiles.
3. Distillé à plusieurs reprises pour obtenir un liquide très concentré.

pages toujours employées à établir le milieu[4], à dessiner les caractères, à entasser à l'appui les observations et les menus faits. Alors les mots choisis seraient tellement impermutables qu'ils suppléeraient à tous les autres ; l'adjectif, posé d'une si ingénieuse et d'une si définitive façon qu'il ne pourrait être légalement dépossédé de sa place, ouvrirait de telles perspectives que le lecteur pourrait rêver, pendant des semaines entières, sur son sens, tout à la fois précis et multiple, constaterait le présent, reconstruirait le passé, devinerait l'avenir d'âmes des personnages, révélés par les lueurs de cette épithète unique.

Le roman, ainsi conçu, ainsi condensé en une page ou deux, deviendrait une communion de pensée entre un magique écrivain et un idéal lecteur, une collaboration spirituelle consentie entre dix personnes supérieures éparses dans l'univers, une délectation offerte aux délicats, accessible à eux seuls.

En un mot, le poème en prose représentait, pour des Esseintes, le suc concret, l'osmazome[5] de la littérature, l'huile essentielle de l'art.

Extrait du chapitre 14.

4. Le contexte.
5. Matière condensée extraite de la chair musculaire et du sang.

LECTURE ANALYTIQUE

▶ **1.** Identifiez le système énonciatif du texte : qu'est-ce qui permet de dire que la présentation du poème en prose est celle de des Esseintes, non celle du narrateur ?

▶ **2.** Retrouvez dans le texte tout ce qui permet de définir et de caractériser le poème en prose tel que le voit des Esseintes. Dites, en particulier, quelles relations le personnage établit entre la prose romanesque et le poème en prose.

▶ **3.** De quelles qualités doit faire preuve le poète qui compose des poèmes en prose ? À qui se trouve-t-il assimilé dans le passage ? Quelles relations ce type de poésie peut-il alors créer ou révéler entre le poète et son lecteur ? Qu'a de particulier ce lecteur ?

▶ **4.** Observez la composition du texte en paragraphes, son unité, les phrases qui l'ouvrent et qui le ferment, la nature de certains mots utilisés : à quoi ce texte fait-il penser ?

RECHERCHE DOCUMENTAIRE

▶ Cherchez le sens littéraire des mots « décadent » et « décadentisme », ainsi que les relations établies entre Huysmans et ces notions. Percevez-vous, dans l'extrait étudié, certains indices d'écriture, de choix de termes correspondant aux définitions trouvées ?

ÉCRITURE

▶ **Essai :** pour des Esseintes, le poème en prose doit, pour le plaisir du lecteur, *renfermer... dans son petit volume, à l'état d'of meat, la puissance du roman.* À partir d'un travail sur le choix et la place des mots, notamment des adjectifs, vous direz en quoi les poèmes que vous avez lus ou étudiés correspondent à cette définition. En particulier, vous chercherez sur quelle éventuelle intrigue romanesque ils se trouvent construits.

▶ **Réécriture :** cherchez une description balzacienne d'une quarantaine de lignes, révélatrice d'une intrigue, et transformez-la en poème en prose en prenant modèle sur ceux qui figurent dans cette séquence.

GUIDE p. 373

Giacomo Balla (1871-1958), *Vitesse + Paysage,* 1913 (peinture, 49 x 71 cm ; Casa Balla, Rome).

5. Blaise Cendrars, *Du monde entier* (1919)

Cendrars célèbre la diversité du monde et son amour du voyage dans le recueil de poèmes Du monde entier. *« La Prose du Transsibérien et de la petite Jehanne de France » restitue dans son écriture le rythme et la diversité des souvenirs du voyage qu'il fit (peut-être) en 1903, en compagnie d'une « fille » de Montmartre.*

La Prose du Transsibérien et de la petite Jehanne de France

Effeuille la rose des vents
Voici que bruissent les orages déchaînés
Les trains roulent en tourbillon sur les réseaux enchevêtrés
Bilboquets diaboliques
Il y a des trains qui ne se rencontrent jamais
D'autres se perdent en route

Les chefs de gare jouent aux échecs
Tric-trac[1]
Billard
Caramboles[2]
Paraboles
La voie ferrée est une nouvelle géométrie
Syracuse[3]
Archimède[4]
Et les soldats qui l'égorgèrent
Et les galères
Et les vaisseaux
Et les engins prodigieux qu'il inventa
Et toutes les tueries
L'histoire antique
L'histoire moderne
Les tourbillons
Les naufrages
Même celui du *Titanic*[5] que j'ai lu dans le journal
Autant d'images-associations que je ne peux pas développer dans mes [vers
Car je suis encore fort mauvais poète
Car l'univers me déborde
Car j'ai négligé de m'assurer contre les accidents de chemin de fer
Car je ne sais pas aller jusqu'au bout
Et j'ai peur.

Extrait, in *Du monde entier, Poésies complètes : 1912-1924*, éd. Denoël, 1947.

1. Jeu de dés où l'on fait avancer des pions sur un plateau à deux compartiments.
2. Désigne, au jeu de billard, le heurt de la bille rouge, appelée elle-même carambole, et de la bille de l'adversaire ; par extension, désigne un choc d'objets.
3. Port de Sicile fondé au VIIIe siècle avant J.-C., où est né Archimède.
4. Savant né au IIIe siècle avant J.-C., qui calcula la poussée qui porte son nom. Il aida les Syracusains à lutter contre les Romains et mourut pendant le siège de la ville.
5. Paquebot transatlantique qui sombra en 1912.

RECHERCHE DOCUMENTAIRE

▸ Qu'appelle-t-on « vers libres » et à quel moment ce genre de poésie est-il apparu ?

LECTURE ANALYTIQUE

▸ **1.** Observez la disposition typographique du texte : qu'est-ce que cette disposition entraîne sur le plan de la lecture ? Quels rythmes impose-t-elle ?

▸ **2.** Étudiez les différents effets de juxtaposition d'images, de mouvements et de sons. À partir de quels rapprochements, de quelles analogies se mettent en place les différentes associations d'idées ? Quelles représentations du temps, de l'espace, de l'histoire et de certains éléments du monde ces associations créent-elles ?

▸ **3.** À partir des derniers vers et des points de vue énoncés par celui qui parle, dites quelles semblent être ici la situation du poète, la mission qu'il se donne et les limites de cette mission.

▸ **4.** La poésie en vers libre n'a ni rime, ni rythme régulier : quelles sont ses caractéristiques ? De quel courant pictural pourrait-on la rapprocher ?

▸ **5.** Analysez les relations entre le poème et le tableau qui l'illustre (⇛ p. 201).

ÉCRITURE

▸ **Réécriture :** à la manière de Blaise Cendrars, composez un poème en vers libre, qui évoque, sous forme de juxtapositions d'images, de sons, de souvenirs, de savoirs, des associations d'idées nées librement, répondant au hasard ou à la fantaisie de votre imagination.

GUIDE p. 371

Bogaert (né en 1918), *Rendez-vous sur l'île,* 1971 (peinture, 80 x 65 cm ; coll. privée).

6. Julien Gracq, *Liberté Grande* (1946)

À une œuvre essentiellement romanesque, Julien Gracq ajoute, après la guerre, le recueil de poésie en prose Liberté Grande, *qui joue souvent, comme ses romans, sur des situations proches du rêve.*

Le vent froid de la nuit

Je l'attendais le soir dans le pavillon de chasse, près de la Rivière Morte. Les sapins dans le vent hasardeux de la nuit secouaient des froissements de suaire et des craquements d'incendie. La nuit noire était doublée de gel, comme le satin blanc sous un habit de soirée, – au-dehors, des mains frisées couraient de toutes parts sur la neige. Les murs étaient de grands rideaux sombres, et sur les steppes de neige des nappes blanches, à perte de vue, comme des feux se décollent des étangs gelés, se levait la lumière mystique des bougies. J'étais le roi d'un peuple de forêts bleues, comme un pèlerinage avec ses bannières se range immobile sur les bords d'un lac de glace. Au plafond de la caverne bougeait par instants, immobile comme la moire d'une étoffe, le cyclone des pensées noires. En habit de soirée, accoudé à la cheminée et maniant un revolver dans un geste de théâtre, j'interrogeais par désœuvrement l'eau verte et dormante de ces glaces très anciennes ; une rafale plus forte parfois l'embuait d'une sueur fine comme celle des carafes, mais j'émergeais de nouveau, spectral et fixe, comme un marié sur la plaque du photographe qui se dégage des remous de plantes vertes. Ah ! les heures creuses de la nuit, pareilles à un qui voyage sur les os légers et pneumatiques d'un rapide – mais soudain elle était là, assise toute droite dans ses longues étoffes blanches.

Éd. José Corti.

LECTURE ANALYTIQUE

▸ **1.** Observez la première et la dernière phrase du poème : quel genre de scène déterminent-elles ? Qui en sont les « héros » ?

▸ **2.** Qu'ont de particulier et d'extraordinaire les lieux présentés ? Retrouvez dans le texte tous les termes qui permettent de les identifier. Trouvez ensuite par quels procédés ils sont caractérisés et quelles sont leurs caractérisations. Quelle impression générale se dégage du paysage et de la caverne ?

▸ **3.** Quels éléments de la scène concourent à un effet de théâtralisation et de mise en scène ?

▸ **4.** De quelles façons différentes la scène peut-elle être lue et comprise ? Demandez-vous qui sont *je* et *elle*, à quoi renvoient les *pensées noires* et qui peut être le *roi* d'un univers nocturne d'images magiques et somptueuses. Rattachez ensuite votre interprétation au titre.

ÉCRITURE

▸ **Commentaire :** commentez ce texte en montrant comment la somptueuse mise en scène romanesque et théâtrale d'une rencontre entre deux personnages non identifiés peut être lue de plusieurs manières différentes et comment elle se rattache à la notion d'inspiration.

▸ **Réécriture :** à la manière de Julien Gracq, composez un poème en prose dans lequel deux personnages humains prendront, dans un univers de votre choix, la forme de deux allégories.

ÉTUDE COMPARÉE

▸ Mettez en parallèle le texte de Baudelaire, « Le fou et la Vénus » (⇛ p. 195) et celui de Julien Gracq, « Le vent froid de la nuit », pour faire apparaître les éléments communs et les différences perceptibles entre deux scènes à la fois proches et lointaines.

GUIDE p. 373

7. René Char, *Fureur et mystère* (1948)

Le titre du recueil Fureur et mystère *caractérise une poésie qui se veut témoignage de la violence du siècle et recherche du sens de l'existence dans ses énigmes et ses secrets. De nombreux poèmes de ce recueil sont en effet associés à l'expérience de la guerre et de la Résistance.*

Pénombre

J'étais dans une de ces forêts où le soleil n'a pas accès mais où, la nuit, les étoiles pénètrent. Ce lieu n'avait le permis d'exister, que parce que l'inquisition des États l'avait négligé. Les servitudes abandonnées me marquaient leur mépris. La hantise de punir m'était retirée. Par endroit, le souvenir d'une force caressait la fugue paysanne de l'herbe. Je me gouvernais sans doctrine, avec une véhémence sereine. J'étais l'égal de choses dont le secret tenait sous le rayon d'une aile. Pour la plupart, l'essentiel n'est jamais né, et ceux qui le possèdent ne peuvent l'échanger sans se nuire. Nul ne consent à perdre ce qu'il a conquis à la pointe de sa peine ! Autrement ce serait la jeunesse et la grâce, source et delta auraient la même pureté.

J'étais dans une de ces forêts où le soleil n'a pas accès mais où, la nuit, les étoiles pénètrent pour d'implacables hostilités.

In « Les loyaux adversaires », éd. Gallimard.

RECHERCHE DOCUMENTAIRE

▸ Recherchez le sens des mots *inquisition* et *servitude* et dites quel(s) sens on peut leur attribuer ici.

LECTURE ANALYTIQUE

▸ **1.** Retrouvez dans le texte les différents termes qui précisent ou évoquent les lieux, la lumière et des sentiments : quelles relations le lecteur peut-il observer entre ces composantes du texte ?

▸ **2.** Sur le plan de l'action et de la décision, dans quelle situation semble être celui qui parle ? Repérez les termes qui expriment l'idée de liberté, mais aussi de dépendance et de responsabilité.

▸ **3.** Sur un plan allégorique et métaphorique, comme peut-on lire ce poème ? Cherchez quelles peuvent être les significations de la forêt mystérieuse et oubliée, des souvenirs, de la comparaison entre le poète et les choses, des *implacables hostilités* : à quel type de conflit celui qui parle est-il confronté ?

▸ **4.** D'où vient l'extrême difficulté d'interprétation de ce poème ? D'où viennent aussi sa force et son charme ?

ÉCRITURE

▸ **Essai 1 :** à partir du constat de la difficulté d'interprétation de certains textes poétiques, vous chercherez et exposerez les différentes attitudes possibles du lecteur. Puis vous direz – en expliquant pourquoi – quelle est celle qui vous semble, personnellement, la plus pertinente.

▸ **Essai 2 :** on lit peu de poésie à notre époque. Comment expliquer ce constat ? Vous vous demanderez pourquoi la poésie, faite de textes souvent brefs, subit une telle désaffection.

GUIDE p. 373

8. Pierre Reverdy, *Main d'œuvre* (1949)

Reverdy a beaucoup fréquenté les peintres cubistes. Typographe passionné par son métier, il transposait dans ses poèmes en prose ses recherches de variations typographiques. Certains de ses textes hésitent, dans leur mise en page, entre le poème en prose et les vers libres.

Voix dans l'oreille

Le temps est clair comme une goutte d'eau
Des oiseaux migrateurs passent dans mes rideaux
La plaine est entraînée par le souffle des ailes
Et la fumée des champs est pleine d'étincelles
Sur la montagne en feu qui tourne à son verso
Ma tête sur le champ d'azur
semé d'étoiles
avec les bras roulés autour des branches
des ailes métalliques de l'appareil brutal
qui éclabousse l'air
Le chant est arrêté aux lèvres
par surprise
Entre le lourd bouquet d'arbres noirs
et la terre
Où la partie est sans cesse reprise
Quand on pense aux détours des chemins
Quand on rit des jeux du lendemain
Quand on s'éveille
Et que le monde est au bas des croisées[1]
qui vous appelle

Partie II, éd. Mercure de France.

1. Fenêtres.

Georges Braque (1882-1963), *Le Viaduc à l'Estaque*, 1908 (peinture, 72,5 x 59 cm ; MNAM, Centre Georges Pompidou, Paris).

LECTURE ANALYTIQUE

▸ **1.** Qu'est-ce qui rend la lecture de ce texte poétique à la fois accessible et difficile ? Observez le lexique utilisé, la syntaxe et certains rapprochements de mots : est-il possible d'expliquer toutes les images ? À quels domaines appartiennent-elles ?

▸ **2.** Comment les différentes images et évocations sont-elles mises en relief ? Prenez appui sur les sonorités et sur les rythmes pour répondre à cette question.

▸ **3.** Identifiez dans le texte ce qui relève de la perception visuelle – que voit celui qui parle ? – et de la perception auditive – qu'entend-il ? Que peut conclure le lecteur en ce qui concerne la situation et le rôle de *je* ?

▸ **4.** Paysage de campagne, évocation d'une scène matinale, description d'un blason, réflexion sur la vie : comment ces différents éléments se mettent-ils en place ? En quoi la fin du poème est-elle une ouverture, tout en renvoyant au début du texte ? En quoi renvoie-t-elle aussi au titre ?

ÉCRITURE

▸ **Commentaire :** commentez ce poème en faisant apparaître son évolution, qui mène d'une évocation d'un paysage de campagne à une réflexion optimiste sur la vie, perçue comme un jeu sans cesse renouvelé.

RECHERCHE DOCUMENTAIRE

▸ Qu'appelle-t-on « cubisme » ? Vous présenterez ce mouvement pictural en donnant ses dates, certaines de ses caractéristiques, ainsi que le nom de peintres ayant appartenu à ce courant. Vous citerez certaines de leurs œuvres importantes.

GUIDE p. 373

9. Philippe Jaccottet, *À la lumière d'hiver* (1977)

Traducteur du romancier allemand Thomas Mann, le poète Philippe Jaccottet mène une recherche sur l'écriture poétique solitaire. Celle-ci est sensible aux manifestations du monde extérieur dans leurs relations avec l'affectivité et la pensée de celui qui les observe.

Sur tout cela maintenant je voudrais
que descende la neige, lentement,
qu'elle se pose sur les choses tout au long du jour
– elle qui parle toujours à voix basse –
et qu'elle fasse le sommeil des graines,
d'être ainsi protégé, plus patient.

Et nous saurions que le soleil encore,
cependant, passe au-delà,
que, si elle se lasse, il redeviendra même un moment
visible, comme la bougie derrière son écran jauni.

Alors, je me ressouviendrais de ce visage
qui demeure, lui aussi, derrière
la lente chute des cristaux humides,
qui change, avec ses yeux limpides ou en larmes,
impatiemment fidèles…
Et, caché par la neige,
de nouveau j'oserais louer leur clarté bleue.

IIe partie, éd. Gallimard.

LECTURE ANALYTIQUE

▸ **1.** À partir des articulations du texte, étudiez la progression de l'évocation d'une strophe à l'autre et la nature des liens qui les unissent.

▸ **2.** Quels sens le lecteur peut-il trouver à l'emploi de certains modes, que vous préciserez ? Déterminez ce qui appartient à la réalité et ce qui relève du souhait : quelles sont les conditions de la réminiscence suggérée par le verbe *ressouviendrais* ?

▸ **3.** Neige, soleil, lumière et larmes : étudiez de quelles manières ces éléments se trouvent associés dans le poème, par quelles relations explicites et implicites, par quels effets de rythmes et de sons. Quelles significations peut-on proposer pour les deux derniers vers ? Quel phénomène d'écho observez-vous par rapport aux deux premiers vers ?

ÉCRITURE

▸ **Commentaire :** commentez ce poème en étudiant la magie de la neige, de la lumière et du silence, et les pouvoirs qui leur sont attribués par le poète, dans une situation de réminiscence et de célébration.

▸ **Réécriture :** composez un texte poétique dont la forme pourrait s'apparenter à celle du poème de Philippe Jaccottet. Prenez pour point de départ un souhait et rattachez-lui une ou plusieurs situations affectives heureuses ou douloureuses.

SYNTHÈSE

▸ À partir des poèmes en prose lus ou étudiés, déterminez quelles sont les caractéristiques de ce genre : thèmes d'inspiration, forme, structure, rythmes… En quoi peut-on parler de « poésie » ?

GUIDE p. 371

10. Lire l'image

Paul Klee (1879-1940), *Ad Parnassum,* 1932 (peinture, 100 x 126 cm ; Kunstmuseum, Berne).

RECHERCHE DOCUMENTAIRE

▸ **1.** Cherchez qui était Paul Klee et de quels mouvements picturaux sa peinture se rapproche.

▸ **2.** Que désigne le mot « divisionnisme » ?

▸ **3.** Que désigne le mot « Parnasse » ? (⇛ aussi p. 126).

LECTURE ANALYTIQUE

▸ **1.** Dans une première observation du tableau, dégagez les éléments qui le composent : lignes, surfaces colorées différemment, effets de profondeur, plans différents. Qu'évoque-t-il pour vous ?

▸ **2.** Qu'est-ce qui, dans le tableau, renvoie à la montagne sacrée des muses et d'Apollon ? à la Grèce ? Sous quelle forme Apollon est-il représenté ?

▸ **3.** Le tableau a pour titre une expression qui signifie « vers le Parnasse » : qu'est-ce qui peut figurer le mouvement ici ?

▸ **4.** À quelle technique de représentation fait penser la manière de peindre de Paul Klee ici ?

ÉCRITURE

▸ **Invention 1 :** décrivez très précisément ce tableau à quelqu'un qui ne le connaît pas et ne le voit pas. Faites comprendre la technique utilisée par le peintre, ce que le tableau a de figuratif, ce qui est davantage symbolique. Insistez sur les effets produits.

▸ **Invention 2 :** à la manière de Diderot (⇛ p. 114), dites si vous appréciez ce tableau et, dans ce cas, expliquez ce qu'il vous fait éprouver, ce qu'il vous inspire.

GUIDE p. 493

SÉQUENCE 11

Poésie et déchiffrement du monde

1. Victor Hugo, *Les Contemplations* (1856)

En exil, parallèlement aux Châtiments, *Victor Hugo compose* Les Contemplations. *Ce recueil est construit en deux parties, séparées par une date, le 4 septembre 1843, jour de la mort accidentelle de sa fille Léopoldine. La première partie, « Autrefois », est consacrée aux poèmes du bonheur ; la deuxième, « Aujourd'hui », est une méditation sur la mort et sur la destinée humaine.*

Mors[1]

Je vis cette faucheuse. Elle était dans son champ.
Elle allait à grands pas moissonnant et fauchant,
Noir squelette laissant passer le crépuscule.
Dans l'ombre où l'on dirait que tout tremble et recule,
L'homme suivait des yeux les lueurs de la faulx[2].
Et les triomphateurs sous les arcs triomphaux
Tombaient ; elle changeait en désert Babylone[3],
Le trône en échafaud et l'échafaud en trône,
Les roses en fumier, les enfants en oiseaux,
L'or en cendre, et les yeux des mères en ruisseaux.
Et les femmes criaient : – Rends-nous ce petit être.
Pour le faire mourir, pourquoi l'avoir fait naître ? –
Ce n'était qu'un sanglot sur terre, en haut, en bas ;
Des mains aux doigts osseux sortaient des noirs grabats ;
Un vent froid bruissait dans les linceuls sans nombre ;

1. Mot latin signifiant « la mort ».
2. « Faux » en ancien français.
3. Capitale située sur l'Euphrate, connue pour ses jardins suspendus.

Les peuples éperdus semblaient sous la faulx sombre
Un troupeau frissonnant qui dans l'ombre s'enfuit ;
Tout était sous ses pieds deuil, épouvante et nuit.
Derrière elle, le front baigné de douces flammes,
Un ange souriant portait la gerbe d'âmes.

Livre IV, poème XVI.

Sir Edward Burne-Jones (1833-1898), *La Mort*, 1871 (peinture ; Watts Gallery, Compton, Surrey).

RECHERCHE DOCUMENTAIRE

▸ **1.** Que désignait le mot « triomphe » dans la civilisation romaine ? Qu'est-ce qu'un arc de triomphe ?

▸ **2.** À quelle image traditionnelle de la mort celle du texte correspond-elle ? Cherchez dans un livre d'art médiéval à quelle représentation picturale se trouvait associée cette image allégorique.

LECTURE ANALYTIQUE

▸ **1.** En prenant appui sur le lexique, étudiez sous quelles formes et dans quels domaines s'exerce l'activité destructrice de la *faucheuse*. Quelle scène biblique se trouve ainsi évoquée ? Dans quel registre ?

▸ **2.** Sur quel aspect du pouvoir de la mort le texte met-il l'accent ? Observez les jeux d'opposition et l'expression de la transformation pour répondre à cette question. Montrez comment la forme poétique de l'alexandrin, avec ses rythmes et les reprises de sonorités, participe à cette mise en valeur.

▸ **3.** Comment le lecteur peut-il comprendre le passage de *je* (v. 1) à *l'homme* (v. 5) : comment la « rencontre » avec la mort évolue-t-elle ? Étudiez la manière dont cette évolution est marquée dans le texte.

▸ **4.** Dites comment vous comprenez le dernier vers et de quelle manière il s'oppose au reste du poème.

ÉCRITURE

▸ **Commentaire :** vous rédigerez un commentaire de ce poème où vous direz comment, à partir d'une image traditionnelle de la mort et l'expression de ses effets destructeurs, le poète passe du *je* à *l'homme* pour proposer une réflexion morale et religieuse sur le sens de la vie.

GUIDE p. 371-374

2. Charles Baudelaire, *Les Fleurs du mal* (1857)

Appelées aussi « synesthésies », les correspondances désignent les rapports entre le monde matériel et le monde spirituel. D'après Baudelaire, seuls les artistes savent déchiffrer le sens des analogies qui permettent de passer du monde des perceptions à celui des idées.

Correspondances

La Nature est un temple où de vivants piliers
Laissent parfois sortir de confuses paroles ;
L'homme y passe à travers des forêts de symboles
Qui l'observent avec des regards familiers.

Comme de longs échos qui de loin se confondent
Dans une ténébreuse et profonde unité,
Vaste comme la nuit et comme la clarté,
Les parfums, les couleurs et les sons se répondent.

Il est des parfums frais comme des chairs d'enfants,
Doux comme les hautbois, verts comme les prairies,
– Et d'autres, corrompus, riches et triomphants,

Ayant l'expansion des choses infinies,
Comme l'ambre, le musc[1], le benjoin et l'encens[2],
Qui chantent les transports de l'esprit et des sens.

« Spleen et Idéal », IV.

1. L'ambre est un parfum précieux qui tire son nom d'une substance parfumée provenant du cachalot. Le musc est un parfum préparé avec une substance provenant de certains cervidés.
2. Le benjoin et l'encens sont des substances aromatiques d'origine végétale, utilisées en parfumerie.

LECTURE ANALYTIQUE

▸ **1.** Le sonnet est construit sur deux figures dominantes : trouvez-les, puis dites ce qu'elles rapprochent et quelles analogies elles mettent en évidence. Quelles relations peut-on établir avec le titre du poème ? Expliquez le vers 8.

▸ **2.** En quoi le monde environnant est-il présenté comme un univers de signes ? Quelles en sont les connotations ? Quels termes laissent penser que leur compréhension reste difficile ?

▸ **3.** Étudiez le rôle des perceptions dans le poème : quels sens sont abordés ? En quoi les perceptions sont-elles étroitement liées à la notion de correspondance ? Répondez à partir du vers 8 et des tercets.

▸ **4.** Quelles conceptions de la nature et du poète sont exposées dans ce sonnet ? En quoi la structure du sonnet se prête-t-elle à une telle évocation ?

ÉCRITURE

▸ **Réécriture :** à la manière de Baudelaire, trouvez des comparaisons qui mettent en jeu, par la polysémie des adjectifs, plusieurs perceptions et plusieurs domaines sensoriels. Exprimez chaque comparaison sous la forme d'un alexandrin.

GUIDE p. 371-372-374

3. Arthur Rimbaud, *Une saison en enfer* (1873)

Une saison en enfer *rapporte différentes expériences de découverte et de retranscription du monde à l'aide d'un langage, « accessible à tous les sens ». Le texte intitulé « Alchimie du verbe » en est un exemple, mêlant ce qui est auditif, visuel et intelligible.*

Alchimie du verbe[1]

À moi. L'histoire d'une de mes folies.

Depuis longtemps je me vantais de posséder tous les paysages possibles, et trouvais dérisoires les célébrités de la peinture et de la poésie moderne.

J'aimais les peintures idiotes, dessus de portes, décors, toiles de saltimbanques, enseignes, enluminures populaires ; la littérature démodée, latin d'église, livres érotiques sans orthographe, romans de nos aïeules, contes de fées, petits livres de l'enfance, opéras vieux, refrains niais, rythmes naïfs.

Je rêvais croisades, voyages de découvertes dont on n'a pas de relations[2], républiques sans histoires, guerres de religion étouffées, révolutions de mœurs, déplacements de races et de continents : je croyais à tous les enchantements[3].

J'inventai la couleur des voyelles ! – *A* noir, *E* blanc, *I* rouge, *O* bleu, *U* vert. – Je réglai la forme et le mouvement de chaque consonne, et, avec des rythmes instinctifs, je me flattai d'inventer un verbe poétique accessible, un jour ou l'autre, à tous les sens. Je réservais la traduction.

Ce fut d'abord une étude. J'écrivais des silences, des nuits, je notais l'inexprimable. Je fixais des vertiges.

« Délires II ».

1. L'alchimie est une science occulte, associant chimie et magie pour obtenir de l'or à partir du plomb ; le mot *verbe* désigne le langage.
2. Récits de voyage.
3. Opérations magiques consistant à envoûter.

LECTURE ANALYTIQUE

▸ **1.** Retrouvez dans le texte des termes qui soulignent que le poète retrace une série d'expériences extrêmes. Quelles ambitions ces tentatives traduisent-elles ? Dans quels domaines ?

▸ **2.** Le poème évoque cependant des sources d'inspiration traditionnelles et accessibles : lesquelles ? En quoi le dépassement de ces sources et la tentative d'alchimie verbale renvoient-ils au déchiffrement des correspondances envisagé par Baudelaire (⇛ p. 212) ?

▸ **3.** Que signifie l'emploi de temps du passé dans le texte ? Quelle est la preuve, dans l'œuvre de Rimbaud, des recherches sur la couleur des voyelles ?

▸ **4.** Art poétique, journal, poème en prose, récit de fiction : étudiez le mélange des genres dans le texte. Sur quoi ces évocations personnelles vous ont-elles fait réfléchir ?

ÉCRITURE

▸ **Essai :** *écrire des silences, noter l'inexprimable, fixer des vertiges* ; est-ce de cette manière que vous vous représentez l'expérience de création poétique ? Répondez de manière personnelle, en vous plaçant soit du côté du lecteur de poésie, soit du côté de celui qui en compose, soit des deux côtés alternativement.

GUIDE p. 373-374

Alfred Sisley (1839-1899), *Le Brouillard, Voisins,* 1874 (peinture, 50,5 x 65 cm ; Musée d'Orsay, Paris).

4. Arthur Rimbaud, *Illuminations* (1886)

Les Illuminations *regroupent des poèmes en prose qui retracent les charmes et les mystères d'une relation originale avec le monde. « Aube » évoque ainsi la magie du monde qui émerge des ténèbres.*

Aube

J'ai embrassé l'aube d'été.

Rien ne bougeait encore au front des palais. L'eau était morte. Les camps d'ombre ne quittaient pas la route du bois. J'ai marché, réveillant les haleines vives et tièdes, et les pierreries regardèrent, et les ailes se levèrent sans bruit.

La première entreprise[1] fut, dans le sentier déjà rempli de frais et blêmes éclats, une fleur qui me dit son nom.

Je ris au wasserfall[2] blond qui s'échevela à travers les sapins : à la cime argentée je reconnus la déesse.

Alors je levai un à un les voiles. Dans l'allée, en agitant les bras. Par la plaine, où je l'ai dénoncée au coq. À la grand'ville elle fuyait parmi les clochers et les dômes, et courant comme un mendiant sur les quais de marbre, je la chassais.

En haut de la route, près d'un bois de lauriers, je l'ai entourée avec ses voiles amassés, et j'ai senti un peu son immense corps. L'aube et l'enfant tombèrent au bas du bois.

Au réveil il était midi.

1. La première à être entreprise.
2. « Chute d'eau », en allemand.

LECTURE ANALYTIQUE

▸ **1.** Observez la composition du poème : comment s'ouvre-t-il et se ferme-t-il ? Quelles étapes permettent de passer de l'ouverture à la fermeture, d'un moment important à un autre (que vous préciserez) ? Par quelles articulations ces étapes sont-elles soulignées ?

▸ **2.** Étudiez la succession des actions de celui qui raconte : en quoi consistent-elles ? Qu'y a-t-il d'important et de nouveau à partir du paragraphe 4 ? En quoi se transforme alors l'action du narrateur ?

▸ **3.** Qu'a de particulier le système énonciatif du texte : est-il possible d'identifier précisément *je*, *l'enfant*, *la déesse* ?

▸ **4.** Quel sens métaphorique ou symbolique peut-on attribuer au poème en tenant compte de son titre ? À qui l'enfant se trouve-t-il assimilé ? À quoi peut-on comparer sa « marche », puis sa course ?

ÉCRITURE

▸ **Réécriture :** en prenant modèle sur le poème de Rimbaud (courtes strophes de poème en prose, début et fin bien marqués, évocation d'un pouvoir magique), composez un texte autour de la double notion de commencement et de métamorphose.

▸ **Essai :** expliquez pour quelles raisons ce poème figure dans une séquence de poésie consacrée au « déchiffrement du monde ».

GUIDE p. 373-374

5. Stéphane Mallarmé, *Poésies* (1887)

Épris d'un idéal poétique exigeant qui s'exprime dans un langage composé d'images symboliques que le lecteur doit déchiffrer, Mallarmé consacre certains poèmes du recueil Poésies *à une réflexion sur la difficulté de la création.*

Paul Gauguin (1848-1903), *Portrait de Stéphane Mallarmé* (eau-forte sur cuivre, Estampes et photographie, BNF, Paris).

Le vierge, le vivace et le bel aujourd'hui
Va-t-il nous déchirer avec un coup d'aile ivre
Ce lac dur oublié que hante sous le givre
Le transparent glacier des vols qui n'ont pas fui !

Un cygne d'autrefois se souvient que c'est lui
Magnifique mais qui sans espoir se délivre
Pour n'avoir pas chanté la région où vivre
Quand du stérile hiver a resplendi l'ennui.

Tout son col secouera cette blanche agonie
Par l'espace infligée à l'oiseau qui le nie,
Mais non l'horreur du sol où le plumage est pris.

Fantôme qu'à ce lieu son pur éclat assigne,
Il s'immobilise au songe froid de mépris
Que vêt[1] parmi l'exil inutile le Cygne.

1. Que revêt.

LECTURE ANALYTIQUE

▸ **1.** Quelles difficultés rencontre-t-on à la lecture de ce poème, sur le plan des sons, sur celui du sens ? Est-il possible de reconstituer une histoire, de dire ce qui arrive à l'oiseau prisonnier ? Retrouvez tous les éléments qui semblent entrer dans la composition d'un récit.

▸ **2.** Que peut représenter le cygne ? À quoi renvoie son emprisonnement et son impossibilité de prendre son vol ? De quoi la matière inerte mais immobilisante et l'oiseau vivant mais immobilisé sont-ils les symboles ? Cherchez aussi quelles peuvent être les connotations de la glace et de la neige, et celles du mot *cygne* si l'on considère sa phonétique ?

▸ **3.** Faut-il chercher à expliquer ce sonnet ? Quels effets provoque sa simple lecture ?

RECHERCHE DOCUMENTAIRE

▸ Lisez « Élévation » et « L'Albatros » dans *Les Fleurs du mal* de Baudelaire. La lecture de ces poèmes vous permet-elle de mieux comprendre le sens et la place spécifique du sonnet de Mallarmé dans une réflexion sur l'inspiration et le travail de l'écriture ?

GUIDE p. 372-374

6. Jules Laforgue, *Œuvres complètes* (1903)[1]

Dans plusieurs de ses poèmes composés vers 1880, Laforgue s'interroge sur les grands sujets qui hantent l'humanité, comme le sens de la vie et de la mort, ou encore la puissance du temps. Expression de ces interrogations, la poésie s'efforce de déchiffrer les mystères du monde.

Intarissablement

Dire qu'au fond des cieux n'habite nul Songeur,
Dire que par l'espace où sans fin l'or ruisselle,
De chaque atome monte une voix solennelle
Cherchant dans l'azur noir à réveiller un cœur !

Dire qu'on ne sait rien ! et que tout hurle en chœur.
Et que pourtant, malgré l'angoisse universelle,
Le Temps qui va roulant les siècles pêle-mêle,
Sans mémoire, éternel et grave travailleur,

Charriant sans retour engloutis dans ses ondes
Les cendres des martyrs, les cités et les mondes,
Le Temps, universel et calme écoulement,

Le Temps qui ne connaît ni son but, ni sa source,
Mais rencontre toujours des soleils dans sa course,
Tombe de l'urne bleue intarissablement !

In « Le sanglot de la terre ».

1. Publication posthume.

LECTURE ANALYTIQUE

▶ **1.** On peut lire un poème sans en saisir immédiatement le sens : d'où viennent les difficultés de compréhension de ce sonnet ? Qu'est-ce qui, cependant, attire l'attention du lecteur ? Répondez de manière personnelle.

▶ **2.** Le sonnet est construit autour d'une articulation qui fait apparaître un élément important, peu présent dans les six premiers vers, mais omniprésent dans la suite. Quel est le sens de cette articulation ? Quel est l'élément important ?

▶ **3.** En quoi l'élément qui domine la seconde moitié du sonnet peut-il être à la fois angoissant et rassurant ? Étudiez les images, les hyperboles, les phénomènes d'amplification, les rythmes et les sonorités.

▶ **4.** Le poème comporte de nombreuses oppositions : que traduisent-elles ? Quelles images donnent-elles de l'homme et de la condition humaine, de ses ignorances et de ses certitudes ?

ÉCRITURE

▶ **Commentaire :** vous ferez de ce texte un commentaire dans lequel vous direz comment la double évocation du monde et du temps rejoint les interrogations sur le sens de la vie, l'origine des choses et les incertitudes de la connaissance.

GUIDE p. 371-372-374

7. Jules Supervielle, *Gravitations (1925)*

Sensible à toutes les manifestations de la vie, le poète Jules Supervielle aime transcrire leur étrangeté dans un langage qui mêle les images aux associations insolites, dont la naïveté apparente rappelle le monde de l'enfance.

Le matin du monde

À Victor Llona.

Alentour naissaient mille bruits
Mais si pleins encor de silence
Que l'oreille croyait ouïr
Le chant de sa propre innocence.

Tout vivait en se regardant,
Miroir était le voisinage
Où chaque chose allait rêvant
À l'éclosion de son âge.

Les palmiers trouvant une forme
Où balancer leur plaisir pur
Appelaient de loin les oiseaux
Pour leur montrer des dentelures.

Un cheval blanc découvrait l'homme
Qui s'avançait à petit bruit,
Avec la Terre autour de lui
Tournant pour son cœur astrologue.

Le cheval bougeait les naseaux
Puis hennissait comme en plein ciel
Et tout entouré d'irréel
S'abandonnait à son galop.

Dans la rue, des enfants, des femmes,
À de beaux nuages pareils,
S'assemblaient pour chercher leur âme
Et passaient de l'ombre au soleil.

Mille coqs traçaient de leurs chants
Les frontières de la campagne
Mais les vagues de l'océan
Hésitaient entre vingt rivages.

L'heure était si riche en rameurs,
En nageuses phosphorescentes
Que les étoiles oublièrent
Leurs reflets dans les eaux parlantes.

Deuxième partie, éd. Gallimard.

Marc Chagall (1887-1985), *Le Village en fête,* 1981 (peinture, 130,5 x 195 cm ; Collection privée).

LECTURE ANALYTIQUE

▸ **1.** Quel est le sens de l'expression *matin du monde* ? À quelle notion biblique ce titre renvoie-t-il ? Retrouvez dans le texte tout ce qui relève du champ lexical du commencement.

▸ **2.** Commencement, transformation, développement : ces idées sont omniprésentes dans le texte ; comment s'expriment-elles ? Classez vos remarques en fonction des différents règnes envisagés, après avoir identifié les termes exprimant l'idée de totalité, qui figure au début du poème.

▸ **3.** Étudiez la manière dont le poète suggère la mise en place d'interférences et de relations entre les différents règnes : quelle conception du monde se trouve ainsi évoquée ? Qu'a-t-elle à la fois d'insolite et de traditionnel ?

▸ **4.** Quelles sont les perceptions mises en jeu dans ce poème ? Étudiez celles qui sont directement évoquées et celles qui sont provoquées chez le lecteur. Déduisez de ces observations les caractères particuliers de ce texte.

ÉCRITURE

▸ **Essai :** rapprochez du texte le tableau de Chagall qui en constitue l'illustration et expliquez ce choix iconographique.

ÉTUDE COMPARÉE

▸ Rapprochez les trois poèmes de cette séquence qui ont pour thème le matin. Qu'ont-ils en commun ? Qu'est-ce qui les différencie ? En quoi sont-ils liés à la notion de « déchiffrement du monde » ? Dites ensuite ce qui vous semble pouvoir le mieux rendre compte de la magie des commencements : le poème versifié, le poème en prose ou celui qui mêle les deux formes ?

GUIDE p. 371-374

8. Jean Cocteau, *Le Rappel à l'ordre* (1926)

Dans une réflexion sur la nature de la poésie, le poète, peintre et dramaturge Jean Cocteau définit la capacité qu'a celle-ci de « dévoiler» la vérité du monde, débarrassée des conventions et des habitudes qui l'embrument et le font paraître banal.

On a coutume de présenter la poésie comme une dame voilée, langoureuse, étendue sur un nuage. Cette dame a une voix musicale et ne dit que des mensonges.

Maintenant, connaissez-vous la surprise qui consiste à se trouver soudain en face de son propre nom comme s'il appartenait à un autre, à voir, pour ainsi dire, sa forme et à entendre le bruit de ses syllabes sans l'habitude aveugle et sourde que donne une longue intimité ? Le sentiment qu'un fournisseur, par exemple, ne connaît pas un mot qui nous paraît si connu, nous ouvre les yeux, nous débouche les oreilles. Un coup de baguette fait revivre le lieu commun.

Il arrive que le même phénomène se produise pour un objet, un animal. L'espace d'un éclair, nous « voyons » un chien, un fiacre, une maison « pour la première fois ». Tout ce qu'ils présentent de spécial, de fou, de ridicule, de beau nous accable. Immédiatement après, l'habitude frotte cette image puissante avec sa gomme. Nous caressons le chien, nous arrêtons le fiacre, nous habitons la maison. Nous ne les voyons plus.

Voilà le rôle de la poésie. Elle dévoile, dans toute la force du terme. Elle montre nues, sous une lumière qui secoue la torpeur, les choses surprenantes qui nous environnent et que nos sens enregistraient machinalement.

Inutile de chercher au loin des objets et des sentiments bizarres pour surprendre le dormeur éveillé. C'est là le système du mauvais poète et ce qui nous vaut l'exotisme. Il s'agit de lui montrer ce sur quoi son cœur, son œil glissent chaque jour, sous un angle et avec une vitesse tels qu'il lui paraît le voir et s'en émouvoir pour la première fois.

Voilà bien la seule création permise à la créature. Car s'il est vrai que la multitude des regards patine les statues, les lieux communs, chefs-d'œuvre éternels, sont recouverts d'une épaisse patine qui les rend invisibles et cache leur beauté.

Mettez un lieu commun en place, nettoyez-le, frottez-le, éclairez-le de telle sorte qu'il frappe avec sa jeunesse et avec la même fraîcheur, le même jet qu'il avait à sa source, vous ferez œuvre de poète.

Tout le reste est littérature.

Marc Chagall (1887-1985), *La Muse*, 1917 (peinture, Collection S.K. Gordejewa, Saint-Pétersbourg).

RECHERCHE DOCUMENTAIRE

▸ **1.** Cherchez le sens du mot *patine* et expliquez son emploi dans le texte (l. 29).

▸ **2.** Dites à quel poète du XIXe siècle Cocteau emprunte l'idée qui figure dans la dernière phrase du texte, puis observez le rythme de cette phrase.

LECTURE ANALYTIQUE

▸ **1.** Étudiez la structure du texte en retrouvant les étapes données ici de manière désordonnée : raisonnement par analogie traitant d'une situation insolite, conclusion, définition en plusieurs paragraphes du rôle de la poésie, constat renvoyant aux représentations de la poésie, « recette » pour être poète.

▸ **2.** D'où viennent les représentations que l'on peut avoir, de manière conventionnelle, de la poésie ? Explicitez toutes les caractéristiques données dans le premier paragraphe.

▸ **3.** Comment Cocteau fait-il comprendre le rôle de la poésie ? Quel est ce rôle ? À quelles images convenues de la création poétique s'oppose-t-il ?

▸ **4.** Quels sont les moyens dont dispose le poète pour *dévoiler* ? Retrouvez ces moyens dans le texte et trouvez quelques exemples dans des textes figurant dans les séquences de ce manuel consacrées à la poésie.

ÉCRITURE

▸ **Réécriture :** « Prenez un lieu commun… » À la manière de Cocteau dans *Le Rappel à l'ordre*, inventez une « recette » pour écrire de la poésie à partir de ce qui est commun, habituel. Exposez la manière de procéder, les instruments, et montrez le fonctionnement de la recette à travers un exemple précis.

ÉTUDE COMPARÉE

▸ Rapprochez le poème de Rimbaud, « Aube » (⇛ p. 214), et le texte de Cocteau extrait du *Rappel à l'ordre*. Observez leurs dates, puis faites des observations sur leur contenu. Qu'ont-ils en commun qui puisse justifier leur rapprochement ?

GUIDE p. 374

9. Jean Cocteau, *Opéra* (1927)

Aller au-delà des apparences du réel, saisir l'inaccessible et le transcrire par les images poétiques, telle est la mission que se donne Cocteau et qu'il explique dans « Par lui-même ». Dans la ligne de la réflexion du Rappel à l'ordre *(⇛ p. 219) mais sous une forme poétique, il compose un véritable art poétique.*

Par lui-même

Accidents du mystère et fautes de calculs
Célestes, j'ai profité d'eux, je l'avoue.
Toute ma poésie est là : Je décalque
L'invisible (invisible à vous).
J'ai dit : « Inutile de crier, haut les mains ! »
Au crime déguisé en costume inhumain ;
J'ai donné le contour à des charmes informes ;
Des ruses de la mort la trahison m'informe ;
J'ai fait voir, en versant mon encre bleue en eux,

Jean Cocteau (1889-1963), *Pégase* (peinture ; Hôtel de ville de Menton).

Des fantômes soudain devenus arbres bleus.
Dire que l'entreprise est simple ou sans danger
Serait fou. Déranger les anges !
Découvrir le hasard apprenant à tricher
Et des statues en train d'essayer de marcher.
Sur le belvédère[1] des villes que l'on voit
Vides, et d'où l'on ne distingue plus que les voix
Des coqs, les écoles, les trompes d'automobile
(Ces bruits étant les seuls qui montent d'une ville),
J'ai entendu descendre des faubourgs du ciel,
Étonnantes rumeurs, cris d'une autre Marseille.

1. Endroit élevé d'où la vue s'étend très loin.

RECHERCHE DOCUMENTAIRE

▸ **1.** Cherchez les sens du verbe *décalquer*. Quel sens privilégiez-vous dans le texte ?

▸ **2.** Cherchez le sens du mot *charme* et rapprochez-le du mot *fantôme*. Quel univers se trouve connoté par ces mots ?

▸ **3.** Quelle est l'étymologie du nom *opéra* et quels sens peut-il prendre ? À partir du contenu du poème, quel sens donnez-vous au titre du recueil ?

LECTURE ANALYTIQUE

▸ **1.** En prenant appui sur le lexique, expliquez comment se trouve développée, dans le texte, l'expression inattendue *Je décalque l'invisible*. Qu'y a-t-il de paradoxal dans cette formulation ?

▸ **2.** Quelles sont les deux perceptions sensorielles sur lesquelles repose la poésie ainsi évoquée ? Cela vous semble-t-il logique ?

▸ **3.** Expliquez pourquoi l'entreprise d'écriture poétique présentée peut être considérée comme « dangereuse ». Avec qui le poète se trouve-t-il en concurrence ? À quel domaine pense-t-il avoir accès ? Quel rôle se donne-t-il ?

▸ **4.** À partir de l'affirmation *Je l'avoue*, de la précision mise entre parenthèses au vers 4 et de certains signes de ponctuation, dites quel est le ton du poème.

ÉCRITURE

▸ **Commentaire :** rédigez un commentaire dans lequel vous étudierez de quelle manière le poète présente sa manière de composer de la poésie et le caractère à la fois mystérieux et provocateur de cette démarche de transposition visuelle de l'invisible.

▸ **Essai :** que faut-il pour être poète ? Donnez une réponse à partir des textes poétiques de cette séquence. Donnez ensuite votre point de vue personnel.

GUIDE p. 371-374

Gustav Klimt (1862-1918), *Fleurs dans le jardin* (peinture ; Narodni Galerie, Prague).

10. Paul Valéry, *Petits poèmes abstraits* (1973)[1]

Dans ses poèmes en prose et ses Petits poèmes abstraits, *Paul Valéry transcrit les instants de ce qu'il appelle le « Corps-Esprit-Monde » pour désigner la relation entre la vie spirituelle et affective et les circonstances qui la voient naître.*

Matin

Voir les corps tels que *nous* les voyons, ce très ancien texte, le verbe soleil et ses conjugaisons de couleur, les propositions de lumière et d'ombres… Il est des moments, le matin, à l'éclairage horizontal, où cette présentation se suffit ; passe toutes réflexions possibles. Des murs quelconques valent le Parthénon, sont les miroirs voulus, réfléchissent l'être, sont. La fraîcheur, le charme et une crainte, tristesse très pure – baignent.

On sent très profondément que les premiers bruits s'établissent sur silence, que les choses et formes colorées se posent sur ténèbres, que ce

1. Cet ensemble de textes, rédigés entre 1894 et 1945 (date de la mort de Paul Valéry), n'a jamais été publié intégralement du vivant de l'auteur.

vermeil si pur, ces choses de perles, de lait bleuâtre, ces pans d'hyacinthe[2], de jaune d'œuf transparent sont sur de la nuit lavées ; que ces langueurs, regards, lenteurs et pensées ahuries, singulières, ces premières idées… sont encore des tentatives isolées, sont peintes sur le sommeil / néant / encore chaud et qui pourrait reprendre… Ce ne sont plus des rêves… mais les *valeurs* les plus voisines de ces valeurs vraies sont rêves. Le jour qui se lève, la veille qui va durcir et dominer semblent plutôt la fin de quelque chose – le couchant de l'instable. Il n'est pas encore tout à fait sûr que ce jour va se continuer et s'affirmer sur toutes choses.

Ce réel est encore en équilibre réversible avec le rien.

In *Ego scriptor, Poèmes et Petits poèmes abstraits*,
éd. Gallimard.

2. Pierre précieuse jaune rougeâtre.

LECTURE ANALYTIQUE

▶ **1.** Quelles relations entre les choses et les mots le premier paragraphe met-il en place ? Quelles actions et quelles perceptions se trouvent ainsi associées ? En quoi peut-on parler d'une présentation de la démarche poétique de création ?

▶ **2.** Étudiez comment s'expriment, dans le texte, les métamorphoses que le matin fait subir au monde, leur caractère progressif et pictural, ainsi que la diversité des domaines touchés.

▶ **3.** Repérez les termes qui renvoient au lexique de la peinture et ceux qui évoquent des sentiments, des émotions, des idées : comment se mêlent-ils ? À quel autre créateur d'art le poète se trouve-t-il ainsi associé ? Comment peut-on comprendre cette association ?

▶ **4.** Fin ou début ? Retrouvez toutes les formulations qui suggèrent l'idée d'une incertitude, d'une hésitation, et expliquez la dernière phrase en cherchant pourquoi elle est écrite dans une graphie différente, comme les mots *nous* et *valeurs* (l. 1 et 14).

▶ **5.** En quoi ce poème conduit-il le lecteur à associer le matin à l'acte de création poétique ?

ÉTUDE COMPARÉE

▶ Rapprochez ce poème de celui de Rimbaud, « Aube » (⇛ p. 214), pour faire apparaître leurs similitudes sur le plan des associations aube / poésie et poète / magicien du monde.

SYNTHÈSE

▶ **1.** Choisissez plusieurs poèmes de cette séquence et étudiez en quoi ces textes donnent au lecteur certaines « clés » pour percevoir le monde d'une manière différente, ou en offrent une vision originale, déconcertante, renouvelée.

▶ **2.** Plusieurs textes de cette séquence, et d'autres, venus des séquences consacrées à la poésie, font référence à la peinture. Après les avoir retrouvés, vous direz en quoi les deux modes d'expression peuvent être rapprochés et en quoi la poésie est image et représentation visuelle. Que comporte-t-elle cependant de plus ?

GUIDE p. 373-374

11. Lire l'image

Joseph Mallord William Turner (1775-1851), *Le Lac de Petworth : coucher de Soleil, un cerf buvant*, 1829 (peinture, 63,5 x 132 cm ; Petworth House, Sussex).

RECHERCHE DOCUMENTAIRE

▸ Cherchez des éléments d'information biographique concernant Turner : dates, pays d'origine. Retrouvez aussi quelques thèmes d'inspiration à partir de titres de tableaux connus.

LECTURE ANALYTIQUE

▸ **1.** Observez la composition du tableau et faites apparaître ce qu'il met en valeur par les couleurs, les jeux de symétrie et de reflets, l'organisation des composantes du paysage.

▸ **2.** Quelles caractéristiques ce tableau présente-t-il en ce qui concerne la manière de peindre de Turner ? Étudiez comment sont signalés les contours, les limites entre l'eau, la terre et la végétation.

▸ **3.** Quelle image ce tableau donne-t-il de la nature ? De quelle(s) manière(s) cette représentation peut-elle illustrer une réflexion sur l'idée de « déchiffrement du monde », titre de la séquence 13 ?

ÉCRITURE

▸ **Invention 1 :** en prenant appui sur le tableau de Turner, composez une évocation de coucher de soleil décrivant la nature environnante, en insistant sur le mystère. Écrivez à la troisième personne, sous une forme versifiée, ou sous forme de poème en prose.

▸ **Invention 2 :** dites, en utilisant un *je* vous désignant personnellement, ce que vous inspire le tableau et ce qu'il représente.

GUIDE p. 493

SÉQUENCE 12

Les fonctions du poète et de la poésie

1. Victor Hugo, *Les Rayons et les ombres* (1840)

Dans Les Rayons et les ombres, *Victor Hugo rêve d'une poésie et d'un poète aux pouvoirs civilisateurs. Définie dès la préface, cette fonction du poète est le sujet – et le titre – du premier poème du recueil.*

Fonction du poète

Dieu le veut, dans les temps contraires,
Chacun travaille et chacun sert.
Malheur à qui dit à ses frères :
Je retourne dans le désert !
Malheur à qui prend ses sandales
Quand les haines et les scandales
Tourmentent le peuple agité !
Honte au penseur qui se mutile
Et s'en va, chanteur inutile,
Par la porte de la cité !

Le poëte en des jours impies
Vient préparer des jours meilleurs.
Il est l'homme des utopies,
Les pieds ici, les yeux ailleurs.
C'est lui qui sur toutes les têtes,
En tout temps, pareil aux prophètes,

Dans sa main, où tout peut tenir,
Doit, qu'on l'insulte ou qu'on le loue,
Comme une torche qu'il secoue,
Faire flamboyer l'avenir !

Il voit, quand les peuples végètent !
Ses rêves, toujours pleins d'amour,
Sont faits des ombres que lui jettent
Les choses qui seront un jour.
On le raille. Qu'importe ? Il pense.
Plus d'une âme inscrit en silence
Ce que la foule n'entend pas.
Il plaint ses contempteurs[1] frivoles ;
Et maint faux sage à ses paroles
Rit tout haut et songe tout bas !

Poème I, partie II, vers 71-100.

1. Ceux qui le méprisent.

Victor Hugo, *Ville en plaine* (dessin, Sergent n° 108 ; Maison de Victor Hugo, Paris).

RECHERCHE DOCUMENTAIRE

▸ **1.** Recherchez à quel personnage et à quels épisodes bibliques renvoient les images des vers 3 à 7 et le mot *prophètes*.

▸ **2.** Quel est le sens étymologique du mot *utopie* (⇛ p. 22) ? Quel est son sens au vers 13 ?

LECTURE ANALYTIQUE

▸ **1.** En prenant appui sur le lexique, retrouvez tout ce qui évoque et définit les circonstances sociales dans lesquelles le poète peut avoir un rôle à jouer. Quelles formulations insistent sur son intégration sociale ? Comment ces circonstances sont-elles mises en relief dans le texte ?

▸ **2.** Définissez, à partir des trois strophes, les différentes fonctions attribuées au poète et dites à qui il se trouve successivement associé, de manière négative ou de manière positive. En quoi peut-on parler de progression d'une strophe à l'autre ?

▸ **3.** À quels obstacles et à quelles difficultés le poète se trouve-t-il confronté ? Quelles peuvent être ses tentations ? Identifiez les connotations religieuses pour déterminer à qui le poète peut être assimilé.

▸ **4.** Le rôle et les fonctions du poète se trouvent exprimés sous une forme poétique : quelle est la force de ce choix d'écriture ?

ÉCRITURE

▸ **Commentaire :** vous commenterez ce texte en faisant apparaître de quelle manière, à partir de l'image biblique du prophète, celui qui parle invite à voir dans la fonction du poète une mission civilisatrice indissociable d'un contexte religieux.

▸ **Essai :** Victor Hugo présente le poète comme un prophète dont le rôle est de guider le peuple dans des circonstances difficiles. Vous chercherez dans sa biographie à quels moments et dans quelles circonstances il a pu jouer ce rôle.

GUIDE p. 371-374

Charles Landelle (1821-1908), *Portrait d'Alfred de Musset*, 1854 (pastel ; Musée d'Orsay, Paris).

2. Alfred de Musset, *Poésies nouvelles* (1852)

En réponse à une demande de définition de la poésie qu'on lui a faite, Musset expose en quelques vers ce qui est pour lui la « passion du poète ».

Impromptu

EN RÉPONSE À CETTE QUESTION :
QU'EST-CE QUE LA POÉSIE ?

Chasser tout souvenir et fixer la pensée,
Sur un bel axe d'or la tenir balancée,
Incertaine, inquiète, immobile pourtant ;
Éterniser peut-être un rêve d'un instant ;
Aimer le vrai, le beau, chercher leur harmonie ;
Écouter dans son cœur l'écho de son génie ;
Chanter, rire, pleurer, seul, sans but, au hasard ;
D'un sourire, d'un mot, d'un soupir, d'un regard
Faire un travail exquis, plein de crainte et de charme,
Faire une perle d'une larme :
Du poète ici-bas voilà la passion,
Voilà son bien, sa vie et son ambition.

RECHERCHE DOCUMENTAIRE

▸ Qu'appelle-t-on un « impromptu » ? Quelles sont les caractéristiques des textes que l'on regroupe sous cette dénomination ?

LECTURE ANALYTIQUE

▸ **1.** Observez le mode verbal omniprésent dans le poème et rapprochez-le de la question initiale : quelles remarques pouvez-vous faire ?

▸ **2.** Retrouvez et classez dans le texte ce qui permet de déterminer les différents domaines d'inspiration ou d'application de la poésie, les démarches mises en jeu et leur diversité, la notion de *travail*. Qu'est-ce qui, dans la nature humaine, nourrit la poésie, selon Musset ?

▸ **3.** Quelles formulations suggèrent, dans le texte, l'idée de difficulté ? Partez de certaines antithèses pour faire apparaître le caractère paradoxal de la création poétique.

▸ **4.** Le texte est présenté comme un *impromptu* : en observant sa structure, sa progression, sa forme poétique, certaines anaphores et certaines énumérations, vous direz s'il vous semble qu'il s'agit là d'une improvisation.

ÉCRITURE

▸ **Réécriture :** à la manière de Musset dans le poème « Impromptu » et en utilisant essentiellement des infinitifs, vous donnerez votre définition personnelle de la poésie, en vous plaçant soit du côté de celui qui en compose, soit du côté de celui qui en lit. Vous pouvez aussi choisir de remplacer la poésie par la musique, dans une situation comparable (soit de compositeur, soit d'auditeur, soit d'interprète).

GUIDE p. 371-374

3. Alfred de Vigny, *Les Destinées* (1864)[1]

Texte important du recueil des Destinées, *le poème intitulé « La Maison du berger », qui fut rédigé entre 1840 et 1844, propose une réflexion sur la poésie, comparée à un diamant.*

La Maison du berger

Diamant sans rival, que tes[2] feux illuminent
Les pas lents et tardifs de l'humaine Raison !
Il faut, pour voir de loin les peuples qui cheminent,
Que le Berger t'enchâsse[3] au toit de sa Maison.
Le jour n'est pas levé. – Nous en sommes encore
Au premier rayon blanc qui précède l'aurore
Et dessine la terre aux bords de l'horizon.

Les peuples tout enfants à peine se découvrent
Par-dessus les buissons nés pendant leur sommeil,
Et leur main, à travers les ronces qu'ils entr'ouvrent,
Met aux coups mutuels le premier appareil[4].
La barbarie encor[5] tient nos pieds dans sa gaîne[6]
Le marbre des vieux temps[7] jusqu'aux reins nous enchaîne,
Et tout homme énergique au dieu Terme[8] est pareil.

Mais notre esprit rapide en mouvements abonde :
Ouvrons tout l'arsenal de ses puissants ressorts.
L'Invisible est réel. Les âmes ont leur monde
Où sont accumulés d'impalpables trésors.
Le Seigneur contient tout dans ses deux bras immenses,
Son Verbe[9] est le séjour de nos intelligences,
Comme ici-bas l'espace est celui de nos corps.

Extrait de la partie II, vers 204-224.

1. Publication posthume.
2. Le poète s'adresse à la poésie.
3. Te fixe.
4. Le premier instrument.
5. Il s'agit là d'une licence poétique.
6. Nous immobilise.
7. Texte adopté dans la coll. « Bibliothèque de la Pléiade », éd. Gallimard, 1950. Variante trouvée dans d'autres éditions : *La marche des vieux temps…*
8. Dieu romain symbolisant la notion de limite.
9. Sa parole.

LECTURE ANALYTIQUE

▶ **1.** Quelles fonctions le poète reconnaît-il à la poésie ? Répondez à partir des premiers vers.

▶ **2.** Quelle image de l'humanité les strophes 1 et 2 donnent-elles ? Étudiez l'idée de commencement, d'enfance, d'évolution freinée. Quel vers de la première strophe ces images développent-elles ?

▶ **3.** Quel sens faut-il donner à l'articulation logique qui ouvre la strophe 3 ? Quel jeu d'opposition se met en place ? Quel est le rôle de la poésie par rapport à l'*Invisible* et aux *trésors* du monde des âmes ?

▶ **4.** Quel est le registre du texte ? Répondez en prenant appui sur diverses figures de rhétorique. Comment ce registre s'accorde-t-il avec la notion de « poésie philosophique » ?

GUIDE p. 371-374

Gustav Klimt (1862-1918), *Rosiers sous les arbres*, 1905 (peinture, 110 x 110 cm ; Musée d'Orsay, Paris).

4. Jules Laforgue, *Premiers poèmes* (1903)[1]

Prenant des distances avec le pessimisme et la dérision qui caractérisent son œuvre, Laforgue offre ici une vision lumineuse de la poésie, dans un sonnet en marge duquel il avait d'abord écrit : « À Paul Bourget, ce serait son apothéose[2] ».

Apothéose

En tous sens, à jamais, le Silence fourmille
De grappes d'astres d'or mêlant leurs tournoiements.
On dirait des jardins sablés de diamants,
Mais, chacun, morne et très-solitaire, scintille.

Or, là-bas, dans ce coin inconnu, qui pétille
D'un sillon de rubis mélancoliquement,
Tremblote une étincelle au doux clignotement :
Patriarche éclaireur conduisant sa famille.

Sa famille : un essaim de globes lourds fleuris.
Et sur l'un, c'est la terre, un point jaune, Paris,
Où, pendue, une lampe, un pauvre fou qui veille :

Dans l'ordre universel, frêle, unique merveille.
Il en est le miroir d'un jour et le connaît.
Il y rêve longtemps, puis en fait un sonnet.

1. Publication posthume.
2. Triomphe, glorification.

RECHERCHE DOCUMENTAIRE

▸ Recherchez qui était Paul Bourget et quel fut son rôle dans la vie littéraire.

LECTURE ANALYTIQUE

▸ **1.** Après avoir repéré les termes désignant les lieux et l'espace, dites quel phénomène on peut observer du vers 1 au vers 11. Observez aussi l'emploi du pluriel et du singulier pour répondre.

▸ **2.** Quelles sont les caractéristiques de l'univers évoqué ? Répondez en prenant appui sur deux champs lexicaux dominants. Quelles en sont les connotations ?

▸ **3.** Repérez les termes qui définissent ou caractérisent le poète : en quoi ces termes peuvent-ils apparaître comme contradictoires ? Quels sont les rôles évoqués ?

▸ **4.** Expliquez les deux derniers vers. Quelle signification peut-on attribuer au choix du mot *sonnet* pour terminer un sonnet consacré au poète ?

ÉCRITURE

▸ **Réécriture :** sur le modèle du second tercet du poème de Laforgue, donnez une définition personnelle du poète, en y intégrant un espace, une ou deux fonctions et une ou deux actions.

GUIDE p. 371-372-374

5. Paul Claudel, *Cinq grandes odes* (1910)

La quatrième des Cinq grandes odes, *textes poétiques écrits en « versets [1] », a été composée en 1907. Le poète s'adresse à la Muse, pour l'éloigner de lui en lui rappelant que son devoir de poète est de rester simple, humain et de s'intéresser au côté matériel des choses.*

La Muse qui est la Grâce

Strophe I

– Ô Muse, il sera temps de dormir un autre jour ! Mais puisque cette grande nuit tout entière est à nous,
Et que je suis un peu ivre[2] en sorte qu'un autre mot parfois
Vient à la place du vrai, à la façon que tu aimes,
Laisse-moi avoir explication avec toi,
Laisse-moi te refouler dans cette strophe, avant que tu ne reviennes sur moi comme une vague avec un cri félin !
Va-t'en de moi un peu ! laisse-moi faire ce que je veux un peu !
Car, quoi que je fasse et si que je le fasse de mon mieux[3],
Bientôt je vois un œil se lever sur moi en silence comme vers quelqu'un qui feint.
Laisse-moi être nécessaire ! laisse-moi remplir fortement une place reconnue et approuvée,
Comme un constructeur de chemins de fer, on sait qu'il ne sert pas à rien, comme un fondateur de syndicats !

1. Le verset claudélien est un vers irrégulier, libre, qui repose sur des phrases se longueur différente. La disposition graphique est celle qu'a décidée le poète, pour créer un rythme en général ample.
2. Il s'agit d'une ivresse poétique.
3. Et même si je le fais de mon mieux.

Odilon Redon (1840-1916), *Pégase,* 1908 (peinture, 65 x 50 cm ; Collection privée).

Qu'un jeune homme avec son menton orné d'un flocon jaunâtre
Fasse des vers, on sourit seulement.
J'attendais que l'âge me délivrât des fureurs de cet esprit bachique[4].
Mais, loin que j'immole le bouc[5], à ce rire qui gagne des couches plus profondes
Il me faut trouver que je ne fais plus sa part.
Du moins laisse-moi faire de ce papier ce que je veux et le remplir avec un art studieux,
Ma tâche, comme ceux-là qui en ont une.
Ainsi le scribe Égyptien recensait de sa pointe minutieuse les tribus, et les parts de butin, et les files de dix captifs attachés,
Et les mesures de blé que l'on porte à la meule banale[6], et les barques à la douane.
Ainsi l'antique sculpteur avec sa tignasse rougie à la chaux attrapé à sa borne de basalte[7] noire avec la massette et le ciseau,
Et de temps en temps il souffle sur ses caractères pareils à des clous entrecroisés pour ôter la poussière et se recule avec contentement.
Et je voudrais composer un grand poëme plus clair que la lune qui brille avec sérénité sur la campagne dans la semaine de la moisson,
Et tracer une grande Voie triomphale au travers de la Terre,
Au lieu de courir comme je peux la main sur l'échine de ce quadrupède ailé[8] qui m'entraîne, dans sa course cassée qui est à moitié aile et bond !
Laisse-moi chanter les œuvres des hommes et que chacun retrouve dans mes vers ces choses qui lui sont connues,
Comme de haut on a plaisir à reconnaître sa maison, et la gare, et la mairie, et ce bonhomme avec son chapeau de paille, mais l'espace autour de soi est immense !
Car à quoi sert l'écrivain, si ce n'est à tenir des comptes ?

Quatrième ode, début de la première strophe, éd. Gallimard.

4. L'auteur évoque ici l'ivresse poétique par référence à celle des prêtresses du culte de Dionysos (Bacchus).

5. Le bouc est l'animal sacré de Dionysos.

6. Qui appartient au ban, au territoire du seigneur, et dont chacun peut se servir moyennant une taxe.

7. Roche volcanique.

8. Référence à Pégase, le cheval symbole de l'inspiration.

RECHERCHE DOCUMENTAIRE

▸ **1.** Recherchez l'histoire et les caractéristiques de l'ode. Qui en a écrit, à quelles époques, dans quels registres ? Dans quelle tradition Claudel s'inscrit-il ?

▸ **2.** Qui étaient les Muses ? Quel était leur rôle et où résidaient-elles, selon la tradition grecque ? Quel poète du XIXe siècle a composé lui aussi des textes poétiques dans lesquels il dialogue avec la muse ? (⇛ aussi p. 89 et 220)

LECTURE ANALYTIQUE

▸ **1.** À partir de l'interpellation du début, de la manière dont le poète s'adresse à la Muse et de l'objet de sa demande, déterminez quelles relations le poète semble vouloir instaurer avec son inspiratrice. Quel mot du début du texte annonce la démarche du poète ?

▸ **2.** Quelles raisons donne-t-il à son refus ? Retrouvez-les en mettant en relief les articulations qui permettent de les identifier. Comment cet exposé est-il mis en valeur par la disposition typographique du texte ?

▸ **3.** Les raisons énoncées sont accompagnées de revendications ; retrouvez-les et expliquez quelle image et quelles fonctions du poète se dessinent dans l'ode : quelle est la mission pratique (et paradoxale) du poète donnée ici par Claudel ? Quelles sont aussi ses ambitions ? Partez du lexique et de ses oppositions pour répondre à cette question.

▸ **4.** La démarche poétique que semble revendiquer le poète est-elle incompatible avec la présence de la Muse ? Répondez à cette question à partir du texte.

ÉCRITURE

▸ **Commentaire :** commentez cet extrait de Claudel en étudiant comment refus et revendications, certitudes et volonté d'être utile se mêlent pour définir le rôle du poète et la création poétique.

▸ **Débat :** *un autre mot parfois vient à la place du vrai…*, écrit Paul Claudel en parlant de l'ivresse poétique. En quoi cette affirmation peut-elle caractériser la création poétique ?

GUIDE p. 371-374

6. Francis Ponge, *La Rage de l'expression* (1952)

Dans Le Parti pris des choses *(1942), Ponge décrit des « choses », des objets banals, quotidiens et, dans* La Rage de l'expression *(1952), il explique sa démarche : faire évoluer la poésie et le lecteur. En préambule au poème « L'œillet », il présente sa méthode, avant de proposer, en application, quinze études évoquant cette fleur.*

L'œillet

Relever le défi des choses au langage. Par exemple ces œillets défient le langage. Je n'aurai de cesse avant d'avoir assemblé quelques mots à la lecture ou l'audition desquels l'on doive s'écrier nécessairement : c'est de quelque chose comme un œillet qu'il s'agit.

Est-ce là poésie ? Je n'en sais rien, et peu importe. Pour moi c'est un besoin, un engagement, une colère, une affaire d'amour-propre et voilà tout.

*

Giorgio Morandi (1890-1964), *Nature morte*, 1957 (peinture, 31,5 x 25,5 cm ; Collection privée).

Je ne me prétends pas poète. Je crois ma vision fort commune.

Étant donnée une chose – la plus ordinaire soit-elle – il me semble qu'elle présente toujours quelques qualités vraiment particulières sur lesquelles, si elles étaient clairement et simplement exprimées, il y aurait opinion unanime et constante : ce sont celles que je cherche à dégager.

Quel intérêt à les dégager ? Faire gagner à l'esprit humain ces qualités, dont il est *capable* et que seule sa routine l'empêche de s'approprier.

Quelles disciplines sont nécessaires au succès de cette entreprise ? Celles de l'esprit scientifique sans doute, mais surtout beaucoup d'art. Et c'est pourquoi je pense qu'un jour une telle recherche pourra aussi légitimement être appelée *poésie*.

Début du poème, éd. Gallimard.

LECTURE ANALYTIQUE

▶ **1.** Observez la forme et la structure du texte, ainsi que les modes et les temps des verbes : dans quel genre littéraire le classeriez-vous ?

▶ **2.** Expliquez la première phrase du texte et dites en quoi consiste la démarche poétique selon Francis Ponge, puis, en vous appuyant sur l'ensemble du premier paragraphe, précisez ce que cela représente pour lui. Retrouvez les termes du premier paragraphe qui renvoient au titre de l'œuvre *La Rage de l'expression*.

▶ **3.** Quelle est la fonction du paragraphe 2 par rapport au premier ? Reformulez les objectifs énoncés par celui qui parle, puis les raisons données et les « moyens » nécessaires.

▶ **4.** Retrouvez dans le texte tout ce qui renvoie, dans les mots ou dans la forme, au domaine littéraire et au domaine scientifique : en quoi la poésie, selon Francis Ponge, se rattache-t-elle aux deux ?

ÉCRITURE

▶ **Invention :** en prenant en compte les objectifs des lignes 10-16, décrivez, à la manière de Ponge, une chose naturelle, un objet très simple.

▶ **Essai :** *défi des choses au langage* ; comment les choses peuvent-elles « défier » le langage ? Comment le poète peut-il relever ce défi ? Vous apporterez des réponses à ces questions et vous chercherez quelles sont les finalités d'un art qui cherche à transcrire des choses à travers des mots.

ÉTUDE COMPARÉE

▶ Rapprochez le texte de Musset, « Impromptu » (⇒ p. 228), et celui de Ponge, « L'œillet » : pourquoi peut-on les mettre en parallèle ? En quoi les deux poèmes sont-ils différents ?

GUIDE p. 371-373

7. Paul Éluard, *Deux poètes d'aujourd'hui* (1947)

Dans le poème suivant, dont le titre est emprunté au poète Lautréamont (1846-1870), Éluard répond à ceux de ses amis qui lui reprochent de s'être engagé politiquement.

Fernand Léger (1881-1955), *L'Enfant à l'oiseau*, 1953 (céramique ; Musée Fernand Léger, Biot).

« La poésie doit avoir pour but la vérité pratique »

à mes amis exigeants

Si je vous dis que le soleil dans la forêt
Est comme un ventre qui se donne dans un lit
Vous me croyez vous approuvez tous mes désirs

Si je vous dis que le cristal d'un jour de pluie
Sonne toujours dans la paresse de l'amour
Vous me croyez vous allongez le temps d'aimer

Si je vous dis que sur les branches de mon lit
Fait son nid un oiseau qui ne dit jamais oui
Vous me croyez vous partagez mon inquiétude

Si je vous dis que dans le golfe d'une source
Tourne la clé d'un fleuve entr'ouvrant la verdure
Vous me croyez encore plus vous comprenez

Mais si je chante sans détours ma rue entière
Et mon pays entier comme une rue sans fin
Vous ne me croyez plus vous allez au désert[1]

Car vous marchez sans but sans savoir que les hommes
Ont besoin d'être unis d'espérer de lutter
Pour expliquer le monde et pour le transformer

D'un seul pas de mon cœur je vous entraînerai
Je suis sans forces j'ai vécu je vis encore
Mais je m'étonne de parler pour vous ravir
Quand je voudrais vous libérer pour vous confondre
Aussi bien avec l'algue et le jonc de l'aurore
Qu'avec nos frères qui construisent leur lumière.

Éd. Gallimard.

1. Vous vous éloignez dans la solitude.

RECHERCHE DOCUMENTAIRE

▸ Recherchez qui était Lautréamont, ce qu'était sa conception de la poésie et ce qu'il a écrit. Précisez aussi quelle influence il a exercée sur les poètes surréalistes.

LECTURE ANALYTIQUE

▸ **1.** Observez la structure du texte, les anaphores, la présence d'articulations logiques, les reprises de structure de vers : que remarquez-vous ? Quel est l'effet produit à la lecture ? À quel moment du texte y a-t-il un changement important ?

▸ **2.** Quelles relations le poète met-il en évidence dans les quatre premières strophes entre lui-même et ses amis ? Étudiez les différentes conditions évoquées : à quels thèmes poétiques font-elles références et quelles attitudes déterminent-elles ? À travers quels mots et dans quel registre les thèmes poétiques sont-ils exprimés ?

▸ **3.** Qu'y a-t-il de différent, à partir de la strophe 5, en ce qui concerne le thème d'inspiration poétique, l'attitude du poète, celle de ses amis ? Quel sens donnez-vous à l'expression *chanter sans détours* ?

▸ **4.** Comment le poète définit-il son rôle dans la dernière strophe ? Expliquez comment s'établit, sur le plan de la vocation poétique et sur celui de la vocation politique, une véritable synthèse.

▸ **5.** Qu'est-ce qui donne sa force de conviction au texte ?

ÉCRITURE

▸ **Commentaire :** vous ferez un commentaire du poème d'Éluard. Vous pourrez montrer en particulier comment, sous une forme à la fois lyrique et argumentée, le poète justifie le choix d'un engagement humain et politique en soulignant que celui-ci n'est pas incompatible avec la poésie qu'aiment ses amis, mais qu'ils devraient savoir aller au-delà.

GUIDE p. 371-374

8. Louis Aragon, *Le Roman inachevé* (1956)

Les « Strophes pour se souvenir » ont été écrites en 1955, en mémoire des membres du groupe Manouchian, résistants étrangers fusillés par les Allemands le 21 février 1944. L'annonce de leur condamnation s'était faite par une affiche reproduisant leurs photographies, et qui est restée sous le nom de l'Affiche rouge.

Strophes pour se souvenir

Vous n'avez réclamé la gloire ni les larmes
Ni l'orgue ni la prière aux agonisants
Onze ans déjà que cela passe vite onze ans
Vous vous étiez servi simplement de vos armes
La mort n'éblouit pas les yeux des Partisans[1]

Vous aviez vos portraits sur les murs de nos villes
Noirs de barbe et de nuit hirsutes menaçants
L'affiche qui semblait[2] une tache de sang
Parce qu'à prononcer vos noms sont difficiles
Y cherchait un effet de peur sur les passants

1. Nom donné aux résistants à l'occupation allemande.
2. Qui ressemblait à.

L'Affiche rouge, 1944 (Collection privée).

Nul ne semblait vous voir Français de préférence
Les gens allaient sans yeux pour vous le jour durant
Mais à l'heure du couvre-feu des doigts errants
Avaient écrit sous vos photos MORTS POUR LA FRANCE
Et les mornes matins en étaient différents

Tout avait la couleur uniforme du givre
À la fin février pour vos derniers moments.
Et c'est alors que l'un de vous dit calmement
Bonheur à tous Bonheur à ceux qui vont survivre
Je meurs sans haine en moi pour le peuple allemand

Adieu la peine et le plaisir Adieu les roses
Adieu la vie adieu la lumière et le vent
Marie-toi sois heureuse et pense à moi souvent
Toi qui vas demeurer dans la beauté des choses
Quand tout sera fini plus tard en Erivan[3]

Un grand soleil d'hiver éclaire la colline
Que la nature est belle et que le cœur me fend
La justice viendra sur nos pas triomphants
Ma Mélinée[4] *ô mon amour mon orpheline*
Et je te dis de vivre et d'avoir un enfant

Ils étaient vingt et trois quand les fusils fleurirent
Vingt et trois qui donnaient leur cœur avant le temps
Vingt et trois étrangers et nos frères pourtant
Vingt et trois amoureux de vivre à en mourir
Vingt et trois qui criaient la France en s'abattant

Partie 3, éd. Gallimard, © Aragon.

3. Capitale de l'Arménie, d'où était originaire Manouchian.
4. Prénom de la femme de Manouchian. Aragon emprunte ici des passages de la dernière lettre écrite par Manouchian à sa femme.

LECTURE ANALYTIQUE

▸ **1.** Observez les différentes graphies du texte : comment peut-on les expliquer ? Quelle est leur signification ? Déterminez aussi les différentes situations d'énonciation et la présence de destinataires. À quoi correspondent les changements de temps d'une strophe à l'autre ?

▸ **2.** Retrouvez dans le texte les éléments qui font référence à l'époque et aux circonstances historiques de l'exécution, et qui donnent des informations sur les homme du groupe Manouchian : leur origine, leur rôle, leur importance.

▸ **3.** Que met en relief Aragon, aussi bien lorsqu'il évoque les actions, la situation et l'exécution du groupe, que lorsqu'il rapporte les mots de Manouchian lui-même ? Sur quoi l'éloge porte-t-il ?

▸ **4.** Quelle leçon et quelle réflexion Aragon propose-t-il à des lecteurs français, à travers un texte qui ne leur est pas directement adressé ? En quoi le choix d'une expression poétique peut-elle donner plus de force à ce message ?

▸ **5.** Expliquez, grâce à l'affiche, ce qui est dit dans la strophe 2.

GUIDE p. 371-374

9. Alain Bosquet, *Sonnets pour une fin de siècle* (1980)

Dans la préface de son recueil Sonnets pour une fin de siècle, *Alain Bosquet explique qu'il a choisi la forme du sonnet pour mêler au « poids du siècle » « émerveillement, amour des étoiles, désir d'être ailleurs, capture d'un idéal, granit de l'angoisse ».*

Défense du poète

À Jean-Claude Groshens

Écrire son poème, est-ce une trahison,
comme devant la mise à mort d'un innocent
on détourne les yeux ? Aligner quelques mots
qui lâchent le réel pour un gramme d'azur,

est-ce dresser un paravent contre le monde
affolé dans son bain, parmi l'écume noire ?
Traiter sa fable favorite en libellule
par-dessus la rivière, est-ce oublier le pain

qui manque à l'homme ? Remplacer le vrai printemps
par un printemps verbal aux toucans[1] invisibles
qui sont peut-être un peu de feu, est-ce insulter

notre nature ? Aimer une voyelle blanche
comme on aime sa fille, est-ce être dédaigneux
de notre amour universel, qui nous saccage ?

Éd. Gallimard.

1. Oiseaux de l'Amérique tropicale dotés d'un énorme bec, vivement coloré.

LECTURE ANALYTIQUE

▸ **1.** À partir de la récurrence du point d'interrogation et des virgules, observez la manière dont le texte est construit : comment la même structure se reproduit-elle ? Quelle est la démarche mise en jeu ?

▸ **2.** Qu'est-ce qui se trouve énoncé dans chaque début de phrase ? Retrouvez les mots qui appartiennent au même champ lexical, puis donnez le sens des actions énumérées en tenant compte de tous les éléments qui servent à préciser (compléments, propositions, adjectifs…).

▸ **3.** Observez la partie de phrase qui suit chaque interrogation (*est-ce… ?*) : qu'est-ce qui est évoqué ? Quelles connotations toutes ces questions ont-elles en commun ? À qui pourraient-elles appartenir ? Quelles sont leurs relations ?

▸ **4.** Que permet l'énumération des questions ? Quelle réponse se trouve implicitement contenue par la quadruple juxtaposition de deux énoncés ? Déduisez de cette « démonstration » la définition qu'Alain Bosquet veut donner de la démarche poétique et les accusations qu'il refuse.

▸ **5.** À partir de l'étude du texte, expliquez son titre.

ÉCRITURE

▸ **Réécriture :** en utilisant comme mots de départ « peindre », « composer de la musique », « écrire », posez des questions, à la manière d'Alain Bosquet, pour proposer une démarche de création et l'associer, par l'utilisation de « est-ce… ? », à une définition récusée.

▸ **Essai :** le rôle du poète est-il d'évoquer les réalités de la vie quotidienne, comme le suggère Claudel (⇒ p. 231), ou de métamorphoser ces réalités en art pour les rendre plus belles et plus agréables aux hommes ?

GUIDE p. 371-372-374

10. Lire l'image

Max Ernst (1891-1976), *33 jeunes filles à la poursuite d'un papillon blanc*, 1958 (peinture, 137 x 107 cm ; Collection Thyssen-Bornemisza, Madrid).

RECHERCHE DOCUMENTAIRE

▸ Cherchez, dans une histoire de la peinture, des informations concernant le peintre Max Ernst et donnez le nom de quelques-unes de ses œuvres. Cherchez en particulier à quelles techniques d'expression il s'est intéressé.

LECTURE ANALYTIQUE

▸ **1.** Dites, avec le plus de précision possible, ce que vous voyez sur ce tableau et quelles en sont les caractéristiques techniques. Quelle impression générale peut-on ressentir à sa vue ?

▸ **2.** Ce que vous voyez sur le tableau vous semble-t-il immédiatement identifiable ? Donnez des interprétations en les justifiant.

▸ **3.** Rapprochez le tableau et le titre donné par le peintre : quelles remarques ce rapprochement vous inspire-t-il ? À quel registre pourriez-vous rattacher ce titre ?

▸ **4.** Cherchez des œuvres picturales dont la technique annonce celle de Max Ernst ici.

ÉCRITURE

▸ **Invention :** composez un texte bref dont le mode d'écriture ressemble à la technique utilisée ici par le peintre. Faites en sorte que le thème se rapproche de ce que le tableau représente ou évoque. (Vous pouvez – ou non – utiliser pour cela le titre du tableau.)

GUIDE p. 493

2e PARTIE

LE THÉÂTRE

Orlando, mise en scène
de Robert Wilson en 1993,
avec Isabelle Huppert ;
détail p. 242 et 260.

Séquence 13

Formes et langage du théâtre (1)

1. Pierre Corneille, *L'Illusion comique* (1635-1636)

Pridamant est à la recherche de Clindor, son fils disparu. Le magicien Alcandre, consulté, propose de lui montrer, par la magie, plusieurs scènes de la vie de Clindor. Pridamant découvre ainsi comment a vécu son fils et quelle a été sa mort. Mais, en réalité, Clindor est toujours vivant : il est devenu comédien et a fait de ses aventures le spectacle qu'a vu son père. À la fin de ce spectacle, Alcandre explique le pouvoir magique de l'illusion théâtrale.

ALCANDRE. – Ainsi tous les acteurs d'une troupe comique,
Leur poëme[1] récité, partagent leur pratique[2] :
L'un tue, et l'autre meurt, l'autre vous fait pitié ;
Mais la scène préside à leur inimitié.
Leurs vers font leurs combats, leur mort suit leurs paroles,
Et, sans prendre intérêt[3] en pas un de leurs rôles,
Le traître et le trahi, le mort et le vivant,
Se trouvent à la fin amis comme devant.
Votre fils et son train[4] ont bien su, par leur fuite,
D'un père et d'un prévôt éviter la poursuite ;
Mais tombant dans les mains de la nécessité,
Ils ont pris le théâtre[5] en cette extrémité.

PRIDAMANT. – Mon fils comédien !

ALCANDRE. – D'un art si difficile

1. Le mot comporte ici deux syllabes et désigne le texte de la pièce.
2. La recette du spectacle.
3. Sans se passionner.
4. Sa suite.
5. Sont devenus comédiens.

D'après Abraham Bosse (1602-1676), *Louis XIII, Richelieu et Anne d'Autriche assistant à la représentation de* Mirame *de Desmaret de Saint-Sorlin au Palais Cardinal en 1641* (Musée des Arts décoratifs, Paris).

Tous les quatre, au besoin[6], ont fait un doux asile ;
Et, depuis sa prison, ce que vous avez vu,
Son adultère amour, son trépas imprévu,
N'est que la triste fin d'une pièce tragique
Qu'il expose aujourd'hui sur la scène publique,
Par où ses compagnons en ce noble métier
Ravissent à Paris un peuple tout entier.
Le gain leur en demeure, et ce grand équipage,
Dont je vous ai fait voir le superbe étalage
Est bien à votre fils, mais non pour s'en parer
Qu'alors que[7] sur la scène il se fait admirer.

PRIDAMANT. – J'ai pris sa mort pour vraie, et ce n'était que feinte ;
Mais je trouve partout même sujet de plainte.
Est-ce là cette gloire, et ce haut rang d'honneur
Où le devait monter l'excès de son bonheur ?

ALCANDRE. – Cessez de vous en plaindre. À présent le théâtre
Est en un point si haut que chacun l'idolâtre ;
Et ce que votre temps voyait avec mépris
Est aujourd'hui l'amour de tous les bons esprits,
L'entretien de Paris, le souhait des provinces,
Le divertissement le plus doux de nos princes,
Les délices du peuple, et le plaisir des grands ;
Il tient le premier rang parmi leurs passe-temps :
Et ceux dont nous voyons la sagesse profonde
Par ses illustres soins conserver tout le monde,
Trouvent dans les douceurs d'un spectacle si beau
De quoi se délasser d'un si pesant fardeau.
Même notre grand Roi, ce foudre de la guerre[8],
Dont le nom se fait craindre aux deux bouts de la terre,
Le front ceint de lauriers, daigne bien quelquefois
Prêter l'œil et l'oreille au Théâtre françois :
C'est là que le Parnasse étale ses merveilles ;
Les plus rares esprits lui consacrent leurs veilles ;
Et tous ceux qu'Apollon voit d'un meilleur regard
De leurs doctes travaux lui donnent quelque part.

Acte V, scène 5 (extrait : vers 1617-1664).

6. Dans le besoin.
7. Sinon lorsque…
8. Personnage belliqueux.

RECHERCHE DOCUMENTAIRE

▸ **1.** Que désigne le mot « Parnasse » ? Cherchez dans ce manuel des textes et des illustrations dans lesquels ce mot apparaît. Quelle relation entretient-il avec le théâtre ?

▸ **2.** Cherchez quel était le statut des comédiens au XVIIe siècle et les raisons pour lesquelles un père pouvait se désoler que son fils choisisse ce métier.

LECTURE ANALYTIQUE

▸ **1.** Étudiez en quoi les paroles d'Alcandre et celles de Pridamant jusqu'au vers 28 reprennent les deux notions qui figurent dans les deux premiers vers : qu'est ce qui renvoie à la réalité ? Qu'est-ce qui renvoie au théâtre ?

▸ **2.** Déduisez de la première réponse, et de la présence de certains champs lexicaux, tout ce qui fait le pouvoir magique du théâtre. À travers quelles perceptions s'exerce cette magie (v. 44) ? Quels en sont les instruments (v. 5) ?

▸ **3.** Les propos d'Alcandre relèvent de deux formes successives de discours : lesquelles ? Avec quel contenu ? Expliquez en quoi elles se complètent.

▸ **4.** Déterminez quels sont les objectifs des paroles du magicien et quels peuvent en être les effets sur le destinataire immédiat, le public. À qui s'adresse également la dernière tirade ?

ÉCRITURE

▸ **Réécriture :** vous transformerez ce dialogue de théâtre en texte argumentatif écrit à la troisième personne. Vous y vanterez la magie du théâtre et exposerez l'ensemble de ses pouvoirs. Vous ferez intervenir le point de vue de Pridamant sous forme d'objections.

GUIDE p. 165-378

2. Molière, *Tartuffe* (1664-1667-1669)

Contrairement à ce qui se passe dans le roman, au théâtre, il n'y a aucun narrateur pour prendre en compte le récit de ce qui arrive. Est-ce à dire qu'il n'y a pas de récit, seulement une conversation ? Le début de Tartuffe *fait comprendre ce qu'est une parole en action.*

Scène 1

MADAME PERNELLE ET FLIPOTE SA SERVANTE, ELMIRE, MARIANE, DORINE, DAMIS, CLÉANTE

MADAME PERNELLE. – Allons, Flipote, allons, que d'eux je me délivre.

ELMIRE. – Vous marchez d'un tel pas qu'on a peine à vous suivre.

MADAME PERNELLE. – Laissez, ma bru, laissez, ne venez pas plus loin :
Ce sont toutes façons dont je n'ai pas besoin.

ELMIRE. – De ce que l'on vous doit envers vous on s'acquitte.
Mais, ma mère, d'où vient que vous sortez si vite ?

MADAME PERNELLE. – C'est que je ne puis voir tout ce ménage-ci,
Et que de me complaire on ne prend nul souci.
Oui, je sors de chez vous fort mal édifiée :

Dans toutes mes leçons j'y suis contrariée,
On n'y respecte rien, chacun y parle haut,
Et c'est tout justement la cour du roi Pétaut[1].

DORINE. – Si…

MADAME PERNELLE. – Vous êtes, mamie, une fille suivante[2]
Un peu trop forte en gueule, et fort impertinente :
Vous vous mêlez sur tout de dire votre avis.

DAMIS. – Mais…

MADAME PERNELLE. – Vous êtes un sot en trois lettres, mon fils ;
C'est moi qui vous le dis, qui suis votre grand-mère ;
Et j'ai prédit cent fois à mon fils, votre père,
Que vous preniez tout l'air d'un méchant garnement,
Et ne lui donneriez jamais que du tourment.

MARIANE. – Je crois…

MADAME PERNELLE. – Mon Dieu, sa sœur, vous faites la discrette[3],
Et vous n'y touchez pas, tant vous semblez doucette ;
Mais il n'est, comme on dit, pire eau que l'eau qui dort,
Et vous menez sous chape[4] un train que je hais fort.

ELMIRE. – Mais, ma mère…

MADAME PERNELLE. – Ma bru, qu'il ne vous en déplaise,
Votre conduite en tout est tout à fait mauvaise ;
Vous devriez leur mettre un bon exemple aux yeux,
Et leur défunte mère en usait beaucoup mieux.
Vous êtes dépensière ; et cet état me blesse,
Que vous alliez vêtue ainsi qu'une princesse.
Quiconque à son mari veut plaire seulement,
Ma bru, n'a pas besoin de tant d'ajustement.

CLÉANTE. – Mais, madame, après tout…

MADAME PERNELLE. – Pour vous, monsieur son frère,
Je vous estime fort, vous aime, et vous révère ;
Mais enfin, si j'étais de mon fils, son époux,
Je vous prierais bien fort de n'entrer point chez nous.
Sans cesse vous prêchez des maximes de vivre
Qui par d'honnêtes gens ne se doivent point suivre.
Je vous parle un peu franc ; mais c'est là mon humeur,
Et je ne mâche point ce que j'ai sur le cœur.

DAMIS. – Votre monsieur Tartuffe est bien heureux sans doute…

MADAME PERNELLE. – C'est un homme de bien, qu'il faut que l'on [écoute ;
Et je ne puis souffrir sans me mettre en courroux
De le voir querellé par un fou comme vous.

DAMIS. – Quoi ? je souffrirai, moi, qu'un cagot[5] de critique
Vienne usurper céans[6] un pouvoir tyrannique
Et que nous ne puissions à rien nous divertir,

1. Cour où l'on discute les ordres du roi et où règne le désordre.
2. Emploi de théâtre à mi-chemin entre la servante et la demoiselle de compagnie.
3. Orthographe voulue par la rime.
4. Sous cape, en secret.
5. Faux dévot.
6. Ici, à la maison.

Si ce beau monsieur-là n'y daigne consentir ?

DORINE. – S'il le faut écouter et croire à ses maximes,
On ne peut faire rien qu'on ne fasse des crimes ;
Car il contrôle tout, ce critique zélé.

MADAME PERNELLE. – Et tout ce qu'il contrôle est fort bien contrôlé.
C'est au chemin du Ciel qu'il prétend vous conduire,
Et mon fils à l'aimer vous devrait tous induire.

DAMIS. – Non, voyez-vous, ma mère, il n'est père ni rien
Qui me puisse obliger à lui vouloir du bien :
Je trahirais mon cœur de parler d'autre sorte ;
Sur ces façons de faire à tous coups je m'emporte ;
J'en prévois une suite, et qu'avec ce pied-plat[7]
Il faudra que j'en vienne à quelque grand éclat.

Acte I, scène 1 (extrait : vers 1-60).

7. Qui ne porte pas de talons, paysan.

RECHERCHE DOCUMENTAIRE

▸ Cherchez l'explication des trois dates de *Tartuffe* et tirez-en quelques remarques concernant, d'une part, les conditions de représentation d'une pièce sous le règne de Louis XIV et, d'autre part, la force de dénonciation d'une comédie.

LECTURE ANALYTIQUE

▸ **1.** Observez dans le texte l'organisation des prises de parole : quelle remarque pouvez-vous faire ? Comment le dialogue est-il construit ?

▸ **2.** Distinguez dans chaque réplique de Madame Pernelle ce qui a une utilité immédiate pour le public (qui n'a pas le texte sous les yeux) et ce qui s'adresse à la fois au personnage et au public.

▸ **3.** Quelle forme prennent les paroles de Madame Pernelle qui concernent chaque personnage personnellement ? Quelle est l'utilité de ces paroles, pour le public, sur le double plan de la connaissance des personnages et de l'intrigue de la pièce ?

▸ **4.** À quel moment le lecteur et le spectateur peuvent-ils noter un changement important dans l'échange de répliques : quel mot provoque un renversement de situation ? En quoi ce mot donne-t-il une clé pour comprendre les relations familiales ?

▸ **5.** Quel est l'élément comique de cet extrait de scène ? Quelles en sont les visées dans la relation instaurée avec le public ?

ÉCRITURE

▸ **Réécriture :** perçu visuellement et auditivement au théâtre, l'extrait donné ici « raconte » une scène de famille à travers le dialogue. Vous êtes un narrateur : racontez – à la troisième personne – ce qui se passe en prenant appui sur les répliques ; ne vous contentez pas de les transformer en discours indirect.

GUIDE p. 167-378

Le Misanthrope de Molière, mise en scène de Simon Eine à la Comédie Française en 1996, avec Simon Eine et Catherine Sauval.

3. Molière, *Le Misanthrope* (1666)

« Ennemi du genre humain », Alceste, le misanthrope, n'en est pas moins amoureux de la coquette Célimène, qui vit entourée de galants. Dans la scène qui précède, Alceste vient de faire savoir, en l'absence de la jeune femme, qu'il a saisi un billet sans destinataire dans lequel elle avoue son amour à un homme. C'est alors qu'elle arrive…

Scène 3

CÉLIMÈNE, ALCESTE

ALCESTE. – Ô Ciel ! de mes transports[1] puis-je être ici le maître ?

CÉLIMÈNE. – Ouais ! Quel est donc le trouble où je vous vois paraître ?
Et que me veulent dire et ces soupirs poussés,
Et ces sombres regards que sur moi vous lancez ?

ALCESTE. – Que toutes les horreurs dont une âme est capable
À vos déloyautés n'ont rien de comparable ;
Que le sort, les démons, et le Ciel en courroux
N'ont jamais rien produit de si méchant que vous.

CÉLIMÈNE. – Voilà certainement des douceurs que j'admire.

ALCESTE. – Ah ! ne plaisantez point, il n'est pas temps de rire :
Rougissez bien plutôt, vous en avez raison[2] ;
Et j'ai de sûrs témoins[3] de votre trahison.
Voilà ce que marquaient[4] les troubles de mon âme :
Ce n'était pas en vain que s'alarmait ma flamme ;
Par ces fréquents soupçons, qu'on trouvait odieux,

1. Manifestations de grande agitation.
2. Vous avez des raisons pour rougir.
3. Preuves.
4. Présageaient.

Je cherchais le malheur qu'ont rencontré mes yeux ;
Et malgré tous vos soins et votre adresse à feindre,
Mon astre[5] me disait ce que j'avais à craindre.
Mais ne présumez pas que, sans être vengé,
Je souffre le dépit de me voir outragé.
Je sais que sur les vœux on n'a point de puissance,
Que l'amour veut partout naître sans dépendance,
Que jamais par la force on n'entra dans un cœur,
Et que toute âme est libre à nommer son vainqueur.
Aussi ne trouverais-je aucun sujet de plainte,
Si pour moi votre bouche avait parlé sans feinte ;
Et, rejetant[6] mes vœux dès le premier abord,
Mon cœur n'aurait eu droit de s'en prendre qu'au sort.
Mais d'un aveu trompeur voir ma flamme applaudie,
C'est une trahison, c'est une perfidie,
Qui ne saurait trouver de trop grands châtiments,
Et je puis tout permettre à mes ressentiments.
Oui, oui, redoutez tout après un tel outrage ;
Je ne suis plus à moi, je suis tout à la rage :
Percé du coup mortel dont vous m'assassinez,
Mes sens par la raison ne sont plus gouvernés,
Je cède aux mouvements d'une juste colère,
Et je ne réponds pas de ce que je puis faire.

CÉLIMÈNE. – D'où vient donc, je vous prie, un tel emportement ?
Avez-vous, dites-moi, perdu le jugement ?

Acte IV, scène 3 (extrait : vers 1277-1316).

5. Signe sous lequel on est né.
6. Si vous aviez rejeté.

LECTURE ANALYTIQUE

▸ **1.** Au moment où arrive Célimène, quelle est la situation du public par rapport à elle et par rapport à Alceste ? Quel est l'intérêt de cette situation ?

▸ **2.** Deux mots s'opposent dans la première réplique d'Alceste : en prenant appui sur le lexique et sur la structure de ses interventions, analysez la manière dont ces deux termes se retrouvent dans la suite du texte. Comment se manifestent les transports ? Comment peut-on percevoir qu'Alceste parvient à se maîtriser ?

▸ **3.** Étudiez l'évolution thématique de la tirade d'Alceste et l'importance des notions de temps, ainsi que l'expression récurrente des reproches, de la douleur et du projet de vengeance. Quel rôle joue la versification dans l'expression des sentiments ?

▸ **4.** Plusieurs termes des différentes répliques indiquent clairement ce que peuvent être l'apparence, les gestes, les actions d'Alceste. Retrouvez ces termes et dites en quoi ils peuvent orienter la manière d'interpréter la scène. Certains vers, par leur registre, donnent aussi des informations : à partir de ces données, exposez plusieurs interprétations.

RECHERCHE DOCUMENTAIRE

▸ **1.** Comment appelle-t-on les indications figurant dans un texte théâtral et permettant au lecteur d'avoir des informations sur les gestes, les mimiques, les déplacements des personnages et même sur le ton qu'ils adoptent ? Trouvez des exemples de ces indications et faites-en une typologie.

▸ **2.** Recherchez des exemples de situations théâtrales dans lesquelles des personnages donnent eux-mêmes, dans leur discours, des indications sur l'apparence physique et sur les gestes d'autres personnages visibles. Dites quels sont, en fonction des situations, les avantages de cette sorte de « double vision » (le personnage dit ce que le spectateur peut voir par lui-même).

GUIDE p. 167-378

Britannicus, mise en scène de Françon au théâtre des Amandiers de Nanterre en 1992, avec Clovis Cornillac et Hélène Alexandridis.

4. Jean Racine, *Britannicus* (1669)

Néron, jeune empereur encore sous la tutelle de sa mère, Agrippine, vient de tomber amoureux de Junie, fiancée de son demi-frère Britannicus, qui est aussi l'héritier légal du pouvoir. Dans une scène antérieure (II, 6), Néron, caché mais présent, a imposé à Junie de faire comprendre à Britannicus qu'elle ne l'aime pas, ce qui a désespéré celui-ci. Peu de temps après les amoureux se retrouvent. Junie vient de dire que Néron les écoutait.

TEXTE 1

BRITANNICUS. – Néron nous écoutait, Madame ! Mais, hélas !
Vos yeux auraient pu feindre, et ne m'abuser pas,
Ils pouvaient me nommer l'auteur de cet outrage.
L'amour est-il muet, ou n'a-t-il qu'un langage ?
De quel trouble un regard pouvait me préserver !
Il fallait…

JUNIE. – Il fallait me taire et vous sauver.
Combien de fois, hélas ! puisqu'il faut vous le dire,
Mon cœur de son désordre[1] allait-il vous instruire !
De combien de soupirs interrompant le cours
Ai-je évité vos yeux que je cherchais toujours !
Quel tourment de se taire en voyant ce qu'on aime,

1. Trouble, bouleversement.

De l'entendre gémir, de l'affliger soi-même,
Lorsque par un regard on peut[2] le consoler !
Mais quels pleurs ce regard aurait-il fait couler !
Ah ! dans ce souvenir, inquiète, troublée,
Je ne me sentais pas assez dissimulée.
De mon front effrayé je craignais la pâleur ;
Je trouvais mes regards trop pleins de ma douleur.
Sans cesse il me semblait que Néron en colère
Me venait reprocher trop de soin[3] de vous plaire ;
Je craignais mon amour vainement renfermé ;
Enfin j'aurais voulu n'avoir jamais aimé.
Hélas ! pour son bonheur, Seigneur, et pour le nôtre,
Il n'est que trop instruit de mon cœur et du vôtre !
Allez, encore un coup, cachez-vous à ses yeux ;
Mon cœur plus à loisir vous éclaircira[4] mieux.
De mille autres secrets j'aurais compte à vous rendre.

BRITANNICUS. – Ah ! n'en voilà que trop ! C'est trop me faire entendre,
Madame, mon bonheur, mon crime, vos bontés !
Et savez-vous pour moi tout ce que vous quittez ?
(Se jetant aux pieds de Junie.)
Quand pourrais-je à vos pieds expier ce reproche ?

JUNIE. – Que faites-vous ? Hélas ! votre rival s'approche.

Acte III, scène 7 (extrait : vers 993-1024).

2. On pourrait.
3. Désir, préoccupation.
4. Vous fera connaître la vérité.

RECHERCHE DOCUMENTAIRE

▸ **1.** En vous appuyant sur certains textes et documents de la séquence 7, justifiez les sources historiques de la tragédie de *Britannicus*.

▸ **2.** Rappelez ici les différentes conventions auxquelles doit obéir un dramaturge qui compose, au XVIIe siècle, une tragédie. Quelles sont les fonctions de la tragédie ? À travers quel élément fondamental du théâtre (pensez à l'étymologie du mot) ces fonctions peuvent-elles s'exercer et être efficaces ?

▸ **3.** Recherchez la scène 6 de l'acte II et lisez-la très attentivement.

LECTURE ANALYTIQUE

▸ **1.** Retrouvez, à partir des répliques des personnages et de la récurrence d'un certain lexique, les différentes formes de langage utilisables au théâtre. Dites à quelle perception ces langages renvoient.

▸ **2.** Étudiez les relations complexes évoquées par Junie entre le langage des mots et les autres formes d'expression. En quoi celles-ci peuvent-elles être ambiguës, et parfois incompréhensibles ? Qu'est-ce qui donne de la force aux propos de la jeune fille ?

▸ **3.** Discours de justification et d'explication sous forme narrative, la tirade de Junie comporte une autre fonction importante sur le plan des sentiments : à partir de quels éléments de ses paroles peut-on retrouver ces trois fonctions ? Expliquez en quoi elles correspondent à trois fonctions du langage.

▸ **4.** Quelle est la position privilégiée du spectateur par rapport à Britannicus ? Quelle est l'importance, au théâtre, de la relation ainsi créée ?

ÉCRITURE

▸ **Réécriture :** un observateur extérieur raconte – à destination d'un interlocuteur qui n'a pas vu ce qui précède dans la pièce – ce qui se passe dans cet échange de répliques. Il commente et explicite les paroles et les réactions des deux personnages à l'aide d'éléments de la scène 6 de l'acte II.

GUIDE p. 167-173-378

TEXTE 2

Ayant renoncé à Junie et feint d'accepter de laisser vivre Britannicus, dont il avait projeté la mort, Néron offre à son demi-frère un banquet de réconciliation. Mais celle-ci n'est qu'un leurre : Britannicus meurt, empoisonné sur l'ordre de l'empereur. Burrhus, le précepteur du jeune homme, vient faire à Agrippine le récit de cet assassinat.

BURRHUS. – Ce dessein[1] s'est conduit avec plus de mystère.
À peine l'Empereur a vu venir son frère,
Il se lève, il l'embrasse, on se tait, et soudain
César prend le premier une coupe à la main.
Pour achever ce jour sous de meilleurs auspices,
Ma main de cette coupe épanche les prémices[2],
Dit-il, dieux, que j'appelle à cette effusion[3],
Venez favoriser notre réunion.
Par les mêmes serments Britannicus se lie,
La coupe dans ses mains par Narcisse est remplie.
Mais ses lèvres à peine en ont touché les bords,
Le fer ne produit point de si puissants efforts[4]
Madame, la lumière à ses yeux est ravie,
Il tombe sur son lit[5] sans chaleur et sans vie.
Jugez combien ce coup frappe tous les esprits.
La moitié s'épouvante, et sort avec des cris.
Mais ceux qui de la cour ont un plus long usage
Sur les yeux de César composent leur visage.
Cependant sur son lit il demeure penché,
D'aucun étonnement il ne paraît touché.
Ce mal[6] dont vous craignez, dit-il, la violence
A souvent sans péril attaqué son enfance.
Narcisse veut en vain affecter quelque ennui,
Et sa perfide joie éclate malgré lui.
Pour moi dût l'Empereur punir ma hardiesse,
D'une odieuse cour j'ai traversé la presse[7],
Et j'allais accablé de cet assassinat
Pleurer Britannicus, César et tout l'État.

Acte V, scène 5 (extrait : vers 1619-1646).

1. L'assassinat de Britannicus.
2. Verse les premières gouttes de la coupe, en hommage aux dieux.
3. Action de répandre.
4. Effets.
5. Les Romains mangeaient, en effet, allongés.
6. L'épilepsie, maladie dont était atteint le père de Britannicus, l'empereur Claude.
7. La foule.

RECHERCHE DOCUMENTAIRE

▶ Le passage concernant la mort de Britannicus est inspiré des *Annales* de Tacite (XIII, 6). Cherchez qui est cet auteur, quel est son domaine et s'il écrit en vers ou en prose. Cherchez le texte signalé et mettez-le en parallèle avec le texte de Racine. Que remarquez-vous ? Comment peut s'expliquer le phénomène d'imitation ? Pourrait-on employer ici le mot « plagiat » ?

LECTURE ANALYTIQUE

▶ **1.** À partir de l'observation des verbes (nature et sens) et des indicateurs de temps, identifiez la forme de discours à laquelle appartient le texte. À quelles occasions du déroulement d'une action théâtrale le dramaturge classique doit-il obligatoirement faire appel à cette forme de discours ?

▶ **2.** Distinguez dans le texte les différents moments de la scène rapportée et faites des remarques sur leurs proportions respectives dans le récit. Sur quoi celui qui raconte met-il l'accent ?

▸ **3.** Quel est le temps verbal le plus fréquemment utilisé dans le texte ? Quel est l'effet produit dans le contexte précis d'une scène rapportée par la parole ? Dans quelle situation Burrhus met-il ses interlocuteurs, qui n'assistaient pas au banquet, ainsi que le public ?

▸ **4.** Quel est l'intérêt des observations faites par Burrhus sur le comportement des courtisans : à qui s'adressent-elles ? Déduisez de cette recherche des remarques sur certaines fonctions du récit tragique.

▸ **5.** Tragique et tragédie : en quoi le genre et le registre se retrouvent-ils ici ?

GUIDE p. 173-378

5. Jean Racine, *Bérénice* (1670)

Titus est empereur de Rome. Amoureux de la reine Bérénice, originaire de Palestine, il se heurte à l'opposition du Sénat et de Rome, qui lui interdisent tout mariage avec une étrangère. Dans la scène qui suit, resté seul, il s'interroge une dernière fois avant d'aller annoncer à Bérénice un inévitable renoncement.

Scène IV

TITUS, *seul.* – Hé bien, Titus, que viens-tu faire ?
Bérénice t'attend. Où viens-tu, téméraire ?
Tes adieux sont-ils prêts ? T'es-tu bien consulté ?
Ton cœur te promet-il assez de cruauté ?
Car enfin au combat[1], qui pour toi se prépare,
C'est peu d'être constant, il faut être barbare.
Soutiendrai-je ces yeux dont la douce langueur
Sait si bien découvrir les chemins de mon cœur ?
Quand je verrai ces yeux armés de tous leurs charmes,
Attachés sur les miens, m'accabler de leurs larmes,
Me souviendrai-je alors de mon triste devoir ?
Pourrai-je dire enfin, Je ne veux plus vous voir ?
Je viens percer un cœur que j'adore, qui m'aime.
Et pourquoi le percer ? Qui l'ordonne ? Moi-même.
Car enfin Rome a-t-elle expliqué ses souhaits ?
L'entendons-nous crier autour de ce Palais ?
Vois-je l'État penchant au bord du précipice ?
Ne le puis-je sauver que par ce sacrifice ?
Tout se tait. Et moi seul trop prompt à me troubler,
J'avance des malheurs que je puis reculer.
Et qui sait, si sensible aux vertus de la Reine,
Rome ne voudra point l'avouer[2] pour Romaine ?
Rome peut par son choix justifier le mien.

1. Conflit entre l'amour et le devoir.

Bérénice de Racine, mise en scène de Jacques Kraemer au théâtre de Chartres en 1995, avec Jean-Pierre Bouvier.

Non, non, encore un coup ne précipitons rien.
Que Rome avec ses Lois mette dans la balance
Tant de pleurs, tant d'amour, tant de persévérance.
Rome sera pour nous. Titus, ouvre les yeux.
Quel air respires-tu ? N'es-tu pas dans ces lieux
Où la haine des Rois avec le lait sucée,
Par crainte, ou par amour, ne peut être effacée ?
Rome jugea ta Reine en condamnant ses Rois.
N'as-tu pas en naissant entendu cette voix ?
Et n'as-tu pas encore ouï la Renommée
T'annoncer ton devoir jusque dans ton Armée ?
Et lorsque Bérénice arriva sur tes pas,
Ce que Rome en jugeait, ne l'entendis-tu pas ?
Faut-il donc tant de fois te le faire redire ?
Ah lâche ! Fais l'amour[3], et renonce à l'Empire.
Au bout de l'Univers va, cours te confiner[4],
Et fais place à des cœurs plus dignes de régner.
Sont-ce là ces projets de grandeur et de gloire
Qui devaient dans les cœurs consacrer ma mémoire ?
Depuis huit jours je règne. Et jusques à ce jour
Qu'ai-je fait pour l'honneur ? J'ai tout fait pour l'amour.
D'un temps si précieux quel compte puis-je rendre ?
Où sont ces heureux jours que je faisais attendre ?
Quels pleurs ai-je séchés ? Dans quels yeux satisfaits
Ai-je déjà goûté le fruit de mes bienfaits ?
L'Univers a-t-il vu changer ses destinées ?
Sais-je combien le Ciel m'a compté de journées ?
Et de ce peu de jours, si longtemps attendus,
Ah malheureux ! combien j'en ai déjà perdus !
Ne tardons plus. Faisons ce que l'honneur exige.
Rompons le seul lien…

Acte IV, scène 4 (intégrale).

2. La reconnaître.
3. Laisse-toi aller au sentiment amoureux.
4. Te cacher.

RECHERCHE DOCUMENTAIRE

▸ **1.** Vérifiez que vous connaissez le sens des mots : dialogue, réplique, monologue, tirade, aparté, didascalie. Que désigne l'expression « double énonciation » au théâtre ? Comment appelle-t-on une tirade dans laquelle un personnage cherche une solution aux problèmes qu'il affronte ? Cherchez des éléments qui différencient l'écriture d'un roman de celle d'une pièce de théâtre.

▸ **2.** Quand on n'est pas au théâtre, quelles formes peuvent prendre des monologues (ou dialogues avec soi-même) ? Cherchez des exemples dans certaines séquences de ce manuel.

LECTURE ANALYTIQUE

▸ **1.** Identifiez ici la forme du monologue et dites quelles marques montrent qu'un véritable dialogue entre Titus et lui-même s'instaure. Observez la ponctuation : de quoi est-elle significative ? Comment doit-elle être rendue à la scène ?

▸ **2.** Le monologue est construit sur des étapes identifiables dont le thème est donné ici dans le désordre. Retrouvez l'ordre et expliquez comment s'enchaînent les différentes phases de la réflexion : un empereur romain doit être fidèle à l'honneur, sa mission concernant le destin du monde ; la rupture avec Bérénice n'est pas encore imposée officiellement par Rome ; Rome déteste les rois ; Titus doit se préparer à un combat difficile car les larmes de Bérénice seront pathétiques.

▸ **3.** Retrouvez et reformulez les différentes raisons évoquées par Titus pour expliquer ses décisions ; à quelle forme de discours appartient le texte ?

▸ **4.** Un monologue dans un récit exprime les pensées secrètes d'un personnage : que se passe-t-il au théâtre ? Qui est destinataire de ces pensées ? Quels différents rôles peut alors jouer un monologue sur le plan de la connaissance du personnage, des réactions suscitées chez le public, du « message » exprimé par l'auteur de la pièce ? Répondez à partir du monologue de Titus.

GUIDE p. 167-378-444

TEXTE ÉCHO : Jean-Louis Barrault, *Mise en scène de Phèdre* (1946)

Jean-Louis Barrault fut un comédien de théâtre, de cinéma et un grand metteur en scène. Il justifie, dans un ouvrage qu'il lui a consacré, sa mise en scène de Phèdre*, de Racine.*

Les lumières. On doit sentir constamment la présence du soleil. L'action commence à l'aube et se termine après le coucher du soleil. Le soleil manifestera d'autant plus intensément sa présence que la scène sera traversée de rayons. Jamais ce qu'on appelle un « plein-feu » de théâtre ne donnera autant l'impression brûlante du soleil que si celui-ci perce l'atmosphère par des faisceaux lumineux serrés. La présence du soleil se manifeste avec plus de force à travers les fentes d'une persienne qu'en plein milieu d'une plaine où tout, baigné par lui, est aplati.

Que les projecteurs soient « saignants ». Il suffit de fissures justement disposées dans les murs, et à travers lesquelles le soleil s'infiltrera, pour donner une impression de grande luminosité.

Les ombres. Les ombres, elles, doivent avoir des tonalités chaudes. Ce sont elles qui envelopperont la déclaration de Phèdre, ses invocations à Vénus, l'affolement des deux femmes à la scène III de l'acte III, le délire de Phèdre au IVe acte, etc.

Si les coins d'ombre et les points de lumière sont bien répartis, le décor est sauvé. Un bout de ciel, néanmoins, doit être réservé. Les personnages sont « enfermés », psychologiquement enveloppés, *envoûtés* par leurs passions ; il nous faut donc devant les yeux un point lointain mais lumineux d'une sortie possible. Un coin de ciel comme un désir permanent.

Pour ce qui concerne l'encadrement de cette atmosphère de noirs et de blancs, on ne peut faire que des recommandations générales.

Phèdre est une œuvre classique, il faut être économe. Il ne faut aucun ornement ou accessoire extérieur à l'action.

L'utilisation d'une matière d'aspect lourd et puissant est préférable à la toile peinte qui fait pauvre. « C'est un vieux principe : on ne doit jamais peindre en trompe-l'œil des objets qui d'habitude sont en perpétuel mouvement, tels que jets d'eau, cascades, plantes, oiseaux dans une cage ou linge susceptible de flotter au vent. »

Jean-Louis Barrault.

Il n'y a aucun meuble dès le lever du rideau. Deux servantes, ou simplement Panope, apporteront un siège au moment voulu (vers 154). Ce siège sera enlevé entre le 1er et le 2e acte.

L'atmosphère magique d'un théâtre rend l'air suffisamment pesant pour que l'on puisse s'y adosser.

Phèdre est du théâtre pur : tout doit être exprimé par l'homme, comme tout traite de l'homme et est construit pour l'homme. Vénus, qui préside à l'action et qu'il faut bien se garder de représenter sous la forme d'une statue (bien qu'elle protégeât le palais de Thésée, et qu'une statue de Vénus fût érigée à l'entrée du palais), Vénus, est la bête qui ronge le ventre de Phèdre, le scorpion qui dévore Hippolyte. Vénus, c'est Phèdre, c'est Hippolyte. Neptune qui exécute, c'est la chevelure ondulée de Thésée. Neptune est *dans* Thésée.

Les bois, les arcs, les javelots, le char, les préparatifs du voyage constamment remis : c'est Théramène.

Le vol néfaste des oiseaux, le Destin, les pleureuses antiques, le goût de l'huile, les parfums lourds qui annoncent l'Orient, les superstitions païennes, le corbeau du malheur enfin : c'est Œnone.

Thésée, Théramène, Œnone : voilà le véritable décor, la « couleur locale ». Sur eux jouent alternativement les ombres et les lumières. Contre eux viennent, ou s'abriter comme dans une crique, ou échouer contre un écueil, les futures victimes qui bientôt seront précipitées dans la Mort.

Le reste doit être invisible. Là gît toute la difficulté pour le décorateur. Rendre le cadre invisible. Murs, voûtes, colonnes, aux tonalités claires, ou même blanches, opaques, blafardes.

Quant au lieu dramatique, j'allais dire : lieu géométrique ou mieux : champ magnétique, c'est une espèce de carrefour où convergent quatre chemins différents. C'est un lieu de rencontre ménagé dans le labyrinthe. Il y a le chemin d'Hippolyte, il y a le chemin d'Aricie, il y a le chemin de Phèdre et enfin il y a le chemin de l'évasion ; c'est par ce dernier qu'on aperçoit le coin lointain de ciel. Par ce chemin arrivera le roi qui provoquera la *mort* (Thésée). Par ce chemin on s'enfuit vers *la mort* (Œnone, Hippolyte). Par ce chemin reviendra l'homme qui racontera la mort (Théramène).

Chapitre « Le Décor », éd. du Seuil.

ORECHERCHE DOCUMENTAIRE

▸ Cherchez qui sont Phèdre, Thésée, Hippolyte, Aricie, Œnone, Théramène et à quels mythes se rattachent ces personnages. Quel est le rôle de Vénus dans la pièce ?

LECTURE ANALYTIQUE

▸ **1.** Quelle est la première « utilité » du soleil dans le décor ? Quelles significations cette présence peut-elle avoir en relation avec le thème de la tragédie ? Quel est le sens des ombres ? Répondez en cherchant aux deux termes des connotations mythologiques, morales et dramaturgiques.

▸ **2.** Qu'est-ce qu'impose, selon Jean-Louis Barrault, une pièce classique ? Comment le metteur en scène peut-il respecter cette contrainte ? Répondez à partir du texte.

▸ **3.** Étudiez la relation d'identification établie par l'auteur du texte entre des personnages et des objets, des situations : quelles conséquences cette relation peut-elle avoir sur des choix de décor ?

▸ **4.** Utilisez les réponses aux questions précédentes pour exposer en quoi les choix de lumière, d'objets, de décor, d'utilisation des lieux composent, dans leurs interférences, un langage symbolique qui correspond à une certaine lecture de la tragédie de *Phèdre* et à son interprétation théâtrale.

GUIDE p. 378

6. Marivaux, *Le Jeu de l'amour et du hasard* (1730)

Silvia doit épouser Dorante : ainsi en ont décidé leurs pères, qui sont amis. Mais la jeune fille, désireuse d'observer son fiancé, a décidé de changer d'apparence et de nom avec sa servante Lisette. Son père, Monsieur Orgon, est d'accord. Or, voici que le père de Dorante envoie une lettre à celui de Silvia.

Scène 4

MONSIEUR ORGON, MARIO

MONSIEUR ORGON. – Ne l'amusez pas[1], Mario ; venez, vous saurez de quoi il s'agit.

MARIO. – Qu'y a-t-il de nouveau, monsieur[2] ?

MONSIEUR ORGON. – Je commence par vous recommander d'être discret sur ce que je vais vous dire, au moins.

MARIO. – Je suivrai vos ordres.

MONSIEUR ORGON. – Nous verrons Dorante aujourd'hui ; mais nous ne le verrons que déguisé.

MARIO. – Déguisé ! Viendra-t-il en partie de masque[3] ? lui donnerez-vous le bal ?

MONSIEUR ORGON. – Écoutez l'article[4] de la lettre du père : Hum… « Je ne sais au reste ce que vous penserez d'une imagination[5] qui est

1. Ne la (Silvia) retenez pas.
2. Silvia et Mario, son frère, appellent ainsi leur père.
3. Cette expression désigne un bal masqué.
4. Le passage.
5. Idée.

venue à mon fils : elle est bizarre, il en convient lui-même ; mais le motif en est pardonnable et même délicat, c'est qu'il m'a prié de lui permettre de n'arriver d'abord chez vous que sous la figure[6] de son valet, qui de son côté fera le personnage de son maître. »

MARIO.– Ah ! ah ! cela sera plaisant.

MONSIEUR ORGON. – Écoutez le reste… « Mon fils sait combien l'engagement qu'il va prendre est sérieux ; il espère, dit-il, sous ce déguisement de peu de durée, saisir quelques traits du caractère de notre future et la mieux connaître, pour se régler[7] ensuite sur ce qu'il doit faire, suivant la liberté que nous sommes convenus de leur laisser. Pour moi, qui m'en fie bien à ce que vous m'avez dit de votre aimable fille, j'ai consenti à tout en prenant la précaution de vous avertir, quoiqu'il m'ait demandé le secret de votre côté. Vous en userez là-dessus avec la future comme vous le jugerez à propos… » Voilà ce que le père m'écrit. Ce n'est pas le tout, voici ce qui arrive ; c'est que votre sœur, inquiète de son côté sur le chapitre de Dorante[8], dont elle ignore le secret, m'a demandé de jouer ici la même comédie, et cela précisément pour observer Dorante, comme Dorante veut l'observer. Qu'en dites-vous ? Savez-vous rien de plus particulier[9] que cela ? Actuellement, la maîtresse et la suivante se travestissent. Que me conseillez-vous, Mario ? Avertirai-je votre sœur, ou non ?

MARIO. – Ma foi, monsieur, puisque les choses prennent ce train-là, je ne voudrais pas les déranger, et je respecterais l'idée qui leur est venue à l'un et à l'autre ; il faudra bien qu'ils se parlent souvent tous deux sous ce déguisement. Voyons si leur cœur ne les avertirait pas de ce qu'ils valent. Peut-être que Dorante prendra du goût pour ma sœur, toute soubrette qu'elle sera, et cela serait charmant pour elle.

MONSIEUR ORGON. – Nous verrons un peu comment elle se tirera d'intrigue.

MARIO. – C'est une aventure qui ne saurait manquer de nous divertir. Je veux me trouver au début et les agacer tous deux.

Acte I, scène 4 (intégrale).

6. Sous l'apparence.
7. Pour décider de ce qu'il fera.
8. En ce qui concerne Dorante.
9. Quelque chose de plus extraordinaire.

Carel Jacob Crec, *Scène de carnaval* (Musée des Beaux-Arts de Valenciennes).

RECHERCHE DOCUMENTAIRE

▸ **1.** Cherchez qui était Marivaux et de quel théâtre il s'est inspiré. Donnez le nom de plusieurs de ses comédies, de deux romans et d'un journal qu'il a créé. Quel est le thème essentiel de son œuvre ? Que désigne le mot « marivaudage » ?

▸ **2.** Une lettre, un livre, constituent des éléments extérieurs au texte d'une pièce de théâtre : écrits, ces textes ont un autre statut, un autre support lors de la représentation. Quelles fonctions peuvent-ils jouer ? Trouvez des exemples dans des pièces que vous connaissez.

LECTURE ANALYTIQUE

▸ **1.** Deux passages de la scène ont un statut particulier par rapport au texte théâtral : comment les distingue-t-on ? Répondez en observant la ponctuation, la présence de certains mots de présentation et le changement de locuteurs : quelles voix se font entendre dans ces deux passages ?

▸ **2.** Quel est le rôle des deux passages définis dans la question 1 ? Sont-ils rédigés différemment du reste de la scène ?

▸ **3.** Récapitulez point par point les informations données dans cette scène par Monsieur Orgon. Quelles sont celles que Mario découvre ? Quelles sont celles que le spectateur sait déjà ? Quelle « avance » cette différence donne-t-elle au spectateur ?

▸ **4.** Pourquoi est-il important que le public et Mario soient au courant du double stratagème ? Quelle relation se trouve ainsi créée ? Étudiez les deux dernières répliques de Mario ? Que contient la première par rapport à la suite de la pièce ? En quoi la seconde souligne-t-elle une situation théâtrale particulière ?

SYNTHÈSE

▸ **1.** Dialogue, tirade, monologue au théâtre : à partir des textes de la séquence 13, étudiez comment ces modalités de paroles sont mises au service de différentes formes de discours, argumentation, explication, narration.

▸ **2.** En l'absence d'un narrateur qui prenne en compte les récits, les jugements, et qui fasse connaître ses positions, comment le spectateur peut-il savoir ce que pense l'auteur d'une pièce et quels sont la nature et le contenu du message délivré ? Répondez en prenant appui sur les textes de la séquence 13.

▸ **3.** Retrouvez et analysez toutes les formes de langage théâtral évoquées ou mises en jeu dans les textes de la séquence 13.

GUIDE p. 378

7. Lire l'image

Tartuffe, mise en scène de Roger Planchon, avec Roger Planchon et Nelly Bargeaud, en 1976.

Tartuffe, mise en scène de Jean-Marie Villégier, avec Dominique Charpentier et Jean-louis Cassarino, au théâtre de l'Athénée, en 1999.

RECHERCHE DOCUMENTAIRE

▸ Il s'agit, dans les deux mises en scène, de la même scène de *Tartuffe*. Retrouvez cette scène, dites qui sont les deux personnages et quel est le thème de leur conversation.

LECTURE ANALYTIQUE

▸ **1.** Pour chacune des mises en scènes, précisez ce que vous voyez et quels sont les choix du metteur en scène concernant le décor : nature des lieux, éléments qui attirent l'attention, couleurs, formes. Quelle peut être la signification symbolique de ces décors ?

▸ **1.** Étudiez les personnages dans chaque interprétation : costumes, attitudes, gestes. Que peut-on deviner si l'on ne connaît pas ce qui précède ?

ÉTUDE COMPARÉE

▸ Rapprochez les deux représentations et dites en quoi elles diffèrent sur les plans abordés, dans les questions précédentes : décor, mise en scène, certaines attitudes. Quelle est celle que vous préférez ? Donnez vos raisons (personnelles) en disant aussi ce que vous n'aimez pas dans l'une des deux mises en scène.

GUIDE p. 378, 493

SÉQUENCE 14

Formes et langage du théâtre (2)

1. Alfred de Musset, *On ne badine pas avec l'amour* (1834-1861)[1]

Parmi les « comédies et proverbes », genre théâtral hérité du XVIIIe siècle, et dont la vocation est d'illustrer une formule proverbiale, Musset a placé On ne badine pas avec l'amour*, dont le dénouement est tragique. En voici la scène d'exposition*[1]*.*

Scène première – *Une place devant le château.*

LE CHŒUR. – Doucement bercé sur sa mule fringante, messer Blazius s'avance dans les bluets fleuris, vêtu de neuf, l'écritoire au côté. Comme un poupon sur l'oreiller, il se ballotte sur son ventre rebondi, et, les yeux à demi fermés, il marmotte un *Pater noster*[2] dans son triple menton. Salut, maître Blazius, vous arrivez au temps de la vendange, pareil à une amphore antique.

MAÎTRE BLAZIUS. – Que ceux qui veulent apprendre une nouvelle d'importance m'apportent ici premièrement un verre de vin frais.

LE CHŒUR. – Voilà notre plus grande écuelle ; buvez, maître Blazius ; le vin est bon ; vous parlerez après.

MAÎTRE BLAZIUS. – Vous saurez, mes enfants, que le jeune Perdican, fils de notre seigneur, vient d'atteindre à sa majorité, et qu'il est reçu docteur[3] à Paris. Il revient aujourd'hui même au château, la bouche toute pleine de façons de parler si belles et si fleuries qu'on ne sait que lui répondre les trois quarts du temps. Toute sa gracieuse personne est

1. La pièce, publiée en 1834, fut jouée pour la première fois le 18 novembre 1861.
2. Début d'une prière chrétienne.
3. Titre universitaire obtenu après la soutenance d'une thèse.

Décor de Jacques Noël pour *On ne Badine pas avec l'amour* de Musset, mise en scène par Guy Lauzin, en 1958.

un livre d'or[4] ; il ne voit pas un brin d'herbe à terre, qu'il ne vous dise comment cela s'appelle en latin ; et quand il fait du vent ou qu'il pleut, il vous dit tout clairement pourquoi. Vous ouvririez des yeux grands comme la porte que voilà, de le voir dérouler un des parchemins qu'il a coloriés d'encres de toutes couleurs, de ses propres mains et sans en rien dire à personne. Enfin c'est un diamant fin des pieds à la tête, et voilà ce que je viens annoncer à M. le baron. Vous sentez que cela me fait quelque honneur, à moi, qui suis son gouverneur depuis l'âge de quatre ans ; ainsi donc, mes bons amis, apportez une chaise que je descende un peu de cette mule-ci sans me casser le cou ; la bête est tant soit peu rétive, et je ne serais pas fâché de boire encore une gorgée avant d'entrer.

LE CHŒUR. – Buvez, maître Blazius, et reprenez vos esprits. Nous avons vu naître le petit Perdican, et il n'était pas besoin, du moment qu'il arrive, de nous en dire si long. Puissions-nous retrouver l'enfant dans le cœur de l'homme !

MAÎTRE BLAZIUS. – Ma foi, l'écuelle est vide ; je ne croyais pas avoir tout bu. Adieu ; j'ai préparé, en trottant sur la route, deux ou trois phrases sans prétention qui plairont à monseigneur ; je vais tirer la cloche. (*Il sort.*)

LE CHŒUR. – Durement cahotée sur son âne essoufflé, dame Pluche gravit la colline ; son écuyer transi gourdine à tour de bras le pauvre animal, qui hoche la tête, un chardon entre les dents. Ses longues jambes maigres trépignent de colère, tandis que, de ses mains osseuses, elle égratigne son chapelet. Bonjour donc, dame Pluche ; vous arrivez comme la fièvre, avec le vent qui fait jaunir les bois.

4. Livre où sont écrits des faits illustres.

DAME PLUCHE. – Un verre d'eau, canaille que vous êtes ! un verre d'eau et un peu de vinaigre !

LE CHŒUR. – D'où venez-vous, Pluche, ma mie ? Vos faux cheveux[5] sont couverts de poussière ; voilà un toupet[5] de gâté, et votre chaste robe est retroussée jusqu'à vos vénérables jarretières.

DAME PLUCHE. – Sachez, manants, que la belle Camille, la nièce de votre maître, arrive aujourd'hui au château. Elle a quitté le couvent sur l'ordre exprès de monseigneur, pour venir en son temps et lieu recueillir, comme faire se doit, le bon bien qu'elle a de sa mère. Son éducation, Dieu merci, est terminée ; et ceux qui la verront auront la joie de respirer une glorieuse[6] fleur de sagesse et de dévotion. Jamais il n'y a rien eu de si pur, de si ange, de si agneau et de si colombe que cette chère nonnain[7] ; que le seigneur Dieu du ciel la conduise ! Ainsi soit-il ! Rangez-vous, canaille ; il me semble que j'ai les jambes enflées.

LE CHŒUR. – Défripez-vous, honnête Pluche ; et quand vous prierez Dieu, demandez de la pluie ; nos blés sont secs comme vos tibias.

DAME PLUCHE. – Vous m'avez apporté de l'eau dans une écuelle qui sent la cuisine ; donnez-moi la main pour descendre ; vous êtes des butors et des malappris. (*Elle sort.*)

LE CHŒUR. – Mettons nos habits du dimanche, et attendons que le baron nous fasse appeler. Ou je me trompe fort, ou quelque joyeuse bombance est dans l'air aujourd'hui. (*Ils sortent.*)

Acte I, scène 1 (intégrale).

5. Faux cheveux et toupet désignent une sorte de perruque à la mode vers 1830.
6. Qui est marquée par la gloire divine.
7. Diminutif de nonne.

RECHERCHE DOCUMENTAIRE

▸ **1.** Cherchez des informations sur l'œuvre de Musset et en particulier sur son œuvre théâtrale. Citez d'autres titres de pièces appartenant aux *Comédies et proverbes* : qu'ont-ils en commun ?

▸ **2.** Quels étaient le rôle et la composition du chœur dans le théâtre antique ? Est-il habituel de le rencontrer dans une comédie ?

LECTURE ANALYTIQUE

▸ **1.** Observez les didascalies indiquant l'ordre de parole des personnages et celles qui précisent des mouvements. Que remarquez-vous ? Complétez vos observations après la lecture de la scène : qu'a de particulier sa structure ? Faites apparaître tous les effets de parallélisme.

▸ **2.** Quel rôle similaire jouent le chœur, maître Blazius puis Dame Pluche dans les répliques 1, 4, 7 et 10 ? À quel genre littéraire pourraient appartenir ces éléments du texte théâtral ? Qu'est-ce qui les rattache cependant au dialogue ?

▸ **3.** Étudiez dans quel registre se font les présentations successives. Quelle est l'utilité pour le dramaturge et pour le public de présenter ceux qui arrivent au moment même où ils arrivent, puis de donner de nombreux détails sur deux personnages qui vont arriver ?

▸ **4.** Oppositions, symétries, parallélisme : qui les perçoit le mieux, le lecteur ou le spectateur ? D'où vient le comique de la scène ?

ÉCRITURE

▸ **Essai :** le roman comporte de nombreux portraits. Pourquoi ceux-ci sont-ils beaucoup moins nombreux au théâtre ? Il en existe cependant : cherchez des exemples de portraits présents dans des pièces et expliquez à quoi ils servent.

GUIDE p. 378-494

Décor d'Alexandre Trauner pour *Kean* d'Alexandre Dumas, mise en scène de Pierre Brasseur, au théâtre Sarah Bernhardt.

2. Alexandre Dumas, *Kean, ou Désordre et génie* (1836)[1]

Kean est un acteur auprès de qui a trouvé refuge Anna, une jeune fille qui rêve de devenir comédienne. Mais Anna est convoitée par un aristocrate, Lord Mewill. Entre Kean et celui-ci un conflit est inévitable et prend la forme, dans la scène 14 de l'acte III, d'une violente altercation. Insulté, le comédien demande réparation au Lord, qui refuse de se battre avec un « bateleur », un « saltimbanque », un « histrion ».

KEAN, *reposant à terre une chaise qu'il avait soulevée.* – Oui, vous avez raison, il y a trop de distance entre nous. Lord Mewill est un homme honorable, tenant à l'une des premières familles d'Angleterre… de riche et vieille noblesse conquérante… si je ne me trompe. Il est vrai que Lord Mewill a mangé la fortune de ses pères en jeux de cartes et de dés, en paris de coqs et en courses de chevaux ; il est vrai que son blason est terni de la vapeur de sa vie débauchée, et de ses basses actions… et qu'au lieu de monter encore, il a descendu toujours. Tandis que le bateleur[2] Kean est né sur le grabat du peuple, a été exposé sur la place publique, et, ayant commencé sans nom et sans fortune, s'est fait un nom égal au plus noble nom, et une fortune qui, du jour où il le voudra bien, peut rivaliser avec celle du prince royal… Cela n'empêche pas que Lord Mewill ne soit un homme honorable, et Kean un bate-

1. Le texte a été adapté par Jean-Paul Sartre en 1953.
2. Comédien jouant dans la rue.

leur ! – Il est vrai que Lord Mewill a voulu rétablir sa fortune au détriment de celle d'une jeune fille belle et sans défense ; que, sans faire attention qu'elle était d'une classe au-dessous de la sienne, il l'a fatiguée de son amour, poursuivie de ses prétentions, écrasée de son influence. Tandis que le saltimbanque Kean a offert protection à la fugitive, qui est venue la lui demander, qu'il l'a reçue chez lui comme un frère aurait reçu une sœur, et qu'il l'en a laissée sortir pure, ainsi qu'elle y était entrée... quoiqu'elle fût belle, jeune et sans défense... Cela n'empêche pas que Mewill ne soit un lord, et Kean un saltimbanque !... – Il est vrai que Lord Mewill, pair d'Angleterre, a son siège à la Chambre suprême, fait et défait les lois de notre vieille Angleterre, porte une couronne comtale sur sa voiture, et un manteau de pair sur ses épaules, et n'a qu'à dire son nom pour voir ouvrir devant lui la porte du palais de nos rois... Cela fait que parfois Lord Mewill, lorsqu'il daigne descendre parmi le peuple, change de nom, soit qu'il rougisse de celui de ses aïeux, soit qu'il ne veuille pas les faire rougir... Alors il prend celui d'un bateleur et d'un saltimbanque et signe une lettre de ce faux nom... Ceci est une affaire de bagne et de galères... rien de plus... rien de moins... entendez-vous, milord ? Tandis que l'histrion[3] Kean marche à visage découvert, lui ! et dit hautement son nom ; car le lustre de son nom ne lui vient pas de ses aïeux, mais y retourne ; ...tandis que l'histrion Kean arrache le masque à tout visage, au théâtre comme à la taverne, et, fort de la loi qu'il a reçue, l'invoque contre celui qui l'a faite... Lorsque l'histrion offre à Lord Mewill de ne rien dire de tout cela, à la condition qu'il lui fera satisfaction d'une insulte, dont la société pourrait lui demander justice, Lord Mewill répond qu'il ne peut se battre avec un bateleur, un saltimbanque, un histrion... Oh ! sur mon honneur ! c'est bien répondu, car il y a trop de distance entre ces deux hommes.

Acte III, scène 14 (extrait).

3. Acteur de farces, bouffon.

RECHERCHE DOCUMENTAIRE

▶ Kean est un acteur qui a existé : cherchez des informations sur sa carrière. Cherchez aussi des éléments biographiques concernant Alexandre Dumas. Citez plusieurs de ses œuvres romanesques. À part *Kean*, qu'a-t-il écrit pour le théâtre ?

LECTURE ANALYTIQUE

▶ **1.** Si vous lisiez le texte sans avoir l'information donnée par la première didascalie, à quel genre littéraire pourriez-vous le rattacher ? D'où vient la possibilité de confusion ?

▶ **2.** En prenant appui sur des figures d'opposition et sur la récurrence d'une articulation logique marquant elle aussi l'opposition, expliquez comment la tirade est construite, quelle est sa logique, et sur quelles antithèses repose le discours de Kean.

▶ **3.** Quels sont les reproches adressés à Lord Mewill ? Quelles qualités Kean oppose-t-il à ces reproches ? Mettez-les en parallèle.

▶ **4.** La tirade traduit l'indignation et la colère de Kean : quel est son registre ? Étudiez comment elle transcrit la violence des sentiments sous une forme très marquée par la rhétorique. Déterminez à partir de cette analyse un paradoxe du langage théâtral.

▶ **5.** Sans connaître ce qui précède, dites quelles peuvent être les visées de cette tirade, pour celui qui la prononce, celui à qui elle est destinée et pour le public. Quelles fonctions du langage met-elle en jeu et quelles formes de discours utilise-t-elle ?

GUIDE p. 172-378

3. Victor Hugo, *Ruy Blas* (1838)

L'action de Ruy Blas *se situe en Espagne, au* XVII*e siècle. Don Salluste de Bazan, un aristocrate chassé de la cour par la reine, cherche à se venger. Il utilise pour cela la passion secrète de Ruy Blas, son valet, qui est amoureux de la souveraine, et le fait passer pour son cousin Don César de Bazan. Devenu ministre, Ruy Blas vient d'apprendre de la reine qu'elle l'aime.*

Scène IV

RUY BLAS, *seul.*
(Il est comme absorbé dans une contemplation angélique.)

Devant mes yeux c'est le ciel que je voi[1] !
De ma vie, ô mon Dieu, cette heure est la première.
Devant moi tout un monde, un monde de lumière,
Comme ces paradis qu'en songe nous voyons,
S'entrouvre en m'inondant de vie et de rayons !
Partout en moi, hors moi, joie, extase et mystère,
Et l'ivresse, et l'orgueil, et ce qui sur la terre
Se rapproche le plus de la divinité,
L'amour dans la puissance et dans la majesté !
La reine m'aime ! ô Dieu ! c'est bien vrai, c'est moi-même !
Je suis plus que le roi puisque la reine m'aime !
Oh ! cela m'éblouit. Heureux, aimé, vainqueur !
Duc d'Olmedo, – L'Espagne à mes pieds, – J'ai son cœur !
Cet ange, qu'à genoux je contemple et je nomme,
D'un mot me transfigure et me fait plus qu'un homme.
Donc je marche vivant dans mon rêve étoilé !
Oh ! oui, j'en suis bien sûr, elle m'a bien parlé.
C'est bien elle. Elle avait un petit diadème
En dentelle d'argent. Et je regardais même
Pendant qu'elle parlait, – je crois la voir encor, –
Un aigle ciselé sur son bracelet d'or.
Elle se fie à moi, m'a-t-elle dit. Pauvre ange !
Oh ! s'il est vrai que Dieu, par un prodige étrange,
En nous donnant l'amour, voulut mêler en nous
Ce qui fait l'homme grand à ce qui le fait doux,
Moi, qui ne crains plus rien maintenant qu'elle m'aime,
Moi, qui suis tout-puissant, grâce à son choix suprême,
Moi, dont le cœur gonflé ferait envie aux rois,
Devant Dieu qui m'entend, sans peur, à haute voix,
Je le dis, vous pouvez vous confier, madame,
À mon bras comme reine, à mon cœur comme femme !
Le dévouement se cache au fond de mon amour
Pur et loyal ! Allez, ne craignez rien !

1. Orthographe voulue par la rime avec *toi* au vers qui précède.

(Depuis quelques instants, un homme est entré par la porte du fond, enveloppé d'un grand manteau, coiffé d'un chapeau galonné d'argent. Il s'est avancé lentement vers Ruy Blas sans être vu, et, au moment où Ruy Blas, ivre d'extase et de bonheur, lève les yeux au ciel, cet homme lui pose brusquement la main sur l'épaule. Ruy Blas se retourne comme réveillé en sursaut. L'homme laisse tomber son manteau, et Ruy Blas reconnaît don Salluste. Don Salluste est vêtu d'une livrée couleur de feu à galons d'argent, pareille à celle du page de Ruy Blas.)

Acte III, scène 4 (intégrale).

Ruy Blas de Victor Hugo, mise en scène de Georges Wilson aux Bouffes du Nord en 1992, avec Lambert Wilson.

RECHERCHE DOCUMENTAIRE

▶ **1.** Rappelez ici les règles de la tragédie classique et cherchez en quoi Victor Hugo les a bouleversées dans le drame romantique. Dans quelle préface célèbre définit-il les grands principes de ce genre théâtral né au XIXe siècle ?

▶ **2.** Cherchez dans des pièces de théâtre que vous connaissez des situations dans lesquelles un personnage se trouve seul en scène pour parler. Quelle(s) forme(s) peuvent alors prendre ses paroles ?

LECTURE ANALYTIQUE

▶ **1.** Observez les neuf premiers vers, puis les vers 14-33 : en l'absence de toute information (didascalies signalant l'acte, la scène et le nom du personnage), à quel genre littéraire font-ils penser ? Quelle forme prend ici le discours théâtral et quel est le registre utilisé ?

▶ **2.** En prenant appui sur le lexique des sentiments, dites quel est le thème du texte et comment s'exprime l'intensité de ce qui est ressenti. Mettez en relief le mélange des modes d'expression (évocation, description, récit, injonction, prière, faux discours indirect...).

▶ **3.** En quoi les paroles de Ruy Blas comportent-elles de véritables indications de mise en scène ?

▶ **4.** Déterminez qui sont les différents destinataires du message. Quel est l'intérêt de reprendre l'évocation d'une scène à laquelle a assisté le spectateur ?

▶ **5.** Quel est le statut du texte en italique ? Quel rôle joue-t-il ici ?

ÉCRITURE

▶ **Réécriture :** en conservant le même registre que dans cette tirade, transcrivez les émotions de Ruy Blas en prose romanesque, à la troisième personne et au passé. Terminez ce texte en reprenant textuellement la didascalie finale et en la mettant aux temps du récit.

GUIDE p. 378-494

4. Antonin Artaud, *Le Théâtre et son double* (1938)

Écrivain et poète tenté par les expériences extrêmes, comme Rimbaud, Antonin Artaud fut aussi un metteur en scène de théâtre. Le Théâtre et son double *regroupe ses théories en matière d'expression théâtrale : importance du geste, du mouvement, de la vie, mise en place de « signes ».*

Antonin Artaud.

Il n'est pas absolument prouvé que le langage des mots soit le meilleur possible. Et il semble que sur la scène qui est avant tout un espace à remplir et un endroit où il se passe quelque chose, le langage des mots doive céder la place au langage par signes[1] dont l'aspect objectif est ce qui nous frappe immédiatement le mieux.

Considéré sous cet angle le travail objectif de la mise en scène reprend une sorte de dignité intellectuelle du fait de l'effacement des mots derrière les gestes, et du fait que la partie plastique et esthétique du théâtre abandonne son caractère d'intermède décoratif pour devenir au sens propre du mot un *langage* directement communicatif.

En d'autres termes, s'il est vrai que dans une pièce faite pour être parlée le metteur en scène a tort de s'égarer sur des effets de décors plus ou moins savamment éclairés, sur des jeux de groupes, sur des mouvements furtifs, tous effets on pourrait dire épidermiques et qui ne font que surcharger le texte, il est ce faisant beaucoup plus près de la réalité concrète du théâtre que l'auteur qui aurait pu s'en tenir au livre, sans recourir à la scène dont les nécessités spatiales semblent lui échapper.

On pourra m'objecter la haute valeur dramatique de tous les grands tragiques chez qui c'est bien le côté littéraire, ou en tout cas parlé qui semble dominer.

À cela je répondrai que si nous nous montrons aujourd'hui tellement incapables de donner d'Eschyle, de Sophocle, de Shakespeare une idée digne d'eux, c'est très vraisemblablement que nous avons perdu le sens de la physique de leur théâtre. C'est que le côté directement humain et agissant d'une diction, d'une gesticulation, de tout un rythme scénique nous échappe. Côté qui devrait avoir autant sinon plus d'importance que l'admirable dissection parlée[2] de la psychologie de leurs héros.

C'est par ce côté, par le moyen de cette gesticulation précise qui se modifie avec les époques et qui actualise les sentiments que l'on peut retrouver la profonde humanité de ce théâtre.

Mais cela serait-il, et cette physique existerait-elle réellement que j'affirmerais encore qu'aucun de ces grands tragiques n'est le théâtre lui-même, qui est affaire de matérialisation scénique et qui ne vit que de matérialisation.

In *Œuvres complètes*, tome IV, éd. Gallimard, 1964.

1. Le mot désigne ici ce qui est matériel, avec un sens symbolique.
2. Analyse par les mots des émotions et des sentiments.

RECHERCHE DOCUMENTAIRE

▸ **1.** Situez dans le temps les auteurs qui apparaissent dans le texte et citez deux ou trois titres de leurs pièces.

▸ **2.** Dans quel théâtre les gestes et les mimiques remplacent-ils un texte écrit inexistant, tout étant improvisé ?

▸ **3.** On considère que le XXe siècle est, au théâtre, l'ère des metteurs en scène : cherchez dans une histoire du théâtre quelques noms de grands théoriciens de la mise en scène de la première et de la seconde moitié de ce siècle (⇛ p. 254). Donnez aussi quelques-unes de leurs idées en matière de mise en scène.

LECTURE ANALYTIQUE

▸ **1.** Précisez, à partir des liaisons entre les paragraphes, quelle est la structure du texte et où se met en place une articulation importante : déduisez de cette réponse la forme de discours utilisée.

▸ **2.** En ce qui concerne le langage, quelle est l'idée énoncée et développée par celui qui parle ? Trouvez dans le texte le rapport qu'établit Antonin Artaud entre cette idée et la fonction de la mise en scène. Que récuse-t-il dans certaines mises en scène ?

▸ **3.** Reformulez l'objection du paragraphe 4 et sa réponse.

▸ **4.** Tout au long du texte, concernant le théâtre, quelles sont les deux composantes mises en parallèle et parfois en opposition ?

ÉCRITURE

▸ **Essai :** choisissez un extrait théâtral de la séquence 13 ou de la séquence 14 et proposez plusieurs idées de décors et de mise en scène. Expliquez la signification symbolique que vous donnez aux éléments choisis. Vous pouvez vous inspirer du texte de Jean-Louis Barrault (⇛ p. 254).

ÉTUDE COMPARÉE

▸ Rapprochez le texte d'Antonin Artaud de celui de Jean-Louis Barrault (⇛ p. 254) : en quoi se complètent-ils ? Quel rôle joue le plus récent par rapport au plus ancien ?

GUIDE p. 378

5. Jean Anouilh, *Antigone* (1944)

Voici la manière dont commence la pièce Antigone, dont Anouilh a emprunté le thème et les personnages à Sophocle : « Un décor neutre. Trois portes semblables. Au lever du rideau, tous les personnages sont en scène. Ils bavardent, tricotent, jouent aux cartes. Le Prologue se détache et s'avance. » Le texte qui suit est la fin de la présentation faite par le Prologue.

La vieille dame qui tricote, à côté de la nourrice qui a élevé les deux petites, c'est Eurydice, la femme de Créon. Elle tricotera pendant toute la tragédie jusqu'à ce que son tour vienne de se lever et de mourir. Elle est bonne, digne, aimante. Elle ne lui est d'aucun secours. Créon est seul. Seul avec son petit page qui est trop petit et qui ne peut rien non plus pour lui.

Ce garçon pâle, là-bas, au fond, qui rêve adossé au mur, solitaire, c'est le Messager. C'est lui qui viendra annoncer la mort d'Hémon tout à l'heure. C'est pour cela qu'il n'a pas envie de bavarder ni de se mêler aux autres. Il sait déjà…

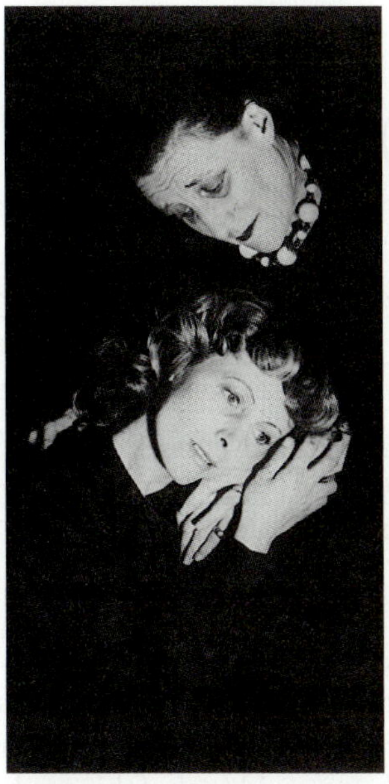

Antigone, mise en scène de Jean Anouilh en 1944, avec Monelle Valentin et Odette Talazac (BNF, Paris).

Enfin les trois hommes rougeauds qui jouent aux cartes, leur chapeau sur la nuque, ce sont les gardes. Ce ne sont pas de mauvais bougres, ils ont des femmes, des enfants, et des petits ennuis comme tout le monde, mais ils vous empoigneront les accusés le plus tranquillement du monde tout à l'heure. Ils sentent l'ail, le cuir et le vin rouge et ils sont dépourvus de toute imagination. Ce sont les auxiliaires toujours innocents et toujours satisfaits d'eux-mêmes, de la justice. Pour le moment, jusqu'à ce qu'un nouveau chef de Thèbes dûment mandaté leur ordonne de l'arrêter à son tour, ce sont les auxiliaires de la justice de Créon.

Et maintenant que vous les connaissez tous, ils vont pouvoir vous jouer leur histoire. Elle commence au moment où les deux fils d'Œdipe, Étéocle et Polynice, qui devaient régner sur Thèbes un an chacun à tour de rôle, se sont battus et entre-tués sous les murs de la ville, Étéocle l'aîné, au terme de la première année de pouvoir ayant refusé de céder la place à son frère. Sept grands princes étrangers que Polynice avait gagnés à sa cause ont été défaits devant les sept portes de Thèbes. Maintenant la ville est sauvée, les deux frères ennemis sont morts et Créon, le roi, a ordonné qu'à Étéocle, le bon frère, il serait fait d'imposantes funérailles, mais que Polynice, le vaurien, le révolté, le voyou, serait laissé sans pleurs et sans sépulture, la proie des corbeaux et des chacals. Quiconque osera lui rendre les devoirs funèbres sera impitoyablement puni de mort.

Pendant que le Prologue parlait les personnages sont sortis un à un. Le Prologue disparaît aussi.

L'éclairage s'est modifié sur la scène. C'est maintenant une aube grise et livide dans une maison qui dort.

Fin du Prologue, éd. de la Table ronde, 1946.

RECHERCHE DOCUMENTAIRE

▸ **1.** Préparez une note explicative pour chacun des noms propres du texte.

▸ **2.** Il existe une autre Eurydice dans la mythologie antique : qui est-elle et à quel mythe se rattache-t-elle ?

LECTURE ANALYTIQUE

▸ **1.** Observez ce qui est dit dans la première didascalie (cf. le paratexte) et dans la dernière : qu'y a-t-il d'inattendu dans la présence, puis dans le départ des personnages ? En quoi peut-on parler d'inversion par rapport aux conventions du théâtre ?

▸ **2.** De quoi se compose la partie du prologue qui est donnée ici ? Quels sont les éléments récurrents ? Dites quelle est l'utilité d'une telle démarche : est-elle habituelle au théâtre ? Quelles conséquences la présentation des personnages et de leur action peut-elle avoir sur les premières scènes de la pièce ?

▸ **3.** Expliquez en quoi les formulations présentant les personnages contribuent à l'illusion théâtrale.

▸ **4.** À quelle forme de discours appartient le texte dit par le Prologue ? Étudiez les temps verbaux et précisez, à partir de là, dans quel temps se situent les personnages. Quel genre littéraire ce texte évoque-t-il ?

▸ **5.** Expliquez la phrase *ils vont pouvoir vous jouer leur histoire*, en analysant les connotations, les implicites et le caractère paradoxal de l'affirmation. En quoi Jean Anouilh met-il le public dans la situation de celui des représentations antiques ?

ÉCRITURE

▸ **Réécriture :** choisissez une pièce que vous connaissez bien et rédigez, à la manière de Jean Anouih, un Prologue présentant les personnages et leur action, en utilisant le présent, le passé et le futur. Exprimez-vous à la troisième personne et faites intervenir la seconde personne représentant le destinataire.

GUIDE p. 378

6. Jean-Paul Sartre, *Les Mains sales* (1948)

Dans Les Mains sales, *Sartre oppose Hoederer et Hugo. Le premier est un chef de parti prêt à de nombreuses compromissions pour faire triompher son camp. Le second, devenu son secrétaire, est chargé de l'assassiner. Mais Hoederer fascine Hugo, qui hésite à accomplir sa mission. Dans l'extrait qui suit, la discussion porte sur des choix d'alliances politiques qu'Hugo refuse au nom de principes moraux.*

HOEDERER. – Parfaitement. Aujourd'hui, c'est le meilleur moyen[1]. *(Un temps.)* Comme tu tiens à ta pureté, mon petit gars ! Comme tu as peur de te salir les mains. Eh bien, reste pur ! À qui cela servira-t-il et pourquoi viens-tu parmi nous ? La pureté, c'est une idée de fakir et de moine. Vous autres, les intellectuels[2], les anarchistes bourgeois, vous en tirez prétexte pour ne rien faire. Ne rien faire, rester immobile, serrer les coudes contre le corps, porter des gants. Moi j'ai les mains sales. Jusqu'aux coudes. Je les ai plongées dans la merde et dans le sang. Et puis après ? Est-ce que tu t'imagines qu'on peut gouverner innocemment ?

HUGO. – On s'apercevra peut-être un jour que je n'ai pas peur du sang.

HOEDERER. – Parbleu : des gants rouges, c'est élégant. C'est le reste qui te fait peur. C'est ce qui pue à ton petit nez d'aristocrate.

HUGO. – Et nous y voilà revenus : je suis un aristocrate, un type qui n'a jamais eu faim ! Malheureusement pour vous, je ne suis pas seul de mon avis.

HOEDERER. – Pas seul ? Tu savais donc quelque chose de mes négociations avant de venir ici ?

HUGO. – N-non. On en avait parlé en l'air, au Parti, et la plupart des types n'étaient pas d'accord et je peux vous jurer que ce n'étaient pas des aristocrates.

HOEDERER. – Mon petit, il y a malentendu : je les connais, les gars du Parti qui ne sont pas d'accord avec ma politique et je peux te dire qu'ils sont de mon espèce, pas de la tienne – et tu ne tarderas pas à le découvrir. S'ils ont désapprouvé ces négociations, c'est tout simplement qu'ils les jugent inopportunes ; en d'autres circonstances ils seraient les premiers à les engager. Toi, tu en fais une affaire de principes.

HUGO. – Qui a parlé de principes ?

HOEDERER. – Tu n'en fais pas une affaire de principes ? Bon. Alors voici qui doit te convaincre : si nous traitons avec le Régent, il arrête la guerre ; les troupes illyriennes attendent gentiment que les Russes viennent les désarmer ; si nous rompons les pourparlers, il sait qu'il est

1. Le *meilleur moyen* de changer les choses consiste, pour Hoederer, à partager le pouvoir avec un parti dont il n'accepte pas l'idéologie.
2. Hugo appartient à la bourgeoisie et Hoederer le considère avec mépris comme un intellectuel.

Couverture des *Mains sales* de J.-P. Sartre, éd. Gallimard, coll. « Folio », 1948 (illustration de Gérard Failly).

perdu et il se battra comme un chien enragé ; des centaines de milliers d'hommes y laisseront leur peau. Qu'en dis-tu ? (*Un silence.*) Hein ? Qu'en dis-tu ? Peux-tu rayer cent mille hommes d'un trait de plume ?

HUGO, péniblement. – On ne fait pas la révolution avec des fleurs. S'ils doivent y rester…

HOEDERER. – Eh bien ?

HUGO. – Eh bien, tant pis !

HOEDERER. – Tu vois ! tu vois bien ! Tu n'aimes pas les hommes, Hugo. Tu n'aimes que les principes.

HUGO. – Les hommes ? Pourquoi les aimerais-je ? Est-ce qu'ils m'aiment ?

HOEDERER. – Alors pourquoi es-tu venu chez nous ? Si on n'aime pas les hommes on ne peut pas lutter pour eux.

HUGO. – Je suis entré au Parti parce que sa cause est juste et j'en sortirai quand elle cessera de l'être. Quant aux hommes, ce n'est pas ce qu'ils sont qui m'intéresse mais ce qu'ils pourront devenir.

HOEDERER. – Et moi, je les aime pour ce qu'ils sont. Avec toutes leurs saloperies et tous leurs vices. J'aime leurs voix et leurs mains chaudes qui prennent et leur peau, la plus nue de toutes les peaux, et leur regard inquiet et la lutte désespérée qu'ils mènent chacun à son tour contre la mort et contre l'angoisse. Pour moi, ça compte un homme de plus ou de moins dans le monde. C'est précieux. Toi, je te connais bien, mon petit, tu es un destructeur. Les hommes, tu les détestes parce que tu te détestes toi-même ; ta pureté ressemble à la mort et la Révolution dont tu rêves n'est pas la nôtre : tu ne veux pas changer le monde, tu veux le faire sauter.

HUGO, *s'est levé.* – Hoederer !

V[e] tableau, scène 3 (extrait), éd. Gallimard.

RECHERCHE DOCUMENTAIRE

▸ **1.** Cherchez dans quelles circonstances des partis opposés peuvent être conduits à négocier des alliances : quels sont alors les problèmes qui se posent et de quel ordre sont-ils ?

▸ **2.** Cherchez des exemples de pièces de théâtre qui abordent des questions politiques.

LECTURE ANALYTIQUE

▸ **1.** Réalité / fiction théâtrale : recherchez tout ce qui confère à ce dialogue l'authenticité d'un débat politique inscrit dans une réalité historique.

▸ **2.** À partir de la métaphore qui constitue le titre de la pièce, dégagez le thème précis du débat, les positions initiales des deux protagonistes. En quoi ces positions sont-elles opposées ? Sur quels arguments s'appuient-elles ?

▸ **3.** Comment se manifeste et comment s'explique l'inégalité entre les deux personnages dans le débat ? Prenez appui sur la nature, la longueur, le contenu de certaines répliques pour répondre.

▸ **4.** Cette confrontation – dont vous indiquerez le registre – pourrait-elle se faire sous une autre forme qu'un dialogue au discours direct ? Que permet le dialogue théâtral ? Montrez l'importance de certaines répliques qui pourraient paraître secondaires et la progression de l'échange vers une vérité.

▸ **5.** En quoi peut-on parler de renversement d'image des deux personnages à la fin de l'extrait ?

GUIDE p. 378-494

Fin de partie de Samuel Beckett, mise en scène de Charles Tordjman à Nancy en 1992, avec Daniel Martin et Philippe Fretun.

7. Samuel Beckett, *Fin de partie* (1957)

Art de la parole active et efficace, le théâtre peut être le lieu où se révèle l'impuissance et le vide dérisoire des échanges de mots, à l'image de la vie, détruite par le temps, les habitudes et l'absence de communication. En témoignent les pièces de Samuel Beckett. Voici le début de Fin de partie.

Intérieur sans meubles.

Lumière grisâtre.

Aux murs de droite et de gauche, vers le fond, deux petites fenêtres haut perchées, rideaux fermés.

Porte à l'avant-scène à droite. Accroché au mur, près de la porte, un tableau retourné.

À l'avant-scène à gauche, recouvertes d'un vieux drap, deux poubelles l'une contre l'autre.

Au centre, recouvert d'un vieux drap, assis dans un fauteuil à roulettes, Hamm.

Immobile à côté du fauteuil, Clov le regarde. Teint très rouge.

Il va se mettre sous la fenêtre à gauche. Démarche raide et vacillante. Il regarde la fenêtre à gauche, la tête rejetée en arrière. Il tourne la tête, regarde la fenêtre à droite. Il va se mettre sous la fenêtre à droite. Il regarde la fenêtre à droite, la tête rejetée en arrière. Il tourne la tête et regarde la fenêtre à gauche. Il sort, revient aussitôt avec un escabeau, l'installe sous la fenêtre à gauche, monte dessus, tire le rideau. Il descend de l'escabeau, fait six pas vers la fenêtre à droite, retourne prendre l'escabeau, l'installe sous la fenêtre à droite, monte dessus, tire le rideau. Il descend de l'escabeau, fait trois pas vers la fenêtre à gauche, retourne prendre l'escabeau, l'installe sous la fenêtre à gauche, monte dessus, regarde par la fenêtre. Rire bref. Il descend de l'escabeau, fait un pas vers la fenêtre à droite, retourne prendre l'escabeau, l'installe sous la fenêtre à droite, monte dessus, regarde par la fenêtre. Rire bref. Il descend de l'escabeau, va vers les poubelles, retourne prendre l'escabeau, le prend, se ravise, le lâche, va aux poubelles, enlève le drap qui les recouvre, le plie soigneusement et le met sur le bras. Il soulève un couvercle, se penche et regarde dans la poubelle. Rire bref. Il rabat le couvercle. Même jeu avec l'autre poubelle. Il va vers Hamm, enlève le drap qui le recouvre, le plie soigneusement et le met sur le bras. En robe de chambre, coiffé d'une calotte en feutre, un grand mouchoir taché de sang étalé sur le visage, un sifflet pendu au cou, un plaid sur les genoux, d'épaisses chaussettes aux pieds, Hamm semble dormir. Clov le regarde. Rire bref. Il va à la porte, s'arrête, se retourne, contemple la scène, se tourne vers la salle.

CLOV, *regard fixe, voix blanche.* – Fini, c'est fini, ça va finir, ça va peut-être finir. *(Un temps.)* Les grains s'ajoutent aux grains, un à un, et un jour, soudain, c'est un tas, un petit tas, l'impossible tas. *(Un temps.)* On ne peut plus me punir. *(Un temps.)* Je m'en vais dans ma cuisine, trois mètres sur trois mètres sur trois mètres, attendre qu'il me siffle. *(Un temps.)* Ce sont de jolies dimensions, je m'appuierai à la table, je regarderai le mur, en attendant qu'il me siffle.

Il reste un moment immobile. Puis il sort. Il revient aussitôt, va prendre l'escabeau, sort en emportant l'escabeau. Un temps. Hamm bouge. Il bâille sous le mouchoir. Il ôte le mouchoir de son visage. Teint très rouge. Lunettes noires.

HAMM. – A – *(bâillements)* – à moi. *(Un temps.)* De jouer. *(Il tient à bout de bras le mouchoir ouvert devant lui.)* Vieux linge ! *(Il ôte ses lunettes, s'essuie les yeux, le visage, essuie les lunettes, les remet, plie soigneusement le mouchoir et le met délicatement dans la poche du haut de sa robe de chambre. Il s'éclaircit la gorge, joint les bouts des doigts.)* Peut-il y a – *(bâillements)* – y avoir misère plus… plus haute que la mienne ? Sans doute. Autrefois. Mais aujourd'hui ? *(Un temps.)* Mon père ? *(Un temps.)* Ma mère ? *(Un temps.)* Mon… chien ? *(Un temps.)* Oh je veux bien qu'ils souffrent autant que de tels êtres peuvent souffrir. Mais est-ce dire que nos souffrances se valent ? Sans doute. *(Un temps.)* Non, tout est a – *(bâillements)* – bsolu, *(fier)* plus on est grand et plus on est plein. *(Un temps. Morne.)* Et plus on est vide. *(Il renifle.)* Clov ! *(Un temps.)* Non, je suis seul. *(Un temps.)* Quels rêves – avec un s ! Ces forêts ! *(Un temps.)* Assez, il est temps que cela finisse, dans le refuge aussi. *(Un temps.)* Et cependant j'hésite, j'hésite à… à finir. Oui, c'est bien ça, il est temps que cela finisse et cependant j'hésite encore à – *(bâillements)* – à finir. *(Bâillements.)* Oh là là, qu'est-ce que je tiens, je ferais mieux d'aller me coucher. *(Il donne un coup de sifflet. Entre Clov aussitôt. Il s'arrête à côté du fauteuil.)* Tu empestes l'air ! *(Un temps.)* Prépare-moi, je vais me coucher.

CLOV. – Je viens de te lever.

HAMM. – Et après ?

CLOV. – Je ne peux pas te lever et te coucher toutes les cinq minutes, j'ai à faire.

Un temps.

HAMM. – Tu n'as jamais vu mes yeux ?

CLOV. – Non.

HAMM. – Tu n'as jamais eu la curiosité, pendant que je dormais, d'enlever mes lunettes et de regarder mes yeux ?

CLOV. – En soulevant les paupières ? *(Un temps.)* Non.

HAMM. – Un jour je te les montrerai. *(Un temps.)* Il paraît qu'ils sont tout blancs. *(Un temps.)* Quelle heure est-il ?

CLOV. – La même que d'habitude.

HAMM. – Tu as regardé ?

CLOV. – Oui.

HAMM. – Et alors ?

CLOV. – Zéro.

Début de la pièce, éd. de Minuit.

LECTURE ANALYTIQUE

▸ **1.** Observez la composition de l'extrait : à partir de quoi est-il construit ? Qu'y a-t-il là d'étonnant ? Quelle disproportion remarquez-vous ? Quelle première conclusion pouvez-vous tirer en ce qui concerne la place de la parole ?

▸ **2.** Quelle est l'utilité de la première très longue disdascalie pour le spectateur ? Que voit-il ? Qu'entend-il ? Quelles informations peut-il déduire des éléments du décor, des agissements du personnage qui est en scène ? Quels « signes » (⇛ p.267) perçoit-il ?

▸ **3.** À quoi servent toutes les indications qui figurent dans la réplique d'Hamm ? Que remarque-t-on si l'on rapproche la première didascalie et le discours d'Hamm : gestes d'un côté, mots de l'autre ?

▸ **4.** Quels sont les éléments récurrents dans les répliques des personnages concernant les thèmes abordés ? Est-il possible de déterminer s'il s'agit d'un début ou d'une fin ? Quelles remarques la réponse à cette question entraîne-t-elle ?

▸ **5.** À partir des réponses précédentes, dites ce qui caractérise cet extrait sur le plan théâtral : à quel genre théâtral fait-il penser ? Quel est son registre ? Quel effet peut-il produire sur le public ?

ÉTUDE COMPARÉE

▸ Rapprochez ce texte de l'extrait d'Antonin Artaud (⇛ p. 267) pour expliquer l'utilisation des « signes » dans l'extrait de *Fin de partie*, en l'absence de toute parole.

GUIDE ▸ p. 378

Rhinocéros d'E. Ionesco, mise en scène par J.-L. Barrault, au théâtre de France en 1960, avec Simone Valère, Jean-Louis Barrault et William Sabatier.

8. Eugène Ionesco, *Rhinocéros* (1959)

Rhinocéros *est une pièce qui met en scène les comportements divers des habitants d'une petite ville lors de l'arrivée inattendue d'un rhinocéros : de l'hostilité à la bienveillance, ils changent non seulement de sentiments mais d'apparence, puisqu'ils deviennent eux-mêmes des rhinocéros, acceptant d'être ce qu'ils rejetaient initialement. L'extrait suivant se situe au premier acte, lors de l'arrivée de l'animal.*

LA SERVEUSE[1]. – Mais qu'est-ce que c'est ? *(Bérenger, toujours indolent, sans avoir l'air d'entendre quoi que ce soit, répond tranquillement à Jean au sujet de l'invitation ; il remue les lèvres ; on n'entend pas ce qu'il dit ; Jean se lève d'un bond, fait tomber sa chaise en se levant, regarde du côté de la coulisse gauche, en montrant du doigt, tandis que Bérenger, toujours un peu vaseux, reste assis.)*

JEAN. – Oh, un rhinocéros ! *(Les bruits produits par l'animal s'éloigneront à la même vitesse si bien que l'on peut déjà distinguer les paroles qui suivent ; toute cette scène doit être jouée très vite ; répétant :)* Oh ! un rhinocéros !

LA SERVEUSE. – Oh ! un rhinocéros !

L'ÉPICIÈRE, *qui montre sa tête par la porte de son épicerie.* – Oh ! un rhinocéros ! *(À son mari, resté dans la boutique.)* Viens vite voir, un

1. Les personnages sont tous des habitants de la petite ville.

rhinocéros ! *(Tous suivent du regard, à gauche, la course du fauve.)*

JEAN. – Il fonce droit devant lui, frôle les étalages !

L'ÉPICIER, *dans sa boutique.* – Où ça ?

LA SERVEUSE, *mettant les mains sur les hanches.* – Oh !

L'ÉPICIÈRE, *à son mari qui est toujours dans sa boutique.* – Viens voir ! *(Juste à ce moment l'Épicier montre sa tête.)*

L'ÉPICIER, *montrant sa tête.* – Oh ! un rhinocéros !

LE LOGICIEN, *venant vite en scène par la gauche.* – Un rhinocéros, à toute allure, sur le trottoir d'en face ! *(Toutes ces répliques, à partir de : « Oh, un rhinocéros » dit par Jean sont presque simultanées. On entend un « ah » poussé par une femme. Elle apparaît. Elle court jusqu'au milieu du plateau ; c'est la Ménagère avec son panier au bras ; un fois arrivée au milieu du plateau, elle laisse tomber son panier ; ses provisions se répandent sur la scène, une bouteille se brise, mais elle ne lâche pas le chat tenu sous l'autre bras.)*

LA MÉNAGÈRE. – Ah ! Oh ! *(Le Vieux Monsieur élégant venant de la gauche, à la suite de la Ménagère, se précipite dans la boutique des épiciers, les bouscule, entre, tandis que le Logicien ira se plaquer contre le mur du fond, à gauche de l'entrée de l'épicerie. Jean et la Serveuse debout, Bérenger assis, toujours apathique, forment un autre groupe. En même temps, on a pu entendre en provenance de la gauche des « oh ! », des « ah ! », des pas de gens qui fuient. La poussière, soulevée par le fauve, se répand sur le plateau.)*

LE PATRON, *sortant sa tête par la fenêtre à l'étage au-dessus du café.* – Que se passe-t-il ?

LE VIEUX MONSIEUR, *disparaissant derrière les épiciers.* – Pardon ! *(Le Vieux Monsieur élégant a des guêtres blanches, un chapeau mou, une canne à pommeau d'ivoire ; le Logicien est plaqué contre le mur, il a une petite moustache grise, des lorgnons, il est coiffé d'un canotier.)*

L'ÉPICIÈRE, *bousculée et bousculant son mari, au Vieux Monsieur.* – Attention, vous, avec votre canne !

L'ÉPICIER. – Non, mais des fois, attention ! *(On verra la tête du Vieux Monsieur derrière les épiciers.)*

LA SERVEUSE, au Patron. – Un rhinocéros !

LE PATRON, de sa fenêtre, à la Serveuse. – Vous rêvez ! *(Voyant le rhinocéros :)* Oh, ça alors !

LA MÉNAGÈRE. – Ah ! *(Les « oh » et les « ah » des coulisses sont comme un arrière-fond sonore à son « ah » à elle ; la Ménagère, qui a laissé tomber son panier à provisions et la bouteille, n'a donc pas laissé tomber son chat qu'elle tient sous l'autre bras).* Pauvre minet, il a eu peur !

LE PATRON, *regardant toujours vers la gauche, suivant des yeux la course de l'animal, tandis que les bruits produits par celui-ci vont en décroissant : sabots, barrissements, etc. Bérenger, lui, écarte simplement un peu la tête, à cause de la poussière, un peu endormi, sans rien dire ; il fait simplement une grimace.* – Ça alors !

Acte I (extrait), éd. Gallimard.

LECTURE ANALYTIQUE

▸ **1.** Observez les termes qui désignent les personnages : que remarquez-vous ? Que peut signifier un tel choix ? Sur quoi le lecteur est-il conduit à réfléchir ? Comment, d'après vous, le spectateur peut-il les identifier ?

▸ **2.** Distinguez, à partir de la typographie, ce qui, au théâtre est entendu et ce qui est vu. Établissez une proportion entre ces deux textes : que remarquez-vous ? Qu'y a-t-il de particulier dans le texte entendu ?

▸ **3.** En accordant une telle place aux didascalies, l'auteur de la pièce souligne leur importance : à quoi servent-elles ? Faites-en une étude précise pour identifier les différents types d'informations qu'elles donnent : apparence, gestes, comportements, jeux de scènes. Soulignez les effets de diversité et les phénomènes de récurrence. Ces didascalies ont-elles pour seul rôle de donner des informations ?

▸ **4.** Devant un extrait comme celui-ci, le lecteur est en droit de s'interroger sur le choix, par Ionesco, de la forme du dialogue théâtral (et non de la fiction romanesque) pour faire passer le message qu'il destine au public : quelles réponse pouvez-vous donner à cette question ?

ÉCRITURE

▸ **Réécriture :** reprenez les didascalies et mettez-les bout à bout. Qu'obtenez-vous ? Que devriez-vous modifier pour obtenir un texte narratif ? Qui en serait alors le narrateur ?

ÉTUDE COMPARÉE

▸ Rapprochez les extraits de *Fin de partie* (⇛ p. 272) et de *Rhinocéros* pour étudier l'importance des didascalies, leurs fonctions, et les raisons de la disproportion : que devient le dialogue « noyé » au milieu des indications de jeu scénique ou d'informations ?

GUIDE p. 378

TEXTE ÉCHO : *Notes et contre-notes* (1966)

Dramaturge, Ionesco est aussi un théoricien du théâtre. Dans Notes et contre-notes, *il réfléchit sur le sens et la portée du théâtre. Il aborde ici la question de la parole théâtrale.*

Si l'on pense que le théâtre n'est que théâtre de la parole, il est difficile d'admettre qu'il puisse avoir un langage autonome. Il ne peut être que tributaire des autres formes de pensée qui s'expriment par la parole, tributaire de la philosophie, de la morale. Les choses sont différentes si l'on considère que la parole ne constitue qu'un des éléments de choc du théâtre. D'abord le théâtre a une façon propre d'utiliser la parole, c'est le dialogue, c'est la parole de combat, de conflit. Si elle n'est que discussion chez certains auteurs, c'est une grande faute de leur part. Il existe d'autres moyens de théâtraliser la parole : en la portant à son paroxysme, pour donner au théâtre sa vraie mesure, qui est dans la démesure ; le verbe lui-même doit être tendu jusqu'à ses limites ultimes, le langage doit presque exploser, ou se détruire, dans son impossibilité de contenir les significations.

Mais il n'y a pas que la parole : le théâtre est une histoire qui se vit, recommençant à chaque représentation, et c'est aussi une histoire que l'on voit vivre. Le théâtre est autant visuel qu'auditif. Il n'est pas une suite d'images, comme le cinéma, mais une construction, une architecture mouvante d'images scéniques.

Tout est permis au théâtre : incarner des personnages, mais aussi matérialiser des angoisses, des présences intérieures. Il est donc non

Décor de Jacques Noël pour l'Acte I de *Rhinocéros*, mise en scène de J.-L. Barrault en 1960.

seulement permis, mais recommandé, de faire jouer les accessoires, faire vivre les objets, animer les décors, concrétiser les symboles.

De même que la parole est continuée par le geste, le jeu, la pantomime, qui, au moment où la parole devient insuffisante, se substituent à elle, les éléments scéniques matériels peuvent l'amplifier à leur tour. L'utilisation des accessoires est encore un autre problème. (Artaud en a parlé.)

« Expérience du théâtre », éd. Gallimard.

RECHERCHE DOCUMENTAIRE

▸ **1.** Quel auteur du XVIIIe siècle s'est interrogé, dans un essai, sur le travail du comédien et sur la manière de jouer, soit en maîtrisant ses émotions, soit en les utilisant sur scène ?

▸ **2.** Vous chercherez dans quelle lettre Rousseau s'intéresse au théâtre et condamne en particulier les comédies de Molière. Quels sont ses arguments ?

LECTURE ANALYTIQUE

▸ **1.** En quoi peut-on dire que la parole constitue *un des éléments de choc du théâtre ?*

▸ **2.** Établissez une liste de toutes les spécificités et des diverses fonctions du théâtre qu'Ionesco met en relief dans le texte. Quelles sont les différences par rapport au cinéma ?

▸ **3.** Repérez dans le texte des termes et des figures qui renvoient à l'idée de violence, de paroxysme.

▸ **4.** Quels autres éléments que la parole jouent un rôle important au théâtre ? Lisez le texte d'Antonin Artaud (⇛ p. 267) auquel Ionesco fait allusion.

ÉCRITURE

▸ **Essai 1 :** expliquez en quoi le théâtre est à la fois auditif et visuel, et comment ces deux qualités se complètent et se remplacent.

▸ **Essai 2 :** au théâtre, il n'y a pas que le langage des mots. Cherchez d'autres types de langages utilisés sur la scène et expliquez leur force et leur pouvoir symbolique.

SYNTHÈSE

▸ **1.** Selon Ionesco, le théâtre peut matérialiser des angoisses, des présences intérieures. En vous appuyant sur certains textes des séquences 13 et 14, étudiez cette capacité du théâtre et son utilité.

▸ **2.** Art de la parole, le théâtre croise les formes de discours et des modalités d'expression (dialogue, monologue, tirade). Vous étudierez cette diversité d'utilisation de la parole dans les séquences 13 et 14.

▸ **3.** Analysez les formes, le contenus, les fonctions des didascalies théâtrales et leur présence dans certaines pièces. Que peut signifier le développement abondant de cette forme de langage ?

GUIDE p. 378

9. Lire l'image

Petits contes nègres, titre provisoire de Royal de Luxe, mise en scène de Jean-Luc Courcoult, au Festival d'Avignon en juillet 1999.

RECHERCHE DOCUMENTAIRE

▸ Dans une histoire du théâtre, cherchez à quelle époque remonte le théâtre des rues. Comment appelait-on les comédiens qui jouaient ainsi dans des lieux non théâtraux et de manière quasiment improvisée ?

LECTURE ANALYTIQUE

▸ **1.** Observez les deux photos montrant des moments de représentation de la troupe Royal de Luxe : quel est le thème traité dans chaque scène ? Qu'est-ce qui vous a permis de le définir ?

▸ **2.** Observez l'importance prise par les objets et la présence des êtres humains : quel est le rôle des seconds ? Déduisez de votre observation les spécificités de ce type de théâtre.

▸ **3.** À quelles perceptions ce théâtre fait-il appel chez le public ? De quoi se rapproche-t-il ? Vous semble-t-il devoir s'appuyer sur des dialogues, sur un texte ?

▸ **4.** Que devient l'illusion théâtrale dans des représentations comme celles que vous voyez ici ?

ÉCRITURE

▸ **Invention :** inventez une nouvelle dont l'une des deux images pourrait constituer l'illustration : la scène représentée peut être le début, la fin, un épisode ou le thème de votre texte. Vous avez toute latitude en ce qui concerne l'énonciation et le point de vue adaptés.

GUIDE p. 493

3e PARTIE

LE GENRE BIOGRAPHIQUE

Henri Rousseau, dit le Douanier Rousseau (1844-1910), *La Noce* (peinture, 163 x 114 cm ; Musée de l'Orangerie, Paris) ; détail p. 282, 300 et 316.

SÉQUENCE 15

La nature de l'écriture autobiographique

1. Saint Augustin, *Les Confessions* (IVe s.)

Le théologien latin saint Augustin retrace dans ses Confessions, *écrites vers 397-400, l'itinéraire spirituel qui le conduisit à une conversion chrétienne. Il évoque ici un vol commis lors de son adolescence.*

Augustin s'accuse d'un larcin

Certes votre loi, Seigneur, condamne le larcin, une loi gravée dans le cœur des hommes, et que leur iniquité[1] même n'abolit pas. Quel voleur accepte qu'on le vole ? Le riche n'admet pas l'excuse de l'indigence[2]. Eh bien ! moi, j'ai voulu voler, et j'ai volé sans que la misère m'y poussât, rien que par insuffisance et mépris du sentiment de justice, par excès d'iniquité. Car j'ai volé ce que je possédais en abondance et de meilleure sorte. Ce n'est pas de l'objet convoité par mon vol que je voulais jouir, mais du vol même et du péché.

Il y avait dans le voisinage de notre vigne un poirier chargé de fruits qui n'avaient rien de tentant, ni la beauté ni la saveur. En pleine nuit (selon notre exécrable habitude nous avions prolongé jusque-là nos jeux sur les places), nous nous en allâmes, une bande de mauvais garçons, secouer cet arbre et en emporter les fruits. Nous en fîmes un énorme butin, non pour nous en régaler, mais pour le jeter aux porcs. Sans doute nous en mangeâmes un peu, mais notre seul plaisir fut d'avoir commis un acte défendu.

Voilà mon cœur, ô Dieu, voilà mon cœur dont vous avez eu pitié au fond de l'abîme. Qu'il vous dise maintenant, ce cœur que voilà, ce

1. Immoralité.
2. Pauvreté.

Sandro Botticelli (1444-1510), *Saint Augustin dans sa cellule* (peinture, 47 x 27 cm ; Galerie des Offices, Florence).

qu'il cherchait dans cet abîme, pour faire le mal sans raison, sans autre raison de le faire que sa malice[3] même. Malice honteuse, et je l'ai aimée ; j'ai aimé ma propre perte ; j'ai aimé ma chute ; non l'objet qui me faisait choir, mais ma chute même, je l'ai aimée. Ô laideur de l'âme qui abandonnait votre soutien pour sa ruine, et ne convoitait dans l'infamie que l'infamie elle-même.

Livre II, chapitre IV (extrait),
trad. J. Trabucco, éd. GF-Flammarion, 1964.

3. Aptitude et inclination à faire le mal.

RECHERCHE DOCUMENTAIRE

▸ **1.** Cherchez dans un dictionnaire les différents sens du mot *confession*. Quelles sont les connotations religieuses du mot ? Quel est son sens précis dans un contexte chrétien ? Quelle œuvre littéraire du XVIIIe siècle porte ce titre ? Donnez son auteur et sa date de publication.

▸ **2.** Saint Augustin a exercé des fonctions ecclésiastiques importantes : lesquelles et où ?

LECTURE ANALYTIQUE

▸ **1.** Étudiez la situation d'énonciation : qui parle ? à qui ? dans quelles circonstances ? à quel sujet ? Cherchez en quoi ces éléments correspondent au titre d'ensemble de l'œuvre.

▸ **2.** Le titre du chapitre parle d'un *larcin* ; en prenant appui sur le lexique, retrouvez dans le texte tout ce qui évoque cet acte. En quoi consiste son caractère paradoxal ? Par quels procédés lexicaux et rhétoriques celui qui parle en souligne-t-il la gravité ?

▸ **3.** Comment le texte est-il construit ? Observez les temps verbaux, la nature du lexique, la présence de l'interlocuteur pour différencier les trois étapes suivies. Quels rôles jouent les paragraphes 1 et 3 ? Que contient le deuxième ?

▸ **4.** Identifiez dans le texte les termes qui renvoient à la morale chrétienne et à la relation entre le croyant et Dieu. En quoi consiste la sincérité de celui qui parle dans le dernier paragraphe ? Qu'attend-il de l'aveu qu'il fait en le présentant sous la forme d'une « confession » ?

GUIDE p. 375

2. François de La Rochefoucauld, *Portraits* (1659)

Dans le Recueil des portraits et éloges, *dédié à Mademoiselle de Montpensier, François de La Rochefoucauld compose son autoportrait, dont voici le début.*

Anonyme, *Portrait de François VI, duc de La Rochefoucauld*, XVIIe s. (gravure ; BNF, Paris).

Je suis d'une taille médiocre, libre et bien proportionnée. J'ai le teint brun, mais assez uni ; le front élevé et d'une raisonnable grandeur ; les yeux noirs, petits et enfoncés, et les sourcils noirs et épais, mais bien tournés. Je serais fort empêché à dire de quelle sorte j'ai le nez fait, car il n'est ni camus[1] ni aquilin[2], ni gros ni pointu, au moins à ce que je crois. Tout ce que je sais, c'est qu'il est plutôt grand que petit, et qu'il descend un peu trop en bas. J'ai la bouche grande, et les lèvres assez rouges d'ordinaire, et ni bien ni mal taillées. J'ai les dents blanches, et passablement bien rangées. On m'a dit autrefois que j'avais un peu trop de menton : je viens de me tâter et de me regarder dans le miroir pour savoir ce qui en est, et je ne sais pas trop bien qu'en juger. Pour le tour du visage, je l'ai ou carré ou en ovale ; lequel des deux, il me serait fort difficile de le dire. J'ai les cheveux noirs, naturellement frisés, et avec cela assez épais et assez longs pour pouvoir prétendre en belle tête. J'ai quelque chose de chagrin[3] et de fier dans la mine : cela fait croire à la plupart des gens que je suis méprisant, quoique je ne le sois point du tout. J'ai l'action[4] fort aisée, et même un peu trop, et jusqu'à faire beaucoup de gestes en parlant. Voilà naïvement comme je pense que je suis fait au-dehors ; et l'on trouvera, je crois, que ce que je pense de moi là-dessus n'est pas fort éloigné de ce qui en est. J'en userai avec la même fidélité dans ce qui me reste à faire de mon portrait ; car je me suis assez étudié pour me bien connaître, et je ne manque ni d'assurance pour dire librement ce que je puis avoir de bonnes qualités, ni de sincérité pour avouer franchement ce que j'ai de défauts. Premièrement, pour parler de mon humeur[5], je suis mélancolique, et je le suis à un point que, depuis trois ou quatre ans, à peine m'a-t-on vu rire trois ou quatre fois. J'aurais pourtant, ce me semble, une mélancolie assez supportable et assez douce, si je n'en avais point d'autre que celle qui me vient de mon tempérament ; mais il m'en vient tant d'ailleurs, et ce qui m'en vient me remplit de telle sorte l'imagination et m'occupe si fort l'esprit, que la plupart du temps, ou je rêve sans dire mot, ou je n'ai presque point d'at-

1. Court et plat.
2. Fin et recourbé, en bec d'aigle.
3. Maussade.
4. Gestes et débit de celui qui parle.
5. Caractère.

tache[6] à ce que je dis. Je suis fort resserré[7] avec ceux que je ne connais pas, et je ne suis pas même extrêmement ouvert avec la plupart de ceux que je connais. C'est un défaut, je le sais bien, et je ne négligerai rien pour m'en corriger ; mais comme un certain air sombre que j'ai dans le visage contribue à me faire paraître encore plus réservé que je ne le suis et qu'il n'est pas en notre pouvoir de nous défaire d'un méchant air qui nous vient de la disposition naturelle des traits, je pense qu'après m'être corrigé au dedans, il ne laissera pas de me demeurer toujours[8] de mauvaises marques au dehors. J'ai de l'esprit et je ne fais point difficulté de le dire ; car à quoi bon façonner[9] là-dessus ? Tant biaiser[10] et tant apporter d'adoucissement pour dire les avantages que l'on a, c'est, ce me semble, cacher un peu de vanité sous une modestie apparente et se servir d'une manière bien adroite pour faire croire de soi beaucoup plus de bien que l'on n'en dit.

Extrait.

6. D'attention.
7. Réservé.
8. Il demeurera toujours.
9. Faire des manières.
10. Utiliser des détours.

RECHERCHE DOCUMENTAIRE

▸ **1.** Recherchez le titre et la nature de l'œuvre essentielle de La Rochefoucauld. Quels écrivains contemporains de cet auteur ont écrit des œuvres de même nature ?

▸ **2.** Quelle était l'appartenance sociale de La Rochefoucauld ? À quel événement historique a-t-il participé ? Précisez les dates et les étapes de cet épisode.

LECTURE ANALYTIQUE

▸ **1.** Repérez, identifiez et classez tous les indices qui permettent de parler d'« autoportrait ». En l'absence de toute autre information, le paratexte permet-il au lecteur de savoir qui parle ?

▸ **2.** Repérez les différents éléments qui composent cet autoportrait et dites selon quel ordre il est construit.

▸ **3.** Quels sont les différents temps verbaux utilisés ? Identifiez-les et étudiez leur signification : quelles sont, en particulier, les différentes valeurs du présent ?

▸ **4.** Quelles formulations insistent sur les difficultés rencontrées par celui qui parle ? Rapprochez ces formulations de l'affirmation selon laquelle La Rochefoucauld s'est *assez étudié* et se connaît bien. Quelles remarques pouvez-vous tirer de ce rapprochement ?

▸ **5.** Le pronom indéfini *on* est employé plusieurs fois dans le texte. Repérez ses différents emplois et dites qui il représente à chaque fois. Qu'apprend-il au lecteur sur les rôles d'autrui dans le texte et sur les relations que l'auteur du portrait établit avec ses lecteurs ?

ÉCRITURE

▸ **Essai :** dans quelles circonstances peut-on être conduit à faire son autoportrait ? En quoi est-ce un acte important ?

▸ **Réécriture :** à partir d'appréciations que vous jugez infondées, rétablissez ce que vous croyez être la vérité de votre portrait (*On dit de moi que… mais en réalité, je…*). Quel enjeu de l'autoportrait cet exercice met-il en lumière ? Écrivez à la manière de La Rochefoucauld : *je suis…, j'ai…*

GUIDE p. 375

Nicolas Bernard Lepicié (1735-1784),
Jeune dessinateur au chapeau noir
(Roy Miles Gallery, Londres).

3. Jean-Jacques Rousseau, *Les Confessions* (1782)[1]

Dans le livre I des Confessions, *œuvre autobiographique, Jean-Jacques Rousseau raconte les seize premières années de sa vie et analyse la manière dont les expériences vécues ont influé sur son caractère. L'épisode qui suit se situe à un moment où l'adolescent a été mis en apprentissage chez un graveur tyrannique et violent de Genève.*

Un souvenir qui me fait frémir encore et rire tout à la fois, est celui d'une chasse aux pommes qui me coûta cher. Ces pommes étaient au fond d'une dépense[2] qui, par une jalousie[3] élevée recevait du jour de la cuisine. Un jour que j'étais seul dans la maison, je montai sur la maie[4] pour regarder dans le jardin des Hespérides ce précieux fruit dont je ne pouvais approcher. J'allai chercher la broche pour voir si elle pourrait y atteindre : elle était trop courte. Je l'allongeai par une autre petite broche qui servait pour le menu gibier ; car mon maître aimait la chasse. Je piquai plusieurs fois sans succès ; enfin je sentis avec transport que j'amenais une pomme. Je tirai très doucement : déjà la pomme touchait à la jalousie : j'étais prêt à la saisir. Qui dira ma douleur ? La pomme était trop grosse, elle ne put passer par le trou. Que d'inventions ne mis-je point en usage pour la tirer ! Il fallut trouver des supports pour tenir la broche en état, un couteau assez long pour fendre la pomme, une latte pour la soutenir. À force d'adresse et de temps je parvins à la partager, espérant tirer ensuite les pièces l'une après l'autre ;

1. Publication posthume.
2. Lieu où l'on range des provisions.
3. Volet.
4. Meuble en bois où l'on range le pain.

mais à peine furent-elles séparées, qu'elles tombèrent toutes deux dans la dépense. Lecteur pitoyable[5], partagez mon affliction.

Je ne perdis point courage ; mais j'avais perdu beaucoup de temps. Je craignais d'être surpris ; je renvoie au lendemain une tentative plus heureuse, et je me remets à l'ouvrage tout aussi tranquillement que si je n'avais rien fait, sans songer aux deux témoins indiscrets qui déposaient contre moi[6] dans la dépense.

Le lendemain, retrouvant l'occasion belle, je tente un nouvel essai. Je monte sur mes tréteaux, j'allonge la broche, je l'ajuste ; j'étais prêt à piquer… Malheureusement le dragon ne dormait pas ; tout à coup la porte de la dépense s'ouvre : mon maître en sort, croise les bras, me regarde et me dit : Courage !… La plume me tombe des mains.

Bientôt, à force d'essuyer de mauvais traitements, j'y devins moins sensible ; ils me parurent enfin une sorte de compensation[7] du vol, qui me mettait en droit de le continuer. Au lieu de retourner les yeux en arrière et de regarder la punition, je les portais en avant et je regardais la vengeance. Je jugeais que me battre comme fripon, c'était m'autoriser à l'être. Je trouvais que voler et être battu allaient ensemble, et constituaient en quelque sorte un état, et qu'en remplissant la partie de cet état qui dépendait de moi, je pouvais laisser le soin de l'autre à mon maître. Sur cette idée je me mis à voler plus tranquillement qu'auparavant. Je me disais : Qu'en arrivera-t-il enfin ? Je serai battu. Soit : je suis fait pour l'être.

Livre I (extrait).

5. Enclin à la pitié.
6. Qui m'accusaient.
7. Dédommagement.

RECHERCHE DOCUMENTAIRE

▶ **1.** Rousseau évoque ici le jardin des Hespérides : à quoi fait-il référence ? Quelle est la relation entre ce jardin et la pomme ? Quel héros mythologique se trouve associé à ce lieu ?

▶ **2.** La pomme est également associée à un autre jardin : lequel ? dans quelles circonstances ? avec quelle(s) signification(s) symbolique(s) ?

LECTURE ANALYTIQUE

▶ **1.** À quelle personne ce texte est-il écrit ? Qui en est le narrateur ? le héros ? Comment le lecteur peut-il être certain qu'il s'agit d'un texte autobiographique ?

▶ **2.** Quelle est la fonction de la première phrase ? Retrouvez dans la suite du texte tout ce qui peut correspondre aux deux verbes *trémir* et *rire*.

▶ **3.** Le narrateur utilise le présent, le passé et le futur. Identifiez ces temps verbaux et déterminez leur valeur.

▶ **4.** Par quels procédés rhétoriques celui qui parle fait-il de l'épisode une aventure à suspense ? Répondez à partir de la ponctuation, de la structure des phrases, des figures utilisées, des interpellations et dites quel est le double registre du texte.

▶ **5.** Quel est le rôle du dernier paragraphe ? Déterminez sa portée morale, les responsabilités sociales et humaines qu'il met en jeu. Quels sont les dangers du raisonnement de Rousseau ?

ÉCRITURE

▶ **Essai :** *me battre comme fripon, c'était m'autoriser à l'être.* Expliquez cette phrase et demandez-vous comment le regard que les autres portent sur lui peut influencer l'évolution d'un enfant. Quelles conséquences ce regard et les comportements qui s'ensuivent peuvent-ils avoir ?

ÉTUDE COMPARÉE

▶ Rapprochez l'extrait des *Confessions* de Rousseau de celui des *Confessions* de saint Augustin (⇛ p. 282). Sous un même titre, ces deux extraits sont-ils similaires ? Analysez ce qui les rapproche et ce qui les différencie.

GUIDE p. 375

4. Goethe, *Souvenirs de ma vie, poésie et vérité* (1811-1830)

Dans Souvenirs de ma vie, poésie et vérité, *Goethe, écrivain allemand, raconte les premières années de sa vie. En 1756, éclate la guerre de sept ans. Goethe habite alors à Francfort-sur-le Main, ville libre du Saint-Empire romain germanique. Lorsque Frédéric II, roi de Prusse, envahit la Saxe, les habitants de Francfort se séparent en deux clans. Les uns, dont le père de Goethe, sont favorables à Frédéric II. Les autres, dont le grand-père maternel de l'écrivain, soutiennent le parti autrichien.*

En ma qualité d'aîné des petits-fils et de filleul, j'avais été, dès le bas âge, dîner tous les dimanches chez mes grands-parents[1] ; c'étaient, de toute la semaine, les heures où je m'amusais le plus. Mais je n'avais plus d'appétit à ces repas, où j'étais obligé d'entendre les calomnies les plus horribles sur le compte de mon héros[2]. C'était une tout autre atmosphère que chez nous. L'affection, la vénération que j'éprouvais pour mes grands-parents, diminua. Je n'osais dire mot de tout cela à la maison paternelle ; mon instinct propre et les avis de ma mère m'avaient commandé le silence. Je réfléchis alors, et de même qu'à l'âge de six ans, après le tremblement de terre de Lisbonne[3], la bonté de Dieu m'était devenue suspecte à quelques égards, je commençai, à cause de Frédéric II, à mettre en doute la justice du public. Mon âme était naturellement portée à la vénération, et il fallait une forte secousse pour ébranler ma foi dans une chose respectable. Hélas ! on nous avait prêché les bonnes mœurs, une conduite décente, non pour elles-mêmes, mais pour le monde[4] ; il était toujours question de ce que dirait le monde, et je pensais que ce monde devait être un monde recommandable, sachant tout apprécier dignement. Et voilà que le contraire m'était démontré. Les qualités les plus rares et les plus éclatantes étaient l'objet de l'outrage et de la haine ; les plus grandes actions étaient, sinon niées, du moins défigurées et amoindries ; et cette criante injustice frappait un homme unique, un homme visiblement supérieur à tous ses contemporains, qui, tous les jours, donnait de nouvelles preuves, de nouveaux témoignages de sa force ; et elle venait, non de la populace[5], mais d'hommes de mérite, car mon grand-père et mes oncles étaient nécessairement tels à mes yeux. L'enfant ne se doutait pas qu'il y eût des partis, et qu'il appartînt lui-même à un parti. Il croyait avoir la raison pour lui, et pouvoir affirmer que son opinion était la meilleure, parce que ceux de son parti et lui reconnaissaient la beauté de Marie-Thérèse[6] et ses autres qualités, et ne reprochaient pas trop à l'empereur François[7] son amour pour les bijoux et pour les monnaies. Si le comte Daun[8] était maintes fois qualifié de *bonnet de nuit* (Schlafmutze), il pensait que cela était de toute justice.

1. Grands-parents maternels.
2. Frédéric II, roi de Prusse de 1740 à 1786.
3. Le 1er novembre 1755.
4. La société, en particulier la société des bourgeois cultivés à laquelle appartient la famille de Goethe.
5. Masse du peuple.
6. Impératrice d'Autriche de 1745 à 1780.
7. François I, empereur germanique de 1745 à 1765, époux de Marie-Thérèse.
8. Général autrichien.

En réfléchissant aujourd'hui à ces impressions, j'y trouve le germe de cette indifférence à l'égard du public, de ce mépris même, qui m'a possédé pendant toute une période de ma vie, et dont je ne me suis guéri que tard, à force de lumières et d'expérience. Déjà, du moins, l'injustice et la partialité humaines s'étaient révélées à moi d'une manière très pénible, très funeste[9] même, puisqu'elles m'avaient éloigné de personnes que j'aimais et que je respectais.

9. Grave et regrettable.

Première partie, livre II (extrait),
titre original : *Aus meinem Leben, Dichtug und Wahrheit,*
trad. H. Richelot, 1863.

TEXTE ORIGINAL

Als ältester Enkel und Pate hatte ich seit meiner Kindheit jeden Sonntag bei den Großeltern gespeist : es waren meine vergnügtesten Stunden der ganzen Woche. Aber nun wollte mir kein Bissen mehr schmecken : denn ich mußte meinen Helden aufs greulichste verleumden hören. Hier wehte ein anderer Wind, hier klang ein anderer Ton als zu Hause. Die Neigung, ja die Verehrung für meine Großeltern nahm ab. Bei den Eltern durfte ich nichts davon erwähnen ; ich unterließ es aus eigenem Gefühl und auch, weil die Mutter mich gewarnt hatte.

Lignes 1 à 9.

Jacob-Philippe Hackert (1737-1807), *Goethe visitant le Colisée à Rome*, 1790 (peinture ; Musée Goethe, Rome).

RECHERCHE DOCUMENTAIRE

▸ **1.** Trouvez le titre des principales œuvres de Goethe. Quand ont-elles été traduites pour la première fois en français ? En quoi certaines d'entre elles ont-elles influencé la littérature européenne ? (⇛ p. 308)

▸ **2.** Le tremblement de terre de Lisbonne, le 1er novembre 1755, a été l'occasion d'une réflexion philosophique sur la Providence. Trouvez des œuvres littéraires évoquant cette catastrophe naturelle.

LECTURE ANALYTIQUE

▸ **1.** À quels genres littéraires renvoie le titre de l'œuvre ? En quoi le texte correspond-il à la première partie, *Souvenirs de ma vie* ? Quels sont les indices de l'écriture autobiographique ?

▸ **2.** Repérez et identifiez les nombreuses oppositions qui jalonnent le texte : quelles contradictions révèlent-elles dans l'environnement de l'enfant ? À quelles découvertes douloureuses correspondent-elles ?

▸ **3.** Le texte est-il le récit d'un épisode particulier d'une vie ? Étudiez comment le passage évolue d'un point de départ que vous préciserez à une réflexion dont vous donnerez le contenu. En particulier, quel peut être le sens du passage qui va de *je réfléchis alors* jusqu'*à mes yeux* (l. 9-26) ?

▸ **4.** À quel moment du temps correspond l'adverbe *aujourd'hui* (l. 34) ? Quel est le rôle du dernier paragraphe par rapport à l'ensemble du texte ? Quels enseignements le lecteur peut-il tirer de l'expérience rapportée et analysée ?

ÉCRITURE

▸ **Essai :** la deuxième partie du titre de l'œuvre est *poésie et vérité*. Ces deux termes vous paraissent-ils compatibles ou incompatibles ? Que doit privilégier l'autobiographie ? Répondez en prenant appui à la fois sur la connaissance que vous avez d'œuvres autobiographiques et sur des réflexions personnelles.

GUIDE p. 375

5. François-René de Chateaubriand, *Mémoires d'outre-tombe* (1848)

Commencés en 1809 (⇛ le début des Mémoires de ma vie, *p. 304), les* Mémoires d'outre-tombe *retracent la vie personnelle et les engagements politiques de Chateaubriand. Le passage donné ici se situe en 1786 : âgé de dix-huit ans, Chateaubriand quitte sa famille et le château de Combourg pour entamer une carrière militaire.*

Le comte de Chateaubriand, homme si redoutable à mes yeux, ne me parut dans ce moment que le père le plus digne de ma tendresse. Je me jetai sur sa main décharnée et pleurai. Il commençait d'être attaqué d'une paralysie ; elle le conduisit au tombeau[1] ; son bras gauche avait un mouvement convulsif qu'il était obligé de contenir avec sa main droite. Ce fut en retenant ainsi son bras et après m'avoir remis sa vieille épée, que sans me donner le temps de me reconnaître[2], il me conduisit au cabriolet qui m'attendait dans la Cour Verte. Il m'y fit monter devant lui. Le postillon partit, tandis que je saluais des yeux ma mère et ma sœur qui fondaient en larmes sur le perron.

1. Le père de Chateaubriand meurt le 6 septembre 1786.

2. Sans me donner le temps de me ressaisir.

Anonyme, *Le Château de Combourg*, XIXe s. (gravure).

Je remontai la chaussée de l'étang ; je vis les roseaux de mes hirondelles, le ruisseau du moulin et la prairie ; je jetai un regard sur le château. Alors, comme Adam après son péché, je m'avançai sur la terre inconnue : le monde était tout devant moi : *and the world was all before him*[3].

Depuis cette époque, je n'ai revu Combourg que trois fois : après la mort de mon père, nous nous y trouvâmes en deuil, pour partager notre héritage et nous dire adieu[4]. Une autre fois j'accompagnai ma mère à Combourg : elle s'occupait de l'ameublement du château ; elle attendait mon frère, qui devait amener ma belle-sœur en Bretagne. Mon frère ne vint point ; il eut bientôt avec sa jeune épouse, de la main du bourreau, un autre chevet que l'oreiller préparé des mains de ma mère[5]. Enfin, je traversai une troisième fois Combourg, en allant m'embarquer à Saint-Malo pour l'Amérique[6]. Le château était abandonné, je fus obligé de descendre chez le régisseur. Lorsque, en errant dans le grand Mail[7], j'aperçus du fond d'une vallée obscure le perron désert, la porte et les fenêtres fermées, je me trouvai mal. Je regagnai avec peine le village ; j'envoyai chercher mes chevaux et je partis au milieu de la nuit.

Après quinze années d'absence, avant de quitter de nouveau la France et de passer en Terre-Sainte[8], je courus embrasser à Fougères[9] ce qui me restait de ma famille. Je n'eus pas le courage d'entreprendre le pèlerinage des champs où la plus vive partie de mon existence fut attachée. C'est dans les bois de Combourg que je suis devenu ce que je suis, que j'ai commencé à sentir la première atteinte de cet ennui que j'ai traîné toute ma vie, de cette tristesse qui a fait mon tourment et ma félicité. Là, j'ai cherché un cœur qui pût entendre le mien ; là, j'ai vu se réunir, puis se disperser ma famille.

Livre troisième, chapitre 16 (extrait).

3. *Et le monde entier était devant lui* : citation libre de Milton, fin du *Paradis perdu*, 1667.

4. En mars 1787.

5. Le frère de Chateaubriand périt sur l'échafaud en avril 1794.

6. En 1791, Chateaubriand passe cinq mois en Amérique. De ce voyage naîtront *Atala* (1801), *Voyage en Amérique* (1826) et *Les Natchez* (1829).

7. Allée, promenade bordée d'arbres.

8. En 1806 et 1807, Chateaubriand fait un voyage en Orient, entre autres sur les lieux où a vécu le Christ, notamment à Jérusalem. En 1811, il publie *Itinéraire de Paris à Jérusalem*.

9. Petite ville de Bretagne située à côté de Combourg.

RECHERCHE DOCUMENTAIRE

▸ **1.** Où se situe Combourg ? Recherchez des représentations picturales de ce lieu. Trouvez dans les *Mémoires d'outre-tombe* les passages précis, en les délimitant, où il est question de Combourg. Quel rôle cet endroit a-t-il joué pour Chateaubriand ?

▸ **2.** Quelles ont été les prises de position de Chateaubriand pendant la Révolution française ? À quel événement important a-t-il assisté en 1789 à Paris ? Retrouvez le passage qui rapporte cet épisode dans les *Mémoires d'outre-tombe*.

▸ **3.** Trouvez cinq auteurs français ayant écrit leurs mémoires. Relevez leur titre exact et la date de leur publication. Dans quel contexte historique s'inscrit chacun de ces ouvrages ?

LECTURE ANALYTIQUE

▸ **1.** Relevez, identifiez et classez tous les termes qui permettent de parler d'écriture autobiographique. Étudiez notamment la valeur du passé simple et celle du passé composé dans cet extrait.

▸ **2.** En vous appuyant sur les temps verbaux et sur les liens chronologiques, dites comment ce passage est construit. Quel est son point de départ ? Comment l'évocation d'un souvenir précis se transforme-t-elle ?

▸ **3.** Étudiez les relations entre les lieux et les différents épisodes rapportés. En quoi chacun d'entre eux a-t-il une signification symbolique ? Quel rôle joue alors Combourg ? Quelle phrase clé du texte formule ce rôle ?

▸ **4.** Information / évocation / analyse : retrouvez dans le texte ce qui pourrait être classé sous ces titres. Déduisez de cette recherche les différents intérêts que peut présenter une œuvre autobiographique concernant son auteur, les expériences qu'il rapporte et leur contexte historique et culturel.

ÉCRITURE

▸ **Invention :** pensez à un lieu chargé pour vous de souvenirs et d'émotion. Décrivez-le tel que vous l'avez vu à différentes époques, en notant à chaque fois les divers sentiments que vous avez ressentis.

GUIDE p. 375

6. Jean Guéhenno, *Journal des années noires, 1940-1944* (1946)

En 1946, Jean Guéhenno décide de publier le journal qu'il a tenu entre 1940 et 1944. En voici le début, qui évoque un épisode particulièrement important de la Seconde Guerre mondiale en France.

1940

17 juin 1940.

Voilà, c'est fini. Un vieil homme[1] qui n'a plus même la voix d'un homme, mais parle comme une vieille femme, nous a signifié à midi trente que cette nuit il avait demandé la paix.

Je pense à toute la jeunesse. Il était cruel de la voir partir à la guerre. Mais est-il moins cruel de la contraindre à vivre dans un pays déshonoré ?

Je ne croirai jamais que les hommes soient faits pour la guerre. Mais je sais qu'ils ne sont pas non plus faits pour la servitude.

1. Le maréchal Pétain.

De Gaulle, *Appel du 18 juin*, Londres.

19 juin.

Hier soir la voix du général de Gaulle à la radio de Londres. Quelle joie d'entendre enfin, dans cet ignoble désastre, une voix un peu fière. « Moi, général de Gaulle, j'invite... La flamme de la résistance française ne peut s'éteindre... » Nouvelle aventure de notre liberté.

À la tombée de la nuit, je suis monté vers le plateau par cette route qui domine la ville[2]. C'était si étrange. Les Allemands sont à une dizaine de kilomètres. Ils entreront dans la ville demain matin sans doute. Et c'était un soir comme tous les soirs. Les gens prenaient le frais devant les portes. La débâcle[3] a fini de s'écouler vers le sud et nous étions seuls sur la route. À de grands intervalles un coup de canon comme un avertissement. On devinait encore dans la plaine les toits rouges, les façades blanches que dominait la silhouette diabolique de la cathédrale. La lune se levait derrière les tours, et, tout au fond, le feu des dépôts d'essence incendiés rougeoyait. La fumée barrait tout le ciel jusqu'à la montagne comme un immense drapeau noir.

Extrait, éd. Gallimard.

2. En juin 1940, Jean Guéhenno est professeur à Clermont-Ferrand.
3. Fuite des populations civiles devant l'invasion allemande.

RECHERCHE DOCUMENTAIRE

▸ **1.** Rappelez précisément les événements historiques auquel ce texte fait allusion.

▸ **2.** Quels engagements politiques ont marqué la vie de Jean Guéhenno ?

▸ **3.** Quels autres livres de Jean Guéhenno comportent dans leur titre le mot *journal* ? Quelle époque de la vie de leur auteur et quels événements historiques chacun d'entre eux évoque-t-il ?

▸ **4.** Trouvez cinq ouvrages français ou étrangers qui se présentent sous la forme d'un journal intime. Précisez le nom de leur auteur, la date de publication, et identifiez parmi ces ouvrages ceux qui relèvent de la fiction. Quelle est la caractéristique de ceux qui n'en relèvent pas ? Parmi ces derniers, lesquels ont été publiés du vivant de leur auteur ?

LECTURE ANALYTIQUE

▸ **1.** Relevez, identifiez et classez tous les éléments qui renvoient à l'écriture d'un journal. Étudiez notamment les indices d'énonciation. Peut-on déterminer avec certitude qui parle ?

▸ **2.** Par quels termes, et quelles connotations, celui qui parle traduit-il ses réactions personnelles ? En quoi ces réactions ont-elles une portée morale ?

▸ **3.** Quel sens prend le mot *étrange* dans le texte ? Par quels procédés rhétoriques cette étrangeté est-elle soulignée ?

▸ **4.** Quelle est la signification symbolique de la comparaison qui termine le texte ? En quoi ajoute-t-elle à l'étrangeté de la scène rapportée ?

ÉCRITURE

▸ **Résumé :** trouvez et lisez attentivement la préface écrite par Jean Guéhenno au moment de la publication de cet ouvrage en livre de poche (éd. Gallimard, coll. « Folio », 1973, p. 1 à 14). Résumez les principales informations données : thèmes abordés dans ce *Journal*, conditions de son écriture, objectifs de sa publication.

GUIDE p. 375

Villa Adriana, Tivoli.

7. Marguerite Yourcenar, *Mémoires d'Hadrien* (1951)

Marguerite Yourcenar a imaginé les Mémoires *qu'aurait pu écrire l'empereur romain Hadrien, au moment où celui-ci, malade, sent venir la mort. Le passage qui suit constitue l'épilogue de l'œuvre.*

Tout est prêt : l'aigle chargé de porter aux dieux l'âme de l'empereur est tenu en réserve pour la cérémonie funèbre. Mon mausolée[1], sur le faîte duquel on plante en ce moment les cyprès destinés à former en plein ciel une pyramide noire, sera terminé à peu près à temps pour le transfert des cendres encore chaudes. J'ai prié Antonin[2] qu'il y fasse ensuite transporter Sabine[3] ; j'ai négligé de lui faire décerner à sa mort les honneurs divins, qui somme toute lui sont dus ; il ne serait pas mauvais que cet oubli fût réparé. Et je voudrais que les restes d'Ælius César[4] soient placés à mes côtés.

Ils m'ont emmené à Baïes[5] ; par ces chaleurs de juillet, le trajet a été pénible, mais je respire mieux au bord de la mer. La vague fait sur le rivage son murmure de soie froissée et de caresse ; je jouis encore des longs soirs roses. Mais je ne tiens plus ces tablettes[6] que pour occuper mes mains, qui s'agitent malgré moi. J'ai envoyé chercher Antonin ; un courrier lancé à fond de train est parti pour Rome. Bruit des sabots de

1. Somptueux monument funéraire de très grandes dimensions.
2. Fils d'Hadrien et de Sabine.
3. Épouse d'Hadrien, petite-nièce de l'empereur Trajan.
4. Lucius Ælius César : fils d'Hadrien.
5. Lieu de résidence très fréquenté par les riches Romains et les empereurs, dans le golfe de Pouzzolles, en Italie.
6. Tablettes de cire destinées à recevoir des inscriptions.

Borysthènes[7], galop du Cavalier thrace… Le petit groupe des intimes se presse à mon chevet. Chabrias[8] me fait pitié : les larmes conviennent mal aux rides des vieillards. Le beau visage de Céler[8] est comme toujours étrangement calme ; il s'applique à me soigner sans rien laisser voir de ce qui pourrait ajouter à l'inquiétude ou à la fatigue d'un malade. Mais Diotime[8] sanglote, la tête enfouie dans les coussins. J'ai assuré son avenir ; il n'aime pas l'Italie ; il pourra réaliser son rêve, qui est de retourner à Gadara et d'y ouvrir avec un ami une école d'éloquence ; il n'a rien à perdre à ma mort. Et pourtant, la mince épaule s'agite convulsivement sous les plis de la tunique ; je sens sous mes doigts des pleurs délicieux. Hadrien jusqu'au bout aura été humainement aimé.

Petite âme, âme tendre et flottante, compagne de mon corps, qui fut ton hôte, tu vas descendre dans ces lieux pâles, durs et nus, où tu devras renoncer aux jeux d'autrefois. Un instant encore, regardons ensemble les rives familières, les objets que sans doute nous ne reverrons plus… Tâchons d'entrer dans la mort les yeux ouverts…

Épilogue, éd. Gallimard.

7. Nom du messager d'Hadrien, d'origine thrace.
8. Chabrias, Céler, Diotime : familiers d'Hadrien.

RECHERCHE DOCUMENTAIRE

▸ **1.** Qui était l'empereur Hadrien ? Quel rôle politique a-t-il joué ? Dans quelle ville trouve-t-on des vestiges de sa *villa* ?

▸ **2.** Élucidez les allusions faites dans ce texte aux rites funéraires réservés par les Romains à leurs empereurs. En particulier, quels sont les *lieux pâles, durs et nus* dont il est question à la fin du texte ? Quelles croyances s'y rattachent ?

▸ **3.** Donnez le titre et la date de publication d'un autre roman historique de Marguerite Yourcenar. Quelle époque est dépeinte dans cet ouvrage ?

LECTURE ANALYTIQUE

▸ **1.** Mettez en parallèle l'auteur de l'œuvre, le titre et l'identité du narrateur : que pouvez-vous en conclure en ce qui concerne le caractère authentique ou fictif de ces mémoires ? Appuyez-vous sur le paratexte pour répondre à la question.

▸ **2.** Observez certaines modifications du système énonciatif et les changements de personne grammaticale aux lignes 26-28-30. Quelle signification le lecteur peut-il attribuer à ces modifications ?

▸ **3.** Étudiez la structure du texte et son découpage en paragraphes : quels aspects de sa mort et de ses derniers moments l'empereur envisage-t-il ? Quelle évolution pouvez-vous observer ?

▸ **4.** Par quelles images la mort est-elle évoquée dans les dernières lignes ? Quelle conception de l'existence ces images révèlent-elles ? Quelles qualités Marguerite Yourcenar prête-t-elle à ce personnage historique ?

ÉTUDE COMPARÉE

▸ Retrouvez dans ce manuel un texte qui évoque la conception des *Mémoires d'Hadrien*. Quelles informations contenues dans ce texte sur la méthode choisie par l'écrivain s'appliqueraient à l'extrait qui figure ici ?

ÉCRITURE

▸ **Essai :** de quel personnage historique aimeriez-vous vous faire, comme Marguerite Yourcenar, « l'autobiographe » ? Pour quelles raisons ? Quelle serait votre méthode de travail ?

GUIDE p. 375

Première affiche de l'*Appel du 18 juin 1940 par le général de Gaulle* (Institut Charles de Gaulle, Paris).

8. Charles de Gaulle, *Mémoires de guerre* (1954)

Dans ses Mémoires de guerre, *le général de Gaulle retrace les événements de la Seconde Guerre mondiale et analyse le rôle politique qu'il a joué à partir de juin 1940. En voici un extrait : nommé sous-secrétaire à la Défense nationale le 6 juin 1940, il refuse de se rallier aux partisans de l'armistice et gagne Londres le 17 juin.*

La première chose à faire était de hisser les couleurs[1]. La radio s'offrait pour cela. Dès l'après-midi du 17 juin, j'exposai mes intentions à M. Winston Churchill[2]. Naufragé de la désolation sur les rivages de l'Angleterre, qu'aurais-je pu faire sans son concours ? Il me le donna tout de suite et mit, pour commencer, la B.B.C.[3] à ma disposition. Nous convînmes que je l'utiliserais lorsque le gouvernement Pétain aurait demandé l'armistice[4]. Or, dans la soirée même, on apprit qu'il l'avait fait. Le lendemain, à 18 heures, je lus au micro le texte que l'on connaît. À mesure que s'envolaient les mots irrévocables, je sentais en moi-même se terminer une vie, celle que j'avais menée dans le cadre d'une France solide et d'une indivisible armée. À quarante-neuf ans, j'entrais dans l'aventure, comme un homme que le destin jetait hors de toutes les séries.

Pourtant, tout en faisant mes premiers pas dans cette carrière sans précédent, j'avais le devoir de vérifier qu'aucune autorité plus qualifiée que la mienne ne voudrait s'offrir à remettre la France et l'Empire[5] dans la lutte. Tant que l'armistice ne serait pas en vigueur, on pouvait imaginer, quoique contre toute vraisemblance, que le gouvernement de Bordeaux[6] choisirait finalement la guerre. N'y eût-il que la plus faible chance, il fallait la ménager. C'est pour cela que, dès mon arrivée à Londres, le 17 après-midi, je télégraphiai à Bordeaux pour m'offrir à[7] poursuivre dans la capitale anglaise, les négociations que j'avais commencées la veille au sujet du matériel en provenance des États-Unis, des prisonniers allemands et des transports vers l'Afrique.

La réponse fut une dépêche me sommant de rentrer sans délai. Le 20 juin, j'écrivis à Weygand[8], qui avait pris dans la capitulation le titre étonnant de « Ministre de la Défense nationale », pour l'adjurer[9] de se mettre à la tête de la résistance et l'assurer, s'il le faisait, de mon obéissance entière. Mais cette lettre devait m'être, quelques semaines plus tard, retournée par son destinataire avec une mention dont le moins qu'on puisse dire est qu'elle marquait sa malveillance. Le 30 juin, « l'Ambassade de France » me notifiait l'ordre de me constituer prisonnier à la prison Saint-Michel à Toulouse pour y être jugé par le Conseil de guerre. Celui-ci m'infligeait, d'abord, quatre ans de prison. Puis, sur appel *a minima*[10] exigé par le « ministre », me condamnait à la peine de mort.

Première partie, chapitre I (extrait), éd. Plon.

1. Métaphore désignant ici l'action de faire connaître ses opinions et intentions.
2. Premier ministre britannique depuis le 10 mai 1940.
3. British Broadcasting Corporation, office national qui a reçu en 1927 le monopole de la radiodiffusion britannique, et qui a apporté un soutien permanent à la Résistance française contre l'occupation allemande.
4. Convention conclue afin de suspendre les hostilités.
5. Ensemble des colonies françaises en 1940.
6. Pouvoir exécutif de l'État français installé à Bordeaux.
7. Pour proposer de.
8. Général français chargé depuis mai 1940 du commandement en chef de tous les autres généraux, partisan de l'armistice.
9. Supplier.
10. Appel que le ministère public interjette (fait intervenir) lorsqu'il estime la peine insuffisante.

RECHERCHE DOCUMENTAIRE

▸ **1.** Rappelez de façon très précise le contexte historique évoqué par le général de Gaulle, et dites quelle est sa situation personnelle dans l'épisode. Retracez brièvement son rôle politique jusqu'en 1945, ainsi que celui des différents protagonistes cités dans le texte.

▸ **2.** Quels sont les différents sens du mot *mémoire* lorsqu'il est au masculin ? Parmi ces sens, quels sont ceux qui renvoient à l'écriture autobiographique ? Cherchez des exemples de mémoires littéraires. Donnez leur auteur, leur titre et leur époque.

LECTURE ANALYTIQUE

▸ **1.** Relevez, classez et identifiez tous les indices qui permettent de parler d'écriture autobiographique. Grâce à quoi peut-on affirmer avec certitude que le narrateur et l'auteur du texte ne font qu'un ? Quels éléments vérifiables sur le plan historique (faits, personnes, textes officiels) confèrent à cet extrait son authenticité ?

▸ **2.** Par quels choix lexicaux et par quels procédés d'écriture celui qui parle fait-il comprendre au lecteur :
– que son action constitue un engagement nécessaire pour la France et pour lui-même ;
– qu'il tient à respecter la hiérarchie ;
– que la lutte contre l'occupant est plus importante que tout ?

En quoi ces trois points correspondent-ils à la structure du texte et aux étapes du récit ?

▸ **3.** Pour qui et pourquoi ce récit est-il important ? Qu'avez-vous appris en le lisant concernant les valeurs qui ont conduit à une politique de résistance ?

▸ **4.** Texte historique, cet extrait n'est pas seulement informatif. Quelles sont ses qualités littéraires ? Appuyez-vous sur votre expérience de lecteur pour répondre, ainsi que sur les réponses aux questions précédentes.

ÉTUDE COMPARÉE

▸ Rapprochez le texte de Jean Guéhenno (⇛ p. 292) et celui du général de Gaulle. Faites apparaître les différences de forme. Cherchez aussi ce qu'ils ont en commun. Quelles remarques pouvez-vous tirer de ce rapprochement ?

GUIDE p. 375

9. Romain Gary, *La Promesse de l'aube* (1960)

Originaire de Lituanie, Romain Gary raconte, dans La Promesse de l'aube, *les trente premières années de sa vie et, notamment, son adolescence à Nice, auprès d'une mère ambitieuse qui espère pour lui une éclatante réussite. Elle est prête à tous les sacrifices pour qu'il devienne un grand écrivain.*

Je sentis qu'il fallait me dépêcher, qu'il me fallait en toute hâte écrire le chef-d'œuvre immortel, lequel, en faisant de moi le plus jeune Tolstoï[1] de tous les temps, me permettrait d'apporter immédiatement à ma mère la récompense de ses peines et le couronnement de sa vie.

Je m'attelai d'arrache-pied à la besogne.

Avec l'accord de ma mère, j'abandonnai provisoirement le lycée[2], et, m'enfermant une fois de plus dans ma chambre, me ruai à l'assaut. Je plaçai devant moi trois mille feuilles de papier blanc, ce qui était, d'après mes calculs, l'équivalent de *Guerre et Paix*, et ma mère m'offrit une robe

1. Écrivain russe, 1828-1910, auteur, entre autres, de *Anna Karénine* et de *Guerre et Paix*.

2. Romain Gary est alors élève au lycée Masséna, à Nice.

de chambre très ample, modelée sur celle qui avait fait déjà la réputation de Balzac. Cinq fois par jour, elle entrouvrait la porte, déposait sur la table un plateau de victuailles et ressortait sur la pointe des pieds. J'écrivais alors sous le pseudonyme de François Mermont. Cependant, comme mes œuvres m'étaient régulièrement renvoyées par les éditeurs, nous décidâmes que le pseudonyme était mauvais, et j'écrivis le volume suivant sous le nom de Lucien Brûlard. Ce pseudonyme ne paraissait pas non plus satisfaire les éditeurs. Je me souviens qu'un de ces superbes[3], qui sévissait alors à la N.R.F.[4], à un moment où je crevais de faim à Paris, me retourna un manuscrit, avec ces mots : « Prenez une maîtresse et revenez dans dix ans. » Lorsque je revins, en effet, dix ans plus tard, en 1945, il n'était malheureusement plus là : on l'avait déjà fusillé[5].

Le monde s'était rétréci pour moi jusqu'à devenir une feuille de papier contre laquelle je me jetais de tout le lyrisme[6] exaspéré de l'adolescence. Et cependant, en dépit de ces naïvetés, ce fut à cette époque que je m'éveillai entièrement à la gravité de l'enjeu et à sa nature profonde. Je fus étreint par un besoin de justice pour l'homme tout entier, quelles que fussent ses incarnations méprisables ou criminelles, qui me jeta enfin et pour la première fois au pied de mon œuvre future, et s'il est vrai que cette aspiration avait, dans ma tendresse de fils, sa racine douloureuse, tout mon être fut enserré[7] peu à peu dans ses prolongements, jusqu'à ce que la création littéraire devînt pour moi ce qu'elle est toujours, à ses grands moments d'authenticité, une feinte pour tenter d'échapper à l'intolérable, une façon de rendre l'âme pour demeurer vivant.

Chapitre 21(extrait), éd. Gallimard.

3. Ces orgueilleux.
4. *Nouvelle Revue française*, revue littéraire fondée en 1909.
5. Pour avoir collaboré avec l'occupant allemand pendant la Seconde Guerre mondiale.
6. Manière passionnée et poétique de sentir, de vivre.
7. Entouré étroitement.

RECHERCHE DOCUMENTAIRE

▸ **1.** À quel moment de sa carrière littéraire Romain Gary a-t-il changé son nom (qui était déjà un pseudonyme) ? Quel est cet autre nom ? Qu'a-t-il écrit sous cet autre nom ? Comment peut-on expliquer une telle décision ?

▸ **2.** Balzac et Stendhal ont eu eux aussi recours à des pseudonymes. Retrouvez certains de leurs noms d'emprunt et cherchez dans leur biographie des explications permettant de comprendre ces choix.

▸ **3.** Recherchez dans une biographie de Balzac des informations sur les conditions matérielles de l'écriture de ses romans et élucidez la référence humoristique faite par Romain Gary à la robe de chambre de son modèle.

LECTURE ANALYTIQUE

▸ **1.** Relevez, identifiez et classez tous les indices qui permettent de parler d'écriture autobiographique.

▸ **2.** Repérez et classez les termes qui évoquent l'écriture dans les deux premiers paragraphes et récapitulez les étapes de la réalisation d'une œuvre telles qu'elles sont décrites ici par le narrateur.

▸ **3.** En prenant appui sur certaines figures et sur le choix de certains termes, dites dans quel registre se trouvent rapportés les ambitions et les premiers essais du jeune auteur. Qui parle : l'adolescent ou l'adulte ? À quoi le voyez-vous ?

▸ **4.** Le dernier paragraphe est-il écrit dans le même registre que les précédents ? Quel rôle joue-t-il par rapport au récit ? Déterminez, à partir de ce paragraphe, quelles sont pour Romain Gary les raisons d'écrire.

▸ **5.** Quelle relation pourriez-vous établir entre le titre de l'œuvre et le thème de l'extrait ?

ÉCRITURE

▸ **Essai 1 :** comment comprenez-vous la dernière expression du récit et sa relation avec l'écriture, *une façon de rendre l'âme pour demeurer vivant* ?

▸ **Essai 2 :** en quoi l'acte d'écrire et la réalisation d'une œuvre peuvent-elles être une *feinte pour tenter d'échapper à l'intolérable* ?

GUIDE p. 375

10. Lire l'image

André Derain (1880-1954), *Le Peintre et sa famille*, 1939 (peinture, 174 x 124 cm ; Tate Gallery, Londres).

RECHERCHE DOCUMENTAIRE

▶ Cherchez des éléments biographiques concernant le peintre Derain et des éléments historiques concernant les courants picturaux qui ont pu l'influencer.

LECTURE ANALYTIQUE

▶ **1.** Faites une présentation de tout ce que vous voyez sur ce tableau en mettant en évidence les plans successifs, depuis le paon qui se trouve devant jusqu'à la lumière de la porte. En faisant cette présentation, repérez, si vous en reconnaissez, des motifs et des éléments qui figurent dans d'autres tableaux célèbres.Comment appelle-t-on ce phénomène ?

▶ **2.** En quoi le tableau se rattache-t-il à l'idée d'autobiographie ? Quel rôle peut jouer cette représentation par rapport à la famille représentée ? Quelles différences y a-t-il cependant entre un récit autobiographique et un autoportrait pictural ?

▶ **3.** Qu'est-ce qui peut susciter la curiosité du « spectateur » de ce tableau ? Observez ce que fait le peintre pour répondre à cette question.

ÉCRITURE

▶ **Invention :** vous êtes le personnage qui se trouve derrière le rideau ; vous arrivez dans la pièce où se trouve le peintre ; présentez ce que vous voyez.

GUIDE p. 493

SÉQUENCE 16

Finalités et difficultés de l'autobiographie

1. Montaigne, *Essais* (1580-1588-1595)

Dans les Essais, *œuvre autobiographique, Montaigne s'interroge sur le bien-fondé de sa démarche d'autobiographe* (⇛ *p. 34, 36, 51,53).*

Et quand personne ne me lira, ai-je perdu mon temps de m'être entretenu tant d'heures oisives à pensements[1] si utiles et agréables ? Moulant sur moi cette figure, il m'a fallu si souvent dresser[2] et composer[3] pour m'extraire[4], que le patron[5] s'en est fermi[6] et aucunement[7] formé soi-même[8]. Me peignant pour autrui, je me suis peint en moi de couleurs plus nettes que n'étaient les miennes premières. Je n'ai pas plus fait mon livre que mon livre m'a fait, livre consubstantiel à[9] son auteur, d'une occupation propre[10], membre de ma vie ; non d'une occupation et fin tierce[11] et étrangère comme tous autres livres.

Ai-je perdu mon temps de m'être rendu compte de moi si continuellement, si curieusement[12] ? Car ceux qui se repassent[13] par fantaisie seulement et par langue[14] quelque heure, ne s'examinent pas si primement[15], ni ne se pénètrent, comme celui qui en fait son étude, son ouvrage et son métier, qui s'engage à un registre[16] de durée, de toute sa foi, de toute sa force.

Les plus délicieux plaisirs, si se digèrent-ils au-dedans, fuient à laisser trace de soi, et fuient la vue non seulement du peuple[17], mais d'un autre[18].

Combien de fois m'a cette besogne diverti de cogitations[19] ennuyeuses ! et doivent être comptées pour ennuyeuses toutes les frivoles. Nature nous a étrennés d'une large faculté à nous entretenir à part, et nous y appelle souvent pour nous apprendre que nous nous devons en partie à la société, mais en la meilleure partie à nous. Aux fins de ranger[20] ma

1. Pensées.
2. Me contraindre.
3. Me discipliner.
4. Faire apparaître mon image.
5. Modèle.
6. Fortifié.
7. Dans une certaine mesure.
8. S'est formé lui-même.
9. Inséparable de.
10. Personnelle.
11. Qui concerne autrui.
12. Minutieusement.
13. S'analysent.
14. Oralement.
15. Attentivement.
16. Recueil.
17. Public.
18. De quiconque.
19. Réflexions.
20. Contraindre.

fantaisie[21] à rêver même par quelque ordre et projet, et la garder de se perdre et extravaguer au vent, il n'est que de donner corps et mettre en registre[22] tant de menues pensées qui se présentent à elle. J'écoute à mes rêveries parce que j'ai à les enrôler[23]. Quant de fois, étant marri[24] de quelque action que la civilité et la raison me prohibaient de reprendre à découvert, m'en suis-je ici dégorgé[25], non sans dessein de publique instruction !

21. Imagination.
22. Mettre par écrit.
23. Enregistrer.
24. Affligé.
25. Libéré.

Livre II, chapitre 18 (extrait, orthographe modernisée), texte établi par R. Barral, éd. du Seuil, coll. « L'Intégrale », 1967.

Anonyme, portrait de Montaigne, XVIIe siècle (peinture, 70 x 52 cm ; Château de Versailles et de Trianon).

RECHERCHE DOCUMENTAIRE

▸ **1.** Recherchez des informations sur les *Essais* : étapes de la rédaction, de la publication, objectifs de l'écrivain, forme choisie, thèmes abordés. À quelle définition du mot *essai* ce livre correspond-il ?

▸ **2.** Retrouvez dans les mots expliqués en note des termes qui sont toujours utilisés à notre époque, mais avec un autre sens. Donnez leur sens actuel. Si vous deviez chercher le sens des mots à l'époque de Montaigne, quels ouvrages utiliseriez-vous ?

LECTURE ANALYTIQUE

▸ **1.** En prenant appui sur le lexique et sur les questions qui ouvrent les deux premiers paragraphes, dites sur quoi porte le débat abordé par Montaigne dans ce texte.

▸ **2.** Quels sont les arguments avancés par Montaigne ? Quelle thèse soutiennent-ils ? Comment les adjectifs *utile* et *agréable* de la ligne 2 sont-ils repris par l'argumentation ?

▸ **3.** Relevez et classez les mots qui évoquent le travail d'écriture autobiographique. Quelles sont ses caractéristiques ? Quel sens donnez-vous à la phrase *je n'ai pas plus fait mon livre que mon livre m'a fait* (l. 6-7) ? Que signifie étymologiquement le mot *consubstantiel* ?

▸ **4.** Où est-il question d'autrui dans ce texte ? Quelles relations Montaigne établit-il ici avec son lecteur ? Comment comprenez-vous la dernière expression du texte ?

ÉTUDE COMPARÉE

▸ Retrouvez, dans une édition des *Essais*, l'avertissement au lecteur placé au début. Quelles idées a-t-il en commun avec l'extrait présenté ici ? Quelles différences observez-vous ?

ÉCRITURE

▸ **Essai 1 :** comment l'écriture autobiographique peut-elle aider à la connaissance de soi ? Prenez appui sur le texte de Montaigne et sur d'autres textes de cette séquence pour répondre.

▸ **Essai 2 :** partagez-vous le point de vue de Montaigne sur la supériorité de l'écriture par rapport à l'oral dans l'analyse de soi ?

GUIDE p. 375

2. Jean-Jacques Rousseau, *Les Confessions* (1782)[1]

TEXTE 1

Dans cet extrait du préambule du Manuscrit de Neuchâtel, *première version de l'œuvre qu'il commence à rédiger en 1764, et qui deviendra* Les Confessions, *Jean-Jacques Rousseau s'interroge sur l'une des difficultés de l'écriture autobiographique* *(⇛ p. 286).*

D'après Maurice Quentin de La Tour, *Portrait de J.-J. Rousseau*, 1743 (peintre, 64 x 53 cm : Château de Versailles).

Il faudrait pour ce que j'ai à dire inventer un langage aussi nouveau que mon projet : car quel ton, quel style prendre pour débrouiller[2] ce chaos immense de sentiments si divers, si contradictoires, souvent si vils et quelquefois si sublimes[3] dont je fus sans cesse agité ? Que de riens, que de misères ne faut-il point que j'expose, dans quels détails révoltants, indécents, puérils et souvent ridicules ne dois-je pas entrer pour suivre le fil de mes dispositions secrètes, pour montrer comment chaque impression qui a fait trace en mon âme y entra pour la première fois ? Tandis que je rougis seulement à penser aux choses qu'il faut que je dise, je sais que des hommes durs traiteront encore d'impudence[4] l'humiliation des plus pénibles aveux ; mais il faut faire ces aveux ou me déguiser ; car si je tais quelque chose on ne me connaîtra sur rien, tant tout se tient, tant tout est un dans mon caractère, et tant ce bizarre et singulier assemblage a besoin de toutes les circonstances de ma vie pour être bien devoilé.

Si je veux faire un ouvrage écrit avec soin comme les autres, je ne me peindrai pas, je me farderai. C'est ici de mon portrait qu'il s'agit et non pas d'un livre. Je vais travailler pour ainsi dire dans la chambre obscure[5] ; il n'y faut point d'autre art que de suivre exactement les traits que je vois marqués. Je prends donc mon parti sur le style comme sur les choses. Je ne m'attacherai point à le rendre uniforme ; j'aurai toujours celui qui me viendra, j'en changerai selon mon humeur sans scrupule, je dirai chaque chose comme je la sens, comme je la vois, sans recherche, sans gêne, sans m'embarrasser de la bigarrure[6]. En me livrant à la fois au souvenir de l'impression reçue et au sentiment présent je peindrai doublement l'état de mon âme, savoir au moment où l'événement m'est arrivé et au moment où je l'ai décrit ; mon style inégal et naturel, tantôt rapide et tantôt diffus, tantôt sage et tantôt fou, tantôt grave et tantôt gai, fera lui-même partie de mon histoire. Enfin quoi qu'il en soit de la manière dont cet ouvrage peut être écrit, ce sera toujours par son objet un livre précieux pour les philosophes : c'est, je le répète, une pièce de comparaison pour l'étude du cœur humain, et c'est la seule qui existe.

Extrait.

1. Publication posthume.
2. Démêler.
3. Élevés, nobles.
4. Effronterie.
5. Dispositif optique, ancêtre de la caméra photographique, comprenant des lentilles et des miroirs, qui, au lieu de l'œil, utilise une pellicule sensible au foyer de l'image.
6. Disparité.

RECHERCHE DOCUMENTAIRE

▸ **1.** Trouvez des informations sur les attaques dont Jean-Jacques Rousseau fait l'objet en 1764 et sur les raisons qui l'ont poussé à écrire *Les Confessions*.

▸ **2.** Rousseau parle ici d'un projet nouveau : cherchez à travers l'histoire littéraire en quoi la rédaction d'une œuvre autobiographique relevant de la « confession » constitue une nouveauté. À quand remonte la précédente ? (⇛ p. 282)

▸ **3.** Recherchez l'étymologie du mot *style* et ses différents sens. Précisez quel est son sens dans le texte.

LECTURE ANALYTIQUE

▸ **1.** Cherchez le sens du mot *préambule* et retrouvez dans le texte toutes les formulations qui renvoient à cette notion. Explicitez, à partir de là, la démarche de Jean-Jacques Rousseau dans cet extrait.

▸ **2.** Un *langage nouveau* pour un projet nouveau : en prenant appui sur certaines expressions du texte et sur les champs lexicaux, dites quelles sont les caractéristiques du projet nouveau envisagé par Rousseau.

▸ **3.** En partant de la réponse à la question 2, dégagez les difficultés identifiées par Rousseau. Distinguez celles qui renvoient à l'homme et celles qui renvoient à l'écrivain.

▸ **4.** Définissez la « méthode » adoptée par Jean-Jacques Rousseau pour la suite de l'œuvre. Dites en quoi cette méthode est adaptée à la finalité des *Confessions* telle qu'elle se révèle à la fin du passage.

GUIDE p. 301

TEXTE 2

Voici le texte que Rousseau a placé au début du Livre I des Confessions.

Intus, et in cute[1]

Je forme une entreprise qui n'eut jamais d'exemple, et dont l'exécution n'aura point d'imitateur. Je veux montrer à mes semblables un homme dans toute la vérité de la nature ; et cet homme, ce sera moi.

Moi seul. Je sens mon cœur et je connais les hommes. Je ne suis fait comme aucun de ceux que j'ai vus ; j'ose croire n'être fait comme aucun de ceux qui existent. Si je ne vaux pas mieux, au moins je suis autre. Si la nature a bien ou mal fait de briser le moule dans lequel elle m'a jeté, c'est ce dont on ne peut juger qu'après m'avoir lu.

Que la trompette du jugement dernier sonne quand elle voudra ; je viendrai, ce livre à la main, me présenter devant le souverain juge[2]. Je dirai hautement[3] : voilà ce que j'ai fait, ce que j'ai pensé, ce que je fus. J'ai dit le bien et le mal avec la même franchise. Je n'ai rien tu de mauvais, rien ajouté de bon, et s'il m'est arrivé d'employer quelque ornement indifférent[4], ce n'a jamais été que pour remplir un vide occasionné par mon défaut de mémoire ; j'ai pu supposer vrai ce que je savais avoir pu l'être, jamais ce que je savais être faux. Je me suis montré tel que je fus, méprisable et vil quand je l'ai été, bon, généreux, sublime[5], quand je l'ai été : j'ai dévoilé mon intérieur[6] tel que tu l'as vu toi-même. Être éternel, rassemble autour de moi l'innombrable foule de mes semblables : qu'ils écoutent mes confessions, qu'ils gémissent de mes indignités[7], qu'ils rougissent de mes misères. Que chacun d'eux découvre à son tour son cœur aux pieds de ton trône avec la même sincérité ; et puis qu'un seul te dise, s'il l'ose : *je fus meilleur que cet homme-là.*

Extrait.

1. *Intérieurement et sous la peau*, citations du poète latin Perse (*Satires*, III, 30).
2. Dieu.
3. D'une voix forte.
4. Sans conséquence.
5. Admirable.
6. Ce qui se passe en moi.
7. Bassesses.

RECHERCHE DOCUMENTAIRE

▸ **1.** Donnez le champ sémantique du mot *nature*, puis cherchez dans ce manuel quelques textes faisant référence à la *nature* dans des sens différents. Expliquez à chaque fois le sens envisagé.

▸ **2.** Quel est le sens de l'expression *jugement dernier* ? Cherchez ce qui correspond à cette notion chrétienne dans la mythologie antique.

LECTURE ANALYTIQUE

▸ **1.** Le texte, placé au tout début de l'œuvre, commence par une épigraphe et comporte le mot *entreprise* dans sa première phrase. Retrouvez les formulations qui définissent l'entreprise et ses caractéristiques, ainsi que ses deux destinataires.

▸ **2.** Quelles justifications de son entreprise celui qui parle donne-t-il ? Ces justifications diffèrent-elles selon les destinataires ?

▸ **3.** En quoi peut-on parler de mise en scène dans le troisième paragraphe ? Étudiez le caractère visuel de ce qui est rapporté, l'insertion du discours direct, la dramatisation et les procédés de gradation. Quel effet l'emploi insistant de la première personne produit-il dans ce paragraphe, et dans le texte tout entier ?

▸ **4.** Comment, à partir de ce texte, peut-on rattacher l'œuvre annoncée à la notion de *confession* ?

ÉTUDE COMPARÉE

▸ Rapprochez les deux textes de Jean-Jacques Rousseau pour faire apparaître leurs points communs concernant les difficultés d'écrire une autobiographie. Faites aussi apparaître, en les classant, ce qu'ils ont en commun sur le plan des objectifs d'une autobiographie.

GUIDE p. 301

3. François-René de Chateaubriand, *Mémoires de ma vie* (1809)[1]

François-René de Chateaubriand a entrepris l'écriture de ses Mémoires *en 1809. Les* Mémoires de ma vie *sont la première version de ce qui deviendra, à partir de 1832, les* Mémoires d'outre-tombe *(⇛ p. 290). Voici le début d'un prologue commencé en 1809.*

Je me suis souvent dit : « Je n'écrirai point les mémoires de ma vie ; je ne veux point imiter ces hommes qui, conduits par la vanité et le plaisir qu'on trouve naturellement à parler de soi, révèlent au monde des secrets inutiles, des faiblesses qui ne sont pas les leurs, et compromettent la paix des familles. » Après ces belles réflexions me voilà écrivant les premières lignes de mes mémoires ; pour ne pas rougir à mes propres yeux, et pour me faire illusion, voici comment je pallie[2] mon inconséquence[3].

D'abord je n'entreprends ces mémoires qu'avec le dessein formel de ne disposer d'aucun nom, que du mien propre, dans tout ce qui concernera ma vie privée ; j'écris principalement pour rendre compte de moi à moi-même ; je n'ai jamais été heureux, je n'ai jamais atteint le bonheur que j'ai poursuivi avec la persévérance qui tient à l'ardeur naturelle de mon âme ; personne ne sait quel était le bonheur que je cherchais ; personne n'a connu entièrement le fond de mon cœur ; la

1. Publication posthume en 1874.
2. J'atténue.
3. Manque de suite dans les idées.

Anne Louis Girodet-Trioson (1767-1824), *Portrait de F. R. de Chateaubriand*, 1811 (peinture, 130 x 96 cm ; Château de Versailles).

plupart des sentiments y sont restés ensevelis ou ne se sont montrés dans mes ouvrages que comme appliqués à des êtres imaginaires. Aujourd'hui que je regrette encore mes chimères[4] sans les poursuivre, que parvenu au sommet de la vie je descends vers la tombe, je veux avant de mourir remonter vers mes belles années, expliquer mon inexplicable cœur, voir enfin ce que je pourrai dire, lorsque ma plume sans contrainte s'abandonnera à tous mes souvenirs. En rentrant au sein de ma famille qui n'est plus. En rappelant des illusions passées, des amitiés évanouies, j'oublierai le monde au milieu duquel je vis, et auquel je suis si parfaitement étranger ; ce sera de plus un moyen agréable pour moi d'interrompre des études pénibles, et quand je me sentirai las de tracer les tristes vérités de l'histoire[5], je me reposerai en écrivant l'histoire de mes songes.

Je considère ensuite que ma vie appartenant au public par un côté, je n'aurais pas pu échapper à tous ces faiseurs de mémoires, à tous ces biographes-marchands qui couchent le soir sur le papier ce qu'ils ont entendu dire le matin dans les antichambres. J'ai eu des succès littéraires, j'ai attaqué toutes les erreurs de mon temps, j'ai démasqué les hommes, blessé une multitude d'intérêts ; je dois donc avoir réuni contre moi la double phalange[6] des ennemis littéraires et politiques ; ils ne manqueront pas de me peindre à leur manière ; et ne l'ont-ils pas déjà fait ? Dans un siècle où les plus grands crimes commis ont dû faire naître les haines les plus violentes, dans un siècle corrompu, où les bourreaux ont un intérêt à noircir les victimes, [où] les plus grossières calomnies sont celles que l'on répand avec le plus de légèreté, tout homme qui a joué un rôle dans la société doit, pour la défense de sa mémoire, laisser un monument[7] par lequel on puisse le juger. Mais avec cette idée je vais peut-être me montrer meilleur que je ne suis ? J'en serai peut-être tenté ?... À présent je ne le crois pas : je suis résolu à dire toute la vérité. Comme j'entreprends d'ailleurs l'histoire de ma vie je n'aurai pas autant de raisons de mentir. Au reste si je me fais illusion sur moi, ce sera de bonne foi, et par cela même, on verra encore la vérité au fond de mes préventions personnelles[8].

Livre I (extrait).

4. Rêves un peu fous.
5. Allusion aux recherches historiques auxquelles Chateaubriand souhaite aussi se consacrer.
6. Groupe dont les membres sont étroitement unis.
7. Ensemble de documents, d'archives.
8. Idées toutes faites sur soi-même.

RECHERCHE DOCUMENTAIRE

▸ **1.** Donnez quelques illustrations du rôle politique et diplomatique que Chateaubriand a joué sous le Premier Empire et sous la Restauration.

▸ **2.** D'autres écrivains du XIXe siècle ont eu également un engagement politique. Donnez quelques exemples, et pour chacun d'entre eux, le titre et la date d'une œuvre dans laquelle s'exprime cet engagement.

LECTURE ANALYTIQUE

▸ **1.** En quoi consiste l'*inconséquence* de celui qui parle ? Répondez à cette question à partir des oppositions qui figurent dans le premier paragraphe. À quelle forme de discours appartient la partie du texte annoncée par *voici* ?

▸ **2.** Observez la structure du texte à partir du deuxième paragraphe, ainsi que les articulations logiques. Quel est le rôle des deuxième et troisième paragraphes par rapport au premier ?

▸ **3.** Quelles sont les raisons données dans le deuxième paragraphe pour expliquer la rédaction de ces mémoires ? À quel domaine appartiennent-elles ? Trouvez ensuite les raisons données dans le troisième paragraphe et cherchez, de la même manière, à quel domaine elles renvoient. Dites ce qu'ont de commun et de différent les deux domaines envisagés.

▸ **4.** Celui qui parle évoque ce que l'on peut reprocher aux auteurs d'autobiographies, puis les difficultés d'une telle démarche. Retrouvez dans le texte ces reproches et ces difficultés.

ÉCRITURE

▸ **Essai :** de nombreux hommes politiques ont écrit leurs mémoires. Quels peuvent être les intérêts de ce type d'œuvre pour des lecteurs (contemporains et postérieurs) ? Vous chercherez ensuite quels problèmes pose la relation de ces œuvres avec la « vérité » historique.

GUIDE p. 301

4. Stendhal, *Vie de Henry Brulard* (1835-1836)[1]

Dans la Vie de Henry Brulard, *œuvre autobiographique laissée inachevée et publiée après la mort de son auteur, Stendhal relate les dix-sept premières années de sa vie. Il emprunte un pseudonyme à un oncle paternel. L'extrait proposé se situe à la fin du récit.*

Voici un intervalle de bonheur fou et complet ; je vais sans doute battre un peu la campagne[2] en en parlant. Peut-être vaudrait-il mieux m'en tenir à la ligne précédente.

Depuis la fin de mai jusqu'au mois d'octobre ou de novembre[3] que je fus reçu sous-lieutenant au 6e régiment de dragons à Bagnolo ou Romanengo, entre Brescia et Crémone[4], je trouvai cinq ou six mois de bonheur céleste[5] et complet.

On ne peut pas apercevoir distinctement la partie du ciel trop voisine du soleil ; par un effet semblable, j'aurai grand-peine à faire une narration raisonnable de mon amour pour Angela Pietragrua[6]. Comment faire un récit un peu raisonnable de tant de folies ? Par où commencer ? Comment rendre cela un peu intelligible ? Voilà déjà que j'oublie l'orthographe, comme il m'arrive dans les grands transports de passion, et il s'agit pourtant de choses passées il y a trente-six ans.

1. Publication posthume en 1890.
2. Divaguer.
3. Stendhal participe en 1800-1801 à la campagne militaire de Napoléon en Italie. De juin à novembre il travaille d'abord dans des bureaux à Milan.
4. Villes d'Italie.
5. Divin.
6. Jeune femme d'environ vingt-tois ans, rencontrée à Milan durant l'été 1800.

Daignez me pardonner, ô lecteur bénévole ! Mais plutôt, si vous avez plus de trente ans ou si, avant trente ans, vous êtes du parti prosaïque[7], fermez le livre !

Le croira-t-on, mais tout semblera absurde dans mon récit de cette année 1800. Cet amour si céleste, si passionné, qui m'avait entièrement enlevé à la terre pour me transporter dans le pays des chimères[8], mais des chimères les plus célestes, les plus délicieuses, les plus à souhait, n'arriva à ce qu'on appelle le bonheur qu'en septembre 1811.

Excusez du peu : onze ans, non pas de fidélité mais d'une sorte de constance.

La femme que j'aimais, et dont je me croyais en quelque sorte aimé, avait d'autres amants, mais elle me préférerait à rang égal, me disais-je !

J'avais d'autres maîtresses.

(Je me suis promené un quart d'heure avant d'écrire.)

Comment raconter raisonnablement ces temps-là ? J'aime mieux renvoyer à un autre jour.

En me réduisant aux formes raisonnables je ferais trop d'injustice à ce que je veux raconter.

Je ne veux pas dire ce qu'étaient les choses.

Ce que je découvre pour la première fois à propos en 1836, ce qu'elles étaient.

Mais, d'un autre côté je ne puis écrire ce qu'elles étaient pour moi en 1800, le lecteur jetterait le livre.

Quel parti prendre ? Comment peindre le bonheur fou ?

Le lecteur a-t-il jamais été amoureux fou ? A-t-il jamais eu la fortune de passer une nuit avec cette maîtresse qu'il a le plus aimée en sa vie ?

Ma foi je ne puis continuer, le sujet surpasse le disant.

Je sens bien que je suis ridicule ou plutôt incroyable. Ma main ne peut plus écrire, je renvoie à demain.

Peut-être il serait mieux de passer net ces six mois-là.

Comment peindre l'excessif bonheur que tout me donnait ? C'est impossible pour moi.

Il ne me reste qu'à tracer un sommaire[9] pour ne pas interrompre tout à fait le récit.

Je suis comme un peintre qui n'a plus le courage de peindre un coin de son tableau. Pour ne pas gâter le centre il ébauche *a la meglio*[10] ce qu'il ne peut pas peindre.

Ô lecteur froid, excusez ma mémoire, ou plutôt sautez cinquante pages.

Voici le sommaire de ce que, à trente-six ans d'intervalle, je ne puis raconter sans le gâter horriblement.

Chapitre XLVI (extrait).

7. Commun, plat, vulgaire.
8. Rêves un peu fous.
9. Résumé.
10. De son mieux.

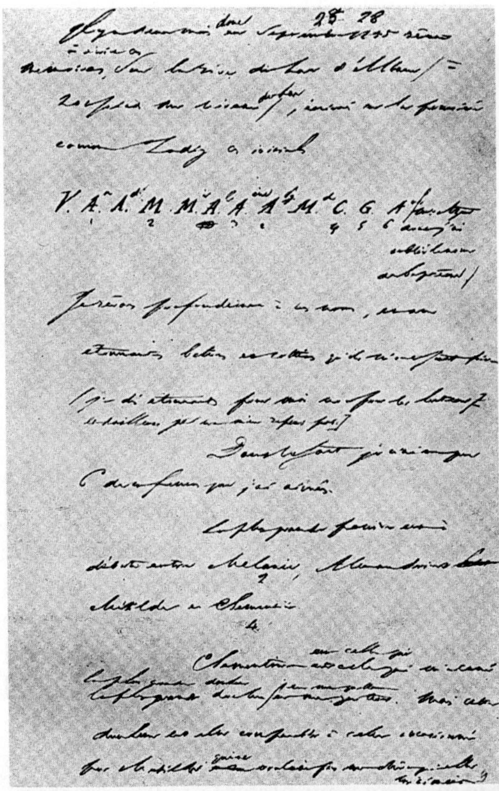

Les Initiales des femmes aimées par Stendhal (dont Angela Pietragrua), 1835, dans la *Vie de Henry Brulard* (extrait du manuscrit R 299, vol. I, fol. 28 ; Musée Stendhal, Grenoble).

RECHERCHE DOCUMENTAIRE

▸ Recherchez le vrai nom de Stendhal et les différentes formes d'écriture autobiographique qu'il a pratiquées au cours de sa vie.

LECTURE ANALYTIQUE

▸ **1.** Relisez attentivement les deux premiers paragraphes du texte. À quoi correspondent le présent de la première phrase et le passé de la dernière ? Qu'apportent au lecteur ces paragraphes sur le plan du thème abordé et de la manière d'écrire ?

▸ **2.** *Bonheur fou et complet* : comment cette expression est-elle reprise et développée dans l'ensemble du texte ? Dans quel registre ?

▸ **3.** *Battre la campagne* : retrouvez tout ce qui, dans le texte (lexique de l'écriture, discontinuité, syntaxe, ponctuation, appels au lecteur), met en relief les difficultés rencontrées par le narrateur dans son récit. Classez ensuite ces différentes difficultés et cherchez à quoi elles sont dues.

▸ **4.** Repérez dans le texte les allusions au lecteur : sous quelles formes se présentent-elles ? Quel peut être leur rôle ? Que semble attendre le narrateur de ce lecteur ?

▸ **5.** Le texte, signé de Stendhal, appartient à une œuvre intitulée *Vie de Henry Brulard*. Comment le lecteur peut-il connaître avec certitude l'identité de la première personne ? Les lieux et les dates données dans le texte lui sont-ils utiles pour cela ?

ÉCRITURE

▸ **Essai :** quels événements de l'existence, heureux ou malheureux, sont selon vous particulièrement difficiles à raconter ? Pour quelles raisons ?

▸ **Invention :** pensez à un moment de bonheur difficile à raconter. Transposez-le dans un texte romanesque en inventant par exemple des personnages, en modifiant les circonstances, en utilisant des images. Que permet cette transposition romanesque par rapport à votre souvenir ?

GUIDE p. 301

5. Ernest Renan, *Souvenirs d'enfance et de jeunesse* (1883)

Le texte qui suit est le début de la préface écrite par Ernest Renan pour son récit autobiographique Souvenirs d'enfance et de jeunesse.

Une des légendes les plus répandues en Bretagne est celle d'une prétendue ville d'Is, qui, à une époque inconnue, aurait été engloutie par la mer. On montre, à divers endroits de la côte, l'emplacement de cette cité fabuleuse, et les pêcheurs vous en font d'étranges récits. Les jours de tempête, assurent-ils, on voit, dans le creux des vagues, le sommet des flèches de ses églises ; les jours de calme, on entend monter de l'abîme le son de ses cloches, modulant l'hymne du jour. Il me semble souvent que j'ai au fond du cœur une ville d'Is qui sonne encore des cloches obstinées à convoquer aux offices sacrés des fidèles qui n'entendent plus. Parfois je m'arrête pour prêter l'oreille à ces tremblantes vibrations, qui me paraissent venir de profondeurs infinies, comme des voix d'un autre monde. Aux approches de la vieillesse surtout, j'ai pris plaisir, pendant le repos de l'été, à recueillir ces bruits lointains d'une Atlantide disparue.

De là sont sortis les six morceaux qui composent ce volume. Les *Souvenirs d'enfance* n'ont pas la prétention de former un récit complet et suivi. Ce sont, presque sans ordre, les images qui me sont apparues et les réflexions qui me sont venues à l'esprit, pendant que j'évoquais ainsi un passé vieux de cinquante ans. Goethe[1] choisit, pour titre de ses Mémoires, *Vérité et Poésie*[2], montrant par là qu'on ne saurait faire sa propre biographie de la même manière qu'on fait celle des autres. Ce qu'on dit de soi est toujours poésie. S'imaginer que les menus détails sur sa propre vie valent la peine d'être fixés, c'est donner la preuve d'une bien mesquine vanité. On écrit de telles choses pour transmettre aux autres la théorie de l'univers qu'on porte en soi. La forme de *Souvenirs* m'a paru commode pour exprimer certaines nuances de pensée que mes autres écrits ne rendaient pas. Je ne me suis nullement proposé de fournir des renseignements par avance à ceux qui feront sur moi des notices ou des articles.

Ce qui est une qualité dans l'histoire eût été ici un défaut ; tout est vrai dans ce petit volume, mais non de ce genre de vérité qui est requis par une *Biographie universelle*[3]. Bien des choses ont été mises afin qu'on sourie ; si l'usage l'eût permis, j'aurais dû écrire plus d'une fois à la marge : *cum grano salis*[4]. La simple discrétion me commandait des réserves. Beaucoup de personnes dont je parle peuvent vivre encore ; or, ceux qui ne sont point familiarisés avec la publicité en ont une sorte de crainte. J'ai donc changé plusieurs noms propres. D'autres fois, au moyen d'interversions légères de temps et de lieu, j'ai dépisté[5] toutes les identifications qu'on pourrait être tenté d'établir. L'histoire du « Broyeur de lin[6] » est arrivée comme je la raconte. Le nom seul du manoir est de ma façon. En ce qui regarde « le bonhomme Système[6] », j'ai reçu de M. Duportal du Goasmeur[7] des détails nouveaux, qui ne confirment pas certaines suppositions que faisait ma mère sur ce qu'il y avait de mystérieux dans les allures du vieux solitaire. Je n'ai rien changé cependant à ma rédaction première, pensant qu'il valait mieux laisser à M. Duportal le soin de publier la vérité, qu'il est seul à savoir, sur ce personnage singulier.

Préface (extrait).

1. Écrivain allemand (1749-1832).
2. Voir page 288.
3. Biographie destinée au grand public, très en vogue au XIXe siècle.
4. Avec mon grain de sel.
5. Déjoué.
6. Personnes dont il est question dans le récit par la suite.
7. Habitant de Tréguier, dont le père avait rempli la fonction de maire de la ville.

LECTURE ANALYTIQUE

▸ **1.** Étudiez la manière dont est construit ce texte et précisez – en un bref résumé – ce que contient chacun des trois paragraphes qui le composent. Qu'est-ce que le lecteur pourrait attendre à la fin de la première phrase ? Sur quelle figure de rhétorique ce premier paragraphe est-il construit ?

▸ **2.** Explicitez le lien qui unit le deuxième paragraphe au premier. Quelle phrase clé – au rythme particulier – illustre ce lien ? En quoi la référence à Goethe fait-elle surgir une problématique importante de l'écriture autobiographique ?

▸ **3.** Déterminez et classez les objectifs fixés par Ernest Renan pour l'écriture de ses souvenirs et les caractéristiques de son œuvre telles qu'il les précise dans le texte. Quelles exigences s'impose-t-il ? Que refuse-t-il ?

▸ **4.** Comment est-il possible d'identifier avec certitude celui qui parle à la première personne ?

ÉCRITURE

▸ **Essai :** *ce qu'on dit de soi est toujours poésie*, écrit Ernest Renan. En prenant appui sur les différents sens du mot poésie, vous expliquerez comment on peut comprendre cette phrase.

GUIDE p. 301

6. André Gide, *Si le grain ne meurt* (1920)

Au début de Si le grain ne meurt, *œuvre autobiographique, André Gide évoque l'une des difficultés de son entreprise. Il fait allusion ici à un épisode de la guerre franco-prussienne de 1870.*

Gide enfant, 1877, (photographie ; Collection Danièle Allegret-Rosch).

J'écrirai mes souvenirs comme ils viennent, sans chercher à les ordonner. Tout au plus les puis-je grouper autour des lieux et des êtres ; ma mémoire ne se trompe pas souvent de place ; mais elle brouille les dates ; je suis perdu si je m'astreins à de la chronologie. À reparcourir le passé, je suis comme quelqu'un dont le regard n'apprécierait pas bien les distances et parfois reculerait extrêmement ce que l'examen reconnaîtra beaucoup plus proche. C'est ainsi que je suis resté longtemps convaincu d'avoir gardé le souvenir de l'entrée des Prussiens à Rouen :

C'est la nuit. On entend la fanfare militaire, et du balcon de la rue de Crosne où elle passe, on voit les torches résineuses fouetter d'inégales lueurs les murs étonnés des maisons…

Ma mère à qui, plus tard, j'en reparlai, me persuada que d'abord, en ce temps, j'étais beaucoup trop jeune[1] pour en avoir gardé quelque souvenir que ce soit ; qu'au surplus jamais un Rouennais, ou en tout cas aucun de ma famille, ne se serait mis au balcon pour voir passer fût-ce Bismarck[2] ou le roi de Prusse[3] lui-même, et que si les Allemands avaient organisé des cortèges, ceux-ci eussent défilé devant des volets clos. Certainement mon souvenir devait être des « retraites aux flambeaux » qui, tous les samedis soir, remontaient ou descendaient la rue de Crosne après que les Allemands avaient depuis longtemps déjà vidé la ville.

– C'était là ce que nous te faisions admirer du balcon, en te chantant, te souviens-tu :

Zim laï la ! Zim laï la
Les beaux militaires !

Et soudain je reconnaissais aussi la chanson. Tout se remettait à sa place et reprenait sa proportion. Mais je me sentais un peu volé ; il me semblait que j'étais plus près de la vérité d'abord, et que méritait bien d'être un événement historique ce qui, devant mes sens tout neufs, se douait d'une telle importance. De là ce besoin inconscient de le reculer à l'excès afin que le magnifiât[4] la distance.

Extrait, éd. Gallimard.

1. André Gide a un an en 1870.
2. Chancelier de la Prusse à partir de 1862, puis de l'Empire allemand de 1871 à 1890.
3. Guillaume Ier, roi de Prusse de 1861 à 1888, proclamé empereur de l'Empire allemand le 18 janvier 1871.
4. Que l'idéalisât.

RECHERCHE DOCUMENTAIRE

▶ **1.** Les événements historiques des années 1870-1871 en France ont inspiré de nombreux écrivains, qu'ils soient romanciers ou poètes. Retrouvez le nom de certains d'entre eux et les œuvres marquées par ces faits historiques. Donnez leurs titres et leurs dates.

▶ **2.** André Gide a pratiqué une autre forme d'écriture autobiographique : laquelle ?

LECTURE ANALYTIQUE

▶ **1.** Observez et identifiez les temps des verbes : quel est le sens de leur emploi dans le texte ? Que révèlent leur nombre et leur diversité ?

▶ **2.** Étudiez précisément les variations de l'énonciation en identifiant le récit, les paroles rapportées et le discours indirect libre. Que remarquez-vous ?

▶ **3.** Le temps des verbes et l'énonciation sont liés à une difficulté importante évoquée et analysée par celui qui parle. Quelle est cette difficulté ? Quelle faculté met-elle en cause ? Prenez appui sur le lexique pour répondre à cette question.

▶ **4.** Quel rôle le récit de l'épisode historique joue-t-il ? Expliquez précisément le sens du mot *ainsi* (l. 8) dans l'expression *c'est ainsi que*. À quoi s'oppose, dans le texte, l'épisode historique tel qu'il est rapporté par l'enfant ?

GUIDE p. 301

7. François Mauriac, *Commencements d'une vie* (1932)

Le texte qui suit est un extrait de l'introduction à Commencements d'une vie, *récit autobiographique de François Mauriac.*

De tous mes plaisirs, le plus cher me venait de ce cœur mélancolique justement, que dans mes souvenirs je me suis plu à monter en épingle[1]. Je me rappelle mon émerveillement lorsque, à seize ans, je découvris dans l'*Homme libre*, de Barrès[2], la mirobolante[3] formule : « sentir le plus possible en s'analysant le plus possible ». Cela me jeta dans des transports[4]. C'était ce que je faisais depuis l'âge de raison. Un enfant jouait à être solitaire et méconnu ; et c'est le plus passionnant des jeux… Peut-être parce qu'un instinct l'avertit qu'il y a là beaucoup plus qu'un jeu : une préparation, un exercice pour devenir homme de lettres. Aimer à se regarder souffrir, signe évident de vocation ; mais il faut commencer par souffrir et je me souviens que je faisais flèche de tout bois[5]…

Attention ! me voilà sur une piste qui, si je l'avais suivie, m'aurait fait découvrir un enfant encore plus étranger à moi-même que celui dont j'ai naguère tenté de reproduire les traits[6].

Est-ce à dire que les souvenirs d'un auteur nous égarent toujours sur son compte ? Bien loin de là : le tout est de savoir les lire. C'est ce qui y transparaît de lui-même malgré lui qui nous éclaire sur un écrivain. Les véritables visages de Rousseau, de Chateaubriand, de Gide se dessinent peu à peu dans le filigrane[7] de leurs confessions et mémoires. Tout ce

1. Mettre en évidence, en relief.
2. Homme politique et écrivain français (1862-1923), auteur notamment de *L'Homme libre*, *Les Déracinés*, *La Colline inspirée*.
3. Magnifique.
4. Mouvements d'enthousiasme.
5. J'utilisais tous les moyens disponibles, même inadaptés.
6. Allusion au roman autobiographique *Le Jeune homme* (1926).
7. Entre les lignes.

qu'ils escamotent[8] (même si c'est le bien), tout ce sur quoi ils appuient (même si c'est le mal) nous aide à retrouver les traits qu'ils ont mis, parfois, beaucoup de soin à brouiller.

Surtout, gardons-nous de croire qu'un auteur retouche ses souvenirs avec l'intention délibérée de nous tromper. Au vrai, il obéit à une nécessité : il faut bien qu'il immobilise, qu'il fixe cette vie passée qui fut mouvante. Tel sentiment, telle passion qu'il éprouva, mais qui furent, dans la réalité, mêlés à beaucoup d'autres, imbriqués dans un ensemble, il faut bien qu'il les isole, qu'il les délimite, qu'il leur impose des contours, sans tenir compte de leur durée, de leur évolution insaisissable. C'est malgré lui qu'il découpe, dans son passé fourmillant, ces figures aussi arbitraires que les constellations dont nous avons peuplé la nuit.

Il ne faut pas non plus faire grief à un auteur de ce que ses mémoires sont, le plus souvent, une justification de sa vie. Même sans l'avoir voulu au départ, nous finissons toujours par nous justifier ; nous sommes toujours à la barre[9], dès que nous parlons de nous, – même si nous ne savons plus devant qui nous plaidons. Mémoires, confessions, souvenirs témoignent qu'à toute foi religieuse survit, dans la plupart des hommes, *cette angoisse du compte à rendre.* Tout auteur de mémoires, chacun à sa façon, et fût-ce en s'accusant, prépare sa défense… Devant la postérité[10] ? peut-être ; mais inconsciemment ne cherche-t-il pas à fixer l'aspect qu'aura son âme aux yeux de Celui qui la lui donna[11] et qui peut la lui redemander à chaque instant ?

Introduction (extrait), éd. Bernard Grasset.

8. Font disparaître.
9. En position de défenseurs d'une cause.
10. Devant les lecteurs des générations futures.
11. Dieu.

RECHERCHE DOCUMENTAIRE

▶ **1.** Quelles convictions religieuses et quels engagements politiques ont marqué la vie de François Mauriac ?

▶ **2.** Quelle autre forme d'écriture autobiographique cet écrivain a-t-il, comme André Gide (⇛ p. 310), pratiquée ?

LECTURE ANALYTIQUE

▶ **1.** Mettez en parallèle les deux premiers paragraphes du texte d'une part, et la suite d'autre part, et faites apparaître ce qui différencie ces deux grandes étapes, ainsi que ce qui les rapproche. Dites, en particulier, quel est le rôle des deux premiers paragraphes.

▶ **2.** Quelle question importante concernant l'écriture autobiographique se trouve abordée à partir du troisième paragraphe ? Quelle thèse suggère François Mauriac ? Avec quels arguments y répond-il ?

▶ **3.** Expliquez en quoi les arguments donnés par celui qui parle :
– font apparaître les difficultés et spécificités de l'écriture autobiographique ;
– explicitent les finalités – souvent implicites – et spécificités de la démarche autobiographique.

▶ **4.** Comment peut s'expliquer le passage du *je* au *nous* dans cet extrait ? Le *nous* représente-t-il toujours les mêmes personnes ? Au nom de qui François Mauriac parle-t-il dans cet extrait d'introduction ?

ÉTUDE COMPARÉE

▶ Retrouvez, dans la série des textes autobiographiques proposés dans les séquences 15 et 16, un texte dans lequel il est question de défense, de jugement, de tribunal et de Dieu. Rapprochez-le du texte de François Mauriac et cherchez en quoi il constitue – malgré l'écart chronologique – une sorte d'exemple de ce que dit l'auteur des *Commencements d'une vie.*

GUIDE p. 301

Convoi d'enfants organisé par la Croix-Rouge, 1939-1940.

8. Georges Perec, *W ou le souvenir d'enfance* (1975)

Dans W ou le souvenir d'enfance, *deux récits alternent d'un chapitre à l'autre. Le premier, en italique, relate une histoire fictive se déroulant sur un îlot de la Terre de Feu, W, métaphore des camps de concentration nazis. Le second, en caractères romains, est un récit autobiographique de l'enfance de Georges Perec. Les deux passages qui suivent sont empruntés au second récit*[1]. *Ils évoquent la dernière fois où l'écrivain a vu sa mère (déportée en 1943 dans un camp de concentration) et le seul souvenir qu'il ait d'elle.*

TEXTE 1

Un jour elle m'accompagna à la gare. C'était en 1942. C'était la gare de Lyon. Elle m'acheta un illustré qui devait être un Charlot. Je l'aperçus, il me semble, agitant un mouchoir blanc sur le quai cependant que le train se mettait en route. J'allais à Villard-de-Lans, avec la Croix-Rouge.[2]

Chapitre VIII (extrait), éd. Denoël.

TEXTE 2

Le départ

Ma mère m'accompagna à la gare de Lyon. J'avais six ans. Elle me confia à un convoi de la Croix-Rouge qui partait pour Grenoble, en zone libre. Elle m'acheta un illustré, un Charlot, sur la couverture duquel on voyait Charlot, sa canne, son chapeau, ses chaussures, sa petite moustache, sauter en parachute. Le parachute est accroché à Charlot par les bretelles de son pantalon.

1. Le narrateur précise que ces deux extraits (séparés par 28 pages) ont été écrits à quinze ans d'intervalle.

2. Le texte est en gras dans l'édition originale.

La Croix-Rouge évacue les blessés. Je n'étais pas blessé. Il fallait pourtant m'évacuer. Donc, il fallait faire comme si j'étais blessé. C'est pour cela que j'avais le bras en écharpe.

Mais ma tante est à peu près formelle : je n'avais pas le bras en écharpe, il n'y avait aucune raison pour que j'aie le bras en écharpe. C'est en tant que « fils de tué[3] », « orphelin de guerre », que la Croix-Rouge, tout à fait réglementairement, me convoyait.

Peut-être, par contre, avais-je une hernie[4] et portais-je un bandage herniaire, un suspensoir[5]. À mon arrivée à Grenoble, il me semble que j'ai été opéré – j'ai même longtemps cru, chipant ce détail à je ne sais plus quel autre membre de ma famille adoptive, que c'était le professeur Mondor qui avait pratiqué l'opération – à la fois d'une hernie et d'une appendicite (on aurait profité de la hernie pour m'enlever l'appendicite). Il est sûr que ce ne fut pas dès mon arrivée à Grenoble. Selon Esther[6], ce fut plus tard, d'une appendicite. Selon Éla[7], ce fut d'une hernie, mais bien avant, à Paris, alors que j'avais encore mes parents.[8]

Un triple trait parcourt ce souvenir : parachute, bras en écharpe, bandage herniaire : cela tient de la suspension, du soutien, presque de la prothèse. Pour être, besoin d'étai[9]. Seize ans plus tard, en 1958, lorsque les hasards du service militaire ont fait de moi un éphémère parachutiste, je pus lire, dans la minute même du saut, un texte déchiffré de ce souvenir : je fus précipité dans le vide ; tous les fils furent rompus ; je tombai, seul et sans soutien. Le parachute s'ouvrit. La corolle se déploya, fragile et sûr suspens avant la chute maîtrisée.

Chapitre X (extrait), éd. Denoël.

3. Le père de Georges Perec est mort au front en 1940.
4. Maladie dans laquelle un organe sort de sa cavité naturelle.
5. Bandage destiné à soutenir l'organe malade.
6. Tante paternelle de Georges Perec, qui le recueillit et l'adopta.
7. Cousine de Georges Perec, fille d'Esther.
8. Note de Perec : *je portais effectivement un bandage herniaire. Je fus opéré à Grenoble, quelques mois plus tard, et l'on en profita pour m'enlever l'appendice. Cela ne change rien au fantasme, mais permet d'en tracer une des origines. Quant à cet imaginaire bras en écharpe, on le verra plus loin, faire une curieuse réapparition.*
9. Soutien.

RECHERCHE DOCUMENTAIRE

▶ Recherchez dans le contexte historique ce que désigne, en 1942, l'expression *zone libre* et les raisons pour lesquelles la mère de Georges Perec souhaite y envoyer son fils.

LECTURE ANALYTIQUE

▶ **1.** Sur quoi portent les informations nouvelles données dans le deuxième extrait par rapport au premier ?

▶ **2.** Certitude et incertitude / vérité et inexactitude : à quoi perçoit-on la constante alternance entre ces deux approches des faits rapportés ? Comment s'expriment les hésitations du narrateur ?

▶ **3.** Quels éléments du texte et quelles manières de procéder de celui qui écrit témoignent de sa volonté d'établir la vérité ? D'où viennent les modifications de la réalité ? À quoi et à qui sont-elles dues dans les exemples donnés ici ?

▶ **4.** Quel rôle joue le dernier paragraphe du texte par rapport aux autres ? Quels liens Georges Perec semble-t-il établir entre les images restées dans sa mémoire, le saut en parachute de 1958 et le sens de sa vie ? Quelle est la fonction de l'écriture autobiographique par rapport aux épisodes marquants d'une vie et à leur sens profond ?

SYNTHÈSE

▶ **1.** Retrouvez et présentez sous une forme organisée les différentes raisons données par les auteurs de textes autobiographiques que vous avez étudiés pour justifier leur projet.

▶ **2.** Écrire sur soi : difficultés et obstacles. Retrouvez et classez, sous une forme rédigée, toutes les difficultés signalées par les auteurs d'autobiographies que vous avez « rencontrés » dans les séquences 15 et 16.

▶ **3.** À partir des extraits autobiographiques étudiés, dites ce que peut apporter au lecteur la lecture de textes dans lesquels les auteurs parlent d'eux-mêmes, de leur vie, de leur époque, de leurs actions…

GUIDE p. 301

9. Lire l'image

Pablo Picasso (1881-1973), *Autoportrait de la « Période bleue »*, 1901 (peinture ; Musée Picasso, Paris).

Pablo Picasso (1881-1973), *Autoportait*, 30 juin 1972 (crayon à la cire sur papier, 65,7 x 50,5 cm ; Fuji Television Gallery, Tokyo).

RECHERCHE DOCUMENTAIRE

▶ **1.** Cherchez les dates de Picasso et précisez quel âge il avait lorsqu'il a réalisé chacun des autoportraits qui figurent sur cette page.

▶ **2.** De nombreux peintres ont fait leur autoportrait : vous chercherez des exemples à partir du XVIe siècle, puis, en vous aidant d'une biographie de Picasso, vous direz si cet artiste a fait de lui-même d'autres portraits que ceux qui sont présentés sur cette page.

LECTURE ANALYTIQUE

▶ **1.** Décrivez et caractérisez chacun des deux autoportraits : technique employée, angle de vision et éléments représentés, registre. Le spectateur peut-il reconnaître la même personne ? À partir de quoi ?

▶ **2.** Comparez les deux portraits pour faire apparaître les différences. Appuyez-vous sur les réponses faites à la question 1 pour déterminer quelles pourraient être les intentions des deux représentations. Tenez compte des dates.

ÉCRITURE

▶ **Essai :** en quoi deux autoportraits séparés par de nombreuses années peuvent-ils illustrer un ensemble de réflexions sur l'autobiographie ? Demandez-vous aussi quels sont les problèmes liés à l'autoportrait, qu'il soit littéraire ou pictural.

GUIDE p. 493

SÉQUENCE 17

Biographies et récits de vie

1. Deux biographies de Flaubert

Les deux biographies de Flaubert qui suivent viennent de deux manuels scolaires destinés à des élèves de première. Le premier date de 1938, le second de 1996. Elles sont accompagnées du même portrait de l'écrivain.

TEXTE 1 : *Les grands écrivains français, des origines à nos jours* (1938)

GUSTAVE FLAUBERT (1821-1880)

Fils d'un chirurgien de l'hôpital de Rouen, Gustave Flaubert a peut-être hérité de son père un certain tour d'esprit scientifique, et ce sang-froid avec lequel il analyse les pires états d'âme. Indépendant par sa situation de fortune, il fit quelques beaux voyages, avec son ami Maxime du Camp[1], en Grèce, en Syrie, en Égypte ; puis il se fixa dans sa maison de campagne de Croisset[2], où il écrivit la plupart de ses romans.

Madame Bovary, publiée dans la *Revue de Paris* en 1857, est l'histoire très simple et très navrante d'une femme incomprise, sentimentale et criminelle, qui finit par s'empoisonner.

Mais Flaubert qui s'était montré réaliste absolu dans *Madame Bovary*, donna ensuite un roman historique, archéologique et exotique : *Salammbô* (1862). Le cadre, magnifique, est formé par la Carthage[3] des guerres puniques, et le pays environnant, où se déroule la révolte des mercenaires d'Hamilcar[4]. La lecture de ce roman, d'une intense et éblouissante exactitude archéologique, enchante d'abord, et fatigue vite. D'ailleurs l'impassibilité, qui sied[5] à des sujets modernes et

1. Écrivain et voyageur français (1822-1894).
2. Propriété de Gustave Flaubert, située près de Rouen.
3. Ville de Tunisie dont les habitants s'opposèrent aux Romains lors des guerres puniques, aux IIIe et IIe siècles av. J.-C.
4. Chef militaire carthaginois (290 – 229 ou 228 av. J.-C.).
5. Qui convient.

vulgaires comme *Madame Bovary*, devient, dans *Salammbô*, un parti pris de brutalité choquante.

L'Éducation sentimentale (1869) nous ramène au réalisme, à l'observation à la fois pénétrante et indifférente des mœurs bourgeoises et aristocratiques. On en est à regretter que Flaubert se soit donné tant de mal pour écrire si bien un livre si ennuyeux.

C'est que déjà son réalisme tournait à la monomanie[6] maladive ; on le vit bien quand parut après sa mort (en 1881) le premier volume de *Bouvard et Pécuchet*, ouvrage qu'il avait, heureusement, laissé inachevé. Deux plats imbéciles font connaissance, et, amalgamant[7] leur nullité, se livrent, en collaboration, à l'agriculture, au jardinage, puis passent en revue toutes les connaissances humaines. Devant cette analyse si consciencieuse de la bêtise, c'est l'auteur que l'on finit par prendre en pitié.

Dans le genre romantique, Flaubert avait encore donné la *Tentation de saint Antoine* (1874).

Il restera surtout comme un grand écrivain, au sens technique du mot. Il a laborieusement construit d'impeccables phrases.

Éd. Hatier.

6. Idée fixe, obsession.
7. Unissant.

TEXTE 2 : *Textes et méthode, Littérature 1re* (1996)

Flaubert

Eugène Giraud (1806-1881), *Portrait de Gustave Flaubert* (peinture, 55 x 45cm ; Château de Versailles).

L'adolescence romantique

Gustave Flaubert naît en 1821 à Rouen dans une famille de médecins. Les critiques ont souligné l'influence sur la formation du romancier de la profession de son père (un chirurgien sévère) à qui Flaubert devrait son regard « médical » et son écriture « au scalpel ». Élève doué mais indiscipliné au collège royal de Rouen, il s'y nourrit de Romantisme et tout particulièrement de Chateaubriand. Ses premiers écrits sont des contes fantastiques et des confidences autobiographiques. Au cours de l'été 1836, il vit sa première passion amoureuse impossible, pour l'épouse d'un éditeur de musique, Élisa Schlesinger, rencontrée à Trouville. Cette image féminine à laquelle Flaubert voue un véritable culte, sera à l'origine des *Mémoires d'un fou*, et surtout du personnage de Madame Arnoux, dans *L'Éducation sentimentale* (1869).

L'œuvre d'un solitaire

En 1844, victime des premiers symptômes d'une maladie des nerfs, il s'installe à Croisset, dans une propriété de sa famille où il va composer la plupart de ses œuvres. C'est un homme pessimiste qui se réfugie dans l'imaginaire romanesque et dans la rudesse du labeur. Il publie en 1857 *Madame Bovary*, histoire d'une provinciale victime de l'ennui, roman qui lui vaut d'être attaqué en justice pour immoralité. Puis, après un voyage en Tunisie, il fait renaître Carthage dans *Salammbô* (1862), et publie

L'Éducation sentimentale en 1869, histoire d'un échec sentimental et professionnel qui a pour cadre les événements historiques de 1848 et du Second Empire. Il publie encore *La Tentation de saint Antoine* en 1874, puis les *Trois Contes*. Son dernier roman, *Bouvard et Pécuchet*, publié en 1881, illustre la puissance ironique de l'auteur, qui passe en revue tout ce que les connaissances et les sciences comportent comme sottises. Flaubert meurt d'apoplexie[1] à cinquante-neuf ans.

Son œuvre, extrêmement travaillée, comme en témoignent les brouillons successifs et l'expérience du « gueuloir » (lecture à haute voix de ses textes pour en vérifier l'harmonie), est marquée par le pessimisme. Flaubert y exorcise[2], à travers les personnages d'Emma Bovary et de Frédéric Moreau, ses propres tentations romantiques. Il a laissé également une abondante correspondance et des récits de voyages comme celui, écrit avec son ami Maxime du Camp, qui retrace un périple breton.

Éd. Hatier.

1. Arrêt brusque et plus ou moins complet des fonctions cérébrales.
2. Se délivre de.

RECHERCHE DOCUMENTAIRE

▸ **1.** De quels « outils » dispose actuellement un élève qui cherche à s'informer sur la vie d'un auteur ? Citez trois sources d'informations différentes.

▸ **2.** À partir de quelles informations et de quelles sources un biographe peut-il « construire » la biographie d'un auteur ?

▸ **3.** Donnez la définition des mots *réalisme* et *romantisme* dans le contexte du XIXe siècle.

ÉTUDE COMPARÉE

▸ **1.** Relevez, identifiez et classez tout ce qui, dans les deux textes, permet de parler de biographies.

▸ **2.** Vie personnelle et œuvre littéraire : étudiez comment les deux biographes mêlent ces domaines et font apparaître les interférences entre les deux.

▸ **3.** Dans les deux biographies, distinguez ce qui relève de l'information et ce qui relève du jugement. Que remarquez-vous en comparant les deux textes ?

▸ **4.** Auteur, œuvre, période historique, courant(s) littéraire(s) et culturel(s) : comment ces quatre éléments sont-ils liés dans les deux biographies ? Quelles questions, quelles difficultés ces relations font-elles surgir ?

ÉCRITURE

▸ **Essai :** les deux biographies sont accompagnées du même portrait de Gustave Flaubert. En quoi chacun des deux textes entraîne-t-il un regard différent du lecteur sur ce portrait ?

ORAL

▸ À partir de ces deux biographies, imaginez cinq questions à poser à Gustave Flaubert sur certains aspects de sa vie. À l'aide de biographies plus détaillées, trouvez des réponses puis présentez devant la classe « l'interview » ainsi réalisée, en faisant parler Flaubert.

GUIDE p. 376

René Magritte (1898-1967),
Le Jockey perdu, 1926 (peinture, 65 x 75 cm ;
Coll. particulière).

2. Jacques Roisin, *Ceci n'est pas une biographie de Magritte* (1998)

Le texte suivant est la préface d'une biographie consacrée au peintre René Magritte. L'auteur, Jacques Roisin, psychanalyste, a fait figurer en épigraphe de son ouvrage le texte de Freud donné ici p. 321.

Un sentiment d'étrangeté

J'étais à Bruxelles en 19… – je ne me rappelle plus précisément la date – et je profitais de mon passage dans cette ville pour découvrir son Musée d'Art moderne. L'attirance que j'éprouvais déjà depuis longtemps pour l'œuvre de Magritte me conduisit tout naturellement dans la salle consacrée au peintre belge. Je me déplaçais de toile à toile depuis un quart d'heure à peine et déjà je me trouvais sous l'effet de leur fascination lorsqu'un groupe de visiteurs me rejoignit dans la salle. Leurs propos animés m'arrachèrent à cette solitude qui convient si bien à la contemplation de tableaux, et je prêtai malgré moi l'oreille à leur conversation. Elle concernait un seul et même thème : la vocation de peintre de René Magritte, soutenaient-ils, trouve sa cause dans le suicide de Régina Bertinchamps, sa mère, qui survint à Châtelet[1] au début de l'année 1912 et que certaines toiles ont évoqué. Pendant leur discussion, des reproductions des *Eaux profondes* et des *Rêveries d'un promeneur solitaire* passaient de main en main. Je trouvai sur l'instant cette affirmation incongrue[2] et l'oubliai aussi vite.

Quelques semaines après mon retour de voyage, je rendis visite à un ami. Tandis que j'avais l'esprit tout à ses paroles, mon regard errait sur les rayonnages nombreux de sa bibliothèque. Un ouvrage consacré à René Magritte attira mon attention. Je m'en emparai et me mis à le feuilleter sans mot dire. Soudain, je me trouvai face aux *Eaux profondes*. Un sentiment d'étrangeté me saisit aussitôt et la réflexion que j'avais entendue à Bruxelles me revint à l'esprit où elle s'imposa avec force. Elle ne me quitta plus pendant cinq jours entiers.

Quelque temps plus tard, je louai une chambre dans un café de Charleroi[1]. Je voulus commencer mon enquête par la lecture des journaux de 1912 : je me demandais s'ils comportaient des révélations sur le suicide de Madame Magritte. Je consultai toutes les bibliothèques de la ville. Je décidai ensuite de prendre des contacts dans la commune de Châtelet, voisine de Charleroi, et je me rendis à la rue des Gravelles où, je l'avais appris par les articles de 1912, la famille Magritte résidait au moment des faits. Je fus rapidement orienté vers Madame C... dont le frère aîné avait fréquenté Magritte enfant. Je me souviens aujourd'hui encore avec exactitude des propos que m'a tenus Madame C... tandis qu'elle me recevait sur le pas de sa porte. « René Magritte ? Il était insupportable ! », s'était-elle exclamée. « L'invivable René Magritte... Il était tellement invivable, Monsieur, que sa mère s'est suicidée ! » Elle avait ajouté, devant ma stupéfaction : « Dans la rue, on disait que les Magritte étaient *cauchies*, on disait que leur maison était *cauchie* : endiablés, possédés du diable, parce qu'ils en faisaient de toutes, les Magritte, surtout René ! » Telle fut ma toute première rencontre avec l'enfance de René Magritte.

Je fus ensuite en contact avec nombre de gens et de lieux que Magritte connut à Châtelet entre six et dix-huit ans, car je relouai à plusieurs reprises et de plus en plus souvent ma chambre de Charleroi. Je poursuivis encore mes travaux à Bruxelles où la famille Magritte vécut à partir de 1917, et ma recherche s'étala sur plusieurs années.

Les pages qui suivent retracent la vie de René Magritte depuis sa naissance en 1898 jusqu'au jour de 1926 où il composa *Le Jockey perdu*, la première œuvre surréaliste qu'il jugea réussie. Le peintre connut ensuite une vie publique et rejeta son enfance dans un oubli profond.

La jeunesse de Magritte se déroule en Belgique. Elle est racontée en deux temps, que sépare le jour où le corps de sa mère fut retiré des eaux de la Sambre[3]. Les faits se passent dans la partie de la Province du Hainaut appelée « Le Pays Noir » (noir comme la couleur crachée par les usines et les mines). Les villes ont pour nom Charleroi, Gilly, Châtelet... La population parle le wallon[4], en famille, entre amis, au travail, mais le français est depuis des siècles la langue de la bourgeoisie et de toutes les institutions. En ces temps-là, les enfants se livrent à leur joie de vivre en jouant dans la rue, et leurs scénarios s'inspirent des livres de Dumas[5] et de Stevenson[6], ou des aventures de Nick Carter, de Fantômas et d'autres séries qu'ils achètent dans de petites boutiques, fascicule par fascicule. Le récit de la jeunesse du peintre se poursuit à Bruxelles, où René Magritte émigre, avant le reste de sa famille, alors

1. Villes de Belgique.
2. Inconvenante.
3. Rivière qui prend sa source en France et poursuit son cours en Belgique.
4. Dialecte de cette région de Belgique.
5. Alexandre Dumas père, écrivain français (1802-1870), auteur notamment des *Trois Mousquetaires*.
6. Stevenson, écrivain écossais (1850-1894).

qu'il n'a pas encore dix-sept ans. Et nous écouterons ses amis nous dire quelle fut sa vie dans la capitale belge pendant les années qui précèdent sa révélation surréaliste.

Parmi tous les mots qui désignent une activité de recherche, celui d'*enquête* correspond le mieux au travail que j'ai réalisé. Hasard, méthode et flair, les trois atouts du détective, m'ont permis de retrouver des traces de la jeunesse du peintre. Je les livre telles que je les ai récoltées, documents écrits ou témoignages oraux, sans jamais nier le caractère hypothétique de la fiabilité de certains d'entre eux. On pourra donc paraphraser le titre du tableau le plus célèbre de René Magritte, et affirmer :

Ceci n'est pas une biographie ![7]

Préface, Alice Éditions, Bruxelles.

7. Allusion au tableau de René Magritte *Ceci n'est pas une pipe.*

RECHERCHE DOCUMENTAIRE

▸ **1.** Recherchez une reproduction des tableaux *Eaux profondes* et *Rêveries d'un promeneur solitaire*. À quelle œuvre littéraire le titre de ce dernier tableau fait-il allusion ?

▸ **2.** Expliquez le sens du mot *surréaliste* et trouvez des informations sur le mouvement littéraire et pictural auquel il renvoie dans le texte.

LECTURE ANALYTIQUE

▸ **1.** Le texte est la préface d'une biographie. Retrouvez dans ce texte tout ce qui renvoie à l'idée de « préface » – après avoir défini ce mot –, puis tout ce qui évoque la notion de « biographie ».

▸ **2.** Étudiez comment s'expriment, dans le texte, les liens entre le biographe et celui dont il écrit la biographie. Quelle est la nature de ces liens ?

▸ **3.** En quoi peut-on dire que cette préface présente une méthode ? Quelles en sont les démarches ? Comment y entrent les composantes citées par l'auteur : hasard, méthode, flair ?

▸ **4.** D'après cet extrait, déterminez les difficultés que peut rencontrer un biographe dans sa recherche. Par quoi et par qui peut-il être aidé ?

GUIDE p. 376

TEXTE ÉCHO : Sigmund Freud, *Un souvenir d'enfance de Léonard de Vinci* (1910)

Dans ce court extrait, Sigmund Freud évoque la complexité des relations qui peuvent se nouer entre le biographe et son « sujet » d'étude.

Les biographes sont fixés de façon toute particulière à leur héros. Fréquemment, ils l'ont choisi pour objet de leurs études parce qu'ils lui témoignaient d'emblée, en raison de leur vie de sentiment personnelle, une affection particulière. Ils s'adonnent alors à un travail d'idéalisation[1] qui s'efforce d'inscrire le grand homme dans la série de leurs modèles infantiles[2], par exemple de faire revivre en lui la représentation enfantine du père. Pour céder à ce souhait, ils effacent dans sa physionomie les traits individuels, ils aplanissent les traces de son combat vital contre les résistances internes et externes, ils ne tolèrent chez lui aucun reste de faiblesse ou d'imperfection humaines et nous donnent

1. D'embellissement.
2. Modèles présents lors de leur enfance.

alors en réalité une figure idéale, froide et étrangère, à la place de l'être humain auquel nous pourrions nous sentir lointainement apparentés. Il est regrettable qu'ils le fassent, car ils sacrifient par là la vérité à une illusion et renoncent, en faveur de leurs fantaisies infantiles, à l'occasion de pénétrer dans les secrets les plus fascinants de la nature humaine.

Œuvres complètes, volume X (extrait), trad. J. Altounian, A. Bourguignon, P. Cotet, A. Rauzy, éd. PUF, coll. « Psychanalyse », 1993.

RECHERCHE DOCUMENTAIRE

▶ Établissez une courte biographie de Sigmund Freud dans laquelle vous préciserez ses dates, sa ville d'origine, la nature de ses recherches et les raisons pour lesquelles il est connu. Précisez vos sources.

LECTURE ANALYTIQUE

▶ **1.** Étudiez en quoi le texte développe l'idée énoncée dans la première phrase.

▶ **2.** Quel(s) danger(s) résulte(nt) de la nature des relations entre un biographe et son sujet, selon Sigmund Freud ? En quoi ces dangers sont-ils *regrettables* ? Déduisez de ces remarques l'utilité des biographies selon le célèbre psychanalyste.

ÉTUDE COMPARÉE

▶ Rapprochez les textes des p. 319 et 321, et cherchez en quoi l'analyse de Sigmund Freud peut s'appliquer à la démarche rapportée par Jacques Roisin. Dites aussi quel est le statut du second texte par rapport au premier.

GUIDE p. 376

3. Deux approches de la vie de Balzac

Les deux extraits de biographie qui suivent s'attachent au même événement de la vie de Balzac : sa rencontre, en 1883, avec Ève Hanska, aristocrate polonaise avec qui il entretient une correspondance passionnée depuis plus d'un an. Le premier texte vient d'une biographie écrite par le romancier Stefan Zweig. Le second est un travail universitaire.

TEXTE 1 : Stefan Zweig, *Balzac. Le roman de sa vie* (1950)

Ici, le lecteur du roman d'amour que Balzac a fait surgir de son imagination qui ne connaît aucune contrainte, devrait sentir son cœur frémir d'impatience : la grande scène approche, la rencontre des âmes innocentes. La Grande Inconnue, la princesse de rêve, va enfin se montrer sous ses apparences terrestres ; leurs regards à tous deux vont se chercher, se rencontrer, sur cette promenade célèbre dans le monde par sa beauté. Que va-t-il se passer ? Le poète sera-t-il à la fin déçu de

Anonyme, *Portrait de Madame Hanska,* 1825 (peinture ; Maison de Balzac, Paris).

trouver au lieu d'une forme idéale, au lieu de l'aristocrate de haut rang, un être insignifiant, falot[1] ? Ne sera-t-elle pas déçue, quand, soudain, au lieu du poète éthéré[2], mince et pâle, aux regards de flamme et de mélancolie tout ensemble, un gros monsieur aux joues écarlates va s'avancer vers elle, plus semblable à un marchand de vin de Touraine ou à un petit rentier bien nourri qu'au poète des incomprises, qu'à M. de Balzac ? Vont-ils se fuir ou se comprendre ? Comment vont-ils se reconnaître ? Quelle sera leur première parole ?

Par malheur cette scène importante dans le roman vécu de Balzac ne nous a justement pas été transmise. Il existe bien quelques légendes. Selon l'une d'elles, il aurait déjà auparavant aperçu Mme de Hanska à la fenêtre de la villa André et aurait été ravi dans l'extase en constatant comme elle était identique à sa vision prophétique. Selon d'autres, elle l'aurait reconnu tout de suite d'après ses portraits et serait allée à lui. Selon d'autres, elle n'aurait pu dissimuler sa première déception devant la vulgarité extérieure de ce troubadour[3]. Mais ce ne sont là que des gloses[4] postérieures et arbitraires ; ce qui est certain, c'est simplement qu'au cours de cette première rencontre clandestine, on doit avoir imaginé quelque procédé ingénieux pour que Mme de Hanska puisse présenter Balzac de la façon la plus naturelle à son mari sans défiance[5], comme une relation mondaine. Toujours est-il que, dès le soir de ce même jour, l'écrivain fut introduit de la manière la plus correcte auprès de la famille Hanski et qu'au lieu de transposer sur le plan pratique ses déclarations théoriques d'amour à son « ange chéri », il doit se contenter de faire la conversation avec M. de Hanski et la nièce que l'on a amenée.

Extrait, trad. F. Delmas, éd. Albin Michel, 1950.

Portrait d'Honoré de Balzac, d'après un daguerréotype (peinture ; Maison de Balzac, Paris).

1. Terne.
2. Délicat.
3. Poète, par référence aux poètes lyriques de langue d'oc des XIIe et XIIIe siècles.
4. Commentaires.
5. Méfiance.

RECHERCHE DOCUMENTAIRE

▸ **1.** De quel ensemble romanesque Honoré de Balzac est-il l'auteur ? Donnez le titre et la date de quelques-uns des romans qui le composent. Précisez également quelle est la particularité de cet ensemble en ce qui concerne les personnages.

▸ **2.** Recherchez des informations sur l'identité d'Ève Hanska et sur le rôle qu'elle a joué dans la vie d'Honoré de Balzac.

▸ **3.** Recherchez à quels autres écrivains, philosophes ou personnages historiques Stefan Zweig a consacré une biographie. Donnez la date de ces ouvrages.

LECTURE ANALYTIQUE

▸ **1.** Repérez et identifiez dans le texte de Stefan Zweig tous les procédés par lesquels le biographe donne à l'épisode raconté et à son texte un caractère romanesque.

▸ **2.** Quelle relation le biographe instaure-t-il avec son lecteur ? En particulier dans quel registre les nombreuses oppositions et certaines formulations situent-elles le récit de cette scène ?

▸ **3.** Quelles formulations laissent penser au lecteur qu'il n'est pas facile de retrouver la vérité ? Quel mot pose le problème de la réalité historique ? Stefan Zweig cite-t-il ses sources ?

GUIDE p. 376

TEXTE 2 : Roger Pierrot, *Honoré de Balzac* (1994)

Souvenirs et traditions divergent sur ce premier rendez-vous de Neuchâtel[1]. Il y eut d'abord cette rencontre inopinée[2], évoquée dans une lettre du 1er décembre 1833 :

Ce serait par trop bizarre que ce fût elle a été ma pensée en te voyant au sortir de l'hôtel du Faucon[3]. (*LHB*, I, p. 105[4].)

Dans une lettre tardive, du 29 février 1844, c'est un autre souvenir :

Ah ! vous ne savez pas encore ce qui s'est passé en moi, quand, au fond de cette cour dont les moindres cailloux sont gravés dans ma mémoire, ainsi que ses longues planches, ses remises, j'ai vu un visage à la fenêtre ! Je n'ai plus senti mon corps et quand je vous ai parlé, j'étais hébété. (*Ibid.*, p. 818[5].)

Il y eut ensuite la rencontre sur la Promenade du Faubourg et la colline du Crêt[6], où il lui avait donné rendez-vous par un billet. Elle y portait une robe couleur pensée[7] (*ibid.*, p. 485.)

Avec le ménage Hański, il se rendit en pèlerinage sur les pas de Jean-Jacques Rousseau à l'île Saint-Pierre[8] au milieu du « ravissant » lac de Bienne :

C'est là, [...] que nous avons envoyé le mari s'occuper du déjeuner. Mais nous étions en vue, et, alors, à l'ombre d'un grand chêne, s'est donné le furtif baiser premier de l'amour. Puis, comme notre mari s'achemine vers la soixantaine[9], j'ai juré d'attendre, et *elle* de me réserver sa main, son cœur. (*À sa sœur Laure Surville*, 12 octobre 1833, *Corr.*, II, n° 698, p. 392[10].)

Extrait, Librairie Arthème Fayard.

1. Ville de l'ouest de la Suisse.
2. Inattendue.
3. Honoré de Balzac était descendu à cet hôtel (aujourd'hui 20, rue de l'Hôpital).
4. Lettres d'Honoré de Balzac rassemblées dans *Honoré de Balzac, Lettres à Madame Hanska*, édition établie par Roger Pierrot, éd. Robert Laffont, coll. « Bouquins », 1990.
5. Roger Pierrot renvoie au même ouvrage que celui présenté dans la note 4.
6. Aux environs de Neuchâtel.
7. Couleur violet sombre.
8. Île du territoire de Berne en Suisse, où Jean-Jacques Rousseau séjourna durant l'été 1765.
9. Hanski, né en 1782, était encore loin de la soixantaine en 1833.
10. *Honoré de Balzac, Correspondance*, textes réunis, classés et annotés par Roger Pierrot, éd. Classiques Garnier, 1962.

RECHERCHE DOCUMENTAIRE

▸ Recherchez quelques informations sur la Bibliothèque nationale : son histoire, son rôle, etc.

LECTURE ANALYTIQUE

▸ **1.** Observez le texte et sa mise en page, ainsi que tous les éléments qui ont un statut particulier. En vous aidant des notes, identifiez tous ces éléments et précisez à chaque fois qui en est l'auteur. Dites ensuite pourquoi ce travail d'identification des composantes du texte est important.

▸ **2.** À partir du travail d'identification de la question 1, dressez la liste des sources du biographe. Déduisez de cette classification certains aspects du travail des chercheurs en littérature.

▸ **3.** À quelles difficultés se heurte le biographe ? Dans quelle situation met-il ici son lecteur ?

ÉTUDE COMPARÉE

▸ Rapprochez les textes des p. 318 et 320, et faites apparaître leurs différences sur un sujet commun. Déduisez de ces rapprochements les différences de méthode des deux biographes et demandez-vous si leur travail a les mêmes objectifs et s'adresse aux mêmes lecteurs. Dites ensuite lequel des deux passages vous préférez.

ÉCRITURE

▸ **Essai :** dans un dictionnaire littéraire, cherchez une biographie d'Honoré de Balzac et expliquez en quoi sa vie et son œuvre peuvent justifier le choix des titres suivants : *Prométhée ou la vie de Balzac* (André Maurois, 1965), *Balzac le Napoléon des lettres* (Gérard Gengembre, 1992), qui sont les titres d'ouvrages biographiques qui lui sont consacrés.

GUIDE p. 376

4. Marguerite Yourcenar, « *Carnets de notes* » des *Mémoires d'Hadrien* (1951)

L'écrivain Marguerite Yourcenar évoque ici la méthode choisie pour écrire les Mémoires d'Hadrien, *ouvrage consacré à la vie de l'empereur romain Hadrien (⇒ page 294). La recherche d'une documentation ne donne pas toutes les connaissances ni toutes les solutions.*

Les règles du jeu : tout apprendre, tout lire, s'informer de tout, et, simultanément, adapter à son but les *Exercices* d'Ignace de Loyola[1] ou la méthode de l'ascète[2] hindou qui s'épuise, des années durant, à visualiser[3] un peu plus exactement l'image qu'il crée sous ses paupières fermées. Poursuivre à travers des milliers de fiches l'actualité des faits ; tâcher de rendre leur mobilité, leur souplesse vivante, à ces visages de pierre. Lorsque deux textes, deux affirmations, deux idées s'opposent, se plaire à les concilier plutôt qu'à les annuler l'un par l'autre ; voir en eux deux facettes différentes, deux états successifs du même fait, une réalité convaincante parce qu'elle est complexe, humaine parce qu'elle est multiple. Travailler à lire un texte du IIe siècle avec des yeux, une âme, des sens du IIe siècle ; le laisser baigner dans cette eau-mère[4] que sont les faits contemporains ; écarter s'il se peut toutes les idées, tous les sentiments accumulés par couches successives entre ces gens et nous. Se servir pourtant, mais prudemment, mais seulement à titre d'études préparatoires, des possibilités de rapprochements ou de recoupements, des perspectives nouvelles peu à peu élaborées par tant de siècles ou d'événements qui nous séparent de ce texte, de ce fait, de cet homme ; les utiliser en quelque sorte comme autant de jalons sur la route du retour vers un point particulier du temps. S'interdire les ombres portées ; ne pas permettre que la buée d'une haleine s'étale sur le tain[5] du miroir ; prendre seulement ce qu'il y a de plus durable, de plus essentiel en nous, dans les émotions des sens ou dans les opérations de l'esprit, comme point de contact avec ces hommes qui comme nous croquèrent des olives, burent du vin, s'engluèrent les doigts de miel, luttèrent contre le vent aigre et la pluie aveuglante et cherchèrent en été l'ombre d'un platane, et jouirent, et pensèrent, et vieillirent, et moururent.

Extrait, in *Œuvres romanesques*, éd. Gallimard, coll. « Bibliothèque de la Pléiade ».

1. Exercices de méditation conçus en 1548 par Ignace de Loyola, le fondateur de la Compagnie de Jésus (qui deviendra l'ordre religieux des jésuites). Ces exercices consistent à se représenter en imagination les scènes racontées dans la Bible, afin de mieux reconnaître leur signification.
2. Personne qui s'impose par piété des exercices de pénitence, des privations, des mortifications. Dans cette comparaison, il s'agit du yogi.
3. Se représenter.
4. Résidu d'une solution après cristallisation de la substance qui était dissoute. Ici, par emploi métaphorique, les *résidus* sont les *faits contemporains*, seuls éléments du présent que Marguerite Yourcenar veut garder à l'esprit.
5. Amalgame métallique placé derrière une glace pour qu'elle réfléchisse la lumière.

RECHERCHE DOCUMENTAIRE

▸ Que désigne l'expression *ombres portées* (l. 21) ? Quelle est sa signification dans le texte ?

LECTURE ANALYTIQUE

▸ **1.** Le texte commence par l'expression *les règles du jeu*. Comment l'idée d'une codification à suivre se retrouve-t-elle dans l'ensemble du passage ? Étudiez notamment la syntaxe, les types de verbes, les modes utilisés.

▸ **2.** Identifiez les deux démarches simultanées dont il est question dans les premières lignes (jusqu'à *visages de pierre*, l. 6-7). À quels aspects essentiels du travail d'un biographe ces deux démarches correspondent-elles ?

▸ **3.** Distinguez dans le texte ce qui relève de démarches et ce qui renvoie à la notion de contenu : sur quels matériaux travaille le biographe ? À quelles difficultés se heurte-t-il dans leur exploitation ?

▸ **4.** Le temps est envisagé dans le texte comme un obstacle et comme une aide. Expliquez comment il peut être l'un et l'autre.

▸ **5.** En quoi le travail du biographe, tel qu'il est envisagé dans ce texte, ne se limite-t-il pas à faire ressurgir un passé historique ? Quelle dimension Marguerite Yourcenar donne-t-elle à son entreprise ?

ÉCRITURE

▸ **Essai :** en prenant appui sur différents extraits de cette séquence, récapitulez les différentes fonctions d'une biographie en les rattachant aux différentes circonstances de leur publication.

DÉBAT

▸ Pourquoi et comment fait-on revivre quelqu'un grâce à sa biographie ?

GUIDE p. 376

5. Marcel Proust, *Contre Sainte-Beuve* (1954)[1]

L'écrivain Marcel Proust critique ici la méthode utilisée par l'un de ses prédécesseurs, Sainte-Beuve. Ce dernier fut écrivain, journaliste et critique littéraire. Ami de Victor Hugo, il fut membre du Cénacle, groupe d'écrivains qui définirent les idées romantiques, de 1823 à 1828.

« La littérature, disait Sainte-Beuve[2], n'est pas pour moi distincte ou du moins séparable du reste de l'homme et de l'organisation… On ne saurait s'y prendre de trop de façons et par trop de bouts pour connaître un homme, c'est-à-dire autre chose qu'un pur esprit. Tant qu'on ne s'est pas adressé sur un auteur un certain nombre de questions et qu'on n'y a pas répondu, ne fût-ce que pour soi seul et tout bas, on n'est pas sûr de le tenir tout entier, quand même ces questions sembleraient le plus étrangères à la nature de ses écrits : Que pensait-il en religion ? Comment était-il affecté du spectacle de la nature ? Comment se comportait-il sur l'article femmes, argent ? Était-il riche, pauvre ; quel était son régime, sa manière de vivre journalière ? Quel était son vice ou son faible ? Aucune des réponses à ces questions n'est indifférente pour juger l'auteur d'un livre et le livre lui-même, si ce

1. Publication posthume.
2. Écrivain français (1804-1869), journaliste et critique littéraire. Le texte cité ici est un extrait d'un article écrit le 22 juillet 1862 qui se trouve dans *Nouveaux Lundis*, tome III, Calmann-Lévy.

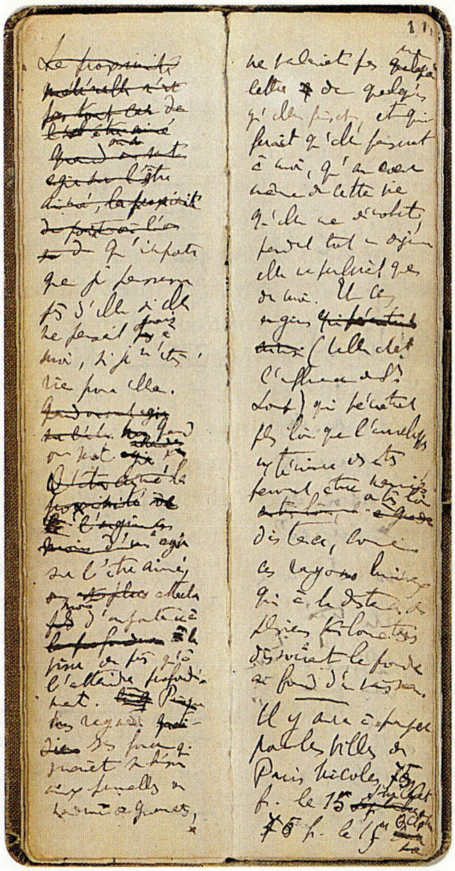

Marcel Proust (1871-1922), *Carnets de notes autographes* (BNF, Paris).

livre n'est pas un traité de géométrie pure, si c'est surtout un ouvrage littéraire, c'est-à-dire où il entre [de] tout, etc. » Cette méthode qu'il appliqua d'instinct toute sa vie et où vers la fin il voyait les premiers linéaments[3] d'une sorte de botanique littéraire…[4].

L'œuvre de Sainte-Beuve n'est pas une œuvre profonde. La fameuse méthode, qui en fait, selon Taine[5], selon M. Paul Bourget[6] et tant d'autres, le maître inégalable de la critique au XIXe, cette méthode qui consiste à ne pas séparer l'homme et l'œuvre, à considérer qu'il n'est pas indifférent pour juger l'auteur d'un livre, si ce livre n'est pas « un traité de géométrie pure », d'avoir d'abord répondu aux questions qui paraissent le plus étrangères à son œuvre (comment se comportait-il…), à s'entourer de tous les renseignements possibles sur un écrivain, à collationner[7] ses correspondances, à interroger les hommes qui l'ont connu, en causant avec eux s'ils vivent encore, en lisant ce qu'ils ont pu écrire sur lui s'ils sont morts, cette méthode méconnaît ce qu'une fréquentation un peu profonde avec nous-même nous apprend : qu'un livre est le produit d'un autre moi que celui que nous manifestons dans nos habitudes, dans la société, dans nos vices. Ce moi-là[8], si nous voulons essayer de le comprendre, c'est au fond de nous-même, en essayant de le recréer en nous, que nous pouvons y parvenir. Rien ne peut nous dispenser de cet effort de notre cœur. Cette vérité, il nous faut la faire de toutes pièces et…[9]. Il est trop facile de croire qu'elle nous arrivera un beau matin dans notre courrier, sous forme d'une lettre inédite qu'un bibliothécaire de nos amis nous communiquera, ou que nous la recueillerons de la bouche de quelqu'un qui a beaucoup [connu] l'auteur. Parlant de la grande

3. Lignes élémentaires et caractéristiques.

4. La botanique est une science qui a pour objet l'étude des végétaux. Cette phrase est restée inachevée dans le manuscrit de Marcel Proust.

5. Hippolyte Taine, critique littéraire, philosophe et historien français (1828-1893). Il pensait pouvoir expliquer la production littéraire par différents facteurs comme la race, le milieu social et géographique de l'écrivain, le moment historique.

6. Romancier français (1852-1935).

7. Confronter.

8. Le « moi » de l'écrivain que l'on découvre.

9. Phrase inachevée dans le manuscrit d'origine.

admiration qu'inspire à plusieurs écrivains de la nouvelle génération l'œuvre de Stendhal[10], Sainte-Beuve dit[11] : « Qu'ils me permettent de le leur dire, pour juger au net de cet esprit assez compliqué, et sans rien exagérer dans aucun sens, j'en reviendrai toujours de préférence, indépendamment de mes propres impressions et souvenirs, à ce que m'en diront ceux qui l'ont connu en ses bonnes années et à ses origines, à ce qu'en dira M. Mérimée[12], M. Ampère[13], à ce que m'en dirait Jacquemont[14] s'il vivait, ceux, en un mot, qui l'ont beaucoup vu et goûté sous sa forme première. »

Pourquoi cela ? En quoi le fait d'avoir été l'ami de Stendhal permet-il de le mieux juger ? Il est probable, au contraire, que cela gênerait beaucoup pour cela. Le moi qui produit les œuvres est offusqué pour ces camarades par l'autre, qui peut être très inférieur au moi extérieur de beaucoup de gens. Du reste, la meilleure preuve en est que Sainte-Beuve, ayant connu Stendhal, ayant recueilli auprès de « M. Mérimée » et de « M. Ampère » tous les renseignements qu'il pouvait, s'étant muni, en un mot, de tout ce qui permet, selon lui, au critique de juger plus exactement d'un livre, a jugé Stendhal de la façon suivante : « Je viens de relire, ou d'essayer, les romans de Stendhal ; ils sont franchement détestables[15]. »

Extrait.

10. ⇛ page 481.
11. *Causeries du lundi*, articles critiques écrits par Sainte-Beuve entre 1851 et 1862, tome IX, éd. Garnier.
12. Écrivain français (1803- 1870).
13. Physicien et mathématicien français (1775-1836).
14. Victor Jacquemont, botaniste et voyageur français (1801- 1832), ami de Stendhal.
15. Ce jugement figure dans les *Causeries du lundi*, tome IX, éd. Garnier
15. Ce jugement figure dans les *Causeries du lundi*, tome IX, éd. Garnier

RECHERCHE DOCUMENTAIRE

▸ **1.** Recherchez le titre de l'ensemble romanesque dont Marcel Proust est l'auteur. Donnez le titre et la date des différentes œuvres qui le composent.

▸ **2.** Citez le nom de critiques littéraires du XIXe siècle et le titre de certaines de leurs œuvres.

▸ **3.** De nombreux écrivains ont aussi été critiques d'art. Retrouvez quelques exemples dans la littérature du XIXe siècle et du XXe siècle, en donnant le titre et la date de certains de leurs ouvrages critiques.

LECTURE ANALYTIQUE

▸ **1.** Observez la mise en page du texte : paragraphes, récurrence des guillemets. Distinguez les différents discours, leurs liens, et précisez à chaque fois qui est leur auteur. Donnez tous les indices qui vous ont permis de répondre.

▸ **2.** Résumez la méthode critique de Sainte-Beuve, telle qu'il la présente lui-même et dites ce qu'elle implique en ce qui concerne la relation entre une œuvre littéraire et la vie de son auteur.

▸ **3.** Retrouvez dans le texte de Marcel Proust la phrase qui exprime sa thèse et expliquez en quoi elle s'oppose à la thèse de Sainte-Beuve en ce qui concerne les relations entre une œuvre et la vie de son auteur.

▸ **4.** Quelle démarche le critique littéraire doit-il suivre – selon Marcel Proust – pour analyser et comprendre une œuvre ?

▸ **5.** Quel est le rôle précis du dernier paragraphe ? Quelle est la force de la dernière citation ?

ÉCRITURE

▸ **Essai 1 :** pourquoi ce texte de Marcel Proust associé à un texte de Sainte-Beuve figure-t-il dans une séquence consacrée aux biographies et récits de vie ?

▸ **Essai 2 :** est-il nécessaire de connaître la vie d'un auteur pour comprendre et aimer son œuvre ?

GUIDE p. 376

James Dean dans *À l'Est d'Eden* d'Elia Kazan, 1955.

6. *Les 50 ans de Paris Match, 1949-1998*

Le texte qui suit est le début d'un article figurant dans un ouvrage publié en 1998 par le magazine Paris Match.

James Dean

À 150 à l'heure vers le carrefour tragique de ses 25 ans

Quand elle apprit la mort de Jimmy, la starlette Ursula Andress tomba sans connaissance sur le plateau de la « Warner » où elle tournait un petit rôle. Dès qu'elle fut ranimée, elle se mit à sangloter, répétant sans cesse la même phrase : « C'est ma faute, je ne l'ai pas compris, je n'ai jamais réussi à le comprendre. »

En fait, personne n'avait jamais compris James Dean et sa mort subite dans un accident de voiture laisse intacte sa légende, une légende d'or et de larmes où le mal du siècle américain rejoint le mythe éternel de Don Juan. Son talent venait d'éclater comme une bombe dans les studios de Hollywood et l'explosion se répercutait en lettres de feu à l'entrée des cinémas du monde entier. « À l'est d'Éden[1] » avait obtenu – grâce à lui – un grand prix au Festival de Cannes et la critique unanime saluait en James Dean un acteur génial. Sur toutes les lèvres, celles des femmes en particulier, son nom éclipsait déjà celui de l'empereur Marlon Brando[2]. Fait unique dans les annales du cinéma, un seul film avait catapulté ce jeune premier au sommet de la gloire. C'est alors qu'intervint le Destin, au carrefour du State Highway 41 et de la route U.s. 466, à quelques kilomètres de Paso Robles. James Dean, lancé à toute vitesse dans sa Porsche à bord de laquelle il allait prendre le départ d'une course, à Salinas, percuta une autre voiture. Le choc fut terrible. Il

1. Film américain de 1954, tiré d'un roman de John Steinbeck.
2. Acteur américain né en 1924.

mourut sur le coup, la colonne vertébrale brisée. Parmi les débris informes, on retrouva une médaille de Saint-Christophe. Ce fétiche dérisoire, taché de sang, était un vestige de l'unique amour de sa vie. La vedette italienne Pier Angeli le lui avait donné pour le protéger quand il tournait « À l'est d'Éden ».
Trois jours auparavant, il avait terminé son dernier film : « Géant ». L'auteur en était la romancière Edna Ferber qui était devenue pour lui plus qu'une amie, presque une mère adoptive. La veille de l'accident, elle lui avait écrit pour le supplier d'être prudent et lui demander de ne plus jamais participer à une course d'automobiles. Il ne lut jamais cette lettre : quand le facteur la déposa dans sa boîte, il roulait déjà à 150 à l'heure vers Salinas, vers le carrefour tragique de ses 25 ans, là où s'arrêtait brutalement la route de sa vie.
Secret sur ses projets, ses amours, son métier, il l'était encore bien plus sur ses origines. Tout ce qu'on sait, c'est qu'il est né et qu'il a vécu sa prime jeunesse à Fairmount, dans l'État d'Indiana. Il avait 8 ans quand sa mère mourut et il fut élevé par un oncle et une tante Quakers[3]. De son père, on ignore tout ; jamais il n'en a parlé. C'est sans doute la perte brutale de la tendresse maternelle qui marqua l'enfant d'un sceau[4] indélébile et lui donna ce caractère fuyant, fermé, étrange, dont personne ne réussit à forcer le secret.
À l'école supérieure de Fairmount, il fut très vite un brillant joueur de basket-ball et de base-ball. Il y acquit des muscles solides et fit ses débuts de comédien dans la troupe dramatique de l'école. C'est encore sous le double signe du stade et de la scène qu'il entra au collège de Santa Monica. Il y devint moniteur de gymnastique et vedette du groupe théâtral. Là se situa l'événement clef de sa carrière : sa rencontre avec James Whitmore, acteur de cinéma qui avait fondé à Santa Monica une école d'art dramatique calquée sur celle d'Elia Kazan[5] à New York. Il fréquenta également les cours de théâtre de Mme Jean Owen et celle-ci fut frappée par l'extraordinaire talent que déployait James Dean à lire Shakespeare[6]. Elle l'envoya à l'université de Californie où il remporta son premier grand succès dans « Macbeth[7] » ; il y tenait le rôle de Malcolm. Dès lors, sa voie était tracée.
Peu à peu, il délaissa le sport pour ne s'intéresser qu'au théâtre. Éternellement vêtu d'un chandail plus ou moins troué et d'un blue-jeans, James semblait n'avoir qu'une seule préoccupation : se chercher lui-même à travers les grands rôles classiques et se perfectionner dans son art.

Extrait, sous la direction de Roger Thérond, éd. Filipacchi, 1998.

3. Secte religieuse apparue au XVIIe siècle en Angleterre, encore très représentée aux États-Unis et en Afrique orientale.
4. Empreinte.
5. Romancier et metteur en scène de théâtre et de cinéma américain né en 1909.
6. Écrivain et dramaturge anglais (1564-1616).
7. Pièce de William Shakespeare.

RECHERCHE DOCUMENTAIRE

▸ Qu'est-ce qu'un « cliché » ? Donnez une définition puis cherchez des exemples de clichés dans le texte.

LECTURE ANALYTIQUE

▸ **1.** En prenant appui sur les articulations temporelles et sur les temps des verbes, dites quelle est la structure de ce texte. Pourquoi les différents épisodes et les informations rapportés sont-ils donnés dans un ordre quelque peu bouleversé ?

▸ **2.** Utilisez la réponse à la question 1, ainsi que différents procédés d'écriture utilisés dans le texte, pour donner quelques caractéristiques de l'écriture journalistique : accroche de l'article, comparaisons, hyperboles, rapprochements-chocs…

▸ **3.** Qu'est-ce qui concourt, dans les faits rapportés, et dans la manière de les rapporter, à faire de l'acteur un être exceptionnel ?

▸ **4.** Quels effets un tel article cherche-t-il visiblement à produire sur ses lecteurs ? Sur quoi son auteur s'appuie-t-il pour y parvenir ? Repérez certaines formules, certaines images, l'insistance sur certaines situations pour répondre à cette question. Un tel article rapporte-t-il l'existence d'un mythe ou contribue-t-il à le créer ?

ÉCRITURE

▸ **Réécriture 1 :** réécrivez cet article en une quinzaine de lignes de façon « neutre », et en ne gardant que les faits objectifs ; respectez l'ordre chronologique.

▸ **Réécriture 2 :** à l'aide d'une biographie ou d'articles de journaux, réécrivez un épisode de la vie d'un écrivain que vous appréciez. Donnez à votre récit un ton sensationnel et au personnage une stature de « héros ».

GUIDE p. 422

7. Lire l'image

Balzac est représenté ici au retour d'un voyage avec Madame Hanska. L'écrivain ne parvient pas à rentrer chez lui. Un itinéraire mi-fictif mi-réel le conduit dans un Paris qui est celui de ses romans autant que celui de sa vie.

Balzac, bande dessinée de Jean Dufaux et Joëlle Savey, éd. Glénat, 1994.

RECHERCHE DOCUMENTAIRE

▸ Retrouvez le roman de Balzac dans lequel un jeune homme désespéré et ruiné entre dans le magasin d'un vieil antiquaire, qui lui donne un talisman.

LECTURE ANALYTIQUE

▸ **1.** Observez le nombre, la taille des vignettes et leur répartition dans la page : qu'est-ce qui est mis en relief, et de quelle façon, dans chacune d'elles ?

▸ **2.** Qu'est-ce qui permet d'identifier les lieux et l'un des personnages, dans la première vignette, indépendamment de Balzac et de son œuvre ?

▸ **3.** De quels éléments présents dispose le lecteur pour identifier le jeune homme ? De quoi a-t-il besoin pour compléter l'identification ?

GUIDE p. 493

4e PARTIE

LE GENRE ÉPISTOLAIRE

Pablo Picasso (1881-1973),
La Lecture de la lettre
(peinture ; Musée Picasso, Paris) ;
détail p. 334 et 348.

SÉQUENCE 18

Les caractéristiques de la lettre

1. Madame de Sévigné, *Lettres* (1640-1696)

Adressée à ses amis et à sa fille, la correspondance de la marquise de Sévigné constitue un témoignage précieux sur la vie à la cour. La lettre suivante est l'une des quatorze lettres écrites entre le 17 novembre et le 30 décembre 1764 au marquis de Pomponne, au sujet du procès de Foucquet, ancien surintendant des Finances.

À Pomponne
À Paris, lundi 17 novembre 1664.

Aujourd'hui, lundi 17 novembre, M. Foucquet a été pour la seconde fois sur la sellette. Il s'est assis sans façon comme l'autre fois[1]. Monsieur le Chancelier a recommencé à lui dire de lever la main ; il a répondu qu'il avait déjà dit les raisons qui l'empêchaient de prêter le serment, qu'il n'était pas nécessaire de les redire. Là-dessus Monsieur le Chancelier s'est jeté dans de grands discours, pour faire voir le pouvoir légitime de la chambre[2], que le Roi l'avait établie, et que les commissions avaient été vérifiées par les compagnies souveraines. M. Foucquet a répondu que souvent on faisait des choses par autorité, que quelquefois on ne trouvait pas justes quand on y avait fait réflexion. Monsieur le Chancelier a interrompu : « Comment ! vous dites donc que le Roi abuse de sa puissance ? » M. Foucquet a répondu : « C'est vous qui le dites, monsieur, et non pas moi. Ce n'est point ma pensée, et j'admire qu'en l'état où je suis, vous me vouliez faire une affaire avec le Roi. Mais, monsieur, vous savez bien vous-même qu'on peut être surpris. Quand vous signez un arrêt, vous le croyez juste. Le lendemain, vous le

1. Le vendredi 14 novembre, jour de la première comparution de Foucquet.
2. Le tribunal.

Enveloppe décorée par Estaque, 1996, dessin, in *Le Sévigné*, éd. Mango Jeunesse.

cassez ; vous voyez qu'on peut changer d'avis et d'opinion. – Mais cependant, a dit Monsieur le Chancelier, quoique vous ne reconnaissiez pas la chambre, vous lui répondez, vous présentez des requêtes[3], et vous voilà sur la sellette. – Il est vrai, monsieur, a-t-il répondu, j'y suis. Mais je n'y suis pas par ma volonté ; on m'y mène. Il y a une puissance à laquelle il faut obéir, et c'est une mortification[4] que Dieu me fait souffrir, et que je reçois de sa main. Peut-être pouvait-on bien me l'épargner, après les services que j'ai rendus et les charges que j'ai eu l'honneur d'exercer. » Après cela, Monsieur le Chancelier a continué l'interrogation de la pension des gabelles[5], où M. Foucquet a très bien répondu.

Les interrogations continueront, et je continuerai à vous les mander[6] fidèlement. Je voudrais seulement savoir si mes lettres vous sont rendues sûrement.

Madame votre sœur qui est à nos sœurs du faubourg a signé[7] ; elle voit à cette heure la communauté[8], et paraît fort contente. Madame votre tante ne paraît pas en colère contre elle. Je ne croyais point que ce fût celle-là qui eût fait le saut ; il y en a encore une autre.

Vous savez sans doute notre déroute de Gigeri[9], et comme ceux qui ont donné les conseils veulent jeter la faute sur ceux qui ont exécuté. On prétend faire le procès à Gadagne[10] pour ne s'être pas bien défendu ; il y a des gens qui en veulent à sa tête. Tout le public est persuadé pourtant qu'il ne pouvait pas faire autrement.

On parle fort ici de Monsieur d'Aleth[11], qui a excommunié les officiers subalternes du Roi qui ont voulu contraindre les ecclésiastiques de signer[12]. Voilà qui le brouillera avec monsieur votre père, comme cela le réunira avec le P. Annat[13].

Adieu, je sens que l'envie de causer me prend. Je ne veux pas m'y abandonner ; il faut que le style des relations[14] soit court.

3. Demandes présentées par Foucquet.

4. Une pénitence.

5 Impôts indirects sur le sel sur lesquels on accusait Foucquet, entre autres, d'avoir perçu des commissions.

6. Faire savoir par lettre.

7. La sœur de Pomponne, religieuse, a signé un formulaire émanant du pouvoir royal, et condamnant le jansénisme (⇛ p. 166).

8. Communauté de Port-Royal (⇛ p. 166).

9. Ville d'Algérie dont les soldats français avaient essayé en vain de s'emparer quelques jours avant.

10. Lieutenant ayant participé à la conduite de cette opération militaire.

11. Nicolas Pavillon, évêque janséniste d'Aleth.

12. Le formulaire ; cf. la note 7.

13. Le Père Annat, confesseur du Roi et adversaire des jansénistes.

14. Des échanges épistolaires.

RECHERCHE DOCUMENTAIRE

▸ **1.** Donnez le nom de quelques-uns des principaux correspondants de Madame de Sévigné et citez certains des thèmes récurrents de ses lettres.

▸ **2.** Qu'est-ce qu'un surintendant des Finances au XVIIe siècle ? Quelle relation unit les noms suivants : Foucquet, Le Nôtre, Le Vau, Le Brun, Vaux-le-Vicomte ?

▸ **3.** Situez l'abbaye de Port-Royal-des-Champs et expliquez son importance au XVIIe siècle. Quels liens peut-on établir entre ce lieu et Racine ?

LECTURE ANALYTIQUE

▸ **1.** Retrouvez dans le texte tous les indices qui permettent d'identifier une lettre. Que manque-t-il cependant ? Qu'est-ce qui permet au lecteur contemporain de l'auteur de déterminer que la lettre rapporte des faits réels ? Qu'en est-il du lecteur du XXIe siècle ?

▸ **2.** Récapitulez les domaines abordés par cette lettre et déduisez de cette classification la fonction d'un tel message.

▸ **3.** La lettre rapporte un événement très récent : quels sont les indices de cette proximité dans le temps ? Étudiez les temps verbaux, la ponctuation et les différentes formes de discours. En quoi peut-on parler d'un rapport très précis ?

▸ **4.** Cette lettre relève d'une correspondance privée. Qu'apporte-t-elle cependant à des historiens ? Dans quels domaines précis ? Quels problèmes pose ce genre de témoignage ?

ÉCRITURE

▸ **Essai :** en vous appuyant sur le contenu de la lettre, dites comment l'étude de lettres de personnes connues ou anonymes d'époques passées peut éclairer les connaissances historiques.

▸ **Invention :** à la manière de Madame de Sévigné, racontez à un correspondant un événement d'actualité auquel vous avez assisté. Expliquez ensuite en quoi votre récit s'écarte ou se rapproche d'un reportage journalistique.

GUIDE p. 377

2. Montesquieu, *Lettres persanes* (1721)

Le roman épistolaire intitulé Lettres persanes *regroupe la correspondance fictive échangée par des Persans. Les voyageurs, parmi lesquels Rica et Rhédi, décrivent à leurs correspondants ce qu'ils observent en France et dans certains pays d'Europe (⇛ aussi p. 133 et 142).*

François Boucher (1703-1770), *Le galant colporteur*, détail du carton de tapisserie *La danse de la suite des fêtes italiennes* (peinture ; Musée Baron Martin, Gray).

Rica à Rhédi, à Venise

Je trouve les caprices de la mode, chez les Français, étonnants. Ils ont oublié comment ils étaient habillés cet été ; ils ignorent encore plus comment ils le seront cet hiver. Mais, surtout, on ne saurait croire combien il en coûte à un mari pour mettre sa femme à la mode.

Que me servirait de te faire une description exacte de leur habillement et de leurs parures ? Une mode nouvelle viendrait détruire tout mon ouvrage, comme celui de leurs ouvriers, et, avant que tu eusses reçu ma lettre, tout serait changé.

Une femme qui quitte Paris pour aller passer six mois à la campagne en revient aussi antique[1] que si elle s'y était oubliée trente ans. Le fils méconnaît le portrait de sa mère, tant l'habit avec lequel elle est peinte lui paraît étranger ; il s'imagine que c'est quelque Américaine[2] qui y est représentée, ou que le peintre a voulu exprimer quelqu'une de ses fantaisies.

Quelquefois, les coiffures montent insensiblement, et une révolution les fait descendre tout à coup[3]. Il a été un temps que leur hauteur immense mettait le visage d'une femme au milieu d'elle-même. Dans un autre, c'étaient les pieds qui occupaient cette place : les talons faisaient un piédestal[4] qui les tenait en l'air. Qui pourrait le croire ? Les architectes ont été souvent obligés de hausser, de baisser et d'élargir leurs portes, selon que les parures des femmes exigeaient d'eux ce changement, et les règles de leur art ont été asservies à ces caprices. On voit quelquefois sur un visage une quantité prodigieuse de mouches[5], et elles disparaissent toutes le lendemain. Autrefois, les femmes avaient de la taille et des dents ; aujourd'hui, il n'en est pas question. Dans cette changeante nation, quoi qu'en disent les mauvais plaisants, les filles se trouvent autrement faites que leurs mères.

Il en est des manières et de la façon de vivre comme des modes : les Français changent de mœurs selon l'âge de leur roi. Le monarque pourrait même parvenir à rendre la nation grave, s'il l'avait entrepris. Le Prince imprime le caractère de son esprit à la Cour ; la Cour, à la Ville ; la Ville, aux provinces. L'âme du souverain est un moule qui donne la forme à toutes les autres.

De Paris, le 8 de la lune de Saphar[6], 1717.
Lettre 99.

1. Démodée.
2. Une Indienne d'Amérique : une « peau-rouge ».
3. Allusion à des modes successives de coiffures « à étages », puis de coiffures « plates ».
4. Support qui permet de surélever une statue ou une colonne.
5. Petit morceau de taffetas noir que les femmes mettaient sur la peau pour en faire ressortir la blancheur.
6. Mois d'avril.

RECHERCHE DOCUMENTAIRE

▸ **1.** Cherchez sous quelle forme et dans quelle ville les *Lettres persanes* ont été publiées. Lisez l'introduction de Montesquieu pour déterminer quel rôle exact il s'est donné.

▸ **2.** Sous quel régime la France se trouve-t-elle entre 1715 et 1723 ? Quelles sont les caractéristiques de cette période ?

LECTURE ANALYTIQUE

▸ **1.** L'ouvrage d'où est tiré ce texte s'appelle *Lettres persanes*. Que trouve-t-on qui corresponde à ce titre dans la lettre 99 ? Tenez compte de tous les éléments qui accompagnent le texte pour répondre.

▸ **2.** Étudiez en quoi le texte développe les mots *caprices* et *étonnants* qui figurent dans la première phrase. Quelles connotations ont ces mots ? Prenez appui sur les indications de temps et sur les procédés qui soulignent le caractère excessif des modes.

▸ **3.** Étudiez précisément ce que le texte a de visuel. Quelle est l'importance de ce choix d'écriture, en particulier dans le contexte épistolaire ?

▸ **4.** Quel lien le lecteur peut-il établir entre le dernier paragraphe du texte et tout ce qui précède ? Quel effet ce dernier paragraphe produit-il ? Quelle double critique contient-il, à l'adresse des Français et à l'adresse du roi ? Que peut-on en déduire en ce qui concerne la finalité de la lettre ?

ÉCRITURE

▸ **Invention :** à partir de photos de mode empruntées à des magazines récents, décrivez, à la manière de Montesquieu et dans le même registre, la mode vestimentaire contemporaine, en vous adressant dans une lettre à un correspondant lointain. Terminez votre lettre par une formule qui ressemble à une maxime.

ÉTUDE COMPARÉE

▸ Rapprochez la *lettre persane* 99 de certains textes de la séquence 22 consacrée aux apologues. Pourrait-on utiliser pour définir cette lettre les mots *apologue, parabole,* ou encore *fable* ? Justifiez votre réponse en vous fondant sur des comparaisons.

GUIDE p. 377

3. Denis Diderot, *Lettres à Sophie Volland* (1761)

Depuis 1755, Diderot entretient, même lorsqu'ils ne sont pas séparés, une correspondance avec Sophie Volland, son amie. Le texte qui suit est la fin d'une lettre écrite le 2 octobre 1761.

Louis Michel Van Loo (1707-1771), *Denis Diderot* (peinture, 81 x 65 cm ; Musée du Louvre, Paris).

Je ne sortirai pas de Paris cet automne. Les ennuis succèdent aux ennuis. J'use mes yeux sur des planches hérissées de chiffres et de lettres ; et au milieu de ce pénible travail, la pensée amère que des injures, des persécutions, des tourments, des avanies[1] en seront le fruit ; cela n'est-il pas agréable ? L'ami Grimm[2] aura beau prêcher, il n'en sera ni plus ni moins[3] ; je ne saurais plus me repaître[4] de fumée. Un repas délicieux ; une lecture douce ; une promenade dans un lieu frais et solitaire ; une conversation où l'on ouvre son cœur, où l'on se livre à toute sa sensibilité ; une émotion forte qui amène les larmes sur le bord des paupières, qui fait palpiter le cœur, qui coupe la voix, qui ravit d'extase, soit qu'elle naisse ou du récit d'une action généreuse, ou d'un sentiment de tendresse ; de la santé, de la gaieté, de la liberté, de l'oisiveté, de l'aisance ; le voilà, le vrai bonheur. Je n'en connaîtrai jamais d'autre. Il faut seulement jeter les yeux à quelque temps de soi ; prévoir le moment où les yeux de ma petite fille[5] s'ouvriront, où sa gorge s'arrondira, où sa gaieté tombera, où elle commencera à devenir soucieuse, où il s'élèvera dans ses sens un trouble inconnu, dans son cœur un je ne sais quel désir ; ce sera alors aussi le temps des rêves pendant la nuit, des soupirs étouffés, des regards furtifs sur les hommes pendant le jour ; et celui de partager ma petite fortune en deux. Il faudra que ce que je lui en céderai suffise à son aisance, et que ce qui m'en restera suffise à la mienne. C'est encore cinq ou six livres de rente à gagner ; une ou deux comédies, une ou deux tragédies, trois ou quatre bons mariages de théâtre, en feront un bon domestique[6].

Adieu, mes bonnes amies[7]. Disputez bien sur *Clarisse*[8]. Soyez sûres que c'est vous qui sentez juste. Morphyse[9] a une ou deux vues de côté qui la font dire tout de travers. Je vous embrasse de toute mon âme. Les sentiments de tendresse et d'amitié que vous m'avez inspirés font et feront à jamais la partie la plus douce de mon bonheur. À Paris ce 2 octobre 1761.

Extrait.

1. Affronts, injures.
2. Le baron de Grimm, écrivain et critique allemand (1723-1807), ami de Diderot.
3. Cela ne changera rien.
4. Me rassasier.
5. Marie-Angélique, née en 1753.
6. Assureront une vie domestique et une rente confortables.
7. Sophie et sa sœur, Madame Legendre.
8. *Clarissa Harlowe*, roman épistolaire du romancier anglais Samuel Richardson, publié en 1748, traduit en France par l'abbé Prévost.
9. Surnom désignant Madame Volland, la mère de Sophie.

RECHERCHE DOCUMENTAIRE

▸ **1.** *Planches, ennuis, travail, persécution* : en 1761, à quoi ces termes renvoient-ils dans l'œuvre et la vie de Diderot ? Faites une recherche dans un dictionnaire littéraire et préparez une note explicative pour chaque terme. Vous pouvez vous aider des textes pages 94, 96 et 98.

▸ **2.** Cherchez quel a été le rôle littéraire du baron de Grimm dans l'Europe des Lumières.

▸ **3.** Donnez le titre et la date de pièces de théâtre écrites par Diderot. À quel genre théâtral appartiennent-elles ?

LECTURE ANALYTIQUE

▸ **1.** Retrouvez dans le texte et autour du texte les indices de l'écriture épistolaire. Comment le lecteur peut-il savoir s'il s'agit de fiction ou d'une lettre authentique ?

▸ **2.** Retrouvez les trois mouvements de l'extrait et mettez en évidence ce qui les oppose, à la fois sur le plan du temps et sur celui du contenu évoqué.

▸ **3.** Quels sentiments l'évocation de chacune des trois situations inspire-t-elle à l'épistolier ? Quel rôle jouent-elles les unes par rapport aux autres ?

▸ **4.** Quelle semble être la finalité de cette lettre ? Quelles relations le lecteur peut-il établir entre le contenu de la lettre et sa destinataire ?

ÉCRITURE

▸ **Réécriture :** à la manière de Diderot (de *Un repas délicieux* jusqu'à *le vrai bonheur*, l. 7 à 13), définissez en quelques lignes ce que serait pour vous le vrai bonheur.

ÉTUDE COMPARÉE

▸ Mettez en parallèle les lettres qui constituent les textes 1, 2, 3 de cette séquence (Madame de Sévigné, Montesquieu, Diderot). Dégagez certaines caractéristiques communes en matière de forme. Montrez aussi en quoi ces lettres diffèrent dans leur registre et dans leur écriture. À quoi peut-on attribuer certaines de ces différences ?

GUIDE p. 422 ?????

Enveloppe ornée, vers 1750.

4. Victor Hugo, *Lettre à Juliette Drouet* (1835)

En 1833, Victor Hugo rencontre la comédienne Juliette Drouet, avec qui il vit une liaison passionnée, comme en témoigne la lettre qui suit, écrite à l'automne 1835.

Quand tu liras ce papier, mon ange, je ne serai pas auprès de toi, je ne serai pas là pour te dire : pense à moi ! Je veux que ce papier te le dise. Je voudrais que dans ces lettres tracées pour toi tu puisses trouver tout ce qu'il y a dans mes yeux, tout ce qu'il y a sur mes lèvres, tout ce qu'il y a dans mon cœur, tout ce qu'il y a dans ma présence quand je te dis : je t'aime ! – Je voudrais que cette lettre entrât dans ta pensée comme mon regard, comme mon souffle, comme le son de ma voix pour lui dire à cette charmante pensée que j'aime : n'oublie pas !

Tu es ma bien-aimée, ma Juliette, ma joie, mon amour depuis trois ans bientôt !

Écris-moi quand je ne suis pas là, parle moi quand je suis là, aime-moi toujours !

Il est deux heures du matin, j'ai interrompu mon travail pour t'écrire. Je vais le reprendre. C'est que j'avais besoin de te parler, de t'écrire, de m'adresser à toi, de baiser en idée tes beaux yeux endormis, de te faire ma prière ! C'est que j'avais besoin de reposer mon esprit sur ton image et mes yeux sur un papier que tu verras !

Dors bien. J'espère t'aller voir dès que j'aurai fini dans quelques heures. Il me semble que c'est bien long. Quelques heures ! ce sera bien court quand je serai près de toi.

Vois-tu, ma Juju, ils ont encore été bien beaux ces jours d'automne mêlés de pluie et de vent dont nous allons sortir. Ne nous plaignons pas de cette année. Elle a été bonne, radieuse et douce. Je pense seulement avec tristesse que tu as eu souvent tes pauvres pieds mouillés et froids.

Tu es une noble créature aimante dévouée et fidèle. Je t'aime plus que je ne puis le dire. Je voudrais baiser tes pieds. Je veux que tu penses à moi. À bientôt. T'aimer, c'est vivre.

Texte extrait de *Lettres à Juliette Drouet, 1833-1883, le Livre de l'anniversaire*, éd. HARPO, 1985.

Charles-Émile Callande de Champ-Martin (1797-1883), *Portrait de Juliette Drouet*, 1827 (Musée Victor Hugo, Paris).

RECHERCHE DOCUMENTAIRE

▸ **1.** Par quelles œuvres Victor Hugo s'est-il fait connaître entre 1830 et 1840 ?

▸ **2.** De nombreuses correspondances intimes d'écrivains célèbres ont été publiées après leur mort. Donnez quelques exemples et la date de publication.

LECTURE ANALYTIQUE

▸ **1.** Repérez dans le texte ce qui permet de l'identifier comme une lettre, un message écrit (et non une déclaration orale retranscrite). Sur un plan littéraire, où pourrait figurer un tel texte ?

▸ **2.** Comment se manifestent les élans, l'intensité et l'incohérence même de la passion amoureuse ? Observez la ponctuation, les modes, les interpellations, la disposition graphique…

▸ **3.** En tenant compte de tout ce que contient la lettre – éléments que vous identifierez et classerez – dites quelles missions doit remplir ce *papier*. Tenez compte pour répondre de l'émetteur de la lettre et de la personne à qui elle est destinée.

▸ **4.** En quoi la lecture de cette lettre est-elle particulièrement indiscrète ? Quel est votre point de vue concernant sa publication ?

ÉCRITURE

▸ **Essai 1 :** dans quelles circonstances et pour quelles raisons écrivez-vous des lettres à des proches ? Comment l'écriture de lettres s'inscrit-elle dans votre emploi du temps ?

▸ **Essai 2 :** que peut apporter la lecture de la correspondance privée d'un écrivain ?

GUIDE p. 377

5. André Gide, *Les Faux-Monnayeurs* (1925)

Le roman Les Faux-Monnayeurs *commence au moment où Bernard Profitendieu, âgé de dix-sept ans, découvre qu'il est un enfant naturel et que le juge Profitendieu n'est pas son père. Il décide alors de quitter le domicile familial, en laissant la lettre suivante.*

Monsieur,

J'ai compris, à la suite de certaine découverte que j'ai faite par hasard cet après-midi, que je doit cesser de vous considérer comme mon père, et c'est pour moi un immense soulagement. En me sentant si peu d'amour pour vous, j'ai longtemps cru que j'étais un fils dénaturé[1] ; je préfère savoir que je ne suis pas votre fils du tout. Peut-être estimez-vous que je vous dois la reconnaissance pour avoir été traité par vous comme un de vos enfants ; mais d'abord j'ai toujours senti entre eux et moi votre différence d'égards, et puis tout ce que vous en avez fait, je vous connais assez pour savoir que c'était par horreur du scandale, pour cacher une situation qui ne vous faisait pas beaucoup honneur – et enfin parce que vous ne pouviez faire autrement. Je préfère partir sans revoir ma mère, parce que je craindrais, en lui faisant mes adieux définitifs, de m'attendrir et aussi parce que devant moi, elle pourrait se sentir dans une fausse situation – ce qui me serait désagréable. Je doute que son affection pour moi soit bien vive ;

1. Qui n'éprouve aucun des sentiments naturels d'un fils pour son père.

comme j'étais le plus souvent en pension, elle n'a guère eu le temps de me connaître, et comme ma vue lui rappelait sans cesse quelque chose de sa vie qu'elle aurait voulu effacer, je pense qu'elle me verra partir avec soulagement et plaisir. Dites-lui, si vous en avez le courage, que je ne lui en veux pas de m'avoir fait bâtard ; qu'au contraire, je préfère ça à savoir que je suis né de vous. (Excusez-moi de parler ainsi ; mon intention n'est pas de vous écrire des insultes ; mais ce que j'en dis va vous permettre de me mépriser, et cela vous soulagera.)

« Si vous désirez que je garde le silence sur les secrètes raisons qui m'ont fait quitter votre foyer, je vous prie de ne point chercher à m'y faire revenir. La décision que je prends de vous quitter est irrévocable[2]. Je ne sais ce qu'a pu vous coûter mon entretien jusqu'à ce jour ; je pouvais accepter de vivre à vos dépens tant que j'étais dans l'ignorance, mais il va sans dire que je préfère ne rien recevoir de vous à l'avenir. L'idée de vous devoir quoi que ce soit m'est intolérable et je crois que, si c'était à recommencer, je préférerais mourir de faim plutôt que de m'asseoir à votre table. Heureusement il me semble me souvenir d'avoir entendu dire que ma mère, quand elle vous a épousé, était plus riche que vous. Je suis donc libre de penser que je n'ai vécu qu'à sa charge. Je la remercie, la tiens quitte de tout le reste, et lui demande de m'oublier. Vous trouverez bien un moyen d'expliquer mon départ auprès de ceux qui pourraient s'en étonner. Je vous permets de me charger[3] (mais je sais bien que vous n'attendrez pas ma permission pour le faire).

Je signe du ridicule nom qui est le vôtre, que je voudrais pouvoir vous rendre, et qu'il me tarde de déshonorer.

Bernard Profitendieu.

P.-S. – Je laisse chez vous toutes mes affaires qui pourront servir à Caloub[4] plus légitimement, je l'espère pour vous.

Éd. Gallimard.

2. Qui ne changera pas.
3. M'accuser.
4. Jeune frère de Bernard.

RECHERCHE DOCUMENTAIRE

▸ Cherchez des exemples de lettres insérées dans des romans qui ne sont pas par eux-mêmes épistolaires. Déterminez leur(s) fonction(s) et leur statut par rapport au texte environnant.

LECTURE ANALYTIQUE

▸ **1.** Identifiez tous les éléments qui permettent de reconnaître ici l'écriture épistolaire. Le lecteur peut-il, en l'absence de toute précision complémentaire (celle du chapeau de présentation par exemple), être certain qu'il s'agit de fiction ?

▸ **2.** Différenciez dans le texte ce qui relève de l'information, de l'explication, de la justification, de l'attaque personnelle et des suggestions. Définissez, à partir de cette recherche, les différentes fonctions de cette lettre.

▸ **3.** Quels éléments de la lettre permettent de construire un portrait du destinataire, tel qu'il est et tel qu'il peut se révéler par la suite ?

▸ **4.** Que révèle de lui-même l'auteur de cette lettre ? De quels « talents » fait-il preuve ?

ÉCRITURE

▸ **Invention :** imaginez la lettre que le juge Profitendieu pourrait écrire à Bernard en réponse à la sienne. Utilisez les éléments de la lettre de Bernard pour construire celle du juge.

GUIDE p. 377

Planche de l'*Encyclopédie* de Diderot et d'Alembert, « Art d'écrire » (BNF, Paris).

6. Sabine Denuelle, *Le Savoir vivre. Guide pratique des bons usages d'aujourd'hui* (1992)

La rédaction et la présentation d'une lettre répondent à des conventions qu'il faut connaître : elles font partie de ce que l'on appelle le « savoir-vivre » familial, social, professionnel. On peut les trouver dans des guides pratiques, au chapitre « Correspondance ».

La mise en page suit un certain nombre de règles. Le lieu d'où l'on écrit et la date figurent en haut, à droite de la feuille : « Nantes, le 18 mars 1992 » ; juste au-dessous (mais pas en bas de la page), on inscrit son adresse et son numéro de téléphone, lorsqu'on ne dispose pas de papier imprimé et lorsqu'il est besoin de rappeler ses coordonnées à son correspondant :

Nantes, le 18 mars 1992
22, rue des Remparts

Une marge convenable de quelques centimètres doit être laissée de part et d'autre de la feuille, verticalement et latéralement (au moins 5 cm sur le côté gauche). Le texte commencera au deuxième tiers de la page, en laissant un blanc d'une ligne au moins entre le « Cher Pierre, » et le corps du texte. Il faut s'efforcer de maintenir son écriture régulière et horizontale et de ne pas couper les mots à la fin de la ligne.

La lettre doit être aérée, ponctuée, et doit comporter des paragraphes bien distincts pour faire ressortir les parties ; elle sera propre, sans ratures, sans taches. Mieux vaut éviter les post-scriptum qui ressemblent à des oublis. Par contre, on doit « remplir » une page entamée presque à moitié avant d'y apposer sa signature.

On n'écrit pas dans les marges transversales, ce qui rendrait la lecture difficile et semblerait indiquer qu'on hésite à entamer une nouvelle feuille. En cas de papier fin, on se sert de plusieurs feuilles qu'on numérote au besoin.

La signature achève la lettre. Elle se détache bien du texte, et se place au gré de chacun au milieu ou à droite, quelques lignes en dessous du texte ; elle est toujours écrite à la main. Il faut éviter les paraphes[1] alambiqués[2], les volutes[3], les gribouillis illisibles, surtout quand on a affaire à des correspondants peu familiers. Si on a pris l'habitude de signer d'un sigle succinct[4], on réécrit alors lisiblement son nom au-dessous (cela est indispensable pour une correspondance professionnelle ou administrative).

On signe de son prénom, ou de son prénom suivi de son nom de famille, ou de son initiale suivie de son nom, selon le degré d'intimité ; mais on n'inverse jamais le prénom et le nom : « Pierre Martel » et non « Martel Pierre ». On ne fait jamais précéder sa signature de « monsieur », « madame » ou « mademoiselle ». On ne mentionne pas davantage « veuf » ou « veuve ». La femme divorcée signe de son nom de jeune fille. Une femme peut souhaiter conserver son nom de jeune fille lorsqu'elle signe. En ce cas, le nom de jeune fille précède le nom marital[5] : Florence Dubois Martel.

La lettre est pliée à la dimension de l'enveloppe, de manière que la signature apparaisse dès que l'enveloppe est décachetée par son destinataire. Si vous remettez une lettre à quelqu'un pour qu'il la poste à votre place, l'usage est de lui tendre l'enveloppe non cachetée : il doit alors la fermer devant vous. Cet usage tend d'ailleurs à disparaître ; du moins faut-il s'excuser auprès des gens : « Excusez-moi, j'avais déjà cacheté l'enveloppe. »

Chapitre « Correspondance » extait, éd. Larousse.

1. Traits que l'on ajoute au nom pour distinguer la signature.
2. Exagérément compliqués.
3. Enroulements de l'écriture.
4. Abréviations sommaires à partir des initiales.
5. Nom du mari.

RECHERCHE DOCUMENTAIRE

▶ Recherchez l'étymologie et le champ sémantique du mot *correspondance* et expliquez comment tous les sens qui le composent ont un lien avec l'acte d'écrire une lettre.

LECTURE ANALYTIQUE

▶ **1.** Sur quel type de correspondance cet extrait porte-t-il ? Sous quel angle ce type de correspondance est-il présenté ?

▶ **2.** Recherchez tout ce qui renvoie dans le texte à la notion de « guide pratique », en vous appuyant notamment sur les indices d'énonciation, les catégories de verbes utilisés, le ton et le temps des verbes.

▶ **3.** Relevez et classez tous les éléments du texte qui soulignent que la lettre est un acte de communication avec autrui. Quelle image de lui-même l'émetteur est-il invité à donner à son destinataire par les conseils qui lui sont prodigués ici ?

▶ **4.** Est-il possible de donner une justification à tous les usages présentés dans ce texte ? Comment comprenez-vous l'expression *les bons usages* (⇛ le titre) ?

ÉCRITURE

▶ **Invention :** transposez les recommandations du texte à destination d'un utilisateur de traitement de texte informatique. Indiquez précisément quelles manipulations permettent d'obtenir le format et la présentation désirés.

GUIDE p. 377

Pablo Picasso (1881-1973),
Carte de vœux à Apollinaire
(Musée Picasso, Paris).

7. Marie-Claire Grassi, *Lire l'épistolaire* (1998)

Tout ce qui touche à la correspondance et au genre épistolaire fait l'objet de recherches et d'analyses littéraires et sociologiques. À partir d'un texte du XIXe siècle, l'extrait donné ici s'intéresse à la signification d'une évolution qui a vu disparaître les « rites » de la lettre.

La lettre aujourd'hui

Les communications électriques, qui sont nécessairement brèves et ne sauront être confidentielles, ne peuvent suffire à l'épanchement des cœurs et ne servent qu'à l'échange des idées.

La baronne Staffe, *La Correspondance dans toutes les circonstances de la vie*, 1895.

En 1895, la baronne Staffe (qui n'est pas baronne car elle est née Soyer, ce pseudonyme aristocratique cherchant à mieux légitimer les règles d'une bonne morale bourgeoise), déplore ainsi l'invention du téléphone. Cette réflexion semble clore un siècle qui a vu la diffusion des Secrétaires[1] et des Manuels[2]. L'alphabétisation, l'accès pour tous à la culture, les normes de comportement d'une société chrétienne et

1. Ouvrages qui sont apparus au XVIe siècle et se sont multipliés en France au XVIIe. Ils rassemblaient des lettres de grands écrivains et donnaient des conseils pour écrire des lettres.
2. Guides pratiques apprenant à écrire des lettres, apparus sous ce nom au XIXe siècle.

bourgeoise, l'accélération des moyens de communication, ont permis la généralisation et la vulgarisation[3] du phénomène épistolaire. Dans les collèges et les lycées, on apprend à rédiger des lettres. Il existe des manuels avec des lettres canevas[4], lettres types à pointillés que l'élève doit compléter, ou avec des instructions qui invitent à écrire « à la manière de ». Les maîtres ont les ouvrages corrigés. La rédaction d'une lettre est devenue l'occasion pédagogique d'une formation à la morale chrétienne, un lieu idéal de contrainte, de maîtrise de soi. Elle dicte les bonnes manières et les bons sentiments aux enfants d'une société qui prône le respect des familles et l'ordre bourgeois. Elle est un élément de solennité. Le siècle est celui des lettres de bonne année, des compliments. De nombreux ouvrages apprennent aux femmes l'art de tenir maison et écritoire[5], l'art de la carte de visite et du faire-part.

À l'aube du XXe siècle, la carte postale et le téléphone annoncent le déclin de la lettre. Officiellement employée en France pour la correspondance en 1872, comme carte privée à usage publicitaire, puis comme carte illustrée en 1891, la carte postale cumule trois aspects qui en font un écrit radicalement opposé à la lettre : laconisme[6], popularisation[7] du discours, absence totale de formalisme[8] d'écriture. En trois siècles, on est passé progressivement d'un art d'écrire pour plaire, réservé à une élite, à une pratique de communication indispensable à tous, fondée sur des exercices et des modèles de lettres sans cesse recopiés. Le glissement vers l'utilitaire, la réduction des instructions, la simplification du cérémonial, l'abandon des modèles classiques, sont les grands traits de l'évolution de l'art d'écrire.

Première partie, chapitre II,
quatrième sous-partie (extrait) éd. Nathan.

3. Fait de répandre vers le plus large public possible.
4. Lettres qui donnent un plan tout fait.
5. Petit coffret ou étui contenant tout ce qu'il faut pour écrire.
6. Brièveté, concision.
7. Simplification du langage utilisé, qui devient plus populaire, familier.
8. Règles qui concernent ici la forme des lettres.

RECHERCHE DOCUMENTAIRE

▸ **1.** Quelle est la date de la mise en place des premiers téléphones ? Qui en est l'inventeur ?

▸ **2.** À quelle époque sont apparues les premières cartes postales ? Quelles sont leurs particularités par rapport aux lettres ?

LECTURE ANALYTIQUE

▸ **1.** Identifiez les deux textes proposés dans cet extrait (auteur, date de chacun d'entre eux) et dites quel est le rôle de chacun par rapport à l'autre. Précisez aussi à quelle forme de discours ils appartiennent l'un et l'autre.

▸ **2.** Écrit en 1998, à quelle époque et à quel thème s'intéresse le texte de Marie-Claire Grassi ? En prenant appui sur les indications temporelles et sur le lexique, étudiez le double caractère historique et sociologique de ce texte. Qu'apprend-il sur la fonction éducative de la lettre ?

▸ **3.** Quels changements sont évoqués dans le deuxième paragraphe ? En quoi ces changements sont-ils représentatifs des transformations perceptibles au début du XXe siècle (dans l'économie, l'industrie, la vie sociale…) ?

▸ **4.** Faites le bilan de ce que vous a appris ce texte sur l'évolution de la lettre par rapport au contexte socio-culturel du XIXe siècle.

SYNTHÈSE

▸ En vous appuyant sur les textes de cette séquence que vous avez étudiés ou lus, dites :
– quelles sont les principales caractéristiques matérielles de la lettre ;
– à quels grands types de destinataires une lettre peut s'adresser ;
– quels paramètres entrent en jeu dans l'acte de communication que constitue l'écriture d'une lettre.

GUIDE p. 377

8. Lire l'image

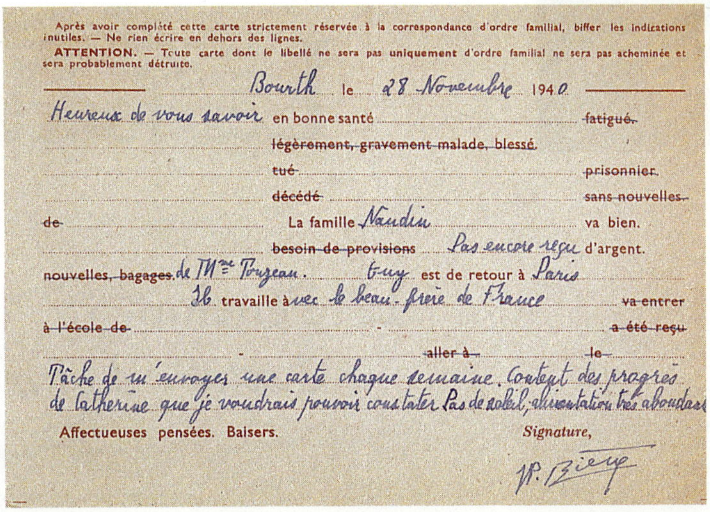

Après avoir complété cette carte strictement réservée à la correspondance d'ordre familial, biffer les indications inutiles. — Ne rien écrire en dehors des lignes.

ATTENTION. — Toute carte dont le libellé ne sera pas uniquement d'ordre familial ne sera pas acheminée et sera probablement détruite.

Bourth le 28 Novembre 1940

Heureux de vous savoir en bonne santé ~~fatigué.~~

~~légèrement, gravement malade, blessé.~~

~~tué~~ ~~prisonnier.~~

~~décédé~~ ~~sans nouvelles.~~

~~de~~ La famille Naudin va bien.

~~besoin de provisions~~ Pas encore reçu d'argent.

nouvelles~~, bagages~~. de Mme Pouzeau. Guy est de retour à Paris

Il travaille avec le beau-frère de France ~~va entrer~~

~~à l'école de~~ ~~a été reçu~~

~~aller à~~ ~~le~~

Tâche de m'envoyer une carte chaque semaine. Content des progrès de Catherine que je voudrais pouvoir constater. Pas de soleil, alimentation très abondant

Affectueuses pensées. Baisers.

Signature,

P. Bieg

Carte postale de 1940.

RECHERCHE DOCUMENTAIRE

▸ **1.** Établissez une typologie des cartes postales en fonction de leur utilisation. Cherchez dans quelles circonstances vous en envoyez et vous en recevez.

▸ **2.** Vous semble-t-il qu'envoyer des cartes soit une pratique en voie de disparition, remplacée par exemple par le téléphone ? Justifiez votre réponse par une observation des habitudes (les vôtres et celles des autres) et des « produits » commercialisés dans ce domaine.

LECTURE ANALYTIQUE : CARTE 1

▸ **1.** Observez l'image et repérez tout ce qui connote l'idée de « nouvelle année », de vœux et de bonheur.

▸ **2.** En quoi peut-on parler ici d'idéalisation ? Répondez à partir de la représentation, de la mise en scène, des couleurs…

LECTURE ANALYTIQUE : CARTE 2

▸ **1.** Observez la date de la carte écrite et la manière dont elle est composée : quels sont les différents thèmes d'informations abordés ? Comment se rattachent-ils au contexte historique ?

▸ **2.** Quelle explication peut-on donner à ce genre de document ? Que facilite-t-il ? À quoi s'oppose-t-il dans la communication entre individus ?

▸ **3.** En quoi ces deux documents illustrent-ils l'idée (⇛ texte p. 345) selon laquelle la carte postale est quelque chose de populaire, qui permet d'abréger les messages ?

ÉCRITURE

▸ **Invention :** inventez les formules d'une carte toute prête en précisant dans quel contexte elle peut être utilisée.

GUIDE p. 493

SÉQUENCE 19

Les fonctions de la lettre

1. Fénelon, *Lettre à Louis XIV* (1694)

Écrite vraisemblablement au début de l'année 1694, la Lettre à Louis XIV *fut sans doute adressée à Madame de Maintenon. Fénelon souhaitait que cette dernière en utilise le contenu pour attirer l'attention du roi sur l'état de son royaume.*

Cependant vos peuples que vous devriez aimer comme vos enfants, et qui ont été jusqu'ici si passionnés pour vous, meurent de faim[1]. La culture des terres est presque abandonnée. Les villes et la campagne se dépeuplent. Tous les métiers languissent et ne nourrissent plus les ouvriers. Tout commerce est anéanti. Par conséquent vous avez détruit la moitié des forces réelles du dedans de votre État, pour faire et pour défendre de vaines conquêtes au-dehors. Au lieu de tirer de l'argent de ce pauvre peuple, il faudrait lui faire l'aumône, et le nourrir. La France entière n'est plus qu'un grand hôpital désolé et sans provision. Les magistrats sont avilis[2] et épuisés. La noblesse dont tout le bien est en décret[3] ne vit que de lettres d'État[4]. Vous êtes importuné de la foule des gens qui demandent et qui murmurent. C'est vous-même, Sire, qui vous êtes attiré tous ces embarras, car tout le royaume ayant été ruiné, vous avez tout entre vos mains, et personne ne peut plus vivre que de vos dons. Voilà ce grand royaume si florissant sous un roi qu'on nous dépeint tous les jours comme les délices du peuple, et qui le serait en effet si les conseils flatteurs ne l'avaient point empoisonné.

Le peuple même (il faut tout dire) qui vous a tant aimé, qui a eu tant de confiance en vous commence à perdre l'amitié, la confiance, et

1. Une très grave famine sévit en France en 1692-1693.

2. Discrédités.

3. Les biens des nobles sont prêts à être saisis.

4. Ordonnances royales qui suspendaient pendant six mois les procédures judiciaires engagées contre les personnes au service de l'État.

même le respect. Vos victoires et vos conquêtes ne le réjouissent plus. Il est plein d'aigreur et de désespoir. La sédition[5] s'allume peu à peu de toutes parts. Ils[6] croient que vous n'avez aucune pitié de leurs maux, que vous n'aimez que votre autorité et votre gloire. Si le roi, dit-on, avait un cœur de père pour son peuple ne mettrait-il pas plutôt sa gloire à leur donner du pain, et à les faire respirer après tant de maux, qu'à garder quelques places de la frontière qui causent la guerre ? Quelle réponse à cela, Sire ? Les émotions populaires[7] qui étaient inconnues depuis si longtemps deviennent fréquentes. Paris, même, si près de vous, n'en est pas exempt[8]. Les magistrats sont contraints de tolérer l'insolence des mutins[9] et de faire couler sous main quelque monnaie pour les apaiser ; ainsi on paie ceux qu'il faudrait punir. Vous êtes réduit à la honteuse et déplorable extrémité, ou de laisser la sédition impunie, et de l'accroître par cette impunité[10], ou de faire massacrer avec inhumanité des peuples que vous mettez au désespoir, en leur arrachant par vos impôts pour cette guerre, le pain qu'ils tâchent de gaigner[11] à la sueur de leurs visages.

Extrait.

5. Révolte.
6. Le peuple.
7. Agitations populaires, émeutes.
8. N'en est pas préservé.
9. Personnes révoltées.
10. Absence de punition.
11. Orthographe ancienne de « gagner ».

RECHERCHE DOCUMENTAIRE

▶ **1.** Recherchez des informations sur Madame de Maintenon et sur le rôle qu'elle a joué dans la vie de Louis XIV. Quel ouvrage du XXe siècle retrace sa vie sous une forme romancée ?

▶ **2.** Fénelon fait allusion à des guerres : quelles guerres, contre quels pays, ont marqué le règne de Louis XIV de 1661 à 1693 ?

LECTURE ANALYTIQUE

▶ **1.** En prenant appui sur les pronoms personnels et sur les interpellations, expliquez pourquoi il est difficile d'identifier cet extrait : lettre ? discours oral retranscrit ? Qu'est-ce qui permet de trancher ?

▶ **2.** Grâce au lexique, repérez ce qui, dans le texte, relève du constat : quel est l'état de la France et de ses habitants ? Faites apparaître les procédés de mise en relief.

▶ **3.** Par l'observation des personnes des verbes, étudiez qui est mis en cause et par quels procédés. Comment cette mise en cause est-elle atténuée cependant ?

▶ **4.** En quoi le texte, qui comporte de graves accusations, comporte-t-il aussi des recommandations et des conseils ? Dans les deux cas – accusations et conseils –, qu'est-ce qui est mis en œuvre pour agir sur le destinataire ?

▶ **4.** En quoi peut-on dire que Fénelon préfigure ici, par sa démarche, la contestation menée au siècle suivant par les philosophes ?

ÉCRITURE

▶ **Invention :** écrivez une lettre dépeignant à un destinataire, dont vous préciserez l'identité, une situation alarmante à laquelle il devrait remédier ; soulignez l'urgence de l'action et, éventuellement, la responsabilité de ce destinataire.

GUIDE p. 377

2. Voltaire, *Correspondance* (1765)

L'extrait qui suit est la fin d'une lettre adressée à son ami Damilaville par Voltaire, lettre dans laquelle ont été exposées les circonstances de deux affaires dans lesquelles l'auteur du Traité sur la Tolérance *(⇛ p. 102) a joué un rôle important.*

TEXTE 1

À Étienne-Noël Damilaville

Premier mars 1765, au château de Ferney.

Vos passions sont l'amour de la vérité, l'humanité, la haine de la calomnie. La conformité[1] de nos caractères a produit notre amitié. J'ai passé ma vie à chercher, à publier cette vérité que j'aime. Quel autre des historiens modernes a défendu la mémoire d'un grand prince contre les impostures atroces de je ne sais quel écrivain, qu'on peut appeler le calomniateur des rois, des ministres et des grands capitaines, et qui cependant aujourd'hui ne peut trouver un lecteur[2] ?

Je n'ai donc fait, dans les horribles désastres des Calas[3] et des Sirven[4], que ce que font tous les hommes ; j'ai suivi mon penchant. Celui d'un philosophe n'est pas de plaindre les malheureux, c'est de les servir.

Je sais avec quelle fureur le fanatisme s'élève contre la philosophie. Elle a deux filles qu'il voudrait faire périr comme Calas, ce sont la vérité et la tolérance, tandis que la philosophie ne veut que désarmer les enfants du fanatisme, le mensonge et la persécution.

Des gens qui ne raisonnent pas ont voulu décréditer ceux qui raisonnent ; ils ont confondu le philosophe avec le sophiste[5] ; ils se sont bien trompés. Le vrai philosophe peut quelquefois s'irriter contre la calomnie qui le poursuit lui-même. Il peut couvrir d'un éternel mépris le vil mercenaire[6] qui outrage deux fois par mois la raison, le bon goût et la vertu. Il peut même livrer en passant, au ridicule, ceux qui insultent à la littérature dans le sanctuaire où ils auraient dû l'honorer[7], mais il ne connaît ni les cabales[8], ni les sourdes pratiques, ni la vengeance. Il sait comme le sage de Montbard[9], comme celui de Voré[10], rendre la terre plus fertile et ses habitants plus heureux. Le vrai philosophe défriche les champs incultes, augmente le nombre des charrues, et par conséquent des habitants ; occupe le pauvre et l'enrichit, encourage les mariages, établit l'orphelin, ne murmure point contre des impôts nécessaires, et met le cultivateur en état de les payer avec allégresse. Il n'attend rien des hommes, et il leur fait tout le bien dont il est capable. Il a l'hypocrite en horreur, mais il plaint le superstitieux ; enfin, il sait être ami.

Je m'aperçois que je fais votre portrait, et qu'il n'y manquerait rien si vous étiez assez heureux pour habiter la campagne.

Extrait.

1. La ressemblance.
2. Ce *grand prince* était le régent Philippe d'Orléans, et les impostures atroces renvoient aux imputations de La Beaumelle, qui, dans ses *Notes sur le Siècle de Louis XIV* (1753), avait rapporté des rumeurs suivant lesquelles le duc d'Orléans avait fait empoisonner des membres de la famille royale.
3. Jean Calas, négociant protestant, injustement accusé d'avoir tué son fils, est exécuté en 1762.
4. Pierre-Paul Sirven, protestant français, a été injustement accusé en 1762 d'avoir tué sa fille, et condamné à mort. En 1765, il est caché en Suisse et a demandé de l'aide à Voltaire.
5. Personne qui use d'arguments sans valeur et spécieux.
6. Allusion à Élie Fréron, critique français (1718-1776), auteur de pamphlets contre Voltaire dans *L'Année littéraire.*
7. Périphrase pour désigner l'Académie française.
8. Conspirations.
9. Périphrase pour désigner Buffon, naturaliste et écrivain français (1707-1788).
10. Allusion à Helvétius, philosophe français (1715-1771).

Anonyme, *La famille Calas devant Voltaire à Ferney*, XVIIIe siècle (peinture ; Musée Antoine Lecuyer, Saint-Quentin).

TEXTE 2

Voltaire fait suivre sa lettre du bref billet suivant, écrit à la même date.

Mon cher frère, peut-être la lettre[1] que je vous envoie sur les Calas et sur les Sirven fera quelque effet sur les bonnes âmes. Je pense qu'on peut l'imprimer sans risque. Il est bon de faire voir combien la philosophie est utile aux hommes, et combien le fanatisme est dangereux.

Je me suis informé exactement des papiers qu'on vous avait envoyés de Franche-Comté. Je peux vous répondre par la poste sous l'enveloppe de M. de Raimond, directeur des postes de Franche-Comté à Besançon. Apparemment qu'il y a dans ce monde des harpies[2] qui mangent le dîner des philosophes. Je deviens bien faible ; mais mon zèle devient tous les jours plus fort. Mon regret en mourant sera de n'avoir pu crier avec vous dans un souper Écr[asez] l'inf[âme][3] !

1. La lettre qui précède.
2. Personnes avides, rapaces.
3. Formule habituellement abrégée par Voltaire sous la forme « Écr l'inf », dans laquelle *l'infâme* désigne l'intolérance et la superstition.

RECHERCHE DOCUMENTAIRE

▸ **1.** Recherchez des informations sur les affaires Calas et Sirven et sur le rôle joué par Voltaire dans les deux cas.

▸ **2.** Voltaire écrit du château de Ferney : localisez ce lieu et recherchez l'importance qu'il a eue dans la vie de l'écrivain.

▸ **3.** Retrouvez dans ce manuel un texte qui définit le philosophe et rapprochez-le de la lettre de Voltaire.

LECTURE ANALYTIQUE DU TEXTE 1

▸ **1.** Est-il possible au lecteur de trouver, dans ce qui entoure le texte, des indices pour affirmer qu'il s'agit d'une lettre, et non, par exemple, d'un discours oral retranscrit à l'écrit ?

▸ **2.** Quelles sont les caractéristiques de la *philosophie*, d'après ce texte, et quel sens faut-il donner à ce mot dans ce contexte historique ?

▸ **3.** Quelles sont les qualités du *philosophe* ? Retrouvez les différents rôles qui lui sont attribués par Voltaire. Cherchez ensuite en quoi les noms évoqués – et Voltaire lui-même – correspondent à la définition.

▸ **4.** La philosophie et le philosophe ont des ennemis signalés dans ce texte. Qui sont ces différents ennemis ? Qu'est-ce qui, dans la lettre, laisse penser que Voltaire les craint au point de ne pas citer de noms ?

ÉTUDE COMPARÉE

▸ **1.** Comparez les deux lettres de Voltaire : quelles différences de ton, de forme pouvez-vous relever ? Quel fil conducteur relie ces deux textes ?

▸ **2.** Que vous apprend le second texte sur les conditions de réception du premier ? Comment ce second texte vous éclaire-t-il sur les véritables objectifs du texte précédent ?

GUIDE p. 377

3. Olympe de Gouges, *Lettre à son fils* (1793)

En 1793, les députés Montagnards évincent de l'Assemblée constituante – la Convention – les Girondins, dont les principaux chefs sont arrêtés. Olympe de Gouges, auteur de la Déclaration des Droits de la femme et de la citoyenne *(1792), soutient la cause des Girondins. Arrêtée le 20 juillet 1793, alors que règne en France la Terreur, elle écrit à son fils la lettre qui suit le 2 novembre 1793, la veille de son exécution.*

Au citoyen Degouges,
officier général dans l'armée du Rhin.

Je meurs, mon cher fils, victime de mon idolâtrie[1] pour la patrie et pour le peuple. Ses ennemis sous le spécieux[2] masque du républicanisme m'ont conduite sans remords à l'échafaud.

Après cinq mois de captivité, je fus transférée dans une maison de santé où j'ai été libre comme chez moi. J'aurais pu m'évader, mes ennemis ni mes bourreaux ne l'ignorent pas, mais convaincue que toute la malveillance réunie pour me prendre ne pourrait parvenir à me reprocher une seule démarche contre la Révolution, j'ai demandé moi-même mon jugement. Pouvais-je croire que des tigres démuselés[3] seraient juges eux-mêmes contre les lois, contre même ce public assemblé qui bientôt leur reprochera ma mort.

On me présente mon acte d'accusation trois jours avant ma mort ; dès l'instant de la signification de cet acte, la loi me donnait le droit de voir mes défenseurs et toutes les personnes de ma connaissance. On m'a tout intercepté. J'étais comme en secret[4], ne pouvant pas même parvenir à parler au concierge. La loi me donnait aussi le droit de choisir mes jurats[5] ; on me signifia la liste à minuit et, le lendemain à sept heures, on me fait descendre au tribunal, malade et faible et n'ayant pas l'art de parler au public, semblable à Jean-Jacques[6] ainsi que par ses vertus, je sentis toute mon insuffisance. Je demandai le défenseur que j'avais choisi. On me dit qu'il n'y est pas ou qu'il ne voulait pas se charger de ma cause ; j'en demande un autre à son défaut, on me dit que j'ai assez d'esprit pour me défendre.

Oui, sans doute, j'en avais de reste pour défendre mon innocence qui parlait aux yeux de tous les assistants. Je ne nie pas ce qu'un défenseur aurait mis pour moi dans tous les services et bienfaits que j'ai rendus au peuple.

Vingt fois j'ai fait pâlir mes bourreaux et, ne sachant que me répondre à chaque phrase qui caractérisait mon innocence et leur mauvaise foi, ils ont prononcé ma mort, de crainte que le peuple opine[7] d'une iniquité[8] dont le monde n'a pas encore offert l'exemple.

1. Amour passionné.
2. Trompeur, sans réalité.
3. Par métaphore, les Montagnards sont assimilés à des fauves libérés de leur muselière.
4. Isolée, sans communication avec l'extérieur.
5. Magistrats.
6. Jean-Jacques Rousseau, dont les idées ont beaucoup influencé les révolutionnaires.
7. Donne son avis sur.
8. Une injustice.

Anonyme, *Portrait de Madame Aubry, dite Olympe de Gouges*, 1784 (aquatinte ; Musée Carnavalet, Paris).

Adieu, mon fils, je ne serai plus quand tu recevras cette lettre. Mais quitte ton état, l'injustice que l'on fait à ta mère et le crime que l'on commet envers elle.

Je meurs, mon fils, mon cher fils ; je meurs innocente. On a violé toutes les lois pour la femme la plus vertueuse de son siècle, [deux mots ill.[9]] la loi, rappelle-toi de mes prédications[10] sans cesse.

Je laisse la montre de ta femme ainsi que la reconnaissance de ses bijoux au Mont-de-Piété[11], le flacon et les clefs des malles que j'ai fait passer à Tours.

Degouges.

In Olivier Blanc, *Prisons et condamnés de la Révolution*, éd. Robert Laffont, 1984.

9. Deux mots illisibles dans le texte original.
10. Olympe de Gouges a exprimé ses idées politiques dans de nombreux articles, pièces de théâtre, brochures, affiches.
11. Établissement de prêt sur gage.

RECHERCHE DOCUMENTAIRE

▸ **1.** Recherchez quels événements importants ont marqué l'année 1793 et ce qui différencie le parti des Montagnards de celui des Girondins. Donnez le nom de quelques-uns des porte-parole les plus célèbres de ces deux partis.

▸ **2.** Quelles idées politiques de Jean-Jacques Rousseau les Révolutionnaires ont-ils reprises à leur compte ? Dans quelles œuvres ces idées figurent-elles ?

LECTURE ANALYTIQUE

▸ **1.** Relevez les indices de l'écriture épistolaire : sur quels éléments le lecteur peut-il s'appuyer pour déterminer s'il s'agit d'une lettre réelle ou d'une lettre de fiction ?

▸ **2.** En prenant appui sur les temps verbaux, distinguez ce qui, dans cette lettre, renvoie au récit d'événements et ce qui traduit une prise de position. Quelles certitudes se trouvent exprimées dans le texte ? Quels procédés d'écriture expriment et mettent en relief la force de ces certitudes ?

▸ **3.** Quelle était la finalité de cette lettre au moment où elle a été écrite ? Quelle valeur, et sur quels plans (émotion – information – témoignage), a-t-elle pour les lecteurs du XXIe siècle ?

▸ **4.** Que ressentez-vous personnellement à la lecture de cette lettre qui devait être – et a été – sans réponse ?

ÉCRITURE

▸ **Essai :** écrit-on toujours une lettre pour avoir une réponse ?

GUIDE p. 377

Vincent Van Gogh (1853-1890), *Champ de blé au faucheur,* 1889 (peinture, 73,5 x 93 cm ; Musée Van Gogh, Amsterdam).

4. Vincent Van Gogh, *Lettres à son frère Théo* (1889)

Pendant dix-huit ans, Vincent Van Gogh et son frère Théo, de quatre ans son cadet, se sont écrit très régulièrement. Les lettres du peintre sont un témoignage précieux de sa vie et de son travail d'artiste. Le texte qui suit est extrait d'une lettre écrite en septembre 1889.

Je t'écris cette lettre un peu dans les intervalles quand je suis las de peindre. Le travail va assez bien – je lutte avec une toile commencée quelques jours avant mon indisposition, un faucheur, l'étude est toute jaune, terriblement empâtée[1], mais le motif était beau et simple. J'y vis alors dans ce faucheur – vague figure qui lutte comme un diable en pleine chaleur pour venir à bout de sa besogne – j'y vis alors l'image de la mort, dans ce sens que l'humanité serait le blé qu'on fauche. C'est donc – si tu veux – l'opposition de ce semeur que j'avais essayé auparavant. Mais dans cette mort rien de triste, cela se passe en pleine lumière avec un soleil qui inonde tout d'une lumière d'or fin.

Bon m'y revoilà, je ne lâche pourtant pas prise et sur une nouvelle toile je cherche du nouveau. Ah ! je croyais presque que j'ai une nouvelle période de clair devant moi.

Et que faire – continuer pendant ces mois-là ici, ou changer – je ne sais. C'est que les crises[2] lorsqu'elles se présentent ne sont guère drôles et risquer d'avoir une attaque comme cela avec toi ou d'autres, c'est grave.

Mon cher frère – c'est toujours entre-temps du travail que je t'écris – je laboure[3] comme un vrai possédé, j'ai une fureur sourde de travail plus que jamais. Et je crois que ça contribuera à me guérir. Peut-être m'arrivera-t-il une chose comme celle dont parle Eug. Delacroix[4] « j'ai trouvé la peinture lorsque je n'avais plus ni dents ni souffle » dans ce

1. Couleur répartie en couche de peinture épaisse.
2. Van Gogh souffre de troubles mentaux et notamment d'hallucinations. Lorsqu'il écrit cette lettre, il est interné dans un asile d'aliénés à Saint-Rémy-de-Provence.
3. Je travaille.
4. Eugène Delacroix, peintre français (1798-1863).

sens que ma triste maladie me fait travailler avec une fureur sourde – très lentement – mais du matin au soir sans lâcher – et – c'est probablement là le secret – travailler longtemps et lentement. Qu'en sais-je, mais je crois que j'ai une ou deux toiles en train pas trop mal, d'abord le faucheur dans les blés jaunes et le portrait sur fond clair, ce sera pour les vingtistes[5] si toutefois ils se souviennent de moi au moment donné, or ce me serait absolument égal, si non préférable, qu'ils m'oublient.

Extrait.

5. Les hommes du XXe siècle.

RECHERCHE DOCUMENTAIRE

▸ **1.** Cherchez des tableaux de Van Gogh qui ont des thèmes d'inspiration proches de celui auquel il fait allusion ici ; donnez leur date et leur titre.

▸ **2.** Retrouvez le nom de différents lieux dans lesquels Van Gogh a peint et qu'il a représentés.

LECTURE ANALYTIQUE

▸ **1.** Étudiez tout ce qui, dans le texte, montre qu'il s'agit d'une lettre. À quoi perçoit-on, dans la syntaxe, la ponctuation, l'enchaînement des thèmes ou les ruptures, que le destinataire est un proche ?

▸ **2.** Repérez ce qui, dans le texte, exprime les différents aspects du travail du peintre. Quels termes, quelles formulations soulignent les difficultés et les hésitations inhérentes à ce travail ?

▸ **3.** Observez les similitudes (dans les images, dans le lexique) entre la description du contenu du tableau évoqué par Van Gogh et celle de son propre travail. Déduisez de cette observation ce qui peut justifier la démarche du peintre : s'agit-il seulement de représenter le réel ?

▸ **4.** Quelles sont les fonctions de l'écriture épistolaire dans cet extrait ?

ORAL

▸ Composez une anthologie rassemblant une dizaine de lettres d'artistes (musiciens, sculpteurs, peintres, écrivains, comédiens, cinéastes...) exposant à l'un de leurs proches leur travail. Présentez oralement à votre classe les informations qui vous ont particulièrement intéressé(e) dans les lettres choisies.

GUIDE p. 377

5. Rainer Maria Rilke, *Lettres à un jeune poète* (1929)[1]

L'écrivain autrichien Rainer Maria Rilke (1875-1926) est âgé de vingt-sept ans lorsqu'il reçoit la lettre d'un jeune homme, Franz Xaver Kappus, qui lui demande des conseils sur sa poésie. Le texte qui suit est un extrait de la première lettre de réponse de Rilke.

Paris, le 17 février 1903

Vous demandez si vos vers sont bons. Vous me le demandez, à moi. Vous l'avez auparavant demandé à d'autres. Vous les envoyez à des revues. Vous les comparez à d'autres poèmes, et vous êtes agité quand certaines rédactions refusent vos tentatives. Eh bien – puisque vous m'avez autorisé à vous donner des conseils – je vous prie de laisser tout

1. Publication posthume.

Couverture de *Lettres à un jeune poète* de Rainer Maria Rilke, par Rampazzo et Associés, éd. Mille et Une Nuits, 1999.

cela. Vous regardez vers l'extérieur, et c'est justement cela, plus que tout au monde, qu'il vous faudrait éviter en ce moment. Personne ne peut vous conseiller ni vous aider, personne. Il n'y a qu'un moyen, un seul. Rentrez en vous-même. Explorez le fond qui vous enjoint[2] d'écrire ; vérifiez s'il étend ses racines jusqu'à l'endroit le plus profond de votre cœur, répondez franchement à la question de savoir si, dans le cas où il vous serait refusé d'écrire, il vous faudrait mourir. C'est cela avant tout : demandez-vous à l'heure la plus silencieuse de votre nuit : suis-je *contraint* d'écrire ? Creusez en vous-même jusqu'à trouver une réponse profonde. Et si elle devait être positive, s'il vous est permis de faire face à cette question sérieuse par un simple et fort « *J'y suis contraint* », alors, construisez votre vie en fonction de cette nécessité ; votre vie doit être, jusqu'en son heure la plus indifférente et la plus infime, signe et témoignage de cet irrépressible[3] besoin. Puis approchez-vous de la nature. Puis tentez, comme si vous étiez le premier homme, de dire ce que vous voyez, ce que vous vivez, ce que vous aimez et ce que vous perdez. N'écrivez pas de poèmes d'amour ; fuyez pour commencer les formes qui sont trop courantes, trop ordinaires : ce sont les plus difficiles, car il faut une grande force, parvenue à maturité, pour donner quelque chose qui vous soit propre là où sont installées en foule de bonnes et parfois brillantes traditions. Aussi, réfugiez-vous, loin des motifs généraux, auprès de ceux que vous offre votre propre quotidien ; peignez vos tristesses et vos désirs, les pensées fugitives et la foi en quelque beauté – peignez tout cela avec une ardente, silencieuse, humble sincérité, et servez-vous, pour vous exprimer, des choses qui vous entourent, des images de vos rêves et des objets de votre souvenir. Si votre quotidien vous paraît pauvre, ne l'accusez pas ; accusez-vous vous-même, dites-vous que vous n'êtes pas assez poète pour en évoquer les richesses ; car pour celui qui crée, il n'y a pas de pauvreté, ni de lieu pauvre, indifférent. Et quand vous seriez vous-même dans une prison dont les murs ne laisseraient parvenir jusqu'à vos sens aucun des bruits du monde, – n'auriez-vous pas encore votre enfance, cette richesse précieuse, royale, cette chambre forte des souvenirs ? C'est vers elle qu'il vous faut tourner votre attention. Essayez de faire remonter les sensations enfouies de ce vaste passé ; votre personnalité s'affermira, votre solitude s'agrandira pour devenir une demeure plongée dans la pénombre, d'où l'on entend passer au loin le bruit que font les autres. – Et si ce mouvement vers l'intérieur, cette plongée dans votre propre monde donne naissance à des *vers*, alors vous ne songerez pas à demander à qui que ce soit si ce sont de bons *vers*. Vous ne tenterez pas non plus d'intéresser des revues à ces travaux – car vous verrez en eux une propriété naturelle et qui vous est chère, une part et une voix de votre vie. Une œuvre d'art est bonne quand elle est issue de la nécessité.

Extrait, in *Lettres à un jeune poète et autres lettres*,
trad. C. Porcell, éd. GF-Flammarion, 1994.

2. Ordonne.
3. Qu'on ne peut ni réprimer, ni contenir.

RECHERCHE DOCUMENTAIRE

▶ **1.** Donnez le titre et la date des principaux recueils poétiques de Rainer Maria Rilke et de quelques-unes de ses œuvres en prose.

▶ **2.** Quel sculpteur français, contemporain de Rilke, a beaucoup influencé ce dernier dans sa réflexion sur le travail de l'artiste ?

LECTURE ANALYTIQUE

▶ **1.** Relevez dans ce texte les indices de l'écriture épistolaire : quels mots montrent que ce texte est une réponse à une autre lettre ?

▶ **2.** En prenant appui sur les pronoms personnels, les modes et temps des verbes, la ponctuation, la syntaxe, le ton du texte, caractérisez la forme de discours donnée à cette lettre et la relation qui s'établit ainsi entre les deux correspondants.

▶ **3.** Quelle démarche Rilke invite-t-il son correspondant à suivre ? Par quelles images et quels champs lexicaux son idée est-elle reprise dans l'ensemble du texte ?

▶ **4.** En prenant appui sur les articulations logiques, récapitulez les différentes étapes de la démarche proposée au *jeune poète* et expliquez en quoi ces étapes peuvent conduire à une meilleure connaissance de soi.

▶ **5.** Comment la question initialement posée est-elle transformée à la fin de l'extrait ? Quelle est la réponse à cette question ? Expliquez la dernière phrase du passage et expliquez pourquoi la thèse qu'elle contient découle de tout ce qui a été expliqué dans les lignes qui la précèdent.

ÉCRITURE

▶ **Essai :** êtes-vous d'accord avec l'idée que le souvenir de l'enfance soit *une richesse précieuse, royale*, et une source d'inspiration possible pour écrire ?

▶ **Invention :** en prenant appui sur votre expérience personnelle, écrivez à un destinataire plus jeune une lettre contenant des conseils dans le domaine de votre choix.

GUIDE p. 377

6. Marguerite Yourcenar, *Alexis ou Le Traité du vain combat* (1929)

Le texte qui suit est l'incipit d'une œuvre romanesque écrite par Marguerite Yourcenar. Alexis, le héros, s'adresse à sa femme Monique, qu'il est sur le point de quitter et à qui il a un aveu à faire.

Cette lettre, mon amie, sera très longue. Je n'aime pas beaucoup écrire. J'ai lu souvent que les paroles trahissent la pensée, mais il me semble que les paroles écrites la trahissent encore davantage. Vous savez ce qui reste d'un texte après deux traductions successives. Et puis, je ne sais pas m'y prendre. Écrire est un choix perpétuel entre mille expressions, dont aucune ne me satisfait, dont aucune surtout ne me satisfait sans les autres. Je devrais pourtant savoir que la musique seule permet les enchaînements d'accords. Une lettre, même la plus longue, force à simplifier ce qui n'aurait pas dû l'être : on est toujours si peu clair dès qu'on essaie d'être complet ! Je voudrais faire ici un effort, non seulement de sincérité, mais aussi d'exactitude ; ces pages contiendront bien des ratures ; elles en contiennent déjà. Ce que je vous demande (la seule chose que je puisse vous demander encore) c'est de ne passer aucune de ces lignes qui

G. Schrimpf, *Martha*, 1928 (peinture, 66,5 x 60,5 cm ; Collection particulière).

m'auront tant coûté. S'il est difficile de vivre, il est bien plus malaisé d'expliquer sa vie.

J'aurais peut-être mieux fait de ne pas m'en aller sans rien dire, comme si j'avais honte, ou comme si vous aviez compris. J'aurais mieux fait de m'expliquer à voix basse, très lentement, dans l'intimité d'une chambre, à cette heure sans lumière où l'on se voit si peu qu'on ose presque avouer tout. Mais je vous connais, mon amie. Vous êtes très bonne. Il y a dans un récit de ce genre quelque chose de pitoyable qui peut mener à s'attendrir ; parce que vous m'auriez plaint, vous croiriez m'avoir compris. Je vous connais. Vous voudriez m'épargner ce qu'a d'humiliant une explication si longue ; vous m'interrompriez trop tôt ; j'aurais la faiblesse, à chaque phrase, d'espérer être interrompu. Vous avez aussi une autre qualité (un défaut peut-être) dont je parlerai tout à l'heure et dont je ne veux plus abuser. Je suis trop coupable envers vous pour ne pas m'obliger à mettre une distance entre moi-même et votre pitié.

Il ne s'agit pas de mon art. Vous ne lisez pas les journaux, mais des amis communs ont dû vous apprendre que j'avais ce qui s'appelle du succès, ce qui revient à dire que beaucoup de gens me louent sans m'avoir entendu, et quelques-uns sans me comprendre. Il ne s'agit pas de cela. Il s'agit de quelque chose, non pas vraiment de plus intime (que puis-je avoir de plus intime que mon œuvre ?), mais qui me semble plus intime parce que je l'ai tenu caché. Surtout, de plus misérable. Mais, vous le voyez, j'hésite ; chaque mot que je trace m'éloigne un peu plus de ce que je voulais d'abord exprimer ; cela prouve uniquement que le courage me manque. La simplicité aussi me manque. Elle m'a toujours manqué. Mais la vie non plus n'est pas simple, et ce n'est pas ma faute. La seule chose qui me décide à poursuivre, c'est la certitude que vous n'êtes pas heureuse. Nous avons tant menti, et tant souffert du mensonge, qu'il n'y a vraiment pas grand risque à essayer si la sincérité guérit.

Incipit, éd. Gallimard.

RECHERCHE DOCUMENTAIRE

▸ Recherchez le titre et la date de romans épistolaires du XVIIIe au XXe siècle. Donnez leur titre, leur date et leur auteur. Précisez s'ils ont une voix, deux voix, plus de deux voix…

LECTURE ANALYTIQUE

▸ **1.** Relevez dans ce texte les indices de l'écriture épistolaire. Pouvez-vous affirmer avec certitude qu'il s'agit d'une lettre fictive ?

▸ **2.** Ce début de roman est construit sur trois paragraphes : qu'est-ce qui les différencie dans le thème traité par celui qui écrit ? Qu'est-ce qui établit un lien entre ces trois parties ?

▸ **3.** Retrouvez, à partir des premier et troisième paragraphes, tout ce qui permet de définir les difficultés d'une lettre, selon celui qui écrit. Quelles justifications donne-t-il dans le deuxième paragraphe du refus d'une explication orale ?

▸ **4.** Le lecteur reçoit dans cette lettre quelques informations : lesquelles ? En quoi peut-on dire qu'il n'a pas celle qu'il pourrait attendre ? Quelle est la finalité de ce début de lettre annoncée comme très longue ?

ÉCRITURE

▸ **Essai :** identifiez quelques-unes des caractéristiques du roman épistolaire par rapport à un roman plus traditionnel. En particulier, que devient le narrateur ?

▸ **Invention :** écrivez le début d'un roman épistolaire, en imaginant une lettre et la réponse à cette lettre écrites par deux personnages de votre invention.

GUIDE p. 377

7. Inès Somarriba-Chapron, *« De l'épistolier à l'écrivain ou l'équivoque épistolaire »* (1998)

L'étude de la correspondance privée des écrivains a donné lieu à de nombreux travaux, comme ceux de Vincent Kaufmann, interrogé lors d'un entretien dont voici un extrait.

De l'épistolier à l'écrivain ou l'équivoque épistolaire

POUR QUELLES RAISONS OBSCURES, LES AUTEURS ONT-ILS CULTIVÉ L'ART DE LA CORRESPONDANCE ? TEL EST L'OBJET DE LA RÉFLEXION MENÉE PAR VINCENT KAUFMANN[1] QUI ENSEIGNE LA LITTÉRATURE À L'UNIVERSITÉ SAINT-GALL, EN SUISSE.
EN QUÊTE DU CHAÎNON MANQUANT ENTRE L'ŒUVRE ET L'ÉCRIVAIN, VINCENT KAUFMANN SE PENCHE SUR LES CORRESPONDANCES DE PROUST, DE FLAUBERT, DE RILKE, DE BAUDELAIRE, DE MALLARMÉ, D'ARTAUD ET DE VALÉRY. ENTRETIEN.

Est-ce parce que l'acte d'écrire est par essence solitaire que l'échange épistolaire prend pour l'auteur toute sa valeur ?
Oui, effectivement, avec la correspondance, il y a une tentative de conjurer[2] l'absence du lecteur car pour l'écrivain, celui à qui il s'adresse est toujours un inconnu. Une pratique qui se retrouve chez Valéry, Gide ou encore Rilke. Inversement, chez les écrivains comme Kafka ou Flaubert, la lettre sert à mettre l'autre à distance – leurs compagnes respectives Felice Bauer et Louise Colet – afin de se consacrer à leur travail d'écriture. C'est à la faveur de ce retrait, à la suite d'une série de deuils, que va naître chez Flaubert son esthétique de « l'impersonnalité ». Il multiplie les raisonnements afin de justifier auprès de Louise Colet une relation quasi clandestine. Une attitude proche de celle de Proust avec une différence cependant. Si Flaubert se focalise[3] sur une personne, Proust multiplie ses interlocuteurs déployant une véritable stratégie de mise à distance – crises imprévisibles d'asthme, mode de vie décalé…

Dans quelle mesure, les correspondances éclairent-elles les œuvres d'un jour inédit ?
Elles s'offrent comme une découverte au cœur de la biographie des êtres. On a coutume de penser que l'épistolaire se place entre l'œuvre et la vie. Une question se pose alors : les lettres sont-elles plus du côté de la vie ou de l'œuvre ? Il y a des choses vécues dans les œuvres. Chez Balzac, certaines lettres privées tiennent du roman. Ainsi, dans les lettres de Balzac à ses maîtresses se retrouvent des personnages, une intrigue qui rappellent *Splendeurs et misères des courtisanes.*

1. Il est l'auteur de l'*Équivoque épistolaire*, éd. de Minuit, 1990.
2. De dissiper.
3. Se concentre.

À la manière d'une écriture anticipée de l'œuvre.

La correspondance peut aussi apporter une grille de lecture originale. Par exemple, cette « vocation » de Proust à porter le deuil de personnes qui lui sont quasi étrangères m'a littéralement fasciné. Il y a quelque chose d'hypocrite dans sa tentative de s'identifier, de sympathiser avec eux au sens propre du terme. Or, dans *La Recherche du temps perdu*, il n'y a pas de mise en scène de deuil hormis celui de Marcel. Mais en revanche s'y trouve une continuelle quête et mise en scène de la souffrance qui s'explique à la lecture de sa correspondance.

Les lettres de Mallarmé révèlent, en revanche, une certaine continuité entre le Mallarmé épistolier et le Mallarmé ayant une vie sociale.

Hormis soixante-dix pages de poésie profonde qui ont forgé[4] son mythe, son œuvre est truffée d'hommages, de quatrains adressés à ses contemporains. Leur ton reflète son tempérament : léger, ironique. Dans ses lettres éclate son goût du jeu, du simulacre[5]. Sa correspondance permet de rompre ainsi avec l'image d'un être coupé de tout et de tous et d'une œuvre, qualifiée abusivement à mon sens, d'hermétique. Son *Livre total* est resté à l'état de mythe non pas parce que le temps lui a manqué. Il agit plutôt comme une fiction qui lui sert à jouer du mythe poétique, de son propre mythe.

Propos recueillis par I. S.-C.

In *Chroniques de la bibliothèque nationale de France*, n° 3, mai / juin / juillet 1998 (Cliché BNF, Paris).

4. Ont créé.
5. De l'illusion.

RECHERCHE DOCUMENTAIRE

▶ **1.** Retrouvez les dates de naissance et de mort de chacun des écrivains cités dans ce texte. Puis cherchez dans votre manuel des extraits de certaines de leurs œuvres, dont vous citerez le titre et la date.

▶ **2.** Donnez, pour chacun des écrivains cités, le nom de l'un de ses principaux correspondants.

LECTURE ANALYTIQUE

▶ **1.** Étudiez tout ce qui, dans ce texte, renvoie à la forme de l'entretien et à celle de l'article de journal.

▶ **2.** Après avoir précisé quels sont les deux grands thèmes abordés dans cet entretien, dites quelles sont les conclusions du spécialiste de l'écriture épistolaire interrogé sur chacun de ces thèmes, et sur quoi il s'appuie pour soutenir ses affirmations.

▶ **3.** Définissez, à partir de ce texte, en quoi consiste le travail des chercheurs en littérature et quelles sont les différentes utilités de leurs recherches.

▶ **4.** Expliquez, à partir du contenu du texte, le sens à donner au titre *l'équivoque épistolaire*.

SYNTHÈSE

▶ **1.** En prenant appui sur les textes de cette séquence et éventuellement sur ceux de la séquence 18 que vous avez étudiés, déterminez quelles peuvent être les différentes fonctions d'une lettre.

▶ **2.** Quelle fonction vous semble omniprésente dans les lettres que vous avez étudiées ?

▶ **3.** Lesquelles, parmi les lettres réelles ou fictives étudiées, vous ont semblé participer d'une volonté d'agir sur le destinataire, de le convaincre ou de le persuader ? Par quels moyens ?

▶ **4.** Dans quelles lettres le destinataire vous a-t-il paru « secondaire », effacé ? Toutes les lettres étudiées expriment-elles l'attente d'une réponse ?

GUIDE p. 377

8. Lire l'image

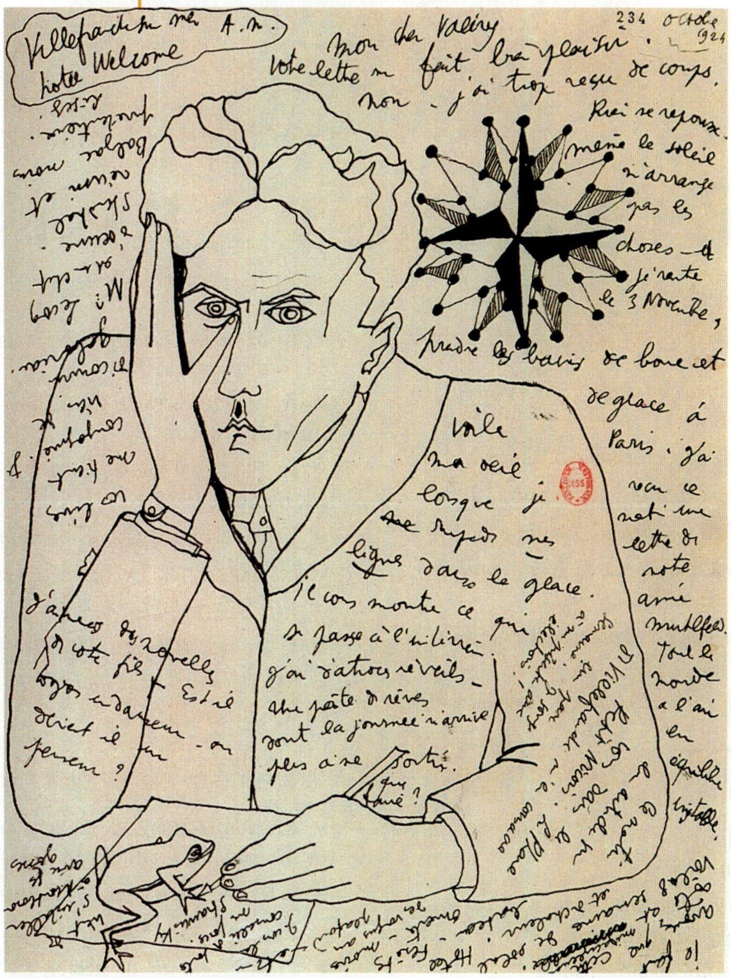

Jean Cocteau, *Lettre à Paul Valéry*, octobre 1924 (ms Na 19169, fol. 234, Fonds Valéry, BNF, Paris).

RECHERCHE DOCUMENTAIRE

▸ **1.** À l'aide d'une biographie de chacun des deux poètes, cherchez quel âge avaient Jean Cocteau et Paul Valéry en 1924 et quels ont été leurs liens.

▸ **2.** Cherchez dans ce manuel des textes écrits par l'un et par l'autre de ces poètes et dites à quel genre littéraire appartiennent ces textes. Trouvez un portrait de Jean Cocteau et rapprochez-le du dessin.

LECTURE ANALYTIQUE

▸ **1.** Retrouvez et énumérez tous les éléments qui révèlent le caractère épistolaire du document qui vous est présenté ici. Classez les informations qu'il contient selon qu'elles concernent l'épistolier ou son destinataire.

▸ **2.** Faites apparaître ensuite tout ce que cette lettre offre d'original : que représente-t-elle ? En quoi peut-on dire qu'elle a une double signature ? En quoi joue-t-elle un véritable rôle de miroir pour son auteur et de portrait / signature pour son destinataire ?

▸ **3.** Quelles sont les caractéristiques du dessin par rapport à la manière dont le texte est écrit ? À quoi le lecteur perçoit-il l'absence de rupture entre ces deux éléments ? Qu'est-ce qui crée l'unité de l'ensemble ?

ÉCRITURE

▸ **Réécriture :** à la manière de Cocteau, écrivez une lettre que vous personnaliserez par un dessin, un autoportrait, une marque vous appartenant en propre.

GUIDE p. 493

Maurice Marinot (1882-1960), *Intérieur* (peinture ; Musée d'Art Moderne de Troyes).

BIBLIOGRAPHIE

SÉQUENCES 9 à 12 *La poésie*

- *Anthologie de la poésie française du XXe siècle*, éd. Gallimard, 1983.
- R. de Obaldia, *Innocentines*, éd. Grasset, 1969.
- *La Poésie des Romantiques*, éd. Librio, 1998.
- J. Roubaud, *128 poèmes*, éd. Gallimard, 1995.
- P. Seghers, *Le Livre d'or de la poésie française contemporaine*, éd. P. Seghers, 1972.
- Ph. Soupault, *Poèmes et poésies*, éd. Grasset, 1987.
- W. Witman, *Feuilles d'herbe*, éd. Grasset 1989-1994.

SÉQUENCES 13 et 14 *Le théâtre*

- J. Anouilh, *Antigone*, éd. de la Table ronde, 1944.
- S. Beckett, *En attendant Godot*, 1953 ; *Fin de partie*, 1957, éd. de Minuit.
- A. Camus, *Le Malentendu*, 1944 ; *Caligula*, 1944 ; *Les Justes*, 1949, éd. Gallimard.
- P. Claudel, *L'Échange*, 1894, éd. Gallimard.
- J. Cocteau, *Orphée*, éd. Denoël, 1926.
- J. Genet, *Les Bonnes*, éd. Gallimard, 1947.
- J. Romains, *Knock*, éd. Gallimard, 1923.
- N. Sarraute, *Pour un oui, pour un non*, éd. Gallimard, 1982.
- J.-P. Sartre, *Huis clos*, 1945 ; *Les Mains sales*, 1948, éd. Gallimard.

SÉQUENCES 15 et 16 *L'autobiographie*

- S. de Beauvoir, *Mémoires d'une jeune fille rangée*, éd. Gallimard, 1958.
- F. Dolto, *Enfances*, éd. du Seuil, 1986.
- J. Guéhenno, *Journal des années noires*, éd. Gallimard, 1946.
- A. Makine, *Le Testament français*, éd. Gallimard, 1995.
- A. de Musset, *La Confession d'un enfant du siècle*, 1836.
- G. Perec, *W ou le souvenir d'enfance*, éd. Denoël, 1975.
- J.-J. Rousseau, *Les Confessions*, 1782-1789.
- N. Sarraute, *Enfance*, éd. Gallimard, 1980.
- J.-P. Sartre, *Les Mots*, éd. Gallimard, 1964.
- J. Vallès, *L'Enfant*, 1879.
- M. Yourcenar, *Quoi ? l'éternité*, éd. Gallimard, 1988.

SÉQUENCE 17 *Biographies et récits de vie*

- M. Boulgakov, *Le Roman de Monsieur de Molière*, éd. Gallimard (1993).
- J. Kessel, *Mermoz*, éd. Gallimard, 1972.
- Maupassant, *Une vie*, 1883.
- Plutarque (Ier-IIe siècle), *La Vie d'Alexandre*, éd. Autrement.
- M. Yourcenar, *Mémoires d'Hadrien*, éd. Gallimard, 1951.
- S. Zweig, *Balzac, le roman de sa vie*, 1946, éd. Le Livre de poche.

SÉQUENCES 18 et 19 *Le genre épistolaire*

- A. Camus, *Lettres à un ami allemand*, éd. Gallimard, 1943-1945.
- *Paroles de poilus*, éd. Librio.
- Guilleragues, *Lettres portugaises*, 1669.
- C. de Laclos, *Les Liaisons dangereuses, 1782*
- R. M. Rilke, *Lettres à un jeune poète*, 1929.
- A. de Saint-Exupéry, *Lettres à un otage*.
- V. Van Gogh, *Lettres à son frère Théo*, 1889.
- S. Zweig, *Lettre d'une inconnue*, éd. Critérion.

Luis de Camoens, *Sonnets* (1595)[1]

1. Recherches initiales

1. Faites une recherche pour retrouver des éléments de la vie de Camoens. En particulier retrouvez les différents voyages qu'il a accomplis.
2. Luis de Camoens est surtout connu par une œuvre épique. Retrouvez le nom de cette œuvre et le sens de ce nom.
3. Rappelez les règles du sonnet français. De quel pays cette forme fixe est-elle originaire ?

2. Parcours thématiques

1er PARCOURS

Un thème unique et de nombreuses variations : lisez le premier sonnet et explicitez « l'avertissement » qui est donné au lecteur ; en quoi ce message crée-t-il une complicité ? Quelle clé le poète donne-t-il pour la lecture de son œuvre ? Quels lecteurs sont laissés en dehors du recueil ?
Parcourez ensuite le recueil et dites quel est le thème commun à la quasi-totalité des sonnets : appuyez-vous, pour cela, sur la récurrence d'un mot toujours repris avec une majuscule et sur la présence très fréquente d'une interlocutrice/inspiratrice. Dites ensuite quels poèmes peuvent se regrouper sous les différentes thématiques suivantes : les contradictions de l'Amour, les métamorphoses dues à l'Amour, Amour et blessure, Amour et nature, Amour et Ruse, Amour et Fortune, Amour et mort. Expliquez pourquoi il est difficile d'établir un classement strict. Choisissez un poème particulièrement représentatif de chacun de ces thèmes, dites comment le thème est traité et en quoi la forme du sonnet permet de mettre en relief certains points importants. Étudiez la composition et la répartition des idées dans les quatrains et dans les tercets, ainsi que la chute.
Pour chacun des thèmes désignés ci-dessus, expliquez pourquoi on peut parler de lyrisme.

Travail d'écriture : à partir du vers suivant, emprunté à Ronsard (« Élégie »), composez un sonnet lyrique à la manière de Camoens.
J'aimais le cours suivi d'une longue rivière (*sonnets* XI, XII, XIV, XXI).

2e PARCOURS

Lyrisme personnel et inspiration mythologique. Voici plusieurs figures mythologiques qui apparaissent dans les sonnets du recueil ; retrouvez les poèmes, explicitez les allusions par une recherche précise et expliquez leur sens dans le contexte : le Styx, Jacob, Rachel, l'archer aveugle, une nymphe, Mars, Circé. Retrouvez aussi plusieurs figures allégoriques et dites quel est leur rôle dans les différents poèmes.
Dans les différents sonnets qui « empruntent » des images et des personnages mythologiques, faites la part entre ce qui relève de ce domaine et ce qui est personnel et subjectif, en précisant comment l'affectivité est exprimée (énonciation, lexique) et quelle est son importance dans le sonnet ; observez aussi comment les deux plans sont mêlés. Dégagez les caractéristiques de l'écriture de Camoens et l'importance accordée à des formulations qui parfois relèvent de la maxime par leur caractère général et leur intemporalité. Retrouvez de quels sonnets sont extraits les vers suivants :
– *J'aurais su profiter du bien passé / Si j'avais su prévoir le mal présent ;*
– *Mais triste celui dont les fautes / Rongent sans espoir de pardon / L'âme meurtrie par le péché ;*
– *Et ce n'est pas toujours que les cœurs sont unis.*

Prolongements : cherchez des sonnets contemporains de ceux de Camoens qui évoquent des thèmes proches, parfois semblables. Quelles remarques pouvez-vous faire concernant cette communauté d'inspiration ?

Dossiers ou exposés

1. Établissez une typologie des thèmes les plus importants traités dans les sonnets de la Renaissance. **2.** Montrez l'importance du lyrisme et la manière dont cette inspiration personnelle, et plus largement humaine, rencontre et exploite l'inspiration mythologique.

---

1. Publication posthume. Édition bilingue portugais / français et trad. d'Anne-Marie Quint, éd. Chandeigne, 1989.

Aloysius Bertrand, *Gaspard de la nuit* (1842)[1]

1. Recherches initiales

1. Qu'a de particulier la publication de *Gaspard de la nuit* par rapport à la vie de son auteur ? Grâce à qui cette publication a-t-elle pu se faire ?
2. Après avoir lu la préface écrite par Aloysius Bertrand, dites qui est Gaspard de la nuit, où et à quelle époque se situent les différentes scènes rapportées dans les poèmes.
3. Le sous-titre de l'œuvre est *Fantaisies à la manière de Rembrandt et de Callot*. Cherchez à quoi renvoie le mot « fantaisies » et qui sont Rembrandt et Jacques Callot ? À quel univers de création artistique appartiennent-ils ?

2. Parcours thématiques

1er PARCOURS

La ville et ses habitants. Lisez les textes suivants : « Harlem » (p. 87), « Les gueux de nuit » (p. 11), « La Tour de Nesle » (p. 114), « Le clair de lune » (p. 141), « Maître Ogier » (p. 159), « La chanson du masque » (p. 196), « Madame de Montbazon » (p. 229), et retrouvez le titre des différents livres de *Gaspard de la nuit* où ils figurent. Dans ces différents textes, mettez en relief ce qui relève des perceptions visuelles et ce qui relève des perceptions auditives. Étudiez aussi la manière dont chacun de ces poèmes retrace une petite scène de la rue qui s'apparente tantôt à une comédie, tantôt à un apologue (⇛ p. 445).
Établissez une typologie des personnages présents dans les poèmes étudiés et des catégories sociales représentées : en quoi peut-on parler d'évocation d'une société ?
Observez la présentation graphique des différents poèmes : présence ou non d'une épigraphe et rôle de ce texte, division des textes en paragraphes (ou strophes) séparés par des blancs, parfois par des étoiles. Déduisez de cette observation la manière dont Aloysius Bertrand construit ses poèmes et sur quels phénomènes de rythmes internes, d'anaphores, de relances et de reprises il met en scène les différentes évocations.

Travail d'écriture : à la manière d'Aloysius Bertrand, rapportez, sous forme de poème en prose, une petite scène de la rue vue par un témoin qui se trouve à sa fenêtre.

2e PARCOURS

Êtres marginaux et fantastiques : retrouvez dans le recueil les poèmes qui mettent en scène un alchimiste, un fou, douze magiciens, Dom Augustin, une divinité des eaux, Scarbo, des lépreux, deux larrons et un bohémien. Précisez dans quel livre se trouvent ces personnages et définissez le contexte dans lequel ils vivent. À chaque fois, dites de quelle histoire ils sont les héros. En quoi peuvent-ils être regroupés sous le titre « êtres marginaux et fantastiques » ? Rattachez ces personnages au titre du recueil et, en particulier, établissez tous les liens qui peuvent les unir au personnage de Gaspard, au *grimoire* dont il est question dans la préface d'Aloysius Bertrand, et à l'enfer.
Cherchez le sens du mot « fantastique » : comment ces différents personnages peuvent-ils être associés à cette notion de fantastique ? Étudiez ce qui relève des personnages, de leur environnement, de leur signification symbolique.

Prolongements : quel genre littéraire (en Angleterre notamment) a pu inspirer ce « fantastique noir » de l'époque romantique ? Cherchez dans ce manuel des textes fantastiques antérieurs à ceux d'Aloysius Bertrand. Dans *Gaspard de la nuit*, cherchez des épigraphes qui renvoient à la littérature fantastique.

Dossiers ou exposés

À la p. 297, on trouve des indications d'Aloysius Bertrand lui-même concernant l'illustration du recueil *Gaspard de la nuit*. Imaginez que vous êtes iconographe et cherchez, à l'aide de ces indications, des illustrations possibles pour certains des poèmes. Vous pouvez aussi imaginer des collages pour illustrer certains textes selon les indications de l'auteur.

1. Les références données sont celles de l'édition Gallimard, coll. « Poésie », 1980.

C. Baudelaire, *Les Fleurs du mal* (1857-1862-1868)

1. Recherches initiales

1. Quelle est la signification des trois dates qui figurent à côté du titre de l'œuvre ? Cherchez à quelles difficultés s'est heurté Baudelaire lors de la première publication de son recueil.
2. Cherchez dans quelles œuvres Baudelaire a exprimé sa conception du beau. À quel auteur américain fait-il référence dans ses recherches ?
3. Quels peintres Baudelaire admirait-il particulièrement ?

2. Parcours thématiques

1er PARCOURS

Liberté et exotisme dans *Les Fleurs du mal* : sur ce double thème, composez un itinéraire de lecture de votre choix autour des poèmes suivants, en les classant dans un ordre personnel : « Élévation », « La vie antérieure », « Parfum exotique », « L'invitation au voyage », « La musique », « Rêve parisien », « Le voyage », « Le coucher de soleil romantique ». Situez ces différents poèmes dans *Les Fleurs du mal* et cherchez en quoi ils évoquent tous l'idée d'évasion, d'exotisme et de liberté. Cherchez quelles sont les caractéristiques de l'exotisme baudelairien, comment il se définit, quelles sont ses composantes et quelles fonctions lui sont attribuées par le poète.
Étudiez la manière dont s'exprime la présence du poète dans les différents textes, ainsi que les manifestations du lyrisme : quels sentiments, quelles émotions se trouvent mis en valeur ? De quelle manière ? Étudiez aussi les relations avec la réalité : comment se marque une présence qui revient insidieusement malgré les élans vers l'inconnu et l'appel de l'évasion ? Analysez, après des lectures à haute voix, comment l'écriture poétique, les sons, les rythmes et la musicalité des vers concourent au charme des textes et à l'éblouissement de certaines évocations, ou au contraire à l'amertume du retour au réel.

Prolongements : cherchez des illustrations picturales du XIXe siècle qui pourraient accompagner les textes que vous avez lus et étudiés. Composez un album regroupant les poèmes et leurs illustrations et composez une préface de présentation.

2e PARCOURS

Le paysage baudelairien dans *Les Fleurs du mal* : parcourez votre édition des *Fleurs du mal* et cherchez s'il existe beaucoup de textes descriptifs évoquant des paysages. Regroupez alors ceux qui vous semblent correspondre au titre de ce parcours et comparez-les avec ceux qui sont indiqués ici[1] : p. 62-63, 97-98, 132, 152-154, 154-156. Qu'ont en commun les « paysages » décrits ? S'agit-il réellement de descriptions ou d'évocations ? Regroupez les textes par analogies thématiques et déterminez alors quelles sont les fonctions de leurs éléments descriptifs. S'agit-il de présenter des lieux ou des êtres ? De quoi ces lieux et ces êtres sont-ils les représentations symboliques ? À quelle conception philosophique de l'Antiquité cette représentation symbolique renvoie-t-elle en relation avec le monde des idées ?
En quoi l'écriture poétique, grâce à sa capacité de métamorphoser le réel constitue-t-elle une « clé » de découverte et de déchiffrement du monde qui entoure le poète ? Quelles qualités sont celles d'un tel magicien ? Lisez le texte qui se trouve p. 212 de ce manuel (p. 55 dans l'édition « Classiques de poche ») et rattachez-le à la notion de « paysage ».

Travail d'écriture : cherchez des représentations picturales susceptibles d'illustrer les différents « paysages » que vous avez trouvés et expliquez clairement les analogies que vous percevez entre les textes littéraires et les tableaux.

1. Édition de référence : éd. Le Livre de Poche, coll. « Classiques de Poche », 1999.

Dossiers ou exposés

1. Les différents thèmes des *Fleurs du mal* et la vie personnelle de Baudelaire. **2.** Les relations de Baudelaire avec le positivisme (→ p. 408). **3.** Présentation des théories esthétiques de Baudelaire à partir de ses *Écrits sur l'art*. **4.** Baudelaire et la peinture à partir des *Salons* et du poème « Les phares ».

LECTURE INTÉGRALE

Arthur Rimbaud, *Illuminations* (1886)[1]

1. Recherches initiales

1. Cherchez à quel moment de la vie de Rimbaud ont été écrits les poèmes qui composent le recueil des *Illuminations*. Comment et par qui les poèmes ont-ils été regroupés ?
2. Quelles sont les différentes connotations du mot « illuminations » ? Quelles significations est-il possible de donner à ce titre, avant toute lecture ?

2. Parcours thématiques

1er PARCOURS

La diversité d'une inspiration : observez la table des matières du recueil et les différents titres. Regroupez, à partir des titres, les textes qui évoquent des lieux, ceux qui évoquent le temps, ceux qui renvoient à l'écriture, ceux qui évoquent des idées. Que connotent les autres titres ? Selon quel(s) principe(s) pourrait-on les classer ?
Choisissez six poèmes à l'intérieur du recueil, en faisant en sorte qu'ils possèdent des liens d'inspiration proche et présentez ces différentes textes en donnant leur thème et ce qui les rapproche. Cherchez des illustrations pour chacun d'eux. Donnez un titre à ce regroupement et préparez des notes explicatives pour les termes susceptibles de poser des problèmes de compréhension.
Les textes de Rimbaud sont souvent marqués par des phénomènes de polysémie : trouvez dans votre choix de poèmes des expressions qui peuvent être comprises dans plusieurs sens et dites ce que créent ces phénomènes sur le plan poétique. Quel peut être le pouvoir de certaines incertitudes de sens ? Dans quelle situation se trouve le lecteur ? Que manque-t-il souvent à ces textes pour qu'ils soient totalement compréhensibles ? Le fait de ne pas posséder le sens de manière certaine vous semble-t-il poser un problème ?

Prolongements : en partant de la phrase suivante, empruntée au poète persan Omar Keyyam, *Aujourd'hui refleurit la saison de ma jeunesse*, composez, à la manière de Rimbaud, un poème en prose faisant référence au temps.

2e PARCOURS

Villes et vies : retrouvez dans le recueil les textes qui pourraient se regrouper sous ce titre. En quoi peut-on parler de villes imaginaires et de vies remémorées, ou inventées ? Faites apparaître ce qui, dans les villes évoquées, relève du rêve ou du cauchemar, de compositions complexes et inhumaines, de mélanges de modes de représentation (réalité, fiction, choses vues, représentations théâtrales, visions nées de l'imagination ou projections de schémas architecturaux). Retrouvez tout ce qui, dans l'évocation des villes, renvoie à une Antiquité raffinée ou à des temps barbares, ou encore à des cités mythologiques ou légendaires. Quel sens le lecteur peut-il trouver dans ces différentes évocations ? Comment peut-il rattacher ces images de villes somptueuses et de vies rêvées au titre *Illuminations* ?
Étudiez la structure et le thème des poèmes intitulés « Ville », « Villes I », « Villes II », « Métropolitain » : en quoi peut-on parler de juxtapositions d'images ? Comment l'imagination est-elle mise en jeu ? Expliquez ce que les textes ont de visionnaire et en quoi ils se rapprochent du merveilleux des contes. Dites aussi comment ces poèmes en prose sont construits (paragraphes, alinéas, évolution, articulations logiques).

Prolongements : trouvez des représentations de villes imaginaires qui pourraient accompagner les textes de Rimbaud. En prenant appui sur les poèmes des *Illuminations* et sur d'autres textes poétiques inspirés par la ville, expliquez en quoi ce thème est poétique et peut inspirer les peintres.

Dossiers ou exposés

1. Les débuts poétiques de Rimbaud, errance, révolte et contestation. **2**. Le poète « voyant », définition d'une nouvelle conception de la poésie comme traduction de ce qui échappe aux perceptions et au langage. **3.** L'invention d'un nouveau langage « accessible à tous les sens ». **4.** Le sens de certains titres énigmatiques, comme « Le bateau ivre » ou *Une saison en enfer*.

1. Édition de référence : *Œuvres poétiques complètes*, éd. Robert Laffont, coll. « Bouquins », 1980.

Francis Ponge, *Le Parti pris des choses* (1942)[1]

1. Recherches initiales

1. Cherchez les différents sens de l'expression « parti-pris » et donnez certaines connotations. Que signifie également « prendre parti » ou « prendre le parti de… » ?
2. Comment appelle-t-on la représentation des objets en peinture ? Trouvez les dates et le titre de certains tableaux d'un peintre d'objets du XVIIIe siècle dont Francis Ponge a analysé l'œuvre.
3. Qu'est-ce qu'un poème en prose ?

2. Parcours thématiques

1er PARCOURS

Les mots au service des choses : atteindre la réalité peut être une affaire de regard, de perception. Pour Francis Ponge, c'est plus une affaire de mots. Lisez les poèmes du recueil et établissez, en les identifiant, une liste des jeux de mots (métaphores, paronomases, utilisation au sens premier d'expressions habituellement prises dans un sens figuré) qui servent à caractériser les choses présentées, à en faire apparaître les particularités. Précisez si ces jeux de mots portent sur le signifiant ou sur le signifié ou sur les deux à la fois. Cherchez particulièrement dans les poèmes des p. 33, 37, 38, 43, 46, 48, 56. Observez la structure de ces sept poèmes : articulations logiques ou chronologiques, évolution et ordre de la présentation, mise en évidence des éléments relevant des perceptions sensorielles, mise en relief de la richesse et de la diversité des composantes, relations avec le langage, ou avec l'acte d'écrire : en quoi peut-on dire que chacun de ces poèmes fait exister l'objet en même temps qu'il analyse son existence et sa manière d'être ? En quoi peut-on dire également que leur présentation, du paraître à l'être, cherche, par les mots, à en saisir le mystère et la profondeur ? Quelle semble être ici la vocation de la poésie ? Rapprochez la démarche de Francis Ponge de ce que dit Jean Cocteau (⇒ p. 219 de ce manuel).

Prolongements : cherchez des illustrations qui pourraient faire ressortir ce qu'il y a d'original dans les poèmes en prose de Francis Ponge. Présentez ainsi plusieurs poèmes illustrés.

2e PARCOURS

Les choses, le poète et le monde : lisez l'ensemble des textes du recueil, mais plus précisément les poèmes des p. 31, 39, 40, 47, 61. Qu'ont-ils en commun par rapport aux composantes du monde inanimé ? En quoi renvoient-ils tous à quelque chose de mystérieux pour l'homme ? Dans chacun de ces textes, étudiez la présence plus ou moins marquée du poète et le rôle qu'il se donne : observateur, témoin extérieur, défenseur, élément de référence. Quelles conclusions peut-on tirer de ces différents rôles en ce qui concerne les relations que le poète entretient avec le monde : amitié, hostilité, désir de compréhension, d'appropriation ? Le poète brouille les catégories et les critères des différents domaines et règnes : à quoi le lecteur perçoit-il des phénomènes de personnification, d'attribution de sentiments et de comportements humains aux choses ? Cherchez ce qui les anime, leur confère une autonomie, sans que pour autant ils quittent leur statut d'objet. Comment le poète fait-il comprendre son attachement à ces éléments qui ne se laissent pas décrire facilement ? Classez toutes les formules qui laissent penser que la tâche du poète est difficile.

Travail d'écriture : en prenant modèle sur un des poèmes que vous avez appréciés, composez un texte en prose poétique pour présenter un objet dont vous ferez ressortir l'originalité..

Dossiers ou exposés

1. Les jeux de mots dans *Le Parti pris des choses.* **2.** Recherche d'autres poèmes en prose d'autres auteurs, relatifs à des objets présentés dans leur mystère et leur secret. **3.** Les objets dans la poésie de Francis Ponge. **4.** Présentation de Francis Ponge, le défenseur des choses : vie et œuvre.

1. Les références données sont celles de l'édition Gallimard, coll. « Poésie », 1982.

Jules Supervielle, *Gravitations* (1925)[1]

1. Recherches initiales

1. Retrouvez le titre et la date d'œuvres de Supervielle qui évoquent : les voyages maritimes, la mémoire, l'amitié, l'enfance, la Résistance, les *Mille et une nuits*, Daniel Defoe, La Fontaine.
2. Les dates de Supervielle sont 1884-1960 : citez des poètes dont il a été contemporain et des courants artistiques et littéraires qu'il a pu côtoyer et par lesquels il a pu être influencé.

2. Parcours thématiques

1er PARCOURS

Le sens d'un titre : cherchez les sens du mot « gravitation », au singulier et au pluriel. Dans la table des matières de l'édition Gallimard, observez les titres des différents groupes de poèmes et dites comment ils se rattachent à la notion de «gravitation». Regroupez ensuite vous-même une dizaine de poèmes évoquant l'idée de rapprochement ou d'éloignement. Comparez ensuite votre choix avec celui qui suit : p. 95, 105, 109, 125, 132, 136, 139, 150, 174, 212. Expliquez en quoi le thème de certains des poèmes que vous avez choisis renvoie à la notion de gravitation. Que comportent-ils de cosmique ? En quoi sont-ils liés aux mystères du monde ? Qu'ont-ils d'insolite ?
Dans certains poèmes choisis, étudiez les images, leur apparente simplicité et leur caractère parfois enfantin et naïf : s'agit-il pour autant d'une poésie simple ? Cherchez des comparaisons, des analogies et dites d'où vient leur complexité réelle. De quoi sont-elles révélatrices ?
Repérez et citez différentes formes poétiques que l'on trouve dans *Gravitations*. Distinguez la poésie rimée en vers réguliers des autres formes, dont vous donnerez les caractéristiques.

Travail d'écriture : sur le modèle du poème « Le matin du monde », composez un texte en vers célébrant la naissance du jour.

2e PARCOURS

Une poésie des voyages et des lointains : expliquez ce qui a pu déterminer chez Supervielle le goût des voyages qui se manifeste dans les titres de ses œuvres.
Regroupez les textes qui se trouvent p. 114, 125, 134, 143, 161, 179, 191 et cherchez ce qu'ils ont en commun sur le plan thématique : qu'évoquent-ils tous ? Mer, terre, ciel, étoiles, cosmos, nuages, routes, paysages et végétation : retrouvez toutes ces composantes dans les poèmes indiqués ci-dessus et étudiez comment elles sont mêlées par le poète, ce qu'elles symbolisent et quelles sont leurs relations avec les hommes, avec les voyageurs, avec le poète. À travers ces thèmes récurrents, faites apparaître quelques-unes des idées essentielles de cette poésie. Que représente le monde pour le poète ? Quelles sont ses inquiétudes, ses angoisses, ses joies, ses attentes ? En particulier, cherchez quels éléments suggèrent la familiarité et la sécurité dans un univers parfois angoissant et pris de vertige.
Observez la forme des poèmes que vous avez lus : certains textes rimés riment d'une manière un peu inattendue. Dites ce que vous remarquez, puis cherchez le nom de ce phénomène et l'époque à laquelle il renvoie. À quelle catégorie appartient le texte de la page 191 ?

Prolongements : cherchez des œuvres picturales qui pourraient illustrer certains des textes du recueil *Gravitations*.

Dossiers ou exposés

1. La nature et ses différentes images et personnifications dans *Gravitations*. **2.** La présence du poète, « Je », dans *Gravitations*, et ses différents rôles. **3.** L'expression de la vie et de la mort et la notion de « cycle » dans le recueil *Gravitations*. **4.** *Gravitations* et le surréalisme.

1. Les références sont celles de l'édition Gallimard, collection « Poésie », 1966.

Jean-Jacques Rousseau, *Les Confessions* (1782)[1]

Livres 1 à 6

1. Recherches initiales

1. À quelle époque de sa vie et dans quelles circonstances Rousseau a-t-il été conduit à écrire une autobiographie ?
2. Quels sont les différents sens du mot « confession » ? Qui, avant Rousseau, avait déjà choisi ce titre ? Quelles en sont les connotations ?
3. Réfléchissez, avant d'entreprendre la lecture des *Confessions*, aux difficultés rencontrées par celui qui décide d'écrire une autobiographie portant un tel titre ; dressez une liste de ces difficultés.

2. Parcours thématiques

1er PARCOURS

Expériences et éducation : faites les recherches 1 et 2. Au cours de votre lecture des six premiers livres des *Confessions*, choisissez quatre ou cinq expériences racontées par le narrateur dans le cadre d'une « confession ». Donnez leurs références précises (quel livre ? quelles pages ?), leurs circonstances, résumez les faits et dites en quoi leur récit correspond à une confession. En particulier, précisez en quoi les actions rapportées sont répréhensibles. Étudiez alors la manière dont Rousseau explique sa conduite et quelle est, dans chaque situation, son attitude face à la notion de responsabilité : acceptation, esquive, rejet sur quelqu'un d'autre... Interrogez-vous sur l'importance de l'environnement humain dans ces différentes situations et sur le rôle joué par les adultes rencontrés.
Exposez en quoi les expériences vécues ont contribué selon celui qui les raconte, à différentes orientations de sa personnalité.
Réfléchissez enfin à la nature des actions rapportées, à leur caractère répréhensible et demandez-vous comment vous réagissez à la lecture de ces différents « forfaits ». Que pensez-vous de la manière dont leur auteur les rapporte ? Comment le jugez-vous ?

Travail d'écriture : en partant des récits de Rousseau, mais en pensant aussi à votre propre expérience, vous vous demanderez à quoi sert, et ce qu'apporte, le fait de confier à un écrit autobiographique destiné à être publié les actions peu honorables que l'on a commises.

2e PARCOURS

Plaisirs et difficultés de l'écriture autobiographique. Relisez les épisodes suivants[2] : fessée de Mlle Lambercier (p. 52, 55), vol des pommes (p. 70, 71), vol d'un ruban (p. 122, 123), rencontre avec Madame de Warens (p. 141-142), journée avec Mlles Galley et Graffenried (p. 176-177), abandon de Le Maître (p. 166-167), rôle de la marche et des voyages (p. 199-200), épilogue du livre 4, deux premières pages du Livre 6 (p. 265-266). Choisissez-en quatre et réalisez un tableau qui fasse apparaître les caractéristiques du récit, la présence d'analyse, le registre ou la tonalité employés et la relation établie avec le lecteur : ce dernier est-il dans ces différents cas confident, disciple, complice, juge, témoin ? À quels indices est-il possible d'identifier un véritable plaisir de raconter chez le narrateur ? Quelles difficultés signale-t-il lui-même en ce qui concerne l'écriture autobiographique ? Comment ces difficultés se révèlent-elles au lecteur ?

Synthèse : rappelez les objectifs que Rousseau s'était fixés dans l'incipit. Vous semble-t-il les avoir atteints dans ces six premiers livres ? Sur quels plans la lecture des *Confessions* peut-elle faire réfléchir le lecteur du XXIe siècle ?

Dossiers ou exposés

1. La place du lecteur et son rôle dans *Les Confessions*. **2.** Les caractéristiques politiques et religieuses de la République de Genève au XVIIe siècle. **3.** Le rôle des femmes, mère, amies, amantes dans *Les Confessions*. **4.** La question de l'appartenance sociale et la réflexion sur l'inégalité dans *Les Confessions*.

---

1. Publication posthume en 1782 et 1789.
2. Les références sont celles de l'éditeur GF-Flammarion, éd. présentée par Michel Launay, première édition 1968, réédition 1991.

LECTURE INTÉGRALE

Montesquieu, *Lettres persanes* (1721)[1]

1. Recherches initiales

1. Cherchez dans quelles conditions et où le roman de Montesquieu a été publié.
2. Quel est le régime politique de la France en 1721 ? Sous quel règne (selon le calendrier européen) les lettres ont-elles été écrites ?
3. Situez sur une carte les villes de Livourne, Smyrne, Tocat, Erzeron, Érivan, Tauris, Casbin, Bagdad, Com, Ispahan, en vous aidant des notes pour les noms qui ont changé.

2. Parcours thématiques

1er PARCOURS

Lettres et voyage, le compte rendu d'une découverte : effectuez les recherches 1, 2 et 3. Dressez la liste de toutes les composantes du livre dans l'édition choisie ; précisez leur auteur, leur nature, leurs fonctions. Analysez la couverture choisie par l'éditeur : sur quoi met-elle l'accent ?
L'introduction (p. 47) n'est pas signée. Qui en est l'auteur et quelles sont les informations données ? Quelles conclusions le lecteur peut-il tirer de ces informations ? En feuilletant le livre, relevez et classez les indices de l'écriture épistolaire, repérez le nom des différents épistoliers, et ce à quoi correspondent les indications de lieu au début et à la fin de chaque lettre. Cherchez alors quels sont les avantages de faire dialoguer de cette façon des étrangers en voyage en Europe : que permet la forme de la lettre en ce qui concerne les thèmes abordés ? Retrouvez des lettres qui construisent un échange thématique suivi ; montrez que d'autres, au contraire, abordent des thèmes très différents et morcelés. Dites quels indices soulignent qu'il y a réellement une correspondance réciproque. Établissez une liste des thèmes abordés : que donne au lecteur français de 1721 la succession des lettres ? Expliquez par quels moyens – notamment lexicaux – Montesquieu maintient présent à l'esprit de son lecteur le fait qu'il s'agit d'une correspondance entre des voyageurs orientaux découvrant une réalité occidentale nouvelle pour eux.

Prolongements : choisissez un personnage parmi Usbek, Rica, Ibben, Rhédi, Zachi, Zélis, Roxane et suivez son évolution.

2e PARCOURS

Une présentation critique des mœurs et des institutions : effectuez les recherches 1 et 2. Observez le contenu de la table des matières établie par Montesquieu, qui figure dans les p. 353 à 378. Comment les notions classées et les termes qui les accompagnent laissent-ils pressentir l'orientation critique de l'œuvre ? Au cours de votre lecture, repérez les lettres qui évoquent les questions politiques, celles qui se rapportent à la religion, celles qui touchent aux activités intellectuelles et artistiques, celles qui renvoient à la manière de vivre des Français du début du XVIIIe siècle. Montrez quel est l'intérêt et quelle est l'efficacité de faire observer les mœurs et les institutions d'un pays par des étrangers censés les découvrir à travers le filtre de leur propre culture : comment s'exprime leur supposée ignorance des coutumes et des lois françaises ? Que provoque – naturellement – la découverte d'un monde aussi dépaysant pour eux ? Quelles sont les marques de ce dépaysement dans leur manière de s'exprimer ? Donnez des exemples précis tirés des cent premières lettres.

Prolongements : repérez, identifiez et classez un certain nombre de procédés de la satire.

Dossiers ou exposés

1. Les différentes composantes de la fiction orientale dans les *Lettres persanes* (lieux, dates, lexique, références diverses). **2.** La notion d'ingénuité dans les *Lettres persanes* en relation avec le conte de Voltaire *L'Ingénu* : l'importance du regard étranger dans la philosophie des Lumières. **3.** Les institutions françaises à la fin du règne de Louis XIV et leur « interprétation persane » : établissement d'un tableau comparatif.

1. Les références données sont celles des éditions Gallimard, coll. « Folio classique », établissement du texte par Jean Starobinski, 1973.

La versification

La poésie française repose sur des unités rythmiques et typographiques, terminées par des sons répétés. Ces unités s'appellent des vers ; les sons repris en écho constituent les rimes. Les vers peuvent être regroupés en strophes.

Les vers

☑ On désigne par ce mot un ensemble régulier et accentué de syllabes prononcées. Le nombre de syllabes définit le vers : il peut s'agir de vers impair, avec trois, cinq, sept (heptasyllabe), neuf, ou onze syllabes (hendécasyllabe), ou de vers pair, avec douze (alexandrin), dix (décasyllabe), ou huit syllabes (octosyllabe). La question du décompte des syllabes met en cause la présence des *e* muets : ils ne comptent jamais comme une syllabe en fin de vers. À l'intérieur d'un vers, le *e* se prononce en fin de mot si le mot suivant commence par une consonne (⇛ p. 179) :

*J'aim**e** la liberté et languis en service*

☑ Deux phénomènes modifient la prononciation. La diérèse est le fait de prononcer comme une syllabe ce qui ne l'est pas en prose (⇛ p. 80) :

*En vain vous me frappez d'un son mél**o**dieux*
*Si le terme est impropre ou le tour vici**e**ux*

La synérèse regroupe en une seule syllabe ce que l'on a tendance à prononcer en deux syllabes.

☑ Quelle que soit sa longueur, le vers est divisé en éléments séparés par des coupes, ou pauses. La pause qui se situe au milieu d'un vers pair est la césure. Les autres sont des coupes secondaires. Leur présence dans le vers, souvent soulignée par la ponctuation, provoque un rythme qui complète ou modifie celui des syllabes, créant des effets de ralentissement ou d'accélération. Ces coupes sont en relation avec les unités syntaxiques et grammaticales et avec les accents de la prononciation française, situés sur la seconde syllabe de chaque unité grammaticale.

☑ Parfois se produit un phénomène de dissociation de la syntaxe et du vers. Il s'agit d'un enjambement, qui oblige à lire un vers sans le séparer du suivant : l'effet est celui d'une rupture typographique et d'un allongement dans la prononciation. Cette structure met en relief à la fois la fin du vers et le début de celui qui suit, et qui comporte le rejet (⇛ p. 184) :

Lasse de vivre, ayant peur de mourir, pareille
Au brick perdu [...]

Lorsqu'une unité grammaticale commence en fin de vers, on appelle cela un contre-rejet.

Les rimes

☑ Ce terme désigne le retour à la fin des vers d'un même phonème : la reprise de sons similaires crée des phénomènes d'écho et attire l'attention du lecteur sur les mots qui terminent les vers, comme pourrait le faire le retour d'une même note de musique. Les rimes sont définies et caractérisées par leur nature, leur qualité et leur disposition. Ainsi, on appelle rime féminine toute rime terminée par un *e* muet. Les autres rimes sont appelées masculines. Jusqu'au XIXe siècle, il était de règle de faire alterner régulièrement les rimes masculines et les rimes féminines (⇛ p. 226) :

Le poète en des jours impies
Vient préparer des jours meilleurs

☑ Les rimes sont dites « pauvres » lorsqu'elles comportent un seul phonème (*tout / bout*), « suffisantes » lorsqu'elles en comportent deux (*impies / utopies*), « riches » lorsqu'elles en comportent trois ou plus (*ailleurs /meilleurs*).

☑ Pour ce qui est de la disposition, on dit que les rimes sont suivies / plates (*aabb*), croisées / alternées (*abab*) ou embrassées (abba). Par les rimes et les rythmes la poésie s'apparente à la musique.

Les strophes

☑ Les vers peuvent être regroupés en strophes qui portent des noms : distique (deux vers), tercet (trois), quatrain (quatre), quintil (quinze), sizain (six). Ces regroupements attirent l'attention sur des unités thématiques ou sémantiques.

Le vers libre

☑ La poésie du XIXe siècle cherche à s'affranchir des règles et des normes : elle crée le vers libre, dont la longueur n'est pas imposée par un nombre de syllabes et qui ne rime pas nécessairement. L'irrégularité apparente de ces vers est compensée par des recherches de rythmes internes, en relation avec les unités syntaxiques et grammaticales. Ces poèmes ont une présentation typographique différente de la prose (⇛ p. 201) :

Effeuille la rose des vents
Voici que bruissent les orages déchaînés
Les trains roulent en tourbillons sur les réseaux enchevêtrés

Une forme fixe : le sonnet

Caractéristiques du sonnet

✓ Venu d'Italie, le « sonnetto » est à l'origine une chanson populaire. Consacré à l'expression du sentiment amoureux, il entre dans la composition des « canzionere ». Le sonnet connaît une grande vogue au XVIe siècle.

✓ **Strophes.** Un sonnet est composé de quatorze vers répartis en deux quatrains et deux tercets. Certains recueils présentent typographiquement les sonnets sans distinction entre les strophes autres que des alinéas. Dans ce cas, les différentes strophes sont repérables aux rimes.

✓ **Rimes.** Les deux quatrains sont construits sur deux rimes (*a* et *b*) embrassées et jouant sur l'alternance rime féminine / rime masculine (⇛ Guide p. 371) : *mffm, fmmf.* Cette alternance, qui touche toute la poésie versifiée par la suite, est une règle imposée par Ronsard. Les deux tercets reposent sur trois nouvelles rimes (*c, d, e*), qui peuvent se combiner de manière diverse : *ccdede*, et surtout *ccd-eed*, en respectant également l'alternance rime féminine / rime masculine.

✓ **Vers.** Les sonnets sont écrits en décasyllabes, ou vers de dix syllabes, et en alexandrins. Initialement, c'est le décasyllabe qui est le plus employé, avec une coupe principale (la césure, à la quatrième syllabe) :
Si j'ai failli, / les peines sont présentes (⇛ p. 178).

Du Bellay, dans *Les Regrets* (1558), utilise l'alexandrin, qui permet de plus nombreuses variations de rythme, ou, comme dans le sonnet 39 (⇛ p. 179), une grande régularité du rythme et une césure très marquée à l'hémistiche :
Je n'aime point la cour et me faut courtiser,
Je n'aime la feintise et me faut déguiser

Structure et sens

✓ De longueur et de structure imposées, le sonnet constitue en lui-même une unité de sens mise en valeur par la composition et soulignée par le dernier vers, qui constitue la chute (ou « pointe »). Son organisation en quatrains et tercets permet la mise en place d'une double thématique, avec un effet de rupture plus ou moins forte entre les deux thèmes : la relation entre les deux parties successives peut être d'opposition, de complémentarité, de précision, de réponse, de prolongement, ou encore d'élargissement dans le sonnet de Laforgue (⇛ p. 186). Cette relation s'exprime par différents moyens : articulations logiques, changement de discours (sonnet de d'Aubigné ⇛ p. 180). En même temps, les deux quatrains, par la similitude de forme et de rimes (mêmes rimes, même disposition), attirent l'attention sur un parallélisme : le premier thème traité peut lui-même se décomposer en deux étapes. Mais la double thématique, presque toujours présente, peut aussi s'exprimer de manière alternée dans les quatrains et dans les tercets : on le voit dans le sonnet de Ronsard (⇛ p. 182) qui fait alterner les références à la hauteur (l'Olympe et le *haut lieu*) et le constat de la situation peu élevée du poète resté sur la terre.

✓ Le sonnet se prête ainsi, par un double jeu de similitude (les quatrains entre eux / les tercets entre eux) et de différence (deux strophes à chaque fois, qui ne peuvent être tout à fait semblables / la différence pair et impair / les variations de rimes des tercets), à un nombre très important de variations à l'intérieur d'une structure imposée. Sa structure permet, en un nombre limité de vers, une expression fortement condensée, qui tire sa force de cette densité même, et qui, dans son déroulement, conduit à une chute tantôt pressentie, tantôt inattendue, dont la brièveté est toujours frappante.

Historique d'une forme lyrique

✓ Consacré presque exclusivement à l'expression lyrique, aussi bien en italien qu'en espagnol (Góngora ⇛ p. 65) et en portugais (Camoens ⇛ p. 363), le sonnet a connu des périodes de gloire et des éclipses. Au XVIIe siècle, il est très en vogue dans les salons : il est de bon ton de composer des sonnets sur un thème imposé, par exemple « La belle matineuse » (⇛ p. 67-68). La spontanéité y perd sans doute beaucoup. Le XIXe siècle redécouvre cette forme d'abord par admiration pour la Renaissance : Nerval, Baudelaire (⇛ p. 212), Hérédia, Rimbaud, Mallarmé, Laforgue se soumettent de manière brillante et parfois ironique aux contraintes imposées. Modifié dans sa forme par Apollinaire (⇛ p. 188), le sonnet reste utilisé par des poètes contemporains, comme Yves Bonnefoy, Alain Bosquet ou Raymond Queneau, ce dernier lui faisant parfois subir toutes sortes de modifications fantaisistes, mettant en évidence sa vitalité et ses capacités d'adaptation.

Le poème en prose

Traditionnellement, la poésie française est versifiée et rimée, c'est-à-dire soumise à des contraintes que ne connaît pas la prose. Parler de « poème en prose » est donc paradoxal. Pourtant, le XIXe siècle voit naître et se développer ce genre nouveau toujours représenté au XXe siècle.

Historique

✓ Le XIXe siècle et ses élans libertaires, qui atteignent la littérature, ont tendance à abolir les frontières entre les genres, et c'est peut-être la prose poétique et rythmée de Chateaubriand qui a conduit Maurice de Guérin et Aloysius Bertrand à créer un genre nouveau, rapidement admiré et développé par Baudelaire, Rimbaud, Lautréamont et Mallarmé. Au XXe siècle, Valéry, Claudel, Char, Ponge, Michaux, Reverdy adoptent ce genre et son caractère elliptique.

Caractéristiques

✓ Le poème en prose appartient, comme son nom le rappelle, à la fois à la poésie et à la prose qu'il fait coexister.

✓ **Les marques de la prose :** sans rime ni vers, le poème en prose se présente graphiquement comme un extrait en prose, d'un ou de plusieurs paragraphes, séparés ou non par des blancs. Les textes d'Aloysius Bertrand (⇛ p. 192) ont une présentation en strophes de longueur équivalente, ceux de Baudelaire (⇛ p. 194, 195) sont de structure et de composition variables, ceux de Rimbaud et de Valéry (⇛ p. 198 et 223), comme ceux de Reverdy, se limitent parfois à un seul paragraphe assez dense. La différence entre un extrait de prose et un poème vient de ce que chaque poème en prose constitue une unité de thème et de sens. Cette unité est synthétisée par un titre qui annonce le contenu : « Aube », « Le fou et la Vénus », « Matin », « Pénombre ».

✓ **Les marques de la poésie :** le poème en prose est « poésie » par ses rythmes, ses sonorités, des effets de reprise dans sa structure, et par la multiplicité des procédés rhétoriques qui font surgir des analogies, des associations insolites, des effets de concision, des ruptures.

Ainsi, on peut parler de rythme lorsque des structures syntaxiques se répètent, ou lorsque sont repris dans un texte bref certains éléments saisis à différents moments d'une évolution. C'est le cas dans « La ronde sous la cloche » (⇛ p. 192), avec l'évocation des différentes phases de l'orage, ou dans « Aube » (⇛ p. 214), avec l'éveil progressif de la nature. Rythmes binaires et rythmes ternaires se combinent sous forme d'énumérations, de gradations, d'antithèses pour attirer l'attention sur des éléments importants du texte, par exemple les lieux et les deux personnages dans « Le fou et la Vénus » (⇛ p. 195) ou encore le décor magique et théâtral du texte de Julien Gracq (⇛ p. 203) ; c'est ce que la poésie versifiée pourrait faire grâce à des enjambements, des rejets, des coupes diverses ou des rimes. Sons, musicalité, échos divers, images et mouvements, à l'intérieur d'une unité thématique, telles sont les caractéristiques de ce que Baudelaire appelait un *miracle de prose poétique* en évoquant les textes d'Aloysius Bertrand (⇛ p. 192), que l'on peut « démonter » sans qu'ils perdent leur force et leur unité. Il en soulignait les paradoxes en parlant de *prose poétique, musicale sans rythme et sans rime*, mais *assez souple et heurtée* pour s'adapter *aux mouvements lyriques de l'âme, aux ondulations lyriques, aux soubresauts de la conscience* (⇛ p. 96).

Thèmes

✓ Le poème en prose n'a pas de thèmes privilégiés. Il peut aborder tous les domaines, avec une prédilection pour ce qui contient du mystère dans la banalité même des choses de la vie quotidienne. Il s'attache au monde de la ville et à ses rencontres, à l'insolite de l'univers médiéval et fantastique (Aloysius Bertrand), à la magie de certains lieux (Julien Gracq), aux moments privilégiés du jour ou de la vie, aube, crépuscule, nuit (Rimbaud, Valéry). Il en fait vivre et apparaître le mystère, les secrets, la profondeur. Il révèle la richesse des objets et celle des décors, dépasse les apparences et joue le rôle que Cocteau réserve à la poésie, celui de faire apparaître ce que nous ne savons plus voir. Ce n'est donc pas une inspiration qui permet de le définir mais un mode d'écriture capable de s'adapter, par sa souplesse et sa diversité, à toutes les formes de perceptions, d'évocations et de sentiments. C'est en cela que l'on peut parler, avec le personnage de Des Esseintes (⇛ p. 199), d'un travail d'alchimiste ouvrant des perspectives précises, multiples et délectables.

Les fonctions du poète

Il est plus fréquent de s'interroger sur les fonctions du romancier que sur celles du poète, ce dernier étant souvent rejeté dans le passé. Mage inspiré d'un souffle divin ou prophète dans des temps de lutte, engagé dans la conduite des peuples vers la lumière, le poète peut être aussi un être marginal et révolté, qui refuse l'ordre social. Mais dans ces situations, et même lorsque, courtisan, il se met au service d'un prince ou d'un régime, il reste le maître du langage, instrument de révélation, de création et de lutte.

Le messager du divin

✓ Tout poète est l'héritier d'Orphée, inspiré par les muses et familier du Parnasse (⇛ p. 139). Prêtre d'Apollon, le dieu de la poésie, il sait, par sa musique et par la force incantatoire de ses mélodies, enchanter la nature, calmer les bêtes sauvages, apaiser les passions des hommes. Doté d'un pouvoir de divination, il déchiffre l'invisible, révèle ce que nous ne voyons plus (⇛ p. 219). Cette conception du poète-mage et alchimiste est celle de la Pléiade, celle que reprennent Baudelaire, (⇛ p. 196) et Rimbaud, qui se fait « voyant ». L'un et l'autre se donnent pour mission de découvrir des réalités nouvelles et la signification symbolique du réel. En ce sens, le poète est un médiateur (⇛ p. 238) qui met en évidence les relations complexes qui unissent l'homme au monde qui l'entoure. La poésie de Supervielle (⇛ p. 217), celle de Reverdy, celle de Ph. Jaccottet (⇛ p. 208) sont la preuve de cette démarche.

✓ Mais cette fonction est aussi ce qui éloigne parfois le poète des communautés humaines : certains refus des conventions le marginalisent. L'expression « poète maudit » traduit le sentiment douloureux de cette exclusion : l'image du poète « saltimbanque » égaré dans un monde dont les valeurs matérielles lui sont étrangères, hante la poésie du XIXe siècle et se trouve illustrée par Laforgue, Verlaine et Rimbaud (⇛ p. 184, 198 et 213). D'autres, pourtant, font de leur vie un combat et de leur poésie une arme.

Le prophète engagé

✓ Quand la cité est en péril, lorsque les libertés sont menacées et bafouées, lorsqu'un pouvoir usurpé brime le peuple, le poète met la parole poétique au service de la dénonciation, de la révolte, de l'action, au risque de sa vie, parfois au prix de sa vie. C'est ainsi que dans les périodes les plus troublées, guerres de religion pour Ronsard et d'Aubigné, Révolution, Résistance pour Éluard, Aragon, Desnos, Seghers, s'élève la voix de ceux qui sentent que leur silence conduirait au désespoir et à l'acceptation de l'asservissement. La poésie engagée, aux accents épiques, lyriques ou pathétiques, dépeint alors l'horreur des combats et des massacres, ou appelle à la rébellion : porteur d'une image idéalisée de la société, le poète prophète a conscience de conduire ceux qui l'écoutent vers la lumière du bonheur et de la vérité (⇛ p. 226).

L'interprète des hommes

✓ Le poète est aussi celui qui se fait le porte-parole du malheur ou des joies humaines. Par l'expression de sa propre expérience, il donne sa voix à ceux qui, comme lui, ont souffert ou été heureux : la mort qui inspire *Les Contemplations* (⇛ p. 210) devient expression de toute mort. Les sonnets lyriques de la Renaissance rapportent les étapes de la passion : l'amour vécu par le poète rend compte de ce qui est, en lui, propre à « l'humaine condition ». Le poète se met aussi au service d'une réflexion philosophique : lorsque sa poésie devient apologue ou parabole (⇛ p.437), elle délivre, sous une forme accessible à tous, un enseignement touchant au sens de la vie.

Le maître du langage

✓ Le pouvoir du poète vient de ce qu'il est un magicien des mots, animé d'un souffle inspirateur, et qu'il détient l'art de la composition musicale, de l'harmonie. Il sait créer la « sorcellerie évocatoire » dont parle Baudelaire, inventer un « langage accessible à tous les sens », comme l'a tenté Rimbaud, dépasser l'utilisation conventionnelle des signes. Créateur d'images, jongleur et musicien, qu'il écrive en vers rimés, en vers libres ou en prose poétique, il offre à ceux qui acceptent d'entrer dans son univers une ouverture sur un monde où ses propres inventions se mêlent à l'imaginaire de ceux qui le lisent. En ce sens, il participe à une rencontre émotionnelle qui prend la forme, comme le dit Claudel, d'une *co-naissance* (naissance avec) de soi et des autres.

L'autobiographie

« Autobiographie » vient du grec *graphein*, « écrire », *bio*, « une vie » et *auto*, « soi-même ». Dans un texte autobiographique, l'auteur, qui publie et signe un ouvrage, est aussi le narrateur et le héros.

Des formes différentes

☑ L'« écriture du moi » est un genre ancien, qui remonte aux *Confessions* de saint Augustin (IVe siècle ap. J.-C., ⇛ p. 282). Par la suite, Montaigne, Rousseau, Chateaubriand, Stendhal, Gide, Mauriac, Perec ont eux aussi livré leur vie dans des œuvres autobiographiques. Les titres choisis suggèrent différentes formes d'écrits : le terme « confession », par sa connotation morale et religieuse, oriente vers l'aveu et la recherche d'un pardon. « Mémoires » insiste sur les souvenirs de la vie privée ou de la vie publique. Dans leurs *Mémoires*, Chateaubriand, le général de Gaulle relient leur destinée personnelle à l'Histoire, dont ils témoignent. Depuis les travaux de Philippe Lejeune, auteur de *L'Autobiographie en France*, on réserve le terme d'« autobiographie » au récit rétrospectif dans lequel l'écrivain rapporte l'histoire de sa vie et de sa personnalité. Existent aussi l'« autoportrait », dans lequel l'auteur se décrit tel qu'il est au moment où il écrit (⇛ p. 284) et le « journal », dans lequel sont consignées au jour le jour des observations personnelles.

L'écriture autobiographique

☑ Le fait que « je » parle de « me » et rapporte, au présent ou au passé, des actions et des faits remémorés, confère à l'écriture autobiographique certaines spécificités, qui en font aussi la complexité.

☑ **L'importance du « je » :** dans l'autobiographie, le « je » représente à la fois l'auteur, le narrateur et le héros, celui qui écrit et celui dont il s'agit, un être ayant une existence historique. Revivant un épisode de son adolescence (⇛ p. 286), Rousseau se « détache » de celui qu'il met en scène. Il observe et explique les agissements du jeune homme qu'il a été et exprime les sentiments que lui procure ce souvenir.

☑ **La place de l'analyse :** l'écriture autobiographique fait alterner, parfois de manière très complexe, récit et analyse. La volonté de se justifier, de comprendre ses propres comportements, conduit à compléter le récit des faits d'explications les justifiant *a posteriori*. Saint Augustin (⇛ p. 282) raconte un acte qui lui paraît, avec le recul, incompréhensible et blâmable. Les œuvres autobiographiques sont ainsi caractérisées par la présence d'indices qui traduisent le jugement porté par l'écrivain sur des épisodes révolus de sa vie.

☑ **Le jeu des temps :** l'écriture autobiographique, est marquée par le décalage entre le moment de l'écriture – ou temps de l'énonciation – et le passé évoqué – ou temps de l'énoncé –, revécu et retranscrit sous l'éclairage du présent. Ce va-et-vient entre différentes périodes s'observe également dans l'alternance entre temps du récit et temps du discours. La coupure temporelle s'estompe parfois car le passé lointain laisse des traces dans le présent de l'écriture : *c'est dans les bois de Combourg que je suis devenu ce que je suis* écrit Chateaubriand (⇛ p. 290).

Enjeux et difficultés

☑ L'écriture autobiographique correspond souvent au désir de vaincre l'oubli, en faisant renaître le passé par l'écriture. Les obstacles viennent de la mémoire (⇛ p. 303) et de la difficulté de trouver un style qui restitue les faits et les sentiments : Stendhal évoque ainsi à quel point il est ardu de retranscrire certains moments de bonheur (⇛ p. 306). L'œuvre autobiographique tente aussi de répondre à la question « qui suis-je ? ». Pour cela, l'autobiographe remonte aux sources de sa personnalité. Les *Confessions* de Rousseau ont ouvert la voie à une interrogation sur le rôle décisif tenu par l'enfance dans la constitution d'une personne.

Il arrive enfin que l'autobiographe cherche à donner un sens à l'ensemble de son existence : il sait qu'il laisse par son œuvre une image de lui-même à la postérité. Mémoire défaillante, sentiment de l'imprécision du langage, ou du caractère inavouable de certains faits, obligation de choisir les souvenirs et indécision en ce qui concerne les critères de sélection, sont autant d'occasions pour le narrateur de poser la question de sa sincérité. Ce qu'il met en œuvre pour répondre à cette question est pour le lecteur tout aussi passionnant à découvrir que le témoignage humain que contient son récit.

GUIDE

Aspects de l'écriture biographique

Le mot « biographie », apparu dans la langue française au XVIIIe siècle, désigne le récit de vie d'une personne réelle ou fictive. Ce genre rassemble des écrits de forme et de longueur variées, notice de dictionnaire littéraire, de manuel scolaire (⇛ p. 316-317) ou long récit détaillé, retraçant la vie d'un être.

Une tradition ancienne

✓ L'existence de biographies, depuis l'Antiquité gréco-latine, est associée aux fonctions qu'on leur attribuait, dont celle de servir de modèles. Des vies exemplaires d'hommes illustres ou de chefs d'État, comme chez Plutarque (46-125) ou Suétone (70-128), ou encore celles des saints, dès le Moyen Âge, étaient offertes comme sujets d'étude et comme modèles. Les vies d'artistes apparaissent à la Renaissance, puis les vies d'auteurs, parallèlement aux académies et aux histoires littéraires, aux XVIIe et XVIIIe siècles. Ces biographies, nettement marquées par la rhétorique, n'accordent pas de place importante à la vie privée. Le XIXe siècle, en revanche, est une époque favorable au récit de vie. La critique littéraire prend appui sur la vie des auteurs. Deux tendances s'opposent, celle qui repose sur une forme d'intuition, et celle, représentée par Taine, qui se réfère à la méthode rigoureuse du positivisme. Les biographies du XXe siècle intègrent les recherches de la psychanalyse : très à la mode dans la seconde moitié du siècle, elles témoignent de l'importance accordée à tout individu et du goût pour le passé familial.

Le travail du biographe

✓ La recherche des informations conduit le biographe à adopter plusieurs démarches : il est historien, enquêteur, grand lecteur aussi puisqu'il doit lire quantité de documents. La situation est différente selon l'époque à laquelle a vécu celui dont il parle. Écrire à notre époque la vie de Madame de Maintenon nécessite d'importantes recherches d'archives. Écrire la vie d'un écrivain de son vivant facilite les choses, puisqu'il peut témoigner.

✓ Le biographe doit avoir un certain « flair » et de l'intuition. Il a la difficile tâche de mener une recherche sans savoir parfois exactement ce qu'il cherche, parfois sans mesurer l'importance de ce qu'il découvre : il lui faut retrouver une «vérité » qui lui échappe pour toutes sortes de raisons, comme le montre la mise en parallèle de deux biographies de Balzac (⇛ p. 322 et 324). Quelle est d'ailleurs cette vérité ? Le texte de Jacques Roisin (⇛ p. 319) souligne la difficulté de relier dans une perspective explicative les différents événements d'une vie ; le texte de Freud (⇛ p. 322) rappelle les liens interpersonnels qui viennent fausser une recherche d'objectivité biogrphique.

✓ De plus, les biographies étant bien souvent celles des artistes, la création de leur œuvre est en cause et se pose alors la question de « l'être créateur » par rapport à « l'être social » (⇛ p. 326). Toute démarche biographique impose des choix difficiles.

Finalités de la biographie

✓ La biographie a pour première vocation de raconter une vie avec une visée informative, documentaire (⇛ p. 322-323). Elle se propose d'aider à la connaissance d'un individu. Cette finalité impose des choix d'écriture : la biographie fait alterner le récit, qui risque de glisser vers la fiction romanesque, et l'analyse ou l'information documentaire, qui ne relèvent pas des mêmes formes de discours. Elle obéit parfois au désir du biographe de témoigner d'une « rencontre » réelle ou imaginaire avec un être qu'il juge exceptionnel. Marguerite Yourcenar souligne le lien humain qui la relie à l'empereur Hadrien (⇛ p. 394) et choisit pour cela la première personne. Freud analyse la relation complexe, souvent teintée de fascination, que le biographe entretient avec son « biographié » (⇛ p. 321). Comment rester objectif lorsqu'on fait non un récit historique mais une apologie ?

✓ Les biographies sont aussi là pour faire rêver et combler les attentes affectives des lecteurs, leurs besoins d'identification. Romancées, elles courent le risque de déformer les faits ou de s'adapter aux clichés attendus par des lecteurs avides de sensationnel. L'article consacré à James Dean (⇛ p. 329) contribue à créer un mythe autour d'un acteur transformé en « héros » : en utilisant les stéréotypes attendus par le public, l'auteur de l'article contribue à les développer. Il reste cependant que la biographie a une fonction sociale importante : elle entretient une mémoire collective en faisant revivre des personnes qui ont marqué un passé commun.

L'écriture épistolaire

On parle d'écriture épistolaire lorsqu'un émetteur s'adresse par écrit à un interlocuteur non présent en utilisant comme support un texte présentant des caractéristiques particulières. Écrire une lettre est un acte de communication, qui peut appartenir à la réalité ou à la fiction.

Les caractéristiques de la lettre

☑ Une lettre est identifiable à quelques indices précis : elle est écrite à la première personne (⇛ p. 338), dans une situation qui renvoie au moment et au lieu de l'écriture, généralement précisés (⇛ p. 132, 142 et 336). Elle comporte aussi le nom du destinataire et une signature, précédée d'une formule de salut et d'adieu (⇛ p. 341). La nature des pronoms personnels et les personnes grammaticales des verbes permettent de comprendre le rôle joué par les personnes concernées, le destinataire étant parfois mis en scène ou interpellé (⇛ p. 340), ou encore transformé en interlocuteur, dans le cas du faux dialogue. L'envoi d'une lettre laisse supposer soit la réception d'une lettre antérieure, soit l'attente d'une réponse : la double idée de réciprocité et de continuité est donc au cœur de l'écriture épistolaire. On parle de correspondance lorsqu'il y a un échange de lettres.

Historique

☑ L'échange de lettres remonte à l'Antiquité et certaines correspondances publiées servent très tôt d'exemples : lettres de Sénèque, Cicéron, Pline le Jeune. Cette forme d'écriture s'est codifiée en France au XVIIe siècle dans les « Secrétaires », ouvrages qui apprennent à écrire des lettres et proposent des modèles. Les théoriciens de ce genre s'inspirent des règles de la rhétorique antique, des Secrétaires et des recueils de lettres établis en Italie au XVIe siècle, ainsi que du code de la civilité qui s'élabore dans les salons à l'époque classique. En témoignent les lettres de Madame de Sévigné (⇛ p. 334).

☑ La correspondance a connu un grand développement aux XVIIIe et XIXe siècles. À notre époque, la lettre échappe à toute codification contraignante, sauf lorsqu'il s'agit de lettres officielles, qui relèvent alors d'usages et de règles conformes à la bienséance (⇛ p. 343).

Lettres réelles / lettres fictives

☑ Il faut distinguer ce qui relève de la correspondance réelle et ce qui est fictif. La lettre réelle appartient à la vie d'un être. Elle est souvent marquée par la spontanéité. Son écriture, libre, sans souci apparent du « bien écrire », se trouve associée aux fonctions visées par son auteur : informer, raconter, demander, exprimer ses sentiments (⇛ p. 340), ses émotions, ses incertitudes... La publication d'une correspondance peut être perçue comme une violation de la vie privée. Cependant, lorsqu'il s'agit d'écrivains, la connaissance de leurs échanges épistolaires donne un éclairage particulier à l'analyse de leurs œuvres et aide le biographe (⇛ p. 322 et 324).

☑ Les lettres de fiction appartiennent à la prose d'idées ou à la prose romanesque : elles renvoient à une réalité inventée. Leur auteur est en réalité le narrateur et le choix de cette modalité instaure une véritable polyphonie lorsqu'il s'agit d'un roman épistolaire (⇛ p. 132, 142 et 336) : le lecteur a l'impression, lui, qu'il n'y a pas de narrateur autre que les épistoliers.

Les fonctions de la lettre

☑ Message d'information ou de demande, de déclaration ou d'appel, la lettre – fictive ou réelle – peut d'abord répondre simplement au plaisir d'écrire, de raconter. On peut néanmoins observer que certaines lettres sont des confessions, des discours amoureux et des récits de vie.

☑ D'autres lettres, au contraire, visent avant tout à agir sur ce destinataire : lettres de dénonciation (⇛ p. 341), lettres dites « ouvertes », assimilables à des pamphlets, ou lettres de formation (⇛ p. 355), nettement injonctives. Les philosophes du Siècle des Lumières font de la lettre fictive aussi bien que de la lettre réelle une arme qui leur permet d'exprimer de façon plus libre et plus incisive une pensée critique. C'est la fonction attribuée aux *Lettres persanes* (⇛ p. 132, 142 et 336).

☑ De manière générale, les lettres réelles dépassent toujours – lorsqu'on les publie – leurs fonctions initiales : si elles révèlent des informations échangées par les épistoliers, elles constituent aussi de précieuses sources de renseignement sur leur vie, leurs actions, leurs motivations. Elles sont aussi des témoignages sur une époque et un milieu.

GUIDE

Le théâtre, formes et langage

Parmi les différents modes d'expression et de représentation artistiques, le théâtre a la particularité d'être un spectacle destiné à être vu et entendu. Sur une scène qui reconstitue un lieu à la fois réel et fictif, et face à un public, il présente des personnages en action qui jouent une pièce, ce qui veut dire qu'ils imitent des situations de la vie recomposées par un auteur et organisées par un metteur en scène. Apparence d'une parole spontanée, mais en réalité message préparé, le théâtre mime la vie grâce aux mots mais aussi aux gestes, aux déplacements, aux jeux de physionomie et à différents signes qui constituent un langage.

✓ Le théâtre existe aussi sous forme écrite, à destination de lecteurs. Ce mode d'existence le présente sous un aspect différent, qui lui fait perdre ses dimensions visuelles et auditives, mais qui le rend plus facilement accessible, en tant que texte, à ceux qui ne peuvent le voir.

Des contraintes vers la liberté

✓ Un regard jeté sur l'histoire du théâtre fait apparaître une évolution d'une structure rigoureuse à une grande liberté de composition et à un brouillage des catégories génériques : les formes du théâtre sont nombreuses et se sont modifiées au cours du temps. À la composition stricte d'une tragédie antique – *Œdipe-Roi* – ou classique – *Bérénice* (⇛ p. 252) – codifiée par des règles et des conventions associées au genre et à l'époque, ont succédé la liberté du drame romantique, qui refuse les contraintes, et l'éclatement des formes dans le théâtre du XXe siècle. Comédie, drame, vaudeville, tout s'y mélange. Plus de découpage précis en actes ou scènes, parfois remplacées par des « tableaux », plus de structure convenue en cinq actes équilibrés : le déroulement des actions, imprévisible et sinueux, suit des rythmes différents, ceux de la vie recréée, tandis que le langage, lui aussi malléable, ne prend plus la forme du vers et s'adapte aux situations courantes. Au cours des siècles, le caractère rituel et quasi religieux du théâtre, qui conditionnait des formes, des structures et certaines visées, s'est atténué. Le théâtre du XXe siècle est un art qui s'efforce de rendre compte – dans un langage naturel – de réalités humaines, politiques et sociales complexes, avec de nouveaux modes d'expression et de représentation, mais sans modifier sa nature profonde : une parole en action, un récit en paroles.

Un art de la parole

✓ Au théâtre, tout passe par la parole, en l'absence d'un narrateur qui « orchestrerait » le récit en donnant des détails descriptifs, des explications nécessaires, en jonglant avec le temps. Toute pièce repose ainsi sur une situation de communication complexe puisqu'elle met en scène des interlocuteurs divers et le public. Les différentes modalités de parole, dialogue, monologue, tirade, ont donc des rôles multiples. D'autre part, il n'est pas impossible à l'auteur d'intervenir pour éclairer la portée des paroles prononcées et de préciser comment il entend que soit représentée sa pièce. Le théâtre, art visuel, met en effet en jeu les gestes, les attitudes, un décor, des costumes, des objets : tous ont une portée informative, ou symbolique (⇛ p. 254 et 267).

✓ **Une communication complexe :** installés sur la scène et dans leur décor, les personnages échangent entre eux des propos réels renvoyant à une histoire fictive. Ce mélange de réalité (le public, la scène) et de fiction (paroles, costumes, décor) crée ce que l'on appelle « l'illusion théâtrale ». Les personnages ne sont pas seuls, et au-delà de leurs interlocuteurs directs, leurs paroles ont pour autre destinataire le public. Dans le déroulement de la représentation, celui-ci a vu et appris certaines choses, ou en ignore d'autres, que connaissent les personnages. De cette double énonciation naissent entre la scène et la salle des phénomènes de décalage ou de complicité, d'anticipation ou d'attente. On le voit dans *Britannicus* (⇛ p. 249) et chez Marivaux (⇛ p. 256). Mais il n'est pas toujours facile de distinguer ce qui s'adresse à l'un ou à l'autre des destinataires.

✓ **Différents rôles de la parole :** puisque tout se construit sur la parole, au théâtre, celle-ci se met au service des différentes formes du discours, mais en les mêlant constamment, du fait même de la double énonciation.
Le dialogue, par exemple, est un mode d'information important en même temps qu'il fait avancer l'action, ou en exprime la nature lorsqu'elle est en cours. Dans une scène d'exposition comme celle de *Tartuffe* (⇛ p. 244), il fait connaître le thème du débat (la querelle familiale), permet, par les interpellations, de savoir qui est qui, et donne indirectement les éléments de plusieurs portraits, celui de Madame Pernelle, qui se révèle dans ses propres paroles, ceux des

membres de la famille, faits par elle de manière subjective (mais susceptibles d'être contredits par leurs comportements). On observe alors que le seul dialogue raconte – de manière sous jacente – une histoire installée dans le temps, mais que le spectateur décrypte facilement, parce que tous les éléments lui en sont donnés : depuis quelques temps, la famille est en crise par suite de l'installation d'une personne que les uns rejettent et dont les autres (qui représentent l'autorité) souhaitent la présence. Le dialogue fait état des tensions. Ainsi, le discours informatif se révèle narratif – sans narrateur. Il met en jeu plusieurs fonctions du langage, la fonction référentielle, mais aussi les fonctions expressive, impressive et phatique.

✓ L'information narrative et descriptive passe de manière plus facilement identifiable par la tirade, surtout lorsque celle-ci rapporte sur la scène un événement qui s'est passé ailleurs. Les codes de la tragédie imposent de ne pas représenter visuellement la violence en action : elle est donc rapportée (⇛ p. 251) et les mots utilisés font appel à l'imagination du spectateur. Une autre fonction de la tirade est l'extériorisation des sentiments, émotions et états d'âme des personnages : ce qui se passe en eux, et que pourraient rapporter de longues analyses romanesques faites par un narrateur omniscient, est exprimé à destination du public et d'un interlocuteur présent, ou absent et invoqué (⇛ p. 265), qui peut être partie prenante dans la situation (⇛ p. 247 et 263). La parole a ici un rôle introspectif, tout comme le monologue, discours qu'un personnage s'adresse à lui-même, dans une démarche de dédoublement (⇛ p. 152), mais qui se trouve soudain « public » du fait de la présence des spectateurs. Il arrive aussi que cette parole solitaire, et parfois sans réponse, prenne la forme d'une délibération (⇛ p. 252) ou d'une argumentation.

✓ **Les didascalies :** le texte théâtral écrit comporte des éléments qui ne sont jamais dits sur scène. Il s'agit des « didascalies », ou indications de jeu et de mise en scène. Celles-ci font passer le point de vue de l'auteur en donnant des informations sur la manière dont il a connoté le texte. Il arrive parfois que les paroles elles-mêmes comportent des « didascalies internes » (⇛ p. 247), à travers des mots qui suggèrent une mise en scène, certaines attitudes, certaines manifestations (colère, larmes, soupirs...). Il arrive aussi que les didascalies prennent la forme du récit de ce qui se passe sur scène. On peut alors s'interroger sur leur statut et sur les raisons pour lesquelles le dramaturge insère dans le texte écrit des éléments qui parfois occupent une place plus grande que la parole elle-même. Cette situation est perceptible dans le théâtre du XXe siècle (Beckett, Ionesco ⇛ p. 272 et 275) : la parole répétitive (⇛ p. 275) ou vide (⇛ p. 272) se trouve littéralement « noyée » dans le texte écrit et, sur scène, dans une gestuelle, des jeux de physionomie et des déplacements nombreux, qui prennent une grande importance et mobilisent l'attention visuelle du public. Ce qui compte alors n'est plus le contenu du discours, mais son absence. Ce qui devient essentiel est l'ensemble des autres éléments, décor, costumes, gestes.

Signes et langages

✓ Au théâtre, tout ce qui est visible est signifiant, de manière simplement illustrative ou symbolique. Ainsi, on peut jouer *Tartuffe* dans un décor représentant un intérieur bourgeois du XVIIe siècle. Mais les éléments choisis, tableaux, décoration, peuvent attirer l'attention sur tel ou tel élément fondamental aux yeux du metteur en scène, par rapport à l'interprétation souhaitée. Si on joue cette pièce dans un décor moderne (⇛ p. 259), le message est différent. Il en est de même pour le choix de la lumière, des couleurs, des costumes, informatifs de manière différente : l'ombre et la lumière dans la mise en scène de *Phèdre* (⇛ p. 254) ou d'*Orlando* (⇛ p. 241) ont un sens particulier, qui diffère de celui que ces éléments ont dans *Ruy Blas* (⇛ p. 265) et dans *Fin de partie* (⇛ p. 272). On peut parler de « langage » à propos de tous les éléments visuels qui entrent dans la mise en scène et dans l'interprétation d'une pièce de théâtre. Il faut encore ajouter à cela tout ce qui relève du jeu des acteurs : déplacements, gestes, occupation de l'espace, mimiques, visages, manières de s'exprimer, présence sur scène. Il appartient au public de savoir « lire » et comprendre ces langages différents, comme il appartient au metteur en scène de les rendre accessibles ; c'est la condition même pour que le théâtre réussisse ce qui est sa fonction : donner l'illusion du réel dans un temps qui échappe à la réalité.

3

Argumenter et délibérer

L'argumentation se présente comme un corps de techniques discursives qui visent différents auditoires pour provoquer l'assentiment, entraîner l'adhésion, produire la persuasion ou la certitude. La rhétorique, construite par Aristote, peut alors se définir comme une théorie générale de ces techniques.
L'argumentation rhétorique s'oppose d'une manière particulière à la démonstration logique (scientifique).

Dictionnaire des littératures, éd. Larousse, 1994.

Harmensz Van Rijn Rembrandt (1606-1669), *Le Ministre Memmonite Cornelis Claesz Anslo et une femme,* 1641 (peinture, 176 x 210 cm ; Gemäldgalerie, Berlin).

LIRE L'IMAGE

1. Décrivez ce que vous voyez sur le tableau : attitudes des personnages, gestes, importance des objets, organisation de l'espace.

2. Étudiez la manière dont est traitée la lumière et la mise en relief de certains éléments.

LE DIALOGUE, L'ESSAI, L'APOLOGUE

Anonyme italien, *Le Procès de Galilée*, 1633 (peinture ; Collection particulière) ; détail p. 384, 406 et 424.

SÉQUENCE 20

L'argumentation en dialogue

1. Pierre de Ronsard, *Nouvelle continuation des Amours* (1555-1556)

Il est fréquent que les poètes s'adressent à celles qui, selon la tradition antique, les inspirent (⇒ p. 139). C'est l'occasion d'une réflexion sur les difficultés ou sur les fonctions de l'écriture poétique.

Dialogues des Muses et de Ronsard

RONSARD

Pour avoir trop aimé votre bande inégale,
Muses, qui défiez (ce dites vous[1]) les temps,
J'ai les yeux tout battus, la face toute pâle,
Le chef grison[2] et chauve, et si[3] n'ai que trente ans.

MUSES

Au Nocher[4] qui sans cesse erre sur la marine[5]
Le teint noir appartient : le soldat n'est point beau
Sans être[6] tout poudreux : qui courbe la poitrine
Sur nos livres, est laid, s'il n'a pâle la peau.

RONSARD

Mais quelle récompense aurai-je de tant suivre
Vos danses nuit et jour, un laurier sur le front ?
Et cependant les ans, auxquels je dusse vivre[7]
En plaisirs et en jeux, comme poudre[8] s'en vont ?

1. C'est ainsi que vous le dites.
2. Tête dont les cheveux deviennent gris.
3. Et pourtant je n'ai que…
4. Au marin.
5. La mer.
6. S'il n'est pas.
7. Pendant lesquels j'aurais dû vivre.
8. Poussière.

MUSES

Vous aurez en vivant une fameuse gloire,
Puis quand vous serez mort votre nom fleurira :
L'âge de siècle en siècle aura de vous mémoire.
Seulement votre corps[9] au tombeau pourrira.

RONSARD

Ô le gentil loyer[10] que chaut-il à Homère[11],
Or' qu'il ne sent plus rien[12] sous les ombres là bas,
Qu'il n'a plus yeux, ni bras, bouche, ni jambe entière,
Si son renom fleurit, ou s'il ne fleurit pas ?

MUSES

Vous êtes abusé[13] : le corps dessous la lame[14]
Pourri ne sent plus rien, aussi ne lui en chaut :
Mais ce n'est pas ainsi après la mort de l'âme,
Qui ouit ce qu'on dit d'elle, et l'entend de là haut.

RONSARD

Bien, je vous suivrai donc en face pâlissante,
Dussé-je trépasser[15], de l'étude vaincu,
Et ne fusse qu'à fin que[16] la race suivante
Ne me reproche point qu'oisif j'aie vécu.

MUSES

Voilà sagement dit : ceux dont la fantaisie
Sera religieuse, et dévote envers Dieu,
Toujours achèveront quelque grand'poésie,
Et dessus leur renom la Parque n'aura lieu[17].

Poème 55 (orthographe modernisée).

9. Votre corps seul.
10. Récompense.
11. En quoi importe-t-il à Homère… ?
12. Alors qu'il ne sent plus rien.
13. Vous faites erreur.
14. Sous la pierre du tombeau.
15. Même si je dois mourir.
16. Et n'avoir existé que.
17. La mort n'aura pas de prise sur leur renommée.

Baldassare Peruzzi (1481-1536), *La Danse des muses* (peinture ; Palazzo Pitti, Florence).

RECHERCHE DOCUMENTAIRE

▸ **1.** Recherchez de quoi se compose la *bande inégale* des Muses : quels sont leurs noms et leurs spécialités ?

▸ **2.** Le mot *nocher*, qui désigne ici le marin, est employé dans la mythologie pour désigner un personnage associé à la mort. Cherchez qui est ce personnage, quel est son nom et quel est son rôle.

▸ **3.** À quoi font référence le *laurier* du vers 10 et l'expression *laurier sur le front* ?

▸ **4.** Que désigne le mot *Parque* (dernier vers) ? Cherchez le nom et le rôle des trois Parques de la mythologie.

LECTURE ANALYTIQUE

▸ **1.** Observez la forme poétique du dialogue et sa structure : combien de répliques trouve-t-on par interlocuteur ? Qui ouvre le dialogue ? Qui le ferme ?

▸ **2.** À partir du repérage des champs lexicaux dominants, dites quels sont les thèmes essentiels de cet échange : définissez grâce à ces thèmes ce qui fait l'objet précis du débat entre Ronsard et les Muses.

▸ **3.** Déterminez la thèse que soutient Ronsard et la manière dont il l'argumente face aux répliques des Muses. À partir de quel moment semble-t-il convaincu ?

▸ **4.** Quelle est la thèse des Muses et quels sont leurs arguments ? Sur quel genre poétique repose l'immortalité dont le poète sera récompensé ?

▸ **5.** Qu'apporte à l'argumentation la forme du dialogue ? Étudiez comment se met en place une double argumentation, qui se fait à la fois en continu et de manière morcelée par les différentes répliques. En quoi peut-on parler de faux monologue délibératif ?

ÉCRITURE

▸ **Invention :** composez un texte dans lequel vous insérerez plusieurs des métaphores qui figurent dans le dialogue de Ronsard et des Muses, l'image du poète pâle et vieilli, ou les expressions *suivre vos danses nuit et jour, un laurier sur le front, de l'étude vaincu*. Choisissez le registre dans lequel vous écrirez : lyrique, pathétique, ou parodique et humoristique. Vous pouvez vous inspirer de certains textes de la séquence 23.

GUIDE p. 444

2. Denis Diderot, *Entretien d'un père avec ses enfants*[1] (1773)

*Le dialogue est une forme littéraire que Denis Diderot appréciait pour sa spontanéité et pour les possibilités qu'il offre de confronter des opinions différentes. Dans l'*Entretien d'un père avec ses enfants*, le philosophe met en scène un père reconnu pour sa sagesse, avec ses enfants. Le docteur Bissei participe également à la conversation.*

Mon père lui[2] demanda des nouvelles de quelques-uns de ses malades, entre autres, d'un vieux fripon d'intendant[3], d'un M. de La Mésangère, ancien maire de notre ville. Cet intendant avait mis le désordre et le feu dans les affaires de son maître, avait fait de faux emprunts sous son nom, avait égaré des titres[4], s'était approprié des fonds, avait commis une infinité de friponneries dont la plupart étaient avérées, et il était à la veille de subir une peine infamante, sinon capitale. Cette affaire occupait alors toute la province. Le docteur lui dit que cet homme était fort mal[5] mais qu'il ne désespérait pas de le tirer d'affaire.

1. Le titre complet est *Entretien d'un père avec ses enfants ou Du danger de se mettre au-dessus des lois.*
2. Il s'agit du docteur Bissei, qui vient d'arriver.
3. Personne chargée d'administrer les affaires et le patrimoine d'un particulier.
4. Certificats qui représentent une valeur financière.
5. Il n'allait pas bien.

MON PÈRE. – C'est un très mauvais service à lui rendre.

MOI. – Et une très mauvaise action à faire.

LE DOCTEUR BISSEI. – Une mauvaise action ! Et la raison, s'il vous plaît ?

MOI. – C'est qu'il y a tant de méchants dans ce monde, qu'il n'y faut pas retenir ceux à qui il prend envie d'en sortir.

LE DOCTEUR BISSEI. – Mon affaire est de le guérir, non de le juger ; je le guérirai, parce que c'est mon métier ; ensuite le magistrat le fera pendre, parce que c'est le sien.

MOI. – Docteur, mais il y a une fonction commune à tout bon citoyen, à vous, à moi, c'est de travailler de toute notre force à l'avantage de la république[6] ; et il me semble que ce n'en est pas un pour elle que le salut d'un malfaiteur, dont incessamment les lois la délivreront.

LE DOCTEUR BISSEI. – Et à qui appartient-il de le déclarer malfaiteur ? Est-ce à moi ?

MOI. – Non, c'est à ses actions.

LE DOCTEUR BISSEI. – Et à qui appartient-il de connaître[7] de ces actions ? Est-ce à moi ?

MOI. – Non ; mais permettez, docteur, que je change un peu la thèse, en supposant un malade dont les crimes soient de notoriété publique. On vous appelle ; vous accourez, vous ouvrez les rideaux[8], et vous reconnaissez Cartouche ou Nivet[9]. Guérirez-vous Cartouche ou Nivet ?...

Le docteur Bissei, après un moment d'incertitude, répondit ferme qu'il le guérirait ; qu'il oublierait le nom du malade, pour ne s'occuper que du caractère de la maladie ; que c'était la seule chose dont[10] il lui fût permis de connaître ; que s'il faisait un pas au-delà, bientôt il ne saurait plus où s'arrêter ; que ce serait abandonner la vie des hommes à la merci de l'ignorance, des passions, du préjugé, si l'ordonnance devait être précédée de l'examen de la vie et des mœurs du malade. « Ce que vous me dites de Nivet, un janséniste me le dira d'un moliniste, un catholique d'un protestant. Si vous m'écartez du lit de Cartouche, un fanatique m'écartera du lit d'un athée. C'est bien assez que d'avoir à doser le remède, sans avoir encore à doser la méchanceté qui permettrait ou non de l'administrer...[11]

– Mais, docteur, lui répondis-je, si après votre belle cure[12], le premier essai que le scélérat fera de sa convalescence, c'est d'assassiner votre ami, que direz-vous ? Mettez la main sur la conscience ; ne vous repentirez-vous point de l'avoir guéri ? Ne vous écrierez-vous point avec amertume : Pourquoi l'ai-je secouru ? Que ne le laissais-je mourir ! N'y a-t-il pas là de quoi empoisonner le reste de notre vie ?

LE DOCTEUR BISSEI. – Assurément, je serai consumé de douleur ; mais je n'aurai point de remords.

MOI. – Et quel remords pourriez-vous avoir, je ne dis point d'avoir tué, car il ne s'agit pas de cela ; mais d'avoir laissé périr un chien enragé ? Docteur, écoutez-moi. Je suis plus intrépide que vous ; je ne

6. L'État.
7. Faire connaître.
8. Les rideaux de l'alcôve qui cachent le lit.
9. Célèbres voleurs et chefs de bande du XVIIIe siècle.
10. On dirait de nos jours : « qu'il lui fût permis de connaître ».
11. Les points de suspension appartiennent au texte d'origine.
12. Traitement médical.

me laisse point brider[13] par de vains raisonnements. Je suis médecin. Je regarde mon malade ; en le regardant, je reconnais un scélérat, et voici le discours que je lui tiens : « Malheureux, dépêche-toi de mourir ; c'est tout ce qui peut t'arriver de mieux pour les autres et pour toi. Je sais bien ce qu'il y aurait à faire pour dissiper ce point de côté qui t'oppresse, mais je n'ai garde de l'ordonner ; je ne hais pas assez mes concitoyens, pour te renvoyer de nouveau au milieu d'eux, et me préparer à moi-même une douleur éternelle par les nouveaux forfaits que tu commettrais. Je ne serai point ton complice. On punirait celui qui te recèle[14] dans sa maison, et je croirais innocent celui qui t'aurait sauvé ! Cela ne se peut. Si j'ai un regret, c'est qu'en te livrant à la mort je t'arrache au dernier supplice. Je ne m'occuperai point de rendre à la vie celui dont il m'est enjoint par l'équité naturelle, le bien de la société, le salut de mes semblables, d'être le dénonciateur. Meurs, et qu'il ne soit pas dit que par mon art et mes soins il existe un monstre de plus. »

Extrait.

13. Limiter, emprisonner.
14. Cache.

RECHERCHE DOCUMENTAIRE

▸ **1.** Recherchez le sens des mots *jansénisme* et *molinisme* (⇛ p. 166) et dites comment peut s'expliquer le choix de ces deux termes à l'endroit où ils se trouvent dans le texte. Rédigez une note explicative pour chacun d'entre eux.

▸ **2.** Dans le domaine médical, qu'appelle-t-on « Serment d'Hippocrate » ?

▸ **3.** Que révèle, en 1773, l'utilisation des termes *citoyens, concitoyens* et *république* ?

LECTURE ANALYTIQUE

▸ **1.** Le dialogue s'insère ici dans un texte narratif : délimitez précisément ce qui appartient au récit, au dialogue présenté comme du théâtre, au discours indirect, au discours direct inséré à l'intérieur du dialogue. Identifiez à chaque fois qui parle et à quel interlocuteur. Quel effet ces différents choix produisent-ils ?

▸ **2.** Quelle phrase du dialogue lance le débat ? Précisez, en partant des données du début du texte, quel est exactement l'objet de ce débat et quels sont les deux interlocuteurs qui s'y engagent.

▸ **3.** Quelle est la thèse soutenue par *Moi* ? Après avoir reformulé cette thèse, étudiez la manière dont elle est argumentée et même modifiée par celui qui parle. À quel endroit du dialogue et pourquoi fait-il intervenir une modification ? Dites quelle est cette modification et quelle est sa force.

▸ **4.** Quelle thèse le docteur Bissei soutient-il ? Sur quoi fonde-t-il son argumentation ? En quoi peut-on parler ici de valeurs humanistes ?

▸ **5.** Étudiez en quoi l'échange dialogué favorise la progression de l'argumentation : que permet-il ?

ÉCRITURE

▸ **Réécriture :** réécrivez le dialogue de l'entretien sous forme de dialogue de théâtre. Utilisez des didascalies. Transformez en dialogue direct tout ce qui, dans le texte, relève de la parole et peut être transposé.

DÉBAT

▸ L'état de santé d'un prévenu justifie-t-il que ce dernier échappe à la justice ?

GUIDE p. 444

3. Assemblée nationale constituante, *Débat sur la liberté de la presse* (24 août 1789)

Pendant le mois d'août 1789, l'Assemblée constituante, réunie pour élaborer une constitution, prépare des décrets et des lois. Le texte qui suit est extrait du débat portant sur la liberté de la presse. La proposition débattue est celle qu'a formulée ainsi le duc de Lévis :

Jacques Louis David (1748-1825), esquisse pour *Le Serment du Jeu de Paume.*

« Tout homme ayant le libre exercice de sa pensée, a le droit de manifester ses opinions, sous la seule condition de ne pas nuire à autrui. »

M. le duc de La Rochefoucauld parle ensuite ; il détaille les avantages de la presse. C'est elle, dit-il, qui a détruit le despotisme, c'est elle qui précédemment avait détruit le fanatisme. Il propose l'article qui suit :

« La libre communication des pensées et des opinions est un des droits les plus précieux à l'homme ; tout citoyen peut donc parler, écrire, imprimer librement, sauf à répondre des abus de cette liberté, dans les cas prévus par la loi. »

M. Rabaud de Saint-Étienne : C'est avec empressement que j'appuierai les divers projets des préopinants[1]. Cependant il nous est impossible d'en conserver un aussi vague, aussi insignifiant que celui du sixième bureau[2].

Ce serait manquer à nos mandats[3] que de ne pas assurer la liberté de la presse ; mais nos cahiers[4] nous prescrivent encore un devoir, celui de consacrer à jamais l'inviolabilité du secret de la poste ; nos cahiers nous le recommandent, et l'article du sixième bureau n'en parle pas.

Il y a lieu d'espérer que, réfléchissant sur la sainteté de nos devoirs et sur les dangers de remplir la déclaration des droits de détails insignifiants, nous nous empresserions de remplir nos mandats sur un objet aussi essentiel. Quant à la presse, il est inutile de vous en démontrer les avantages. À qui les annoncerions-nous ? Serait-ce aux peuples ? Mais les ordres qu'ils nous donnent annoncent qu'ils les connaissent. Serait-ce à nous-mêmes ? Mais nos lumières sont dans nos cahiers.

Cependant, il faut le dire : la liberté de la presse n'est pas sans inconvénients. Mais faut-il aussi, pour cette raison, rétrécir une liberté que l'homme ne tient que de lui-même ? En faisant des lois, aurons-nous plutôt égard au droit en lui-même qu'à l'abus que l'on en peut faire ? Dans l'ouvrage le plus sage, le plus modéré, ne trouve-t-on pas toujours quelque chose susceptible d'une interprétation maligne ? interprétation qui est bientôt devenue un art perfectionné par le despotisme et l'inquisition de la police.

1. Ceux qui viennent de donner leur point de vue dans la délibération.
2. Petit groupe de constituants ayant travaillé sur un projet d'article de loi. Leur proposition avait cette forme : « La libre communication des pensées étant un droit du citoyen, elle ne doit être restreinte qu'autant qu'elle nuit aux droits d'autrui. »
3. Mission confiée par des citoyens à certains d'entre eux pour exercer une responsabilité politique. Ici, il s'agit d'une responsabilité législative.
4. Cahiers de doléance apportés par les représentants des États Généraux réunis en assemblée en 1789.

Si l'on s'élève contre un homme en place, il s'écrie que l'ordre est troublé, que les lois sont violées, que le gouvernement est attaqué, parce qu'il s'identifie avec l'ordre, avec les lois et avec le gouvernement.

Placer à côté de la liberté de la presse les bornes que l'on voudrait y mettre, ce serait faire une déclaration des devoirs, au lieu d'une déclaration des droits.

Jamais article ne fut plus important. Si d'un mot mal combiné il en coûtait une larme, un soupir, nous en serions responsables.

Si de quelque article rédigé dans le tumulte, il en résultait l'esclavage d'un seul, il en résulterait bientôt l'esclavage de tous ; la servitude est une contagion qui se communique avec rapidité.

J'adhère à l'arrêté de M. le duc de La Rochefoucauld, en y mettant la dernière phrase de M. le duc de Lévis, *sauf à ne pas nuire*, etc.

M. TARGET : Je propose l'article suivant qui n'est que l'extrait[5] des deux autres.

« Tout homme a le droit de manifester ses opinions par la pensée, la parole et l'impression ; celui qui, en usant de ce droit, blesse le droit d'autrui, doit en répondre suivant les formes prescrites par la loi. »

5. La synthèse.

Extrait, in *Recueil de textes et documents du XVIIIe siècle à nos jours*, éd. CNDP, 1989.

RECHERCHE DOCUMENTAIRE

▸ **1.** Cherchez dans un manuel d'histoire des informations sur l'Assemblée constituante : sa composition, ses pouvoirs, son rôle, son action.

▸ **2.** Reconstituez la chronologie des événements historiques qui ont marqué le début de la Révolution, depuis la réunion des états généraux jusqu'à la *Déclaration des droits de l'Homme et du Citoyen*, dont vous donnerez la date exacte.

LECTURE ANALYTIQUE

▸ **1.** En prenant appui sur la ponctuation et sur le nom de ceux qui parlent, précisez quels sont les différents intervenants et quelles sont les limites de leur discours. Distinguez également ce qui appartient au rapporteur du débat. Qui parle le plus ?

▸ **2.** Observez le déroulement du débat et distinguez ce qui relève spécifiquement de la question de la liberté de la presse et ce qui porte sur une autre problématique, liée au contexte et identifiable à la présence des termes *mandats, cahiers*...

▸ **3.** Sur quels arguments l'affirmation d'une nécessité de la liberté de la presse repose-t-elle ? Quel débat s'instaure à propos des limites à apporter, ou non, à cette liberté ? Retrouvez dans le texte une phrase qui résume les difficultés rencontrées par tous les législateurs.

▸ **4.** De quelles qualités font preuve les membres de l'Assemblée qui s'expriment dans ce texte ? Que vous a appris la lecture et l'étude d'un texte comme cet extrait ?

ÉCRITURE

▸ **Essai :** après d'autres délibérations, l'article adopté prend la forme d'un décret.

Art. XI : *La libre communication des pensées et des opinions est un des droits les plus précieux de l'homme. Tout citoyen peut donc parler, écrire, imprimer librement, sauf à répondre de l'abus de cette liberté dans des cas prévus par la loi.*

Étudiez l'évolution de la proposition qui figure dans la note 2 à celle du début du texte, puis à celle qui figure à la fin, jusqu'au décret final : qu'est-ce qui a été gardé ? Comment certaines objections ont-elles été intégrées ? L'esprit est-il le même ?

GUIDE ▸ p. 444

4. Victor Hugo, *Châtiments* (1853)

En exil à la suite de son opposition au régime issu du coup d'état du 2 décembre 1851, Victor Hugo clame sa haine de Napoléon III dans l'œuvre satirique et polémique Châtiments. *En sept livres vengeurs, qui séparent « Nox », la nuit, de « Lux », la lumière, il appelle à la révolte contre celui qu'il considère comme un usurpateur. Dans le texte qui suit, il met en scène l'assassin d'un tyran athénien.*

Le bord de la mer

HARMODIUS[1]

La nuit vient. Vénus brille.

L'ÉPÉE

Harmodius, c'est l'heure !

LA BORNE DU CHEMIN

Le tyran va passer.

HARMODIUS

J'ai froid, rentrons.

UN TOMBEAU

Demeure.

HARMODIUS

Qu'es-tu ?

LE TOMBEAU

Je suis la tombe. – Exécute ou péris.

UN NAVIRE À L'HORIZON

Je suis la tombe aussi, j'emporte les proscrits.

L'ÉPÉE

Attendons le tyran.

HARMODIUS

J'ai froid. Quel vent !

LE VENT

Je passe.
Mon bruit est une voix. Je sème dans l'espace
Les cris des exilés, de misère expirants,
Qui sans pain, sans abri, sans amis, sans parents,
Meurent en regardant du côté de la Grèce[2].

1. Harmodius fut, avec Aristogiton, l'assassin du tyran athénien Hipparque, au VIe siècle av. J.-C. Exécuté aussitôt après son acte, Harmodius est resté dans la tradition comme un martyr de la liberté.
2. Pays symbole de liberté.

Victor Hugo (1802-1885),
Exil ou Un bateau à voile
(dessin, plume et encre de Chine ;
Maison de Victor Hugo,
Guernesey).

VOIX DANS D'AIR

Némésis[3] ! Némésis ! lève-toi, vengeresse !

L'ÉPÉE

C'est l'heure. Profitons de l'ombre qui descend.

LA TERRE

Je suis pleine de morts.

LA MER

Je suis rouge de sang.
Les fleuves m'ont porté des cadavres sans nombre.

LA TERRE

Les morts saignent pendant qu'on adore son ombre.
À chaque pas qu'il fait sous le clair firmament,
Je les sens s'agiter en moi confusément.

UN FORÇAT

Je suis forçat, voici la chaîne que je porte,
Hélas ! pour n'avoir pas chassé loin de ma porte
Un proscrit qui fuyait, noble et pur citoyen.

L'ÉPÉE

Ne frappe pas au cœur, tu ne trouverais rien.

LA LOI

J'étais la loi, je suis un spectre. Il m'a tuée.

LA JUSTICE

De moi, prêtresse, il fait une prostituée.

LES OISEAUX

Il a retiré l'air des cieux et nous fuyons.

LA LIBERTÉ

Je m'enfuis avec eux – ô terre sans rayons,
Grèce, adieu !

UN VOLEUR

Ce tyran, nous l'aimons. Car ce maître
Que respecte le juge et qu'admire le prêtre,
Qu'on accueille partout de cris encourageants,
Est plus pareil à nous qu'à vous, honnêtes gens.

LE SERMENT

Dieux puissants ! à jamais, fermez toutes les bouches !
La confiance est morte au fond des cœurs farouches.
Homme, tu mens ! Soleil, tu mens ! Cieux, vous mentez !
Soufflez, vents de la nuit ! emportez, emportez
L'honneur et la vertu, cette sombre chimère !

3. Déesse de la vengeance dans la mythologie grecque.

LA PATRIE
Mon fils, je suis aux fers ! Mon fils, je suis ta mère !
Je tends les bras vers toi du fond de ma prison.

HARMODIUS
Quoi ! le frapper, la nuit, rentrant dans sa maison !
Quoi ! devant ce ciel noir, devant ces mers sans borne !
Le poignarder, devant ce gouffre obscur et morne,
En présence de l'ombre et de l'immensité !

LA CONSCIENCE
Tu peux tuer cet homme avec tranquillité.

Jersey, octobre 1852.

Livre III, poème XV.

RECHERCHE DOCUMENTAIRE

▸ **1.** Cherchez dans quelles conditions Victor Hugo s'est exilé aussitôt après le coup d'état de Napoléon III et quelles furent les circonstances historiques de ce coup d'état. À quel régime a-t-il mis fin ?

▸ **2.** Que désigne le mot « allégorie » ? À quoi peut-il s'appliquer dans le texte ci-dessus ?

LECTURE ANALYTIQUE

▸ **1.** Dans le dialogue mis en place, étudiez les relations entre les paroles et la nature de celui ou de celle qui les prononce, et dites en quoi ces paroles constituent à la fois un témoignage et un argument : qu'est-ce qui est dénoncé dans chaque réplique ? Que traduisent les paroles d'Harmodius ?

▸ **2.** Quel rôle joue le voleur dans l'argumentation ? En quoi est-il différent des autres interlocuteurs ? En quoi son intervention, cependant, rejoint-elle la leur ?

▸ **3.** Quelle progression le lecteur peut-il observer d'une réplique à l'autre, d'un interlocuteur à l'autre ? Qu'ont de particulier la loi, la justice, la liberté, le serment, la patrie par rapport aux autres personnages ? Pourquoi est-il important que la conscience intervienne en dernier ?

▸ **4.** Que permet ici le dialogue mettant en scène des allégories ? Quelle est la force des répliques brèves et versifiées, prononcées par des éléments de la nature ?

ÉCRITURE

▸ **Réécriture 1 :** recomposez un discours non dialogué, prononcé par la conscience, reprenant tous les arguments énoncés dans le texte. Mettez en relief toutes les valeurs présentées comme bafouées. Utilisez différents procédés rhétoriques pour exprimer les hésitations d'Harmodius.

▸ **Réécriture 2 :** sur le modèle du texte de Hugo, composez un dialogue concernant une décision à prendre – de votre choix –, qui donne lieu à une délibération. Choisissez d'être, ou non, un des interlocuteurs.

GUIDE p. 444

5. Marguerite Yourcenar, *Les Yeux ouverts* (1980)

Les Yeux ouverts *regroupe un ensemble d'entretiens accordés en 1980 par la romancière Marguerite Yourcenar à Matthieu Galey, journaliste et réalisateur d'émissions littéraires. Elle y aborde, en fonction des questions qui lui sont posées, toutes sortes de problèmes de la vie sociale en relation avec des réflexions morales. Le thème abordé ici est le voyage.*

– Vous êtes assez aventurière de tempérament[1].

Je vais de l'avant, c'est tout. Mais tout voyage, toute aventure (au sens vrai du mot = ce qui arrive) se double d'une exploration intérieure. Il en est de ce que nous faisons et de ce que nous pensons comme de la courbe extérieure et de la courbe intérieure d'un vase : l'une modèle l'autre.

– Reprocheriez-vous à vos contemporains d'être trop casaniers ?

– Ils courent les routes, mais que voient-ils le long de ces routes ? En tout cas, je me méfie des Français qui disent que la France leur suffit, et des Américains qui disent qu'on n'est bien que chez soi. Cette race meurt, heureusement, remplacée par une autre qui voit mal et vite les pays lointains. Il faut dans le voyage, comme dans tout, des aptitudes contradictoires : de la fougue, une attention soutenue, une certaine légèreté,

> « Car les vrais voyageurs sont ceux-là seuls qui partent
> Pour partir, et, légers, semblables aux ballons… »
>
> (BAUDELAIRE)

le goût de se plaire au spectacle extérieur des choses, et l'intention bien arrêtée d'aller par-delà ce spectacle pour parvenir à voir les réalités souvent cachées. Tout voyageur est Ulysse ; il se doit d'être aussi Protée.

– Certains grands esprits n'ont guère quitté leur chambre. Le poêle de Descartes, le cabinet[2] *de Montaigne…*

– Les deux hommes que vous citez ont pas mal voyagé l'un et l'autre. Descartes fait en 1618 la guerre en Hollande, en 1619, il visite le Danemark et l'Allemagne, refait à peu près le même immense voyage en Europe centrale durant les deux années suivantes, séjourne ensuite près de deux ans en Italie avant de s'établir en Hollande pour vingt ans et mourir enfin à Stockholm. S'il a vécu et pensé « dans un poêle », comme le veut la légende qui simplifie tout, ce poêle (c'est-à-dire cette chambre munie d'un poêle), il s'y est tenu au chaud dans bien des lieux de l'Europe du Nord. Quant à Montaigne, ses dix-sept

1. Les passages en italique correspondent aux questions de Matthieu Galey. Les passages en romain sont les réponses de Marguerite Yourcenar.
2. L'endroit où travaillait Montaigne.

Marguerite Yourcenar chez elle dans le Maine, en 1979.

mois de voyage à travers la Suisse, le Tyrol et l'Italie ont eu pour prétexte la recherche de la santé, mais il a trop bien parlé du voyage pour que l'on ne sente pas son allégresse à monter en selle[3].

Le voyage est une expérience, comme l'immobilité sur un coin de terre est une expérience, comme l'amitié, la contemplation, l'amour, le travail, la maladie, sinon le jardinage ou la cuisine, sont des expériences. Pourquoi discriminer entre elles ?

– Encore faut-il que cette expérience, ces regards soient transmissibles, pour en faire profiter les autres. Les écrivains sont de ceux-là, ils transmettent, mais comment ? Pourquoi choisir la fiction pour y parvenir ?

– Vous avouerais-je que je n'ai jamais eu le sentiment d'écrire « de la fiction » ? J'ai toujours attendu que ce que j'écrivais fût assez incorporé à moi pour n'être pas différent de ce que seraient mes propres souvenirs. Je crois à la réalité du vieux Clément Roux marchant dans les rues de Rome autant qu'à la mienne ; la maladie d'Hadrien me paraît aussi authentique que mes maladies ; j'ai l'impression d'avoir vécu la mort de Zénon, sans quoi je n'aurais pu l'écrire. Il me semblerait bien vain d'agencer « une fiction ».

– C'est pourquoi, sans doute, lisant une « histoire », un « conte », en somme, vos lecteurs ont tendance à chercher chez vous une sorte de « maître à vivre » ?

3. Note de M. Yourcenar : En relisant quelques propos de Montaigne sur le voyage, je feuillette, comme toujours, à droite et à gauche, et trouve dans *L'apologie de Raymond Sebond* et dans le chapitre qui la précède des réflexions sur le traitement de l'animal et sur son intelligence qui confirment les miennes. Cet homme sans cruauté et sans préjugé a dit bien mieux que moi les mêmes choses.

– Peut-être sentent-ils que la volonté de « mieux vivre » ou de « vivre de mon mieux » a toujours prédominé chez moi sur tout le reste. Mes livres ont été une série de cheminements parallèles à mes cheminements propres. On a tendance à demander conseil à quelqu'un qu'on rencontre sur la route, à s'informer de l'endroit d'où il vient et où il croit qu'il va.

RECHERCHE DOCUMENTAIRE

▸ **1.** Quelles relations Ulysse et Protée, personnages de la mythologie grecque, ont-ils avec le voyage ?

▸ **2.** Cherchez dans quel poème de Baudelaire se trouvent les deux vers cités par Marguerite Yourcenar.

▸ **3.** Marguerite Yourcenar évoque trois de ses personnages : Clément Roux, Hadrien et Zénon. Dans quelles œuvres figurent-ils ?

▸ **4.** À l'aide d'une biographie détaillée ou d'un livre d'histoire littéraire, reconstituez l'itinéraire de Montaigne et recherchez des extraits des *Essais* traitant du voyage.

LECTURE ANALYTIQUE

▸ **1.** Après avoir lu attentivement les questions et les réponses qui forment le texte, définissez le ou les rôles joués par les interventions de celui qui interroge.

▸ **2.** Retrouvez et reformulez, à partir des propos de Marguerite Yourcenar, ce qui permet de définir le « bon voyageur ». Le voyage est-il pour autant présenté comme une expérience privilégiée ?

▸ **3.** Comment Marguerite Yourcenar parvient-elle à résoudre la question difficile des relations entre la fiction et la réalité dans l'œuvre littéraire ? Quelle semble être alors la fonction de l'écrivain, d'après sa dernière réplique ?

▸ **4.** Observez l'ensemble des questions et des réponses, en partant du voyage pour arriver à l'écriture et au rôle du romancier, et faites apparaître que les deux interlocuteurs n'abandonnent jamais le thème initial. Comment se trouve alors argumentée la thèse selon laquelle le voyage aide à *mieux vivre* ?

ÉCRITURE

▸ **Invention 1 :** en vous appuyant sur des textes de Montaigne, de Baudelaire, et d'autres écrivains et poètes ayant parlé du voyage, et en prenant l'exemple de grands voyageurs, comme Ulysse ou d'autre héros, y compris des personnages contemporains, construisez un dialogue argumenté à propos du voyage.

▸ **Invention 2 :** imaginez que vous puissiez poser des questions à un écrivain de votre choix et que ce dialogue prenne la forme d'une « investigation » poussant votre interlocuteur à s'expliquer sur certains points de sa création, de son inspiration ou de son expérience. Rapportez sous forme de dialogue vos questions et ses réponses.

GUIDE p. 444

6. Primo Levi, *Le Devoir de mémoire* (1983)

Résistant italien déporté à Auschwitz, et rescapé, Primo Levi a rapporté dans Si c'est un homme *un témoignage effrayant de la survie et surtout de la mort dans les camps de concentration. Le texte qui suit est extrait d'un entretien accordé le 27 janvier 1983 à deux universitaires italiens, Anna Bravo et Federico Cereja. Il porte sur le « devoir de mémoire ».*

– *Nous voulions justement vous poser une question sur le rapport écriture-déportation, parce que, évidemment, quand on écrit, on ne relate pas toute son expérience : on trie, on sélectionne, on organise, on fait un travail d'homme de lettres, d'écrivain. Alors qu'avez-vous éliminé dans vos écrits ? que vous rappelez-vous avoir choisi de laisser de côté ?*[1]

– Je n'ai pas fait un choix conscient, j'ai cherché alors à transcrire les choses les plus pénibles, les plus pesantes, les plus lourdes, et les plus importantes ; mais il me semblait assez futile d'introduire dans *Si c'est un homme* certains dialogues, certaines conversations avec des collègues, des amis, et j'ai omis de les mentionner – je ne dis pas que j'ai oublié de le faire – et j'en ai retiré plus tard une douzaine de récits, qui figurent dans *Lilith*, je ne sais pas si vous les connaissez… J'évoque surtout des rencontres, des personnages. Il me semblait un peu léger de les introduire dans *Si c'est un homme*. Il me semblait que le thème de l'indignation devait prévaloir, c'était un témoignage, presque de nature juridique, et j'entendais en faire un acte d'accusation non dans un but de représailles, de vengeance, de punition, mais en tant que témoignage, et pour cette raison certains sujets me semblaient alors marginaux. Par exemple, je ne sais si vous vous en souvenez, l'un des premiers récits de *Lilith*, celui du disciple, ce collègue hongrois qui ne voulait ni voler ni mentir, qui était resté fidèle à sa morale d'homme libre : il venait d'arriver et il estimait que transporter dix-sept briques avec un vide au milieu au lieu de vingt, ce n'était pas permis, que cela constituait un mensonge en somme. J'avais cherché à le convaincre que nous n'étions pas dans un monde où régnait la morale antérieure, que c'était un monde bipartite, un monde divisé en deux – nous et les autres – et que la morale courante ne fonctionnait plus : les autres sont de tels ennemis, ce qui nous sépare est si dur… comment dire ?… si féroce, que la morale courante a cessé d'être applicable. Et, plus tard, en effet, il a dérobé un radis dont il m'a fait cadeau, comme pour me remercier de la leçon que je lui avais donnée. Des épisodes comme celui-ci, qui constituent des récits assez minces, ne me semblaient pas tout à fait dans le ton dans *Si c'est un homme*, ils étaient une octave en dessous, et je les ai écrits bien plus tard. Je ne peux pas en donner une

1. Le texte en italique est celui des deux historiens ; le texte en romain reprend les réponses de Primo Levi.

Photographie de Michael Kenna, *Double clôture et mirador de Lublin-Majdanek*, 1993.

raison précise... Par exemple, l'histoire du retour de Cesare dans *La Trêve*, je l'ai écrite ultérieurement, parce que je n'avais pas le droit de l'écrire avant. Il en va ainsi pour beaucoup d'histoires concernant des personnages que je croyais toujours en vie à l'époque. Je ne les ai pas écrites parce que je sais qu'il est toujours imprudent de parler de gens vivants, même si on en fait l'éloge, si on en dit du bien : il y a toujours un risque. On a la quasi-certitude de leur faire du mal, car l'image qu'on a de soi a beau être pire que celle que donne de vous un livre, elle est différente.

– C'est là un problème qui concerne tout notre champ de recherches, le problème d'une image qu'on se construit et qui est ensuite représentée de façon différente ; ce problème reparaîtra dans toutes les interviews, parce que pour en donner une présentation plus large, il faudra toujours condenser, mettre en évidence certains points, ce qui sera très délicat, c'est sûr. Oui, je comprends très bien votre crainte de parler de gens précis...

– Ainsi, dans *Si c'est un homme*, j'ai parlé d'un certain Élias – je ne sais pas si vous vous en souvenez, ce nain doué d'une force herculéenne – et je l'ai appelé par son vrai nom et par son vrai prénom : mais, depuis, j'ai eu des scrupules, et quand est parue la traduction allemande j'ai prié l'éditeur de changer le nom et le prénom. Au cas où Élias aurait survécu, il était très peu probable qu'un texte italien parvienne entre ses mains ; un texte en allemand, c'était différent, car il parlait allemand. Même si on ne le veut pas, un portrait écrit ne reproduit pas la personne et il faut tenir compte de facteurs complexes comme l'insuffisance de notre mémoire, notre tendance à l'idéalisation inconsciente dans le bien ou dans le mal, à l'idéalisation consciente également, car quelquefois on prend une personne et on veut en faire un personnage, n'est-ce pas ?... On y arrive dans certains cas. Pourtant je me souviens m'être efforcé de ne pas le faire dans *Si c'est un homme.* En revanche, j'ai largement cédé à la tentation dans les récits de *Lilith* ; j'étais devenu un écrivain. Celui qui a écrit *Si c'est un homme* n'était pas un écrivain, au sens habituel du terme, c'est-à-dire qu'il ne se proposait pas un succès littéraire, il n'avait ni l'illusion ni l'ambition de faire un bel ouvrage.

– Auparavant, vous n'aviez jamais songé à écrire ?

– Sérieusement non. J'avoue avoir écrit un long récit quelques années avant mon arrestation ; je l'ai encore, mais il ne vaut rien, il n'a en fait aucun sens, je pourrais m'en débarrasser tranquillement, le cœur léger.

– Vous avez d'abord été poussé à prendre des notes quand vous étiez dans le « laboratoire[2] *» ?*

– Oui, ces notes que j'ai prises sont bien réelles : j'avais vraiment un cahier, mais elles n'ont pas dépassé vingt lignes. J'avais trop peur, il était extrêmement dangereux d'écrire. Le fait même d'écrire était suspect ; ce n'étaient donc pas des notes, mais la volonté de prendre des notes, ayant sous la main un crayon et du papier, et désirant transmettre à ma mère, à ma sœur, aux miens, l'expérience inhumaine que je vivais ; mais il n'y a pas eu de notes, car je savais que je n'aurais pu les conserver. C'était matériellement impossible. Où les garder, dans quelle cachette ? Dans une poche ?... nous n'avions rien, on changeait nos lits, nos paillasses sans cesse, on changeait aussi nos vêtements, il n'y avait aucun moyen de rien garder sur soi. Je ne disposais que de ma mémoire.

2. Il s'agit du laboratoire de chimie du camp de Monowitz (note de l'édition Mille et une nuits).

Trad. J. Gayraud, éd. Mille et une nuits
(département des éd. Fayard), 1995.

RECHERCHE DOCUMENTAIRE

▶ **1.** Que signifient les noms suivants : Auschwitz, Birkenau, Treblinka, Buchenwald, Mauthausen ? Situez-les sur une carte.

▶ **2.** Établissez une bibliographie de Primo Levi, en mettant en relief ses œuvres les plus importantes.

▶ **3.** Quels écrivains français ont eux aussi rapporté un témoignage des camps de concentration allemands ?

LECTURE ANALYTIQUE

▶ **1.** Quel est le problème à la fois littéraire et humain abordé par cet extrait d'entretien ?

▶ **2.** Quelles sont les explications (relevant de l'inconscient) et les arguments (conscients) donnés par Primo Levi pour répondre à la question de la sélection des éléments conservés dans *Si c'est un homme* ? En quoi les exemples sont-ils particulièrement importants dans cet exposé ? En quoi dépassent-ils leur rôle d'exemple ?

▶ **3.** Comment Primo Levi explique-t-il ensuite le choix de certains épisodes et leur insertion dans d'autres œuvres ? Quel problème se trouve ici posé en ce qui concerne l'expérience rapportée ?

▶ **4.** Expliquez, à partir du texte, quel problème a rencontré l'écrivain à propos des portraits de personnes réelles.

▶ **5.** Dans le dialogue instauré entre les deux historiens et Primo Levi, quelle vous semble être la fonction des questions posées ? Dans quel cadre ces deux chercheurs se situent-ils ? En quoi les deux domaines de la littérature et de l'histoire se trouvent-ils ici étroitement mêlés ?

GUIDE p. 444

7. Jean-Claude Carrière, *La Controverse de Valladolid* (1992)

En 1550, dans le couvent de Valladolid, en Espagne, un cardinal envoyé par le pape arbitre un débat qui oppose le philosophe Sépulvéda au dominicain Bartolomé de Las Casas à propos de la nature des Indiens d'Amérique.

– Eh bien ? Qu'est-ce que ça prouve ? demande le légat[1].

– Éminence, cela prouve tout simplement qu'ils sont capables de penser ! De peser le pour et le contre ! Et cela très rapidement ! Aussi rapidement que nous ! Cette femme a parfaitement compris la situation, et les dangers que courait son mari. Son réflexe était digne de toute pensée supérieure !

– Satan s'appelle communément le Malin, dit Sépulvéda. Il peut inspirer à ses partisans toutes les ruses hypocrites. Le renard est rusé : Dirons-nous que son âme est immortelle et que, s'il est sauvé, il finira au paradis ?

– Mais le renard ne se bâtit pas de statues ! Ni de pyramides ! Il ne creuse pas de canaux, il va tout nu dans la broussaille, il ne paie pas d'impôts, le renard ! Et sa femelle ne le retient pas quand il risque de s'exposer !

Las Casas a vivement donné de la voix. On peut croire, à certains moments, qu'il va perdre patience, laisser surgir toute sa colère – ce que sans doute le philosophe goûterait fort, car un adversaire irascible est plus facile à malmener.

– N'êtes-vous pas un renard vous-même ? demande-t-il à Sépulvéda. Un renard philosophe, qui pour sa nourriture ronge les pages d'Aristote[2] ? Un renard qui connaît le grec, et qui ne sait rien de la vie ? N'êtes-vous pas rusé ? Le plus rusé de nous deux ? Tout le monde ici reconnaît votre habileté. Est-ce le signe que vous appartenez au Diable ?

Le cardinal saisit la sonnette et l'agite depuis un moment. Quand Las Casas consent à se taire, le prélat[3] lui fait remarquer que de pareils propos portent atteinte à la dignité du débat, que l'argument *ad hominem*[4], à plus forte raison l'insolence et l'injure ne sont en aucune manière recevables.

– Dans ce cas, demande Las Casas en s'adoucissant, n'est-ce pas le soi-disant philosophe qui le premier se laissa emporter ? N'est-ce pas lui qui parla de renard à propos de créatures humaines ? Éminence, je sais que je suis irritable, c'est mon défaut et ma qualité. J'accepte votre blâme, à condition de le partager avec monsieur le professeur, puisque notre faute est la même.

– Elle n'est pas nécessairement la même, répond patiemment le prélat. Vous dites que ces indigènes sont des créatures parfaitement

1. L'ambassadeur du pape, le cardinal. La question porte sur les réactions de la femme indigène, qui s'est portée au secours de son mari. (Tous deux ont été amenés dans la salle des débats pour être observés et « testés ».)
2. Philosophe grec (383-322 av. J.-C.).
3. Désigne un dignitaire ecclésiastique, une éminence, ici, le cardinal.
4. Expression juridique : argument qui attaque non les idées de l'adversaire, mais sa personne.

humaines, ce qui n'est pas sûr. Nous sommes précisément ici pour en décider, dois-je encore vous le rappeler ?

Las Casas choisit de se taire. Peut-être estime-t-il que le chemin est encore long et qu'il lui faudra ménager ses forces. Ladrada[5] lui conseille le calme en lui tendant un verre d'eau.

Le cardinal pose une question générale :

– Qui voudrait une précision ?

Une main se lève, une voix demande :

– Est-ce qu'ils sont sensibles à la douleur ?

Las Casas repose en toute hâte son verre d'eau et se tourne vers le moine qui vient de parler.

– À la douleur ? Vous ne voudriez tout de même pas essayer ? Ici, dans un monastère ? Oui, ils souffrent ! Je peux vous assurer qu'ils souffrent comme nous. Ils se plaignent quand on les frappe.

– Les chiens et les chevaux aussi, dit Sépulvéda.

– Encore ! Mais quand donc cesserez-vous de les considérer comme des animaux ? De leur ouvrir la porte de votre petite ménagerie ? Ne voyez-vous pas qu'ils sont des hommes ?

– Une fois de plus, Éminence, dit alors Sépulvéda, mes propos sont déformés par mon adversaire. Vieille technique de dispute que dénonçait déjà Cicéron[6], et que je regrette très vivement de retrouver à cette place.

– Expliquez-vous donc.

– Ai-je dit qu'ils étaient des animaux ? En aucune manière. J'ai dit que le renard était rusé, et que les chiens, comme les chevaux, redoutent fort la bastonnade. Qui peut le nier ? À aucun moment je n'ai soutenu que ces hommes et cette femme sont des animaux. J'ai dit qu'ils sont humains, mais d'une catégorie inférieure. Que leur nature n'est pas l'égale de la nôtre. C'est tout ce que j'ai dit. J'ai fait simplement remarquer, en observant scrupuleusement toutes les leçons de la logique, que la ruse et la peur des coups ne sont pas, n'ont jamais été l'apanage[7] de l'espèce humaine. Je voudrais que note en soit prise.

Le cardinal accorde ce point, ne pouvant guère le discuter.

Éd. Belfond / Le Pré-aux-clercs.

5. Vieil ami de Las Casas.
6. Écrivain, homme politique et orateur latin (106-43 av. J.-C.).
7. Ce qui appartient en propre.

RECHERCHE DOCUMENTAIRE

▸ **1.** Cherchez qui était Bartolomé de Las Casas et quel rôle il a joué auprès des Indiens d'Amérique.

▸ **2.** Cherchez, dans ce manuel, quel auteur du XVIe siècle s'est intéressé aux populations découvertes à son époque à la faveur des grands voyages de la fin du XVe siècle. Quelles ont été ses prises de position en ce qui concerne leur « civilisation » forcée ?

LECTURE ANALYTIQUE

▸ **1.** Étudiez dans le texte l'alternance de dialogues et de passages narratifs : indiquez d'abord quels indices permettent d'identifier les dialogues et les interlocuteurs. Identifiez ensuite les passages de récit et observez leurs relations avec le dialogue : que remarquez-vous ? Quelle est l'utilité des passages de récit ?

▸ **2.** À l'intérieur du texte, une phrase précise rappelle quel est l'objet du débat. Trouvez cette phrase, puis, en prenant appui sur les champs lexicaux et les comparaisons, définissez les positions qui s'opposent, celle de Las Casas, celle de Sépulvéda.

▸ **3.** Observez et explicitez la manière dont argumente Las Casas à partir de l'allusion au renard : quels sont ses arguments ? Sépulvéda dispose-t-il d'arguments valides pour prouver que les Indiens ne sont pas des hommes ?

▸ **4.** Dans le passage donné ici, qui semble l'emporter ? Grâce à quelles « armes », à quelle situation, à quelles capacités d'exploiter le contexte ?

▸ **5.** Quel est ici l'intérêt d'un débat dialogué, pour ceux qui discutent, pour ceux qui assistent et écoutent, pour le lecteur ?

ÉCRITURE

▸ **Réécriture :** réécrivez le texte de Jean-Claude Carrière sous forme de dialogue de théâtre. Utilisez des didascalies. Reprenez tout ce qui relève de la parole dans le texte initial.

▸ **Débat :** dans une argumentation dialoguée, ce n'est pas toujours celui qui possède les arguments les plus solides et les plus valides qui l'emporte. Pourquoi ? Répondez à cette question en prenant appui sur ce qui se passe dans l'extrait du texte de Jean-Claude Carrière. Pensez aussi à des situations vécues ou observées, dans lesquelles entrent en jeu l'émotion, la passion, les sentiments.

GUIDE p. 444 à 489

8. Jean-Luc Godard, *Entretien avec Pierre Assouline* (1997)

Dans un entretien à propos du cinquantenaire du festival de Cannes, le cinéaste Jean-Luc Godard analyse le rôle des livres et de la lecture dans sa création, ce qui le conduit à comparer le cinéma et la littérature (⇛ aussi p. 468).

– *Que vous donne la littérature que ne vous donnera jamais le cinéma ?*[1]

– Le livre, justement. On peut revenir en arrière. En littérature, il y a beaucoup de passé et un peu de futur, mais il n'y a pas de présent. Au cinéma, il n'y a que du présent qui ne fait que passer. À l'écran, le présent, c'est ce qui vous est présenté au moment où il s'en va. Tout ça, c'est frère et sœur. Écrire, peindre, penser… : dans cette famille de l'art, le cinéma reste un étranger, un immigré, le serviteur. Il devient l'ami de la famille. J'en suis. Pourtant, je me sens inférieur à tous les créateurs que j'aime. Ça ne me gêne pas. Je sais que je suis dans ce monde-là. Eux ont droit au salon, moi à l'antichambre. Pas parce que je fais des films. Le cinéma est seul alors que les autres sont ensemble. Il vient d'un endroit qu'ils n'avaient pas vu.

– *C'est pour ça qu'un film et un livre n'auront jamais le même statut ?*

– Je ne sais pas. Un film moyen, un film modeste sera toujours dans le même domaine que les plus grands films. Tout ça, c'est du cinéma. Alors qu'un roman moyen ne relève pas de la même littérature que les grands romans. Je ne me l'explique pas, mais c'est ce que je ressens.

1. Les passages en italique correspondent aux questions de Pierre Assouline. Le texte en romain reprend les réponses de Jean-Luc Godard.

Dessin de Sempé, extrait d'*Insondables mystères*, éd. Denoël, 1993.

– Mais, finalement, que vous aura apporté la littérature ?

– Une façon de penser plus expérimentale. Le cinéma pense avec les yeux et les oreilles, le peintre avec les mains. La littérature est un refuge. Elle a approfondi ma vision du monde. Les livres m'ont dit des choses que ne me disaient pas les vivants. La littérature a enquêté sur le monde. En ce sens, elle m'a donné une leçon de morale artistique. Je lui dois ça, une conscience morale. Contre la parole d'État, de gouvernement ou de pouvoir, elle est une parole. Non celle des partis mais celle des hommes un à un. Les livres sont écrits un à un. Aussi je fais des films un à un, parce que Kafka nous a demandé de faire du positif avec le négatif. La littérature a été ma marraine. Je la retrouve depuis que je me suis remis intensément à lire. Les films n'apportent plus ce contact avec le réel.

– Depuis quand ?

– Le cinéma a annoncé les camps de concentration, rappelez-vous *La Règle du jeu, Le Dictateur*... Mais il ne les a pas montrés. C'est la littérature qui l'a fait[2]. Le cinéma a manqué à son devoir, il a failli à sa mission.

– Et pour exprimer le bonheur, lequel des deux est le mieux placé ?

– Aujourd'hui, le cinéma plonge les gens dans l'erreur, dans la satisfaction. Il y a peu à en attendre. Les gens n'en ont pas vraiment besoin. Ils vont au cinéma parce que ça les fait sortir de chez eux. Ça leur donne du romanesque sans effort, très loin et très en dessous de Graham Greene.

– À force d'être dans la marge, vous n'avez pas peur de sortir de la page ?

– Marginal, je le suis. C'est une constatation. Le risque, ce n'est pas de sortir mais de tomber de la page. Avoir le choix entre le suicide et l'ultrapauvreté. Ce n'est pas le cas, mais je n'en suis pas si loin. Car tout peut s'arrêter du jour au lendemain. Que je sois reconnu comme marge ou comme page pleine, je suis toujours dans le cahier. Pour l'instant...

In *Lire*, n° 255, mai 1997.

2. Voir le texte de Primo Levi (⇒ p. 397), qui aborde cette question.

RECHERCHE DOCUMENTAIRE

▸ **1.** Dans une histoire du cinéma, cherchez qui est Jean-Luc Godard et quelle place il occupe dans le septième art. Citez quelques-uns de ses films.

▸ **2.** Quels cinéastes ont mis en scène *La Règle du jeu* et *Le Dictateur*. Quels sont leurs sujets ? Cherchez dans quelles circonstances ces films ont été produits et comment ils ont été reçus par le public.

▸ **3.** Qui sont Franz Kafka et Graham Greene ? Comment peut-on expliquer que Jean-Luc Godard se réfère à eux ?

LECTURE ANALYTIQUE

▸ **1.** Observez les questions posées et la manière dont elles se rattachent à certains éléments précis de chaque réponse qui précède, soit de manière complémentaire, soit de manière opposée. Mettez en parallèle la question 1 et la question 3 : en quoi sont-elles à la fois proches et différentes ?

▸ **2.** Celui qui parle utilise la première personne mais le *je* ne semble pas toujours le représenter personnellement : identifiez ce qui revient au cinéaste et ce qui concerne plutôt l'homme.

▸ **3.** Regroupez toutes les caractéristiques que Jean-Luc Godard prête au cinéma. Quelles en sont les connotations ? Qu'a de particulier ce mode d'expression en ce qui concerne ses critères de valeur, d'après le cinéaste ?

▸ **4.** Quelles qualités le cinéaste reconnaît-il au livre et à la littérature ? Reformulez-les en différenciant ce qui se situe sur un plan général et ce qui est personnel.

ÉCRITURE

▸ **Essai 1 :** *La littérature a enquêté sur le monde*, affirme Jean-Luc Godard. Vous direz comment on peut comprendre cette affirmation et comment une telle enquête peut développer la conscience morale.

▸ **Essai 2 :** par rapport à la littérature et à la peinture, Jean-Luc Godard considère que le cinéma est une sorte de « parent pauvre ». Vous donnerez votre point de vue personnel sur ce sujet. Vous pouvez utiliser les textes et les transpositions qui figurent dans la séquence 24.

SYNTHÈSE

▸ **1.** Regroupez les dialogues de cette séquence qui appartiennent à la fiction et ceux qui correspondent à d'authentiques échanges (les entretiens ou débats enregistrés ou rapportés par écrit). Est-il possible de dégager des caractéristiques communes à chaque groupe ? Qu'est-ce qui différencie ces deux groupes, à part leur caractère fictif ou réel ?

▸ **2.** Parmi les différents dialogues qui figurent dans cette séquence, tous n'ont pas la même force d'argumentation. D'où vient cette différence ? Proposez, sur les thèmes envisagés, des problématiques susceptibles de faire naître des argumentations plus soutenues.

GUIDE p. 444

9. Lire l'image

Publicité uruguayenne pour les appareils auditifs Maïco.

LECTURE ANALYTIQUE

▶ Observez la série de vignettes ci-dessus et identifiez toutes les composantes : lieux, personnages, situations. Imaginez à partir de là ce que peut raconter cette succession d'images.

ÉCRITURE

▶ **Invention 1 :** en vous appuyant sur le travail précédent, inventez le contenu des bulles correspondant à l'histoire que vous avez construite.

▶ **Invention 2 :** considérez ensuite la signification « officielle » de la planche. Elle constitue – telle quelle, sans paroles – une publicité pour des appareils auditifs. Modifiez alors l'histoire et le contenu des bulles en fonction de cette problématique, en faisant en sorte que le dialogue constitue un argumentaire pour les appareils en question.

GUIDE p. 493

SÉQUENCE 21

L'argumentation en essai

Science, croyance et littérature

1. Jean-Jacques Rousseau, *Discours sur l'origine et les fondements de l'inégalité parmi les hommes* (1755)

Jean-Jacques Rousseau avait connu, en 1750, un grand succès avec le Discours sur les sciences et les arts. *En 1755, il en compose un autre dont le thème est l'origine de l'inégalité. C'est l'occasion pour lui de prolonger sa réflexion sur les relations entre l'état de nature, le progrès et la civilisation.*

Tant que les hommes se contentèrent de leurs cabanes rustiques, tant qu'ils se bornèrent à coudre leurs habits de peaux avec des épines ou des arêtes, à se parer de plumes et de coquillages, à se peindre le corps de diverses couleurs, à perfectionner ou embellir leurs arcs et leurs flèches, à tailler avec des pierres tranchantes quelques canots de pêcheurs ou quelques grossiers instruments de musique ; en un mot, tant qu'ils ne s'appliquèrent qu'à des ouvrages qu'un seul pouvait faire, et qu'à des arts[1] qui n'avaient pas besoin du concours de plusieurs mains, ils vécurent libres, sains, bons et heureux autant qu'ils pouvaient l'être par leur nature et continuèrent à jouir entre eux des douceurs d'un commerce indépendant : mais dès l'instant qu'un homme eut besoin du secours d'un autre, dès qu'on s'aperçut qu'il était utile à un seul d'avoir des provisions pour deux, l'égalité disparut, la propriété s'introduisit, le travail devint nécessaire et les vastes forêts se changèrent en des campagnes riantes qu'il fallut arroser de la sueur des hommes, et dans lesquelles on vit bientôt l'esclavage et la misère germer et croître avec les moissons.

1. *Art* a ici le sens classique de « technique ».

La métallurgie et l'agriculture furent les deux arts dont l'invention produisit cette grande révolution. Pour le poète, c'est l'or et l'argent ; mais pour le philosophe, ce sont le fer et le blé qui ont civilisé les hommes et perdu le genre humain. Aussi l'un et l'autre étaient-ils inconnus aux sauvages de l'Amérique, qui pour cela sont toujours demeurés tels ; les autres peuples semblent même être restés barbares tant qu'ils ont pratiqué l'un de ces arts sans l'autre. Et l'une des meilleures raisons peut-être pourquoi[2] l'Europe a été, sinon plus tôt, du moins plus constamment et mieux policée[3] que les autres parties du monde, c'est qu'elle est à la fois la plus abondante en fer et la plus fertile en blé.

Il est difficile de conjecturer comment les hommes sont parvenus à connaître et employer le fer ; car il n'est pas croyable qu'ils aient imaginé d'eux-mêmes de tirer la matière de la mine, et de lui donner les préparations nécessaires pour la mettre en fusion avant que de savoir ce qui en résulterait. D'un autre côté, on peut d'autant moins attribuer cette découverte à quelque incendie accidentel, que les mines ne se forment que dans les lieux arides et dénués d'arbres et de plantes ; de sorte qu'on dirait que la nature avait pris des précautions pour nous dérober ce fatal secret. Il ne reste donc que la circonstance extraordinaire de quelque volcan, qui, vomissant des matières métalliques en fusion, aura donné aux observateurs l'idée d'imiter cette opération de la nature ; encore faut-il leur supposer bien du courage et de la prévoyance pour entreprendre un travail aussi pénible, et envisager d'aussi loin les avantages qu'ils en pouvaient retirer ; ce qui ne convient guère qu'à des esprits déjà plus exercés que ceux-ci ne le devaient être.

Le Père Plumier (1646-1704), *Jeune nègre dans un canot*, 1668 (dessin colorié ; Paris, BNF).

Quant à l'agriculture, le principe en fut connu longtemps avant que la pratique en fût établie, et il n'est guère possible que les hommes, sans cesse occupés à tirer leur subsistance des arbres et des plantes, n'eussent assez promptement l'idée des voies que la nature emploie pour la génération des végétaux ; mais leur industrie[4] ne se tourna probablement que fort tard de ce côté-là, soit parce que les arbres qui, avec la chasse et la pêche, fournissaient à leur nourriture, n'avaient pas besoin de leurs soins, soit faute de connaître l'usage du blé, soit faute d'instruments pour le cultiver, soit faute de prévoyance pour le besoin à venir, soit enfin faute de moyens pour empêcher les autres de s'approprier le fruit de leur travail. Devenus plus industrieux, on peut croire qu'avec des pierres aiguës et des bâtons pointus ils commencèrent par cultiver quelques légumes ou racines autour de leurs cabanes, longtemps avant que de savoir préparer le blé et d'avoir les instruments nécessaires pour la culture en grand ; sans compter que, pour se livrer à cette occupation et ensemencer des terres, il faut se résoudre à perdre d'abord quelque chose pour gagner beaucoup dans la suite ; précaution fort éloignée du tour d'esprit de l'homme sauvage, qui, comme je l'ai dit, a bien de la peine à songer le matin à ses besoins du soir.

Extrait.

2. Pour lesquelles.
3. Civilisée.
4. Travail, recherche.

RECHERCHE DOCUMENTAIRE

▶ **1.** Cherchez dans quelles circonstances précises Jean-Jacques Rousseau fut conduit à composer ce second discours.

▶ **2.** Qu'est-ce que le « mythe du bon sauvage » ? Replacez cette expression dans le contexte des Lumières et dites quels auteurs contemporains de Jean-Jacques Rousseau ont traité ce thème dans leurs œuvres.

▶ **3.** Quelles relations peut-on établir entre Jean-Jacques Rousseau et l'ethnologue Claude Lévi-Strauss, auteur de *Tristes tropiques* (1955) ? Parcourez une biographie de Claude Lévi-Strauss ainsi que le sommaire et le chapitre XXXVIII de *Tristes tropiques* pour répondre à la question.

▶ **4.** Jean-Jacques Rousseau évoque ici la manière dont les hommes ont découvert le feu. Quel mythe apporte une réponse à cette question ? Quel personnage mythologique en est le héros ?

LECTURE ANALYTIQUE

▶ **1.** Concernant l'origine de l'inégalité, quelle thèse Rousseau met-il en place dans le premier paragraphe du texte ? Quelles sont, selon lui, les conditions de l'égalité ? Qu'est-ce qui déclenche sa disparition ?

▶ **2.** Quel rôle joue le deuxième paragraphe par rapport au premier ? Quelle relation établit-il entre la disparition de l'égalité d'une part, l'agriculture et l'industrie d'autre part ? À quoi servent les références aux *sauvages* d'Amérique et à l'Europe ?

▶ **3.** Dites quelle fonction similaire ont les paragraphes 3 et 4. Donnez le thème de chacun et précisez en quoi consiste la démarche de Jean-Jacques Rousseau.

▶ **4.** Le temps joue un rôle important dans l'argumentation de Jean-Jacques Rousseau : à quels termes, à quelle structure du texte le lecteur peut-il percevoir la notion d'évolution chronologique ? Sur le plan argumentatif, à quoi servent les paragraphes 2, 3 et 4 ?

ÉCRITURE

▶ **Réécriture :** composez, sur un thème de votre choix, un texte suivant exactement la structure syntaxique du premier paragraphe, *Tant que… en un mot… mais…*

GUIDE p. 444

2. Charles Baudelaire, *Écrits sur l'art*, « Exposition universelle de 1855 » (1855)

Critique d'art et observateur des évolutions de son époque, Baudelaire récuse le progrès, constatable lorsqu'il a été réalisé, mais impossible à prévoir, selon lui.

Il est encore une erreur fort à la mode, de laquelle je veux me garder comme de l'enfer. – Je veux parler de l'idée du progrès. Ce fanal[1] obscur, invention du philosophisme actuel, breveté sans garantie de la Nature ou de la Divinité, cette lanterne moderne jette des ténèbres sur tous les objets de la connaissance ; la liberté s'évanouit, le châtiment disparaît. Qui veut y voir clair dans l'histoire doit avant tout éteindre ce fanal perfide. Cette idée grotesque, qui a fleuri sur le terrain pourri de la fatuité[2] moderne, a déchargé chacun de son devoir, délivré toute

1. Lanterne utilisée sur les navires.

Joseph William Turner (1775-1851), *Le Chemin de fer de Great Western. Pluie, Vapeur et Vitesse* (peinture, 90,8 x 121,9 cm ; National Gallery, Londres).

âme de sa responsabilité, dégagé la volonté de tous les liens que lui imposait l'amour du beau : et les races amoindries, si cette navrante folie dure longtemps, s'endormiront sur l'oreiller de la fatalité dans le sommeil radoteur de la décrépitude. Cette infatuation[3] est le diagnostic d'une décadence déjà trop visible.

Demandez à tout bon Français qui lit tous les jours *son* journal dans son estaminet[4], ce qu'il entend par progrès, il répondra que c'est la vapeur, l'électricité et l'éclairage au gaz, miracles inconnus aux Romains, et que ces découvertes témoignent pleinement de notre supériorité sur les anciens ; tant il s'est fait de ténèbres dans ce malheureux cerveau et tant les choses de l'ordre matériel et de l'ordre spirituel s'y sont si bizarrement confondues ! Le pauvre homme est tellement américanisé[5] par ses philosophes zoocrates[6] et industriels, qu'il a perdu la notion des différences qui caractérisent les phénomènes du monde physique et du monde moral, du naturel et du surnaturel.

Si une nation entend aujourd'hui la question morale dans un sens plus délicat qu'on ne l'entendait dans le siècle précédent, il y a progrès ; cela est clair. Si un artiste produit cette année une œuvre qui témoigne de plus de savoir ou de force imaginative qu'il n'en a montré l'année dernière, il est certain qu'il a progressé. Si les denrées sont

2. Prétention.
3. Satisfaction excessive et ridicule.
4. Café.
5. Enthousiasmé par le progrès et le modernisme.
6. Accordant un pouvoir excessif à ce qui vit.

aujourd'hui de meilleure qualité et à meilleur marché qu'elles n'étaient hier, c'est dans l'ordre matériel un progrès incontestable. Mais où est, je vous prie, la garantie du progrès pour le lendemain ? Car les disciples des philosophes de la vapeur et des allumettes chimiques l'entendent ainsi : le progrès ne leur apparaît que sous la forme d'une série indéfinie. Où est cette garantie ? Elle n'existe, dis-je, que dans votre crédulité et votre fatuité.

Je laisse de côté la question de savoir si, délicatisant[7] l'humanité en proportion des jouissances nouvelles qu'il lui apporte, le progrès indéfini ne serait pas sa plus ingénieuse et sa plus cruelle torture ; si, procédant par une opiniâtre négation de lui-même, il ne serait pas un mode de suicide incessamment renouvelé, et si, enfermé dans le cercle de feu de la logique divine, il ne ressemblerait pas au scorpion qui se perce lui-même avec sa terrible queue, cet éternel *desideratum*[8] qui fait son éternel désespoir ?

Extrait.

7. Affaiblissant.
8. Désir, souhait.

RECHERCHE DOCUMENTAIRE

▸ **1.** Qu'est-ce qu'une *exposition universelle* ? Quelles sont les finalités de cette manifestation ? Cherchez les dates des expositions universelles du XIXe siècle et le nom de monuments qui témoignent de leur importance.

▸ **2.** Que désigne le mot « positivisme » ? Cherchez son sens, l'époque à laquelle se développe ce courant, le nom de son théoricien, ses orientations. Cherchez ensuite quelles relations on peut établir entre ce mot et le thème traité par Baudelaire dans le texte ci-dessus.

LECTURE ANALYTIQUE

▸ **1.** Repérez les termes qui, dans le premier paragraphe, définissent et caractérisent le progrès tel que le voit Baudelaire. Dites quelles sont les connotations de ces termes et dans quel registre ce passage est écrit.

▸ **2.** Le deuxième paragraphe donne une autre définition du progrès. Reformulez cette définition et dites à qui elle appartient. Précisez aussi quelle est la position de Baudelaire par rapport à cette conception du progrès.

▸ **3.** Dans quels cas est-il possible de parler de progrès selon le paragraphe 3 ? Pourquoi cependant Baudelaire le récuse-t-il ?

▸ **4.** Quel est le sens du dernier paragraphe ? Comment peut-on expliquer la comparaison avec le scorpion ?

▸ **5.** En prenant appui sur les réponses précédentes, déterminez la thèse globale de Baudelaire sur le progrès.

ÉCRITURE

▸ **Argumentation :** prenant le contre-pied de l'image paradoxale de la *lanterne* qui jette des *ténèbres*, rédigez un éloge du progrès en insistant sur l'idée des « lumières » qu'il peut apporter ou dont il peut témoigner.

GUIDE p. 444-494

3. Émile Zola, *Le Roman expérimental* (1880)

La rédaction et la publication des Rougon-Macquart *sont déjà bien avancées lorsqu'Émile Zola expose la théorie du « roman expérimental » dans un essai qui porte ce titre. Il y précise le double rôle du romancier et sa démarche – présentée comme scientifique – vers la vérité humaine.*

André Gill (1840-1885), *Zola saluant en Balzac le chef de l'école naturaliste,* 1878 (gravure ; Maison de Balzac, Paris).

Le romancier est fait d'un observateur et d'un expérimentateur. L'observateur chez lui donne les faits tels qu'il les a observés, pose le point de départ, établit le terrain solide sur lequel vont marcher les personnages et se développer les phénomènes. Puis l'expérimentateur paraît et institue l'expérience, je veux dire fait mouvoir les personnages dans une histoire particulière, pour y montrer que la succession des faits y sera telle que l'exige le déterminisme des phénomènes mis à l'étude. C'est presque toujours ici une expérience « pour voir », comme l'appelle Claude Bernard. Le romancier part à la recherche d'une vérité. Je prendrai comme exemple la figure du baron Hulot, dans *La Cousine Bette*, de Balzac. Le fait général observé par Balzac est le ravage que le tempérament amoureux d'un homme amène chez lui, dans sa famille et dans la société. Dès qu'il a eu choisi son sujet, il est parti des faits observés, puis il a institué son expérience en soumettant Hulot à une série d'épreuves, en le faisant passer par certains milieux, pour montrer le fonctionnement du mécanisme de sa passion. Il est donc évident qu'il n'y a pas seulement là observation, mais qu'il y a aussi expérimentation, puisque Balzac ne s'en tient pas strictement en photographe aux faits recueillis par lui, puisqu'il intervient d'une façon directe pour placer son personnage dans des conditions dont il reste le maître. Le problème est de savoir ce que telle passion, agissant dans tel milieu et dans telles circonstances, produira au point de vue de l'individu et de la société ; et un roman expérimental, *La Cousine Bette* par exemple, est simplement le procès-verbal de l'expérience, que le romancier répète sous les yeux du public. En somme, toute l'opération consiste à prendre les faits dans la nature, puis à étudier le mécanisme des faits, en agissant sur eux par les modifications des circonstances et des milieux, sans jamais s'écarter des lois de la nature. Au bout, il y a la connaissance de l'homme, la connaissance scientifique, dans son action individuelle et sociale.

Sans doute, nous sommes loin ici des certitudes de la chimie et même de la physiologie. Nous ne connaissons point encore les réactifs qui décomposent les passions et qui permettent de les analyser. Souvent, dans cette étude, je rappellerai ainsi que le roman expérimental est plus jeune que la médecine expérimentale, laquelle pourtant est à peine née. Mais je n'entends pas constater les résultats acquis, je désire simplement exposer clairement une méthode. Si le romancier expérimental marche encore à tâtons dans la plus obscure et la plus complexe des sciences, cela n'empêche pas cette science d'exister. Il est indéniable que le roman naturaliste, tel que nous le comprenons à cette heure, est une expérience véritable que le romancier fait sur l'homme, en s'aidant de l'observation.

Extrait.

RECHERCHE DOCUMENTAIRE

▸ **1.** En quoi consiste la méthode expérimentale dans le domaine scientifique ? À qui Zola fait-il référence lorsqu'il parle de *médecine expérimentale* ? Répondez en citant une œuvre et un homme de science dont le romancier s'est inspiré.

▸ **2.** Que désigne le nom Rougon-Macquart ? Quel est le titre exact de l'ensemble de l'œuvre d'Émile Zola ? Donnez-le et explicitez-le.

LECTURE ANALYTIQUE

▸ **1.** Le premier paragraphe de l'extrait proposé est construit de façon rigoureuse : énoncé de la thèse, développement argumenté, illustration par un exemple, bilan amenant à une conclusion. Retrouvez toutes ces étapes en précisant, à partir du lexique, sur quoi porte l'exposé.

▸ **2.** Différenciez ce qui, d'après le texte, relève de l'observation et ce qui relève de l'expérimentation. Dites quelles sont les caractéristiques du lexique utilisé.

▸ **3.** Quel est le rôle du deuxième paragraphe ? Appuyez-vous sur les articulations logiques pour répondre. Quelles difficultés rencontre le « romancier expérimental » ?

▸ **4.** Faites une synthèse des point essentiels du texte en définissant le roman expérimental, ses caractéristiques, ses objectifs et ses limites.

ÉCRITURE

▸ **Réécriture :** en adoptant la démarche suivie par Émile Zola dans la présentation du roman de Balzac, *La Cousine Bette*, présentez un roman de la série des *Rougon-Macquart* pour faire apparaître le double travail de l'observateur et de l'expérimentateur. Donnez plus de détails que n'en donne ici Zola.

▸ **Argumentation :** peut-on associer le romancier à un homme de science, et le roman à une expérimentation scientifique ? Vous répondrez à cette question en mettant en parallèle les deux démarches et les deux domaines. Vous penserez aussi à la finalité de ces deux démarches.

▸ **Essai :** depuis le XIXe siècle, la science a fait de grands progrès. La littérature, quant à elle, est-elle devenue plus « scientifique » ? Les attentes d'Émile Zola se sont-elles réalisées ? Vous chercherez dans un ouvrage d'histoire littéraire comment le roman a « évolué » depuis Zola.

GUIDE p. 494

4. Ernest Renan, *L'Avenir de la science* (1890)

Publié en 1890, l'essai intitulé L'Avenir de la science *fut écrit en 1848. Ernest Renan y expose sa confiance dans la science, considérée comme la voie d'accès à la connaissance absolue et à l'explication de tous les mystères et de toutes les incertitudes qui angoissent l'homme. Il se situe ainsi dans la ligne de la philosophie positiviste.*

Oui, il viendra un jour où l'humanité ne croira plus, mais où elle saura ; un jour où elle saura le monde métaphysique[1] et moral, comme elle sait déjà le monde physique ; un jour où le gouvernement de l'humanité ne sera plus livré au hasard et à l'intrigue, mais à la discussion rationnelle du meilleur et des moyens les plus efficaces de l'atteindre. Si tel est le but de la science, si elle a pour objet d'enseigner à l'homme sa fin et sa loi, de lui faire saisir le vrai sens de la vie, de composer, avec l'art, la poésie et la vertu, le divin idéal qui seul donne du prix à l'existence humaine, peut-elle avoir de sérieux détracteurs ?

Mais, dira-t-on, la science accomplira-t-elle ces merveilleuses destinées ? Tout ce que je sais, c'est que, si elle ne le fait pas, nul ne le fera, et que l'humanité ignorera à jamais le mot des choses ; car la science est la seule manière légitime de connaître, et, si les religions ont pu exercer sur la marche de l'humanité une salutaire influence, c'est uniquement par ce qui s'y trouvait obscurément mêlé de science, c'est-à-dire d'exercice régulier de l'esprit humain.

Sans doute, si l'on s'en tenait à ce qu'a fait jusqu'ici la science sans considérer l'avenir, on pourrait se demander si elle remplira jamais ce programme et si elle arrivera un jour à donner à l'humanité un symbole comparable à celui des religions. La science n'a guère fait jusqu'ici que détruire. Appliquée à la nature, elle en a détruit le charme et le mystère, en montrant des forces mathématiques là où l'imagination populaire voyait vie, expression morale et liberté. Appliquée à l'histoire de l'esprit humain, elle a détruit ces poétiques superstitions des individus privilégiés où se complaisait si fort l'admiration de la demi-science. Appliquée aux choses morales, elle a détruit ces consolantes croyances que rien ne remplace dans le cœur qui s'y est reposé. Quel est celui qui, après s'être livré *franchement* à la science, n'a pas maudit le jour où il naquit à la pensée et n'a pas eu à regretter quelque chère illusion ? Pour moi, je l'avoue, j'ai eu beaucoup à regretter ; oui, à certains jours, j'aurais souhaité dormir encore avec les simples, je me serais irrité contre la critique et le rationalisme, si l'on s'irritait contre la fatalité. Le premier sentiment de celui qui passe de la croyance naïve à l'examen critique, c'est le regret et presque la malédiction contre cette inflexible puissance, qui, du moment où elle l'a saisi, le force de parcourir avec elle toutes les étapes de sa marche inéluctable, jusqu'au

1. La métaphysique est une branche de la philosophie qui regroupe tout ce qui touche aux premiers principes du monde et de l'être.

terme final où l'on s'arrête pour pleurer. Malheureux comme la Cassandre de Schiller[2], pour avoir trop vu la réalité, il serait tenté de dire avec elle : « Rends-moi ma cécité. » Faut-il conclure que la science ne va qu'à décolorer la vie, et à détruire de beaux rêves ?

Reconnaissons d'abord que, s'il en est ainsi, c'est là un mal incurable, nécessaire, et dont il ne faut accuser personne. S'il y a quelque chose de fatal au monde, c'est la raison et la science. De murmurer contre elle et de perdre patience, il est mal à propos, et les orthodoxes sont vraiment plaisants dans leurs colères contre les libres penseurs, comme s'il avait dépendu d'eux de se développer autrement, comme si l'on était maître de croire ce que l'on veut. Il est impossible d'empêcher la raison de s'exercer sur tous les objets de croyance ; et tous ces objets prêtant à la critique, c'est fatalement que la raison arrive à déclarer qu'ils ne constituent pas la vérité absolue. Il n'y a pas un seul anneau de cette chaîne qu'on ait été libre un instant de secouer ; le seul coupable en tout cela, c'est la nature humaine et sa légitime évolution. Or, le principe indubitable, c'est que la nature humaine est en tout irréprochable et marche au parfait par des formes successivement et diversement imparfaites.

C'est qu'en effet la science n'aura détruit les rêves du passé que pour mettre à leur place une réalité mille fois supérieure.

Chapitre V (extrait).

2. Dramaturge et poète romantique allemand (1759-1805).

RECHERCHE DOCUMENTAIRE

▸ Qui était Cassandre ? Vous chercherez la généalogie de ce personnage et ses particularités. Vous citerez ensuite plusieurs œuvres littéraires où apparaît cette héroïne : titre, auteur, époque, courant culturel.

LECTURE ANALYTIQUE

▸ **1.** Dans la première phrase de l'extrait, cherchez les deux verbes de sens opposé employés au même temps. Donnez leur(s) sens et expliquez en quoi ils s'opposent. Retrouvez ensuite dans le texte les deux réseaux lexicaux dont ils sont le point de départ : classez les termes qui appartiennent à ces deux réseaux. Que pouvez-vous remarquer ?

▸ **2.** Quels sont les objectifs reconnus à la science sous forme d'hypothèse dans le premier paragraphe ?

▸ **3.** Étudiez le rôle du paragraphe 2 : quelle est sa fonction dans le raisonnement mis en place par celui qui parle. Qui désigne le *on* de la ligne 10 ?

▸ **4.** Étudiez le rôle du paragraphe 3 en le comparant à celui du paragraphe 2. Quelles sont les similitudes ? Quelles sont les différences ? Analysez la structure du paragraphe et les procédés rhétoriques destinés à rendre l'argumentation efficace. Observez et interprétez l'utilisation de la première personne.

▸ **5.** Quelle réponse les deux derniers paragraphes apportent-ils au débat qui oppose les charmes de la croyance à la rigueur destructrice de la science ?

ÉCRITURE

▸ **Résumé :** résumez les paragraphes 2 et 3 du texte au tiers environ de leur longueur, en respectant le système énonciatif.

▸ **Argumentation :** dans le premier paragraphe du texte, Ernest Renan semble attendre de la science une connaissance totale et rationnelle du monde. La science doit-elle tout expliquer ? Vous répondrez à cette question en donnant votre point de vue personnel. Utilisez la première personne si vous le souhaitez.

▸ **Réécriture :** en choisissant un thème plus limité que celui du texte, par exemple un domaine scientifique comme la médecine, la physique, l'astrophysique, la génétique…, composez un texte qui suivra exactement la structure adoptée par Ernest Renan dans les trois premiers paragraphes. Utilisez les mêmes procédés rhétoriques, suivez le même raisonnement.

GUIDE p. 494

Arbre généalogique des Rougon-Macquart paru dans *Une page d'amour* d'Émile Zola.

5. Jean Rostand, *Confidences d'un biologiste* (1951)

Fils du dramaturge auteur de Cyrano de Bergerac, *Jean Rostand (1894-1977) consacra sa vie à la biologie et fit connaître la génétique au grand public. Humaniste, il a laissé un ensemble de textes dans lesquels il prend position sur les relations entre la science et la morale. Dans le texte qui suit, il aborde les théories scientifiques d'Émile Zola.*

Je voudrais maintenant défendre Émile Zola[1] sur le terrain même de la philosophie biologique. Il va de soi, comme je le notais tout à l'heure, que Zola ne pouvait, en matière d'hérédité, éviter les graves erreurs qui étaient le lot de son époque. Nous savons aujourd'hui que la transmission des caractères organiques s'effectue d'une manière infiniment plus complexe que ne pouvait le pressentir l'auteur des *Rougon-Macquart*, et que, sauf en des cas bien déterminés, il est impossible de faire des prévisions correctes quant aux ressemblances des

1. Pour la méthode d'Émile Zola ⇛ p. 411.

ascendants et des descendants. N'empêche que la conception générale de Zola reste parfaitement valable. *Hérédité et milieu.* Nature et nourriture, comme disent les biologistes anglais. Le germe et les circonstances. L'origine et l'histoire... Voilà bien les deux auteurs de l'Homme. Pour moi, je n'en connais pas d'autres.

On sait que Jean-Paul Sartre, sur ce point, s'est vivement opposé aux thèses de Zola[2] :

« Si comme Zola, écrit-il, nous déclarions que nos personnages sont veules, faibles, lâches ou mauvais à cause de l'hérédité, à cause de l'action du milieu, de la société, à cause d'un déterminisme organique ou psychologique, les gens seraient rassurés, ils diraient : voilà nous sommes comme ça, personne ne peut rien faire ; mais l'existentialiste, lorsqu'il décrit un lâche, dit que ce lâche est responsable de sa lâcheté. Il n'est pas comme ça parce qu'il a un cœur, un poumon ou un cerveau de lâche, mais il est comme ça parce qu'il s'est construit comme lâche par ses actes. »

Une telle conception, dont je ne méconnais pas la grandeur, me paraît témoigner d'une singulière méconnaissance des processus biologiques et psychologiques. Sans invoquer contre Sartre le cas du chapon qui perd tout son courage devant les coqs parce qu'il manque d'une certaine substance chimique dans le sang, et dont on guérit si facilement la « caponnerie » avec quelques milligrammes de testostérone, il n'est, pour se convaincre de la puissance décisive de l'hérédité et du milieu, que de songer au cas des vrais jumeaux humains. Deux individus, nés d'un même œuf et donc porteurs d'une même hérédité, se montrent, à tous égards, prodigieusement pareils pour peu qu'ils aient vécu dans des conditions semblables ; et, en dépit de toutes les philosophies du monde, je maintiens, d'accord avec Zola, que si l'un d'eux se construit comme lâche par ses actes, il est tout bonnement impossible que l'autre, par les siens, se construise comme héros.

Aussi bien, ce *déterminisme* – puisqu'il faut l'appeler par son nom –, ce déterminisme génétique et social, il ne se confond nullement, comme on feint trop souvent de le croire, avec un fatalisme paresseux et stérilisant. Zola ne s'incline pas devant le réel. Loin qu'il trouve dans son déterminisme une excuse à l'abstention et à l'inertie, il lui demande un point d'application pour une action féconde. « La nécessité affreuse de montrer les plaies – fait-il dire au docteur Pascal – n'avait d'autre excuse que l'espoir de les fermer. » Si Zola dénonce si âprement les pernicieuses influences de l'hérédité et du milieu, c'est parce qu'il envisage – comme nous-mêmes l'envisageons aujourd'hui – d'améliorer les hérédités défectueuses et de corriger les milieux malsains. S'il nous présente « la guenille humaine » sous ses aspects les plus sombres et parfois les plus rebutants, c'est qu'il croit qu'en disant ce qui est, on travaille à ce que ce ne soit plus, c'est qu'il aspire à ce meilleur réel qu'on nomme l'idéal. Son prétendu pessimisme est fauteur de bonne révolte et générateur d'espérance. Il peint noir, c'est vrai, mais il rêve clair !

« L'évolution de l'hérédité »,
in *Les Grands Courants de la biologie*, éd. Gallimard.

2. Dans l'essai *L'Existentialisme, est-il un humanisme ?*, éd. Nagel, 1946.

RECHERCHE DOCUMENTAIRE

▶ **1.** Cherchez pour quelles raisons, à propos de l'hérédité, Jean Rostand s'intéresse à Émile Zola.

▶ **2.** Qui est le docteur Pascal cité dans le dernier paragraphe ?

▶ **3.** Que signifie le terme « déterminisme » ? En quoi peut-il se trouver associé à une réflexion scientifique ?

▶ **4.** Quel est le sens du mot « existentialisme » ? Faites une recherche pour déterminer les relations entre le mouvement qui porte ce nom et Jean-Paul Sartre.

LECTURE ANALYTIQUE

▶ **1.** Jean Rostand déclare prendre la « défense » d'Émile Zola : précisez, à partir de l'ensemble du texte, sur quel terrain les deux chercheurs peuvent se rejoindre. Dites ensuite, à partir du premier paragraphe, en quoi consiste cette défense : quelle est la thèse du biologiste à propos des théories du romancier ?

▶ **2.** Comment l'auteur fait-il référence à Jean-Paul Sartre ? Justifiez ce choix, puis dites quel est le contenu de cette référence et quel est son rôle dans la démonstration. Tenez compte, pour répondre à cette question, de la réponse de Jean Rostand.

▶ **3.** Résumez les deux conceptions qui se trouvent opposées dans le texte, à propos de l'hérédité : celle d'Émile Zola d'une part, celle de Jean-Paul Sartre de l'autre. Quelles sont les conséquences de l'une et de l'autre sur le plan des comportements humains, de la responsabilité et de la liberté ?

▶ **4.** Sur quoi porte le dernier paragraphe du texte ? En quoi peut-on encore parler de « défense » d'Émile Zola ? En prenant appui sur certaines formulations et sur certaines connotations, précisez sur quel plan s'est déplacée la critique à laquelle répond le biologiste.

ÉCRITURE

▶ **Essai 1 :** un homme de science analyse les œuvres et les théories de deux écrivains. Quelles réflexions vous inspire cette situation ? Cherchez quelles peuvent être les interférences entre les deux domaines.

▶ **Essai 2 :** recherchez dans l'œuvre d'Émile Zola des illustrations des *pernicieuses influences de l'hérédité* et des *milieux malsains* dont parle Jean Rostand. Exposez-les, de manière construite, sous forme informative. Pour cela, choisissez et regroupez des passages représentatifs. Identifiez-les, situez-les, et expliquez leur regroupement. Commentez leur contenu.

GUIDE p. 444-494

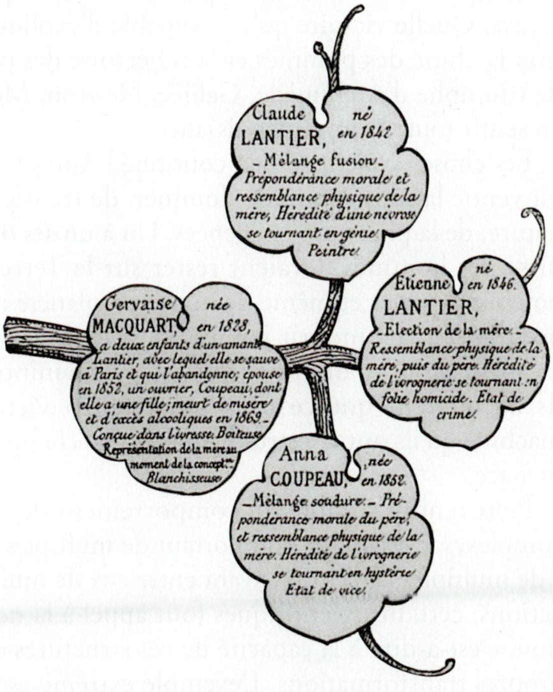

Arbre généalogique des Rougon-Macquart (détail) ⇛ p. 411-453.

6. Albert Jacquard, *Abécédaire de l'ambiguïté* (1989)

*Généticien engagé dans différents combats sociaux et auteur de plusieurs essais sur l'évolution scientifique et ses dangers, Albert Jacquard évoque dans l'article « P comme Progrès » de l'*Abécédaire de l'ambiguïté*, la distance qui sépare les illusions humaines d'une réalité inquiétante.*

Chromolithographie de 1880, lettre P, illustrant l'*Abécédaire de l'ambiguïté* d'Albert Jacquard (Collection Massin).

La pire illusion : être emporté par le torrent et s'imaginer que l'on dirige le navire.

Aujourd'hui le torrent au débit le plus puissant, s'enflant chaque jour, emportant dans ses tourbillons des pans entiers de la rive, c'est la recherche scientifique, consacrée, dit-on, à assurer le progrès de la connaissance. Ce torrent n'épargne rien, il transforme nos croyances et nos mœurs, nos petits bonheurs individuels et nos enthousiasmes collectifs ; il nous métamorphose, et nous ne reconnaissons ni le paysage ni nous-mêmes. Mais puisqu'il s'agit d'un progrès, comment oserait-on se plaindre ?

Les choses avaient si bien commencé ! L'homme a appris peu à peu à se méfier de ses sens et à croire son cerveau ; il a porté sur le monde un regard nourri plus d'imagination que de photons[1] ; il a reconstruit l'univers en l'insérant dans la panoplie de quelques modèles mathématiques. Quelle victoire qu'être capable d'expliquer par la même équation la chute des pommes et la trajectoire des planètes ! Eurêka, le cri de triomphe d'Archimède, Galilée, Newton, Mendel, Einstein ont dû en sentir toute la joyeuse puissance.

Les choses avaient si bien continué ! Après le plaisir de comprendre est venue la satisfaction de dominer, de transformer, de dire non à la nature, de la plier à nos exigences. Un à un ses oukases[2] ont été contredits : les hommes devaient rester sur la Terre, ils se sont donné le pouvoir de voler et même de quitter la planète ; leurs enfants devaient pour la plupart mourir jeunes, ils savent les faire survivre. Mais au moment où ils pourraient fêter cette série ininterrompue de victoires, ils découvrent que ce n'est pas « leur » victoire mais celle d'une machine qu'ils ont construite, qui leur a échappé et qui aujourd'hui les menace.

Pour rendre compte du comportement des structures matérielles complexes, c'est-à-dire comportant de multiples éléments, appartenant à de multiples catégories, ayant entre eux de multiples rapports d'interactions, certains scientifiques font appel à la notion d'auto-organisation, c'est-à-dire à la capacité de ces structures d'intervenir dans leurs propres transformations. L'exemple extrême est fourni par le système nerveux central humain ; étant l'objet le plus complexe, il est aussi le plus capable d'auto-organisation, d'autonomie.

1. Particules lumineuses.
2. Décisions imposées autoritairement.

Mais il existe des ensembles plus complexes qu'un homme ; ce sont les structures dont les éléments constitutifs sont notamment des hommes. Les scientifiques qui, sur la planète, participent à la recherche, quels que soient leurs disciplines et les États qui les financent, constituent un ensemble devenu totalement intégré. L'imbrication des travaux est telle que chacun oriente les siens propres en fonction de ce qu'il croit être ceux des autres. Les mêmes revues sont lues à Akademgorodok au centre de la Sibérie et à l'université de Stanford[3] ; les mêmes arguments sont utilisés pour obtenir des crédits des autorités de tutelle[4] ; le même moteur pousse chacun : la compétition. Il faut définir le virus du Sida avant l'équipe américaine, il faut analyser le sol de Mars avant les Soviétiques, il faut… Pris par sa rationalité locale, chaque responsable met son énergie au service d'une cause immédiate, son labo, sa discipline, sa nation. Mais, en s'accumulant, ces énergies accélèrent la recherche dans des directions qui ne sont jamais remises en cause.

Qui oserait, par exemple, mettre en doute l'intérêt de la conquête de l'espace ? Or, le mot lui-même révèle une mystification : on va peut-être apprendre beaucoup de choses sur le système solaire, ou sur la galaxie, mais on ne va rien « conquérir » du tout. Parlons de l'exploration de l'espace, non de sa conquête, mot qui révèle des arrière-pensées inavouables. Tout savoir sur les satellites d'Uranus et en déduire de nouveaux modèles de formation du système solaire est un objectif fort digne, dans la droite ligne des rêves des savants d'autrefois. Mais l'urgence est-elle si grande qu'il faille y consacrer des dizaines de milliards de dollars ? Notre humanité est plus misérable que jamais. Ne conviendrait-il pas de se soucier d'abord du sort des hommes ?

En créant d'énormes structures aux réseaux enchevêtrés, les hommes ont cru démultiplier leur capacité de comprendre et d'agir ; mais ils se sont surtout dépossédés du pouvoir de choisir. Cela est vrai dans l'économie (les multinationales), dans la finance (le krach d'octobre 87), dans la défense nationale (devenue préparation du suicide national) ; mais le domaine où cette dépossession est à terme la plus lourde de dangers est la recherche scientifique : nous risquons de ne plus maîtriser notre propre intelligence. Les avancées de la recherche scientifique ne pourront plus être présentées comme un progrès humain, mais comme une aggravation de notre schizophrénie[5].

Éd. du Seuil, coll. « Points ».

3. Université californienne.
4. Différents organismes ou ministères décidant de l'attribution de crédits de recherche.
5. Maladie mentale générant, chez le patient, une perturbation du rapport au monde extérieur.

RECHERCHE DOCUMENTAIRE

▸ **1.** Qu'est-ce qu'un *abécédaire* ? Parcourez l'ouvrage d'Albert Jacquard et expliquez son titre.

▸ **2.** Archimède, Galilée, Newton, Mendel, Einstein : cherchez qui sont ces différents savants et par quelles recherches et quelles découvertes ils sont connus. Que signifie et à qui appartient le mot *eurêka* ?

▸ **3.** Établissez une note explicative pour les expressions *multinationales* et *krach d'octobre 87*.

▸ **4.** Cherchez dans l'histoire des sciences du XXe siècle des exemples de compétition entre des états.

LECTURE ANALYTIQUE

▸ **1.** En partant du titre de l'article, recherchez tout ce qui, dans le texte, exprime ou connote la notion de progrès.

▸ **2.** Étudiez la manière dont le texte est construit : observez pour cela les articulations logiques qui relient les paragraphes, la reprise de certaines images et de certaines questions.

▶ **3.** Qu'ont en commun les paragraphes 3 et 4 ? Comment se rattachent-ils à la notion de progrès ? À quel moment du temps s'arrête l'évocation du paragraphe 4 ?

▶ **4.** Le mot *machine* utilisé à la fin du paragraphe 4 est explicité dans les paragraphes 5, 6, 7 et 8 : quelles réalités du monde scientifique recouvre-t-il ? En quoi ces réalités sont-elles assimilables au *torrent* dont parle Albert Jacquard au début du texte ? En quoi consistent leurs dangers ?

▶ **5.** En ce qui concerne le progrès, quelle est la thèse d'Albert Jacquard ? Établissez des liens entre les mots suivants pour reformuler la prise de position qu'il défend dans ce passage, et ce qu'il dénonce : *homme, domination, savoir et connaissance, nature, évolution, structures complexes, compétition, misère, dépossession.*

ÉCRITURE

▶ **Essai 1 :** *Ne conviendrait-il pas de se soucier d'abord du sort des hommes ?* Sans sortir cette phrase de son contexte, vous l'expliciterez puis vous vous demanderez quelles sont les relations entre la recherche scientifique et le sort des hommes, en quoi elle s'en préoccupe ou au contraire s'en détache.

▶ **Essai 2 :** en vous aidant du contenu du dernier paragraphe, puis de l'ensemble du texte, explicitez la dernière phrase.

GUIDE p. 494

7. Léon Swartzenberg, *Face à la détresse* (1994)

Connu pour ses engagements du côté des démunis, le professeur Léon Swartzenberg aborde, dans un passage de l'essai Face à la détresse*, la notion d'« éthique ». Il vient d'expliquer que ce mot remplace de nos jours celui de « morale », considéré comme « vieux jeu » et quelque peu dérangeant.*

La science, cela n'a rien d'éthique, prétendent d'aucuns[1]. Si : la vraie science est toujours éthique. Dans son domaine, tout comportement qui s'écarte si peu que ce soit d'une véritable approche scientifique, de l'approfondissement des connaissances, de la découverte de nouvelles données, est un comportement antiscientifique et, par là même, non éthique. L'éthique définit la spécificité d'un comportement en rapport avec son objet.

L'attitude des médecins nazis dans les camps de concentration était doublement monstrueuse, humainement et scientifiquement : aucune de leurs prétendues « expériences » n'a fait faire le moindre progrès aux connaissances. Ce n'étaient pas des hommes de science, c'étaient des acteurs du génocide.

Lorsque, pendant l'Inquisition, des évêques soumettaient à la question des hérétiques, ils se mettaient hors la religion : ce n'étaient pas des prêtres, c'étaient des tortionnaires.

1. Certains.

Lorsqu'un praticien assiste dans une prison aux sévices infligés à un détenu ou à une exécution capitale, ce n'est pas un médecin, c'est un valet de bourreau.

Lorsque vous traitez des malades avec des produits qui n'ont fait aucune preuve de leur action thérapeutique, vous n'êtes pas un soignant, vous êtes un charlatan.

Lorsque, pour gagner un tournoi sportif, vous achetez les meilleurs joueurs, que vous ne faites pas jouer mais dont vous empêchez d'autres clubs de profiter, vous ne faites pas du sport, vous faites des affaires.

Lorsque vous détenez une information que vous ne publiez pas ou que vous « arrangez », vous n'êtes pas un journaliste, vous êtes un censeur, un faussaire ou un courtisan.

Lorsque, dans la vie publique, vous vous attachez plus à votre carrière qu'à l'intérêt des citoyens par lesquels et pour lesquels vous avez été élu, vous n'êtes pas un homme politique, vous êtes un imposteur.

Quand on s'écarte du chemin de sa vie, on triche. Chaque métier, chaque type d'activité s'accompagne d'une attitude de rigueur qui lui est propre : c'est sur elle que repose la morale d'une conduite, ou (pour reprendre un mot un peu vieux jeu, lui aussi) son honneur.

Nous sommes entrés dans l'ère de la « voyoucratie ». Le petit lascar des rues, déluré et mal élevé, pour lequel on pouvait éprouver de la sympathie, est à présent remplacé par la délinquance en costume trois pièces. La première devise, aujourd'hui : « Pas vu, pas pris ». La deuxième : « Tout est permis », puisque d'autres le font aussi. L'attitude des autres guide la mienne. Quels autres ? Ceux qui s'enrichissent. Ceux qui ont le pouvoir. La morale contemporaine ressemble à une partie de ping-pong : j'ai fait cela ? et toi ? et lui ? pourquoi pas moi ? Alors, quand dans ce monde où tant d'individus trichent, se lève et marche un être étranger à ces pratiques, il meurt à petit feu ou bien se suicide.

Librairie Arthème Fayard.

Dessin de Plantu, extrait de *La France dopée,* éd. du Seuil, 1998.

RECHERCHE DOCUMENTAIRE

▸ **1.** Préparez une note explicative pour chacun des mots ou expressions suivants : *inquisition, question, lascar*.

▸ **2.** Choisissez trois des démarches dénoncées par l'auteur et illustrez-les par un exemple précis tiré de l'histoire ou de la vie contemporaine. Votre recherche peut se faire dans la presse. Dans ce cas, indiquez le titre de l'article, sa source et sa date.

▸ **3.** Retrouvez dans ce manuel un texte du XVIe siècle dans lequel il est question de morale de la science. Citez la formule, restée célèbre, qui exprime la nécessité de respecter une éthique dans le domaine de la connaissance.

LECTURE ANALYTIQUE

▸ **1.** Déterminez, dès le début du texte, les deux thèses qui s'opposent. À qui appartient la première ? En quoi précisément consiste l'éthique de la science selon Léon Swartzenberg ?

▸ **2.** Quel est le rôle des huit courts paragraphes qui suivent ? Étudiez tout ce qu'ils ont en commun, autant sur le plan de leur lien avec la thèse que sur celui de la formulation. Comment celui qui parle rend-il son discours efficace ? Comment peut s'expliquer le passage de la troisième à la deuxième personne ?

▸ **3.** Expliquez, en vous appuyant sur l'avant-dernier paragraphe, ce que l'auteur entend par *éthique* lorsqu'il s'agit de tout individu. Quels sont les mots-clés de ce paragraphe ?

▸ **4.** Expliquez l'image finale dans le contexte du dernier paragraphe, puis dans celui du texte tout entier : quelle est sa portée symbolique ? Qui désignent alors les pronoms personnels *je* et *nous* ?

ÉCRITURE

▸ **Réécriture :** adoptez la manière d'écrire de Léon Swarzenberg dans les paragraphes où il interpelle directement le lecteur, et évoquez au mois cinq manquements au civisme et à la politesse fréquents dans les établissements scolaires. À chaque fois, caractérisez celui ou celle qui les commet en terminant votre paragraphe par les expressions *vous n'êtes pas un …, vous êtes…*

▸ **Invention :** rédigez, sous la forme d'un texte injonctif ou informatif, ce qui pourrait être une charte de bonne conduite (et donc une charte éthique) du lycéen. Vous envisagerez les différents aspects de la vie lycéenne, à l'intérieur du lycée et à l'extérieur.

SYNTHÈSE

▸ Dans les textes de cette séquence, identifiez ceux dans lesquels figurent la première personne. Cherchez alors si, en utilisant la première personne, celui qui parle émet une opinion subjective et personnelle ou s'il exprime une prise de position à laquelle peut adhérer le lecteur, parce qu'elle est générale et vérifiable. Établissez une classification des textes en fonction de ce critère. Que pouvez-vous en déduire sur la manière dont sont construits les essais ?

GUIDE ▸ p. 444

8. Lire l'image

Couverture de la revue *Sciences et vie Junior* n°18, octobre 1994.

Couverture de la revue *Phosphore* n°237, mars 2001.

Couverture de la revue *Sciences humaines* n°47, février 1995.

RECHERCHE DOCUMENTAIRE

▸ À quel lectorat s'adresse chacune des trois revues dont vous voyez ici la couverture ? Quels éléments visibles vous permettent de le dire ?

LECTURE ANALYTIQUE

▸ **1.** Observez les trois couvertures et dites en quoi les images relèvent de choix graphiques différents. Qu'est-ce qui fait la spécificité de chacune d'elles ?

▸ **2.** Quelle illustration vous semble la plus représentative du problème qui fait le grand titre de la couverture ? Laquelle retient le plus votre attention ? Pourquoi ?

▸ **3.** Retrouvez toutes les relations qui unissent ces trois couvertures au thème abordé dans la séquence 21 et cherchez quelles peuvent être les différences entre le traitement de ce thème dans des essais et dans des revues scientifiques.

ÉCRITURE

▸ **Invention :** choisissez, parmi les thèmes annoncés sur les trois couvertures, un thème qui vous intéresse particulièrement et expliquez en un article d'une trentaine de lignes les raisons de cet intérêt. Prenez position sur un plan personnel mais exposez aussi des raisons plus générales pour justifier votre choix.

GUIDE p. 493

SÉQUENCE 22

L'apologue et le conte

1. Ésope, *Fables* (VIe s. av. J.-C.)

Les courts récits didactiques des Fables *d'Ésope ont pour vocation de charmer et de faire réfléchir en mettant en scène des animaux.*

L'aigle et la renarde

S'étant liés d'amitié, un aigle et une renarde avaient décidé de devenir voisins, afin que l'habitude resserre leurs liens. L'aigle s'éleva donc au sommet d'un grand arbre et y fit sa couvée ; la renarde se glissa dans le buisson au pied de l'arbre pour y mettre bas. Or un jour qu'elle était sortie en quête de pâture, l'aigle dans la disette fondit sur le buisson et ravit les renardeaux, dont il se régala avec ses aiglons. À son retour, la renarde comprit ce qui s'était produit, et s'affligea non pas tant de la mort de ses petits que de son incapacité à la venger : elle qui vivait sur terre ne pouvait en effet pourchasser un volatile. Aussi dut-elle rester à l'écart et s'en tenir au seul recours des impuissants et des faibles : maudire son ennemi. Cependant l'aigle ne tarda pas à subir le châtiment de son manque de foi. Un jour, à la campagne, au cours du sacrifice d'une chèvre[1], il emporta de l'autel un viscère[2] encore en feu, qu'il ramena dans son aire[3]. À peine l'avait-il déposé parmi les brindilles qu'un vent violent se leva et fit jaillir d'un vieux fétu une flamme brillante ; les aiglons furent consumés, car ils étaient encore trop jeunes pour voler, et tombèrent sur le sol. La renarde se précipita, et sous les yeux de l'aigle les dévora jusqu'au dernier.

La fable montre que les traîtres à l'amitié échappent peut-être à la vengeance de leurs victimes trop faibles, mais ne sauraient se soustraire au châtiment divin.

Fable 1, trad. D. Loayza, éd. bilingue GF-Flammarion, 1995.

1. Les sacrifices d'animaux étaient fréquents dans l'Antiquité grecque. Ce détail renvoie au contexte religieux.
2. Organe mou situé à l'intérieur du corps, comme le foie, les poumons, le cœur.
3. Nid de l'aigle.

RECHERCHE DOCUMENTAIRE

▶ **1.** Cherchez dans la vie d'Ésope l'épisode au cours duquel on raconte que le fabuliste prononça la phrase : *la langue est la meilleure et la pire des choses.*

▶ **2.** Ésope n'est pas le seul fabuliste à avoir inspiré La Fontaine. Cherchez d'autres noms de fabulistes célèbres. Précisez dans quel pays et à quelle époque ils ont vécu.

LECTURE ANALYTIQUE

▶ **1.** Observez la manière dont sont reliées les phrases (liens logiques ou chronologiques) et dont s'enchaînent les épisodes du récit. D'où l'impression de rapidité vient-elle ? Sur quoi le fabuliste met-il l'accent ?

▶ **2.** Étudiez de quelle manière se trouve exprimée et soulignée dans le texte l'appartenance des deux animaux à des espèces différentes. Précisez ce qui, dès la première phrase, pourrait atténuer leurs différences.

▶ **3.** Repérez les interventions du narrateur dans le récit : quelles sont leurs fonctions ?

▶ **4.** Le fabuliste explicite le sens de la fable dans les deux dernières lignes. Quels autres enseignements et thèmes de réflexion pourrait-on trouver dans ce récit ?

GUIDE p. 445

2. Nouveau Testament, *Évangile selon Saint-Luc* (Ier s.)

Courts récits porteurs d'un enseignement moral, les paraboles bibliques utilisent des situations concrètes, prises dans la vie quotidienne et en référence avec les textes sacrés, pour faire réfléchir sur les comportements humains. Il revient à chaque lecteur d'adapter le récit à ce qu'il vit lui-même, pour découvrir le sens exact du message.

La parabole du riche et de Lazare

Il y avait un homme riche qui s'habillait de pourpre[1] et de linge fin et qui faisait chaque jour de brillants festins. Un pauvre du nom de Lazare[2] gisait couvert d'ulcères au porche de sa demeure. Il aurait bien voulu se rassasier de ce qui tombait de la table du riche ; mais c'étaient plutôt les chiens qui venaient lécher ses ulcères.

Or le pauvre mourut et fut emporté par les anges au côté d'Abraham[3] ; le riche mourut aussi et fut enterré. Au séjour des morts, comme il était à la torture, il leva les yeux et vit de loin Abraham avec Lazare à ses côtés. Alors il s'écria : Abraham, mon père, aie pitié de moi et envoie Lazare tremper le bout de son doigt dans l'eau pour me rafraîchir la langue, car je souffre le supplice dans ces flammes. Abraham lui dit : Mon enfant, souviens-toi que tu as reçu ton bonheur durant ta vie, comme Lazare le malheur ; et maintenant il trouve ici la consolation, et toi la souffrance. De plus, entre vous et nous, il a été disposé un grand abîme pour que ceux qui voudraient passer d'ici vers vous ne le puissent pas et que, de là non plus, on ne traverse pas vers nous.

1. La pourpre est ici symbole de richesse.
2. Il s'agit ici du « pauvre Lazare », personnage différent de Lazare le ressuscité, qui figure également dans la Bible.
3. « Père des croyants », Abraham est l'ancêtre reconnu des trois religions monothéistes, Judaïsme, Christianisme et Islam.

École Française (XVe s.), *Lazare ou le mauvais riche* (Paris, Musée du Moyen Âge-Cluny).

Le riche dit : Je te prie alors, père, d'envoyer Lazare dans la maison de mon père, car j'ai cinq frères. Qu'il les avertisse pour qu'ils ne viennent pas, eux aussi, dans ce lieu de torture. Abraham lui dit : Ils ont Moïse[4] et les prophètes, qu'ils les écoutent. L'autre reprit : Non Abraham, mon père, mais si quelqu'un vient à eux de chez les morts, ils se convertiront. Abraham lui dit : S'ils n'écoutent pas Moïse, ni les prophètes, même si quelqu'un ressuscite des morts, ils ne seront pas convaincus.

Luc, 16, 19-31, traduction œcuménique de la Bible, éd. du Cerf, 1972-1975.

4. Prophète intercesseur entre Dieu et les hommes.

RECHERCHE DOCUMENTAIRE

▸ **1.** Qu'appelle-t-on les quatre Évangiles ? Retrouvez le nom des évangélistes qui les ont composés et donnez leur époque d'écriture. Qu'est-ce qui différencie l'Ancien et le Nouveau Testament ?

▸ **2.** Le mot *parabole* est polysémique : donnez son champ sémantique et les différents domaines dans lesquels ce terme peut être employé.

LECTURE ANALYTIQUE

▸ **1.** Retrouvez dans le texte tous les éléments qui relèvent de la vie courante, dans ses aspects sociaux, et analysez les procédés de la généralisation.

▸ **2.** Comment l'idée d'une inversion des situations se trouve-t-elle mise en relief dans le texte ? Quelle croyance cette situation exige-t-elle du lecteur pour être comprise et efficace ?

▸ **3.** La parabole comporte un narrateur ainsi qu'un interlocuteur important, Abraham : quel est le rôle de chacun ?

▸ **4.** À travers la relation de Lazare et du riche, d'une part, et la relation du riche avec l'enseignement des prophètes, d'autre part, quels sont les deux thèmes de réflexion proposés par cette parabole ?

ÉCRITURE

▸ **Invention :** appuyez-vous sur l'observation de comportements sociaux récurrents pour construire une parabole. Vous pouvez choisir de rester dans le réel ou d'utiliser les possibilités offertes par la croyance religieuse.

ÉTUDE COMPARÉE

▸ La fable d'Ésope (⇛ p. 424) et la parabole de l'Évangile comportent toutes les deux un enseignement moral qui passe par un récit. Mettez-les en parallèle pour étudier les phénomènes d'inversion qui permettent la réflexion. Faites apparaître aussi toutes les différences entre ces textes (contexte, rôles du narrateur et du locuteur, nature des personnages…).

GUIDE p. 445

3. Jean de La Fontaine, *Fables* (1668)

Les fables de La Fontaine s'inscrivent dans une longue tradition, dont Ésope et Phèdre constituent des représentants importants. Elles ne mettent pas toujours en scène des animaux, comme le montre la fable – doublement politique – « Les membres et l'estomac ».

Les membres et l'estomac

Je devais[1] par la Royauté
Avoir commencé mon Ouvrage[2]
À la voir d'un certain côté,
Messer Gaster[3] en est l'image.
S'il a quelque besoin, tout le corps s'en ressent.
De travailler pour lui les membres se lassant,
Chacun d'eux résolut de vivre en Gentilhomme,
Sans rien faire, alléguant l'exemple de Gaster.
« Il faudrait, disaient-ils, sans nous qu'il vécût d'air.
Nous suons, nous peinons, comme bêtes de somme.
Et pour qui ? Pour lui seul ; nous n'en profitons pas :
Notre soin n'aboutit qu'à fournir ses repas.
Chommons[4], c'est un métier qu'il veut nous faire apprendre. »
Ainsi dit, ainsi fait. Les mains cessent de prendre,
Les bras d'agir, les jambes de marcher.
Tous dirent à Gaster qu'il en[5] allât chercher.
Ce leur fut une erreur dont ils se repentirent.
Bientôt les pauvres gens tombèrent en langueur ;
Il ne se forma plus de nouveau sang au cœur :
Chaque membre en souffrit, les forces se perdirent.
Par ce moyen, les mutins virent
Que celui qu'ils croyaient oisif et paresseux,
À l'intérêt commun contribuait plus qu'eux.
Ceci peut s'appliquer à la grandeur Royale.
Elle reçoit et donne, et la chose est égale.
Tout travaille pour elle, et réciproquement
Tout tire d'elle l'aliment.
Elle fait subsister l'artisan de ses peines,
Enrichit le Marchand, gage le Magistrat,
Maintient le Laboureur, donne paie au soldat,
Distribue en cent lieux ses grâces souveraines,
Entretient seule tout l'État.
Ménénius[6] le sut bien dire.
La Commune s'allait séparer du Sénat.
Les mécontents disaient qu'il avait tout l'Empire,
Le pouvoir, les trésors, l'honneur, la dignité ;
Au lieu que tout le mal était de leur côté,

1. J'aurais dû.
2. Mon œuvre (l'ensemble des fables).
3. L'estomac.
4. Orthographe de l'époque.
5. De la nourriture.
6. Consul romain en 503 av. J.-C. Il évita la sécession de la plèbe qui voulait se séparer du Sénat en racontant aux plébéiens l'apologue des membres et de l'estomac.

Les tributs, les impôts, les fatigues de guerre.
Le peuple hors des murs était déjà posté,
La plupart s'en allaient chercher une autre terre,
Quand Ménénius leur fit voir
Qu'ils étaient aux membres semblables,
Et par cet apologue, insigne entre les Fables,
Les ramena dans leur devoir.

Livre III, fable 2.

RECHERCHE DOCUMENTAIRE

▸ Cherchez quelle fable d'Ésope a pu inspirer celle de La Fontaine. Cherchez aussi dans l'*Histoire romaine* (II, 32) de l'historien Tite-Live le passage qui raconte l'épisode de la sécession de la plèbe sur le Mont Sacré.

LECTURE ANALYTIQUE

▸ **1.** Observez la structure de la fable, différenciez les éléments qui la composent, puis donnez les limites du récit qui concerne les membres et l'estomac. Quelles sont les autres composantes et quelles relations ont-elles entre elles et avec le récit anecdotique ?

▸ **2.** Faites, sous forme de tableau, une étude comparée des trois situations mises en parallèle dans la fable en faisant apparaître toutes les analogies.

▸ **3.** Quel est l'intérêt de la reprise d'un épisode de l'histoire romaine ?

▸ **4.** Quels sont les différents enseignements de cette fable et sur quels plans se situent-ils ?

▸ **5.** D'où vient la force persuasive de l'apologue ici ?

ÉCRITURE

▸ **Essai :** La Fontaine utilise habituellement les animaux pour faire réfléchir les hommes. Dans « Les membres et l'estomac », il prend pour fondement de la fable le fonctionnement du corps humain. Quelle peut être l'utilité de cette façon de procéder ?

GUIDE p. 444

4. Blaise Pascal, *Pensées* (1670)[1]

Dans les Pensées *(⇛ aussi p. 78), Pascal élabore un argumentaire pour prouver aux hommes que seule la foi en Dieu peut donner un sens à leur vie. Le passage évoque les différentes activités grâce auxquelles les hommes oublient leur condition mortelle.*

Tel homme passe sa vie sans ennui en jouant tous les jours peu de chose. Donnez-lui tous les matins l'argent qu'il peut gagner chaque jour, à la charge qu'il ne joue point, vous le rendez malheureux. On dira peut-être que c'est qu'il recherche l'amusement du jeu et non pas le gain. Faites-le donc jouer pour rien, il ne s'y échauffera pas et s'y ennuiera. Ce n'est donc pas l'amusement seul qu'il recherche, un

1. Première publication posthume.

Pieter de Hooch (1629-1684), *Les Joueurs de cartes* (détail) (peinture, 60 cm x 49 cm ; Paris, Musée du Louvre).

amusement languissant et sans passion l'ennuiera, il faut qu'il s'y échauffe et qu'il se pipe[2] lui-même en s'imaginant qu'il serait heureux de gagner ce qu'il ne voudrait pas qu'on lui donnât à condition de ne point jouer, afin qu'il se forme un sujet de passion et qu'il excite sur cela son désir, sa colère, sa crainte pour l'objet qu'il s'est formé, comme les enfants qui s'effraient du visage qu'ils ont barbouillé.

D'où vient que cet homme, qui a perdu depuis peu de mois son fils unique et qui accablé de procès et de querelles était ce matin si troublé, n'y pense plus maintenant ? Ne vous en étonnez pas, il est tout occupé à voir par où passera ce sanglier que les chiens poursuivent avec tant d'ardeur depuis six heures. Il n'en faut pas davantage. L'homme, quelque plein de tristesse qu'il soit, si on peut gagner sur lui de le faire entrer en quelque divertissement, le voilà heureux pendant ce temps-là. Et l'homme, quelque heureux qu'il soit, s'il n'est diverti et occupé par quelque passion ou quelque amusement qui empêche l'ennui de se répandre, sera bientôt chagrin et malheureux. Sans divertissement il n'y a point de joie. Avec le divertissement il n'y a point de tristesse. Et c'est aussi ce qui forme le bonheur des personnes de grande condition qu'ils ont un nombre de personnes qui les divertissent, et qu'ils ont le pouvoir de se maintenir en cet état.

Prenez-y garde, qu'est-ce autre chose d'être surintendant[3], chancelier[3], premier président[3], sinon d'être en une condition où l'on a le matin un grand nombre de gens qui viennent de tous côtés chez [eux] pour ne leur laisser pas une heure en la journée où ils puissent penser à eux-mêmes. Et quand ils sont dans la disgrâce et qu'on les renvoie à leurs maisons des champs[4], où ils ne manquent ni de biens, ni de domestiques pour les assister dans leur besoin, ils ne laissent pas[5] d'être misérables et abandonnés, parce que personne ne les empêche de songer à eux.

Fragment 168, classement des *Pensées* établi par P. Sellier, éd. Bordas, coll. « Classiques Garnier » 1991.

2. Il se trompe volontairement.
3. Charges et responsabilités ministérielles
4. Leurs châteaux, sur leurs terres, en province, loin de la Cour où ils sont exilés par décision royale.
5. Ils ne manquent pas.

RECHERCHE DOCUMENTAIRE

▸ **1.** Dans une histoire littéraire, cherchez dans quelles conditions ont été écrits les textes qui composent les *Pensées* et sous quelle forme se présente cette œuvre.

▸ **2.** Cherchez l'étymologie du mot *divertissement*, puis son champ sémantique. Dites ensuite dans quel sens Pascal emploie ce terme.

LECTURE ANALYTIQUE

▸ **1.** Repérez dans le texte le lexique exprimant diverses activités ou occupations : à quels domaines ces activités renvoient-elles ? Observez d'autre part la présence du lexique des sentiments et des états d'âme. Quelles relations est-il possible d'établir entre les occupations et les sentiments ?

▸ **2.** Analysez la manière dont Pascal construit son argumentation : mettez en relief les procédés grâce auxquels il conduit son lecteur à se sentir concerné. Dites ensuite quel type de raisonnement il utilise.

▸ **3.** Comment Pascal évite-t-il les difficultés du discours abstrait ? Comment rend-il son propos persuasif ? Observez notamment les temps de certains verbes pour répondre.

▸ **4.** Quelle gradation peut-on observer d'un paragraphe à l'autre ? À partir du texte, établissez une liste de *divertissements* en faisant apparaître leur diversité.

GUIDE p. 444

5. Jean de La Bruyère, *Caractères* (1688)

Philippe de Champaigne (1602-1674), *Le Bon Pasteur* (détail) (peinture ; Dijon, Musée des Beaux-Arts).

Inspirée des Caractères *du Grec Théophraste, l'œuvre de La Bruyère qui porte le même titre est un ensemble de portraits et de réflexions sur les hommes, la société et le pouvoir. Dans le livre X sont abordés les thèmes politiques (⇒ aussi p. 85 et 130).*

Quand vous voyez quelquefois un nombreux troupeau, qui répandu sur une colline vers le déclin d'un beau jour, paît tranquillement le thym et le serpolet, ou qui broute dans une prairie une herbe menue et tendre qui a échappé à la faux du moissonneur, le berger, soigneux et attentif, est debout auprès de ses brebis ; il ne les perd pas de vue, il les suit, il les conduit, il les change de pâturage ; si elles se dispersent, il les rassemble ; si un loup avide paraît, il lâche son chien, qui le met en fuite ; il les nourrit, il les défend ; l'aurore le trouve déjà en pleine campagne, d'où il ne se retire qu'avec le soleil : quels soins ! quelle vigilance ! quelle servitude ! Quelle condition vous paraît la plus délicieuse et la plus libre, ou du berger ou des brebis ? le troupeau est-il fait pour le berger, ou le berger pour le troupeau ? Image naïve des peuples et du Prince qui les gouverne, s'il est bon Prince.

Le faste et le luxe dans un souverain, c'est le berger habillé d'or et de pierreries, la houlette[1] d'or en ses mains ; son chien a un collier d'or, il est attaché avec une laisse d'or et de soie, que sert tant d'or à son troupeau ou contre les loups ?

Livre X, texte 29.

1. Bâton du berger.

RECHERCHE DOCUMENTAIRE

▸ **1.** Par quel nom désigne-t-on des scènes faisant intervenir des bergers ? Dans quels modes d'expression peut-on en trouver aux XVIIe et XVIIIe siècles ?

▸ **2.** Quelle est la portée symbolique de l'image du berger et de son troupeau ? Trouvez les différentes connotations qui s'attachent aux termes *berger*, *houlette*, *brebis* et *troupeau*.

LECTURE ANALYTIQUE

▸ **1.** Étudiez le début du texte et la manière dont le lecteur passe progressivement du troupeau au berger. Quel est le ton de cette première évocation ?

▸ **2.** Comment est soulignée l'activité du berger ? Quel est son rôle ? Observez la ponctuation : que remarquez-vous ?

▸ **3.** À partir de quel mot le lecteur peut-il observer un changement dans le texte ? Sur quoi portent alors les différentes interrogations ?

▸ **4.** Quelle rupture et quelle continuité peut-on observer entre les deux paragraphes ? Quel message le lecteur doit-il « décrypter » à travers le passage du berger au prince et de la vie simple à l'idée omniprésente de luxe et de richesse ?

ÉCRITURE

▸ **Essai :** pourriez-vous rédiger une fable à partir de l'apologue de La Bruyère ? Si vous pensez que c'est possible, écrivez cette fable, à la manière d'Ésope, en prose. Si vous pensez que cette transposition est impossible, expliquez d'où vient cette impossibilité.

GUIDE p. 444

6. Charles Perrault, *Contes* (1695)

Issus d'une tradition romanesque et morale abondamment représentée au XVIIe siècle, les contes merveilleux mêlent la variété des situations mises en scène à la répétition d'un schéma narratif. Brefs et précis, ceux de Perrault se terminent par une ou deux moralités qui invitent le lecteur à tirer profit de ce qui arrive aux autres.

Les fées

Il était une fois une veuve qui avait deux filles ; l'aînée lui ressemblait si fort et d'humeur et de visage, que qui la voyait voyait la mère. Elles étaient toutes deux si désagréables et si orgueilleuses qu'on ne pouvait vivre avec elles. La cadette, qui était le vrai portrait de son Père pour la douceur et pour l'honnêteté, était avec cela une des plus belles filles qu'on eût su voir. Comme on aime naturellement son semblable, cette mère était folle de sa fille aînée, et en même temps avait une aversion effroyable pour la cadette. Elle la faisait manger à la Cuisine et travailler sans cesse.

Il fallait entre autre chose que cette pauvre enfant allât deux fois le jour puiser de l'eau à une grande demi-lieue du logis, et qu'elle en rapportât plein une grande cruche. Un jour qu'elle était à cette fontaine, il vint à elle une pauvre femme qui lui pria de lui donner à boire. « Oui-da, ma bonne mère », dit cette belle fille ; et rinçant aussitôt sa cruche, elle puisa de l'eau au plus bel endroit de la fontaine, et la lui présenta, soutenant toujours la cruche afin qu'elle bût plus aisément. La bonne femme, ayant bu, lui dit : « Vous êtes si belle, si bonne, et si honnête, que je ne puis m'empêcher de vous faire un don (car c'était une Fée qui avait pris la forme d'une pauvre femme de village, pour voir jusqu'où irait l'honnêteté de cette jeune fille). Je vous donne pour don poursuivit la Fée qu'à chaque parole que vous direz, il vous sortira de la bouche ou une Fleur, ou une Pierre précieuse. » Lorsque cette belle fille arriva au logis, sa mère la gronda de revenir si tard de la fontaine. « Je vous demande pardon, ma mère, dit cette pauvre fille, d'avoir tardé si longtemps » ; et en disant ces mots, il lui sortit de la bouche deux Roses, deux Perles, et deux gros Diamants. « Que vois-je là ! dit sa mère toute étonnée ; je crois qu'il lui sort de la bouche des Perles et des Diamants ; d'où vient cela, ma fille ? » (ce fut là la première fois qu'elle l'appela sa fille). La pauvre enfant lui raconta naïvement tout ce qui lui était arrivé, non sans jeter une infinité de Diamants. « Vraiment, dit la mère, il faut que j'y envoie ma fille ; tenez, Fanchon, voyez ce qui sort de la bouche de votre sœur quand elle parle ; ne seriez-vous pas bien aise d'avoir le même don ? Vous n'avez qu'à aller puiser de l'eau à la fontaine, et quand une pauvre femme vous demandera à boire, lui en donner bien honnêtement. – Il me ferait beau voir, répondit la brutale, aller à la fontaine. – Je veux que

Charles Perrault, *Les fées*, gravure pour l'édition de 1697 (BNF, Paris).

vous y alliez, reprit la mère, et tout à l'heure. « Elle y alla, mais toujours en grondant. Elle prit le plus beau Flacon d'argent qui fût dans le logis. Elle ne fut pas plus tôt arrivée à la fontaine qu'elle vit sortir du bois une Dame magnifiquement vêtue qui vint lui demander à boire : c'était la même Fée qui avait apparu à sa sœur, mais qui avait pris l'air et les habits d'une Princesse, pour voir jusqu'où irait la malhonnêteté de cette fille. « Est-ce que je suis ici venue, lui dit cette brutale orgueilleuse, pour vous donner à boire ? Justement j'ai apporté un Flacon d'argent tout exprès pour donner à boire à Madame ! J'en suis d'avis, buvez à même[1] si vous voulez. – Vous n'êtes guère honnête, reprit la Fée, sans se mettre en colère ; hé bien ! puisque vous êtes si peu obligeante, je vous donne pour don qu'à chaque parole que vous direz, il vous sortira de la bouche ou un serpent ou un crapaud. » D'abord que[2] sa mère l'aperçut, elle lui cria : « Hé bien, ma fille ! – Hé bien, ma mère ! lui répondit la brutale, en jetant deux vipères, et deux crapauds. – Ô Ciel ! s'écria la mère, que vois-je là ! C'est sa sœur qui en est cause, elle me le paiera » ; et aussitôt elle courut pour la battre. La pauvre enfant s'enfuit, et alla se sauver[3] dans la Forêt prochaine. Le fils du Roi qui revenait de la chasse la rencontra et la voyant si belle, lui demanda ce qu'elle faisait là toute seule et ce qu'elle avait à pleurer « Hélas ! Monsieur, c'est ma mère qui m'a chassée du logis. » Le fils du Roi, qui vit sortir de sa bouche cinq ou six Perles, et autant de Diamants, la pria de lui dire d'où cela lui venait. Elle lui conta toute son aventure. Le fils du Roi en devint amoureux, et considérant qu'un tel don valait mieux que tout ce qu'on pouvait donner en mariage à une autre, l'emmena au Palais du Roi son père, où il l'épousa. Pour sa sœur, elle se fit tant haïr, que sa propre mère la chassa de chez elle ; et la malheureuse, après avoir bien couru sans trouver personne qui voulût la recevoir, alla mourir au coin d'un bois.

Moralité

Les Diamants et les Pistoles,
Peuvent beaucoup sur les Esprits ;
Cependant les douces paroles
Ont encor plus de force, et sont d'un plus grand prix.

Autre moralité

L'honnêteté coûte des soins,
Et veut un peu de complaisance,
Mais tôt ou tard elle a sa récompense,
Et souvent dans le temps qu'on y pense le moins.

LECTURE ANALYTIQUE

▶ **1.** Répertoriez les différentes étapes du récit pour faire apparaître la concision dont fait preuve le narrateur ; quelles scènes pourraient être racontées ? Quels lieux, quels objets, quelles personnes pourraient être décrits ?

▶ **2.** Dans la succession des situations rapportées, faites apparaître les effets de récurrence et d'inversion pour les personnages des deux sœurs. En quoi y a-t-il un parallélisme ?

▶ **3.** Quelles sont les fonctions de ces situations opposées ? Qu'en déduit le lecteur ? Qu'est-ce qui, dans le texte, lui apporte de l'aide pour les interpréter ?

▶ **4.** Les personnages apparaissent à travers des situations familiales, des fonctions sociales, non comme des individualités. Quels sont les avantages d'un tel choix dans le contexte d'un conte moralisateur ? En particulier, qu'incarnent les fées ?

▶ **5.** Quelle moralité vous semble le mieux adaptée à l'histoire ? Laquelle préférez-vous ?

ÉCRITURE

▶ **Réécriture :** à la manière de Perrault et en utilisant le schéma et les personnages des contes, inventez une histoire susceptible d'illustrer une des moralités suivantes, qui ont été composées par Perrault en relation avec des fables de La Fontaine dans *Le Labyrinthe de Versailles* :

Le renard et les raisins

Quand d'une charmante beauté,
Un galant fait le dégoûté,
Il a beau dire, il a beau feindre,
C'est qu'il n'y peut atteindre.

Le dauphin et le singe

En vain un galant fait le beau,
À beaux traits, beaux habits, beau linge,
et belle tête,
Si du reste c'est une bête,
Il n'est bon qu'à jeter en l'eau.

GUIDE p. 444

7. Charles Perrault, préface des *Contes* (1695)

Écrite et publiée après les premiers contes, la préface de 1695 précise les intentions morales du conteur et réaffirme ses positions dans la querelle des Anciens et des Modernes (⇒ p. 82 et 168).

Tout ce qu'on peut dire, c'est que cette Fable[1] de même que la plupart de celles qui nous restent des Anciens n'ont été faites que pour plaire sans égard aux bonnes mœurs qu'ils négligeaient beaucoup. Il n'en est pas de même des contes que nos aïeux ont inventés pour leurs Enfants. Ils ne les ont pas contés avec l'élégance et les agréments dont les Grecs et les Romains ont orné leurs Fables[2] ; mais ils ont toujours eu un très grand soin que leurs contes renfermassent une moralité louable et instructive. Partout la vertu y est récompensée, et partout le vice y est puni. Ils tendent tous à faire voir l'avantage qu'il y a d'être honnête, patient, avisé, laborieux, obéissant, et le mal qui arrive à ceux qui ne le sont pas. Tantôt ce sont des Fées[3] qui donnent pour don à une jeune fille qui leur aura répondu avec civilité, qu'à chaque parole qu'elle dira, il lui sortira de la bouche un diamant ou une perle ; et à une autre fille qui leur aura répondu brutalement, qu'à chaque parole il lui sortira de la bouche une grenouille ou un crapaud.

1. Charles Perrault vient de parler de l'histoire d'Apulée, *L'Âne d'or*.
2. Le mot *fable* est à prendre dans le sens de récit de fiction.
3. Voir p. 431.

Charles Perrault, *Contes*, gravure pour l'édition de 1697 (BNF, Paris).

Tantôt ce sont des enfants qui pour avoir bien obéi à leur père ou à leur mère deviennent grands Seigneurs, ou d'autres, qui ayant été vicieux et désobéissants, sont tombés dans des malheurs épouvantables. Quelque frivoles et bizarres que soient toutes ces Fables dans leurs aventures, il est certain qu'elles excitent dans les Enfants le désir de ressembler à ceux qu'ils voient devenir heureux, et en même temps la crainte des malheurs où les méchants sont tombés par leur méchanceté. N'est-il pas louable à des Pères et à des Mères, lorsque leurs Enfants ne sont pas encore capables de goûter les vérités solides et dénuées de tous agréments, de les leur faire aimer, et si cela se peut dire, les leur faire avaler, en les enveloppant dans des récits agréables et proportionnés à la faiblesse de leur âge. Il n'est pas croyable avec quelle avidité ces âmes innocentes, et dont rien n'a encore corrompu la droiture naturelle, reçoivent ces instructions cachées ; on les voit dans la tristesse et dans l'abattement, tant que le Héros ou l'Héroïne de Conte sont dans le malheur, et s'écrier de joie quand le temps de leur bonheur arrive ; de même qu'après avoir souffert impatiemment[4] la prospérité du méchant ou de la méchante, ils sont ravis de les voir enfin punis comme ils le méritent. Ce sont des semences qu'on jette qui ne produisent d'abord que des mouvements de joie et de tristesse, mais dont il ne manque guère d'éclore de bonnes inclinations.

J'aurais pu rendre mes Contes plus agréables en y mêlant certaines choses un peu libres dont on a accoutumé de les égayer ; mais le désir de plaire ne m'a jamais assez tenté pour violer une loi que je me suis imposée de ne rien écrire qui pût blesser ou la pudeur ou la bienséance.

Extrait.

4. Avec chagrin.

RECHERCHE DOCUMENTAIRE

▸ Cherchez l'étymologie du mot *fable*, le sens initial du mot *fabuleux* et les différents emplois et connotations de ces deux termes.

LECTURE ANALYTIQUE

▸ **1.** Quelle est la finalité – et la caractéristique essentielle – des contes de Perrault tels que les présente leur auteur ?

▸ **2.** Par quels moyens les contes transmettent-ils leur message moral, selon Perrault ? Étudiez les différents mécanismes rappelés par celui qui parle.

▸ **3.** Sur quoi porte le paragraphe qui termine le texte ? Qu'a refusé Perrault ? Quel est, pour lui, le principe fondamental de l'écriture des contes ?

ÉCRITURE

▸ **Résumé :** résumez le texte au quart de sa longueur environ en modifiant l'énonciation. Vous rapportez les paroles de Perrault en commençant de cette façon : *Dans un extrait de la préface des Contes, Perrault expose ses choix littéraires en matière de contes…*

▸ **Invention :** à partir des choix exprimés par Perrault dans cet extrait de préface et d'extraits de contes que vous avez étudiés ou lus, composez un texte expliquant comment il faut composer un conte merveilleux avec une finalité morale. Vous pouvez vous inspirer de l'*Art poétique* de Boileau (⇛ p. 80 et 126).

GUIDE p. 444

Miniature indienne de 1760, jeune prince écoutant de la musique jouée par Narada et Tamburu à tête de cheval (Paris, galerie Marco Polo).

8. Voltaire, *Histoire d'un bon bramin* (1761)

Voltaire donna la primeur de ce conte, considéré comme une « parabole », à Madame du Deffand, intellectuelle dont le salon était fréquenté par les philosophes. À travers les personnages allégoriques mis en scène, ce sont les incertitudes du philosophe qui s'expriment.

Je rencontrai dans mes voyages un vieux bramin[2], homme fort sage, plein d'esprit, et très savant ; de plus, il était riche, et, partant, il en était plus sage encore : car, ne manquant de rien, il n'avait besoin de tromper personne. Sa famille était très bien gouvernée par trois belles femmes qui s'étudiaient à lui plaire ; et, quand il ne s'amusait pas avec ses femmes, il s'occupait à philosopher.

Près de sa maison, qui était belle, ornée et accompagnée de jardins charmants, demeurait une vieille Indienne, bigote, imbécile, et assez pauvre.

Le bramin me dit un jour : « Je voudrais n'être jamais né. » Je lui demandai pourquoi. Il me répondit : « J'étudie depuis quarante ans, ce sont quarante années de perdues ; j'enseigne les autres, et j'ignore tout : cet état porte dans mon âme tant d'humiliation et de dégoût que la vie m'est insupportable. Je suis né, je vis dans le temps, et je ne sais pas ce que c'est que le temps ; je me trouve dans un point entre deux éternités, comme disent nos sages, et je n'ai nulle idée de l'éternité. Je suis composé de

1. Note de René Pomeau pour l'*Histoire d'un bon bramin*, éd. GF-Flammarion, 1966.

2. Membre de la première des castes hindoues.

matière ; je pense, je n'ai jamais pu m'instruire de ce qui produit la pensée ; j'ignore si mon entendement est en moi une simple faculté, comme celle de marcher, de digérer, et si je pense avec ma tête comme je prends avec mes mains. Non seulement le principe de ma pensée m'est inconnu, mais le principe de mes mouvements m'est également caché : je ne sais pour quoi j'existe. Cependant on me fait chaque jour des questions sur tous ces points : il faut répondre ; je n'ai rien de bon à dire ; je parle beaucoup, et je demeure confus et honteux de moi-même après avoir parlé.

« C'est bien pis quand on me demande si Brama[3] a été produit par Vitsnou[3], ou s'ils sont tous deux éternels. Dieu m'est témoin que je n'en sais pas un mot, et il y paraît bien à mes réponses. « Ah ! mon révérend père, me dit-on, apprenez-nous comment le mal inonde toute la terre. » Je suis aussi en peine que ceux qui me font cette question : je leur dis quelquefois que tout est le mieux du monde ; mais ceux qui ont été ruinés et mutilés à la guerre n'en croient rien, ni moi non plus ; je me retire chez moi accablé de ma curiosité et de mon ignorance. Je lis nos anciens livres, et ils redoublent mes ténèbres. Je parle à mes compagnons : les uns me répondent qu'il faut jouir de la vie, et se moquer des hommes ; les autres croient savoir quelque chose, et se perdent dans des idées extravagantes ; tout augmente le sentiment douloureux que j'éprouve. Je suis prêt quelquefois de tomber dans le désespoir, quand je songe qu'après toutes mes recherches je ne sais ni d'où je viens, ni ce que je suis, ni où j'irai, ni ce que je deviendrai. »

L'état de ce bon homme me fit une vraie peine : personne n'était ni plus raisonnable ni de meilleure foi que lui. Je conçus que plus il avait de lumières dans son entendement et de sensibilité dans son cœur, plus il était malheureux.

Je vis le même jour la vieille femme qui demeurait dans son voisinage : je lui demandai si elle avait jamais été affligée de ne savoir pas comment son âme était faite. Elle ne comprit seulement pas ma question : elle n'avait jamais réfléchi un seul moment de sa vie sur un seul des points qui tourmentaient le bramin ; elle croyait aux métamorphoses de Vitsnou de tout son cœur, et pourvu qu'elle pût avoir quelquefois de l'eau du Gange[4] pour se laver, elle se croyait la plus heureuse des femmes.

Frappé du bonheur de cette pauvre créature, je revins à mon philosophe, et je lui dis : « N'êtes-vous pas honteux d'être malheureux, dans le temps qu'à votre porte il y a un vieil automate qui ne pense à rien, et qui vit content ? – Vous avez raison, me répondit-il ; je me suis dit cent fois que je serais heureux si j'étais aussi sot que ma voisine, et cependant je ne voudrais pas d'un tel bonheur. »

Cette réponse de mon bramin me fit une plus grande impression que tout le reste ; je m'examinai moi-même, et je vis qu'en effet je n'aurais pas voulu être heureux à condition d'être imbécile.

Je proposai la chose à des philosophes, et ils furent de mon avis. « Il y a pourtant, disais-je, une furieuse contradiction dans cette façon de penser : car enfin de quoi s'agit-il ? D'être heureux. Qu'importe d'avoir de l'esprit ou d'être sot ? Il y a bien plus : ceux qui sont contents de leur être sont bien sûrs d'être contents ; ceux qui raisonnent ne sont pas si sûrs de bien raisonner. Il est donc clair, disais-je, qu'il faudrait choisir de n'avoir pas le sens commun, pour peu que ce sens commun contribue à notre mal-

3. Divinités de la religion hindoue.
4. Le Gange est le fleuve sacré des hindous, qui considèrent que son eau est purificatrice.

être. » Tout le monde fut de mon avis, et cependant je ne trouvai personne qui voulût accepter le marché de devenir imbécile pour devenir content. De là je conclus que, si nous faisons cas du bonheur, nous faisons encore plus de cas de la raison.

Mais, après y avoir réfléchi, il paraît que de préférer la raison à la félicité, c'est être très insensé. Comment donc cette contradiction peut-elle s'expliquer ? Comme toutes les autres. Il y a là de quoi parler beaucoup.

Texte intégral.

LECTURE ANALYTIQUE

▸ **1.** Par qui le conte est-il pris en charge ? Ce narrateur se contente-t-il de raconter une situation vécue ? Qui pourrait être ce *je* ? À qui fait-il penser ?

▸ **2.** Mettez en parallèle la situation matérielle du bramin et le contenu de ses paroles (l. 10 à 40). Quelles distorsions apparaissent ? Qu'y a-t-il de désespérant dans ses propos ? Sur quoi mettent-ils l'accent ?

▸ **3.** Comment pourrait-on caractériser la vieille femme voisine du bramin ?

▸ **4.** Définissez la méthode employée par le narrateur pour tenter de mieux comprendre les points de vue opposés.

▸ **5.** À quoi a servi ce conte ? Donnez votre point de vue en précisant ce qu'il vous a appris ou ce sur quoi il vous a fait réfléchir.

DÉBAT

▸ Raison / bonheur : dans quelle mesure ces termes peuvent-ils paraître compatibles ?

ÉCRITURE

▸ **Essai :** en vous appuyant sur les textes qui figurent dans les séquences consacrées aux Lumières, vous chercherez en quoi le rapprochement des termes « raison » et « bonheur » peut caractériser un grand nombre de recherches et d'interrogations du XVIIIe siècle.

GUIDE p. 444

9. Alfred de Vigny, *Les Destinées* (1864)[1]

Publiés après la mort de leur auteur, les onze « poèmes philosophiques » sont une réflexion sur le sens de la vie et sur les valeurs qui guident les comportements des hommes. Dans le sixième poème, « La mort du loup », Vigny donne en exemple le courage d'un animal.

La mort du loup

I

Les nuages couraient sur la lune enflammée
Comme sur l'incendie on voit fuir la fumée,
Et les bois étaient noirs jusques[2] à l'horizon.
– Nous marchions, sans parler, dans l'humide gazon,

1. Publication posthume.
2. Licence poétique.

Dans la bruyère épaisse et dans les hautes brandes[3],
Lorsque, sous des sapins pareils à ceux des Landes,
Nous avons aperçu les grands ongles marqués
Par les loups voyageurs que nous avions traqués.
Nous avons écouté, retenant notre haleine
Et le pas suspendu. – Ni le bois ni la plaine
Ne poussaient un soupir dans les airs ; seulement
La girouette en deuil criait au firmament,
Car le vent, élevé bien au-dessus des terres,
N'effleurait de ses pieds que les tours solitaires,
Et les chênes d'en bas, contre les rocs penchés,
Sur leurs coudes semblaient endormis et couchés.
Rien ne bruissait donc, lorsque, baissant la tête,
Le plus vieux des chasseurs qui s'étaient mis en quête
A regardé le sable en s'y couchant ; bientôt,
Lui que jamais ici l'on ne vit en défaut,
A déclaré tout bas que ces marques récentes
Annonçaient la démarche et les griffes puissantes
De deux grands loups-cerviers[4] et de deux louveteaux.
Nous avons tous alors préparé nos couteaux
Et, cachant nos fusils et leurs lueurs trop blanches,
Nous allions, pas à pas, en écartant les branches.

Trois s'arrêtent, et moi, cherchant ce qu'ils voyaient,
J'aperçois tout à coup deux yeux qui flamboyaient,
Et je vois au delà quatre formes légères
Qui dansaient sous la lune au milieu des bruyères,
Comme font chaque jour, à grand bruit, sous nos yeux,
Quand le maître revient, les lévriers[5] joyeux.
Leur forme était semblable et semblable la danse ;
Mais les enfants du Loup se jouaient en silence,
Sachant bien qu'à deux pas, ne dormant qu'à demi,
Se couche dans ses murs l'homme, leur ennemi.
Le père était debout, et plus loin, contre un arbre,
Sa Louve reposait comme celle de marbre
Qu'adoraient les Romains, et dont les flancs velus
Couvaient les demi-dieux Rémus et Romulus.
Le Loup vient et s'assied, les deux jambes dressées
Par leurs ongles crochus dans le sable enfoncées.
Il s'est jugé perdu, puisqu'il était surpris,
Sa retraite coupée et tous ses chemins pris ;
Alors il a saisi, dans sa gueule brûlante,
Du chien le plus hardi la gorge pantelante
Et n'a pas desserré ses mâchoires de fer,
Malgré nos coups de feu qui traversaient sa chair
Et nos couteaux aigus qui, comme des tenailles,
Se croisaient en plongeant dans ses larges entrailles,
Jusqu'au dernier moment où le chien étranglé,
Mort longtemps avant lui, sous ses pieds a roulé.
Le Loup le quitte alors et puis il nous regarde.

3. Lieux peu fertiles où poussent des plantes telles que la bruyère, les genêts…

4. Lynx, loup qui attaque les cerfs.

5. Chien de race fin et rapide dressé pour la chasse.

Levitan Isaak Ilyich (1860-1900), *Bois en hiver* (peinture ; Moscou, Galerie Tretyakov).

Les couteaux lui restaient au flanc jusqu'à la garde,
Le clouaient au gazon tout baigné dans son sang ;
Nos fusils l'entouraient en sinistre croissant.
– Il nous regarde encore, ensuite il se recouche
Tout en léchant le sang répandu sur sa bouche,
Et, sans daigner savoir comment il a péri,
Refermant ses grands yeux, meurt sans jeter un cri.

II

J'ai reposé mon front sur mon fusil sans poudre,
Me prenant à penser, et n'ai pu me résoudre
À poursuivre sa Louve et ses fils qui, tous trois,
Avaient voulu l'attendre, et, comme je le crois,
Sans ses deux louveteaux, la belle et sombre veuve
Ne l'eût pas laissé seul subir la grande épreuve ;
Mais son devoir était de les sauver, afin
De pouvoir leur apprendre à bien souffrir la faim,
À ne jamais entrer dans le pacte des villes
Que l'homme a fait avec les animaux serviles
Qui chassent devant lui, pour avoir le coucher,
Les premiers possesseurs du bois et du rocher.

III

Hélas ! ai-je pensé, malgré ce grand nom d'Hommes,
Que j'ai honte de nous, débiles[6] que nous sommes !
Comment on doit quitter la vie et tous ses maux,
C'est vous qui le savez, sublimes animaux !
À voir ce que l'on fut sur terre et ce qu'on laisse,
Seul le silence est grand ; tout le reste est faiblesse.
– Ah ! je t'ai bien compris, sauvage voyageur,
Et ton dernier regard m'est allé jusqu'au cœur !
Il disait : « Si tu peux, fais que ton âme arrive,
À force de rester studieuse et pensive,
Jusqu'à ce haut degré de stoïque fierté
Où, naissant dans les bois, j'ai tout d'abord monté.

Gémir, pleurer, prier est également lâche.
Fais énergiquement ta longue et lourde tâche,
Dans la voie où le Sort a voulu t'appeler.
Puis après, comme moi, souffre et meurs sans parler. »

*Écrit au château du M***, 1843.*

Texte intégral.

6. Qui manque de forces physiques, fragile.

RECHERCHE DOCUMENTAIRE

▶ **1.** À quelle légende renvoie l'image de la louve romaine ? Faites une recherche concernant cet animal et les personnages de Romulus et Rémus.

▶ **2.** Cherchez le sens du mot *stoïcisme*. Quelle philosophie se trouve définie par ce terme ? À quelle époque se situe-t-elle ? Citez certains de ses adeptes.

LECTURE ANALYTIQUE

▶ **1.** Observez la disposition typographique du texte et la présence des chiffres qui séparent certaines parties. Comment s'expliquent ces séparations ? Prenez appui sur le lexique et sur l'énonciation pour répondre.

▶ **2.** Dans quel registre le récit de la chasse est-il exprimé ? D'où vient l'impression de mystère et de grandeur que ressent le lecteur ? En quoi la versification contribue-t-elle à cette impression ?

▶ **3.** Animaux sauvages, animaux serviles, hommes : étudiez les différents rapprochements qui apparaissent dans le texte. Pourquoi les loups sauvages sont-ils humanisés ?

▶ **4.** Quelle est la leçon philosophique du poème ? Par quels moyens est-elle mise en œuvre ? En quoi peut-on dire que le narrateur fait appel, alternativement, à la raison et à l'émotion ?

ÉCRITURE

▶ **Invention :** faites à la première personne le récit d'un événement auquel vous avez été mêlé et dont vous avez pu tirer un enseignement. Vous préciserez si cet enseignement est généralisable ou s'il reste limité à une situation donnée.

▶ **Essai :** expliquez, à partir d'une analyse de plusieurs apologues, en quoi les situations qu'ils mettent en scène sont adaptables et peuvent s'appliquer à des cas très nombreux.

SYNTHÈSE

▶ **1.** Voici la définition du mot *apologue* : « court récit en prose ou en vers, souvent présenté sous forme allégorique et comportant un enseignement ou une morale ». Retrouvez dans cette séquence des textes qui illustrent précisément chaque point de la définition et qui correspondant ainsi à la définition globale.

▶ **2.** Les apologues touchent à des domaines très divers. Retrouvez ces différents domaines et cherchez si les moyens utilisés sont les mêmes lorsqu'il s'agit, par exemple, de faire réfléchir sur les comportements quotidiens ou lorsqu'il s'agit de questions politiques.

▶ **3.** Établissez une typologie des personnages d'apologues : que remarquez-vous ?

GUIDE p. 444

10. Lire l'image

« La mort des forêts conduit à la mort du monde », affiche de Mishihiro Goshima, 1992.

RECHERCHE DOCUMENTAIRE

▸ Citez des exemples d'affiches pour des campagnes humanitaires ou d'autres, qui mettent en garde contre des comportements dont les conséquences pourraient être graves pour notre monde.

LECTURE ANALYTIQUE

▸ **1.** Observez cette affiche et dites ce que vous y voyez. Parmi les adjectifs suivants, lesquels choisiriez-vous pour la caractériser : incompréhensible, laide, effrayante, angoissante, signifiante, efficace, émouvante ?

▸ **2.** Sachant que l'inscription en japonais qui figure sur la ligne centrale signifie « La mort des forêts conduit à la mort du monde », retrouvez tous les liens de sens qui rattachent l'image au texte.

▸ **3.** Cette affiche figure dans la séquence « L'apologue » : comment peut-elle être, par sa forme et par sa signification, rattachée à ce genre ?

ÉCRITURE

▸ **Invention :** en partant de ce qui est représenté sur cette affiche et de l'idée sur laquelle elle repose, composez un apologue se terminant par la phrase qui figure au centre de l'image

GUIDE p. 493

Henry Lamb (1885-1960), *Garçon lisant*, 1956 (peinture, 39 x 59 cm ; Russel Cotes Art Gallery and Museum, Bournemouth).

BIBLIOGRAPHIE

SÉQUENCE 20 *L'argumentation en dialogue*

- J. ANOUILH, *Thomas More, ou l'homme libre*, éd. La Table ronde, 1987.
- A. BURGESS, I. B. SINGER, *Rencontre au sommet*, éd. Mille et une nuits, 1998.
- A. CAMUS, *Les Justes*, éd. Gallimard, 1949.
- D. DIDEROT, *Le Neveu de Rameau*, 1762-1774 ; *Contes et entretiens* ; *Entretien d'un père avec ses enfants*, 1770.
- B. DE FONTENELLE, *Entretiens sur la pluralité des mondes*, 1686.
- A. JACQUARD, *Petite philosophie à l'usage des non philosophes*, éd. Calmann-Lévy, 1997.
- P. LEVI, *Le Devoir de mémoire*, éd. Mille et une nuits, 1995.
- J.-J. ROUSSEAU, *Rousseau juge de Jean-Jacques*.
- N. SARRAUTE, *Enfance*, éd. Gallimard, 1980.
- J.-P. SARTRE, *Les Mains sales*, éd. Gallimard, 1948.
- M. YOURCENAR, *Les Yeux ouverts*, éd. du Centurion, 1980.

SÉQUENCE 21 *L'argumentation en essai*

- A. JACQUARD, *Éloge de la différence*, 1981 ; *Abécédaire de l'ambiguïté*, 1989 ; *L'Équation du nénuphar*, 1999, éd. du Seuil.
- A. LIGHTMAN, *Quand Einstein rêvait*, éd. Robert Laffont, 1993.
- A. MANGUEL, *Une histoire de la lecture*, éd. Actes Sud, 1998.
- F. MAURIAC, *Le Romancier et ses personnages*, éd. Presses Pocket, 1980.
- TH. MONOD, *Et si l'aventure humaine devait échouer*, éd. Grasset (2000).
- H. REEVES, *Malicorne*, éd. du Seuil, 1990.
- J. ROSTAND, *Confidences d'un biologiste*, éd. La Découverte, 1987.
- J.-J. ROUSSEAU, *Discours sur les sciences et les arts*, 1750 ; *Discours sur l'origine et les fondements de l'inégalité parmi les hommes*, 1755.
- J. STAROBINSKI, *Portrait de l'artiste en saltimbanque*, éd. Skira-Flammarion, 1983.
- M. TOURNIER, *Célébrations, éd. Mercure de France*, 1999.
- É. ZOLA, *La Vérité en marche*, 1901.

SÉQUENCE 22 *L'apologue et le conte*

- B. DIOP, *Contes d'Amadou Koumba*, 1947.
- ÉSOPE (VIIe-VIe s. av. J.-C.), *Fables*.
- J. DE LA BRUYÈRE, *Les Caractères*, 1688.
- J. DE LA FONTAINE, *Fables*, 1668-1694.
- J.-F. MARMONTEL, *Contes moraux*, 1755-1759.
- B. PASCAL, *Pensées*, 1670.
- C. PERRAULT, *Contes de ma mère l'Oye*, 1697.
- P. QUIGNARD, *Les Tablettes de buis d'Apronenia Avitia*, éd. Gallimard, 1984.
- J. RENARD, *Histoires naturelles*, 1894.
- R. L. STEVENSON, *Fables*.
- M. TOURNIER, *Petites proses*, éd. Gallimard, 1986.
- A. DE VIGNY, *Servitude et Grandeur militaires*, 1835.
- VOLTAIRE, *Contes* (XVIIIe s.).

Jean de La Fontaine, *Fables* (1668-1678-1694)

Livres V, VI et VII

1. Recherches initiales

1. Pour écrire ses fables, La Fontaine a fait des emprunts à de nombreux fabulistes : lesquels ?
2. À quelle querelle La Fontaine a-t-il participé dans les vingt dernières années du XVIIe siècle ? Dans quel « camp » se trouvait-il ?

2. Parcours thématiques

1er PARCOURS

Des animaux et des hommes : parcourez les livres V, VI et VII des *Fables* et classez les textes selon qu'ils mettent en scène des animaux entre eux, des animaux et des hommes, des hommes seuls, des objets seuls ou avec des hommes. Quelle situation est la plus fréquente ? Donnez la condition sociale des hommes qui figurent dans ces fables, leur profession : à quel monde appartiennent-ils ? Ont-ils des identités précises ? En plus des hommes et des animaux, quelle est la troisième catégorie de personnages « utilisés » dans les fables ? Qu'ont-ils de particulier ?
Faites une lecture attentive de plusieurs fables ayant pour personnages uniquement des animaux et observez les comportements et les situations rapportés. Distinguez à travers le lexique ce qui renvoie clairement au règne animal et ce qui est emprunté au monde des humains. Pourquoi choisir des animaux et les faire agir et parler comme des hommes ? Cherchez des réponses dans les fables, puis retrouvez les raisons données par le fabuliste lui-même dans sa préface (p. 45-51[1]).
Quel est l'intérêt de mettre en scène des animaux et des hommes ? Lisez plusieurs fables qui comportent cette double catégorie de personnages et expliquez ce que permet leur coexistence et leur confrontation. Quelle est la fonction sociale et morale de la présence des hommes ?

Prolongements : parmi les fables des livres V, VI et VII, cherchez-en une ou deux qui figurent aussi chez Ésope et comparez les textes.

1. Les références sont celles de l'éditeur GF-Flammarion, 1995.

2e PARCOURS

Fable, récit et morale : recherchez dans la préface ce que La Fontaine écrit à propos du rôle moral et éducatif de ses fables et expliquez, à partir des fables dont les références suivent, comment ces textes peuvent remplir une telle fonction : V, 14 ; VI, 18 ; VII, 12. Mettez en évidence, à travers le récit, la manière dont une situation problématique est présentée, la façon dont le narrateur en facilite la visualisation, d'où et à quel moment naît la réflexion morale. Étudiez tout particulièrement à quel endroit du texte intervient la moralité, à qui elle appartient et à qui elle s'adresse. Établissez pour les trois fables étudiées, puis pour d'autres fables, la nature exacte du lien qui rattache la scène et la moralité. Montrez que parfois cette moralité se met en place par étapes successives, que le lecteur peut retrouver rétrospectivement.
À partir de ce premier travail, observez la structure d'autres fables (V, 13, 16, 18, 19, 20 ; VI, 16, 17, 19 ; VII, 1, 8, 9) pour faire apparaître le rôle du récit. Est-il démonstratif ou illustratif ? Le narrateur conduit-il le lecteur (et dans ce cas par quels moyens) à adhérer à une moralité exprimée au début et dont la fable constitue l'illustration ou le témoignage ? Cherche-t-il à lui faire découvrir, au fil du récit (et comment ?), la réflexion morale et l'enseignement qui se révéleront de manière irréfutable ou qui se dégageront *a contrario* ?

Prolongements : établissez une typologie des moralités des fables des livres V, VI et VII en trouvant vous-même un principe de classement.

Dossiers ou exposés

1. Cherchez le nom et les dates de différents illustrateurs des *Fables* de La Fontaine, aux XIXe et XXe siècles. **2.** Présentez La Fontaine dans le contexte historique du XVIIe siècle : ses relations avec le pouvoir royal, notamment lors de l'affaire Foucquet, ses positions dans la querelle des Anciens et des Modernes.

GUIDE

Les différentes formes de la délibération

Le mot « délibérer » désigne le fait de « peser le pour et le contre, étudier en vue d'une décision à prendre » (*Dictionnaire Grand Robert*, 1992) ; la « délibération » est l'action de débattre, d'examiner, de discuter à plusieurs, en vue d'aboutir à un accord. Les deux mots mettent en évidence la notion de dialogue, d'examen, de réflexion et de consensus.

La démarche délibérative

☑ La définition met l'accent sur le caractère argumentatif de la délibération : le fait de devoir prendre une décision, et donc de choisir entre plusieurs possibilités, oblige à envisager les justifications qui orientent dans une direction plutôt que dans l'autre. Dans *Le Cid*, le dilemme qui contraint Rodrigue à choisir entre son honneur et son amour illustre cette situation et la nécessité de confronter des valeurs coexistantes mais antinomiques. L'acuité de la confrontation et des débats, leur violence parfois, viennent d'autre part de ce que la délibération impose un choix final d'action et /ou de décision. Dans la délibération, on n'argumente pas pour exposer des idées : à l'issue de la discussion ou de l'examen, se trouve la nécessité de l'action et des enjeux qui s'y rattachent, comme l'idée, fondamentale en 1789, de la liberté de la presse (⇛ p. 389), ou la décision de soigner, ou non, un repris de justice (⇛ p. 386). Peuvent ainsi être en cause la vie d'un individu, l'innocence d'un autre, ou encore la vie d'une collectivité.

☑ On comprend alors l'importance de l'argumentation et le poids de la rhétorique : la délibération était définie par Aristote comme l'un des grands genres de l'éloquence. Elle renvoie en effet à tous les procédés de la rhétorique argumentative : figures et formes du discours, types de raisonnements, utilisation de stratégies pour démontrer, convaincre, persuader.

La délibération en dialogue

☑ Lorsque la délibération se fait en groupe, elle prend la forme d'un dialogue à plusieurs voix réelles : débat à l'Assemblée Constituante (⇛ p. 389), controverse publique (⇛ p. 400), discussion privée (⇛ p. 386), débat connu grâce au compte rendu fidèle d'un rapporteur officiel ou d'un narrateur. À notre époque, de tels débats publics (justice, Parlement) sont enregistrés. Cette forme dialoguée à plusieurs (nombreux participants dans le cas d'une assemblée) permet l'échange vivant et spontané et la réaction rapide de chacun à ce qui est dit.

☑ Mais la vie du dialogue rend parfois difficile l'analyse pour le lecteur, par suite des risques constants de déviation, digression, monopolisation de la parole, éloignement progressif de ce qui est le cœur du débat. Ce genre de déplacement est visible dans le dialogue entre Sépulvéda et Las Casas (⇛ p. 400) : de la question de la sensibilité des Indiens, on passe facilement à la contestation des exemples, du ton, ou de la forme utilisés par l'un des protagonistes, ce qui fait en apparence oublier l'essentiel. Cette déviation est en fait révélatrice des comportements humains (amour propre, susceptibilité, colère) et aide à leur compréhension.

☑ Les étapes de la délibération peuvent être dans ces conditions nombreuses, le rythme ralenti par les interventions, les discours enrichis ou surchargés par les remarques des uns et des autres.

Délibérer avec soi-même

☑ Les occasions de délibérer avec soi-même sont fréquentes dans la vie, avec des enjeux de gravité diverse. La littérature en rend compte à travers la plupart des genres, sans qu'ils soient spécifiquement liés à l'éloquence. Au théâtre, le monologue en est une forme fréquente, notamment sous la forme de stances, comme celles du *Cid*. Le roman rapporte souvent au discours indirect libre les différents arguments opposés avancés par celui qui parle. La coexistence alternée de deux voix confrontant des arguments différents s'exprime de manière identifiable dans de faux dialogues, dont l'un des interlocuteurs prend une apparence allégorique. Diderot a mis à l'honneur ce type de débat dans des dialogues confrontant deux aspects de sa propre personnalité. Le dialogue met en scène la discussion qui doit aboutir, à l'intérieur du personnage, à une décision importante.

☑ Dans la délibération, les « stratégies argumentatives » utilisent les mêmes moyens rhétoriques que l'argumentation au sens large : les différences essentielles viennent du dialogue et de l'importance de la décision finale, qui dramatise souvent les situations.

L'apologue

Le mot « apologue » désigne un récit court en vers ou en prose, dont on tire un enseignement moral : il est, selon un critique, destiné à « changer nos attitudes ou nos opinions envers le monde où nous vivons ».

De la formule brève...

☑ Le fait que le mot « apologue » regroupe des formes très différentes et renvoie à d'autres termes comme « parabole », « fable », « allégorie », « maxime », « proverbe », « conte » met en relief une diversité qui touche à des contenus et à des modes de fonctionnement : la persuasion du destinataire ne prend pas les mêmes voies dans deux lignes de maxime et dans trois pages de conte. La formule, proverbe ou maxime, telles les maximes de La Rochefoucauld, consiste en une affirmation généralisée, parfois sous forme de constat à la première personne du pluriel ou à la troisième du singulier : *Nous nous plaignons parfois légèrement de nos amis pour justifier par avance notre légèreté*. Plus littéraire et moins expéditive que le proverbe *Tel est pris qui croyait prendre*, qui exprime directement une situation, ou encore *Pierre qui roule n'amasse pas mousse*, qui prend une forme métaphorique, la maxime exprime, sur un mode lucide et parfois désabusé, le constat de certains comportements. Frappante par sa brièveté et par sa densité, elle joue sur les répétitions ou sur les images, s'adressant à l'esprit autant qu'à l'imagination.

...au discours narratif

☑ L'apologue plus long (fable, conte, parabole, allégorie) raconte une histoire : il rapporte une succession d'actions, celles des deux animaux d'Ésope (⇛ p.424), celles du mauvais riche (⇛ p. 425), celles des membres et de l'estomac (⇛ p. 427), celles de la veuve et de ses filles (⇛ p. 433) en les inscrivant dans le temps. Mais ce temps n'est pas exactement le temps historique. Dans certains cas, l'emploi du présent (Pascal, La Bruyère ⇛ p. 428 et 430) joue sur une ambiguïté : chaque lecteur l'associe à sa propre époque, ce qui conduit l'histoire à s'adapter à toutes. Il en est de même des personnages ; ils n'ont pas d'identité individuelle mais une existence psychologique et sociale ; ils illustrent des caractères et des comportements humains. Les lieux sont encore plus vagues : liés à la nature de l'action, ils relèvent plus de l'imagination du lecteur que de l'information précise. Le récit suit un schéma récurrent : situation initiale, péripéties et obstacles, situation finale mettant en place une double relation chronologique et logique entre les étapes.

Une vocation morale

☑ Les caractéristiques de l'apologue sont inséparables de sa finalité : faire réfléchir et modifier les comportements.

☑ Le premier objectif, la réflexion, est visé par deux moyens qui sont la concision et le développement. La concision a un effet frappant et définitif, sonne comme une vérité soudain révélée, séduit l'esprit, touche la sensibilité. Les formules métaphoriques – *Pierre qui roule...* – font naître des images immédiatement associées au texte et fonctionnant comme des énigmes : l'esprit adapte l'image à une situation. Le texte plus long (conte merveilleux (⇛ p. 433), conte philosophique (⇛ p. 435) donne beaucoup plus de détails et met le lecteur dans une autre situation : il lui faut suivre un développement, qui, nécessairement, relève des codes – dont certains sont historiques – et utilise des symboles : le bramin est l'incarnation du sage et du philosophe qui doute (⇛ p. 435) ; le pasteur avec son troupeau renvoie à l'image du roi, avec des connotations religieuses (⇛ p. 430). On peut parler ici d'archétypes. Simple dans ses actions, symbolique dans ses significations, l'apologue un peu long (parabole, fable, conte) favorise l'identification, tout en permettant une mise à distance.

☑ Le second objectif est la modification des comportements, mais pas de manière immédiate. Les moralités ne sont pas toujours des recommandations directes comparables à celles du *Décalogue*. Il appartient au lecteur de tirer des conclusions à partir des faits : l'apologue lui offre une sorte de miroir dans lequel il peut se reconnaître et trouver des analogies inquiétantes ou rassurantes. Se pose alors la question des pouvoirs didactiques de ce genre : comment différencier la recommandation du constat ? Comment concilier le caractère stéréotypé des proverbes, dont l'emploi peut facilement remplacer une pensée personnelle et construite, et la nécessité de s'approprier un enseignement moral ? Par sa forme même, réductrice et schématisante, l'apologue risque d'aller parfois à l'encontre de sa propre vocation.

4

Intertextualité et singularité des textes

Un livre n'a pas un auteur, mais un nombre infini d'auteurs. Car à celui qui l'a écrit s'ajoutent de plein droit dans l'acte créateur l'ensemble de ceux qui l'ont lu, le lisent ou le liront. Un livre écrit, mais non lu, n'existe pas pleinement. Il ne possède qu'une demi-existence. C'est une virtualité, un être exsangue, vide, malheureux qui s'épuise dans un appel à l'aide pour exister. L'écrivain le sait, et lorsqu'il publie un livre, il lâche dans la foule anonyme des hommes et des femmes une nuée d'oiseaux de papier, des vampires secs, assoiffés de sang, qui se répandent au hasard en quête de lecteurs. À peine un livre s'est-il abattu sur un lecteur qu'il se gonfle de sa chaleur et de ses rêves.

Michel Tournier, *Le Vol du vampire*,
éd. Mercure de France, 1981.

Pablo Picasso (1881-1973), *Minotaure et jument morte devant une grotte face à une jeune fille au voile,* 1936 (gouache et encre de Chine, 50 cm x 0,65 cm ; Paris, Musée Picasso).

LIRE L'IMAGE

1. Observez le tableau et son titre : comment comprenez-vous leur rapprochement ?

2. Quels sont les éléments communs au tableau et au texte de Michel Tournier ?

LES RÉÉCRITURES

Erró, *Picasso*, 1992 (détail)
(peinture, 220 x 490 cm ;
The Erró Museum, Reykjavik, Islande) ;
détail p. 450 et 468.

SÉQUENCE 23

Les réécritures : d'un texte à l'autre

1. De l'*Énéide* au *Virgile travesti*

*Prenant pour source d'inspiration l'épopée de Virgile L'*Énéide* et la parodie écrite en 1633 par Giambattista Lalli, le poète Scarron a recomposé l'histoire d'Énée et des origines de Rome dans un registre différent, en l'adaptant à la vie et aux mœurs de la société de son temps. Dans le passage qui suit, Énée raconte à Didon, reine de Carthage, dont il est tombé amoureux, l'épisode du cheval de Troie.*

TEXTE 1 : Paul Scarron, *Le Virgile travesti* (1648-1652)

Mais ils[1] s'avisèrent enfin
De vouloir jouer au plus fin ;
Ils y trouvèrent mieux leur compte,
Et par là nous[2] eûmes la honte
De nous voir réduits aux abois
Par un simple cheval de bois.
Il plut donc à la destinée
Qu'ils fissent une haquenée[3],
Si vous voulez cheval de pas,
Lequel des deux n'importe pas.
Par ce prodigieux ouvrage
Ida[4] perdit tout son ombrage,
Tous ses sapins prirent le saut,
Ou pour le moins bien peu s'en faut ;
Pallas[5] même y prit la cognée

1. Désigne les Grecs, tenus en échec jusque là par les Troyens.
2. Désigne les Troyens, groupe auquel appartient Énée.
3. Monture autrefois réservée aux dames pour voyager.
4. Haute montagne de Crète.
5. La déesse Athéna, protectrice des Grecs.

Pour faire de l'embesognée[6] ;
Aussi fut ce maître dada
Aussi grand que le mont Ida.
Je ne sais comment diable ils firent
Dans ce grand cheval ils bâtirent
Toutes sortes de logements,
Sans oublier des aisements[7].
Puis de munitions et d'armes,
Et de leurs plus hardis gendarmes
Tous altérés de notre sang,
Ils emplirent le vaste flanc
De cette bête à large échine.
Que maudite soit la machine,
Et le vilain qui l'inventa,
Et la femme qui l'allaita,
Et le mari de cette femme,
Et toute la famille infâme,
Et pour n'en faire à tant de fois,
Les Grégeoises et les Grégeois[8].
Ayant donc fait ce grand colosse,
Cette prodigieuse rosse,
Qu'ils disaient, pour couvrir leur jeu,
Être une offrande ou bien un vœu
Pour leur prompt retour dans la Grèce,
Qui diable eût deviné la pièce[9] ?

Extrait.

6. Pour participer à la besogne, au travail (terme familier).
7. Les « cabinets d'aisance » ; on dirait à notre époque les toilettes.
8. Les Grecs et les Grecques.
9. La ruse.

RECHERCHE DOCUMENTAIRE

▸ Avant de figurer dans un texte latin, l'histoire du cheval de Troie a été écrite en grec : par quel auteur et dans quelle œuvre ? Recherchez le texte dans une traduction française et rapprochez-le de ceux de Virgile et de Scarron.

LECTURE ANALYTIQUE

▸ **1.** De quel registre relève l'épisode rapporté ? Retrouvez, dans l'extrait de Scarron, tous les procédés d'écriture qui, habituellement, contribuent aux différentes formes de grandissement, d'exagération et de multiplication.

▸ **2.** Concernant les dieux, la notion de fatalité et de destin, qu'est-ce qui caractérise l'épopée ? Retrouve-t-on, dans le poème de Scarron, cette présence des forces qui dominent les hommes ?

▸ **3.** Par quels procédés la réalité légendaire évoquée se trouve-t-elle ramenée à des éléments banals et triviaux ? Récapitulez tous les procédés qui concourent à ce phénomène de réduction.

▸ **4.** Le langage adopté et la versification participent-ils à cette entreprise de démythification ? De quelle manière ? Observez le niveau de langue, les choix lexicaux et les jeux de rimes.

ÉCRITURE

▸ **Réécriture 1 :** choisissez un passage dans une épopée (*Iliade, Odyssée, Énéide*...) et réécrivez-le en vers ou en prose en modifiant le registre de départ, comme le fait Scarron.

▸ **Réécriture 2 :** choisissez une scène triviale dans une comédie ou dans un roman de votre choix et transformez-la en scène d'épopée.

GUIDE p. 371-391

TEXTE 2 : Virgile, *Énéide* (Ier s. ap. J.-C.)

*Dans le livre II de l'*Énéide*, Énée raconte longuement à Didon la chute et le sac de la ville de Troie. Le récit de la construction du cheval n'occupe que quelques vers.*

Épuisés par la guerre, repoussés des destins, les chefs des Danaens[1], après tant d'années déjà écoulées, construisent, avec le divin secours de Pallas, un cheval haut comme une montagne, dont ils recouvrent les flancs d'ais[2] de sapins entrelacés. Ils font croire que c'est un vœu pour leur retour, et le bruit s'en répand au loin. Ils y enferment furtivement des guerriers d'élite désignés par le sort, et les flancs ténébreux du colosse et les cavités profondes que son corps recèle se trouvent remplis de soldats armés.

1. Noms désignant les Grecs.
2. Planches.

Livre II, vers 13 à 20,
trad. M. Rat, éd. GF-Flammarion, 1965.

ÉTUDE COMPARÉE

▸ **1.** Mettez les textes de Scarron et de Virgile en parallèle : quels éléments retrouve-t-on dans les deux extraits ? Comment la différence de longueur entre les deux passages s'explique-t-elle ?

▸ **2.** Quel est le registre de l'extrait latin ? À présent que vous avez le modèle, précisez certains procédés d'écriture trouvés lors de l'étude du texte de Scarron. Que vous apporte la lecture de l'original ?

▸ **3.** Quels peuvent être les intérêts et les raisons d'une telle transformation à une époque où l'on a une grande admiration pour les modèles antiques ?

GUIDE p. 491

Atelier de Giovanni di Ser Giovanni (1406-1480), *Le Cheval de Troie* (peinture sur bois ; Écouen, Musée de la Renaissance).

Honoré Daumier (1808-1879),
La Blanchisseuse, vers 1860
(peinture ; Paris, Musée d'Orsay).

2. Émile Zola, des *Carnets d'enquêtes* à *L'Assommoir*

Les Carnets d'enquêtes *regroupent des recherches sur le terrain et des notes prises par Zola pour préparer ses romans. Le passage des notes au roman transforme l'information en écriture littéraire.*

TEXTE 1 : *Les Carnets d'enquêtes* (publiés en 1991)

Le lavoir

Un grand hangar, monté sur piliers de fonte, à plafond plat, dont les poutres sont apparentes. Fenêtres larges et claires. En entrant, à gauche, le bureau, où se tient la dame ; petit cabinet vitré, avec tablette encombrée de registres et de papiers. Derrière les vitres, pains de savon, battoirs, brosses, bleu, etc. À gauche est le cuvier pour la lessive, un vaste chaudron de cuivre à ras de terre, avec un couvercle qui descend, grâce à une mécanique. À côté est l'essoreuse, des cylindres dans lesquels on met un paquet de linge, qui y sont pressés fortement, par une machine à vapeur. Le réservoir d'eau chaude est là. La machine est au fond, elle fonctionne tout le jour, dans le bruit du lavoir ; son volant ; on voit le pied rond et énorme de la cheminée, dans le coin. Enfin, un escalier conduit au séchoir, au-dessus du lavoir, une vaste salle fermée sur les deux côtés par des persiennes à petites lames : on étend le linge sur des fils de laiton.

À l'autre bout du lavoir, sont d'immenses réservoirs de zinc, ronds. Eau froide.

Présentation d'H. Mitterand, éd. Plon, coll. « Terre Humaine ».

André Gill (1840-1885) illustration pour *L'Assommoir* (Paris, BNF).

TEXTE 2 : *L'Assommoir* (1877)

Le lavoir était situé vers le milieu de la rue, à l'endroit où le pavé commençait à monter. Au-dessus d'un bâtiment plat, trois énormes réservoirs d'eau, des cylindres de zinc fortement boulonnés, montraient leurs rondeurs grises ; tandis que, derrière, s'élevait le séchoir, un deuxième étage très haut, clos de tous les côtés par des persiennes à lames minces, au travers desquelles passait le grand air, et qui laissaient voir des pièces de linge séchant sur des fils de laiton. À droite des réservoirs, le tuyau étroit de la machine à vapeur soufflait, d'une haleine rude et régulière, des jets de fumée blanche. Gervaise[1], sans retrousser ses jupes, en femme habituée aux flaques, s'engagea sous la porte encombrée de jarres d'eau de Javel. Elle connaissait déjà la maîtresse du lavoir, une petite femme délicate, aux yeux malades, assise dans un cabinet vitré, avec des registres devant elle, des pains de savon sur des étagères, des boules de bleu[2] dans des bocaux, des livres de bicarbonate de soude[2] en paquets. Et, en passant, elle lui réclama son battoir[3] et sa brosse, qu'elle lui avait donnés à garder, lors de son dernier savonnage. Puis, après avoir pris son numéro, elle entra.

C'était un immense hangar, à plafond plat, à poutres apparentes, monté sur des piliers de fonte, fermé par de larges fenêtres claires. Un plein jour blafard passait librement dans la buée chaude suspendue comme un brouillard laiteux. Des fumées montaient de certains coins, s'étalant, noyant les fonds d'un voile bleuâtre. Il pleuvait une humidité lourde, chargée d'une odeur savonneuse, une odeur fade, moite, continue ; et, par moments, des souffles plus forts d'eau de Javel dominaient. Le long des batteries, aux deux côtés de l'allée centrale, il y avait des files de femmes, les bras nus jusqu'aux épaules, le cou nu, les jupes

1. Gervaise est l'héroïne du roman. Elle est blanchisseuse.

2. Produits utilisés pour blanchir le linge.

3. Les blanchisseuses tapaient sur le linge pour en extraire les taches.

raccourcies montrant des bas de couleur et de gros souliers lacés. Elles tapaient furieusement, riaient, se renversaient pour crier un mot dans le vacarme, se penchaient au fond de leurs baquets, ordurières, brutales, dégingandées, trempées comme par une averse, les chairs rougies et fumantes. Autour d'elles, sous elles, coulait un grand ruissellement, les seaux d'eau chaude promenés et vidés d'un trait, les robinets d'eau froide ouverts, pissant de haut, les éclaboussements des battoirs, les égouttures des linges rincés, les mares où elles pataugeaient s'en allant par petits ruisseaux sur les dalles en pente. Et, au milieu des cris, des coups cadencés, du bruit murmurant de pluie, de cette clameur d'orage s'étouffant sous le plafond mouillé, la machine à vapeur, à droite, toute blanche d'une rosée fine, haletait et ronflait sans relâche, avec la trépidation dansante de son volant qui semblait régler l'énormité du tapage.

Extrait du chapitre 1.

LECTURE ANALYTIQUE

▶ **1.** Observez le premier extrait : à quoi voyez-vous qu'il s'agit de notes ? À quelle(s) forme(s) de discours ce texte appartient-il ?

▶ **2.** Le second extrait pourrait également s'intituler « Le lavoir » : que notez-vous cependant comme différences, sur le plan de la longueur, du contenu et de la forme de discours adoptée ?

▶ **3.** Retrouvez, dans l'extrait 2, tous les éléments qui figurent dans l'extrait 1 : qu'observez-vous concernant leur position dans l'extrait, leur utilisation et l'environnement textuel dans lequel ils se trouvent ? Quelle première différence syntaxique voyez-vous entre les notes et le second extrait ?

▶ **4.** Qu'est-ce qui a été ajouté dans le second extrait ? Répondez à cette question en établissant une classification des éléments nouveaux du texte : lieux, personnages, actions, détails divers, figure de rhétorique. Quelles observations pouvez-vous tirer de cette analyse en ce qui concerne l'écriture de fiction romanesque telle que la pratique Zola ?

ÉCRITURE

▶ **Réécriture :** voici quelques notes de Zola, extraites des *Carnets d'enquêtes*, et décrivant une rue parisienne.

Large, montante, dégoûtante, à moitié pavée, les flaques d'eau qui croupissaient. Un grand chantier de bois de chauffage, immenses tours carrées. On les voit du boulevard par-dessus les maisons.

Intégrez ces quelques notes à un passage descriptif et narratif d'une trentaine de lignes montrant la rue et son animation. Puis transposez la même présentation à notre époque, en mettant en relief de nombreuses modifications liées à la modernisation urbaine.

Dans le premier cas, vous êtes un narrateur omniscient, qui connaît les lieux et les présente à la troisième personne. Dans le second, vous êtes toujours un narrateur omniscient, mais vous prenez le texte de Zola pour référence pour faire apparaître les transformations urbaines.

GUIDE p. 491

Le Cid de Corneille, mise en scène de Thomas le Douarec, avec Gilles Nicoleau et Vanessa Gregory, au Théâtre de la Madeleine à Paris, mars 1998.

3. Georges Fourest, *La Négresse blonde* (1909)

Georges Fourest donne ici, sous la forme d'un sonnet imitant l'écriture d'un poète du XIXᵉ siècle, et dans un registre inattendu, l'intrigue de la tragi-comédie de Corneille, Le Cid.

Le palais de Gormaz, comte et gobernador,
est en deuil : pour jamais dort couché sous la pierre
l'hidalgo dont le sang a rougi la rapière
de Rodrigue appelé le Cid Campeador.

Le soir tombe. Invoquant les deux saints Paul et Pierre
Chimène, en voiles noirs, s'accoude au mirador
et ses yeux dont les pleurs ont brûlé la paupière
regardent, sans rien voir, mourir le soleil d'or...

Mais un éclair, soudain, fulgure en sa prunelle :
sur la plaza Rodrigue est debout devant elle !
Impassible et hautain, drapé dans sa capa,

Le héros meurtrier à pas lents se promène :
« Dieu ! » soupire à part soi la plaintive Chimène,
« qu'il est joli garçon l'assassin de Papa ! »

Éd. José Corti.

LECTURE ANALYTIQUE

▶ **1.** Retrouvez dans le texte toutes les références à la pièce de Corneille et explicitez-les.

▶ **2.** Cherchez le sens des termes renvoyant à la culture espagnole et dites quel effet ils produisent. Parmi eux, distinguez ceux qui s'adaptent au registre de la pièce, que vous préciserez, et ceux qui ne semblent pas pertinents. D'où vient la distorsion ?

▶ **3.** Repérez d'autres « anomalies » dans le choix de certains termes : en quoi la versification peut-elle apporter quelques justifications ?

▶ **4.** Le texte reprend le thème du *Cid* en imitant un poète du XIXe siècle : retrouvez le nom de ce poète appartenant au mouvement dit « du Parnasse » et auteur de sonnets évoquant des périodes passées et héroïques. Cherchez quel sonnet a servi de base à cette parodie.

▶ **5.** Récapitulez les différents procédés utilisés par Georges Fourest pour transformer une intrigue tragique en scène comique rapportée par un poème à forme fixe.

RECHERCHE DOCUMENTAIRE

▶ Cherchez le sens des mots « parodie », « pastiche » et « plagiat », et faites apparaître, à partir des définitions, ce qui rapproche et ce qui différencie les trois démarches.

ÉCRITURE

▶ **Réécriture :** à la manière de Georges Fourest, choisissez un poème connu et une œuvre théâtrale ou romanesque célèbre, et évoquez la seconde sous la forme du premier. Dites en quoi consiste la difficulté de cette transposition.

GUIDE p. 491

4. Paul Reboux et Charles Muller, *À la manière de...* (1964)

Le texte qui suit, signé Paul Reboux et Charles Muller, est la scène d'exposition d'une tragédie supposée écrite par Racine, Cléopastre, *« annotée par M. Libellule, professeur de troisième classe au lycée de Romorantin ». C'est à lui que le lecteur doit toutes les notes explicatives qui suivent le texte.*

Personnages

AUGUSTE, Empereur de Rome.
ANTOINE, Général romain, amant de Cléopastre.
CLÉOPASTRE, Reyne d'Ægypte, amante d'Auguste.
EXUTOIRE, confident d'Auguste.
ZOÉ, confidente de Cléopastre.
ADJUPÈTE, confident d'Antoine.

Acte I

La scène est à Alexandrie, dans les cabinets qui sont entre les appartements d'Antoine et ceus de Cléopastre.

Scène I

CLÉOPASTRE, ZOÉ[1]

ZOÉ. – Ouy, Madame, espérez un destin plus paisible.
Auguste à vos attraits ne doibt estre insensible.

CLÉOPASTRE. – Il se peut, et mon cœur, de sa flame occupé,
Contre toute rayson voudroit croire à Zoé.
Mais l'ingrat depuys hier[2] de ce cabinet l'hoste
Se dérobe au destin qui nous mit côte-à-coste[3],
Et, détournant les yeux d'un object trop épris,
Du plus dous des thrésors veult ignorer le prix.
En vain, pour engager[4] un amant si rebèle,
Aux suppliques d'Antoine ay-je resté cruèle.
Auguste me dédaigne et, de gloire embrasé,
Ne répond à mon feu que par un feu glacé[5].
Ton cœur, cherre Zoé, garde-t-il la mémoire
D'Horatius Gracchus traisné dans le prestoire,
De Romulus captif aus bords[6] de Jugurtha,
D'Alexandre égorgeant l'innocent Cocula[7],
Et de tant de grandeurs tour à tour imolées
Pour que Rome sans cesse enflast ses destinées ;
De la triste Didon assise sur les lieux[8]
Où l'avait enfermée Hannibal oublieus,
Et de Caton parjure, et d'Achille timide,
Qui, tournant vers soy-mesme un transport[9] homicide
A d'un glaive fatal son propre cœur percé
Et dans son sein vingt fois ce fer a repassé[10] ?
Sy de tant de forfais la funeste cohorte
Peuple ton souvenir, chaire Zoé, qu'importe [11] !
Un bien plus vaste object tient mon asme en suspens
Et l'amour d'un perfyde est tout ce que j'attens.

ZOÉ. – Pour ne le point charmer vous estes trop aimable[12]
Et son cœur vous doibt randre un arrest favorable.

Astérix et Cléopâtre, texte de Goscinny, dessins de Uderzo, page 1, Dargaud éditeur, 1965. © 2001 - Les Éditions Albert René / Goscinny - Uderzo

CLÉOPASTRE. – Ta fidelle amitié pour moi s'efforce en vain.
Auguste à mes soupirs oppose un œil d'airain[13].
C'en est trop, et mon sang que la vangence altère
Faict entendre une voix où paraist la colère…

ZOÉ. – Madame, Antoine approche et sous quelque moment…

CLÉOPASTRE. – C'est luy ! Retyrons-nous dans mon appartement[14].

Éd. Grasset.

1. *Zoé.* – Le dictionnaire de Littré (T. IV, p. 2554) donne de ce mot la définition suivante : terme de zoologie ; sorte de crustacé presque microscopique.

2. *Hier.* – Il est à remarquer que ce vocable peut avoir deux pieds ou un seul, comme c'est ici le cas.

3. *Côte-à-coste.* – Au XVIIe siècle on avait coutume, dans les mots tels que : côte, faute, aéronaute, de remplacer l'accent circonflexe par un *s*.

4. *Engager.* – L'infinitif est ici employé absolument. Aujourd'hui ce terme, non suivi de complément indirect, ne s'usite plus guère que dans la locution : j'ai engagé une cuisinière. Encore faut-il distinguer s'il s'agit d'une domestique que l'on prend en service, ou d'un poêle culinaire que l'on porte au Mont-de-Piété.

5. *Glacé.* – Cf. : *Phèdre* (I, 3).
Et dérober au jour une flamme si noire.

6. *Aus bords.* – C'est-à-dire : sur la rive, sur le littoral.

7. *Cocula.* – Nul n'ignore le vers célèbre de Tite-Live : *Innocens gladio dicitur perisse Cocula.*

8. *Lieux.* – À rapprocher du début de *Bérénice* (I, 1).
Arrestons un moment. La pompe de ces lieux,
Je le vois bien, Arsace, est nouvelle à tes yeux.
Souvent ce cabinet superbe et solitaire
Des secrets de Titus est le dépositaire.
C'est ici quelquefois qu'il se cache à sa cour…

9. *Transport.* – L'histoire compte nombre de morts violentes occasionnées par des transports. Les transports en commun sont les plus périlleux.

10. *Repassé.* – Il y a ici une assonance, qui, à la représentation, peut sembler équivoque. Nous en trouvons de nombreux exemples dans les classiques. On se rappelle le 42e vers de Polyeucte (acte I, 1) : *Et le désir s'accroyt quand l'effet se recule.*

11. *Qu'importe.* – Il faut admirer l'art avec lequel Racine intercala dans cette scène, grâce à d'heureuses transitions, les épisodes les plus fameux de l'histoire ancienne.

12. *Vous êtes trop aimable.* – Cette expression s'est beaucoup affaiblie. Aujourd'hui la locution : « Vous êtes trop aimable » ne signifie plus : « vous méritez un excès d'amour », mais tout au contraire : « laissez-moi en repos ».

13. *D'airain.* – Licence poétique, comme front d'airain, cœur de pierre, âme de boue, cœur d'artichaut, pieds nickelés.

14. *Appartement.* – Cette conclusion, qui est à louer, confirme les promesses d'un magnifique début. Jamais l'immortel auteur de la *Thébaïde* et d'*Alexandre* ne s'est élevé à un plus haut degré sur l'échelle des sentiments tragiques. Nous connaissons le lieu et la genèse de l'action, les mobiles des principaux personnages, nous touchons du doigt le nœud de l'intrigue, nous avons exploré jusqu'au tréfonds de l'âme secrète de Cléopâtre. Voyons la suite. *Orditur ab ovo.*

RECHERCHE DOCUMENTAIRE

▶ Recherchez et identifiez toutes les erreurs et les absurdités qui figurent dans les notes. Classez-les ensuite, en choisissant vous-même votre principe de classification.

LECTURE ANALYTIQUE

▶ **1.** Lisez la liste des personnages et distinguez ceux qui sont historiques de ceux qui sont inventés. Qu'ont de particulier les noms des seconds ?

▶ **2.** Lisez le texte et observez l'orthographe : que remarquez-vous ? L'orthographe proposée est-elle celle de l'époque de Racine ? Lisez ensuite les notes : retrouvez-vous le même phénomène ? Comment peut-on expliquer les différences ?

▶ **3.** Classez tous les éléments qui, dans sa forme et dans son thème, apparentent cette scène d'exposition à une scène de tragédie classique. Trouvez et classez ensuite tout ce qui, par rapport à la tragédie, manque de pertinence et crée des distorsions. Quels sont les effets produits ?

▶ **4.** Prenez connaissance des notes. Observez leur longueur, leur fonctionnement, leur rôle et leur contenu. Différenciez, comme pour le texte de la pièce, ce qui relève du sérieux pertinent et ce qui détruit ce sérieux.

▶ **5.** Déduisez des réponses aux questions précédentes les procédés utilisés pour écrire « à la manière de… » en parodiant. Comment la démarche de parodie littéraire peut-elle se justifier ?

ÉTUDE COMPARÉE

▶ Cherchez une scène d'exposition racinienne et mettez-la en parallèle avec le texte ci-dessus : relevez tous les éléments communs et tous les effets de distorsion. Faites, à partir de là, quelques observations sur les connaissances indispensables qu'il faut avoir pour écrire une parodie, sur la difficulté de cette démarche et sur ses finalités.

GUIDE p. 491

5. Michel Tournier, deux versions de l'histoire de Vendredi

Il arrive que certains auteurs réécrivent une œuvre pour l'adapter à un public de lecteurs différents. De l'histoire de Robinson, déjà détournée par rapport à celle de Daniel Defoe, le romancier Michel Tournier a donné deux versions, l'une pour un public adulte, l'autre pour des lecteurs enfants. Voici l'incipit du roman dans les deux versions.

Gravure en frontispice d'une édition de *Robinson Crusoé* de Daniel Defoe (Paris, BNF).

VERSION 1 : *Vendredi ou les limbes du Pacifique* (1967)

Une vague déferla, courut sur la grève humide et lécha les pieds de Robinson qui gisait face contre sable. À demi inconscient encore, il se ramassa sur lui-même et rampa de quelques mètres vers la plage. Puis il se laissa rouler sur le dos. Des mouettes noires et blanches tournoyaient en gémissant dans le ciel céruléen[1] où une trame blanchâtre qui s'effilochait vers le levant était tout ce qui restait de la tempête de la veille. Robinson fit un effort pour s'asseoir et éprouva aussitôt une douleur fulgurante à l'épaule gauche. La grève était jonchée de poissons éventrés, de crustacés fracturés et de touffes de varech brunâtre, tel qu'il n'en existe qu'à une certaine profondeur. Au nord et à l'est, l'horizon s'ouvrait librement vers le large, mais à l'ouest il était barré par une falaise rocheuse qui s'avançait dans la mer et semblait s'y prolonger par une chaîne de récifs. C'était là, à deux encablures environ, que se dressait au milieu des brisants la silhouette tragique et ridicule de la *Virginie* dont les mâts mutilés et les haubans flottant dans le vent clamaient silencieusement la détresse.

Lorsque la tempête s'était levée, la galiote[2] du capitaine Van Deyssel devait se trouver – non pas au nord, comme il l'avait cru – mais au nord-est de l'archipel Juan Fernández. Dès lors, le navire, fuyant sous le vent, avait dû être chassé sur les atterrages[3] de l'île Mas a Tierra, au lieu de dériver librement dans le vide marin de cent soixante-dix milles qui s'étend entre cette île et la côte chilienne. Telle était du moins l'hypothèse la moins défavorable à Robinson, puisque Mas a Tierra, décrite par William Dampier[4], nourrissait une population d'origine espagnole, assez clairsemée, il est vrai, sur ses quatre-vingt-quinze kilomètres carrés de forêts tropicales et de prairies. Mais il était également possible que le capitaine n'eût commis aucune erreur d'estime et que la *Virginie* se soit brisée sur un îlot inconnu, situé quelque part entre Juan Fernández et le continent américain. Quoi qu'il en soit, il convenait de se mettre à la recherche des éventuels rescapés du naufrage et des habitants de cette terre, si du moins elle était habitée.

Robinson se leva et fit quelques pas. Il n'avait rien de brisé, mais une énorme ecchymose lui broyait l'épaule gauche. Comme il redoutait les

1. Couleur de l'azur, bleu.
2. Navire à rames et à voiles.
3. Lieu d'approche de la terre ou d'un port.
4. Navigateur et corsaire anglais qui ravagea les établissements espagnols d'Amérique de 1678 à 1691.

rayons du soleil déjà haut dans le ciel, il se coiffa d'une fougère roulée en cornet, plante qui foisonnait à la limite de la plage et de la forêt. Puis il ramassa une branche pour s'en servir de canne, et il s'enfonça dans le taillis d'épineux qui couvrait le pied des promontoires volcaniques du sommet desquels il espérait pouvoir s'orienter.

Incipit, éd. Gallimard.

VERSION 2 : *Vendredi ou la vie sauvage* (1977)

Lorsque Robinson reprit connaissance, il était couché, la figure dans le sable. Une vague déferla sur la grève mouillée et vint lui lécher les pieds. Il se laissa rouler sur le dos. Des mouettes noires et blanches tournoyaient dans le ciel redevenu bleu après la tempête. Robinson s'assit avec effort et ressentit une vive douleur à l'épaule gauche. La plage était jonchée de poissons morts, de coquillages brisés et d'algues noires rejetés par les flots. À l'Ouest, une falaise rocheuse s'avançait dans la mer et se prolongeait par une chaîne de récifs. C'était là que se dressait la silhouette de *La Virginie* avec ses mâts arrachés et ses cordages flottant dans le vent.

Robinson se leva et fit quelques pas. Il n'était pas blessé, mais son épaule contusionnée continuait à lui faire mal. Comme le soleil commençait à brûler, il se fit une sorte de bonnet en roulant de grandes feuilles qui croissaient au bord du rivage. Puis il ramassa une branche pour s'en faire une canne et s'enfonça dans la forêt.

Incipit, éd. Gallimard, coll. « Folio junior ».

ÉTUDE COMPARÉE

▸ **1.** Lisez les deux extraits, puis comparez leur longueur, les notes de l'un, l'absence de notes pour l'autre, et le nombre de paragraphes de chacun. Que remarquez-vous ?

▸ **2.** Qu'est-ce qui a été supprimé dans la seconde version ? Donnez des exemples très précis et interrogez-vous sur ces suppressions : quelles peuvent en être les justifications, par rapport au texte, par rapport aux lecteurs destinataires du récit ? La version 2 est-elle un résumé de la version 1 ?

▸ **3.** Quel est le rôle, dans le texte 1, des passages qui ne figurent plus dans le texte 2 ?

▸ **4.** Quelles conclusions pouvez-vous tirer de la comparaison des deux textes concernant la démarche du romancier, la question des niveaux de lecture et les finalités du récit romanesque ?

RECHERCHE DOCUMENTAIRE

▸ **1.** Qu'est-ce qu'une « version abrégée » d'une œuvre romanesque ? À quels lecteurs est-elle destinée ?

▸ **2.** Des œuvres importantes – parmi lesquelles ce que l'on appelle les « textes fondateurs » – existent dans différentes « versions » accessibles à des publics différents de lecteurs. Cherchez des exemples et des éditions différentes de certaines de ces œuvres. S'agit-il de résumés, de morceaux choisis, d'adaptations ? Indiquez, pour les exemples trouvés, le mode de transformation adopté.

ÉCRITURE

▸ **Réécriture :** réduisez encore la version 2 du texte de Michel Tournier pour en faire une brève journalistique de trois à quatre lignes. Qu'est-ce qui devient alors l'élément essentiel de l'information donnée ?

GUIDE p. 491

Sempé, dessin extrait de *Rien n'est simple*, éd. Denoël, 1962.

6. « Les embarras de Paris », de Boileau à Bellaunay

Après les poètes latins Horace et Juvénal, et en s'inspirant de leurs textes, Boileau a consacré une satire aux « embarras » de la circulation à Paris. Henri Bellaunay, auteur d'un recueil de pastiches, la reprend ici pour en faire un poème inspiré par les problèmes actuels des automobilistes et des piétons de la capitale.

TEXTE 1 : Henri Bellaunay, *Petite anthologie imaginaire de la poésie française* (2000)

Qui frappe l'air, bon Dieu, de ces lugubres sons ?
Ce sont les furieux agités du klaxon,
Qui, malgré la défense expresse de Dubois[1],
Tâchent à se frayer une bruyante voie.
Je venais justement, à la pointe du jour,
De trouver un sommeil qui m'échappe toujours.
Il aurait été vain de le chercher encore :
Maudissant ces démons, je m'habille et je sors.
J'avais dessein d'aller, en un troquet que j'aime,
Savourer à loisir la douceur d'un grand crème.
Mais écoute d'abord l'atroce symphonie
Qui m'accueille, lecteur, à peine poussé l'huis[2].
Ici, un conducteur sur son bip-bip penché
Ne voit pas que le feu au vert vient de passer
Et poursuit calmement sa conversation
Dans un grand hourvari[3] de cris et de jurons.
Là, de sombres enfants de l'Afrique lointaine

1. Nom d'un préfet ayant interdit l'usage des avertisseurs sonores.
2. Porte.
3. Vacarme, grand tumulte.

Déversent bruyamment en de béantes bennes,
Travailleurs attentifs et tout de vert vêtus,
D'une vaste cité les impurs résidus.
Plus loin, les pare-chocs l'un l'autre se touchant
Retiennent prisonnier l'infortuné passant :
La mère de famille, avecque[4] sa poussette,
Ramenant au logis ses utiles emplettes,
Se désole, évoquant ses enfants affamés,
Et pousse vers le ciel sa plainte inconsolée.
Là, gêné par un mufle en position seconde,
Un conducteur pressé, d'une main furibonde,
Fait retentir les airs de ses appels stridents.
Mais il déploie en vain ses efforts incessants :
Si d'un nombreux concours il garnit les fenêtres,
Son cynique bourreau se garde de paraître.
Et ce n'est rien encore : il te faut ajouter
Le crissement affreux des tôles déchirées,
Les cris du malheureux qui voit que la pervenche[5]
Dessus son pare-brise intraitable se penche,
La fureur de celui qui trouve à son auto,
En son absence mis, de Denver un sabot[6],
Ou, pire, qui la voit emmenée en fourrière,
Comme un taureau vaincu traîné dans la poussière.
Songe, songe à la pioche et au marteau-piqueur
Qui se vont enrichir encor le promoteur,
Aux enfants s'appelant d'une voix suraiguë,
Aux longs gémissements des rapides Samu,
Aux imprécations, aux rixes, aux gourmades[7] :
Ce ne sont que jurons, ce ne sont qu'algarades[8]…

Éd. de Fallois.

4. Reprise d'une orthographe ancienne utilisée surtout en poésie.
5. Contractuelle de la police chargée de mettre des contraventions ; son surnom vient de la couleur bleue pervenche de son uniforme.
6. Procédé qui permet d'immobiliser une voiture en bloquant une de ses roues.
7. Terme familier et ancien qui désigne un coup de poing dans la figure.
8. Altercations.

TEXTE 2 : Nicolas Boileau, *Satires* (1666)

Qui frappe l'air, bon Dieu ! de ces lugubres cris ?
Est-ce donc pour veiller qu'on se couche à Paris ?
Et quel fâcheux démon, durant des nuits entières,
Rassemble ici les chats de toutes les gouttières ?
J'ai beau sauter du lit, plein de trouble et d'effroi,
Je pense qu'avec eux tout l'enfer est chez moi :
L'un miaule en grondant comme un tigre en furie,
L'autre roule sa voix comme un enfant qui crie.
Ce n'est pas tout encor, les souris et les rats
Semblent, pour m'éveiller, s'entendre avec les chats,
Plus importuns pour moi, durant la nuit obscure,
Que jamais, en plein jour, ne fut l'abbé De Pure[1].
Tout conspire à la fois à troubler mon repos,
Et je me plains ici du moindre de mes maux :
Car à peine les coqs, commençant leur ramage,

1. Poète mondain que Boileau détestait.

Guérard, *Les Embarras de Paris*, gravure du XVIIe s. (détail) (Paris, BNF).

Auront de cris aigus frappé le voisinage,
Qu'un affreux serrurier, laborieux Vulcain[2],
Qu'éveillera bientôt l'ardente soif du gain,
Avec un fer maudit, qu'à grand bruit il apprête,
De cent coups de marteau me va fendre la tête.
J'entends déjà partout les charrettes courir,
Les maçons travailler, les boutiques s'ouvrir :
Tandis que dans les airs mille cloches émues,
D'un funèbre concert font retentir les nues ;
Et, se mêlant au bruit de la grêle et des vents,
Pour honorer les morts font mourir les vivants.
Encor je bénirais la bonté souveraine,
Si le ciel à ces maux avait borné ma peine ;
Mais si seul en mon lit je peste avec raison,
C'est encor pis vingt fois en quittant la maison :
En quelque endroit que j'aille, il faut fendre la presse
D'un peuple d'importuns qui fourmillent sans cesse
L'un me heurte d'un ais[3] dont je suis tout froissé ;
Je vois d'un autre coup mon chapeau renversé.
Là, d'un enterrement la funèbre ordonnance,
D'un pas lugubre et lent vers l'église s'avance ;
Et plus loin des laquais l'un l'autre s'agaçant,
Font aboyer les chiens et jurer les passants.
Des paveurs en ce lieu me bouchent le passage.
Là, je trouve une croix de funeste présage,
Et des couvreurs grimpés au toit d'une maison,
En font pleuvoir l'ardoise et la tuile à foison[4].

Satire VI (extrait).

2. Dieu du feu dans la mythologie antique, représenté sous les traits d'un forgeron.
3. Poutre en bois.
4. En grande quantité.

RECHERCHE DOCUMENTAIRE

▸ Vérifiez que vous connaissez le sens des mots « satire », « parodie », « pastiche ». Mettez en évidence des rapprochements de sens entre les deux derniers de ces mots.

ÉTUDE COMPARÉE

▸ **1.** Mettez les deux textes en parallèle et faites apparaître tout ce qu'ils ont en commun sur le plan du thème traité, de la forme adoptée et du registre utilisé. En particulier, retrouvez des exemples de figures de rhétorique et de procédés d'écriture récurrents dans les deux textes.

▸ **2.** Le texte contemporain fait référence à la circulation parisienne de notre temps : repérez tous les éléments caractéristiques de notre époque. Étudiez alors la manière dont l'auteur du texte mêle modernisme et écriture classique, procède à des adaptations, à des remplacements : quel effet cela produit-il chez le lecteur ?

▸ **3.** Un pastiche ou une parodie impliquent-ils nécessairement que le lecteur connaisse l'original ? Répondez à cette question en vous mettant dans la situation du lecteur qui lit d'abord le texte contemporain sans connaître l'autre, puis qui fait l'inverse.

DÉBAT ORAL

▸ **1.** Le fait de réécrire un texte sous forme d'imitation pour faire rire (burlesque, parodie, pastiche…) vous paraît-il être une démarche irrespectueuse (à l'égard de l'auteur, du genre, du courant littéraire considérés) ?

▸ **2.** Les imitations, sous forme de parodies et de pastiches, relèvent-elles d'un codage culturel et linguistique qui les rend inaccessibles à ceux qui ne connaissent pas l'original ? Sont-elles, au contraire, par leur caractère comique et moqueur, de nature à démystifier certains aspects de la littérature ?

GUIDE p. 491

Fernand Léger (1881-1955), *La Joconde aux clefs*, 1930 (peinture, 91 x 72 cm ; Musée Fernand Léger, Biot).

7. Dictionnaire des littératures de langue française (1985)

À propos de termes proches et de démarches parfois similaires, l'auteur de l'article suivant cherche à établir une clarification en partant des mots « pastiche », « plagiat », « parodie », et en abordant la question des citations.

PASTICHE. 1) La citation consiste à insérer un texte dans un autre texte, en indiquant explicitement, par différents artifices typographiques – au premier rang desquels les fascinants guillemets –, les limites et l'origine du texte enchâssé. Surtout : en citant explicitement le nom de l'auteur de ce texte. Quoique limitée dans son extension par les lois relatives à la propriété littéraire (voir la formule qui accompagne le *copyright* des ouvrages publiés), la citation ne donne pas lieu à des appréciations nettement négatives. Il est cependant facile de repérer les indices qui montrent que la citation n'est pas placée sur le même plan que la « création originale ». Ne prenons qu'un exemple : l'éditeur des *Essais* de Montaigne pour la collection « 10/18 » a cru pouvoir supprimer la quasi-totalité des innombrables citations (en quatre ou cinq langues !) qui en émaillent (en constituent ?) le texte, « ne gardant que celles qui étaient indispensables à l'intelligence du contexte ». Aux yeux de cet éditeur, la citation n'a donc tout au plus qu'une fonction subalterne, auxiliaire : on peut la supprimer (sans même en signaler la trace) quand elle n'a pas (ou ne semble pas avoir) cette fonction.

2) Le plagiat, dans son acception la plus courante, consiste à reproduire « littéralement » (qu'on réfléchisse à l'équivalence établie par l'usage entre littéralement et textuellement) un autre texte sans en indiquer l'origine ni les limites. Surtout : en omettant d'indiquer le nom de l'auteur du texte emprunté.

3) Pastiche et parodie ont en commun de ne pas recourir à une reproduction littérale du texte. Le pastiche consiste à produire un texte susceptible d'être lu comme s'il avait été écrit par un autre auteur. La parodie repose sur le même principe, mais se distingue du pastiche en ce qu'elle accuse, dans une intention de dérision, certains des traits caractéristiques du texte imité.

D'une façon plus technique, le pastiche peut être défini comme la production d'un texte B observant les règles de production d'un texte préalable A. L'activité du pasticheur suppose donc une connaissance aussi complète que possible de ces règles – ce qu'on appelle traditionnellement une « connaissance intime de l'œuvre pastichée ». Proust[1] – pour qui le pastiche fut une activité constante – parle de « critique littéraire en action ». Il eut même un moment l'intention de faire paraître ses pastiches relatifs à l'affaire Lemoine[2] « avec des études critiques parallèles sur les mêmes écrivains, les études énonçant de façon analytique ce que les pastiches figuraient instinctivement (et *vice versa*) ».

1. Marcel Proust, auteur d'*À la recherche du temps perdu*, œuvre en plusieurs volumes, mais également d'un recueil de pastiches intitulé *Pastiches et Mélanges*.
2. L'affaire Lemoine est le thème utilisé par Marcel Proust pour écrire « à la manière de … » Balzac, Flaubert…

Extrait, article de M. Arrivé,
éd. Bordas.

LECTURE ANALYTIQUE

▶ **1.** À quelle forme de discours cet extrait appartient-il ? Quelles sont ses visées ? Cet article « fonctionne-t-il » comme celui d'un dictionnaire lexical ? Quelles informations donne-t-il ? Cherchez les mots « citation », « parodie » et « plagiat » dans un dictionnaire lexical et comparez les définitions trouvées avec celles qui sont ici : que remarquez-vous ?

▶ **2.** Des quatre termes abordés, quel est celui dont la définition est la plus claire ? D'où vient cette facilité d'identification ? D'où viennent les difficultés dans l'identification des trois autres ? Comment l'auteur de l'article fait-il apparaître ces difficultés ?

RECHERCHE DOCUMENTAIRE

▶ **1.** L'auteur du texte parle des *fascinants guillemets* : recherchez tous les emplois de guillemets que vous connaissez. Donnez à chaque fois un ou plusieurs exemples d'utilisation. À quelle difficulté typographique vous heurtez-vous ?

▶ **2.** Il est question de *copyright* et de propriété littéraire dans le texte. Faites une recherche pour savoir à quelle époque ont été créées les premières lois concernant la protection des auteurs et garantissant la propriété littéraire. Qu'appelle-t-on « tomber dans le domaine public » ? Quel mode de communication pose, à notre époque, des questions nouvelles à propos de la propriété littéraire ?

ÉCRITURE

▶ **Réécriture :** en prenant pour modèle l'utilisation des lettres A et B dans le dernier paragraphe, reformulez les quatre définitions sous une forme mathématique, mais en précisant tous les critères permettant de différencier les démarches.

ÉTUDE COMPARÉE

▶ À la lumière des définitions données par le texte extrait du *Dictionnaire des littératures de langue française*, dites, avec des justifications précises, à quelle catégorie appartiennent les textes de Scarron (⇒ p. 450), Georges Fourest (⇒ p. 456), Paul Reboux et Charles Muller (⇒ p. 457), et Henri Bellaunay (⇒ p. 462).

GUIDE p. 491

8. Lire l'image

Jacques Prévert (1900-1977), collage de la série *L'Angélus* de Millet.

RECHERCHE DOCUMENTAIRE

▸ **1.** Qui est le peintre Millet et à quelle époque a-t-il vécu ? Quelles sont ses œuvres les plus célèbres ?

▸ **2.** Que signifie le mot « Angélus » ?

LECTURE ANALYTIQUE

▸ **1.** Sachant que la reproduction exacte du tableau de Millet, *L'Angélus*, figure devant le peintre, en noir et blanc, décrivez ce que vous voyez sur l'ensemble de l'image proposée par Prévert.

▸ **2.** Expliquez en quoi consiste le montage / collage fait par Prévert. Quel(s) rôle(s) jouent les personnages mis de part et d'autre du peintre ? Combien d'époques et de lieux se trouvent ainsi mélangés ?

▸ **3.** En quoi peut-on parler de « réécriture » appliquée à la peinture ? S'agit-il de parodie, de pastiche, d'autre chose ? Quel est, pour le spectateur, l'effet produit par le tableau dans le tableau ?

▸ **4.** Quelles questions pose la démarche de Prévert ici, en ce qui concerne la notion d'originalité, le concept de « modèle », l'appropriation d'un tableau célèbre et son détournement ?

ÉCRITURE

▸ **Invention :** composez un texte qui rende compte, dans sa forme, de l'emboîtement que l'on peut voir sur l'image.

GUIDE p. 493

SÉQUENCE 24

Les réécritures : du texte à l'image

1. *Madame Bovary,* du roman au film (1857-1991)

En 1990, le metteur en scène Claude Chabrol entreprend de réaliser un film à partir du roman de Flaubert. Le passage de l'écriture littéraire à l'écriture cinématographique impose de nombreuses modifications, que le cinéaste explique dans l'ouvrage Autour d'Emma. *Voici un exemple de passage du texte au scénario.*

DOCUMENT 1 : Gustave Flaubert, *Madame Bovary* (1857)

Charles Bovary, un médecin normand, vient d'être appelé en pleine nuit auprès du père Rouault, un fermier qui s'est fracturé la jambe.

Vers quatre heures du matin, Charles, bien enveloppé dans son manteau, se mit en route pour les Bertaux. Encore endormi par la chaleur du sommeil, il se laissait bercer au trot pacifique de sa bête. Quand elle s'arrêtait d'elle-même devant ces trous entourés d'épines que l'on creuse au bord des sillons, Charles, se réveillant en sursaut, se rappelait vite la jambe cassée, et il tâchait de se remettre en mémoire toutes les fractures qu'il savait. La pluie ne tombait plus ; le jour commençait à venir, et, sur les branches des pommiers sans feuilles, des oiseaux se tenaient immobiles, hérissant leurs petites plumes au vent froid du matin. La plate campagne s'étalait à perte de vue, et les bouquets d'arbres autour des fermes faisaient, à intervalles éloignés, des taches d'un violet noir sur cette grande surface grise, qui se perdait

Pierre Étienne Théodore Rousseau (1812-1867), *Place de marché en Normandie*, 1832 (peinture, 29,5 x 38 cm ; Musée de l'Hermitage, Saint-Pétersbourg).

à l'horizon dans le ton morne du ciel. Charles, de temps à autre, ouvrait les yeux ; puis, son esprit se fatiguant et le sommeil revenant de soi-même, bientôt il entrait dans une sorte d'assoupissement où, ses sensations récentes se confondant avec des souvenirs, lui-même se percevait double, à la fois étudiant et marié, couché dans son lit comme tout à l'heure, traversant une salle d'opérés comme autrefois. L'odeur chaude des cataplasmes se mêlait dans sa tête à la verte odeur de la rosée ; il entendait rouler sur leur tringle les anneaux de fer des lits et sa femme dormir… Comme il passait par Vassonville, il aperçut, au bord d'un fossé, un jeune garçon assis sur l'herbe.

– Êtes-vous le médecin ? demanda l'enfant.

Et, sur la réponse de Charles, il prit ses sabots à ses mains et se mit à courir devant lui.

L'officier de santé, chemin faisant, comprit aux discours de son guide que M. Rouault devait être un cultivateur des plus aisés. Il s'était cassé la jambe, la veille au soir, en revenant de *faire les Rois*, chez un voisin. Sa femme était morte depuis deux ans. Il n'avait avec lui que sa *demoiselle*, qui l'aidait à tenir la maison.

Les ornières devinrent plus profondes. On approchait des Bertaux. Le petit gars, se coulant alors par un trou de haie, disparut, puis il revint au bout d'une cour en ouvrir la barrière. Le cheval glissait sur l'herbe mouillée ; Charles se baissait pour passer sous les branches. Les chiens de garde à la niche aboyaient en tirant sur leur chaîne. Quand il entra dans les Bertaux, son cheval eut peur et fit un grand écart.

C'était une ferme de bonne apparence. On voyait dans les écuries, par le dessus des portes ouvertes, de gros chevaux de labour qui mangeaient tranquillement dans des râteliers neufs. Le long des bâtiments s'étendait un large fumier, de la buée s'en élevait, et, parmi les poules et les dindons, picoraient dessus cinq ou six paons, luxe des basses-cours cauchoises[1]. La bergerie était longue, la grange était haute, à murs lisses comme la main. Il y avait sous le hangar deux grandes charrettes et quatre charrues, avec leurs fouets, leurs colliers, leurs équipages complets, dont les toisons de laine bleue se salissaient à la poussière fine qui tombait des greniers. La cour allait en montant, plantée d'arbres symétriquement espacés et le bruit gai d'un troupeau d'oies retentissait près de la mare.

Première partie, début du chapitre 2.

1. Du pays de Caux, en Normandie.

DOCUMENT 2 : scénario du film *Madame Bovary*, par Claude Chabrol (1990)

Madame Bovary.

1. <u>Route de campagne</u> – <u>Extérieur</u>. <u>Aube</u>

C'est une route entre bourgade et village, dans la campagne normande. L'aube chasse à peine la nuit, et sur la route, la loupiote de la carriole est encore allumée. Charles Bovary, encore endormi par la chaleur du sommeil, se laisse bercer au trot pacifique de sa bête. Il aperçoit, au bord d'un fossé, un jeune garçon assis sur l'herbe. Charles s'arrête.

<u>Jeune garçon</u> : Vous êtes le médecin ?

<u>Charles</u> : Oui. Monte !

2. <u>Carriole</u> – <u>Intérieur / Extérieur</u>. <u>Aube</u>

L'enfant, assis à côté de Charles, n'est pas avare de renseignements.

<u>Jeune garçon</u> : C'est un des plus riches d'ici, M. Rouault. Il s'est cassé la jambe en revenant de faire les rois.

Il tend largement le bras vers la droite.

… C'est par là.

Ils s'engagent dans un chemin aux ornières plus profondes.

… Sa femme est morte depuis deux ans. Il n'a que sa demoiselle pour l'aider à tenir sa maison. Attendez !

L'enfant descend et va ouvrir une barrière.

<u>coupe sur</u>

3. <u>Cour de la ferme</u> – <u>Extérieur</u>. <u>Aube</u>

C'est une ferme de bonne apparence. Deux ou trois chiens aboient en tirant sur leur chaîne. Dans les écuries, aux portes ouvertes, de gros chevaux de labour mangent tranquillement dans des râteliers neufs. Un large fumier s'étale le long des bâtiments. Et au milieu des poules et des dindons, picorent deux ou trois paons. Sous le hangar, deux grandes charrettes et quatre charrues étalent leurs équipages complets, aux toisons de laine bleue.

Le scénario de Claude Chabrol.

In *Autour d'Emma*, éd. Hatier, coll. « Brèves », 1991.

ÉTUDE COMPARÉE

▶ **1.** Lisez le texte de Flaubert, puis le scénario de Claude Chabrol, et dressez la liste de tous les éléments du texte que l'on retrouve dans le scénario ; signalez ceux qui sont exprimés dans les mêmes termes, puis ceux que l'on retrouve mais avec des modifications. Repérez aussi les passages absents du texte du scénario.

▶ **2.** Comment peut s'expliquer la disparition – dans le scénario – de certains passages ? S'agit-il d'une disparition totale ou ces passages peuvent-ils être rendus autrement que par les mots ?

▶ **3.** À quoi correspondent, dans le scénario, les indications 1, 2, 3 ? Retrouvez à quels moments du texte ces étapes correspondent.

▶ **4.** Récapitulez l'ensemble des éléments qui peuvent être rendus par l'image, le son et le mouvement du cinéma. À partir de cette récapitulation, dites comment le cinéma peut rendre la notion de déroulement de l'action, le passage du temps, l'évolution d'une situation.

▶ **5.** Pensez-vous que la transposition du passage donné ici puisse être qualifiée de « fidèle » ? Pourquoi est-il difficile de porter un jugement sur cette notion de « fidélité » d'un film à partir du seul scénario ?

ÉCRITURE

▶ **Réécriture 1 :** prenez modèle sur le scénario écrit par Claude Chabrol pour réécrire la scène qui ouvre le roman, depuis *Nous étions à l'étude* jusqu'à *il la ramassa encore une fois.*

▶ **Réécriture 2 :** choisissez vous-même un passage du roman qui contienne des actions et au moins une description et transformez-le en scénario à la manière de Claude Chabrol.

GUIDE p. 492

DOCUMENT 3 : Gustave Flaubert, *Madame Bovary* (1857)

Certains passages d'un roman sont difficiles à rendre au cinéma. Interrogé par Pierre-Marc de Biasi, éditeur des Carnets de travail *de Flaubert, Claude Chabrol explique comment il a transposé le moment qui précède le suicide d'Emma, dont voici le texte.*

Elle sortit. Les murs tremblaient, le plafond l'écrasait ; et elle repassa par la longue allée, en trébuchant contre les tas de feuilles mortes que le vent dispersait. Enfin elle arriva au saut-de-loup[1] devant la grille ; elle se cassa les ongles contre la serrure, tant elle se dépêchait pour l'ouvrir. Puis, cent pas plus loin, essoufflée, près de tomber, elle s'arrêta. Et alors, se détournant, elle aperçut encore une fois l'impassible château, avec le parc, les jardins, les trois cours, et toutes les fenêtres de la façade.

Elle resta perdue de stupeur, et n'ayant plus conscience d'elle-même que par le battement de ses artères, qu'elle croyait entendre s'échapper comme une assourdissante musique qui emplissait la campagne. Le sol sous ses pieds était plus mou qu'une onde, et les sillons lui parurent d'immenses vagues brunes, qui déferlaient. Tout ce qu'il y avait dans sa tête de réminiscences, d'idées, s'échappait à la fois, d'un seul bond, comme les mille pièces d'un feu d'artifice. Elle vit son père, le cabinet de Lheureux, leur chambre là-bas, un autre paysage. La folie la prenait, elle eut peur, et parvint à se ressaisir, d'une manière confuse, il est vrai ; car elle ne se rappelait point la cause de son horrible état[2], c'est-à-dire la question d'argent. Elle ne souffrait que de son amour, et sentait son

1. Court fossé creusé devant un mur de clôture.
2. Emma a des dettes très importantes qu'elle ne peut pas payer.

âme l'abandonner par ce souvenir, comme les blessés, en agonisant, sentent l'existence qui s'en va par leur plaie qui saigne.

La nuit tombait, des corneilles volaient.

Il lui sembla tout à coup que des globules couleur de feu éclataient dans l'air comme des balles fulminantes en s'aplatissant, et tournaient, tournaient, pour aller se fondre sur la neige, entre les branches des arbres. Au milieu de chacun d'eux, la figure de Rodolphe[3] apparaissait. Ils se multiplièrent, et ils se rapprochaient, la pénétraient ; tout disparut. Elle reconnut les lumières des maisons, qui rayonnaient de loin dans le brouillard.

Troisième partie, chapitre VIII.

3. Un des amants d'Emma, qui a refusé de l'aider financièrement.

DOCUMENT 4 : entretien de Claude Chabrol avec Pierre-Marc de Biasi (1991)

CLAUDE CHABROL : [...] J'ai remplacé toute cette scène d'hallucination par une simple alternance de courses et de stations immobiles. Pour une raison très simple, c'est que l'impression donnée par la lecture du texte ne pourrait avoir d'équivalent, une fois transposée à l'image, que sous la forme de violentes déformations visuelles. Des murs qui se referment, des globules de feu qui éclatent, un sol qui se dérobe sous vos pas, etc. sont, vécues ou non, des fictions littéraires. C'est une chose quand on les lit, et c'est tout autre chose quand on les montre. Si on veut les montrer en images, ce n'est pas l'impression de déchirure mentale que l'on voit, c'est le procédé qui apparaît !

PIERRE-MARC DE BIASI : Et c'est bien pourquoi je me demandais comment vous aviez pu adapter ce moment de délire !

CLAUDE CHABROL : Je vous l'ai dit, j'ai cherché à résoudre la difficulté en jouant la violence des contrastes : Emma court à en perdre haleine, et l'instant d'après, elle est complètement immobile. La nuit tombe, il fait noir, et l'instant d'après, la lumière l'inonde, elle est derrière la vitre de chez Homais. J'ai brusqué les choses.

PIERRE-MARC DE BIASI : Donc vous avez supprimé entièrement l'évocation, même indirecte, de l'hallucination : les éclatements de lumières, les sensations d'hémorragie, les sillons des champs qui deviennent comme les flots... ?

CLAUDE CHABROL : Oui, c'était impossible à rendre en images. Il n'y a pas de solution, ça se transforme toujours en procédé. En revanche, j'ai essayé de rattraper des choses, de faire sentir un peu plus indirectement ce qui se passe dans l'esprit d'Emma. Par exemple, au tout début de ce passage, au moment où ça se déclenche dans sa tête, c'est-à-dire au moment où Rodolphe lui refuse le pognon, j'ai réussi un coup visuel : Emma est en plan très rapproché avec en fond le vert de la chambre de Rodolphe. Là, il m'a suffi de la faire se déplacer un tout petit peu pour qu'elle se détache brusquement sur le fond rouge du lit.

Et ce fond rouge est suffisant pour que, tout d'un coup, visuellement, il y ait quelque chose comme un vertige qui passe à l'écran. Là, on a au cinéma quelques petits avantages sur l'écriture… modestes, il est vrai ! Alors, ce passage au rouge, puis, sans transition, la fuite et l'arrivée à l'arsenic, j'ai traité tout cela comme une rupture, comme un crachement ! Mais c'est un moment où le jeu de l'actrice est aussi une chose déterminante. Isabelle occupe tout l'écran. Sans oublier la bande-son qui a aussi sa place dans ce moment de vertige.

In *Autour d'Emma*, éd. Hatier, coll. « Brèves », 1991.

LECTURE ANALYTIQUE

▸ **1.** Quelles difficultés le metteur en scène a-t-il rencontrées lors de la transposition du passage dans lequel Emma est submergée par l'angoisse ? Qu'est-ce qui est impossible à représenter ? Expliquez l'expression : *ça se transforme toujours en procédé*.

▸ **2.** Quels sont les moyens techniques utilisés par Claude Chabrol ? Que cherchent-ils à traduire ?

▸ **3.** La transcription du texte passe par la mise en scène, le décor, les couleurs, les mouvements. À la fin de son intervention, Claude Chabrol y ajoute deux composantes : quelles sont-elles ?

▸ **4.** Déduisez de cette analyse des remarques sur la spécificité des deux modes d'écriture – écriture romanesque ou écriture du scénario – : peut-on parler d'écriture cinématographique ?

GUIDE p. 492

2. *Madame Bovary*, du roman au roman-photo (1857-1973)

En 1973, le magazine Nous deux, *spécialiste du roman-photo, propose une version contemporaine de* Madame Bovary *sous le titre* Bovary 73. *En voici la seconde page, qui correspond à l'arrivée de Charles Bovary à la ferme du père Rouault. Ce texte fait directement suite à celui qui figure p. 468.*

DOCUMENT 1 : Gustave Flaubert, *Madame Bovary* (1857)

Une jeune femme, en robe de mérinos[1] bleu garnie de trois volants, vint sur le seuil de la maison pour recevoir M. Bovary, qu'elle fit entrer dans la cuisine, où flambait un grand feu. Le déjeuner des gens bouillonnait alentour, dans des petits pots de taille inégale. Des vêtements humides séchaient dans l'intérieur de la cheminée. La pelle, les pincettes et le bec du soufflet, tous de proportion colossale, brillaient comme de l'acier poli, tandis que le long des murs s'étendait une abondante batterie de cuisine, où miroitait inégalement la flamme claire du foyer, jointe aux premières lueurs du soleil arrivant par les carreaux.

1. Tissu de laine.

Charles monta, au premier, voir le malade. Il le trouva dans son lit, suant sous ses couvertures et ayant rejeté bien loin son bonnet de coton. C'était un gros petit homme de cinquante ans, à la peau blanche, à l'œil bleu, chauve sur le devant de la tête, et qui portait des boucles d'oreilles. Il avait à ses côtés, sur une chaise, une grande carafe d'eau-de-vie, dont il se versait de temps à autre pour se donner du cœur au ventre ; mais, dès qu'il vit le médecin, son exaltation tomba, et, au lieu de sacrer comme il faisait depuis douze heures, il se prit à geindre faiblement.

La fracture était simple, sans complication d'aucune espèce. Charles n'eût osé en souhaiter de plus facile. Alors, se rappelant les allures de ses maîtres auprès du lit des blessés, il réconforta le patient avec toutes sortes de bons mots, caresses chirurgicales qui sont comme l'huile dont on graisse les bistouris. Afin d'avoir des attelles, on alla chercher, sous la charretterie, un paquet de lattes. Charles en choisit une, la coupa en morceaux et la polit avec un éclat de vitre, tandis que la servante déchirait des draps pour faire des bandes, et que Mlle Emma tâchait de coudre des coussinets. Comme elle fut longtemps avant de trouver son étui, son père s'impatienta ; elle ne répondit rien ; mais tout en cousant, elle se piquait les doigts, qu'elle portait ensuite à sa bouche pour les sucer.

Charles fut surpris de la blancheur de ses ongles. Ils étaient brillants, fins du bout, plus nettoyés que les ivoires de Dieppe, et taillés en amande. Sa main pourtant n'était pas belle, point assez pâle, peut-être, et un peu sèche aux phalanges ; elle était trop longue aussi, et sans molles inflexions de lignes sur les contours. Ce qu'elle avait de beau, c'étaient les yeux ; quoiqu'ils fussent bruns, ils semblaient noirs à cause des cils, et son regard arrivait franchement à vous avec une hardiesse candide.

Première partie, chapitre 2.

LECTURE ANALYTIQUE

▸ **1.** Identifiez dans l'extrait du roman ce qui appartient au récit et ce qui relève de la description. Récapitulez les différentes étapes de la visite de Charles Bovary. À quels moments Emma intervient-elle ?

▸ **2.** Sur quels personnages l'accent est-il mis dans le texte ? Qui semble être, en revanche, un personnage secondaire ?

▸ **3.** Le texte suggère-t-il des possibilités de dialogue ? Entre qui et qui ? À quel sujet ?

▸ **4.** Quel personnage prend soudain de l'importance à la fin du texte ? Quel est le point de vue adopté ? En quoi le choix de ce point de vue est-il important ?

ÉCRITURE

▸ **Réécriture :** préparez une feuille avec un nombre de vignettes de votre choix et indiquez ce que vous mettriez dans chacune d'elles pour rendre compte du texte de Flaubert sous forme picturale. Indiquez le contenu des paroles et celui du texte accompagnateur, si vous jugez qu'il est indispensable.

GUIDE p. 492

DOCUMENT 2 : *Bovary 73* (1973)

Supplément à *Nous deux*, n° 1340, 1973.

RECHERCHE DOCUMENTAIRE

▶ La page reproduite au verso appartient à un roman-photo : cherchez une définition de ce mode d'expression. À quelle époque a-t-il été créé ? Quel est son pays d'origine ? À quel lectorat s'adresse-t-il essentiellement ?

LECTURE ANALYTIQUE

▶ **1.** À partir des photos, dites où se passe la scène et quels sont les protagonistes. Quels sont les personnages qui semblent avoir le plus d'importance ? À quoi cette importance est-elle visible, en particulier dans la mise en page des vignettes ?

▶ **2.** Grâce à quels éléments le lecteur peut-il comprendre le sens de l'épisode rapporté ? Comment se fait cette nouvelle forme de lecture (images + texte) ?

▶ **3.** La page proposée comporte des photos et deux sortes de texte. Quels sont le rôle et la nature de chacune des deux sortes de texte ?

▶ **4.** Observez les angles de prise de vue et la taille des photos, ainsi que la nature des différents plans. À l'aide du Guide de la p. 493, étudiez la manière de photographier et les effets produits.

▶ **5.** Les images donnent des informations qui sont rendues dans le roman par du discours narratif ou descriptif (attitudes, réactions des personnages). Donnez quelques-unes de ces informations perceptibles sur les photos.

ÉTUDE COMPARÉE

▶ **1.** Étudiez dans quel ordre les personnages sont présentés et quelle est l'importance respective de chacun d'eux dans le texte de Flaubert (⇛ p. 473). Le texte comporte-t-il des dialogues ? Rend-il compte des pensées non exprimées des personnages ? Sur quels éléments du décor met-il l'accent ?

▶ **2.** Mettez en parallèle la page de photos et le texte : quels éléments du texte retrouvez-vous à travers les photos ? Identifiez ensuite et classez toutes les différences.

▶ **3.** Parmi les différences, dites quelles sont celles qui viennent de la modernisation (on passe de 1857 à 1973). Quelles explications pourriez-vous proposer pour les autres différences, en relation avec le genre du roman-photo et avec son lectorat ?

ÉCRITURE

▶ **Réécriture :** racontez avec précision, et de manière littéraire, ce qui se passe sur la page du roman-photo, puis comparez votre texte avec celui de Flaubert.

▶ **Essai :** roman et roman-photo ; cherchez et exposez les techniques d'expression qui sont communes à ces deux modes de récit. Cherchez ensuite et exposez ce que chacun a de spécifique.

GUIDE p. 493

Couverture de *Bovary 73*, supplément au magazine *Nous deux* n° 1340, 1973.

3. *Les Misérables,* du roman à la bande dessinée (1862-1995)

La mise en image des grandes œuvres de la littérature est un défi qu'ont relevé, entre autres, les auteurs de bandes dessinées. Eddy Paape et Michel Deligne ont regroupé leurs talents : le premier s'est chargé du dessin, le second du texte, pour réaliser un album très proche du roman de Victor Hugo.

DOCUMENT 1 : Victor Hugo, *Les Misérables* (1862)

Dans le chapitre 1, intitulé « Le soir d'un jour de marche », Jean Valjean arrive dans la ville de Digne. Il est épuisé et cherche une auberge. Il a de quoi payer, mais le bruit s'est répandu qu'il est un ancien forçat et aucun aubergiste ne veut l'accepter comme client.

– J'ai l'habitude d'être poli avec tout le monde[1]. Allez-vous-en.

L'homme baissa la tête, ramassa le sac qu'il avait déposé à terre, et s'en alla.

Il prit la grande rue. Il marchait devant lui au hasard, rasant de près les maisons, comme un homme humilié et triste. Il ne se retourna pas une seule fois. S'il s'était retourné, il aurait vu l'aubergiste de *la Croix-de-Colbas* sur le seuil de sa porte, entouré de tous les voyageurs de son auberge et de tous les passants de la rue, parlant vivement et le désignant du doigt, et, aux regards de défiance et d'effroi du groupe, il aurait deviné qu'avant peu son arrivée serait l'événement de toute la ville.

Il ne vit rien de tout cela. Les gens accablés ne regardent pas derrière eux. Ils ne savent que trop que le mauvais sort les suit.

Il chemina ainsi quelque temps, marchant toujours allant à l'aventure par des rues qu'il ne connaissait pas, oubliant la fatigue, comme cela arrive dans la tristesse. Tout à coup il sentit vivement la faim. La nuit approchait. Il regarda autour de lui pour voir s'il ne découvrirait pas quelque gîte.

La belle hôtellerie s'était fermée pour lui ; il cherchait quelque cabaret bien humble, quelque bouge bien pauvre.

Précisément une lumière s'allumait au bout de la rue ; une branche de pin, pendue à une potence en fer, se dessinait sur le ciel blanc du crépuscule. Il y alla.

C'était en effet un cabaret. Le cabaret qui est dans la rue de Chaffaut.

Le voyageur s'arrêta un moment, et regarda par la vitre l'intérieur de la salle basse du cabaret, éclairée par une petite lampe sur une table et par un grand feu dans la cheminée. Quelques hommes y buvaient.

1. C'est l'aubergiste de *la Croix-de-Colbas* qui parle.

L'hôte se chauffait. La flamme faisait bruire une marmite de fer accrochée à la crémaillère.

On entre dans ce cabaret, qui est aussi une espèce d'auberge, par deux portes. L'une donne sur la rue, l'autre s'ouvre sur une petite cour pleine de fumier.

Le voyageur n'osa pas entrer par la porte de la rue. Il se glissa dans la cour, s'arrêta encore, puis leva timidement le loquet et poussa la porte.

– Qui va là ? dit le maître.

– Quelqu'un qui voudrait souper et coucher.

– C'est bon. Ici on soupe et on couche.

Il entra. Tous les gens qui buvaient se retournèrent. La lampe l'éclairait d'un côté, le feu de l'autre. On l'examina quelque temps pendant qu'il défaisait son sac.

L'hôte lui dit : – Voilà du feu. Le souper cuit dans la marmite. Venez vous chauffer, camarade.

Il alla s'asseoir près de l'âtre. Il allongea devant le feu ses pieds meurtris par la fatigue ; une bonne odeur sortait de la marmite. Tout ce qu'on pouvait distinguer de son visage sous sa casquette baissée prit une vague apparence de bien-être mêlée à cet autre aspect si poignant que donne l'habitude de la souffrance.

C'était d'ailleurs un profil ferme, énergique et triste. Cette physionomie était étrangement composée ; elle commençait par paraître humble et finissait par sembler sévère. L'œil luisait sous les sourcils comme un feu sous une broussaille.

Cependant un des hommes attablés était un poissonnier qui, avant d'entrer au cabaret de la rue de Chaffaut, était allé mettre son cheval à l'écurie chez Labarre. Le hasard faisait que le matin même il avait rencontré cet étranger de mauvaise mine, cheminant entre Bras d'Asse et… (j'ai oublié le nom. Je crois que c'est Escoublon). Or, en le rencontrant, l'homme, qui paraissait déjà très fatigué, lui avait demandé de le prendre en croupe ; à quoi le poissonnier n'avait répondu qu'en doublant le pas. Ce poissonnier faisait partie, une demi-heure auparavant, du groupe qui entourait Jacquin Labarre, et lui-même avait raconté sa désagréable rencontre du matin aux gens de *la Croix-de-Colbas*. Il fit de sa place au cabaretier un signe imperceptible. Le cabaretier vint à lui. Ils échangèrent quelques paroles à voix basse. L'homme était retombé dans ses réflexions.

Le cabaretier revint à la cheminée, posa brusquement sa main sur l'épaule de l'homme, et lui dit :

– Tu vas t'en aller d'ici.

L'étranger se retourna et répondit avec douceur :

– Ah ! vous savez ?…

– Oui.

– On m'a renvoyé de l'autre auberge.

– Et l'on te chasse de celle-ci.

– Où voulez-vous que j'aille ?

– Ailleurs.

L'homme prit son bâton et son sac, et s'en alla.

Comme il sortait, quelques enfants, qui l'avaient suivi depuis *la Croix-de-Colbas* et qui semblaient l'attendre, lui jetèrent des pierres.

Jean Valjean, illustration pour *Les Misérables* de Victor Hugo, 1862.

Il revint sur ses pas avec colère et les menaça de son bâton ; les enfants se dispersèrent comme une volée d'oiseaux.

Il passa devant la prison. À la porte pendait une chaîne de fer attachée à une cloche. Il sonna.

Un guichet s'ouvrit.

– Monsieur le guichetier, dit-il en ôtant respectueusement sa casquette, voudriez-vous bien m'ouvrir et me loger pour cette nuit ?

Une voix répondit :

– Une prison n'est pas une auberge. Faites-vous arrêter. On vous ouvrira.

Le guichet se referma.

Il entra dans une petite rue où il y a beaucoup de jardins. Quelques-uns ne sont enclos que de haies, ce qui égaye la rue. Parmi ces jardins et ces haies, il vit une petite maison d'un seul étage dont la fenêtre était éclairée. Il regarda par cette vitre comme il avait fait pour le cabaret. C'était une grande chambre blanchie à la chaux avec un lit drapé d'indienne[2] imprimée, et un berceau dans un coin, quelques chaises de bois et un fusil à deux coups accroché au mur. Une table était servie au milieu de la chambre. Une lampe de cuivre éclairait la nappe de grosse toile blanche, le broc d'étain luisant comme l'argent et plein de vin et la soupière brune qui fumait. À cette table était assis un homme d'une quarantaine d'années, à la figure joyeuse et ouverte, qui faisait sauter un petit enfant sur ses genoux. Près de lui, une femme toute jeune allaitait un autre enfant. Le père riait, l'enfant riait, la mère souriait.

L'étranger resta un moment rêveur devant ce spectacle doux et calmant. Que se passait-il en lui ? Lui seul eût pu le dire.

Première partie, livre II, chapitre 1.

2. Tissu de coton imprimé, fabriqué à l'origine en Inde.

LECTURE ANALYTIQUE

▸ **1.** Retrouvez dans le texte tout ce qui permet d'établir une progression chronologique. En quoi celle-ci peut-elle être associée aux lieux ?

▸ **2.** Repérez dans le texte ce qui peut être représenté de manière visuelle, sous forme d'image, et ce qui ne peut pas l'être. Recherchez aussi ce qui peut être transcrit directement pour accompagner des images.

▸ **3.** Si vous deviez mettre ce passage en image, que retiendriez-vous parmi les différentes scènes qui constituent l'extrait ?

GUIDE p. 493

DOCUMENT 2 : Eddy Paape et Michel Deligne, *Les Misérables* (1995)

Dans la bande dessinée inspirée du roman, Jean Valjean vient d'être reconnu comme ancien forçat. L'aubergiste de La Croix-de-Colbac (Croix-de-Colbas dans le roman) l'a mis à la porte.

Première partie : « Jean Valjean », éd. Le Droit d'Écrire.

LECTURE ANALYTIQUE

▸ **1.** Observez la manière dont sont représentés les personnages : s'agit-il d'une reconstitution d'époque ou d'une modernisation ?

▸ **2.** Sur quel personnage l'accent est-il mis ? À quoi le lecteur perçoit-il cette mise en relief ?

▸ **3.** Que connote le choix de certaines couleurs, en particulier dans les scènes d'intérieur ? Comment le lecteur peut-il comprendre le choix de couleurs plutôt ternes pour tout ce qui représente l'extérieur ?

▸ **4.** Toutes les vignettes sont accompagnées de texte : pour chacune, étudiez ce que le dessin apporte comme informations non données par le texte.

ÉTUDE COMPARÉE

▸ **1.** Mettez en parallèle le texte de Victor Hugo (⇛ p. 477) et le document ci-contre pour faire apparaître la reprise des différents épisodes et celle d'éléments textuels. Étudiez comment sont repris d'une part les dialogues, d'autres part les éléments narratifs. Qu'est-ce qui est modifié ?

▸ **2.** Faites correspondre à présent les images de la BD au texte de Victor Hugo : quels passages précis et quels types de discours reprennent-elles ? Donnez des exemples précis de passages textuels remplacés par des images. Quelles conclusions pouvez-vous tirer de ces correspondances, concernant la force de l'image ?

▸ **3.** Récapitulez ce qui n'apparaît pas dans la bande dessinée, ni sous forme écrite, ni sous forme dessinée. Comment s'explique cette absence ?

▸ **4.** À partir des observations précédentes, donnez quelques caractéristiques des deux modes d'expression, texte littéraire, texte et images sous forme de BD. Expliquez comment le second peut compléter le premier et dans quels domaines il ne peut le faire.

ÉCRITURE

▸ **Réécriture :** en partant des images de la BD, racontez l'histoire qui y est donnée. Tenez compte des éléments pouvant être décrits. Comparez ensuite votre récit au texte de Hugo : que remarquez-vous ?

GUIDE p. 493

4. *La Chartreuse de Parme,* du roman au film (1839-1947)

L'adaptation d'un roman au cinéma entraîne une véritable réécriture qui prend la double forme de dialogues et d'un synopsis exposant tous les mouvements de la caméra.

DOCUMENT 1 : Stendhal, *La Chartreuse de Parme* (1839)

Mariée au marquis Crescenzi alors qu'elle est amoureuse de Fabrice del Dongo, Clélia Conti a fait le vœu de ne jamais revoir le jeune homme, devenu prêtre. Le retrouvant au moment où s'achève l'histoire, elle le reçoit cependant, toujours de nuit. Ils ont un fils, Sandrino, que Fabrice fait enlever pour se charger de son éducation. Voici l'épilogue du roman.

Il[1] eut recours à son ami intime, le comte Mosca, qui, tout vieux ministre qu'il était, fut attendri de cette histoire d'amour qu'il ignorait en grande partie.

– Je vous procurerai l'absence du marquis[2] pendant cinq ou six jours au moins : quand la voulez-vous ?

1. *Il* désigne Fabrice.

2. Le marquis Crescenzi ; il faut qu'il soit absent pour que Fabrice puisse enlever l'enfant.

À quelque temps de là, Fabrice vint dire au comte que tout était préparé pour que l'on pût profiter de l'absence.

Deux jours après, comme le marquis revenait à cheval d'une de ses terres aux environs de Mantoue, des brigands, soldés apparemment par une vengeance particulière, l'enlevèrent, sans le maltraiter en aucune façon, et le placèrent dans une barque, qui employa trois jours à descendre le Pô et à faire le même voyage que Fabrice avait exécuté autrefois après la fameuse affaire Giletti. Le quatrième jour, les brigands déposèrent le marquis dans une île déserte du Pô, après avoir eu le soin de le voler complètement, et de ne lui laisser ni argent ni aucun effet ayant la moindre valeur. Le marquis fut deux jours entiers avant de pouvoir regagner son palais à Parme ; il le trouva tendu de noir et tout son monde dans la désolation.

Cet enlèvement, fort adroitement exécuté, eut un résultat bien funeste : Sandrino, établi en secret dans une grande et belle maison où la marquise venait le voir presque tous les jours, mourut au bout de quelques mois. Clélia se figura qu'elle était frappée par une juste punition, pour avoir été infidèle à son vœu à la Madone : elle avait vu si souvent Fabrice aux lumières, et même deux fois en plein jour et avec des transports si tendres, durant la maladie de Sandrino ! Elle ne survécut que de quelques mois à ce fils si chéri, mais elle eut la douceur de mourir dans les bras de son ami.

Fabrice était trop amoureux et trop croyant pour avoir recours au suicide ; il espérait retrouver Clélia dans un meilleur monde, mais il avait trop d'esprit pour ne pas sentir qu'il avait beaucoup à réparer.

Peu de jours après la mort de Clélia, il signa plusieurs actes par lesquels il assurait une pension de mille francs à chacun de ses domestiques, et se réservait, pour lui-même, une pension égale ; il donnait des terres, valant cent mille livres de rente à peu près, à la comtesse Mosca ; pareille somme à la marquise del Dongo, sa mère, et ce qui pouvait rester de la fortune paternelle, à l'une de ses sœurs mal mariée. Le lendemain, après avoir adressé à qui de droit la démission de son archevêché et de toutes les places dont l'avaient successivement comblé la faveur d'Ernest V et l'amitié du premier ministre, il se retira à la *Chartreuse de Parme*, située dans les bois voisins du Pô, à deux lieues de Sacca.

La comtesse Mosca avait fort approuvé, dans le temps, que son mari reprît le ministère, mais jamais elle n'avait voulu consentir à rentrer dans les États d'Ernest V. Elle tenait sa cour à Vignano, à un quart de lieue de Casal-Maggiore, sur la rive gauche du Pô, et par conséquent dans les États de l'Autriche. Dans ce magnifique palais de Vignano, que le comte lui avait fait bâtir, elle recevait les jeudis toute la haute société de Parme, et tous les jours ses nombreux amis. Fabrice n'eût pas manqué un jour de venir à Vignano. La comtesse en un mot réunissait toutes les apparences du bonheur, mais elle ne survécut que fort peu de temps à Fabrice, qu'elle adorait et qui ne passa qu'une année dans sa Chartreuse.

Les prisons de Parme étaient vides, le comte immensément riche, Ernest V adoré de ses sujets qui comparaient son gouvernement à celui des grands-ducs de Toscane.

TO THE HAPPY FEW

Livre second, chapitre XXVIII, épilogue.

RECHERCHE DOCUMENTAIRE

▸ **1.** Lisez le chapitre XXVIII en entier et faites-en un résumé montrant les étapes les plus importantes.

▸ **2.** Cherchez l'identité et le rôle du comte et de la comtesse Mosca. Quelle a été l'importance de « l'affaire Giletti » dans le roman ?

LECTURE ANALYTIQUE

▸ **1.** Étudiez la manière dont cet épilogue de roman achève l'histoire en précisant le sort de personnages importants. En quoi ce dénouement évoque-t-il celui d'une tragédie ? Pour qui, cependant, est-il heureux ?

▸ **2.** Quels épisodes du passage donné vous semblent devoir être conservés dans un film qui transposerait le roman ? Justifiez votre réponse à partir de l'importance et des caractéristiques des épisodes considérés.

▸ **3.** Quels éléments visuels du texte vous semblent pouvoir être représentés dans une adaptation cinématographique ?

GUIDE p. 492

DOCUMENT 2 : synopsis du film *La Chartreuse de Parme* de Christian-Jaque (1947)

Le document qui suit donne la succession des quinze derniers plans du film tiré du roman La Chartreuse de Parme. *La comparaison du texte et du découpage plan par plan montre qu'il y a parfois de très grandes différences, le metteur en scène prenant des libertés parfois inattendues dans la réécriture de l'histoire.*

Palais Crescenzi, patio – intérieur soir

1088. Plan américain. Fabrice s'avance face caméra depuis la porte à l'arrière-plan dans la pénombre du patio. Léger recadrage à gauche sur Clélia debout de profil face à Fabrice qui s'immobilise à droite du cadre devant elle. Chacun reste de chaque côté du cadre, maintenant une aimable distance.

Clélia *(d'une voix douce).* C'est toi. Enfin tu es là, mon amour. *(Elle tend les bras vers lui)* Viens plus près que je te voie mieux. *(Fabrice s'avance vers elle et lui prend les mains. Léger recadrage à gauche. Il lui baise tendrement les mains)* Comme je t'ai fait souffrir !

Fabrice del Dongo *(levant les yeux sur elle).* Comme je t'ai tourmentée !

1089. Plan très serré. Même axe. Fabrice et Clélia face à face, de profil caméra. Seul le visage de Clélia resplendit dans la lumière. Ils se regardent dans les yeux puis tournent la tête ensemble vers la statuette de la Vierge Marie que la caméra vient recadrer aussitôt en plan serré, à droite.

1090. Plan serré à plan rapproché. Clélia s'éloigne de Fabrice, silhouetté debout de profil à droite, et va éteindre une bougie à l'arrière-plan. Clélia disparaît alors dans l'obscurité, silhouettée elle aussi face à Fabrice.

1091. Plan très serré de Clélia silhouettée de trois quarts face près de la bougie éteinte. Travelling arrière d'accompagnement tandis qu'elle s'avance vers Fabrice qui réapparaît silhouetté dans l'obscurité de profil face à elle.

Clélia *(prenant le visage du jeune homme entre ses mains).* Dieu nous punira, mais je n'ai pas la force. Et comment ai-je fait ce vœu ? D'abord ce n'est pas la Madonne qui t'a sauvé, elle n'a rien fait !

Fabrice del Dongo *(il lui prend tendrement les mains et les serre contre sa poitrine).* Je suis venu pour t'emmener Clélia.

Clélia. M'emmener ?

Fabrice del Dongo. Oui.

Clélia. Mais ce n'est pas possible. Plus rien n'est possible.

Fabrice del Dongo. Mais enfin c'est monstrueux ! Rien ne nous empêche de fuir, d'être heureux ensemble… puisque nous nous aimons.

Clélia. Nous ne pourrions pas être heureux, Fabrice. On ne fait pas du bonheur avec de la lâcheté.

Fabrice del Dongo. Oh je savais que tu dirais cela ! *(Clélia baisse légèrement la tête, lui présentant son front que Fabrice embrasse tendrement)* J'avais déjà pris ma décision. *(Clélia relève vivement la tête)* Je te vois ce soir pour la dernière fois. *(Clélia se blottit contre la poitrine du jeune homme)* Nous seront loin l'un de l'autre mais nos cœurs seront ensemble.

Clélia *(elle relève la tête, murmurant. Fabrice lui caresse les cheveux)* Je ne te verrai plus. *(Fabrice secoue négativement la tête. Clélia se recule légèrement et s'assoit sur le lit derrière elle face à Fabrice tout en tenant ses mains. Recadrage haut-bas. Légère plongée)* Plus jamais. *(Clélia laisse tomber son visage sur les mains de Fabrice.)*

Fabrice del Dongo *(murmurant).* Non. *(Fabrice vient s'asseoir près d'elle et l'embrasse amoureusement.)*

Clélia *(murmurant).* Il ne faut pas Fabrice… *(Il l'entraîne avec elle en arrière sur le lit. Ils sortent du cadre à gauche. 1092. Raccord. Gros plan. Clélia et Fabrice se couchent sur le lit, entrant dans le cadre de profil à droite en s'embrassant. Leurs visages sont éclairés par une douce lumière. Clélia fixe le jeune homme dans les yeux)* Je n'ai pas le droit, je n'ai plus le droit.

Fabrice del Dongo. Ce sont les autres qui n'avaient pas droit. *(Ils se frôlent tendrement leurs visages l'un contre l'autre.)*

Gérard Philipe, dans *La Chartreuse de Parme* de Christian Jacque, 1947.

Clélia *(caressant d'une main les cheveux de Fabrice).* Comment l'amour peut-il être un péché ?

Fabrice del Dongo. Il n'y a qu'un seul péché, c'est de ne pas aimer.

Fondu enchaîné.

1093. Gros plan de la statuette de la Vierge Marie.

Clélia *(off).* Pardonnez-moi… *(Début de recadrage panoramique sur Clélia priant hors cadre à gauche, off)* j'ai été parjure à mon vœu. *(Recadrage en plan serré sur Clélia à genoux, en prière face caméra près d'une bougie allumée. Clélia, in)* J'ai trahi tous mes devoirs d'épouse. Et pourtant je n'ai pas de remords. Mais vous ne pouvez pas me comprendre… *(Off, on ouvre une porte. 1094. Plan américain. La domestique entre et s'arrête face caméra. Elle fixe du regard Clélia, hors cadre en contrechamp à droite. 1095. Contrechamp. Plan américain. Clélia debout face caméra près du prie-Dieu, in)* Faites préparer mes bagages, j'ai décidé de quitter Parme aujourd'hui.

Fondu au noir.

Épilogue, campagne aux extérieurs de Parme – extérieur jour

1096. Plan moyen. Une voiture à cheval s'éloigne sur une route de trois quarts dos caméra. Panoramique rapide à droite. Ellipse de lieu.

1097. Raccord dans le mouvement panoramique sur une autre route de campagne. Plan moyen. Une voiture à cheval s'éloigne de trois quarts dos caméra dans une direction opposée. Panoramique rapide à gauche. Ellipse de lieu.

1098. Raccord dans le mouvement panoramique sur une troisième route de campagne sur laquelle une troisième voiture s'éloigne dos caméra. Plan moyen. Fondu enchaîné.

1099. Intérieur de la première voiture. Plan serré. Clélia assise de trois quarts face caméra, songeuse.

Narrateur *(off)*. Ainsi, tandis que Clélia va retrouver à Bologne son mari le Marquis Crescenzi… *(Fondu enchaîné. 1100. Intérieur de la seconde voiture. Plan serré. La duchesse Sanseverina assise de trois quarts face caméra, songeuse)* et que la Sanseverina se rend à Naples où elle attendra le comte Mosca… *(Fondu enchaîné. 1101. Intérieur de la troisième voiture. Plan très serré de Fabrice assis face caméra, songeur. Très lent travelling avant)* Fabrice del Dongo va s'enfermer pour le restant de ses jours dans le couvent de la Chartreuse de Parme. *(Fondu enchaîné. 1102. Plan d'ensemble. Montée en effet grue au-dessus d'un carrefour – maquette – où trois routes se séparent vers un arrière-plan montagneux)* Là s'achève cette course au bonheur dont Stendhal a dit qu'on l'atteint rarement et que sa poursuite vaut bien toute une vie.

Les lettres du mot FIN apparaissent alors respectivement sur chacune des trois routes à l'arrière-plan et, par un effet d'animation, viennent se rejoindre au carrefour au premier plan pour ensuite grossir et se positionner au centre de l'image qui disparaît alors derrière les lettres blanches en fondu au noir. Le mot FIN disparaît lui aussi en fondu. Noir.

In *L'Avant-scène Cinéma*, n° 460-461,
mars / avril 1997.

RECHERCHE DOCUMENTAIRE

▸ Cherchez le sens des mots et expressions techniques utilisés dans le texte : les différentes sortes de plans, les mouvements de caméra, les cadrages.

LECTURE ANALYTIQUE

▸ **1.** Distinguez dans le texte, en fonction de la graphie, ce qui relève du dialogue, des didascalies indiquant des attitudes des personnages, et des indications techniques indiquant la manière de filmer.

▸ **2.** Est-il possible, à partir des indications techniques, de reconstituer un discours narratif rapportant les gestes et les attitudes des personnages ? Qui en est alors le narrateur ? Ces indications permettent-elles de reconstituer le décor, d'imaginer de quelle manière les personnages sont habillés, d'avoir accès à leurs pensées et à leurs sentiments ?

▸ **3.** Quel est le procédé utilisé dans l'épilogue ? En quoi ce procédé est-il romanesque ? À quoi l'image sert-elle alors ?

ÉTUDE COMPARÉE

▸ **1.** Qu'observez-vous en mettant en parallèle le synopsis du film de Christian-Jaque et l'épilogue du roman de Stendhal ? Jusqu'où faut-il remonter dans le chapitre XXVIII pour retrouver des éléments communs ? Établissez la liste de toutes les différences.

▸ **2.** Comment peut-on expliquer les modifications que le metteur en scène a fait subir au roman ? Qu'a-t-il privilégié et pourquoi ? Proposez des hypothèses d'explication.

▸ **3.** Le synopsis donne les thèmes des scènes, les dialogues et ce que fait la caméra, mais il manque l'essentiel : l'image, le mouvement, les couleurs. Dites en quoi consiste l'écriture cinématographique, ce qu'elle a de commun et ce qu'elle a de différent par rapport à l'écriture romanesque.

ÉCRITURE

▸ **Transposition :** racontez ce qui se passe dans l'épilogue à partir de ce qui est donné dans les plans 1096 à 1102. Vous n'êtes pas tenu de reprendre le discours en voix off. Vous êtes un narrateur omniscient qui peut donner de nombreux détails concernant le paysage, les personnages et leurs pensées. Vous pouvez naturellement tenir compte de tout ce qui est donné dans les plans précédents.

▸ **Argumentation :** qu'apporte à une œuvre littéraire sa transposition à l'écran ? Que perd-elle à être adaptée ? Répondez sous une forme argumentée, à partir d'exemples que vous connaissez.

GUIDE p. 492

Photographie du film
Le Journal d'un curé de campagne
de Robert Bresson,
avec Claude Laydu (1951).

5. Jacques Chevrier, *Le Monde* (6 novembre 1970)

Dans un article publié dans le quotidien Le Monde, *Jacques Chevrier évoque les différents problèmes de l'adaptation d'une œuvre littéraire au cinéma.*

Littérature et cinéma

L'histoire des rapports entre la littérature et le cinéma est une longue suite de querelles et de malentendus. Les premiers échanges s'effectuent au niveau de l'adaptation ; prise comme modèle et adaptée à l'écran, l'œuvre littéraire joue alors un rôle de garant. On demande au film d'être scrupuleusement « fidèle » à l'œuvre dont il s'inspire et les écarts sont sévèrement critiqués par les idolâtres de la forme littéraire. De nos jours encore, d'habiles producteurs savent exploiter ce label de l'œuvre littéraire pour réaliser de fructueuses opérations commerciales, mais on se soucie beaucoup moins d'être fidèle à l'original : en fait, cela n'importe guère et André Bazin[1] remarque justement que, si approximatives soient-elles, « les adaptations ne peuvent pas faire tort à l'original auprès de la minorité qui le connaît et l'apprécie. Quant aux ignorants, de deux choses l'une : ou bien ils se contenteront du film – qui en vaut certainement un autre – ou bien ils auront envie de connaître le modèle, et c'est autant de gagné pour la littérature. » Ce problème de l'adaptation qui a longtemps opposé partisans et adversaires du cinéma est aujourd'hui dépassé ; l'antériorité chronologique

1. Critique de cinéma, cofondateur de la revue *Les Cahiers du cinéma*.

de l'œuvre littéraire ne suffit plus à établir sa supériorité esthétique, et l'on convient volontiers que le passage d'un langage à l'autre s'accompagne nécessairement d'une transformation, fruit de la rencontre profonde de deux créateurs, accordés l'un à l'autre par de subtiles affinités et néanmoins libres : Maupassant et Renoir, Bernanos et Bresson. À la notion de fidélité tend donc à se substituer la notion d'équivalence, et la meilleure adaptation peut être parfois celle qui s'écarte le plus du texte.

Si le cinéma a pu se dégager de l'impérialisme de la littérature, c'est qu'il est différent, différent par son mode de production comme par son mode de consommation. La création littéraire s'entoure volontiers de mystère ; subordonnée à l'inspiration solitaire, exigeant peu de moyens matériels, elle garde aujourd'hui encore un caractère artisanal. Pour exister, le cinéma doit au contraire passer par un appareil de production complexe et soumis à l'économie du profit. Aux contraintes financières s'ajoutent des contraintes techniques ; l'œuvre finale apparaît davantage comme une œuvre collective (qui est l'auteur d'un film ?). Et les détracteurs du cinéma ont beau jeu de faire ressortir les sentiments stéréotypés ou la psychologie sommaire des personnages portés à l'écran.

Au mode de production s'oppose également le mode de consommation. Le livre est un objet à l'intérieur duquel le lecteur solitaire circule en toute liberté ; le film commence et finit pour tout le monde à la même heure. Alors que dans l'acte de lecture le héros protéiforme[2] se colore des irisations multiples de notre imagination, le personnage qui bouge sur l'écran a le visage d'un acteur connu, et ses moindres frémissements sont imposés à un spectateur passif, assis dans l'espace clos d'une salle obscure.

2. Susceptible de prendre des formes multiples.

LECTURE ANALYTIQUE

▸ **1.** Étudiez les premières relations littérature/cinéma envisagées par l'auteur de l'article : comment se trouve « exploitée » l'œuvre littéraire et par qui ?

▸ **2.** Quelle est la thèse soutenue par Jacques Chevrier dans la seconde moitié du premier paragraphe ? Sur quelle spécificité du cinéma cette thèse repose-t-elle ? Quels sont les exemples cités ?

▸ **3.** Quelles sont les explications données à cette évolution ? Qu'est-ce qui différence les deux modes d'expression, fondamentalement ?

▸ **4.** L'auteur parle de « consommation ». Que signifie ce terme appliqué à la littérature et au cinéma ? En quoi les modes de consommation sont-ils différents pour l'un et pour l'autre ?

RECHERCHE DOCUMENTAIRE

▸ L'auteur du texte cite des associations fructueuses : Maupassant/Renoir, Bernanos/Bresson. De quelles œuvres littéraires et de quels films s'agit-il ? Donnez d'autres exemples d'adaptations d'œuvres littéraires à l'écran et précisez s'il s'agit de télévision ou de cinéma.

ÉCRITURE

▸ **Argumentation 1 :** expliquez pour quelles raisons, liées à la spécificité de chaque mode d'expression, il est difficile d'adapter un roman à l'écran. Vous direz aussi ce que permet le passage à l'écran et en quoi le cinéma peut servir les œuvres.

▸ **Argumentation 2 :** quelles peuvent être les raisons d'adapter une œuvre littéraire connue ? Répondez en vous plaçant alternativement du côté du metteur en scène et du côté du spectateur.

▸ **Essai :** si vous avez vu un film adapté d'un roman que vous avez lu préalablement, faites une analyse critique de cette adaptation en signalant ce que vous y avez trouvé d'intéressant, de réussi, d'émouvant, ou au contraire de décevant.

GUIDE p. 492

6. Lire l'image

Isabelle Huppert dans *Madame Bovary*, film de Claude Chabrol, 1990.

RECHERCHE DOCUMENTAIRE

▸ Recherchez dans le roman de Flaubert les épisodes auxquels pourraient correspondre ces trois portraits d'Emma Bovary. Justifiez votre réponse.

LECTURE ANALYTIQUE

▸ **1.** Est-il possible, sans recherche documentaire, de déterminer l'ordre chronologique des trois images d'Emma Bovary ? Répondez en prenant appui sur tout ce qui est visuellement perceptible.

▸ **2.** Expliquez alors en quoi les composantes de chaque costume sont significatives et informatives. Quelles significations et quelles informations le spectateur peut-il déterminer ? Quels sont les symboles utilisés ?

▸ **3.** À partir de ces trois représentations, expliquez comment l'image peut remplacer à la fois un texte descriptif et un texte informatif. Dites aussi ce qu'a de particulier l'image de cinéma par rapport au texte.

ÉCRITURE

▸ **Invention :** composez un texte narratif qui intègre le personnage représenté sur l'une des trois photos au choix. Votre texte (trente lignes au minimum) présentera un passage de récit avec une description du personnage et l'indication de ses pensées exprimée soit sous forme de récit, soit sous forme de discours indirect libre. Vous pouvez vous inspirer du roman de Flaubert et de sa façon d'écrire.

GUIDE p. 493

LECTURE INTÉGRALE

Jean Cocteau, *Orphée* (scénario de film, 1950)[1]

1. Recherches initiales

1. Dans un dictionnaire, cherchez le sens du mot « mythe », puis les épisodes du mythe d'Orphée, ses personnages et les différentes significations qu'on lui attribue.
2. Quelles relations relient Orphée, le soleil, un certain cheval et la poésie ?
3. Vérifiez que vous connaissez un certain nombre de termes de cinématographiques : *cadrer, flash, champ* ; différents types de plans : *panoramique, fondu.*

2. Parcours thématiques

1er PARCOURS

Un texte de mise en scène cinématographique : faites les recherches 1 et 3. Retrouvez tout ce qui, sur la couverture, puis dans les p. 3, 4, 5 et 11 souligne très clairement qu'il s'agit d'un film. Lisez le texte qui précède le dialogue, p. 13 : en quoi pourrait-on parler de didascalies théâtrales ? Quels éléments montrent, dans le contenu et dans l'écriture, qu'il s'agit de quelque chose de différent ? Expliquez la nature exacte du texte ; que désigne le mot récurrent *l'appareil* ? Dans quelle situation se trouve alors le lecteur par rapport à ce qui est exprimé dans le texte ? Quels sont ses trois « statuts » ?
Observez la place occupée, sur les différentes pages, par le texte en italique et par le texte en caractères romains : précisez à quoi correspondent l'un et l'autre, ce qu'ils « donnent » au lecteur. À mesure que vous avancez dans la lecture, observez l'équilibre entre les deux textes et leur imbrication, la confusion dans laquelle peut se trouver le lecteur, la manière dont il réagit. Déduisez de ces observations, avec des exemples précis, le rôle exact des indications en caractères romains. Vous pouvez, pour vous aider, comparer ce texte avec celui du synopsis qui se trouve à la p. 483 de ce manuel. En particulier, analysez le texte de la p. 56 d'*Orphée* : forme de discours, nature des phrases, caractère visuel de la scène, indications cinématographiques. Mettez en parallèle le texte de la p. 113 qui commence par La *zone. Arcades.* Les deux extraits ont-ils les mêmes caractéristiques ?
Trouvez dans l'ensemble de l'œuvre plusieurs passages dans lesquels dominent les termes techniques : sont-ils aussi nombreux et spécifiques que dans le synopsis de La *Chartreuse de Parme* ? Que peut-on en déduire concernant la manière de travailler de cinéastes différents ?

2e PARCOURS

Rendre un mythe au cinéma : faites les recherches 1, 2, 3. En prenant appui sur le sens du mot « mythe », demandez-vous pourquoi il est pertinent d'envisager la mise en scène d'un mythe au cinéma. Cherchez des réponses du côté de l'image, des effets spéciaux, du public, de la combinaison de l'image, du mouvement et du son.
À partir de la présentation faite par Cocteau aux p. 5 à 11, dites ce qui a été repris du mythe et ce qui est résolument différent. Donnez des exemples très précis qui permettent de dater l'adaptation ; mettez en relief quelques « clins d'œil » à des éléments historiques. En particulier, étudiez la manière dont est rendu l'épisode au cours duquel Orphée perd définitivement Eurydice pour n'avoir pas respecté le pacte. Qu'y a-t-il là de moderne et d'original ? De la même façon, dites ce qu'ont d'original l'incarnation de la Mort, l'utilisation des miroirs et l'idée qu'Orphée est amoureux de la princesse qui n'est autre que la mort : en quoi le mythe ancien et son adaptation se rencontrent-ils ici autour d'une réflexion sur les raisons d'une descente aux enfers ?

Dossiers ou exposés

1. Orphée, la littérature, la peinture, la musique, le cinéma : recherche d'exemples de « traduction » et d'illustrations diverses du mythe. **2.** Les raisons de certains choix de représentation cinématographique : la mort, la descente aux Enfers, le retour d'Eurydice.

1. Éditions J'ai lu, établissement du texte par Édouard Dermithe, 1950.

Imitation, parodie, pastiche

Les phénomènes d'intertextualité montrent que les œuvres se « nourrissent » de tout ce qui les précède : le XVIe siècle emprunte à la mythologie, le siècle classique aux auteurs grecs et latins ; Voltaire se réfère à l'histoire romaine ; Nerval cite Pythagore. Ainsi se révèlent des relations de « connivence » ou de « révérence » qui touchent les formes et les thèmes dans une continuité d'inspiration. Certaines de ces relations sont involontaires, d'autres intentionnelles.

L'imitation

✓ **Des modèles :** parallèlement à la démarche qui consiste à représenter la nature, on parle d'imitation lorsque le modèle appartient déjà au domaine de l'art. Jusqu'au XVIIIe siècle, les œuvres des Anciens, Grecs et Romains constituaient les exemples : c'était une quasi-nécessité pour les écrivains de composer des ouvrages selon les codes donnés par les arts poétiques, la *Poétique* d'Aristote, l'*Art poétique* d'Horace. Le respect des œuvres anciennes a pu conduire ainsi à la reprise de thèmes, de personnages et de situations déjà exploités, et à celle des fonctions assignées aux différents genres – la vocation morale du théâtre comique, et des fables (⇛ p. 87, 427), la fonction cathartique de la tragédie – et des formes adoptées. Celles-ci se sont cependant adaptées au contexte historique, culturel et social : de la tragédie antique à la tragédie classique, la structure et les conventions ont évolué.

✓ **Des références :** en imposant des limites à l'imitation (⇛ p. 168), les partisans des Modernes ont pris le parti du progrès et de l'évolution. Ils ont ainsi ouvert la voie à une autonomie de création qui ne s'est cependant pas affranchie de la culture traditionnelle, transmise par les « Humanités ». La reprise des mythes antiques dans le théâtre du XXe siècle et leur entrée au cinéma (⇛ p. 490) ont des références communes : les déchirement familiaux évoquent les Atrides, ou le mythe d'Œdipe. Mais si le respect des œuvres du passé persiste, l'irrévérence et la fantaisie ont depuis des siècles montré que l'imitation peut prendre des formes moins fidèles et plus provocatrices.

La parodie et le pastiche

✓ Ces deux modes d'imitation et de réécriture sont parfois proches ; on les différencie à partir des intentions de celui qui écrit.

✓ **La parodie :** elle peut se définir comme une imitation à visée comique, voire burlesque, d'une situation, d'un texte, d'une image. Elle est en cela assez proche de la caricature. Présente depuis l'Antiquité, elle consiste à exagérer certains traits, à grossir les caractères, à détourner le sérieux pour le faire devenir comique. Dans l'exemple du *Virgile Travesti* de Scarron (⇛ p. 450), le poète ramène à des proportions triviales sous une forme versifiée, qui crée des effets de distorsion encore plus grands, des actions relevant de l'épopée. En faisant du glorieux cheval de Troie un *dada*, un *cheval de bois*, Scarron effectue une démystification qui ridiculise et l'action et les personnages. La parodie met ainsi en évidence les codes de l'épopée et dénonce le côté stéréotypé de certains d'entre eux, devenus si habituels qu'ils ont perdu leur originalité et leur efficacité. Furetière fait de même en commençant le *Roman comique* par les premiers mots de l'*Énéide* : appliqués à une situation bourgeoise, ils lui donnent une ampleur incongrue, tout en dévalorisant l'original. La parodie peut être ainsi considérée comme une entreprise de destruction.

✓ **Le pastiche :** il est également une imitation, mais sans visée caricaturale. Celui qui pastiche un auteur s'efforce de l'imiter au plus près. Mais qu'imite-t-il au juste ? Ce qui est le plus facilement perceptible et saisissable de l'extérieur, et donc une forme : exercice d'école, le pastiche peut fournir une piètre imitation faite par celui qui n'a pas le talent de son modèle, ou montrer une réelle virtuosité qui peut conduire à la confusion des auteurs. Car un bon pastiche nécessite une connaissance précise du modèle, moins dans ses thèmes que dans ses procédés d'écriture : le pastiche par Reboux et Muller (⇛ p. 457) d'une scène d'exposition de tragédie racinienne est une imitation de l'écriture racinienne. Il exige aussi du lecteur, pour être apprécié, une connaissance précise du modèle.

✓ Imitations l'un et l'autre, le pastiche et la parodie peuvent se combiner : Georges Fourest pastiche Hérédia en parodiant *Le Cid* (⇛ p. 456). Leur frontière n'est pas toujours rigoureuse : si un bon pastiche fait rire, n'a-t-il pas une vocation parodique, et ne vise-t-il pas lui aussi à révéler certains procédés en les mettant en valeur ? Il faut signaler enfin que pastiche et parodie exigent l'un et l'autre de leur lecteur qu'il soit capable de les identifier comme tel : la méconnaissance de leurs référents leur fait perdre toute spécificité.

Du texte à l'image

La transposition en image d'un texte littéraire est un défi qui séduit de nombreux dessinateurs, photographes et cinéastes : la bande dessinée, le roman-photo, le cinéma partent d'un mode d'expression littéraire pour le traduire visuellement.

Un problème de choix

☑ Le texte littéraire est long, détaillé ; il raconte ce qui se passe, peut expliquer ce qui s'est passé avant, ce que pensent et ressentent les personnages, sous une forme minutieuse. Une description, l'évocation d'un fait particulier pourront occuper de nombreuses pages. Celui qui passe du texte à l'image doit faire une sélection, parce qu'il ne peut pas tout représenter pour une raison de temps et d'espace : un roman-photo, une bande dessinée ont une longueur conventionnelle. Un film ne peut guère durer plus de deux heures. Se pose donc un problème de sélection des passages à représenter et des critères de sélection. À propos de *Madame Bovary*, le metteur en scène Claude Chabrol explique qu'il y a des passages qu'il faut modifier et d'autres qui restent impossibles à rendre au cinéma (⇛ p. 472) : *Bovary 73* est une transposition du roman de Flaubert à une autre époque, dont les modes de vie diffèrent (⇛ p. 475) ; les stéréotypes dénoncés par le romancier ne sont plus exactement les mêmes en 1973. Christian-Jaque, quant à lui, change très profondément l'épilogue de *La Chartreuse de Parme* (⇛ p. 483).

Du texte au texte / image

☑ Le roman-photo et la BD disposent de l'image et du texte qui se complètent : l'image permet de rendre tout ce qui est descriptif et partiellement le narratif. Elle donne à voir des lieux, souligne l'époque (par les costumes, l'architecture, les couleurs), montre des personnages en action. Le passage d'une image à une autre permet de saisir différents types d'évolution (temps, lieux, sentiments) : l'image remplace alors le texte. La succession des vignettes ou des photos permet ainsi à la narration de se construire, avec toutes sortes d'effets esthétiques, qui relèvent de la technique de l'image.

☑ Le texte, lui, souvent « refabriqué » parce qu'un roman n'est pas fait uniquement de dialogues, complète l'image sous deux formes. Le texte explicatif semble venir d'un narrateur qui donne des explications (en haut de vignette) ; les paroles des personnages figurent dans les « bulles » et sont clairement associées à leur émetteur. Dans l'adaptation des *Misérables* (⇛ p. 480), il est important de savoir ce qui est dit dans la troisième vignette, et qui ne peut être rendu que par des mots.

Du texte au cinéma

☑ Le cinéma ajoute à l'image le mouvement et le son et introduit l'imitation de la vie par la présence de personnages vivants. L'adaptation passe par la composition d'un synopsis (découpage des plans avec l'indication de leur contenu – gestes et paroles des acteurs – et des mouvements de la caméra, (⇛ p. 470 et 483) et celle d'un story-board (suite de dessins représentant les différents plans en vue du montage).

☑ Mais il ne faut pas confondre les différents textes qui figurent dans le synopsis (⇛ p. 483) : on trouve, d'une part, les dialogues ; ils sont porteurs de l'histoire, tout comme les indications des gestes et des mouvements, et expriment les relations entre les personnages, tandis que le décor et les costumes situent géographiquement et historiquement chaque scène empruntée au roman. Il y a, d'autre part, les indications de mise en scène et la manière de filmer. La mise en scène raconte l'histoire par les jeux de physionomie, les actions. La manière de filmer se fait en fonction du choix des plans : plan d'ensemble (décor, vue large), gros plan (visage occupant l'écran), très gros plan (focalisation sur un détail), demi-ensemble (personnage dans un décor proche), moyen (personnage en pied), américain (personnage cadré à mi-cuisse), rapproché (personnage cadré à la ceinture). L'enchaînement des plans assure la cohérence de la narration dans le temps, l'espace et la logique du récit littéraire. Mais le spectateur ne verra que ce que le metteur en scène a décidé de lui montrer, dans le champ et le contre-champ – avec le hors-champ laissé à l'imagination –, en travelling (la caméra suit un mouvement) ou en zoom (rapprochement ou éloignement d'un élément visuel).

☑ On voit ici l'importance de techniques spécifiques : elles sont visuelles dans un art visuel. On comprend alors toute l'importance des choix opérés par le cinéaste : ils correspondent à la recherche d'effets, comme l'écriture.

Lire l'image

Pictogrammes, télévision, publicité, cinéma, photos, écrans divers : ces différents modes de représentation du réel brouillent la fiabilité de ce qui est représenté. La force et les dangers de l'image viennent de ce que elle est polysémique, codée culturellement et argumentative.

Image et réalité

☑ Celui qui regarde une image perçoit une représentation du réel dont la fiabilité semble garantie, sans être, pour autant, assurée comme dans le cas des photos : il peut s'agir en effet de photos extraites d'un film ou de montage utilisant des figurants. De même, une photo de presse implique un choix, un cadrage : le lecteur n'est jamais tout à fait certain qu'il ne s'agit pas d'une mise en scène. Le contexte, les codes culturels, la sensibilité même de celui qui lit l'image, accentuent son caractère polysémique, encore plus net lorsqu'il s'agit d'une représentation picturale esthétique.

Lignes et formes

☑ Lorsqu'il lit l'image, le regard du lecteur la capte globalement. Ce regard saisit simultanément un sens dénoté, venu de ce qui est représenté, le référent, (sauf lorsqu'on se trouve dans le non-figuratif ⇛ p. 191), et des caractéristiques de composition et de graphisme : grandes lignes et grandes masses, courbes et droites, effets de perspective, de symétrie, intersection de lignes de force, point de fuite de la perspective. Certains de ces effets sont très visibles sur le tableau de C. Lorrain (⇛ p. 89) ; celui de Sima (⇛ p. 191) attire l'attention sur des zones circulaires allant de l'ombre à la lumière ou vice-versa. Ce qui est représenté peut être analysé de manière méthodique, du premier plan à l'arrière plan, en tenant compte d'éventuels plans intermédiaires, ou inversement. Celui qui regarde doit être attentif au cadrage, qui met en place la notion de limite, et qui fait entrer des éléments dans le champ de vision, laissant des éléments hors champ, qui peuvent être imaginés dans la continuité de ce qui est représenté, ou en rupture. Les composantes de l'image mettent aussi en jeu la place du spectateur, celui-ci pouvant avoir l'impression d'entrer par effraction dans le monde représenté, saisi de manière indiscrète. L'image prise de haut en bas est dite « en plongée », en « contre-plongée » s'il s'agit du mouvement de bas en haut. Ces effets esthétiques sont complétés par l'utilisation particulière de la couleur.

Les couleurs

☑ Les mouvements sont signifiants. Les couleurs jouent également un rôle important, sur le plan de la fidélité au réel et sur celui des significations symboliques. Classées en couleurs froides (bleu, vert) ou chaudes (rouge, orange, brun), elles ont pour première utilité de rendre au plus près, dans les représentations picturales, la réalité : paysage lumineux ou intérieur sombre. Par exemple, le tableau de P. Klee (⇛ p. 209) peut évoquer l'arrivée du jour par la dominante bleue (azur du ciel) et jaune (lumière solaire). Les couleurs sont traditionnellement symboliques : le rouge connote la violence, la passion ; les teintes sombres sont associées à la douleur et à la tristesse, les teintes lumineuses à la joie de vivre et au plaisir. (⇛ p. 209).

☑ La publicité joue particulièrement sur ce que suggèrent les couleurs, utilisant les synesthésies (mélanges de perceptions) : le vert évoque la campagne, la fraîcheur, l'innocence ; le bleu, la mer, le ciel, le rêve. La mise en jeu des perceptions, tout comme celle des émotions, est une des forces de l'image, qui atteint et frappe son lecteur plus immédiatement que le texte.

Force de l'image

☑ Représentation esthétique et travaillée du réel dans la peinture, représentation brute et immédiate dans certaines photos, l'image détient un pouvoir que connaissent bien ceux qui l'utilisent. L'image frappe d'abord parce qu'elle ne demande pas d'effort pour être perçue. Elle nous atteint ensuite par sa force de représentation et par le fait que nous lui accordons immédiatement une crédibilité quasiment absolue : remettre en cause ce qu'elle représente, c'est en effet remettre en cause nos propres capacités. Son troisième pouvoir est celui de mettre en jeu l'imagination, qui l'environne de connotations et de poids symbolique. Mais il convient d'en connaître les limites : l'image que l'on croit fiable peut être truquée, et les intentions qui ont présidé à sa création ne nous sont pas toujours connues.

GUIDE

Notion de registre

Comme d'autres modes d'expression – peinture, musique, sculpture –, la littérature compte parmi ses fonctions de traduire, transmettre et susciter des émotions : celles-ci touchent l'émetteur et le destinataire, et sont indissociables des situations mises en jeu dans les œuvres. Mais si diverses que soient leur nature et leur source, ces émotions passent par le langage. C'est ce qui permet de les regrouper, de les nommer et de les analyser. On distingue d'abord les registres associés par leur nom à des genres (⇛ p. 375 à 377) : tragique, comique, épidictique, épique et fantastique. L'autre groupe est constitué par le lyrique, le pathétique, le polémique et le satirique.

Registres associés à des genres

✓ Si les termes utilisés pour désigner certains registres renvoient aussi à des genres : il faut cependant établir des différences, la comédie n'est pas toujours drôle et l'on trouve le registre épique en dehors du genre de l'épopée.

✓ **Le registre tragique :** on parle de « tragique », en dehors du genre de la tragédie, lorsque devant une situation le lecteur ressent le sentiment que le destin s'acharne sur un être. Il y a dans le registre tragique, qu'exprime le lexique du malheur et de la fatalité, l'idée que l'être humain lutte en vain contre des forces qui l'accablent. Dans le poème de Vigny, « La mort du loup » (⇛ p. 437), l'attitude stoïque de l'animal suscite une émotion tragique : son combat est vain, il fait face cependant avec courage et détermination. L'émotion passe ici par la situation évoquée et par les formulations exprimant la lucidité devant la mort.

✓ **Le registre comique :** renvoyant au rire, il provient de toutes sortes de procédés qui copient la vie courante. Des tartes à la crème et des chutes des clowns aux jeux de mots des humoristes, des imitations aux quiproquos, des répétitions de mots ou de situations au détournement burlesque (⇛ p. 450), les procédés comiques sont nombreux. Ils servent à déclencher rire ou sourire, avec des fonctions diverses, parmi lesquelles divertir et faire réfléchir.

✓ **Le registre épique :** on utilise cette expression, hors du genre de l'épopée, lorsque des situations, des actions, des faits sont grossis démesurément, et déformés. Dans le récit romanesque, ce registre permet au narrateur de donner une ampleur considérable à des actes, par le jeu des hyperboles, des pluriels, des superlatifs. Le lecteur se trouve alors impressionné. Dans la vie courante, ce registre sert à traduire – et à transmettre – une émotion forte devant un spectacle qui donne l'impression d'être hors du commun.

✓ **Le registre fantastique :** il est lié à des situations dans lesquelles l'irrationnel et le surnaturel font irruption dans la vie quotidienne. On parle de fantastique lorsqu'il y a incertitude entre réel et irrationnel. L'animation des objets ou la résurrection d'un être sont des exemples de situations dans lesquelles le narrateur, souvent héros, conduit le lecteur à douter de ses propres capacités : il croit avoir vu quelque chose d'anormal. L'émotion est réelle ; l'intelligence doute. L'écriture exprime l'irrationnel avec le même « naturel » que le rationnel. Se pose alors la question : le fantastique existe-t-il ou est-ce l'écriture qui le crée ?

✓ **Le registre épidictique :** en dehors des genres où il figure de manière essentielle – éloge funèbre, discours de réception (par exemple à l'Académie française ⇛ p. 130), odes célébrant les héros de la guerre ou des Jeux Olympiques, ce registre est celui de l'éloge et du blâme. Dans le premier cas, le langage est mis au service des qualités, des vertus, du comportement. La valorisation, destinée à susciter l'admiration (par les hyperboles, le choix d'un vocabulaire de louange, les connotations positives), renvoie à un système de valeurs présentées indirectement comme respectables, l'éloge conduisant à faire de celui que l'on met en scène un modèle. Inversement, le blâme, qui passe par les formulations opposées, pointe les défauts et les manques en soulignant leur fonction de repoussoir et de contre-modèle. Destinés à frapper le lecteur de manière sensible (admiration ou dégoût), l'éloge et le blâme se réfèrent l'un et l'autre à la morale.

✓ Ces différents registres figurent dans les genres qui portent le même nom, mais ils se trouvent aussi dans des genres et dans des formes très variés : ils sont des composantes de la vie avant d'être traduits par la littérature, qui les fait entrer dans le domaine de l'esthétique. À travers eux les lecteurs peuvent prendre une distance par rapport à leurs émotions et mieux les comprendre, donc mieux se comprendre.

Registres « transversaux »

✓ Quatre autres registres ne sont pas spécifiquement liés à des genres littéraires. Ils sont eux aussi associés à des émotions, à la sensibilité, à l'affectivité, aussi bien du côté de l'émetteur que du côté du destinataire / récepteur.

✓ **Le registre lyrique :** par référence à la lyre d'Orphée, à ses chants et aux sources de la poésie, le mot « lyrique » s'applique à l'expression des sentiments personnels, sous forme poétique ou autrement. L'amour malheureux, les regrets, la nostalgie, la souffrance, la joie, le bonheur, l'enthousiasme trouvent leur expression dans des sonnets à la forme très contraignante (⇛ p. 178), dans des lettres (⇛ p. 340), dans l'autobiographie (⇛ p. 306). L'expression, par le vocabulaire de l'affectivité et par les figures d'analogie, de ce qui touche à la sensibilité la plus personnelle, chez celui qui écrit, suscite une émotion chez le lecteur qui retrouve là la traduction de ses propres sentiments. L'émotion lyrique passe aussi à travers les images et atteint alors plus profondément celui qui regarde, parce qu'il est frappé plus directement.

✓ **Le registre pathétique :** étroitement associé aux mouvements de la sensibilité, il désigne l'ensemble des émotions poignantes ressenties par un lecteur ou un spectateur face à des faits, des êtres qui inspirent la pitié. Issu du mot « pathos » qui désigne la souffrance, ce registre repose plus sur la nature pitoyable de ce qui est montré ou dit que sur un lexique ou des procédés particuliers. La séparation cruelle d'êtres qui s'aiment, un enfant abandonné : ces situations, susceptibles de provoquer les larmes de ceux qui lisent ou regardent, relèvent du pathétique. L'émotion naît souvent d'un processus d'assimilation, ou d'une recomposition, par l'imagination, de ce qui se trouve autour, avec souvent une anticipation. Le pathétique figure dans la tragédie, dans le roman, au cinéma, dans les faits divers… Mais il faut signaler que certains thèmes sont si favorables au pathétique qu'ils peuvent devenir des stéréotypes dans la littérature populaire : la jeune mère abandonnée qui doit abandonner son enfant, l'être injustement accusé… Le mot « pathos » peut prendre alors des connotations négatives et désigner certains procédés conventionnels destinés à provoquer une émotion facile.

✓ **Le registre polémique :** par son étymologie, le mot « polémique» connote le combat, la guerre, la confrontation violente. On l'utilise dans le contexte de l'argumentation, lorsque les prises de position sont animées, les attitudes énergiques et que ceux qui s'opposent s'affrontent à travers les mots (⇛ p. 400). Règlement de compte verbal, accusation et défense, argumentation portant comme des coups (⇛ p. 270), la polémique se trouve dans les discours politiques, au théâtre, dans la poésie engagée, qui transfère sur le mode du langage les attitudes belliqueuses du terrain. Outre la violence des termes – hyperboliques ou appartenant à des niveaux de langue inattendus –, le registre polémique utilise des moyens très divers, dont le lecteur peut se rendre compte qu'ils échappent parfois au contrôle de l'émetteur, comme peuvent le faire les mots de la colère : attaques « ad hominem » (⇛ p.400), insultes parfois. Le registre polémique est une arme (⇛ p. 270) qui révèle des émotions comme l'indignation et la colère.

✓ **Le registre satirique :** proche du registre polémique, auquel il emprunte quelques armes, le registre satirique caractérise les œuvres qui s'attaquent à des situations qu'elles dénoncent en les ridiculisant. On dira ainsi de la comédie de Molière *Tartuffe* qu'elle est une satire des faux dévots, de la *Lettre persane* 99 de Montesquieu (⇛ p. 336) qu'elle est une satire de la mode vestimentaire française, du pamphlet de Voltaire *De l'horrible danger de la lecture* (⇛ p. 150), qu'il est une satire de la censure. La satire se donne pour fonction de faire réagir et de provoquer diverses émotions, comme l'indignation, la colère, le refus, par l'outrance hyperbolique des représentations, le ridicule qui fait rire aux dépens de ceux que l'on dénonce, par l'ironie (⇛ p. 172) et la dérision. La finalité de dénonciation morale ou sociale de la satire fait qu'on la trouve au théâtre, dans la littérature engagée, sous différentes formes (lettres, romans, poésie). Ce registre est indissociable de la démarche argumentative, et croise le registre épidictique : une satire a pour objectif de critiquer. Elle rejoint le blâme. Elle dépasse ainsi la simple expression d'émotions.

✓ En apparence différenciés et susceptibles d'être « rangés » en catégories, les différents registres font apparaître dans leur définition l'extrême complexité de leurs interrelations. Ils figurent rarement seuls dans un texte, parce que les émotions qu'ils expriment ou visent à susciter chez le destinataire ont la complexité de la vie et des sentiments.

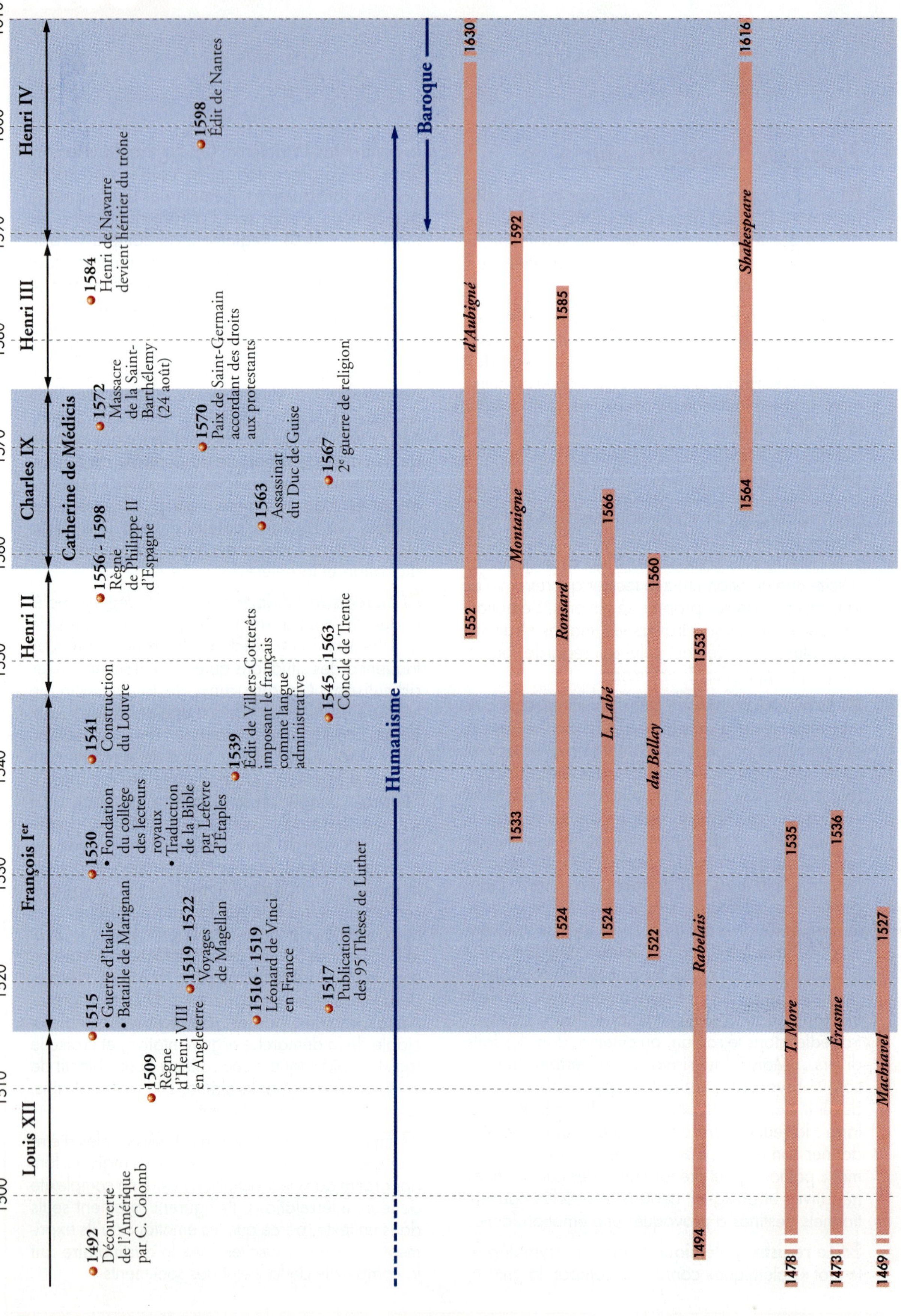
1500
1510
1520
1530
1540
1550
1560
1570
1580
1590
1600
1610
Louis XII
François Ier
Henri II
Charles IX
Catherine de Médicis
Henri III
Henri IV
1492 Découverte de l'Amérique par C. Colomb
1509 Règne d'Henri VIII en Angleterre
1515 • Guerre d'Italie • Bataille de Marignan
1519 - 1522 Voyages de Magellan
1516 - 1519 Léonard de Vinci en France
1517 Publication des 95 Thèses de Luther
1530 • Fondation du collège des lecteurs royaux • Traduction de la Bible par Lefèvre d'Étaples
1541 Construction du Louvre
1539 Édit de Villers-Cotterêts imposant le français comme langue administrative
1545 - 1563 Concile de Trente
1556 - 1598 Règne de Philippe II d'Espagne
1563 Assassinat du Duc de Guise
1567 2e guerre de religion
1570 Paix de Saint-Germain accordant des droits aux protestants
1572 Massacre de la Saint-Barthélemy (24 août)
1584 Henri de Navarre devient héritier du trône
1598 Édit de Nantes
Humanisme
Baroque
d'Aubigné 1552 1630
Montaigne 1533 1592
Ronsard 1524 1585
L. Labé 1524 1566
du Bellay 1522 1560
Rabelais 1494 1553
Shakespeare 1564 1616
T. More 1478 1535
Érasme 1473 1536
Machiavel 1469 1527

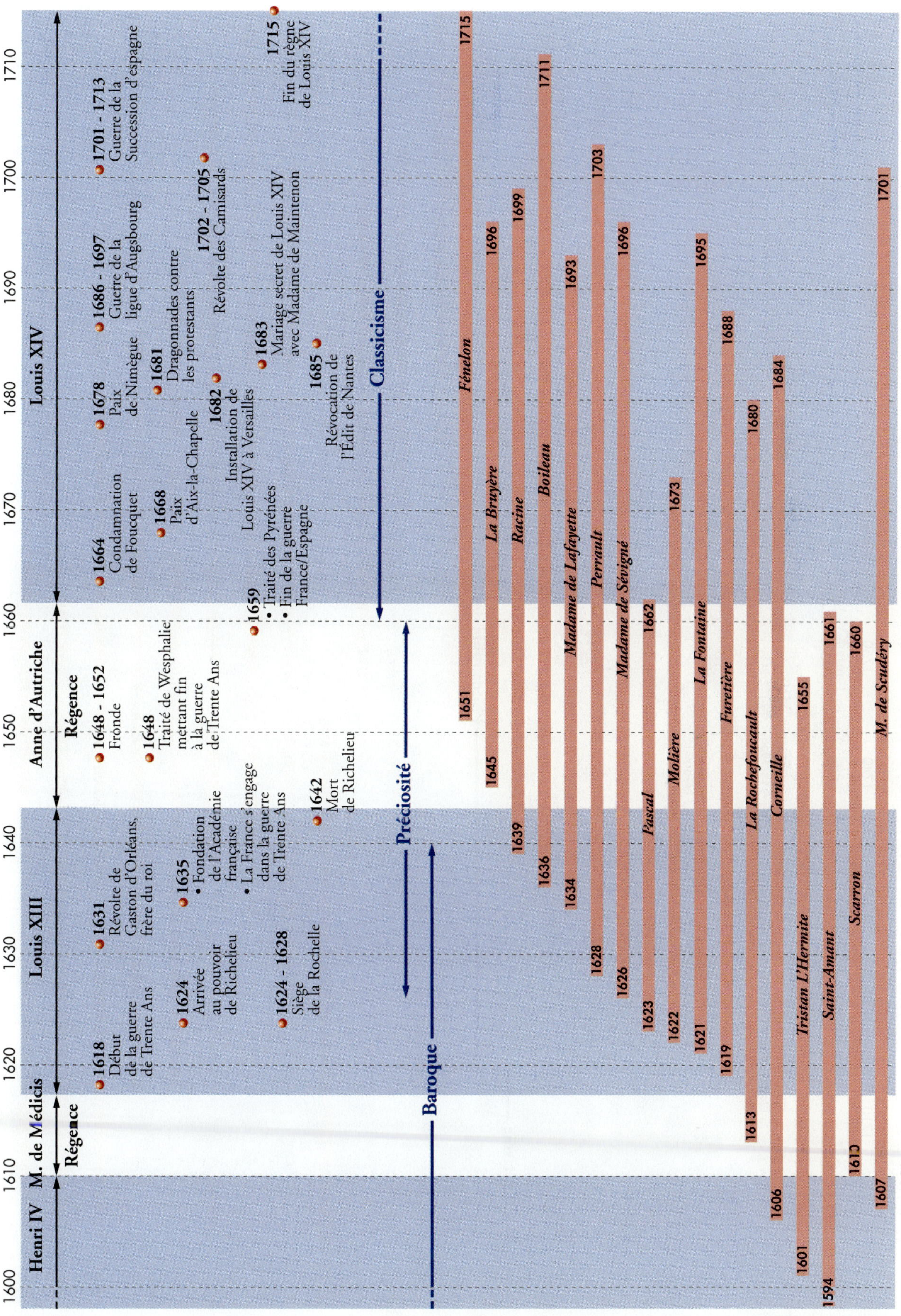
1600
1610
1620
1630
1640
1650
1660
1670
1680
1690
1700
1710
Henri IV
M. de Médicis
Régence
Louis XIII
Anne d'Autriche
Régence
Louis XIV
1618 Début de la guerre de Trente Ans
1624 Arrivée au pouvoir de Richelieu
1624 - 1628 Siège de la Rochelle
1631 Révolte de Gaston d'Orléans, frère du roi
1635
• Fondation de l'Académie française
• La France s'engage dans la guerre de Trente Ans
1642 Mort de Richelieu
1648 - 1652 Fronde
1648 Traité de Wesphalie mettant fin à la guerre de Trente Ans
1659
• Traité des Pyrénées
• Fin de la guerre France/Espagne
1664 Condamnation de Foucquet
1668 Paix d'Aix-la-Chapelle
1678 Paix de Nimègue
1681 Dragonnades contre les protestants
1682 Installation de Louis XIV à Versailles
1683 Mariage secret de Louis XIV avec Madame de Maintenon
1685 Révocation de l'Édit de Nantes
1686 - 1697 Guerre de la ligue d'Augsbourg
1702 - 1705 Révolte des Camisards
1701 - 1713 Guerre de la Succession d'espagne
1715 Fin du règne de Louis XIV
Baroque
Préciosité
Classicisme
Fénelon 1651 1715
La Bruyère 1645 1696
Racine 1639 1699
Boileau 1636 1711
Madame de Lafayette 1634 1693
Perrault 1628 1703
Madame de Sévigné 1626 1696
Pascal 1623 1662
Molière 1622 1673
La Fontaine 1621 1695
Furetière 1619 1688
La Rochefoucault 1613 1680
Corneille 1606 1684
Tristan L'Hermite 1601 1655
Saint-Amant 1594 1661
Scarron 1610 1660
M. de Scudéry 1607 1701

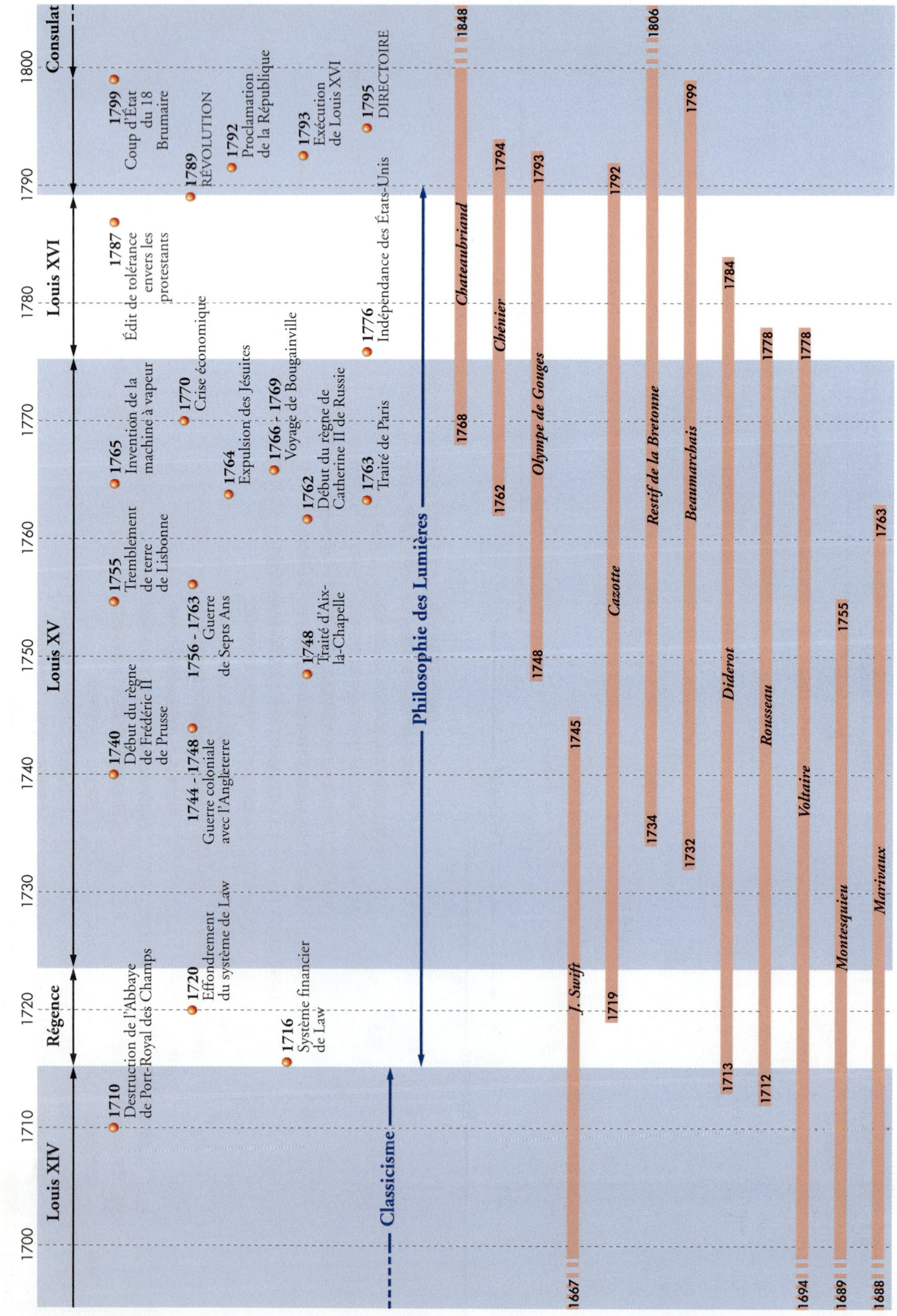
1700
1710
1720
1730
1740
1750
1760
1770
1780
1790
1800
Louis XIV
Régence
Louis XV
Louis XVI
Consulat
1710 Destruction de l'Abbaye de Port-Royal des Champs
1716 Système financier de Law
1720 Effondrement du système de Law
1740 Début du règne de Frédéric II de Prusse
1744 - 1748 Guerre coloniale avec l'Angleterre
1748 Traité d'Aix-la-Chapelle
1755 Tremblement de terre de Lisbonne
1756 - 1763 Guerre de Septs Ans
1762 Début du règne de Catherine II de Russie
1763 Traité de Paris
1764 Expulsion des Jésuites
1765 Invention de la machine à vapeur
1766 - 1769 Voyage de Bougainville
1770 Crise économique
1776 Indépendance des États-Unis
1787 Édit de tolérance envers les protestants
1789 RÉVOLUTION
1792 Proclamation de la République
1793 Exécution de Louis XVI
1795 DIRECTOIRE
1799 Coup d'État du 18 Brumaire
Classicisme
Philosophie des Lumières
1768 Chateaubriand 1848
1762 Chénier 1794
1748 Olympe de Gouges 1793
1667 J. Swift 1745
1719 Cazotte 1792
1734 Restif de la Bretonne 1806
1732 Beaumarchais 1799
1713 Diderot 1784
1712 Rousseau 1778
1694 Voltaire 1778
1689 Montesquieu 1755
1688 Marivaux 1763

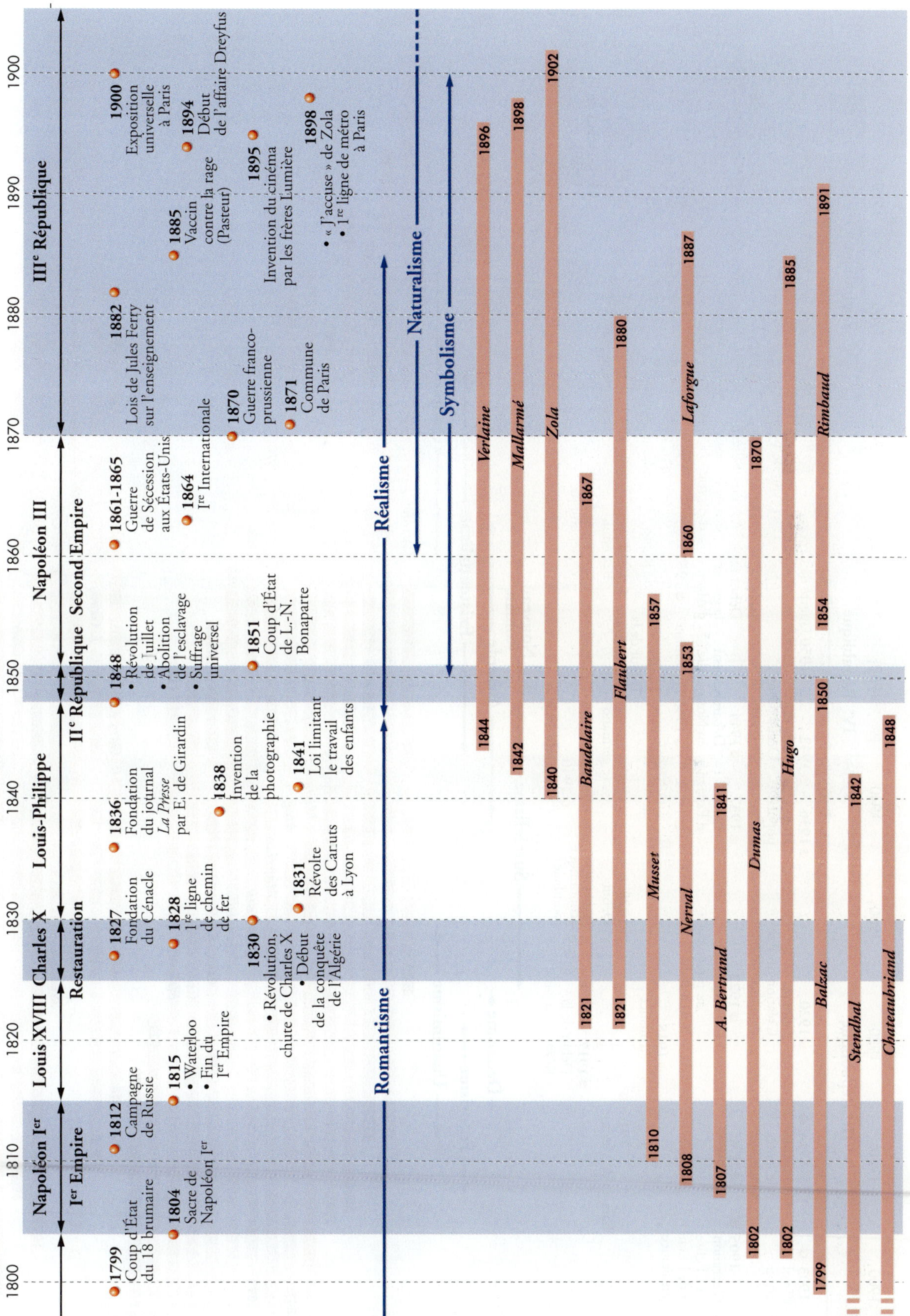
1800
1810
1820
1830
1840
1850
1860
1870
1880
1890
1900
Napoléon Ier
Louis XVIII
Charles X
Louis-Philippe
Napoléon III
IIIe République
Ier Empire
Restauration
IIe République
Second Empire
1799 Coup d'État du 18 brumaire
1804 Sacre de Napoléon Ier
1812 Campagne de Russie
1815 • Waterloo • Fin du Ier Empire
1827 Fondation du Cénacle
1828 1re ligne de chemin de fer
1830 • Révolution, chute de Charles X • Début de la conquête de l'Algérie
1831 Révolte des Canuts à Lyon
1836 Fondation du journal La Presse par E. de Girardin
1838 Invention de la photographie
1841 Loi limitant le travail des enfants
1848 • Révolution de Juillet • Abolition de l'esclavage • Suffrage universel
1851 Coup d'État de L.-N. Bonaparte
1861-1865 Guerre de Sécession aux États-Unis
1864 Ire Internationale
1870 Guerre franco-prussienne
1871 Commune de Paris
1882 Lois de Jules Ferry sur l'enseignement
1885 Vaccin contre la rage (Pasteur)
1894 Début de l'affaire Dreyfus
1895 Invention du cinéma par les frères Lumière
1898 • « J'accuse » de Zola • 1re ligne de métro à Paris
1900 Exposition universelle à Paris
Romantisme
Réalisme
Naturalisme
Symbolisme
Verlaine 1844 1896
Mallarmé 1842 1898
Zola 1840 1902
Baudelaire 1821 1867
Flaubert 1821 1880
Musset 1810 1857
Nerval 1808 1853
Laforgue 1860 1887
A. Bertrand 1807 1841
Dumas 1802 1870
Hugo 1802 1885
Balzac 1799 1850
Rimbaud 1854 1891
Stendhal 1783 1842
Chateaubriand 1768 1848

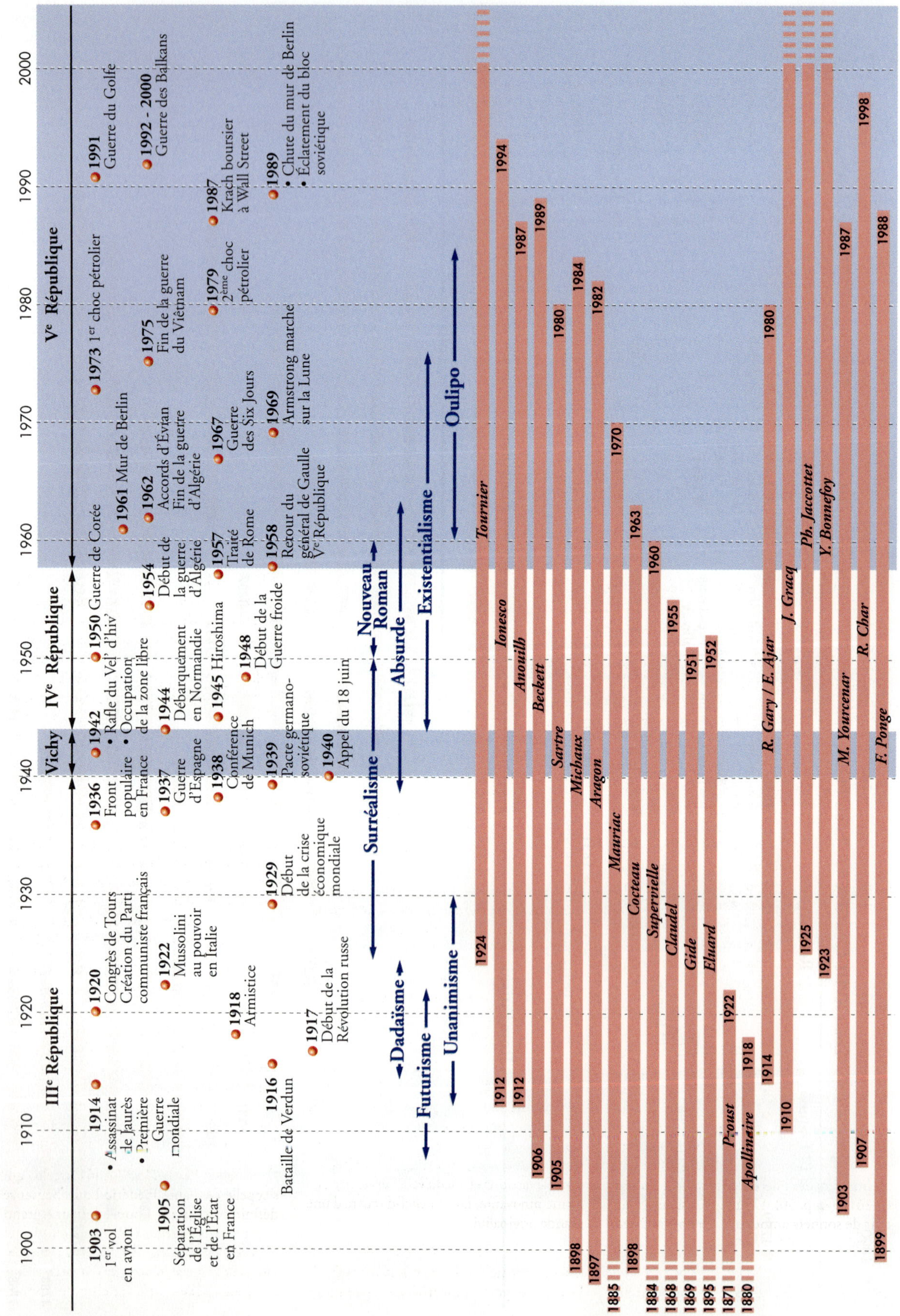
1900
1910
1920
1930
1940
1950
1960
1970
1980
1990
2000
IIIe République
Vichy
IVe République
Ve République
1903 1er vol en avion
1905 Séparation de l'Église et de l'État en France
1914 • Assassinat de Jaurès • Première Guerre mondiale
1916 Bataille de Verdun
1917 Début de la Révolution russe
1918 Armistice
1920 Congrès de Tours Création du Parti communiste français
1922 Mussolini au pouvoir en Italie
1929 Début de la crise économique mondiale
1936 Front populaire en France
1937 Guerre d'Espagne
1938 Conférence de Munich
1939 Pacte germano-soviétique
1940 Appel du 18 juin
1942 • Rafle du Vel' d'hiv' • Occupation de la zone libre
1944 Débarquement en Normandie
1945 Hiroshima
1948 Début de la Guerre froide
1950 Guerre de Corée
1954 Début de la guerre d'Algérie
1957 Traité de Rome
1958 Retour du général de Gaulle Ve République
1961 Mur de Berlin
1962 Accords d'Évian Fin de la guerre d'Algérie
1967 Guerre des Six Jours
1969 Armstrong marche sur la Lune
1973 1er choc pétrolier
1975 Fin de la guerre du Viêtnam
1979 2ème choc pétrolier
1987 Krach boursier à Wall Street
1989 • Chute du mur de Berlin • Éclatement du bloc soviétique
1991 Guerre du Golfe
1992 - 2000 Guerre des Balkans
Futurisme
Dadaïsme
Unanimisme
Surréalisme
Nouveau Roman
Absurde
Existentialisme
Oulipo
Tournier 1924
Ionesco 1912 1994
Anouilh 1912 1987
Beckett 1906 1989
Sartre 1905 1980
Michaux 1898 1984
Aragon 1897 1982
Mauriac 1885 1970
Cocteau 1898 1963
Supervielle 1884 1960
Claudel 1868 1955
Gide 1869 1951
Eluard 1895 1952
Proust 1871 1922
Apollinaire 1880 1918
R. Gary / E. Ajar 1914 1980
J. Gracq 1910
Ph. Jaccottet 1925
Y. Bonnefoy 1923
M. Yourcenar 1903 1987
R. Char 1907 1998
F. Ponge 1899 1988

Notices biographiques

ANOUILH, Jean (1910-1987) : secrétaire de l'acteur Louis Jouvet, Jean Anouilh a composé une œuvre littéraire essentiellement théâtrale, écrivant des pièces de registres variés, mais toujours marquées par le pessimisme. Il se réfère à Molière, Marivaux, Pirandello. Dans *Antigone* (1944 ⇛ p. 268), il reprend le thème de la pièce de Sophocle pour le transposer à l'époque de l'occupation allemande, en invitant le spectateur à réfléchir sur le sens même de la représentation théâtrale.

APOLLINAIRE, Guillaume (1880-1918) : d'origine polonaise, ce poète s'engage en 1914 et participe à la « Grande Guerre » (⇛ p. 188) peu de temps après avoir publié un recueil, *Alcools*, qui ne possède aucune ponctuation. Inspiré par le monde moderne et lié avec les peintres de différents mouvements, comme le cubisme, il renouvelle l'écriture poétique en l'enrichissant d'images insolites du monde urbain et en créant les *Calligrammes*.

ARAGON Louis (1897-1982) : poète d'abord surréaliste, romancier, écrivain politiquement engagé par son appartenance au parti communiste, il a construit une œuvre très abondante qui témoigne d'une période particulièrement bouleversée de l'Histoire. Ses romans ont une vocation historique et sa poésie touche de très près aux grands événements du siècle et à la vie personnelle du poète. *Le Roman inachevé* (1956 ⇛ p. 236) est marqué par cette double orientation, engagement d'un côté, lyrisme de l'autre.

ARTAUD, Antonin (1896-1948) : poète ayant mené l'expérience poétique, comme Rimbaud, aux limites extrêmes de la vie et de la folie, adepte du Surréalisme, Antonin Artaud a marqué le domaine de la dramaturgie par sa connaissance de formes théâtrales étrangères (le théâtre de Bali, notamment). Dans *Le Théâtre et son double* (⇛ p. 267), il prône un retour aux « signes » et à tout ce qui, à travers la mise en scène, le décor, les déplacements, les costumes, le jeu des acteurs, peut, selon lui, enrichir et même parfois remplacer le langage.

AUBIGNÉ, Agrippa d' (1552-1630) : calviniste convaincu, et fidèle à la cause protestante dès son enfance, il lutte pour sa foi par les armes et par la littérature. Poète engagé aux côtés d'Henri de Navarre, il quitte la cour lorsque ce prince abjure pour devenir roi de France. *Les Tragiques*, épopée violente et satirique qui met en cause les princes et dénonce les horreurs des guerres civiles, sont publiés en 1616 (⇛ p. 50). D'Aubigné est aussi l'auteur de sonnets amoureux adressés à Diane Salviati (⇛ p. 180).

BARRAULT, Jean-Louis (1910-1994) : acteur, metteur en scène et directeur d'une compagnie fondée en 1946 avec sa femme, Madeleine Renaud, Jean-Louis Barrault mena toutes sortes d'expériences théâtrales en suivant les idées d'Antonin Artaud. Il fut aussi acteur de cinéma. Il a laissé de nombreuses mises en scènes originales, dont il s'est expliqué, comme pour *Phèdre* (⇛ p. 254).

BAUDELAIRE, Charles (1821-1867) : critique d'art menant une réflexion sur le progrès (⇛ p. 408), lecteur admiratif et traducteur d'Edgar Allan Poe, il se fait connaître avec *Les Fleurs du mal* (1857 ⇛ p. 212), œuvre aussitôt condamnée pour immoralité. *Le Spleen de Paris*, recueil de poèmes en prose publié de manière posthume, témoigne de son admiration pour Aloysius Bertrand. L'ensemble de son œuvre est l'illustration d'une esthétique qui fait du poète un déchiffreur de symboles.

BEAUMARCHAIS, Pierre-Augustin (1732-1799) : tantôt horloger inventeur, tantôt aventurier livrant des armes aux insurgés américains, il mène une vie agitée. Auteur dramatique, il compose deux comédies situées à Madrid, *Le Barbier de Séville* et *Le Mariage de Figaro* (⇛ p. 152), qui mettent à mal les aristocrates et donnent la parole aux roturiers, à travers le personnage de Figaro. Cette contestation lui vaut d'être censuré et emprisonné.

BECKETT, Samuel (1906-1989) : Irlandais d'origine, Samuel Beckett s'installe en France à vingt-deux ans et c'est en français qu'il publie ses premières œuvres, romanesques. Mais ses succès littéraires sont dus à son théâtre, en particulier aux trois pièces *En attendant Godot, Oh ! les beaux jours* et *Fin de partie* (⇛ p. 272). Expression du désespoir, du sentiment de l'inanité de l'existence et du pouvoir limité de la parole, ce théâtre reflète un monde absurde dans lequel la présence humaine, condamnée à la dégradation, a perdu toute signification.

BELLAUNAY, Henri (né en 1926) : professeur de lettres et poète, il est l'auteur d'une série de pastiches de textes célèbres regroupés sous le titre *Petite anthologie imaginaire de la poésie française* (⇛ p. 462).

BERTRAND, Aloysius (1807-1841) : jeune homme inspiré, pauvre et malade, il est l'inventeur du poème en prose. Il a laissé une œuvre unique, publiée après sa mort grâce à son ami le sculpteur David d'Angers : *Gaspard de la nuit* (⇛ p. 192), dont l'inspiration fantastique et médiévale, servie par une forme innovante, fait un chef-d'œuvre d'une grande originalité.

BOILEAU-DESPRÉAUX, Nicolas (1636-1711) : d'abord orienté vers le droit, il se consacre à la littérature, grâce à un héritage. Il compose d'abord des *Satires* (⇛ p. 463) inspirées des auteurs latins Horace et Juvénal, dans lesquelles il attaque les auteurs qu'il n'aime pas et défend ceux qu'il apprécie. Il fréquente les salons littéraires et compose un *Art poétique* (1674 ⇛ p. 80 et 126), des *Épîtres* et *Le Lutrin*, un poème burlesque. Devenu historiographe du roi, il entre à l'Académie en 1684 et prend position en faveur des Anciens dans les *Réflexions sur Longin*.

BONNEFOY, Yves (né en 1923) : poète auteur de nombreux recueils, parmi lesquels *Hier régnant désert* (1956 ⇛ p. 189), traducteur de Shakespeare et critique d'art, il compose une poésie dans laquelle et par laquelle s'opposent le vécu et l'imaginaire.

BOSQUET, Alain (né en 1919) : poète et romancier, il est aussi l'auteur d'une autobiographie en plusieurs volumes. Sa poésie, notamment ses *Sonnets pour une fin de siècle* (1981 ⇛ p. 238), sont empreints d'une certaine dérision dans l'interrogation sur le rôle du poète et sur les fonctions de la poésie.

CALDERÓN de la BARCA, Pedro (1600-1681) : soldat, courtisan et poète, il est surtout connu comme dramaturge, créateur de comédies de cape et d'épée, à ses débuts, puis de pièces orientées vers une réflexion sociale et morale. Certaines de ses œuvres réalisent, d'autre part, une véritable synthèse de thèmes mythologiques et d'une philosophie de la vie fondée sur l'idée – dans *La Vie est un songe*, notamment (1633 ⇛ p. 60) – que l'existence, comme le théâtre, n'est qu'illusion.

CAMOENS (en portugais, CAMÕES), Luis de (1525 ? - 1580 ?) : ce poète portugais est célèbre par l'épopée qu'il a consacrée à l'expédition de Vasco de Gama aux Indes et à l'histoire du peuple portugais, *Les Lusiades*. Il est aussi l'auteur d'une œuvre lyrique composée d'élégies, de chansons, de discours et de sonnets raffinés et complexes (⇛ p. 363).

CAZOTTE, Jacques (1719-1792) : auteur d'une parodie des *Mille et une Nuits*, les *Mille et une fadaises* (1742), et d'un poème épique, *Ollivier*, inspiré du *Roland furieux* de L'Arioste, Cazotte est considéré, avec *Le Diable amoureux* (1772 ⇛ p. 116), comme l'initiateur du fantastique français. Attiré par l'illuminisme, Cazotte s'inscrit dans un courant de pensée hostile au rationalisme des Lumières.

CENDRARS, Blaise (1887-1961) : celui qui s'appelle en réalité Frédéric-Louis Sauser se définit comme un « bourlingueur » grand voyageur dont certains voyages sont réels et d'autres, imaginaires. *La Prose du transsibérien et de la petite Jehanne de France* constitue un long poème qui célèbre le monde moderne, la vitesse et l'industrialisation (⇛ p. 201). Mêlant poésie, romans et textes divers, l'œuvre de Blaise Cendrars est à l'image du XXe siècle, éclatée et diverse.

CHAR, René (1907-1988) : après avoir appartenu au groupe surréaliste, ce poète compose une œuvre marquée par son expérience de la Résistance (*Feuillets d'hypnos*, 1956) et par une certaine conception de la poésie, médiatrice de la connaissance du monde et expression des pouvoirs mystérieux que possèdent les êtres humains sans pouvoir les identifier ni les comprendre. C'est ce que traduisent les recueils *Fureur et mystère* (1948 ⇛ p. 205) et *Les Matinaux* (1950).

CHASSIGNET, Jean-Baptiste (1578-1637) : poète français auteur d'une paraphrase des *Psaumes* et d'un recueil de sonnets, *Mépris de la vie et Consolation contre la mort* (1594 ⇛ p. 59), il se révèle inspiré par le thème chrétien du mépris du monde et du sentiment de la vanité des choses.

CHATEAUBRIAND, François-René de (1768-1848) : cet aristocrate breton a connu la fin de l'Ancien Régime, le Premier Empire et la Restauration, et a exercé différentes activités diplomatiques et politiques. Grand voyageur, il est l'auteur de romans, *Atala*, *René*, et d'une œuvre autobiographique monumentale, *Les Mémoires d'outre-tombe*, dans laquelle il mêle son destin à celui de la France (⇛ p. 290 et 304). Commencée dès le début du siècle, cette œuvre est publiée en 1848, l'année de la mort de son auteur.

CHÉNIER, André (1762-1794) : issu d'un milieu diplomatique très cultivé, il s'enthousiasme pour la Révolution de 1789, mais s'oppose aux idées des Jacobins dans des articles de presse monarchistes. Il est condamné à mort par le tribunal révolutionnaire et exécuté en 1794. Son œuvre poétique, très marquée par la littérature grecque (⇛ p. 120), est publiée à partir de 1819, mais pose encore de nos jours de nombreux problèmes de classement et d'établissement du texte.

CLAUDEL, Paul (1868-1955) : poète et diplomate, il voit sa vie bouleversée en 1886 par une révélation religieuse qui entraîne une conversion. Sa carrière lui fait accomplir de nombreux voyages, sur différents continents, tandis qu'il poursuit une œuvre littéraire abondante et importante où dominent le théâtre et la poésie. Dans les *Cinq grandes odes* (1913 ⇛ p. 231), d'une écriture rythmée par le souffle de l'inspiration, il s'interroge sur l'origine et le sens de la création poétique, à travers la double évocation de la Muse et de la Grâce.

COCTEAU, Jean (1889-1963) : peintre, sculpteur, dessinateur, poète, dramaturge, auteur de films, il s'intéresse à tous les domaines d'expression artistique et à toutes les formes d'avant-garde. Son œuvre s'attache à ce qui est moderne pour y retrouver des traces de la mythologie antique. Ses interrogations poétiques dans *Opéra* (1927 ⇛ p. 221) le conduisent à voir dans le poète de son temps le successeur d'Orphée, capable de révéler les mystères du monde.

CORNEILLE, Pierre (1606-1684) : originaire de Rouen et se destinant d'abord au métier d'avocat, Pierre Corneille se fait connaître en 1629 par une comédie. Il se consacre ensuite à des tragi-comédies, dont la plus célèbre est *Le Cid* (1637), critiquée par l'Académie (⇛ p. 135). Avant les grandes tragédies, *Horace*, *Cinna*, *Polyeucte*, dont certaines le mettent en compétition avec Racine, Corneille revient à la comédie avec *L'Illusion comique* (⇛ p. 242). Théoricien de la dramaturgie, il est aussi l'auteur de *Discours sur la tragédie*.

DESCARTES, René (1596-1650) : auteur des *Méditations métaphysiques* (1641), ce philosophe a marqué la littérature classique par la rigueur de sa pensée et de sa méthode. Mettant au centre de sa réflexion la recherche de la vérité, il est à l'origine d'une tradition rationaliste accordant à la raison un pouvoir souverain. *Le Discours de la méthode* (1637 ⇛ p. 74) constitue un mode rationnel d'accès à la connaissance.

DIDEROT, Denis (1713-1784) : philosophe auteur d'une œuvre foisonnante et très diversifiée (dialogues, théâtre, essais, romans, contes), il touche à tous les genres et mène une réflexion qui englobe la littérature, la morale, les sciences politiques (⇛ p. 94), la religion, les arts (⇛ p. 114). Il est aussi le concepteur et le maître d'œuvre, de 1748 à 1765, avec le mathématicien d'Alembert, de l'*Encyclopédie* (⇛ p. 146), œuvre qui se donne pour ambition de regrouper toutes les connaissances de l'époque, à des fins éducatives et critiques.

DU BELLAY, Joachim (1522-1560) : ami de Ronsard, il fréquente comme lui le collège de Coqueret, centre de la poésie nouvelle et fait partie du groupe de la Pléiade. Il est l'auteur de la *Défense et Illustration de la langue française* (1549) où il prône l'enrichissement de la langue. Après un premier recueil, *L'Olive*, il compose *Les Antiquités de Rome* (1558) et *Les Regrets* (⇛ p. 32 et 179) à la suite d'un décevant séjour à la cour pontificale. Son œuvre comporte également les *Divers Jeux rustiques* et *Le Poète courtisan*.

DUMARSAIS, César (1676-1756) : grammairien français, auteur d'une méthode nouvelle pour apprendre le latin, il participe à l'*Encyclopédie* pour tout ce qui concerne les problèmes de la langue. Il est aussi l'auteur de l'article « Philosophe » (⇛ p. 96) qui définit l'idéal humain des Lumières.

DUMAS, Alexandre (1802-1870) : fils d'un général napoléonien, Alexandre Dumas se fait connaître par son théâtre au moment où naît le drame romantique avec des pièces historiques, dont Kean (1835, ⇛ p. 263), interrogation sur la condition de l'artiste à partir d'un modèle réel, l'acteur anglais Edmond Kean. Sa carrière est aussi marquée par la composition de nombreux romans eux aussi historiques, comme *Les Trois Mousquetaires* ou *La Reine Margot*, publiés en feuilletons dans les journaux et connaissant un énorme succès.

ÉLUARD, Paul (1895-1952) : d'abord marqué par le surréalisme, comme Aragon et René Char, Éluard est un poète engagé, comme eux, ce dont témoigne sa poésie (⇛ p. 235), notamment *Au rendez-vous allemand* (1944). Son œuvre, lyrique et inspirée par celles qui ont partagé sa vie, Gala, Nusch, est une célébration du monde, idéalisé par l'amour partagé.

ÉRASME, Didier (1466 ou 1469-1536) : humaniste hollandais d'expression latine, adepte de l'évangélisme, Érasme est un grand voyageur, en Angleterre où il rencontre Thomas More, mais aussi en Italie et en Allemagne. Ayant une grande connaissance des textes sacrés, qu'il traduit, et des textes latins et grecs, il est une figure essentielle de l'humanisme européen. Auteur de l'*Éloge de la folie* (⇛ p. 40), il a aussi composé plusieurs traités d'éducation.

ÉSOPE (VIIe s. - VIe siècle av. J.-C.) : ancien esclave phrygien affranchi, Ésope est supposé avoir écrit un grand nombre de fables, petits récits mettant en scène des animaux et comportant une moralité (⇛ p. 424). Il fut l'inspirateur de La Fontaine.

FÉNELON, François de Salignac de la Mothe (1651-1715) : issu d'une famille aristocratique peu aisée, Fénelon entre dans les ordres, où il manifeste des talents pédagogiques. Il compose en 1687 le *Traité d'éducation des filles*. Devenu précepteur du duc de Bourgogne, petit-fils de Louis XIV, il compose pour lui *Les Aventures de Télémaque* (1699). Sa carrière est brillante, mais le choix religieux du quiétisme lui fait perdre ses appuis et la protection du roi.

FLAUBERT, Gustave (1821-1880) ⇛ séquence 17, p. 468, 471 et 473.

FOUREST, Georges (1867-1945) : poète écrivant pour des revues comme *Le Décadent* et *La Connaissance*, Georges Fourest est aussi l'auteur de deux recueils poétiques, *La Négresse blonde* (1909) et *Le Géranium ovipare* (1935) ; leur vocation est de pasticher des auteurs célèbres (par exemple Hérédia), en empruntant les thèmes à d'autres (Corneille), ce qui donne un sonnet mettant en scène Rodrigue et Chimène (⇛ p. 456).

FREUD, Sigmund (1856-1939) : médecin autrichien, fondateur de la psychanalyse, il a mis en relief, par ses travaux et ses analyse, les relations entre certaines névroses et le refoulement de désirs incompatibles avec la morale. Parmi ses œuvres, on peut citer

L'Interprétation des rêves (1900) et *Totem et tabou* (1912).

GARY, Romain (1914-1980) : Russe émigré en France en 1920, Romain Gary a des ambitions littéraires qu'il rapporte avec humour dans son autobiographie, *La Promesse de l'aube* (1960 ⇛ p. 297). Combattant de la France libre, il devient diplomate à la Libération en même temps qu'il écrit. Lauréat du Prix Goncourt avec *Les Racines du ciel* (1956), il obtient le même prix une seconde fois pour le roman *La Vie devant soi*, publié sous le nom d'Émile Ajar. Il se suicide en 1980.

GAULLE, Charles de (1890-1970) : homme politique ayant joué un rôle fondamental dans l'histoire de la France au XXe siècle. Général de brigade et sous- secrétaire d'État à la Défense nationale en juin 1940, il refuse l'armistice signé par le maréchal Pétain et lance, depuis Londres, un appel à la résistance. Il est, en 1958, le fondateur de la Ve République et reste au pouvoir jusqu'en 1969. Ses *Mémoires de guerre* (1954-1959 ⇛ p. 296) constituent un témoignage historique important.

GIDE, André (1859-1951) : romancier influencé par le caractère austère de son éducation protestante, André Gide compose une œuvre romanesque, *L'Immoraliste, La Symphonie pastorale, Les Faux monnayeurs* (⇛ p. 341), qui peut apparaître comme une tentative d'échapper à la morale de son milieu. Voyageur, il rapporte de l'Afrique coloniale et de l'URSS des analyses très critiques. Son autobiographie, *Si le grain ne meurt* (⇛ p. 310), est consacrée à son enfance et pose, comme le fait Rousseau, la question de la sincérité.

GODARD, Jean-Luc (né en 1930) : cinéaste qui se fit connaître lors de la « Nouvelle vague » du cinéma français dans les années 1960, il est l'auteur, entre autres, des films *À bout de souffle* (1960), *Le Mépris* (1963), *Pierrot le fou* (1965) (⇛ p. 402).

GOETHE, Johann Wolfgang von (1749-1832) : par le succès des *Souffrances du jeune Werther* (1774 ⇛ p. 118), le romancier, poète et dramaturge Goethe fait connaître dans toute l'Europe le mouvement « Sturm und Drang», inspirateur des poètes romantiques français. Il est aussi l'auteur de deux *Faust*, drames qui font la somme de réflexions enracinées dans les mythes antiques et éclairées par l'idée de modernisme. Ses écrits autobiographiques, *Poésie et Vérité* (1811-1822 ⇛ p. 288), font suite au roman *Les Affinités électives*.

GÓNGORA Y ARGOTE, Luis de (1561-1627) : issu d'une famille noble de Cordoue, Luis de Góngora se consacre très tôt à la poésie et son talent est reconnu en 1585 par Cervantès. Il est connu pour la *Fable de Polyphème et Galatée* (1612), pour le poème des *Solitudes* (1613) et pour des recueils de sonnets à la fois baroques et précieux, d'une écriture extrêmement complexe et recherchée (⇛ p. 65).

GOUGES, Olympe de (1755-1793) : femme de lettres auteur de plusieurs pièces de théâtre et d'un roman épistolaire à tendance autobiographique, *Madame de Valmont*, Olympe de Gouges devint, à l'époque de la Révolution, une ardente avocate des droits des femmes, en publiant en 1792 les *Droits de la femme*. Engagée politiquement du côté des Girondins, elle fut condamnée à mort et guillotinée pendant la Terreur (⇛ p. 352).

GRACQ, Julien (né en 1910) : écrivain et poète en marge des courants et des modes, allant jusqu'à refuser le Prix Goncourt en 1951, il est l'auteur de plusieurs romans dont certains se situent aux frontières du fantastique ; il a également composé un recueil de poèmes en prose, *Liberté grande* (1947 ⇛ p. 203), et un essai qui regroupe toutes sortes de notes de lecture, *En lisant, en écrivant* (1981).

GUÉHENNO, Jean (1890-1978) : originaire d'un milieu très modeste, ce qui le marque définitivement, Jean Guéhenno est l'auteur de nombreux « journaux » – *Journal d'un homme de quarante ans* (1934), *Journal des années noires* (1944, ⇛ p. 292) –, d'essais et de biographies, notamment de Jean-Jacques Rousseau. Certaines de ses œuvres de réflexion sont consacrées à la notion de culture de masse.

HUGO, Victor (1802-1885) : poète, dramaturge créateur du drame romantique et romancier, homme politique, Hugo a composé une œuvre gigantesque qui témoigne de nombreux engagements personnels et de la diversité esthétique de son époque. Poète militant et visionnaire dans les *Châtiments* (1853 ⇛ p. 391) ou dans *La Fin de Satan* (1856), philosophe angoissé et lyrique dans *Les Contemplations* (1854), il a contribué à libérer la poésie et le théâtre de certaines contraintes formelles, pour les rapprocher de la vie.

HUYSMANS, Joris-Karl (1848-1907) : ce romancier, auteur de *Là-bas* et de *À rebours* (1884 ⇛ p. 199), amateur de langage raffiné, amoureux des mots rares, est considéré comme un des représentants du mouvement « décadent ». Féru de peinture, il défend l'impressionnisme et permet aux peintres Gustave Moreau (⇛ p. 183), Odilon Redon (⇛ p. 177) et Félicien Rops, en révélant leur talent, de se faire connaître.

IONESCO, Eugène (1912-1994) : Eugène Ionesco est avant tout un homme de théâtre dont les pièces se jouent de manière constante depuis les années 1960. Il met en scène le conformisme et tout ce qui relève des habitudes, y compris et surtout celles qui atteignent la pensée et font que l'on ne pense plus que par stéréotype. Chacune de ses pièces est en même temps une réflexion sur le langage, ses dangers et ses limites. On le voit notamment dans *La Cantatrice chauve*, mais aussi dans *La Leçon* et dans *Rhinocéros* (1959, ⇛ p. 275). Les réflexions théoriques d'Ionesco figurent dans *Notes et contre notes* (1960, ⇛ p. 277).

JACCOTTET, Philippe (né en 1925) : écrivain suisse de langue française, Philippe Jaccottet a traduit les œuvres de Thomas Mann, Rilke, Musil et Hölderlin. Il consacre également sa vie à la poésie, avec une vision intimiste des choses, allant des perceptions extérieures à l'intériorisation. Empreinte à la fois de simplicité et de mystère, son œuvre n'est pas toujours facile à déchiffrer, comme en témoignent les textes du recueil *À la lumière d'hiver* (1973 ⇛ p. 208).

JACQUARD, Albert (né en 1925) : docteur en biologie humaine, généticien, professeur dans plusieurs universités, Albert Jacquard est l'auteur de plusieurs essais mettant en garde l'humanité contre les risques d'un progrès incontrôlé et dissocié de la réflexion éthique. C'est en particulier le thème de *L'Abécédaire de l'ambiguïté* (1989 ⇛ p. 418).

JAUCOURT, Louis de (1704-1780) : intellectuel protestant d'esprit européen, le chevalier de Jaucourt est l'auteur de *L'Histoire de la vie et des œuvres de Leibniz* (1734). Il est connu pour sa participation à l'*Encyclopédie*, pour laquelle il écrivit un très grand nombre d'articles (⇛ p. 98) sur des sujets divers.

LABÉ, Louise (1524-1566) : originaire d'une famille de cordiers, ce qui lui vaut le surnom de « belle cordière », elle reçoit une éducation raffinée et diversifiée. Sa vie est marquée par une passion violente et malheureuse qui inspire toute son œuvre poétique, faite de sonnets très travaillés (⇛ p. 178) et d'élégies. Femme très cultivée, elle a présidé un salon littéraire et entretenu des relations avec les personnalités artistiques de son temps.

LA BRUYÈRE, Jean de (1645-1696) : né à Paris, La Bruyère est d'abord avocat, puis précepteur du duc de Bourbon. Observateur de ses contemporains, il compose en 1688 *Les Caractères* (⇛ p. 85 et 430), faits de portraits, maximes et réflexions présentés comme la traduction de l'auteur grec Théophraste (IVe s. av. J.-C.). Ces portraits, sur lesquels on pourrait mettre des noms, ont beaucoup de succès. Entré à l'Académie française en 1693 (⇛ p. 130), La Bruyère y prend la défense des Anciens.

LA FONTAINE, Jean de (1621-1695) : il est le fils d'un Maître des eaux et forêts, ce qui peut expliquer son goût pour la nature, cadre de ses fables (⇛ p. 87 et 427). Ami du surintendant Foucquet, qui joue pour lui le rôle de mécène, La Fontaine lui reste fidèle lorsqu'il est arrêté, ce qui entraîne sa propre disgrâce en 1664 et son exil dans le Limousin. Partisan de l'imitation de l'Antiquité (⇛ p. 83), il prend part à la querelle des Anciens et des Modernes du côté des premiers.

LAFORGUE, Jules (1860-1887) : la vie douloureuse de Laforgue, sa jeunesse pauvre et sa maladie, qui le fait mourir à vingt-sept ans, inspirent une œuvre dont le titre est lui-même révélateur, *Les Complaintes*. Grinçante, ironique et fantaisiste à la fois, cette poésie (⇛ p. 186, 216 et 230) qui mêle la vie aux réflexions philosophiques reste souvent dans un registre parodique ; elle souligne ainsi la distance prise par son auteur, qui semble constamment refuser de se prendre au sérieux.

LA ROCHEFOUCAULD, François de (1613-1680) : membre de la haute aristocratie, le duc de La Rochefoucauld s'oppose au pouvoir royal lors de la Fronde (1648-1652). Abandonnant la politique au profit de la littérature, il compose ses *Mémoires*, puis des *Maximes et Sentences* (1664), qui dénoncent, sous des formes brèves et percutantes, la puissance de l'amour-propre et la prédominance de l'intérêt personnel dans les comportements humains. Il est aussi l'auteur de portraits (⇛ p. 284).

LE TASSE, Torquato Tasso, dit (1544-1595) : fils d'un poète, Le Tasse passe du droit à la poésie épique avec la *Jérusalem délivrée*, œuvre qu'il a mis plusieurs années à composer (de 1559 à 1575 ⇛ p. 56) et qu'il désavoue ensuite, peut-être sous l'effet d'une folie qui le fait enfermer. Récit d'épisodes de la première croisade, ce poème mêle le merveilleux chrétien à la magie et au lyrisme des sentiments profanes.

LEVI, Primo (1919-1987) : écrivain italien rescapé du camp de concentration d'Auschwitz, il a rapporté sous plusieurs formes et à travers différents textes, récits longs ou nouvelles – *Si c'est un homme, La Trêve* (1963) –, la terrible expérience vécue. Des entretiens accordés à deux historiens en 1982, cinq ans avant son suicide, exposent la notion de « devoir de mémoire » (⇛ p. 397).

LEWIS, Matthew G. (1775-1818) : cet écrivain anglais est connu pour avoir publié, à vingt et un ans, en 1796, un roman à succès, *Ambrosio ou le moine* (⇛ p. 120). C'est là le fondement du « roman noir » ou « roman gothique », succession d'intrigues mêlant la violence, le fantastique et la poésie, à travers la mise en situation d'un héros voué à la damnation.

MACHIAVEL, Nicolas (1469-1527) : homme politique et écrivain italien, Machiavel a composé *Le Prince* (1513 ⇛ p. 44) à partir de son expérience diplomatique en France et en Allemagne et de ses relations agitées avec la famille Médicis. Il est aussi l'auteur d'une *Histoire de Florence* et de *Discours*, œuvres également imprégnées d'une réflexion très moderne sur les fondements de l'État et sur ce qui dicte les comportements politiques des gouvernants.

MALLARMÉ, Stéphane (1842-1898) : professeur d'anglais de son métier, Mallarmé est passionné par tout ce qui touche à la langue. Admirateur de Théophile Gautier, puis de Baudelaire et d'Edgar Allan Poe qu'il traduit, il entreprend une œuvre caractérisée par la complexité et l'hermétisme (⇛ p. 215), lutte constante contre l'absence et le sentiment du néant, doublée d'une interrogation sur le statut du poète et sur les pouvoirs peut-être illusoires de la poésie.

MALLEVILLE, Claude de (1597-1647) : ce poète, hôte assidu de l'hôtel (et salon précieux) de la marquise de Rambouillet, participa à la *Guirlande de Julie* (⇛ p. 66) et composa des sonnets sur des thèmes à la mode, comme celui de la « Belle Matineuse » (⇛ p. 68).

MARBEUF, Pierre de (1596 ? - 1645) : poète auteur d'un *Recueil de vers* (1628) inspiré à la fois par la nature, l'amour et par le sentiment de la fragilité du monde. Ses thèmes sont parfois proches de ceux de Ronsard.

MARIVAUX, Pierre Carlet de Chamblain de (1688-1763) : originaire de la ville de Riom, Marivaux vient à Paris dans le but de réussir une carrière littéraire. Ses première publications, romanesques et parodiques, et la fréquentation des salons le font connaître. L'intérêt du public vient vers 1720 avec des comédies liées à l'inspiration de la Commedia dell'arte et aux comédiens italiens qui sont ses interprètes : *La Double Inconstance, Le Jeu de l'amour et du hasard* (1730, ⇛ p. 256). Son théâtre, comme ses romans, s'intéresse à l'évolution des sentiments, à leur subtilité, à leur complexité, dans un contexte social qui joue un rôle important.

MAURIAC, François (1885-1970) : originaire d'une famille de grands propriétaires du sud-ouest, Mauriac compose une œuvre marquée par le catholicisme, très imprégnée d'une réflexion sur le bien et le mal, et sur la culpabilité. Romancier – *Thérèse Desqueyroux, Le Baiser au lépreux* –, il est aussi chroniqueur politique à *L'Express* et au *Figaro littéraire*. Son autobiographie, *Mémoires intérieurs* (1959 et 1965 ⇛p. 311), lui permet de « rendre compte » de sa vie.

MOLIÈRE, Jean-Baptiste POQUELIN, dit (1622-1673) : fondateur de *L'Illustre théâtre*, comédien, metteur en scène et surtout dramaturge, Molière met sa vie au service de la comédie, dont il est aussi un théoricien. Sa volonté de mettre en scène les vices de son temps lui vaut des difficultés avec le pouvoir politique et les autorités religieuses. Mais il connaît aussi la faveur du roi, et de grands succès. Certaines pièces, comme *La Critique de l'école des Femmes* (1663 ⇛ p. 76) et *L'Impromptu de Versailles*, sont l'occasion de réfléchir sur le théâtre, sa portée, son pouvoir et ses vertus morales et sociales.

MONTAIGNE, Michel Eyquem de (1533-1592) : issu d'une famille aristocratique, Montaigne reçoit une éducation très riche, qui illustre l'idéal nouveau de la Renaissance – Antiquité, textes bibliques, arts. Magistrat au Parlement de Bordeaux, puis maire de cette ville, il participe à plusieurs missions au moment des guerres de religion. À partir de 1571, il consacre sa vie à écrire les *Essais* (⇛ p. 34, 36, 51, 53 et 300), œuvre autobiographique qui comporte non un récit de vie, mais des réflexions sur la vie et sur l'homme, réflexions nourries de culture livresque et d'expériences personnelles.

MONTESQUIEU, Charles-Louis de secondat de (1689-1755) : membre de la haute aristocratie, Montesquieu est un humaniste intéressé autant par les questions scientifiques que par les sciences politiques et la littérature. Il est l'auteur des *Lettres persanes* (1721 ⇛ p. 133, 142 et 336), roman publié de façon anonyme à Amsterdam en 1721, et de *L'Esprit des lois* (1748 ⇛ p. 92), ouvrage dans lequel il analyse les principes des différents gouvernements. Philosophe des Lumières, il en incarne l'esprit.

MORE, Thomas (1478-1535) : cet humaniste anglais connut, sous le règne d'Henri VIII, de grands succès professionnels, dans différentes ambassades. Resté catholique au moment de la réforme anglicane, il s'opposa au roi lors de son divorce d'avec Catherine d'Aragon, ce qui lui valut d'être condamné et exécuté. Auteur de l'*Utopia* (1516 ⇛ p. 22), il fut canonisé quatre siècles après son exécution.

MULLER, Charles (1877-1914) : auteur, avec Paul Reboux, des pastiches *À la manière de...* (1908-1913 ⇛ p. 457).

MUSSET, Alfred de (1810-1857) : poète appartenant à la génération « née avec le siècle », Musset en retrace l'évolution dans *La Confession d'un enfant du siècle*, analyse des sources du mouvement romantique. Son théâtre comporte des comédies comme *On ne badine pas avec l'amour* (⇛ p. 260) et des drames comme *Lorenzaccio* (1834) ; sa poésie, lyrique (⇛ p. 228), est le reflet de son mal de vivre ainsi que des joies et des souffrances de sa vie sentimentale, notamment de sa liaison passionnée avec George Sand.

NERVAL, Gérard de (1808-1855) : contemporain des membres du « Cénacle » romantique, Nerval appartient à la génération de poètes et d'écrivains « nés avec le siècle ». Toute son œuvre, poèmes, récits, souvenirs, est marquée par la recherche d'une identité et par les relations complexes entre le rêve et la réalité. Une culture puisée dans les mythes et la philosophie antique nourrit son inspiration (⇛ p. 183). Atteint de folie, il est interné plusieurs fois et met fin à ses jours en 1855.

PASCAL, Blaise (1623-1662) : homme de science, Pascal est passionné par la physique et les mathématiques. Auteur, très jeune, d'un *Traité des coniques*, il étudie la pesanteur, en relation avec les travaux du physicien Torricelli. Sensible aux théories jansénistes, il écrit *Les Provinciales*, mais son œuvre majeure est constituée par les fragments des *Pensées*, apologie de la religion chrétienne composée de 1657 à 1662, mais laissée inachevée. Il y présente une image malheureuse de la condition humaine, dont le seul espoir de salut est Dieu (⇛ p. 78 et 428).

PEREC, Georges (1936-1982) : romancier membre du groupe de l'OuLiPo, Georges Perec est connu pour sa virtuosité d'écriture illustrée dans *La Disparition*, roman qui n'emploie jamais la lettre E (1969). Très marqué par la guerre et par la disparition de ses parents (son père mort au front, sa mère déportée), il fait de son œuvre une recherche sur la mémoire. *W ou le souvenir d'enfance* (1975 ⇛ p. 313) mêle à l'évocation de moments de sa vie la dénonciation du monde totalitaire.

PERRAULT, Charles (1628-1703) : haut fonctionnaire protégé par Colbert, Perrault mène une vie littéraire active. Avec les *Parallèles des Anciens et des Modernes*, il prend position pour les Modernes et célèbre le siècle de Louis XIV (⇛ p. 82). Il est connu surtout pour ses *Contes* en vers et en prose, récits de portée symbolique, à la structure narrative exemplaire, tirés de la tradition et terminés par une moralité (⇛ p. 431 et 433).

PONGE, Francis (1899-1988) : soucieux de rendre compte de la vie et de la noblesse des choses, Francis Ponge compose une œuvre faite de poèmes en prose dans laquelle il « prend le parti » des objets (⇛ p. 233) pour les célébrer, dans leur existence, leur nature, jusqu'au mot même qui les désigne. Descriptive et explicative, son œuvre ouvre le regard du lecteur sur des réalités nouvelles, associant étroitement lexique et choses, en même temps que le poète analyse sa propre démarche.

PROUST, Marcel (1871-1922) : dans l'ensemble de romans qui composent *À la recherche du temps perdu*, Marcel Proust met en scène toute une société dans laquelle il a lui-même évolué. L'observation des comportements y prend la forme d'une analyse sociale et psychologique. Dans *Contre Sainte-Beuve* (⇛ p. 326) le romancier s'en prend à la méthode critique qui consiste à chercher la signification d'une œuvre dans la vie de son auteur. On lui doit aussi les *Pastiches et Mélanges*, brillants exercices de réécriture.

RABELAIS, François (vers 1483-1553) : d'abord moine, puis médecin de renom, Rabelais est aussi un écrivain, auteur de « romans » qui mettent en scène des géants, Gargantua et Pantagruel (⇛ p. 26, 28, 30 et 46), à l'image de l'appétit de découverte et de science de leur créateur et de leur époque. Leurs aventures sont l'occasion d'une critique sociale et politique. Ils permettent aussi, sur un mode burlesque et sérieux à la fois, l'expression d'un idéal d'éducation, de gouvernement, de justice.

RACINE, Jean (1639-1699) : instruit par les jansénistes de Port-Royal-des-Champs, Racine leur doit sa connaissance du grec, mais il rompt avec eux lorsqu'il entame une carrière théâtrale. Il compose des tragédies inspirées de l'Antiquité latine, comme *Britannicus* (1669, ⇛ p. 249) et *Bérénice* (1670, ⇛ p. 252) ou grecque comme *Phèdre* (1677), dans lesquelles il montre la fatalité de la passion, mais il termine sa carrière par des pièces d'inspiration chrétienne. Cela lui permet de se réconcilier avec Port-Royal, dont il écrit l'histoire. Il est aussi, avec Boileau, historiographe de Louis XIV.

REBOUX, Paul (1877-1963) : écrivain auteur de romans et d'études historiques, Paul Reboux est surtout connu pour ses pastiches *À la manière de...* (⇛ p. 457), dont les premiers furent composés en collaboration avec Charles Muller.

RENAN, Ernest (1823-1892) : historien et philosophe, professeur au Collège de France, Renan compose, à vingt-cinq ans, un essai, *L'Avenir de la science* (⇛ p. 413), imprégné d'esprit positiviste, qui ne sera publié que quarante ans plus tard. Érudit ayant une grande connaissance des religions, il compose une *Vie de Jésus* très controversée par ses contemporains, après *Les Origines du christianisme*. Les *Souvenirs d'enfance et de jeunesse* constituent une autobiographie placée d'emblée (⇛ p. 308) sous le signe de la poésie.

RESTIF ou RÉTIF DE LA BRETONNE, Nicolas (1734-1806) : typographe de métier, Restif de la Bretonne se fait connaître en littérature par des romans épistolaires, *Le Paysan perverti*, *La Paysanne pervertie*, et par un roman de science-fiction inspiré du mythe d'Icare. Mais il reste connu surtout pour *Les Nuits de Paris*, suivies des *Nuits révolutionnaires* (1788-1794 ⇛ p. 104), qui racontent ses errances dans la capitale avant et pendant la Révolution de 1789.

REVERDY, Pierre (1889-1960) : typographe de métier, Pierre Reverdy fréquente le groupe des peintres surréalistes Picasso, Juan Gris et Braque. On le considère comme un des créateurs de la poésie moderne avec Max Jacob et Apollinaire. Cette poésie est faite d'émotions juste esquissées, au contact d'une nature perçue de manière originale et visuellement insolite, à la fois attachante et lointaine, comme dans le recueil *Main-d'œuvre* (1949 ⇛ p. 206).

RILKE, Rainer Maria (1875-1926) : écrivain autrichien, grand voyageur et grand épistolier, Rilke rencontre dans sa vie un grand nombre d'écrivains et d'artistes de son temps, qui influencent son œuvre. Celle-ci comprend du théâtre, mais surtout de la poésie, les *Élégies de Duino* (1912), *Les Sonnets à Orphée* (1922). Les *Lettres à un jeune poète* (⇛ p. 355) sont l'occasion d'une réflexion sur la création poétique.

RIMBAUD, Arthur (1854-1891) : poète dès seize ans, Rimbaud compose toute son œuvre avant d'avoir vingt ans, au cours d'années consacrées à toutes sortes d'expériences et de vagabondages. Se disant « voyant », le créateur des *Illuminations* (⇛ p. 214) et d'*Une saison en enfer* (⇛ p. 198 et 213) utilise les synesthésies baudelairiennes et s'efforce d'inventer un langage nouveau. Son influence sur les poètes du XXe siècle est très importante.

RONSARD, Pierre de (1524-1585) : destiné à une carrière militaire, le jeune Ronsard doit y renoncer par suite d'une surdité. Il se consacre à la poésie et fait partie du groupe de la Pléiade. Ses recueils de poésie lyrique portent le nom des femmes qu'il y célèbre, Cassandre, Marie, Hélène. Il est aussi l'auteur des *Hymnes*, de textes engagés dans lesquels il prend la défense des catholiques, les *Discours sur les misères de ce temps* (1662-1663 ⇛ p. 48), et d'une épopée, *La Franciade*.

ROSTAND, Jean (1894-1977) : fils du dramaturge Edmond Rostand, Jean Rostand est biologiste et chercheur. Humaniste, menant une réflexion philosophique en relation avec son domaine de recherche, il s'est interrogé sur les relations entre la biologie et la culture, et sur les liens héréditaires tels qu'ils apparaissent dans certaine œuvres de fiction (⇛ p. 415).

ROUSSEAU, Jean-Jacques (1712-1778) : originaire de Genève, Jean-Jacques Rousseau mène une vie assez aventureuse, dont il rend compte dans son autobiographie, *Les Confessions* (1762, 1769 ⇛ p. 286, 302 et 303), qu'il rédige à la suite d'une querelle avec Voltaire. Philosophe qui s'oppose au rationalisme des Lumières, il se consacre à une réflexion politique, engagée dans ses premiers discours (1750, 1755 ⇛ p. 406) et complétée par *Le Contrat social* (1762), qui inspira les révolutionnaires de 1789. Il est aussi l'auteur d'un traité d'éducation (1762) et d'un roman par lettres, *La Nouvelle Héloïse* (1761 ⇛ p. 112).

SAINT AUGUSTIN (354-430) : fils d'un païen et d'une chrétienne, passionné de philosophie, ce professeur d'éloquence se convertit au christianisme et est nommé évêque. Son œuvre théologique est dominée par une analyse des textes sacrés. Il a laissé des *Confessions* (⇛ p. 282), première œuvre littéraire de ce genre, d'une grande finesse psychologique. La pensée de saint Augustin joue un rôle important dans la naissance et le développement du jansénisme.

Saint-Évremond, Charles de (1613-1703) : maréchal de camp fidèle à Louis XIV pendant la Fronde, ce poète dut s'exiler en Angleterre au moment de l'affaire Foucquet. Il prend le parti des Modernes dans la Querelle qui les oppose aux Anciens et écrit *Sur les poèmes des Anciens* en 1685 (⇛ p. 128) : il reproche en particulier au drame ancien de reposer sur les superstitions.

Sartre, Jean-Paul (1905-1980) : la première spécialité de Jean-Paul Sartre est la philosophie, qu'il enseigne, et qui constitue la matière de ses premières œuvres. Également romancier et homme de théâtre, avec *Les Mains sales* (⇛ p. 270), *Huis clos*, *Les Mouches*, il a composé une œuvre autobiographique, *Les Mots*, qui retrace son accès à la lecture puis à l'écriture. Engagé politiquement, Sartre a milité contre la guerre d'Algérie et a pris position dans les luttes sociales en dirigeant le quotidien d'extrême gauche *La Cause du peuple*. Il est le fondateur de *Libération*.

Scarron, Paul (1610-1660) : secrétaire de l'évêque du Mans, cet écrivain est atteint en 1638 par une maladie qui le rend difforme et paralysé. Tournant sa vie en dérision, il fait rire, et compose des œuvres burlesques comme *Le Virgile travesti*, parodie de l'épopée de Virgile, l'*Énéide* (1648-1652 ⇛ p. 450). Il est aussi l'auteur du *Roman comique* (1651-1657), qui raconte la vie aventureuse d'une troupe de comédiens ambulants.

Scudéry, Madeleine de (1607-1701) : cette femme de lettres, sœur de l'écrivain Georges de Scudéry, publia certaines de ses œuvres, *Artamène* (1653 ⇛ p. 69) et *Clélie* (1660 ⇛ p. 70), sous la signature de son frère. Ces romans aux intrigues multiples reflètent, sous une forme romanesque, toute l'idéologie de la société précieuse, comme en témoigne la *Carte de Tendre* et ses commentaires (⇛ p. 70).

Sévigné, Marie de rabutin-chantal de (1626-1696) : aristocrate parisienne et mondaine, la marquise de Sévigné participe à la vie littéraire de son époque, fréquentant Mlle de Scudéry, Mme de La Fayette, La Rochefoucault. Son œuvre est une abondante correspondance (⇛ p. 334) échangée avec ses amis et sa fille chérie, partie en Provence. Destinées à une lecture publique, ses lettres constituent une véritable chronique de la vie à la cour. Elles sont publiées de manière posthume en 1726.

Shakespeare, William (1564-1616) : auteur dramatique et poète anglais dont la vie est mal connue. Son œuvre comprend un très grand nombre de pièces, mêlant les comédies légères, comme *Le Songe d'une nuit d'été*, aux drames, comme *Hamlet* (⇛ p. 157), *Othello*, *Macbeth*. Ce théâtre très diversifié aborde tous les problèmes humains en même temps qu'une constante réflexion sur le théâtre lui-même, présenté comme une illusion à l'image de la vie.

Stendhal, Henry Beyle, dit (1783-1842) : écrivain français de la génération romantique, admirateur de Napoléon Ier et passionné de musique italienne, Stendhal est l'auteur de *La Chartreuse de Parme* (⇛ p. 481) et de *Le Rouge et le Noir* (1830), *Lamiel*, *Armance*. Sous le pseudonyme d'Henry Brulard, il écrit une autobiographie (⇛ p. 306), qui, comme le reste de son œuvre, évoque une constante recherche du bonheur.

Supervielle, Jules (1884-1960) : poète français né à Montevideo, partageant sa vie entre la France et l'Uruguay, Jules Supervielle compose une œuvre dans laquelle les voyages et le mouvement tiennent une place prépondérante. À l'écart des mouvements esthétiques de son temps, il évoque dans ses recueils l'apparente simplicité d'un univers rempli de mystères et de symboles, où viennent prendre place le chagrin des parents disparus, la grâce de l'enfance et la richesse de l'amitié. Parmi ses œuvres, on peut citer *Gravitations* (1925 ⇛ p. 217), *L'Enfant de la haute mer* (1929), *Les Amis inconnus* (1934), *Poèmes de la France malheureuse* (1941), *Oublieuse mémoire* (1949).

Swift, Jonathan (1667-1745) : écrivain irlandais, membre du clergé anglican, Jonathan Swift s'engagea dans quelques batailles littéraires de son époque, notamment celle des Anciens et des Modernes, du côté des Anciens. Le thème du voyage, dans *Les Voyages de Gulliver* (1726 ⇛ p. 90), roman qui met en scène le relativisme, lui permet, comme aux philosophes français des Lumières, d'exprimer une pensée critique à l'égard de l'homme et des institutions.

Tournier, Michel (né en 1924) : ce romancier français germanophile a construit une œuvre autour de la permanence et de la résurgence de mythes dans la société moderne. Lauréat du Prix Goncourt avec *Le Roi des Aulnes*, en 1970, il est aussi connu pour avoir repris l'histoire de Robinson Crusoé, mais en détournant le récit au profit du personnage de Vendredi (⇛ p. 460-461), devenu le héros de *La Vie sauvage*. Parmi ses autres œuvres, on peut citer *Les Météores* et *Les Rois mages*.

Tristan l'hermite, François dit (1601-1655) : poète et dramaturge, il retrace, dans *Le Page disgracié* (1643), une jeunesse mouvementée de libertin. *Les Plaintes d'Acante* (1633 ⇛ p. 62) sont un recueil de vers lyriques, inspirés par l'amour et la mort. Il est aussi l'auteur de tragédies, *Marianne* (1636), qui concurrença *Le Cid*, et *La Mort de Sénèque* (1645).

Valéry, Paul (1871-1945) : intellectuel passionné d'architecture, Paul Valéry est aussi un essayiste et un poète grand admirateur de Mallarmé. Il est l'auteur de *Charmes* et des *Fragments du Narcisse*, textes en vers imprégnés de classicisme et d'Antiquité, mais aussi de poèmes en prose (⇛ p. 223). Dans *Variété*, série d'essais publiés de 1929 à 1944, il observe et analyse les évolutions du monde moderne.

Van Gogh, Vincent (1853-1890) : peintre originaire des Pays-Bas, Vincent Van Gogh mène une vie difficile dans son pays, puis à Paris, en Provence et à Auvers-sur-Oise, où il se donne la mort. Sa peinture, très colorée, porte la marque d'une violence et d'une énergie internes, et les traces de certains troubles mentaux qui valurent au peintre d'être interné. Les lettres qu'il adressa à son frère Théo permettent de mieux comprendre ce que furent sa vie et son inspiration (⇛ p. 354).

Vaugelas, Claude Favre de (1585-1650) : grammairien et écrivain, Vaugelas est chargé par Richelieu, en 1639, de la préparation du *Dictionnaire* de l'Académie. Ses *Remarques sur la langue française* (1647 ⇛ p. 124-125) sont fondées sur le respect de l'usage qui est essentiellement celui de la cour. Elles ont pour finalité la reconnaissance et l'emploi d'une langue claire et débarrassée de toutes ses éventuelles ambiguïtés.

Verlaine, Paul (1844-1896) : venu à Paris, et fréquentant les cercles littéraires de la capitale, Verlaine fait ses débuts poétiques en participant au *Parnasse contemporain*. Quelques années de vagabondage avec Rimbaud s'achèvent en drame lorsqu'il blesse son ami d'un coup de pistolet (1873). Son œuvre poétique (⇛ p. 184), qui va de l'inspiration italienne des *Fêtes galantes* à la nostalgie de *Sagesse*, est diverse, et ne rend pas toujours compte d'une vie gâchée par l'alcoolisme et la violence. Le « Prince des poètes » meurt dans la misère, mais célébré comme un très grand poète.

Vigny, Alfred de (1797-1863) : aristocrate opposé au régime de Napoléon Ier, Vigny sert la monarchie sous la Restauration, avant d'abandonner sa carrière militaire au profit de la littérature. Poète composant une œuvre à tendance philosophique (⇛ p. 229), il est aussi romancier et dramaturge. Son drame, *Chatterton* (1835), est une critique très romantique d'une société bourgeoise. Le poème « La mort du loup » (⇛ p. 437) traduit un idéal de stoïcisme caractéristique de l'œuvre entière.

Voiture, Vincent (1597-1648) : ce poète a marqué la vie mondaine du siècle classique, dont il fut une figure illustre. Il fréquenta les salons de Mme des Loges et de Mme de Rambouillet, brillant par sa conversation et par la virtuosité de ses compostions poétiques (⇛ p. 67). Il est aussi l'auteur de *Lettres* proches, par leur contenu et leur tournure, de celles de Mme de Sévigné.

Voltaire, François Marie Arouet, dit (1694-1778) : bourgeois cultivé et grand voyageur, Voltaire incarne l'esprit contestataire et ambitieux de la philosophie des Lumières. Ses écrits et ses prises de position lui valurent de nombreuses difficultés avec le pouvoir (emprisonnement, exil). Il est l'auteur d'une œuvre très diverse (traités, essais, lettres, dictionnaires, contes, théâtre, pamphlets), marquée par un esprit frondeur et une ironie caustique, mis au service d'un combat contre les injustices, les inégalités et toutes les formes de l'intolérance (⇛ p. 102 et 150).

YOURCENAR, Marguerite (1903-1987) : première femme à être admise à l'Académie française, en 1980, Marguerite Yourcenar a passé la plus grande partie de sa vie dans une petite île américaine, où elle a composé son œuvre. Celle-ci comporte des romans, comme *Alexis ou le traité du vain combat* (1929 ⇛ p. 357), *L'Œuvre au noir*, une autobiographie, *Le Labyrinthe du monde*, et une œuvre de fiction historique, *Les Mémoires d'Hadrien* (1951 ⇛ p. 294).

ZOLA, Émile (1840-1902) : romancier français qui fut le fondateur du naturalisme. Auteur de la série des *Rougon-Macquart* : *Histoire naturelle et sociale d'une famille sous le Second Empire*, il construit cette œuvre sur la théorie selon laquelle la création romanesque peut être envisagée comme une expérimentation. Le romancier est alors assimilable à un homme de science (⇛ p. 411). Écrivain engagé, Zola est connu pour sa prise de position courageuse dans l'affaire Dreyfus et la rédaction de l'article « J'accuse » publié dans *L'Aurore* du 13 janvier 1898.

ZWEIG, Stefan (1881-1942) : écrivain autrichien auteur de nombreuses nouvelles, de romans et de biographies, dont celles de Marie-Antoinette et de Balzac (publication posthume en 1946 ⇛ p. 322), il voit ses livres brûlés par les nazis et s'exile. Après plusieurs séjours aux États-Unis , il s'installe au Brésil où il se suicide en 1942, désespéré par la guerre.

Index des notions

Les numéros indiqués renvoient aux pages du manuel.

Action : au théâtre, l'action désigne ce qui se passe sur scène ⇛ Guide p. 378.
Alexandrin : vers comportant douze syllabes accentuées ⇛ Guide p. 371.
Allégorie : figure de rhétorique (analogie) qui consiste à représenter une idée ou une notion par une personne ⇛ p. 73, Guide p. 445.
Analogie : on utilise ce terme pour désigner des rapports de ressemblance entre deux éléments. La métaphore est une figure d'analogie en ce qu'elle crée, ou révèle, des points communs entre deux domaines.
Anaphore : figure de rhétorique (insistance) qui consiste à répéter au début de plusieurs vers, phrases ou paragraphes un même mot ou un même groupe de mots.
Anciens : groupe d'écrivains de la fin du XVIIe siècle et du début du XVIIIe, partisans de l'imitation de l'Antiquité. Ils s'opposent aux Modernes, partisans du progrès et de l'innovation ⇛ p. 82, 83, 128, 131, 137, 433, Guides p. 167, 168, 173, 491.
Antiphrase : figure d'opposition qui consiste à dire le contraire de ce qu'on pense. L'antiphrase est souvent utilisée dans le registre ironique ⇛ Guide p. 172.
Antithèse : figure de rhétorique (opposition) qui consiste à opposer des notions.
Aparté : paroles prononcées par un personnage et entendues seulement par les spectateurs ⇛ Guide p. 378.
Argumentation : démarche qui consiste à utiliser un raisonnement construit pour prouver quelque chose ou pour exposer, de manière démontrée, une prise de position. L'argumentation cherche à rendre acceptable un point de vue grâce à des idées dont la validité ne sera pas contestée ⇛ Guides p. 379, 444, 495.

Cadrage : mise en place du sujet dans les limites du cadre du viseur d'une caméra ou d'un appareil photographique ⇛ p. 483 à 486, Guides p. 492, 493.
Champ sémantique : ensemble des significations d'un mot.
Champ visuel : espace perceptible par le regard en gardant les yeux immobiles. Ce qui est « hors champ » ou « off », dans le langage cinématographique, n'est pas visible, mais peut être imaginé ⇛ p. 483 à 486, Guides p. 492, 493.
Connotation : ensemble des significations que peut prendre un mot en fonction du contexte, de l'époque, des intentions de celui qui parle, de la sensibilité de celui qui lit…

Dénotation : sens premier d'un terme, tel qu'il est donné par le dictionnaire.
Didascalies : ensemble des remarques et des informations de mise en scène et de jeu qui figurent dans un texte théâtral ⇛ p. 242 à 279, Guide p. 378.
Discours : énoncé ancré dans la situation d'énonciation ; texte rapportant les paroles d'un orateur ; énoncé ayant une finalité particulière ; raconter, décrire, argumenter, informer, ordonner.
Doctes : au XVIIe siècle, savants élaborant les règles en matière de littérature et d'art ⇛ 80, 83, 124, 125, 126, Guide p. 167, 173.

Élégie : forme poétique héritée de l'Antiquité grecque et latine, dont le registre et le thème sont marqués par le chagrin et la tristesse ⇛ p. 120.
Ellipse : raccourci dans l'expression du temps, de l'espace ou de la pensée.
Enjambement ⇛ Guide p. 371.
Énonciation : ensemble des conditions dans lesquelles est produit un énoncé, temps, lieu, personne qui parle, visées du discours.
Épique : caractérise l'épopée, et se manifeste par l'exagération des faits, le grandissement des personnages, une amplification donnant un aspect surhumain aux êtres et à leurs réalisations ⇛ Guides p. 374, 494.
Épistolaire : caractérise ce qui appartient au domaine de la lettre (genre épistolaire) ⇛ p. 108, 112, 118, 196, 334 à 361, 370, Guide p. 377.
Épopée : genre littéraire imité de l'Antiquité (*Iliade, Énéide*) et du Moyen Âge (chansons de gestes) célébrant les exploits de héros plus légendaires qu'historiques et prônant des valeurs souvent patriotiques ⇛ Guide p. 163.
Ethnocentrisme : idée selon laquelle seul ce qui appartient à un groupe humain particulier a de la valeur.
Ethnologie : science qui étudie le comportement des groupes humains.
Exorde : début d'un discours.

Fable : dans la langue classique, dési
toute forme de fiction. La fable est
un genre littéraire en vers ou e

qui prend la forme d'un court récit terminé par une moralité ⇛ p. 87, 424, 427, 443, Guide p. 445.

Fantastique : registre / genre littéraire mettant en scène des faits surnaturels avec, pour celui qui les vit une possibilité d'explication rationnelle, mais aussi une incertitude sur la validité de cette explication ⇛ p. 56, 117, 122, 162, 364, Guides p. 165, 373, 494.

Humanisme : courant culturel et esthétique du XVIe siècle qui fait de l'homme le centre de ses préoccupations ⇛ p. 22 à 55, 137, Guide p. 163.

Hymne : chant ou texte poétique pour célébrer un personnage ou un événement.

Hyperbole : figure de rhétorique (amplification) qui accentue, grandit, exagère. L'hyperbole est la figure par excellence de l'épopée et du registre épique.

Illuminisme : doctrine philosophique caractérisée par la croyance en une illumination venue directement de Dieu. Ce courant s'est manifesté au XVIIIe siècle, parallèlement aux Lumières (de la raison) ⇛ p. 116-117, 162.

Impromptu : courte pièce en vers que l'on réalise rapidement, de manière improvisée. Composer des impromptus était, au XVIIe siècle, une occupation des salons littéraires ⇛ p. 228.

Incipit : début de roman.

Ironie ⇛ Guides p. 172, 495.

Jansénisme : branche dissidente du catholicisme au XVIIe siècle qui doit son nom à son initiateur, Jansénius, évêque d'Ypres, auteur de l'*Augustinus.* La caractéristique essentielle du jansénisme est la croyance dans la prédestination, c'est-à-dire l'idée que seul un très petit nombre de fidèles désignés à l'avance (« prédestinés«) peuvent être sauvés ⇛ Guides p. 166, 171.

Lyrisme : registre caractérisé par l'expression des sentiments personnels ⇛ p. 120, 178 à 191, 306, 340, 365, Guides p. 372, 374, 494.

…nception philoso-
…matière comme
…comme partie du
…408, 413.
…hétorique (analogie)
…nents n'appartenant pas au même domaine. La métaphore est une comparaison incomplète.

Mythe : récit légendaire, transmis de manière orale et permettant de donner des explications à certains phénomènes naturels ou sociaux ⇛ p. 158, 490, 491, Guide p. 163.

Naturalisme : courant littéraire et esthétique du XIXe siècle, qui prône la peinture exacte de la nature et considère que la littérature peut être considérée comme une science. L'initiateur du naturalisme fut Zola, qui ambitionna de faire des romans de la série des *Rougon-Macquart* une véritable œuvre scientifique comme l'indique le titre : *Histoire naturelle et sociale d'une famille sous le Second Empire* ⇛ p. 411, 415, 453.

Ode : poème destiné à être mis en musique et célébrant des personnages ou des événements ⇛ p. 231, 233.

Pamphlet : court texte critique et satirique qui attaque avec violence les institutions, la religion, le pouvoir… ⇛ p. 150, Guide p. 495.

Panoramique : mouvement de la caméra tournant autour d'un axe et effets résultant de ce mouvement ⇛ Guide p. 492.

Parabole : court récit rapportant des faits de la vie de tous les jours, mais ayant une portée symbolique et comportant un enseignement moral ⇛ p. 425, 435, Guides p. 374, 445.

Parodie : imitation satirique ⇛ p. 450 à 467, Guide p. 491.

Pastiche : imitation du style d'un auteur, présentant de telles similitudes que la confusion est parfois possible ⇛ p. 450 à 467, Guide p. 491.

Pathétique : registre caractérisé par les émotions (souvent des larmes) qu'une situation ou des faits rapportés par un texte (ou une autre forme d'œuvre d'art) inspirent au lecteur ⇛ Guides p. 374, 494.

Périphrase : figure qui consiste à utiliser plusieurs termes pour désigner une notion. Le « Siècle des Lumières » désigne ainsi le XVIIIe siècle.

Personnification : figure qui attribue à des objets, à des animaux ou à des idées des caractères humains ⇛ p. 367.

Plan : suite continue d'images enregistrées par la caméra au cours d'une même prise ; façon de cadrer la scène filmée (plan fixe, général, d'ensemble, moyen, américain, rapproché, gros plan) ⇛ p. 476, 483 à 486, Guide p. 492.

Polémique : caractérise ce qui relève du combat. Un texte polémique est un texte qui attaque (des personnes, des idées…) ⇛ 270, 400, Guide p. 494.

Polysémique : caractère de ce qui comporte plusieurs sens.

Préciosité : courant littéraire du XVIIe siècle, dont l'objectif était d'atténuer la grossièreté des mœurs et du langage. Molière le tourna en ridicule ⇛ p. 65 à 72, 160, Guide p. 165.

Rationalisme : conception philosophique selon laquelle la raison est le principe de toute connaissance ⇛ p. 75, 116.

Récit : énoncé coupé de la situation d'énonciation. En général, le narrateur n'intervient pas. Les temps utilisés sont le passé simple et l'imparfait.

Réforme : mouvement de protestation contre les abus de l'Église aux XVe et XVIe s. Volonté de revenir aux enseignements des textes sacrés ⇛ Guide p. 164.

Satire : critique moqueuse des défauts humains ⇛ p. 150, 244, 336, 463, Guide p. 494.

Sonnet : poème à forme fixe ⇛ p. 32, 33, 59, 61, 62, 65, 67, 68, 178 à 191, 212, 215, 216, 230, 238, 456, Guide p. 372.

Stances : tirade en vers sous forme de strophes dont chacune, présentant des récurrences de disposition des vers, possède une unité de sens.

Tragique : registre caractérisé par le sentiment du malheur, le poids de la fatalité et l'idée que l'être humain est dominé par des forces contre lesquelles il ne peut rien ⇛ 157, 249 à 255, Guide p. 494.

Travelling : déplacement de la caméra sur un chariot lui-même placé sur des rails. Le travelling permet de saisir une image ou un mouvement en continu ⇛ p. 483 à 486, Guide p. 492.

Utopie : désigne, par son étymologie, un lieu qui n'existe pas, et, de là, une société idéale, de conception imaginaire ⇛ p. 22, 24, 30-31, 226, Guide p. 163.

Zoom : objectif de caméra permettant le travelling optique, c'est-à-dire un effet de rapprochement et d'éloignement de ce qui est perçu ⇛ p. 483 à 486, Guide p. 492.

Index des auteurs et des œuvres

Les numéros indiqués renvoient aux pages du manuel.

A

B

C

D

E, F

G

H, I, J

K,L

M

N, P

R

S

T

V

Y, Z

Table des illustrations

Pages	Copyright
18/19	ph © G. Dagli Orti
21	ph © G. Dagli Orti
22	ph © G. Dagli Orti
25	ph © G. Dagli Orti
26	ph © The Bridgeman Art Library
28	ph © G. Dagli Orti
30	ph © Magnum/Erich Lessing
33	ph © Photo Michèle Bellot/RMN
35	ph © BNF, Paris
37	ph © G. Dagli Orti
38	ph © G. Dagli Orti
39	ph © Giraudon
40	ph © G. Dagli Orti
41	ph © Hervé Lewandowsky/RMN
43	ph © The Bridgeman Art Library
44	ph © G. Dagli Orti
47	ph © AKG Paris
48	ph © G. Dagli Orti
50	ph © The Bridgeman Art Library
53	ph © G. Dagli Orti
55	ph © Photo R.G. Ojeda/RMN
56	ph © G. Dagli Orti
57	ph © Erich Lessing/Magnum
58	ph © The Bridgeman Art Library
62	ph © R. G. Ojeda/RMN
64	ph © The Bridgeman Art Library
66-h	ph © BNF, Paris
66-b	ph © BNF, Paris
67	ph © BNF, Paris
68	ph © Jean Schormans/RMN
71	ph © BNF, Paris
72	ph © BNF, Paris
73	ph © Erich Lessing/Magnum
74	ph © G. Dagli Orti
77	ph © J. L. Charmet
78	ph © RMN
80	ph © Gérard Blot/RMN
82	ph © Arnaudet/RMN
84	ph © R. G. Ojeda/ RMN
85	ph © Giraudon
86	ph © Giraudon
87	ph © D. Arnaudet-G.Blot/RMN
89	ph © G. Dagli Orti
90	ph © G. Dagli Orti
93	ph © Photo RMN
95	ph © R.G. Ojeda/P. Né/RMN
96	ph © Bridgeman
98	ph © BNF, Paris
101	ph © J. L. Charmet
103	ph © J. L. Charmet
104	ph © G. Dagli Orti
107	ph © RMN
108	ph © G. Dagli Orti
112	ph © G. Dagli Orti
115	ph © J.G. Berizzi/RMN
116	ph © The Bridgeman Art Library
118	ph © Bjarne Hansen/Bergen Billedgalleri
120	ph © G. Dagli Orti
123	ph © The Bridgeman Art Library
124	ph © G. Dagli Orti
126	ph © Giraudon
128	ph © Photo RMN
133	ph © Giraudon
134	ph © Lauros-Giraudon
137	ph © Arnaudet/RMN
139	ph © Giraudon
140	ph © G. Dagli Orti
143	ph © Agence Josse
145	ph © G. Dagli Orti
147	ph © Archives Hatier
150	ph © Giraudon
151	ph © The Bridgeman Art Library
153	ph © Petiteau/Agence Bernand
155	ph © J. L. Charmet
156	ph © G. Dagli Orti
174/175	ph © Arnaudet/RMN © ADAGP, Paris 2001
177	ph © The Cleveland Museum of Art, 2001, Gift from J.H. Wade, 1926.25
178	ph © The Cleveland Museum of Art, 2001, Gift from J.H. Wade, 1926.25
181	ph © R. G. Ojeda/RMN
183	ph © R. G. Ojeda/RMN
185	ph © Archives Larousse-Giraudon
187	ph © AKG Paris
189	ph © Philippe Migeat/ RMN © ADAGP, Paris 2001
191	ph © Lauros Giraudon/D.R.
192	ph © The Cleveland Museum of Art, 2001, Gift from J.H. Wade, 1926.25
194	ph © Michèle Bellot/RMN
198	ph © Giraudon
201	© ADAGP, Paris 2001
203	ph © Bogaert
207	ph © Jacques Faujour/RMN © ADAGP, Paris 2001
209	ph © The Bridgeman Art Library © ADAGP, Paris 2001
210	ph © The Cleveland Museum of Art, 2001, Gift from J.H. Wade, 1926.25
211	ph © The Bridgeman Art Library
214	ph © The Bridgeman Art Library
215	ph © BNF, Paris
218	ph © AKG, Paris © ADAGP, Paris 2001
220	ph © Erich Lessing/AKG © ADAGP, Paris 2001
222	ph © Giraudon/Bridgeman Art Library © ADAGP, Paris 2001
223	ph © Interfoto/The Bridgeman Art Library
225	ph © The Bridgeman Art Library
226	ph © The Cleveland Museum of Art, 2001, Gift from J.H. Wade, 1926.25
227	ph © Ph. Joffre/Photothèque des Musées de la Ville de Paris
228	ph © Giraudon/Bridgeman Art Library
230	ph © Gérard Blot/RMN
232	ph © The Bridgeman Art Library
234	ph © The Bridgeman Art Library © ADAGP, Paris 2001
235	ph © Gérard Blot/RMN © ADAGP, Paris 2001
237	ph © J.L. Charmet
239	ph © Giraudon © ADAGP, Paris 2001
241	ph © Brigitte Enguerand/Agence Enguerand
242	ph © Brigitte Enguerand/Agence Enguerand
243	ph © L. Sully Jaulmes/Musée des Arts Décoratifs, Paris.
247	ph © Marc Enguerand/Agence Enguerand
249	ph © Brigitte Enguerand/agence Enguerand
253	ph © Marc Enguerand/Agence Enguerand
255	ph © Agence Bernand
257	ph © Ojéda/Le Mage/RMN
259	ph © Agence Bernand
259	ph © Agence Bernand
260	ph © Brigitte Enguerand/Agence Enguerand
261	ph © Jacques Noël
263	© ADAGP, Paris 2001
266	ph © Marc Enguerand/Agence Enguerand
267	ph © Martinie /Viollet
269	ph © ASP collection A. Barsacq © BNF, Paris
271	ph © Gallimard
272	ph © Sophie Steinberger/Agence Enguerand
275	ph © Agence Bernand
278	© Jacques Noël
279	ph © Marc Enguerand/Agence Enguerand
279	ph © Marc Enguerand/Agence Enguerand
281	ph © C.Jean/RMN
282	ph © C.Jean/RMN
283	ph © Alinari/Giraudon
284	ph © Giraudon
286	ph © The Bridgeman Art Library
289	ph © Giraudon/Bridgeman Art Library
291	ph © Archives Hatier
293	ph © Keystone
294	ph © G. Dagli Orti
296	ph © J.L. Charmet
299	ph © Tate, London 2001 © ADAGP, Paris 2001
300	ph © C.Jean/RMN
301	ph © ARJ/Photos12
302	ph © G. Dagli Orti
305	ph © Giraudon/Bridgeman Art Library
307	ph © Bibliothèque municipale de Grenoble-France.
310	© Collection Danièle Allegret
313	© Collection Viollet
315	ph © B. Hatala/RMN © Succession Picasso, Paris 2001
315	ph © Fuji Television Gallery © Succession Picasso, Paris 2001
316	ph © C. Jean/RMN
317	ph © G. Dagli Orti
319	ph © Lauros Giraudon © ADAGP, Paris 2001
323-h	ph © J. L. Charmet
323-b	ph © G. Dagli Orti
327	ph © BNF, Paris
329	ph © Kobal Collection/Warner Bros
331	ph © Éditions Glénat
333	ph © J.G. Berizzi/RMN © Succession Picasso, Paris 2001

334	ph © J.G. Berizzi/RMN © Succession Picasso, Paris 2001
335	ph © Estaque/Mango Presse
336	ph © G. Dagli Orti
338	ph © René Gabriel Ojeda/RMN
339	ph © DR
340	ph © D.Lifermann/Photothèque des Musées de la Ville de Paris
343	ph © Archives Hatier
345	ph © RMN © Succession Picasso, Paris 2001
347	ph © Collection Kharbine Tapabor
347	ph © Collection Kharbine Tapabor
348	ph © J.G. Berizzi/RMN © Succession Picasso, Paris 2001
351	ph © Giraudon
353	ph © Giraudon
354	ph © Amsterdam, Van Gogh Museum (Vincent Van Gogh Foundation)
356	© Rampazzo et Associés © Éditions Mille et Une Nuits
358	ph © Edimedia/DR
361	ph © Archives Hatier © ADAGP, Paris 2001
362	ph © Gérard Blot/RMN © Marinot
380/381	ph © AKG Paris
383	ph © Bridgeman/Giraudon
384	ph © Bridgeman/Giraudon
385	ph © Alinari/Giraudon
389	ph © RMN
392	ph © Briant/Photothèque des Musées de la Ville de Paris
395	ph © Jean-Pierre Laffont /Sygma
398	ph © Michael Kenna/Ministère de la Culture
403	© Éditions Denoël
405	ph © DR
406	ph © Bridgeman/Giraudon
407	ph © Archives Hatier
409	ph © Bridgeman/Giraudon
411	ph © Lauros Giraudon
415	ph © BNF, Paris
417	ph © BNF, Paris
418	© Collection Massin
421	© Plantu
423-g	ph © Laurent Blachier/Science et Vie Junior Hors Série n°18
423-d	ph © Sciences Humaines
423-m	ph © Bayard Presse ph © Franck Courtes
424	ph © Bridgeman/Giraudon
426	ph © RMN
429	ph © D. Chenot /RMN
430	ph © Jean Popoviltch/RMN
432	ph © BNF, Paris
434	ph © BNF, Paris
435	ph © G. Dagli Orti
439	ph © The Bridgeman Art Library
441	ph © Mishihiro Goshima
442	ph © The Bridgeman Art Library © Henry Lamb
446/44	ph © RMN © Succession Picasso, Paris 2001
449	ph © Erró/The Erró Museum, Reykjavik © ADAGP, Paris 2001
450	ph © Erró/The Erró Museum, Reykjavik © ADAGP, Paris 2001
452	ph © Gérard Blot /RMN
453	ph © Hervé Lewandowski/RMN
454	ph © J. L. Charmet
456	ph © Agence Bernand
458	© 2001, Les Éditions Albert René, Goscinny-Uderzo.
460	ph © BNF, Paris
462	© Éditions Denoël
464	ph © BNF, Paris
465	ph © Gérard Blot/RMN © ADAGP, Paris 2001
467	ph © BNF © Fatras succession Jacques Prévert-ADAGP, Paris 2001
450	ph © Erró/The Erró Museum, Reykjavik © ADAGP, Paris 2001
469	ph © Bridgeman Art Library
470	© Claude Chabrol
475	© Avec l'aimable autorisation du magazine *Nous Deux*
476	© Avec l'aimable autorisation du magazine *Nous Deux*
478	ph © AKG, Paris
480	ph © DR
485	ph © *L'Avant-Scène Cinéma*
487	© Collection Christophe L
489-d	ph © Prayer /Kipa /Sygma
489-m	ph © T. Klausmann /Sygma
489-g	ph © Pelletier/Sygma

Droits Réservés:
Malgré nos efforts, il nous a été impossible de joindre les ayants droit des œuvres reproduites dans les pages suivantes pour solliciter l'autorisation de reproduction, mais nous avons naturellement réservé en notre comptabilité les droits usuels : p. 339, 405, 480.

Iconographie
HATIER ILLUSTRATION
avec la collaboration d'Edith Garraud assistée de Clémence Pouillet-Zagorski

Conception graphique
GRAPHISMES

Réalisation
ATELIER MICHEL GANNE

Photogravure
ATELIER ANDRÉ MICHEL

Chronologies
DOMINO

Achevé d' imprimer par Rotolito Lombarda
Dépôt Légal n° 16125 - mai 2002